행복

Happiness
© 2015 by Randy Alcorn under the title **Happiness**
Originally published in the USA by Tyndale House Publishers, Inc.,
Carol Stream, Illinois.
All rights reserved.

This Korean translation edition © 2017 by Timothy Publishing House, Inc.,
Seoul, Republic of Korea, with permission of Tyndale House Publishers, Inc.

이 한국어판의 저작권은 Tyndale House Publishers, Inc.와 독점 계약한
(주)도서출판 디모데에 있습니다. 신 저작권법에 의하여 한국 내에서 보호받는
저작물이므로 무단 전재와 무단 복제를 금합니다.

행복

1쇄 인쇄 2017년 9월 11일
1쇄 발행 2017년 9월 25일

지은이   랜디 알콘
옮긴이   윤종석
펴낸이   고종율

펴낸곳   주)도서출판 디모데〈파이디온선교회 출판 사역 기관〉
등록   2005년 6월 16일 제 319 – 2005 – 24호
주소   서울특별시 서초구 서초대로 141-25(방배동, 세일빌딩)
전화   마케팅실 070) 4018-4141
팩스   마케팅실 031) 902-7795
홈페이지 www.timothybook.com

값 39,000원
ISBN 978-89-388-1618-4 03230

ⓒ 주)도서출판 디모데 2017 〈Printed in Korea〉

그리스도인의 억압된 열망, 행복의 추구

행복

랜디 알콘 지음
윤종석 옮김

40주년 결혼기념일을 맞아
나의 아내 낸시 아네트 노런 알콘(Nanci Annette Noren Alcorn)에게.

당신은 나의 소울 메이트입니다. 은혜로우신 우리 하나님이 그동안 당신을 통해 내게 특별한 행복을 주셨고 당신을 기뻐하게 하셨습니다. 이전 어느 때보다 더 당신을 사랑합니다. 당신과 함께 우리의 행복하신 왕을 대면하여 뵙고, 그분의 새 하늘과 새 땅을 탐험할 그날이 어서 왔으면 좋겠습니다!

하나님의 백성은 온 세상에서 가장 행복한 사람들이 되어야 한다. 사람들이 끊임없이 우리를 찾아와 우리의 기쁨과 즐거움이 어디에서 온 것인지 물어야 한다.

A. W. 토저(A. W. Tozer)

차례

머리말 행복이란 무엇인가? _ 10

제1부 행복을 향한 우리의 집요한 추구

1. 우리는 왜 행복을 열망하는가? _ 23
2. 행복을 열망하는 본성은 우리에 대해 무엇을 말해주는가? _ 34
3. 하나님은 우리가 행복하기를 원하시는가? _ 44
4. 우리의 행복은 왜 중요한가? _ 57
5. 기쁨과 행복은 어떻게 다른가? _ 73
6. 성경이 말하는 행복은 현대의 연구로 확증되는가? _ 89
7. 행복은 영적이지 못한가? _ 107
8. 선한 것들이 우상으로 변해 우리의 행복을 앗아갈 수 있는가? _ 119
9. 쾌락의 우상을 하나님 자리에 두면 어떻게 되는가? _ 137
10. 행복의 궁극적 근원은 무엇(또는 누구)인가? _ 153
11. 부차적 선물은 그 근원을 떠나서도 참 가치가 있는가? _ 166

제2부 하나님의 행복

12. 하나님은 행복하신가? _ 183
13. 성경은 하나님의 행복에 대해 뭐라고 말하는가? _ 198

14. 행복하신 하나님인가, 복되신 하나님인가? _ 211

15. 삼위일체 하나님을 행복하게 하는 것은 무엇인가? _ 221

16. 하나님은 자신에 대해 행복하신가?(그러셔야 하는가?) _ 235

17. 역사적으로 교회는 하나님을 행복하신 분으로 보았는가,
    불행하신 분으로 보았는가? _ 249

18. 예수님은 행복하셨는가? _ 260

19. 예수님은 웃고 노실 줄 아셨으며, 유머 감각이 있으셨는가? _ 274

제3부 성경에 실제로 쓰인 '행복'의 단어들

20. 성경에 나오는 행복, 기쁨, 즐거움 _ 291

21. 원어의 번역이 '복되다'인가 아니면 '행복하다'인가는 왜 중요한가? _ 302

22. 자기 백성에게 행복을 주시는 하나님: '아셸'과 '마카리오스' 개괄 _ 321

23. 영원한 행복은 하나님 안에 있다: 히브리어 단어 '아셸'의 자세한 설명 _ 340

24. 우리는 지금부터 영원까지 행복할 수 있다:
    헬라어 단어 '마카리오스'의 자세한 설명 _ 352

25. 자기 자녀들에게 파티에 시간과 돈을 쓰라 하시는 하나님:
    히브리어 단어 '사마흐' (1) _ 365

26. 우리가 지금부터 영원까지 행복하기를 바라시는 하나님:
    히브리어 단어 '사마흐' (2) _ 378

27. 기쁨과 축제는 하나님 백성의 본분이다:
    복음서와 사도행전에 쓰인 '카라'와 '카이로' _ 390

28. 하나님의 은혜를 누리라:
    사도들의 서신서에 쓰인 헬라어 단어 '카라'와 '카이로' _ 403

29. 성경은 의문의 여지를 남기지 않는다:
    우리의 행복은 하나님께 중요하다 _ 415

제4부 하나님 안의 행복을 이해하고 경험하기

30. 행복과 기쁨에 담긴 정서적 만족 _ 423

31. 행복은 우리의 선택이다 _ 438

32. 행복을 가꾸는 방법 _ 457

33. 축제는 하나님의 발상이다:
    성경에 나오는 잔치와 절기와 안식일과 노래와 춤 _ 473

34. 행복은 하나님의 말씀을 묵상하는 데서 온다 _ 487

35. 그리스도 안의 행복은 기복 신앙보다 깊다 _ 503

36. 자백과 회개와 용서를 통한 행복 _ 520

37. 거룩함과 행복은 양자택일의 문제가 아니다 _ 537

38. 행복을 추구하는 것은 이기적인 일인가? _ 550

39. 망아(忘我)를 통한 그리스도 중심의 행복 _ 568

40. 감사를 통한 행복 _ 579

41. 행복과 희망: 기대치를 조정하라 _ 598

42. 하나님이 영원한 행복을 약속하셨기에 지금도 행복할 수 있다 _ 618

43. 새 땅에서 누릴 장래의 행복 _ 636

44. 하나님의 선물인 행복을 흡족히 마시라 _ 656

45. 하나님은 우리에게 '영원히 행복한' 삶을 약속하신다 _ 665

부록 1 구약에 나오는 행복과 관련된 또 다른 19가지 어휘 _ 681

부록 2 신약에 나오는 행복과 관련된 또 다른 14가지 어휘 _ 698

감사의 말 _ 715

주 _ 719

머리말

행복이란 무엇인가?

기뻐하며[행복해하며] 즐거워할지어다 여호와께서 큰 일을 행하셨음이로다.

요엘 2:21

그분을 통해 위로부터 세상에 여명이 밝았다. 이 샛별이 우리 마음속에 떠오르면 우리는 영원히 행복하다.

매튜 헨리(Matthew Henry)

나는 십대 때 어느 교회 중·고등부 모임에 참석했다가 그리스도에 대해 처음 들었다. 처음에는 성경에 나오는 이야기들이 그리스 신화나 내가 좋아하던 만화처럼 들렸다. 그러다 복음서를 읽으면서 예수님이 진짜고 소위 영웅들은 그분의 그림자에 불과함을 믿게 되었다. 여태 몰랐던 깊은 행복이 느껴졌다.

내 진심 어린 즐거움은 내가 거듭나고 용서받아 하나님의 영이 내주하신 결과였다. "주의 구원의 즐거움"(시 51:12)은 내가 복음, 즉 "큰 기쁨의 좋은 소식"(눅 2:10)을 듣기 전에 느꼈던 공허함과는 극명한 대조를 이루었다. 부모님도 나의 변화를 즉각 알아차리셨다(어머니는 좋아하셨지만 아버지는 좋아하지 않았다).

나는 그리스도를 따르기 위해 포기한 것을 희생이라 생각해본 적이 없다. 그것은 내가 포기한 것들이 내게 참된 행복을 가져다주지 못했기 때문이다. 그리스도인이 된 후 겪은 최악의 날들이 그리스도를 알기 전 누린 최고의 날들보다 나아 보였다. 예수님은 나의 모든 것이었다. 나는 행복하려 애쓴 것이 아니라 그냥 행복했다.

예수님을 안 지 40년도 더 지난 지금, 내 이야기가 모든 사람에게 해당되지 않음을 안다. 그리스도께 나왔을지라도 누구나 다 나처럼 극적으로 더 행복해지는 것은 아니다. 물론 그런 사람도 많이 있지만 행복이 점점 사그라지는 사람도 있다.

천성적으로 낙천적인 행복 전도사의 책을 읽는 것보다 더 짜증나는 일은 없다. 기질적으로 항상 쾌활한 사람들을 나도 몇 명 알고 있다. 하지만 나는 기질상 내성적이고 때로 침울해질 때도 있다. 그리스도를 믿기 전에도 믿은 후에도 우울한 시절을 경험했다. 내 성격과 정서적 성향(과 어쩌면 유전) 때문일 때도 있고, 내 몸의 오랜 병(인슐린 의존성 당뇨) 때문일 때도 있으며, 외부의 역경 때문일 때도 있다.

나는 불행을 모르는 사람이 아니다. 악과 고난으로 저주받은 이 세상에서 불행을 모른다면 오히려 이상할 것이다. 나는 유태인 대학살에 대해 연구했고, 캄보디아의 킬링필드를 걸었으며, 박해와 악과 고난에 대한 책을 썼고, 처절한 비극과 비애를 겪은 사람들의 곁을 지켰다. 요컨대 나는 타락한 이 세상에서 부딪히는 난관과 고생을 무시하고 부정하면서 행복에 대한 가벼운 책을 쓸 사람은 결코 아니다. 그런 내가 세월이 갈수록 하나님의 은혜로 그리스도 안에서 더 일관되고 진심 어린 기쁨과 즐거움을 누리게 되었다. 바로 이것이—근거 없는 영원한 황홀경이 아니라—이 책의 주제다.

상심의 와중에도 거짓 미소를 지어야 한다는 내용은 아니니 안심해도 된다. 우리가 이 책에서 만날 행복은 합리적이고 도달 가능한 즐거움이며, 그리스도 안에서 역경을 초월하는 행복이다. 이것이 현실성 있는 비전인 것은 그 기초가 모든 것을 포괄하는 하나님의 주권과 사랑과 선하심과 은혜와 즐거움에 그리고 우리 삶을 구속(救贖)하시는 그분의 목적에 있기 때문이다.

그리스도가 우리와 이 세상을 완전히 치유하시기 전까지는 우리의 행복에 큰 슬픔의 시절이 수시로 끼어들 수밖에 없다. 하지만 그렇다고 해도 그리스도 안에서 누리는 행복이 우리의 주조가 될 수 없는 것은 아니다. 행복이 예외가 아닌 규범인 상태는 단지 희망 사항이 아니라 다음의 확고한 사실에 기초해 있다. 즉 하나님은 십자가와 빈 무덤을 통해 우리의 영원한 행복을 확보하셨다. 지금 이 순간에도 그분은 우리 안에 우리와 함께 계신다. 그런 그분이 우리에게 그분 안에서 행복하라고 말씀하신다.

'긍정적 사고'는 말하기를 우리가 (죄, 고난, 심판, 지옥 같은) 부정적인 면을 상대하지 않고 밝은 면만 보면 늘 행복할 수 있다고 한다. 나는 그 말을 믿지 않으며, 하나님을 요정처럼 대하는 기복 신앙도 받아들이지 않는다. 무엇이든 소원대로 받는다고 가르치는 그들의 복음은 지속적인 건강과 재물과 성공을 통한 행복을 약속한다. 믿음만 충분하면 그렇게 된다는 것이다.

이런 기복 사상은 기독교에만 있는 것이 아니다. 론다 번(Rhonda Byrne)이 쓴 『시크릿』(The Secret)에 나오는 열 살 소년 콜린은 디즈니월드에서 기구를 타려다 오랜 기다림에 낙심한다. 마침 영화 "시크릿"을 보았던 콜린은 내일은 줄을 서서 기다릴 필요가 없다는 생각에 집중한다. 그러자 어떻게 되었을까? 콜린 가족은 에프콧(디즈니월드의 한 테마공원—역주)에서 오늘의 '일착 가족'으로 뽑혀 모든 줄마다 일착으로 입장하게 된다.[1]

물론 하나님이 뜻밖의 재미를 보내주실 때면 우리는 감사해야 한다. 하지만 그럴 때 행복해하는 것과 그것을 당연히 바라거나 요구하거나 권리로 주장하는 것은 다른 문제다.

우리는 에이미 카마이클(Amy Carmichael, 1867–1951) 같은 사람들을 모델로 삼아야 한다. 인도의 신전 매매춘에서 수많은 아이를 구하여 복음을 전한 그녀는 몸의 고통을 많이 겪었고 선교사 생활 55년 동안 한 번도 휴가를 가지 못했으나 이렇게 썼다. "삶은 결코 쓸쓸하거나 의문스럽지 않다…우리는 주님 안에 있는 확실한 행복을 누리도록 부름 받았다. 그분을 기뻐하는 것이 우리의 힘이다."[2]

삶의 역경에도 불구하고 하나님이 가능하게 하시는 뜻밖의 '확실한 행복',

그것이 이 책의 주제다. 풍요롭고 영속적인 이 행복이 오늘 우리의 것임은 그리스도가 여기 계시기 때문이고, 내일 우리의 것임은 그리스도가 거기 계시기 때문이며, 영원히 우리의 것임은 그분이 결코 우리를 떠나지 않으시기 때문이다.

이 책은 인간의 고난을 외면한 채 무조건 '걱정 끝 행복 시작'을 외치는 피상적 철학에 대한 글이 아니다. 하나님이 "모든 눈물을 [자기 자녀들의] 그 눈에서 닦아주"실 그날(계 21:4)은 아직 오지 않았으나 장차 올 것이다. 그 사실이 우리가 현재 누리는 행복에 미치는 의미는 엄청나다.

행복을 보고 경험하면 누구나 행복을 안다

『웹스터 사전』(Webster's Dictionary)에는 행복이 "행복한 상태"로 정의되어 있다.[3] 비슷한 말로는 "쾌락, 자족, 만족, 쾌활함, 유쾌함, 명랑, 기쁨, 환희, 희열, 즐거움, 흥취, 신바람, 안녕" 등이 있다.[4]

『주제별 성경 사전』(Dictionary of Biblical Themes)에는 행복의 정의가 더 성경적으로 나와 있다. "인간과 하나님이 공히 경험하는 즐거움이나 기쁨의 상태…참된 행복은 하나님을 아는 확고부동한 지식에서 그리고 그분의 행적과 신실한 언약을 즐거워하는 데서 비롯된다."[5]

그리스도를 따르는 사람들 사이에도 한때 행복은 긍정적이고 바람직한 단어였다. 행복과 기쁨을 서로 대비시킨 것은 근래에 일어난 일이다. 차차 보겠지만 내가 믿기로 이는 성경적으로나 역사적으로 근거가 없을 뿐더러 심각한 악영향을 끼친다.

웃음과 축제와 행복은 하나님이 창조하신 선물인가, 아니면 사탄과 우리의 죄성에서 비롯된 것으로 하나님의 반감을 자아내는 복병인가? 여기에 어떻게 답하느냐에 따라 우리는 의무에 이끌려 하나님을 믿을 수도 있고, 아니면 즐거움이 그 신앙의 원동력이 될 수도 있다.

내가 아내와 가족과 친구들과 더불어 최고의 시간을 보낼 때면 그리스도가 중심이 되시는 교류와 진심 어린 웃음이 가득하다. 이 두 경험은 대립 관계가 아니라 서로 맞물려 있다. 우리가 사랑하는 하나님은 죄를 미워하시면서 동시에 재미와 웃음을 창조하셨고 좋아하시는 분이다.

하나님의 모든 선물처럼 행복도 변질될 수 있다

교회사에 등장하는 많은 그리스도인은 행복과 즐거움과 축일과 파티가 하나님의 선물임을 알았다. 이런 좋은 것들도 이기적이고 피상적이며 악하게 변질될 수 있을까? 물론이다. 타락한 세상에서 무엇인들 그렇게 변질될 수 없겠는가.

신자나 비신자나 다 알고 있듯이 행복에도 부정적 부류가 있다. 다른 사람을 희생시켜 자신의 만족을 채우는 것이 그것이다. "너만 행복하다면 무엇이든 하라"고 말하는 철학은 꽤 인기가 좋지만 그렇게 사는 사람은 결국 마음이 병들고 경멸의 대상이 된다.

행복도 이기적이고 피상적일 수 있을까? 물론이다. 사랑, 평화, 충절, 신뢰도 다 이기적이고 피상적일 수 있다. 자기중심적인 행복을 버린다고 그리스도 중심의 행복까지 함께 버려서는 안 된다.

행복의 추구가 새로운 현상은 아니지만 요즘 사람들은 행복에 특히 굶주려 보인다. 우울과 불안이 날로 더 가중되는 것이 우리 문화의 특징이며 특히 젊은이들 사이에 더하다.[6] 연구 결과들에 따르면 SNS를 하고 나서 기분이 좋아지는 사람보다 나빠지는 사람이 더 많다. 새로 게시된 사진이나 글을 보면 다른 사람들은 다 좋은 시간을 보내는 것 같아 자기만 소외감이 들고 기준 미달인 것처럼 느껴진다는 것이다.

수많은 그리스도인이 날마다 슬픔이나 분노, 불안이나 외로움 속에서 살아가면서 상황 때문에 그런 감정을 어쩔 수 없다고 여긴다. 그들은 차가 밀리거나, 신용카드를 도둑맞거나, 기름 값이 오르면 기쁨을 잃는다. 성경을 읽을 때도 눈가리개를 쓰고 있어 거의 모든 페이지마다 표현되어 있는 행복의 이유를 놓친다.

연구에 따르면 "사람들의 생활 환경과 행복의 정도는 거의 상관관계가 없다."⁷ 그런데도 사람들은 "당신은 왜 행복하지 못한가?"라는 질문에 답할 때 현재의 역경에 집중하는 경향이 있다. 타락한 세상에서 문제와 고난은 상수(常數)다. 행복한 사람들은 환경 너머 아주 크신 분을 본다. 그분의 은혜가 있기에 큰 역경도 감당할 만해지고 그것이 오히려 더 깊은 행복에 이르는 기회가 된다.

행복은 우리를 따돌릴 때가 많다

많은 사람에게 행복은 있다가도 없어지는 것이며 환경이라는 바람이 부는 대로 변한다. 이런 행복은 기초가 없거나 확고하지 못하다. 영원히는 고사하고 당장 내일 하루도 거기에 의지할 수 없다.

우리는 "그렇게만 되면 나도 행복해질 텐데…"라고 혼잣말을 한다. 하지만 우리는 그 원하는 것을 얻지 못해 불행하거나 아니면 얻고도 여전히 불행하거나 둘 중 하나다.

때로 행복이 우리를 따돌리는 까닭은 '불완전한' 세상에서 우리가 '완전'을 요구하기 때문이다. 이는 모든 것이 '딱 맞아야' 하며 그렇지 않으면 불행하다는 골디락스(Goldilocks) 증후군이다. 하지만 세상에 딱 맞는 건 없다! 그래서 우리는 조금 맞거나, 꽤 맞거나, 대부분 맞는 정도로는 일상을 즐기지 못한다.

때로 행복이 우리를 피해 가는 까닭은 행복이 왔는데도 우리가 알아보지 못하거나, 행복을 곱씹으며 귀히 여길 줄 모르기 때문이다. 어떤 사람들은 불행할 때만 행복하다. 불평거리가 없으면 어쩔 줄을 모른다. 하지만 습관적으로 불행해하는 것은 초라한 생활 방식이다.

자신의 실상을 영원에 비추어 깨닫지 않는 한 우리의 행복은 불안정할 수밖에 없다. 성경에 밝혀진 진리처럼 이생은 한시적이며 그 후 우리는 어딘가, 여기보다 훨씬 낫거나 훨씬 못한 곳에서 영원히 살게 된다.

영원하고 확실한 행복을 얻으려면 우리를 창조하셨고 구속하시는 하나님께 '네'로 답하면 된다. 성경이 일러주시는 세계관을 받아들이면 된다. 세상과 일상을 구속의 렌즈로 보면 행복해할 이유가 넘쳐난다. 그런 이유들이 비록 흐릿해질 때도 있지만 영원하다.

누구나 행복의 신학이 있다. 그렇다면 당신의 신학은 양호한가?

신학자 J. I. 패커(J. I. Packer)는 이렇게 말했다. "모든 그리스도인은 신학자다. 말의 내용과 무관하게 하나님에 대해 말한다는 것만으로도 신학자가 된다… 문제는 그 일을 잘하느냐 못하느냐다."[8]

하나님과 행복에 대해 말할 때 유능한 신학자가 되려면 수개월이나 수십 년이 아니라 수세기와 수천 년 뒤로 거슬러 올라가야 한다. 내가 자주 인용하는 말들이 수세기 전에 나온 것이어서 이 책의 시의성이 떨어져 보일지 모르나 사실은 시의성이 훨씬 더 높아진다. 그 말들은 오늘 트위터에서 유행하다가 내일 무덤 속으로 시시하게 사라지는 것이 아니라 오랜 세월을 거치며 검증되었기 때문이다.

C. S. 루이스(C. S. Lewis, 1898-1963)는 새로운 사상일수록 무조건 더 낫다고 착각하는 '연대기적 속물근성'을 지적한 바 있다. 앞서간 하나님의 사람들은 다른 시대 다른 곳에서 그리스도인의 삶을 살았다. 아우구스티누스, 토마스 아퀴나스, 장 칼뱅, 존 버니언, 존 웨슬리, 찰스 스펄전 등이 행복에 대해 한 말에 우리가 주목해야 하는 것은 마땅하다. 청교도들의 말도 경종으로 삼아야 한다. 종종 그들은 견디기 어려운 환경 속에서 깊은 행복을 경험했고 행복에 대해 말했다. 숙련된 대장장이처럼 그들은 성경을 모루로 삼아 혹독한 삶의 망치로 행복을 벼려냈다. 그러면서도 늘 하나님의 창조와 섭리의 풍성한 아름다움을 보며 미소를 잃지 않았다.

이 책을 통해 당신의 세계관에 그리고 그리스도와 동행하는 삶에 균형이 잡히기를 바란다. 그러려면 행복에 대한 편만하고 뿌리 깊은 오해가 성경과 교회사를 통해 바로잡혀야 한다.

책의 분량이 왜 이렇게 많은지 궁금할 것이다. 그것은 행복에 대한 하나님의 말씀과 또 그분의 사람들이 행복에 대해 한 말의 분량과 깊이가 웅덩이나 연못이나 호수가 아니라 큰 바다라서 그렇다.

지금부터 당신도 하나님을 예배하는 무리의 긴 행렬에 끼어 창조주의 행복을 즐거워하기 바란다. 그분은 자신의 형상을 지닌 인간들을 자신의 행복에 동참하도록 지으셨고, 우리에게 행복을 사주시고자 극단의 희생도 마다하지 않으셨다.

이 책의 전체 방향

많은 사람이 평생 행복을 기다린다. '천생연분을 만나거나 졸업하거나 이사하거나 살을 빼거나 더 좋은 직장에 들어가거나 새 차를 사거나 결혼하거나 아이를 낳거나 복권에 당첨되거나 손자를 보거나 은퇴하기만 한다면…그러면 나도 행복할 텐데!'라고 생각한다.

행복을 기다리는 사람은 결코 행복해질 수 없다. 행복해야 할 이유를 깨닫고, 관점을 바꾸며, 행복하게 사는 습관을 기르지 않는 한 행복은 우리를 피해 다닐 것이다. 이 책을 쓰려고 연구하는 과정에서 나는 여태 알았던 것보다 더 깊고 성경적인 그리스도 중심의 행복을 경험했다. 내가 이 책을 쓰면서 행복했듯이 당신도 이 책을 읽으며 똑같이 행복했으면 좋겠다.

방향을 알면 여정의 의미가 더해진다.

제1부에서는 행복을 향한 우리의 열망과 추구를 살펴본다.

하나님은 우리의 행복을 바라시며, 우리를 빚으실 때부터 행복을 추구하게 하셨다. 이 본성은 아담과 하와가 타락한 뒤로도 그대로 남아 있다. 죄가 지뢰를 놓았지만 우리는 유일한 참 근원에서 행복을 발견한다.

"하나님의 관심은 우리의 행복이 아니라 거룩함에 있다." "하나님은 우리를 행복해지라고 부르신 것이 아니라 기뻐하라고 부르셨다." 이런 말은 잘못된 것이며 성경에 부합하지 않다.

현대 복음주의 기독교에 행복을 회의적으로 보는 시각이 있는데 이는 우리의 세계관을 비뚤어지게 하고 복음 전파의 효율성을 떨어뜨린다.

제2부에서는 삼위일체 하나님의 행복을 탐색한다.
나는 처음 그리스도인이 되고 나서 행복하기는 했지만 교회나 성경 대학이나 신학대학원에서 한 번도 배우지 못한 패러다임 전환의 교리가 있다. 바로 하나님 자신의 행복이다. 기쁨에 대한 기독교 서적도 많이 읽었지만 하나님의 기쁨은 언급되어 있지 않았다. 이제 와서 내가 믿기로는 이거야말로 기독교 세계관의 핵심이 되어야 한다.

그래서 하나님이 행복하시다는 성경의 가르침에 상당한 지면을 할애했다. 이것을 먼저 알아야만 하나님이 우리의 행복도 원하신다는 것을 믿을 수 있다. 성경에 그랬듯이 우리는 예수님을 닮아야 한다. "그의 안에 산다고 하는 자는 그가 행하시는 대로 자기도 행할지니라"(요일 2:6). 예수님이 대체로 비참하게 다니셨다면 우리도 비참해져야 한다. 그분이 행복하셨다면 우리도 행복해져야 한다(그리스도를 닮으려면 그분이 어떤 분이신지부터 배우는 것이 좋다!).

하나님이 행복하시다면 이 세상의 불행은 하나님과 그분이 세우신 원래 계획에서 벗어난 결과다. 성경에 보면 우리의 불행을 야기하는 현재의 고난조차도 더 크고 영원한 행복을 이루시려는 그분의 전체 계획 가운데 일부다. 지금 여기서도 하나님의 자녀들은 세상에서 가장 행복한 사람들이 될 이유가 얼마든지 있다.

제3부에서는 행복과 기쁨과 즐거움이 언급된 성경의 많은 본문을 훑어본다.
행복을 뜻하는 히브리어와 헬라어 단어는 놀랍도록 범위도 넓고 횟수도 많다. 창조주가 우리의 행복을 얼마나 원하시는지 성경이 되풀이해 보여준다는 증거다. 그중 몇 가지만 보면 다음과 같다.

- 주를 찾는 자는 다 주 안에서 즐거워하고[행복해하고] 기뻐하게 하시며(시 40:16).

- 의인이여 너희는 여호와로 말미암아 기뻐하며 그의 거룩한 이름에 감사할지어다(시 97:12).
- 온 땅이여 여호와께 즐거이 소리칠지어다 소리 내어 즐겁게[행복하게] 노래하며 찬송할지어다(시 98:4).
- 이와 같이 너희도 기뻐하고[행복해하고] 나와 함께 기뻐하라(빌 2:18).
- 항상 기뻐하라 쉬지 말고 기도하라 범사에 감사하라(살전 5:16-18).

'행복'이라는 의미를 전하고자 쓰인 일부 히브리어와 헬라어 단어들은 대부분 영어 성경 역본에 그렇게 번역되지 않았다. 차차 보겠지만 "기쁨, 즐거움, 낙"으로 번역된 단어들은 '행복'과 동의어다.

제4부에서는 그리스도가 중심이 되시는 행복한 삶을 살아가는 방법을 알아본다. 행복을 희생해 거룩함을 구하거나 거룩함을 희생해 행복을 구하면 거룩해지는 기쁨도 잃고 순종이 낳는 행복도 잃는다. 하나님이 거룩함을 명하신 것은 우리가 그분의 계획을 따를 때 행복해질 것을 아시기 때문이다. 그분은 행복도 명하시는데 그래서 그분께 순종하는 일은 의무가 아니라 즐거움이 된다.

마치 신앙이 행복을 고갈시킨 것처럼 살아가는 그리스도인이 많다! 그러나 예수님은 우리가 그분의 고난에 동참하게 될 것을 단언하시며 희생을 요구하시지만, 또한 우리의 짐을 그분 발밑에 내려놓으라 하신다. 우리는 날마다 십자가를 져야 하지만 그분은 자신의 짐이 가볍다고 약속하신다. 삶이 쉽지는 않지만 그리스도인은 그 험한 길을 사랑의 아버지, 우리의 친구이신 아들, 위로의 성령님과 함께 걷는 특권을 누린다.

청교도 설교가이자 작가였던 토머스 왓슨(Thomas Watson, 1620-1686)은 이렇게 말했다. "그분은 우리를 행복하게 하실 계획밖에 없다…쾌활해야 할 사람이 하나님의 백성이 아니고 누구란 말인가?"[9] 들었는가? 하나님의 계획이 우리를 행복하게 하시는 것이라는 말이 철저하게 금욕을 추구하는 청교도의 입에서 나왔다. 왓슨은 알았는데 우리가 모르고 있는 것은 무엇인가?

영국의 설교자 찰스 스펄전(Charles Spurgeon, 1834-1892)은 "'주의 사랑을 입은' 자들이야말로 지상에서 가장 행복하고 기쁜 사람들이어야 한다"라고 말했다.[10] 우리가 행복하면 사람들이 전염되듯 복음에 끌려들지만 우리가 불행하면 복음도 매력을 잃는다. 오늘의 교회는 행복하다고 알려져 있는가, 아니면 불행하다고 알려져 있는가?

우리 개개인과 모든 교회가 진정한 행복을 누리는 주인공으로 알려질 수 있는 길이 있다. 그리스도를 떠나서 행복을 찾으려 하면 외로움과 혼란에 빠져 비참해진다. 그러나 하나님과 다른 사람들에게 초점을 맞추면 말할 수 없는 행복을 얻는다.

당신에게 말씀해달라고 하나님께 기도하면서 이 책을 읽기 바란다. 아울러 이 책의 핵심인 성경을 묵상하라. 당신이 여태 알았던 것보다 더 큰 행복을 하나님 안에서 발견하기를 기도한다. 깜짝 놀랄 "큰 기쁨의 좋은 소식"을 다른 사람들에게 나누는 즐거움도 더해지기를 기도한다. 그 좋은 소식이란 바로 예수님 안에 있는 영원한 행복이며, 이 행복은 바로 지금부터 시작된다.

제1부

행복을 향한
우리의 집요한 추구

Chapter·1

우리는 왜 행복을 열망하는가?

> 여호와께 구속 받은 자들이 돌아와 노래하며 시온으로 돌아오니 영원한 기쁨[행복]이 그들의 머리 위에 있고 슬픔과 탄식이 달아나리이다.
>
> 이사야 51:11

> 인간 고유의 가장 치열한 본성은 행복해지려는 갈망이다…행복을 구하는 타고난 성향보다 더 보편적이고 불가침인 것은 없다.
>
> 윌리엄 베이츠(William Bates)

영화 "쇼생크 탈출"(The Shawshank Redemption)에 감동적인 장면이 나온다. 죄수 앤디는 제한 구역에 들어가 오페라 가수들의 노래를 틀어준다. 확성기로 아름다운 음악이 흘러나오는 동안 죄수들과 간수들은 그 자리에 얼어붙은 채 천장 쪽을 응시한다.

이때 모건 프리먼(Morgan Freeman)이 연기한 또 다른 죄수 레드의 내레이션이 흘러나온다.

두 이탈리아 여인이 부른 노래가 어떤 내용인지 나는 지금도 모른다…말로 표현할 수 없어 가슴에 사무칠 만큼 아주 아름다운 무엇을 노래했다고 생각하고 싶다. 분명히 그들의 목소리는 이 음침한 곳의 누구도 감히 꿈꾸지 못할 만큼 멀리 높게 솟아올랐다. 마치 한 마리 아름다운 새가 우리의 작고 칙칙한 새장 속으로 날아 들어와 벽을 다 허물어버린 것 같았다. 그 짧은 한순간 쇼생크의 모든 사람이 자유를 느꼈다.[1]

음악은 죄수들을 해방시켜 더 나은 세상을 향한 감정을 자극했고, 참된 아름다움이 존재한다는 희망을 불어넣었다. 우리도 비록 타락한 세상에 살지만 저기 어딘가에 있을 초월적 행복을 감히 소망한다.

행복을 추구하는 우리 문화의 열기 때문에 자칫 그것을 일시적인 유행, 나팔바지나 비니 베이비 인형쯤 되는 세계관으로 생각하기 쉽다. 하지만 그렇지 않다. 행복을 갈구하는 마음은 세간의 오해처럼 자아에 집착하는 현대의 산물이 아니다. 행복에 굶주린 마음은 하나님의 말씀과 인류의 모든 문화에 똑같이 깊이 박혀 있다.

팀 켈러(Tim Keller)는 이렇게 말했다. "다른 세계관들은 우리를 삶의 기쁨 속에 앉혀 놓고 다가올 슬픔을 내다보게 하지만 기독교는 신자들에게 이 세상의 슬픔 속에 앉아 장차 올 기쁨을 능히 맛보게 한다."[2]

더 큰 무엇에 대한 나의 사무친 열망은 어린 시절에 시작되었다

두 컷의 그림에 행복을 의미심장하게 담아낸 만화가 있다. 첫 그림에는 행복한 어린 학생들이 웃고 장난치고 공중에 모자를 던지며 지하철역으로 들어간다. 다음 그림에는 중년의 성인들이 지하철역에서 나오는데 모두 좀비처럼 멍한 표정에 기쁨과 열정이 없다.

연구에 따르면 아이들은 하루 평균 4백 번을 웃지만 어른들은 15번에 그친다.[3] 유년기와 성인기 사이에 도대체 무슨 일이 있기에 우리의 행복 역량을 망쳐놓는 것일까?

내 유년기는 얼마간의 좋은 추억들을 남겼고 그때 내게는 몽상가의 꿈도 있었다. 그런데 십대 시절 나는 환멸에 빠져 공허해졌다. 나를 알던 사람들은 대부분 눈치채지 못했겠지만 말이다.

나는 예수님이니 하나님이니 복음이니 성경이니 교회 따위를 거의 모른 채 성장했다. 아버지는 술집 주인이었고, 술집들에 오락기를 제공하고 관리해주던 알콘 오락실도 운영했다. 우리 집에는 컴퓨터와 비디오게임이 나오기 전부터 푸스볼, 당구대, 핀볼, 볼링 기계가 가득했다. 내 방에 주크박스도 두 개나 있었다(때문에 내 친구들의 발길이 끊이지 않았다!). 이런 오락기는 사람들을 행복하게 해주기 위한 것이었으나 우리 식구는 아무도 행복하지 않았다.

부모님은 두 분 다 재혼이셨다. 아버지가 술에 취한 날이면 두 분 사이에 고함이 오갔는데, 그때마다 나는 자리에 누워 이 싸움이 이혼으로 끝날까 봐 조마조마했다.

중학교 때 나는 성적도 좋고 상도 많이 받고 풋볼 팀의 쿼터백 겸 주장에다 학생회장까지 되었으나 행복하지 않았다. 잠깐 행복을 맛볼 때도 있었지만 행복을 누리기보다 찾고 동경하는 시간이 훨씬 많았다. 만화책을 수백 권이나 샀고, 공상과학 소설이 실리는 잡지들을 구독했으며, 밤이면 망원경으로 우주를 관측하면서 사색에 잠겼다.

밤하늘은 나를 외경에 잠기게 했고 조금이나마 행복도 맛보게 해주었다. 나는 자신보다 큰 무엇을 동경했다(하나님을 전혀 몰랐으므로 후보는 주로 외계인이었다). 수조 개의 별을 거느린 채 250만 광년이나 떨어져 있는 거대한 안드로메다은하를 바라보던 밤을 잊지 못한다. 언젠가 그곳을 탐험하며 그 광막함 속에 나 자신을 잃어버리고 싶었다.

그러나 그런 경이도 참을 수 없는 외로움과 고립감을 당해내지는 못했다. 나 자신이 한없이 왜소하게 느껴져 울었다. 나도 모르게 하나님은 그분의 경이로운 우주를 통해 나를 그분께로 이끌고 계셨다. 하나님의 창조 세계를 통해 나는 "그의 보이지 아니하는 것들 곧 그의 영원하신 능력과 신성"(롬 1:20)을 보고 있었다.

집요한 공허감이 점점 깊어져 결국 나는 망원경을 치웠다. 우주와 나에게 의미가 있다 해도 그것이 무엇인지 알 길이 없었다.

때로는 몇 시간씩 침대에 앉아 주크박스만 노려보며 1960년대의 음악 속에 파묻히곤 했다. 존 레논의 노래 "도와주세요!"(Help!)를 듣노라면 나까지 긴박감이 느껴졌다. "내게 누군가가 필요해요"라는 가사를 따라 부르면서도 그 '누군가'가 예수님임을 몰랐다.

나중에야 알았지만 레논은 한창 성공 가도를 달리던 무렵 어느 전도자에게 편지를 보냈다. 그는 비틀즈의 노래에서 "돈으로 사랑을 살 수 없다"라는 말을 인용한 뒤 이렇게 썼다. "맞는 말입니다. 요컨대 나는 행복을 원합니다. 계속 약기운으로 살고 싶지 않습니다…기독교가 내게 무엇을 해줄 수 있는지 설명해주십시오. 기독교는 가짜인가요? 그분은 나를 사랑할 수 있나요? 지옥에서 벗어나고 싶습니다."[4]

철학자들과 신학자들이 예로부터 역설한 대로 우리는 다 행복을 원한다. 레논은 자신에게 그것이 없음을 알았다.

나도 갈급한 공허감을 채울 길을 알고 싶었지만 나를 지배한 것은 불행과 외로움이었다. 잠시 기분 전환은 할 수 있었지만 참된 만족은 얻을 수 없었다.

내가 처음 읽은 성경은 새롭고 흥미로웠지만 나를 혼란에 빠뜨렸다. 책을 펴니 이런 말부터 나왔다. "태초에 하나님이 천지를 창조하시니라"(창 1:1). 조금 뒤에 나오는 "또 별들을 만드시고"(창 1:16)라는 말은 지독한 축소 표현이었다. 천억 광년이나 떨어진 우주의 무수한 별들이 고작 "또"라는 곁가지로 표현되다니 말이다.

알고 보니 그 책은 안드로메다와 지구와 나까지 포함하여 우주를 만드신 분에 관한 책이었다.

아무런 판단 기준도 없이 성경을 읽다 보니 나를 혼란에 빠뜨린 것은 레위기만이 아니었다. 그러나 복음서에 이르자 무언가가 달라졌다. 나는 예수님께 매료되었다. 그분의 모든 것이 진짜 같았고 머잖아 진짜라고 믿게 되었다. 그러자 그분이 기적 같은 은혜로 나를 변화시키셨다.

내 변화된 삶에는 많은 특징이 있었지만 가장 두드러진 차이는 단연 새로 발견한 행복이었다. 기독교를 경멸하던 아버지는 하필 기독교로 회심한 내게 격노했다. 그러면서 '철이 들면' 끝날 신앙이라고 예언했다. 감사하게도 45년이 지난 지금도 내 신앙은 끝나지 않았다(또 감사하게도 아버지도 85세에 그리스도를 믿었다). 여느 누구처럼 나도 고난과 상심을 겪어왔지만 그래도 예수님 안에서 꾸준히 행복을 누리고 있다. 수십 년 전에 그러셨듯이 지금도 그분은 날마다 은혜로 내게 다가오신다.

비록 신문 가판대와 각종 웹사이트와 대형 할인점에서 거짓 행복을 파는 세상에 살고 있으나 예수님 안에 진정한 행복이 있으니 하나님께 감사드릴 뿐이다.

행복의 추구는 호흡만큼이나 자연스러운 일이다

많은 사람이 교회사에서 가장 영향력 있는 신학자로 꼽는 아우구스티누스는 1,600년 전에 이렇게 썼다. "모든 인간은 어떤 형편에 처해 있든 행복을 갈구한다."[5]

AD 4세기에 그는 이렇게 반문했다. "무엇을 바라든 행복해지려는 이유 외에 다른 이유로 바랄 사람이 누가 있겠는가?"[6] 이런 말도 했다. "행복을 갈망하지 않는 사람은 아무도 없다. 그 무엇도 이보다 더 간절한 것은 없다. 다른 것을 갈망하는 사람도 결국 목표는 이것뿐이다."[7]

(다양한 출처에서 인용하는 취지는 이런 행복관(觀)이 일부에 국한되는 것이 아니라 교회사를 통틀어 일치된 견해임을 예증하기 위해서다.)

아우구스티누스 이후 1,300년이 지나 프랑스의 철학자이자 수학자인 블레즈 파스칼(Blaise Pascal, 1623-1662)은 "모든 인간은 행복을 추구한다. 예외가 없다"라고 썼다.[8]

파스칼과 동시대에 살았던 영국의 청교도 토머스 맨튼(Thomas Manton, 1620-1677)은 "이성적인 피조물이 행복을 바라는 것은 불의 연소성만큼이나 자연스러운 현상이다"라고 했다. 이어 그는 "그런데 우리는 행복을 바라면서도 그것을 가져다줄 수단을 잘못 선택한다"라고 서글픈 사실을 지적한 뒤 인간은 "행복과 반대되는 수단을 택한다"라고 덧붙였다.[9]

영국의 신학자 리처드 십스(Richard Sibbes, 1577-1635)도 비슷하게 말했다. "행복은 우리 모두가 바라는 바이며 모든 사람 안에 심어진 천성적 소원이다. 마음의 모든 추구와 삶의 모든 반전은 거기서 연유한다."[10]

청교도 로버트 크로프츠(Robert Crofts)는 1639년에 "모든 인간은 본능적으로 행복을 갈구한다. 모든 계획과 목적과 노력이 그것 하나에 맞추어져 있다"라고 썼다.[11]

스코틀랜드의 성직자 토머스 보스턴(Thomas Boston, 1676-1732)은 말했다. "인간이 무엇인지 생각해보라. 인간이란 행복을 갈망할 수밖에 없는 피조물이다. 행복을 바라는 마음이 본성의 일부라서 결코 뿌리 뽑을 수 없다. 행복을 바라는 인간의 마음은 호흡만큼이나 자연스러운 일이다."[12]

청교도 설교자 조나단 에드워즈(Jonathan Edwards, 1703-1758)도 말했다. "행복을 간절히 구하지 않는 사람은 지구상에 없다. 사람들이 온갖 다양한 방법으로 열심히 행복을 찾는 것만 보아도 충분히 알 수 있다. 그들은 물불을 가리지 않고 어떤 편법으로라도 행복해지려 한다."[13]

다음은 전도자 조지 휫필드(George Whitefield, 1714-1770)의 말이다. "인간의 행복이 종교의 목표고 최대한 행복해지는 것이 만인의 특권 아닌가?"[14] 그는 청중에게 이렇게 물었다. "예수님의 목표도 마귀처럼 당신의 마음을 비참하게 하는 것인가? 아니다. 그분은 당신이 그분을 믿고 구원받기를 원하신다. 사랑의 구주께서 바라시는 바는 이것뿐이니 곧 당신이 죄를 버리고 영원히 그분 곁에서 행복을 누리는 것이다."[15]

이 하나님의 사람들 가운데 행복의 추구를 반박한 사람은 아무도 없다. 다만 그들이 전한 메시지는 참된 행복이 오직 그리스도 안에 있다는 것이다.

교회사의 인물들이 알았던 이것을 우리만 모른다면 행복의 추구를 선택 사항으로 생각하게 된다. 하지만 이것은 우리가 선택할 수 있는 일이 아니다. 행복의 추구는 기정사실이며 만인 보편의 상수다. 나이와 시대와 환경을 뛰어넘어 모든 사람 속에 존재한다. 따라서 그리스도인이 사람들에게 행복을 바라서는 안 된다고 말하는 것은 전혀 비현실적이고 비생산적이다. 행복을 바라는 마음은 누구도 어쩔 수 없다!

목사가 사람들을 설득하여 행복을 추구하지 못하게 하려는 것은 지는 싸움이다. 행복을 동기로 삼는 자녀를 부모가 회개시키려는 것도 마찬가지다. 목사나 부모의 뜻대로 되기는커녕 오히려 그들은 복음을 모든 사람이 바라는 행복과 떼어놓음으로써 손해를 입힌다.

우리가 죄인이라서가 아니라 인간이기에 행복을 바라는 것이라면?

지금까지 내가 읽은 책과 들은 설교와 나눈 대화로 미루어 확신하건대, 행복을 향한 갈망이 인류의 타락에서 생겨났다고 믿는 그리스도인이 많다.

하지만 행복을 향한 갈망이 하나님에게서 온다면 어떻게 될까? 죄가 세상에 들어오기 전부터 그분이 자신의 형상을 지닌 우리 안에 행복을 바라는 마음을 심어두셨다면 어떻게 될까? 그런 관점을 취한다면 우리가 인생, 자녀양육, 교회, 사역, 사업, 스포츠, 오락에 임하는 방식이 어떻게 달라질까?

아우구스티누스는 이렇게 반문했다. "행복한 삶이야말로 모든 사람이 바라는 바가 아닌가? 그것을 전혀 바라지 않는 사람이 있을까?" 이어 이런 중요한 질문을 덧붙였다. "그런데 그들은 행복에 대한 지식을 어디서 얻었기에 그토록 갈망하는 것일까? 행복을 어디서 보았기에 그토록 사모하는 것일까?"[16]

하나님은 우리 마음에 율법만 새겨 놓으신 것이 아니라(참조. 롬 2:15) 행복을 좋아하는 성향도 새겨 놓으셨다.

"모든 인간은 행복을 추구한다"라고 말한 블레즈 파스칼은 신학에 대한 자신의 생각을 모은 글에 이렇게 썼다.

이 열망과 무력감이 말해주는 것은 한때 각 사람 안에 참된 행복이 있었는데 지금은 텅 빈 자국과 흔적만 남아 있다는 것이 아니고 무엇인가? 우리는 이 빈자리를 주변의 모든 것으로 채우려 한다. 존재하는 것들로 안 되면 존재하지 않는 것들로라도 도움을 얻으려 한다. 그러나 어떻게 해도 달라지는 건 없다. 이 무한한 심연은 불변하는 무한한 무엇, 다시 말해 하나님 자신으로만 채워질 수 있기 때문이다. 그분만이 우리의 참된 선(善)이시다.[17]

다시 말해 인류의 타락은 행복을 향한 열망을 만들어낸 것이 아니라 그것을 탈선시켜 오도했다.

성경에서 우리를 아담의 죄와 연관시키는 방식을 보면 마치 우리가 에덴동산에 아담과 함께 있었던 것처럼 시간을 뛰어넘는다(참조. 롬 5:12-21). 비슷하게 나는 타락 이전부터 내재되어 있던 행복에 대한 의식을 우리가 에덴에 살던 조상에게서 물려받았다고 믿는다. 우리 마음이 죄와 고난에 안주하기를 거부하고 무언가 더 나은 것을 열망하는 이유가 이것으로 설명된다.

우리가 자연 도태와 적자생존의 산물일 뿐이라면 먼 옛날 행복이 존재했다고 믿을 이유가 전혀 없다. 그런데 인류의 타락과 저주를 생전 배우지 않은 사람들도 무언가 대단히 잘못되어 있음을 직관으로 안다.

우리가 행복을 열망하는 이유, 유토피아 사회를 본 적이 없는데도 그 사회가 어떠해야 하는지 아는 이유가 달리 무엇이겠는가? 우리는 에덴동산을 희미한 그림자로밖에 보지 못했으면서도 그곳에 대한 향수가 있다.

중세 철학자이자 신학자인 캔터베리의 안셀무스(Anselmus of Canterbury, 1033-1109)는 인류가 타락하여 하나님을 아는 데서 오는 행복을 잃은 것을 이렇게 슬퍼했다. "인간의 비참한 운명이여, 자신이 지음 받은 목적을 잃었구나!…복[행복]을 누리도록 지어졌으나 그것을 잃고 엉뚱하게 불행을 얻었도다."[18]

성공회 주교 J. C. 라일(J. C. Ryle, 1816-1900)은 "행복은 온 인류가 얻고자 갈망

하는 것이다. 행복을 향한 갈망은 인간의 심령 깊숙이 심어져 있다"라고 썼다.[19]

이 갈망이 우리의 심령 "깊숙이 심어져" 있다면 누가 그것을 심었는가? 이 질문에 어떻게 답하느냐에 따라 세상을 보는 눈이 완전히 달라진다. 아담과 하와는 죄를 짓기 전부터 행복을 원했는가? 하나님이 주시는 음식에서 단맛이 나서 즐겼는가? 햇빛이 따사로워서 그 아래 앉았으며, 물이 시원해서 그 속에 뛰어들었는가? 하나님이 행복하신 분이라면(제2부에서 살펴볼 주제다) 우리를 지으시면서 행복해지려는 갈망과 행복을 누리는 역량을 주시지 않았겠는가?

그리스도를 따르는 사람들이 흔히 하는 말이 있다. "하나님이 당신에게 주시려는 것은 복이지 행복이 아니다."[20] "하나님은 당신이 행복해지기를 원하시는 것이 아니라 거룩해지기를 원하신다."[21] "하나님이 바라시는 것은 당신의 행복이 아니라 강건함이다."[22] 그러나 하나님이 우리의 행복을 원하지 않으신다는 메시지는 복음에 도움이 되는가, 아니면 오히려 방해가 되는가?

하나님을 행복과 그리고 행복을 향한 우리의 열망과 분리시키면 기독교 세계관이 약화된다. 차라리 "숨도 쉬지 말고 먹지도 말고 하나님을 예배하라"고 말하는 편이 낫다. 하지만 인간은 호흡하고 먹고 행복을 갈망해야만 한다. 그러면서도 하나님을 예배할 수 있다!

하나님과 사탄을 각각 거룩함과 행복에 놓고 대치시키는 것은 위험한 장난이다

마귀는 이 전략에 도가 텄다. 처음부터 그는 우리가 잘되든 말든 하나님은 무관심하다고 거짓말했다. 사실 하나님은 우리가 그분 안에서 참된 행복을 구하기 원하시지만, 사탄은 우리가 자화자찬의 교만에서 비롯되는 가짜 거룩함을 좇기 원한다. 바리새인들은 자기네 기준대로 거룩해지려는 열정이 대단했다. 그리스도는 여기에 어떻게 반응하셨던가? "너희는 너희 아비 마귀에게서 났으니 너희 아비의 욕심대로 너희도 행하고자 하느니라"(요 8:44).

사탄은 하나님을 미워하고 우리를 미워한다. 그분과 우리의 거룩함을 미워하는 것 못지않게 그분과 우리의 행복도 미워한다. 그는 행복하지 않으며 우리에게 줄 행복도 없다. 그가 내주는 거라고는 행복해 보이는 화려한 포장지에 싼 독약뿐이다. 마귀는 우리 안에 행복을 갈망하는 마음을 심어줄 능력이 없다. 사탄의 전공은 행복이 아니라 죄와 불행이다. 행복이 없는 데서 행복을 찾으려는 것이 죄와 불행의 씨앗이다. 행복을 향한 우리의 갈망을 심어주신 분은 하나님이다.

침례교 목사이자 교수인 존 브로더스(John Broadus, 1827-1895)는 그것을 이렇게 표현했다.

> 사역자가 행복을 향한 갈망과 그것의 부정적 짝인 불행에 대한 두려움에 호소하는 것은 정당하다. 단지 옳다는 이유만으로 늘 옳게 행해야 한다고 주장하는 철학자들은 아예 철학자도 아니다. 인간의 본성에 대해 심히 무지하거나 아니면 한낱 탁상공론에 빠져 있기 때문이다.[23]

현대 복음주의는 행복에 대해 반감을 품고 있는데, 만일 기독교를 사람들이 가장 열망하는 것과 반대되게 제시하면 오히려 역효과를 면할 수 없다(물론 우리는 죄 가운데서 행복을 구하는 버릇이 있지만 문제의 핵심은 행복을 구하는 것이 아니라 하나님 대신 죄를 선택하는 것이다).

영원한 행복을 갈구하지만 정작 얻는 사람은 드물다

안셀무스의 말은 비참하게도 자명해 보인다. "행복을 구하려는 의지가 있다고 해서 누구나 행복한 것은 아니다."[24] 아담과 하와는 불순종 때문에 하나님을 등지고 행복을 잃었다. 그러나 행복해지고 싶은 마음까지 잃은 것은 아니다.

많은 사람이 그토록 불행한 것은 왜일까? 파스칼은 이렇게 추측했다. "폐위된 왕을 제외하고는 왕이 아니라서 불행한 사람이 누구일까?"[25]

우리는 위대한 존재로 지음 받았기에 세상의 천박한 것들로는 만족하지 못한다. 또 불행이 비정상임을 알기에 누군가가 어떻게든 영원한 행복을 가져다주기를 희구한다. 누군가란 예수님이고, 어떻게는 바로 그분의 구속(救贖) 사역이다.

A. W. 토저(A. W. Tozer, 1897-1963)는 "인간은 죄가 주는 것들로 행복해지기에는 너무 큰 존재라서 권태에 빠져 있다"라고 썼다.[26]

우리도 아담과 하와의 후손인지라 하나님과 분리된 상태를 물려받았고 그리하여 행복을 잃었다. 그러나 한때 우리가 행복했고 다시 행복해져야 한다는 깊은 의식만은 오랜 세월이 흐른 지금도 그대로 남아 있다.

진정한 행복을 향한 이 집요한 갈망은 때로 고통스럽지만 하나님이 우리에게 베푸시는 은혜다. 한때 인류가 알았던 행복을 열망하기에 우리는 그리스도 안의 참된 행복 쪽으로 이끌릴 수 있다. 그 행복은 복음을 통해 우리에게 주어진다.

하나님은 행복해지고픈 내 끈질긴 소원을 통해 나를 준비시켜 복음의 메시지를 받아들이게 하셨다. 그리스도 안에 있는 "큰 기쁨의 좋은 소식"이야말로 내 젊은 영혼이 애타게 목말라하던 시원한 물이었다.

복음은 복음의 필요성을 아는 사람들에게만 좋은 소식이다. 예수님 없이도 행복했다면 나는 결코 그분께로 오지 않았을 것이다.

Chapter·2

행복을 열망하는 본성은
우리에 대해 무엇을 말해주는가?

> 즐겁게 소리칠 줄 아는 백성은 복이 있나니[행복하나니] 여호와여 그들이 주의 얼굴 빛 안에서 다니리로다.
>
> 시편 89:15

> 첫째로 짐승들 중에 돋보이는 인간의 특이성을, 둘째로 태고의 행복을 아는 인간의 전통을 나에게 설명해달라.
>
> G. K. 체스터턴(G. K. Chesterton)

정신과 의사 린 로즌(Lynne Rosen)과 동기부여 강사 존 리티그(John Littig)는 뉴욕의 WBAI 라디오 방송국에서 "행복의 추구"(The Pursuit of Happiness)라는 1시간짜리 프로그램을 공동으로 진행했다. 그러나 브루클린의 이 커플이 마지막으로 한 행동은 서로의 얼굴에 비닐봉지를 씌워주고 동반 자살을 한 것이다.¹

로즌과 리티그는 행복을 추구하는 데는 전문가였으나 행복을 잡는 데는 실패했다. 이 비참한 커플은 행복을 겨냥한 제품과 행사와 책을 광고하고 구입할수록 더 불행해질 수 있다는 아이러니를 보여주는 전형적 사례다.

마샬 애플화이트(Marshall Applewhite)가 이끌던 사이비 종교 단체인 '천국의 문' 회원들은 1997년에 집단 자살을 했다. 그들은 일단 물리적 몸만 빠져나가면 우주선으로 옮겨가 헤일밥(Hale-Bopp) 혜성을 따라간다고 배웠다. 죽은 사람마다 5달러 75센트를 지니고 있었는데 왜 그랬을까? 다른 행성으로 이동하는 데 드는 통행료를 내기 위해서였다.

우리 대부분은 그렇게 쉽게 속는 사람들에게 고개를 내두르며 경악한다. 그러나 행복을 얻으려는 자신의 온갖 헛수고는 보지 못한다. 많은 사람이 오랜 관습에 의지하여 돈, 섹스, 권력, 미모, 스포츠, 자연, 음악, 예술, 교육, 일, 인기 등에서 행복을 얻으려 한다. 결국 이 모두는 혜성을 뒤쫓아간다는 우주선 만큼이나 새빨간 거짓말로 밝혀진다.[2]

'천국의 문'을 추종한 사람들의 문제는 너무 많이 믿은 것이 아니라 엉뚱한 사람을 믿었다는 것이다. 그들의 믿음을 받기에 합당한 대상은 예수님뿐이다. 그분만이 그들이 구하던 깊고도 영원한 행복을 이생에서 영원까지 주실 수 있다.

인생에서 원하는 것이 무어냐고 물으면 사람들은 '행복'이라 답한다

가장 피상적인 유물론자나 가장 독실한 성인(聖人)이나 다를 바 없다. 우리는 다 행복을 구하도록 되어 있다.

그리스 철학자 아리스토텔레스(Aristoteles, BC 384-322)는 "그러므로 행복은 최후의 독자적 존재요 모든 활동의 목표다"라고 했다.[3]

오랜 세월 후 프랑스의 철학자 드니 디드로(Denis Diderot, 1713-1784)가 한 말도 사실상 같은 의미다. "세상에 열망은 하나뿐이니 곧 행복해지려는 열망이다."[4]

심지어 진화론의 창시자로 정평이 난 찰스 다윈(Charles Darwin, 1809-1882)도 "지각이 있는 모든 존재는 일반적으로 행복을 누리도록 형성되어 있다"라고 썼다.[5]

철학자요 심리학자인 윌리엄 제임스(William James, 1842-1910)는 이렇게 말했다. "사실 대다수 사람에게 행복을 얻고 지키고 되찾는 법이야말로 모든 행동의 숨은 동기다. 이를 위해서라면 사람은 무엇이든 기꺼이 견딘다."[6]

행복을 추구하는 것은 성별과 나이와 생활 환경을 초월한다. 나치의 유태인 대학살로 희생된 안네 프랑크(Anne Frank, 1929-1945)는 십대의 나이에 "우리는 다 행복해지려는 목표를 품고 살아간다. 우리의 삶은 다 다르면서도 똑같다"라고 썼다."⁷

1898년에 L. K. 워시번(L. K. Washburn)은 종교를 논박하는 기사에 이렇게 말했다. "행복은 인간 심령의 메카인지라 그곳을 향한 정신적 순례는 끊일 줄 모른다…누구나 행복해지기 원하며 그 목표를 위해 생각하고 수고하며 소망하고 살아간다."⁸

청교도와 철학자와 무신론자와 불가지론자가 힘주어 동의하는 주제가 몇이나 되던가? 그 몇 안 되는 주제 중 하나가 바로 행복을 향한 우리의 타고난 열망이다.

행복의 열망은 우리를 어디로 데려가는가?

C. S. 루이스는 초서(Chaucer)의 『기사(騎士) 이야기』(The Knight's Tale)에 나오는 생생한 직유를 『버려진 형상』(The Discarded Image)에 인용하여, 진리를 구하는 방식은 틀렸을지라도 인간이 "진리를 어렴풋이 알아차리고 있음"을 예시했다. 그 기사는 인간의 여정을 이렇게 묘사한다. "모든 인간은 참된 선(善)이 행복임을 알고 있다. 그래서 누구나 그것을 구하지만 대부분 길을 잘못 들어선다. 마치 술 취한 사람이 자기 집이 있음을 알면서도 집으로 가는 길을 찾지 못하는 것과 같다."⁹

에덴을 경험한 사람은 둘뿐인데 인류는 그곳에 대한 향수가 있다. 우리는 평생 평화로운 즐거움을 뒤쫓지만 집을 찾다가 막다른 골목에 부딪히거나 벽에 가로막힌다.

자신이 헤매고 있음을 우리는 본능적으로 안다. 되돌아갈 길을 모를 뿐이다. 우리네 인생은 다분히 집에 가려고 으레 방향을 잘못 돌다가 가끔씩은 제대로 도는 이야기다. 우리의 집은 행복 자체이신 하나님이다.

삶이 내주는 행복은 우리의 기대에 못 미친다

지키지도 못할 약속을 늘어놓는 정치가들과 종교 지도자들과 광고들의 맹공에 우리 모두 질리지 않았는가? 잔뜩 부풀려진 우리의 기대는 매번 무산되기 일쑤다. 삶의 이력이 이러한데도 우리는 계속 더 나아지기를 바란다.

곰돌이 푸우를 탄생시킨 A. A. 밀른(A. A. Milne, 1882-1956)은 기대가 주는 기쁨을 이렇게 표현했다.

> "글쎄, 내가 제일 좋아하는 건" 푸우는 말하다 말고 생각해야 했다. 꿀을 먹는 것이 아주 좋긴 하지만 먹기 직전의 순간이 먹을 때보다 더 좋았기 때문이다. 그런데 푸우는 그걸 뭐라고 부르는지 몰랐다.¹⁰

C. S. 루이스(C. S. Lewis)는 이 기대를 젠주흐트(Sehnsucht)라 불렀다.¹¹ '동경'을 뜻하는 독일어 단어 젠주흐트는 적어도 지금은 갈 수 없는 먼 나라를 향한 그리움을 묘사할 때 쓰인다. 루이스는 동경 자체와 그 첫맛을 동경의 대상인 기쁨과 연결했다.

타락 이전의 아담과 하와도 틀림없이 좋은 음식을 기대했을 것이고, 에덴의 음식은 기대보다 훨씬 더 좋았을 것이다. 그러나 타락 후로는 반대가 되었다. 우리는 음식과 오락과의 관계에서 그 이상의 무엇을 기대하기 때문에 실망할 수밖에 없다. 비록 타락한 세상에 살고 있어도 더 나은 세상에 대한 우리의 기대와 희망은 그대로 남아 있다.

A. W. 토저(A. W. Tozer)는 이렇게 말했다. "타락에 여러 가지 의미가 있겠지만 인간과 창조주의 관계가 확연히 달라진 것만은 두말할 여지가 없다. 인간은…창조주와 피조물의 올바른 관계를 망쳐놓았다. 자신의 참 행복이 그 관계 속에 있는지도 모른 채 말이다." 타락을 이렇게 이해하지 않고는 우리의 잃어버린 행복을 되찾아주는 복음의 진가를 알 수 없다. "본질상 구원이란 인간과 창조주의 올바른 관계를 회복해 창조주와 피조물의 관계를 정상으로 되돌리

는 일이다."[12]

어린 시절, 공상 소설은 내 반경 너머의 위대하고 경이로운 무엇에 대한 갈망을 건드렸다. 나는 에덴동산이 있었다는 것을 알기도 전부터 그곳을 동경했고, 하나님을 믿기도 전부터 그분을 그리워했다.

내가 복음을 받아들인 것은 복음이 내가 열망하던 그것에 완전히 부합했기 때문이다. 많은 세계관을 공부해보았지만 성경의 세계관 근처라도 오는 것은 하나도 없었다. 성경의 세계관은 행복을 향한 열망까지 포함하여 우리 실존의 모든 사실을 설명해준다.

인류 역사는 다분히 우리가 행복을 추구해 온 이야기다

각 잡지마다 '행복 편집자'가 있어 행복과 관련된 기사를 창작하거나 발굴하는 일만 전담한다. 인터넷에서 '행복한 시간'(happy hour, 술집이나 식당에서 무료나 싼 값으로 서비스를 제공하는 시간-역주)을 검색해보라. 조회 건수가 1억 회를 넘을 것이다(사람들이 '행복한 시간'에 몰려드는 이유는 불행해지고 싶어서가 아니다). 온라인 세계에는 '행복 전도사'로 자처하거나 '행복으로 가는 간단한 3단계(또는 5단계, 10단계)'를 제시하는 사람들이 넘쳐난다.

작가 토머스 울프(Thomas Wolfe, 1900-1938)는 한동안 행복을 추구하다가 인생에 대한 이런 어두운 진단을 내놓았다.

> 내 확고한 인생관 전체를 지배하는 신념은 이제 이것이다. 외로움은 나 자신이나 소수의 고독한 사람들에게만 해당되는 드물고 흥미로운 현상이 아니라 인간 실존에 있어 핵심적이고 불가피한 사실이다…새 출발을 약속하며 환히 빛나는 아침은 다시는 이 땅에 이전처럼 밝아 오지 않을 것이다.[13]

성경의 관점에서 보면 울프가 말한 외로움은 인간이 하나님과 분리된 결과다. 그의 진단은 예리했지만 두 팔을 벌리고 계신 그리스도를 인정하지 않았다. 우리 모두처럼 울프에게도 예수님이 절실히 필요했으나 그분께 가려면 자백하고 복종해야 한다. 하나님의 기적 같은 개입이 없는 한 그분을 의지하기는커녕 무조건 가공(架空)의 자립을 선택하는 것이 우리다. 그분을 의지하려면 겸손해야 한다.

이 책의 마지막인 제4부에서 더 행복해지기 위해 우리가 선택할 수 있는 길을 살펴볼 것이다. 사실 모든 인구 집단의 많은 사람은 기쁨을 얻으리라는 희망을 이미 조용히 포기했다.

정신과 의사 폴 D. 마이어(Paul D. Meier)는 이렇게 썼다.

> 백만장자 사업가들이 내 사무실에 찾아와 하는 말이 자기는 큰 집, 요트, 별장…착실한 자녀, 미모의 정부(情婦), 눈치 채지 못하는 아내, 회사 내의 안정된 지위가 있으나…자살 욕구도 함께 있다고 털어놓곤 한다. 세상이 줄 수 있는 건 다 있는데 딱 하나, 내면의 평안과 기쁨이 없다. 그래서 마지막 수단으로 내 사무실에 찾아와 제발 자살 충동을 극복하게 해달라고 내게 애원한다.[14]

이런 절망의 한복판에 선 우리에게 하나님이 기쁜 소식을 주신다. 바로 우리를 변화시키는 그분의 은혜, 자비, 사랑, 영원한 행복이다. "목마른 자도 올 것이요 또 원하는 자는 값없이 생명수를 받으라"(계 22:17).

하나님이 주시는 복음을 통해서만 참된 행복을 얻을 수 있다

사탄은 알고 있는데 우리가 흔히 놓치는 진리가 하나 있다. 죄는 행복을 방해한다. 찰스 스펄전에 따르면 "인간은 본래 슬퍼하도록 지어진 것이 아니라 기뻐하도록 지어졌다. 에덴동산은 인간의 행복한 거주지였다. 하나님께 순종하던 동안에는 인간을 슬프게 할 무엇도 그 동산에 자라지 않았다."[15]

사도 요한은 천사의 도움으로 새 땅에 미리 가보았다. 거기서 그가 "수정같이 맑은 생명수의 강"을 보니 "하나님과 및 어린 양의 보좌로부터 나와서 길 가운데로 흐르더라 강 좌우에 생명나무가 있"었다. 이어 그는 새 땅에 살아갈 사람들의 삶이 어떠할지 이렇게 설명했다. "다시 저주가 없으며 하나님과 그 어린 양의 보좌가 그 가운데에 있으리니 그의 종들이 그를 섬기며 그의 얼굴을 볼 터이요"(계 22:1-4).

하나님은 우리가 그 정도로 행복해지기를 원하신다. 그래서 우주를 재창조하시고, 우리를 죽음에서 다시 살리시며, 에덴의 경이를 수천 배로 배가하여 되돌려주신다. 거기서 우리는 그분과 즐거이 교제하며 영원히 살 것이다. 그분은 이 모두를 자신의 피로 사시고 값을 치르셨다.

성경은 하나님의 사람들에게 영원한 행복을 약속한다

세계 평화와 우주적 행복은 유토피아의 꿈처럼 보이지만 이 꿈은 무리한 억지가 아니다. 하나님 말씀에 따르면 유토피아는 한때 존재했고 다시 존재할 것이다(무리한 억지는 우리 자신의 힘으로 유토피아를 창조할 수 있다는 신념이다!).

우리가 듣고 기뻐해야 할 것이 있는데 곧 미래에 이루어질 복락원이다. 예수님은 제자들에게 장차 "세상이 새롭게" 될 날을 약속하셨다(마 19:28). 영어표준역(ESV)에는 이 말이 "새로운 세상"으로, 유대인성경전서(CJB)에는 "중생한 세상"으로 번역되어 있다.

장차 우리가 영원한 부활의 몸을 입듯이 세상 자체도 부활할 것이다. 베드로는 "하나님이 영원 전부터 거룩한 선지자들의 입을 통하여 말씀하신 바 만물을 회복하실 때까지는" 그리스도가 재림하지 않으신다고 설교했다(행 3:21). 신세기역(NCV)에는 "만물이 다시 올바르게 될 때"로 표현되어 있다. 우리가 누릴 새 땅에는 아담과 하와가 상상도 하지 못했을 훨씬 큰 행복만이 있을 것이다.

과거는 하나님의 피조물이 그분을 등졌던 한때의 반항기로 기억될 것이다.

예수님이 인류 역사 속으로 들어와 우리를 구속하시고 하나님과 그분의 사람들이 공유했던 행복을 회복하신 일을 우리는 영원히 즐거워할 것이다.

하나님의 자녀인 우리에게는 과거에 그분이 신실하셨던 역사가 있고 미래가 안전하다는 확신이 있다. 현재를 보는 우리의 관점은 거기서 비롯되어야 한다. 인생의 가장 불행한 시기에도 그런 시각이 우리 안에 행복을 불어넣어줄 수 있다. "우리가 주목하는 것은 보이는 것이 아니요 보이지 않는 것이니 보이는 것은 잠깐이요 보이지 않는 것은 영원함이라"(고후 4:18).

하나님 없이는 참된 행복도 없다

찰스 다윈은 생애 말년에 그의 표현으로 '행복의 상실'에 대해 말했다.

> 서른 살 남짓까지는 각종 시(詩)가…내게 큰 낙이 되었고, 학창 시절에도 셰익스피어의 작품은 내게 짜릿한 즐거움을 주었다…전에는 그림도 내게 큰 기쁨이었고, 음악이 주는 즐거움은 아주 컸다. 그런데 지금은 몇 년째 시 한 줄도 읽을 수 없다. 최근에 셰익스피어의 작품을 읽어보았으나 참을 수 없이 따분해 구역질이 날 정도였다. 그림이나 음악에 대한 취미도 거의 다 잃었다…멋진 경치에 대한 감각은 좀 남아 있으나 이 또한 전만큼 섬세한 즐거움을 주지는 못한다…내 사고는 방대한 정보를 모아 일반 법칙을 갈아내는 기계가 된 것 같다…이런 즐거움의 상실은 곧 행복의 상실이고, 자칫 지성에 해로울 수 있으며, 도덕적 성품에는 더 해가 될 소지가 높다. 우리 본성의 정서적 부분을 약화시키기 때문이다.[16]

다윈은 행복이 줄어든 원인을 자신의 세계관이 서서히 변한 탓으로 돌리지 않았을지 모르지만, 그가 받아들인 자연주의적 관점이 하나님의 창조 세계를 공부하던 초기의 즐거움을 점차 갉아먹었을 것이다. 그 결과는 기계처럼 기쁨이 없는 냉담함이었다.

영국의 시인이자 신학자인 토머스 트러헌(Thomas Traherne, 1636–1674)은 "하나님 안에서 노래하고 기뻐하고 즐거워할 수 없는 사람은…세상을 누리지 못한다"라고 말했다.[17] 물론 비신자들도 제한된 기쁨을 경험할 수 있지만 창조주를 알고 사랑하면 우리 마음에서 즐거움이 우러나와 극대화된다.

하나님 없이 행복을 구하는 것은 습기 없는 물을 구하거나 빛 없는 해를 구하는 것과 같다. 하나님 자신이 창조 세계 속으로 흘러넘치는 행복이시기 때문에 그분을 행복과 분리하려는 시도는 모두 헛수고다.

스코틀랜드의 작가 조지 맥도널드(George MacDonald, 1824–1905)는 1847년에 자기 아버지에게 쓴 편지에 자신이 그리스도께로 돌아올 때 부딪힌 벽에 대해 이렇게 썼다.

> 신앙을 진지하게 생각하기로 마음먹기까지 제게 가장 힘들었던 것은 하나님이 지으신 것들을 사랑하는 마음과 제가 가진 좋은 생각들을 버려야 하는 줄로 알았던 것입니다. 그러나 알고 보니 죄가 아닌 것에서 비롯되는 모든 행복은 신앙을 통해 훨씬 깊어집니다. 하나님은 미(美)의 신이시고, 신앙은 미를 사랑하는 마음이며, 천국은 미의 집입니다. 자연은 의의 햇빛 아래서 열 배는 더 밝아지고, 자연을 사랑하는 제 마음은 그리스도인이 된 뒤로 더 뜨거워졌습니다…하나님은 제게 이런 생각들을 주시고는 그것을 누리지 못하도록 금하시는 분이 아닙니다. 오히려 그런 생각들을 통해 저로 하여금 소리 높여 찬송할 수 있게 하시지 않겠습니까?[18]

미와 자연을 지으시고 그 속에 자신을 계시하신 하나님을 사랑하면 미와 자연도 더 사랑할 수밖에 없다. 어떻게 그러지 않을 수 있겠는가?

내가 살고 있는 오리건 주는 자연이 만들어낸 절경에 둘러싸여 있어 사람들이 그것을 사랑하다 못해 아예 숭배할 때도 있다. 그래서 자주 곱씹는 아이러 니지만 오리건 주와 바로 위의 워싱턴 주는 전국에서 그리스도를 따르는 사람의 비율이 가장 낮은 축에 든다. 하나님의 은혜와 자비로, 지금은 사람들이 그 분을 거부하고도 그분이 베푸시는 일반 은혜의 혜택을 다 누릴 수 있다. 관계와 자연미와 예술미와 쾌락을 사랑하는 즐거움도 거기에 포함된다. 그러나 경고할 것이 있다. 우리의 시간은 제한되어 있다. 이 한시적 상황은 어느 날 갑자기 끝날 것이다(참조. 히 9:27-28, 계 20:11-15).

이생이 끝날 때 우리가 받을 수 있는 것은 다음 두 조합 중 하나뿐이다.

1. 하나님도 있고 행복도 있는 상태
2. 하나님도 없고 행복도 없는 상태

하나님은 있는데 행복이 없거나, 반대로 행복은 있는데 하나님이 없는 상태는 불가능하다.

Chapter·3

하나님은 우리가 행복하기를 원하시는가?

> 시온의 딸아 노래할지어다 이스라엘아 기쁘게 부를지어다 예루살렘 딸아 전심으로 기뻐하며[행복해하며] 즐거워할지어다.
> 스바냐 3:14

> 하나님은 인간을 지으실 때도 다른 모든 피조물이 그런 것처럼 행복하도록 지으셨다… 행복한 것이 인간의 제 모습이다.
> 찰스 스펄전

내가 쓴 소설 『천국의 사람 리쿠안』(Safely Home, 규장 역간)에 보면 하버드 대학교 시절 룸메이트였던 두 친구가 졸업한 지 20년 만에 중국에서 재회하는 이야기가 나온다. 한 사람은 첨단기술을 다루는 다국적 기업에 공동으로 출자한 미국의 사업가 벤 필딩이고, 또 한 사람은 박식한 학자 리쿠안이다. 둘이 마지막으로 헤어질 때 리쿠안은 중국의 한 대학교에서 교수가 되려고 떠나는 길이었다.

중국에 출장을 갔다가 리쿠안을 다시 만난 벤은 옛 친구의 모습에 충격을 받는다. 리쿠안은 자물쇠 제조업자의 조수로 일하며 가난하게 살고 있고, 경찰이 자주 급습하는 가정교회의 멤버였다. 둘이 재회한 지 얼마 안 되어

리쿠안은 투옥된다. 그런데 리쿠안은 감옥에서도 늘 쾌활하게 하나님을 신뢰하고, 잔혹한 대우를 당하면서도 그분의 선하심을 즐거워하여 벤을 놀라게 한다.

중국에 체류하며 리쿠안과 그의 아내와 아들과 함께 보내는 시간이 많아질수록 벤은 옛 친구가 부럽기만 하다. 자기는 만사형통이고 그는 모든 것이 열악한데도 벤은 차라리 옛 룸메이트와 자리를 맞바꾸고 싶어진다. 이유가 무엇일까? 벤에게 없는 사랑과 행복이 그에게는 있었기 때문이다.

리쿠안은 하나님에게서 행복을 얻었다. 하나님은 감옥에서도 그와 함께하셨다. 벤 필딩은 세상이 주는 모든 것으로 행복을 얻으려 했으나 지독한 실망만 맛보았다.

행복은 하나님의 사람들을 향한 그분의 명령이자 즐거운 소명이다

C. S. 루이스는 "최대한 행복해지는 것이…모든 그리스도인의 의무다"라고 말했다.[1] 행복은 특권이다. 그러나 하나님이 우리에게 그분 안에서 기뻐하고 즐거워할 것을 거듭 명하시기에 우리는 그대로 행할 의무가 있다.

그게 말이 되려면 우리가 사랑하는 하나님이 행복하셔야만 하고, 우리가 받아들이고 전하는 복음의 메시지가 행복해야만 하며, 천국이 행복한 곳이어야만 한다. 그게 말이 되려면 우리가 또 알아야 할 사실이 있다. 사람들은 행복을 열망한다. 그러니 예수님 안에 행복이 없다고 믿는다면 그분께로 오지 않는다. 사람들은 그분을 따르는 사람들 안에 행복이 있는지를 보아 예수님 안에 행복이 있는지 여부를 판단한다. 그래서 우리의 행복은 그리스도인의 의무다.

하지만 이것은 얼마나 말할 수 없이 즐거운 책임인가. 엄마의 손맛이 밴 별미를 먹어야 하는 일과 같다! 우리는 의무를 행복이 아니라 고역으로 생각하는 버릇이 있다. 하지만 배우자를 사랑하고 아들딸을 돌보는 의무나 조국을 수호하는 군인의 의무는 그것을 올바른 마음과 시각으로 수행하기만 한다면 하나같이 만족과 자족과 행복을 가져다준다.

바울이 말한 빌립보서 4장 4절은 흔히 "주 안에서 항상 기뻐하라 내가 다시 말하노니 기뻐하라"로 번역된다. 하지만 "주 안에서 항상 행복하라 내가 다시 말하노니 행복하라"로 번역될 수도 있다. 스펄전은 이 구절을 주해하면서 "우리가 행복해야 한다는 의미다. 우리가 즐거워야 된다는 뜻이다"라고 말했다.[2]

이 본문은 우리에게 하나님 안에서 기뻐할 것을 두 번이나 명한다. 명령에는 순종의 의무가 수반되며 명령이 반복되면 그만큼 기대도 커진다. 다행히 하나님은 우리에게 기뻐하라고 명하실 뿐만 아니라 성령을 통해 순종할 능력도 주신다.

하나님은 "너희는 기뻐할 이유가 있느니라"고 서술하실 수도 있었다. 그러나 명령은 서술과 다르다. 명령은 기쁨이 오기만을 바라며 수동적으로 기쁨을 기다릴 재량을 남기지 않는다. 반대로 우리는 행동을 취하여 하나님 안의 기쁨을 붙잡아야 한다.

성적인 순결을 지키고 부도덕을 피하라는 명령은 그때그때마다 적극적인 선택을 요한다(참조. 살전 4:3). 범사에 하나님을 영화롭게 하고, 이웃을 사랑하며, 가족을 돌보고, 가난한 이들을 도우며, 갈등을 해결할 때도 비슷하게 우리 쪽의 행동이 요구된다. 기뻐하라는 명령도 마찬가지다.

"기뻐하라"는 말은 "항상"으로 수식되고 재차 반복됨으로써("내가 다시 말하노니 기뻐하라") 성경에서 가장 강경한 명령 가운데 하나가 되었다. 만일 우리 삶의 특징이 기쁨이 아니거나 행복을 포기한 상태라면 우리는 하나님의 의중을 놓친 것이다. 그분께 가서 도움과 능력을 구해 그분 안에서 기쁨을 찾아야 한다.

"또 여호와 안에서 너의 행복을 구하라. 그가 네 마음의 소원을 네게 이루어 주시리로다"(시 37:4, GNT). 이런 말씀을 보며 하나님께로 마음이 끌리려면, 정말 마음의 소원대로 행복을 누리고자 해야만 가능하다. 주위에서 들려오는 말대로만 하자면 "하나님께 순종하고 네 마음의 소원을 거부하라"는 말씀이 예상

될 법도 하다. 그런데 사실은 그렇지 않다!

예수님은 "지금까지는 너희가 내 이름으로 아무것도 구하지 아니하였으나 구하라 그리하면 받으리니 너희 기쁨이 충만하리라"고 말씀하셨다(요 16:24).

현대영어역(CEV)과 하나님의 말씀역(GWT)에는 둘 다 이 구절의 끝부분이 너희가 "온전히 행복해지리라"로 번역되어 있다.

행복하지 않은데 기쁨이 충만할 수 있을까? 그럴 수 없다.

성경 원어를 (풀어쓰지 않고) 직역한 CEV에 이런 말씀이 나온다.

- 우리의 능력이 되시는 하나님을 향하여 행복하게 노래하며(시 81:1).
- 행복해하고 즐거워하라. 하늘에서 너희의 상이 큼이라(마 5:12).

성경은 우리에게 행복해질 것을 분명히 명한다. 어떤 사람은 "하지만 그것은 영어의 한 역본일 뿐이다"라고 말할 것이다. 맞다. 하지만 다른 모든 역본에서도 표현만 다를 뿐 똑같은 명령이 울려나온다. 위의 본문들 및 비슷한 본문들을 그렇게 번역한 것이 CEV뿐만이 아니다. 기쁜소식역(GNT)에도 이런 말씀이 나온다.

- 네 샘으로 행복하게 하라. 네가 젊어서 취한 아내를 즐거워하라(잠 5:18).
- 너는 가서 행복하게 네 음식물을 먹고 즐거운 마음으로 네 포도주를 마실지어다. 이는 하나님이 네가 하는 일들을 벌써 기쁘게 받으셨음이니라(전 9:7).
- 행복한 자들과 함께 행복해하고 우는 자들과 함께 울라(롬 12:15).

하나님이 우리의 행복을 명하신다는 개념이 당신에게 익숙하지 않을 수 있다. 그러나 사실이다. 확신컨대 우리 대부분이 이 명령에 순종하고 싶을 것이다!

행복이 비성경적이라는 개념에 직관적으로 저항하는 사람들이 있다. 우리도 마땅히 그래야 한다. 어떤 블로거는 이렇게 말했다. "성경에 행복이 없다고? 그럼 기뻐하라는 모든 명령은 무엇인가? 웃음은 무엇인가? 늘 무거운 발걸음으로 축 쳐져서 억지로 순종해야 한다고 말하지는 말라. 나는 행복한 그리스도인이 되고 싶다!"[3]

하나님이 우리가 행복하기를 원하시는 것은 성경이 확증한다

나는 "기쁨, 행복, 즐거움, 명랑, 쾌락, 축제, 쾌활함, 웃음, 낙, 환희, 잔치, 희열" 같은 단어가 나오는 성경 구절을 2,700군데도 더 공부했다. 종종 행복의 의미가 내포된 "복"과 "축복"까지 더하면 숫자는 더 늘어난다.

하나님이 명백히 밝히셨듯이 행복이나 기쁨이나 즐거움이나 낙이나 쾌락을 죄를 통해 구하는 것은 잘못이며 부질없는 짓이다. 그러나 그분 안에서 행복을 구하는 것은 선하고 옳은 일이다.

이 책에 가장 자주 인용되는 ESV에는 다른 많은 역본만큼 '행복'이란 단어가 자주 나오지는 않는다. 그래도 일부를 소개하면 다음과 같다.

- 이스라엘이여, 너는 행복한 사람이로다. 여호와의 구원을 너 같이 얻은 백성이 누구냐(신 33:29).
- 유다와 이스라엘의 인구가 바닷가의 모래같이 많게 되매 먹고 마시며 행복해하였으며(왕상 4:20).
- 행복하도다, 당신의 사람들이여. 행복하도다, 당신의 이 신하들이여. 항상 당신 앞에 서서 당신의 지혜를 들음이로다(왕상 10:8).
- 좋은 소식을 전하며 평화를 공포하며 행복한 좋은 소식을 가져오[는]…자의 산을 넘는 발이 어찌 그리 아름다운가(사 52:7).

아래와 같은 본문에는 '행복'이란 단어는 없지만 그 개념만은 틀림없다.

- 네가 사랑하는 아내와 함께 즐겁게 살지어다(전 9:9).
- 고난 받는 자는 그 날이 다 험악하나 마음이 즐거운 자는 항상 잔치하느니라(잠 15:15).

대다수 역본에 "마음이 즐거운 자"로 번역된 부분이 3종의 역본에는 "마음이 명랑한 자"로, 흠정역(KJV)을 비롯한 4종의 역본에는 "마음이 유쾌한 자"로, 새생활역(NLT)을 비롯한 5종의 역본에는 "마음이 행복한 자"로 옮겨져 있다. 어느 것이 맞을까? 모두 맞다. 이 단어들은 다 동의어다.

예레미야는 하나님의 백성이 당하는 비참한 고난 때문에 슬픔에 잠겼다 하여 '눈물의 선지자'로 불리는데 심지어 그도 행복을 예언했다. 미래를 내다보며 그는 하나님이 약속하신 행복을 어렴풋이 보았다. 장차 올 새 예루살렘의 모습도 많지만 더러는 이 세상의 예루살렘이 맞을 미래기도 하다.

너희는 여호와의 말씀을 듣고…[내 백성이] 와서 시온의 높은 곳에서 찬송하며 여호와의 복[을]…얻고 크게 기뻐하리라 그 심령은 물 댄 동산 같겠고 다시는 근심이 없으리로다…그때에 처녀는 춤추며 즐거워하겠고 청년과 노인은 함께 즐거워하리니 내가 그들의 슬픔을 돌려서 즐겁게 하며 그들을 위로하여 그들의 근심으로부터 기쁨을 얻게 할 것임이라(렘 31:10,12-13).

눈물의 선지자에게 이 정도면 엄청난 기쁨이다!
큰 슬픔만 아니라 큰 행복도 담아낸 시편을 생각해보라.

- 내가 주를 기뻐하고[행복해하고] 즐거워하며 지존하신 주의 이름을 찬송하리니(시 9:2).
- 주의 앞에는 충만한 기쁨이 있고 주의 오른쪽에는 영원한 즐거움[행복]이

있나이다(시 16:11).

- 하나님이여 주의 인자하심이 어찌 그리 보배로우신지요…그들이 주의 집에 있는 살진 것으로 풍족할 것이라 주께서 주의 복락[즐거움]의 강물을 마시게 하시리이다(시 36:7-8).

- 그런즉 내가 하나님의 제단에 나아가 나의 큰 기쁨[행복]의 하나님께 이르리이다 하나님이여 나의 하나님이여 내가 수금으로 주를 찬양하리이다(시 43:4).

예레미야와 예수님이 울었던 것처럼 우리도 때로 울 것이며 마땅히 그래야 한다. 그러나 하나님 안에서 행복을 경험하지 못한다면 우리는 그분의 명령에 순종하지 않는 것이며, 예수님이 우리에게 주러 오신 풍성한 삶을 놓치는 것이다(참조. 요 10:10).

오늘날 그리스도인은 행복에 대한 말을 줄일 것이 아니라 더 늘려야 한다

아시시의 프란시스(Francis of Assisi, 1181-1226)는 "슬픔일랑 마귀와 그의 사자들에게 넘겨주자. 우리는 기뻐하고 즐거워할 수밖에 없지 않은가?"라고 말했다.[4]

언젠가 대화를 나누었던 한 젊은 여성은 그리스도인의 삶을 한없이 권태롭게 여겼다. 그녀는 그리스도를 따르는 것이 옳은 일인 줄은 알았지만 그러려면 자신의 행복을 희생해야 한다고 확신했던 것이다.

관점이 근본적으로 바뀌지 않는 한 그녀의 영적 미래는 암담하다. 뻔히 행복을 가져다줄 일을 끈질기게 거부하기란 우리의 본성에 어긋나며, 불행을 안겨줄 일을 받아들이는 것도 마찬가지다(인내를 불행한 선택이라 착각해서는 안 된다. 치매로 고생하는 아내를 충실하게 사랑하는 남자는 불행을 선택하는 것이 아니라 행복 곧 아내를 존중하고, 결혼 서약을 지키며, 하나님께 "잘하였도다"라는 말씀을 듣는 것을 선택하는 것이다).

건전한 기독교 가정과 교회에서 자란 이 젊은 여성은 그런 비성경적 개념을 어디서 배웠을까? 우리가 어떻게 하고 있기에, 무엇이 결핍되어 있기에 많은 자녀와 교회가 그런 잘못된 생각으로 고생하고 있을까? 그리스도인의 삶의 구심점을 하나님이 말씀하신 '행복한 좋은 소식'에 두는 것이 우리 생각에는 왜 영적이지 못할까?

역사를 통틀어 교회의 특성은 축제와 즐거운 마음이었고, 이는 교회가 고난 당할 때도 마찬가지였다. 성경적으로 말해 하나님 백성의 문화는 기쁨과 행복과 감사, 먹고 마심, 노래와 춤과 음악의 문화다. 불행해질 이유가 있는 쪽은 하나님을 아는 사람들이 아니라 모르는 사람들이다.

세상에 비치는 우리의 얼굴이 분노나 불행, 수치나 비겁함 또는 방어의 얼굴이라면 우리가 말하는 복음이 행복한 좋은 소식으로 보일 리가 없다. 교회 안팎의 사람들이 거기에 끌리지 않는다 해도 놀랄 것이 없다. 끌려야 할 이유가 무엇인가?

기쁨과 웃음은 예외가 아니라 교회의 규범이어야 한다

교회를 침울하고 고도로 비판적인 곳으로 보며 자란 아이들은 행복을 추구할 때 교회를 등진다. 그러나 교회에서 행복을 얻었던 아이들은 대개 교회에 남아 있거나 다시 돌아온다.

안타깝게도 요즘 많은 비그리스도인 청년들에게 비친 그리스도를 따르는 사람들은 "위선적이고" "둔감하고" "비판적이다."[5] 모두 불행한 사람들에게나 어울리는 단어들이다(세상이 우리를 비판하는 것은 어쩔 수 없지만 그것이 우리가 만성적으로 불행하기 때문이어서는 안 된다).

행복과 관련하여 그리스도인들 사이에 양극단이 있는 것 같다. 어떤 사람들은 태풍 피해가 보도되면 채널을 돌리고, 성매매와 낙태에 대한 고민을 거부하며, 이 세상의 고난을 무시한 채 피상적 삶에 매달린다. 그들은 부부관계에 문제가 있거나 자녀가 나쁜 친구들과 어울려도 그것을 외면한 채 예수님이 약속하신 고난 없는 평탄한 삶만 계속 주장한다(예수님이 그런 약속을 하신 적이 없다는 사실은 중요하지 않다).

다른 그리스도인들은 항상 침울하고, 웃거나 망가지는 적이 없으며, 좀처럼 축하할 줄 모르고, 다른 사람이 즐기는 모습에 금세 눈살을 찌푸린다. 늘 어깨가 축 처져 있는 그들에게 행복이란 경건하지 못한 것이다.

성경에 더 균형 잡힌 시각이 나온다. 바울은 자신이 "근심하는 자 같으나 항상 기뻐"한다고 했다(고후 6:10). 근심과 기쁨은 공존할 수 있고 실제로 공존한다. 아직은 그렇다(보다시피 이 구절의 "항상"이 수식하는 말은 근심이 아니라 기쁨이다).

세상의 온갖 잘못된 것들에만 늘 집중한다면 근심이나 분노가 우리의 기본값이 될 것이다. 그런데 사도 바울은 로마의 감옥에서 쓴 글에 우리에게 명하기를 가끔이 아니라 항상 주 안에서 기뻐하라고 했다.

행복은 둔감하거나 몰인정하거나 잘못된 것이 아니다. 그리스도 안에서 행복함으로써 우리는 하나님이 인류의 타락보다 크시다는 사실을 주장하고, 우리 주요 구주이신 예수 그리스도가 저주를 되돌려 새로운 우주를 통치하실 것을 선포한다. 우리의 행복은 하나님이 매일 매시 매순간 우리와 함께하시며 세상 속에 역사하고 계심을 큰 소리로 증언한다. 이 세상과 우리의 일상생활 속에 하나님이 임재하신다는 의식이 옅을수록 우리가 경험할 행복도 그만큼 줄어든다.

부모가 자녀에게 가르침을 되풀이하는 것은 아이들이 그 가르침을 처음에는 곧잘 놓치기 때문이다. 그래서 바울도 "내가 다시 말하노니 기뻐하라"(빌 4:4)고 했다. 어떻게든 우리에게 알아듣게 하려고 말이다. 행복의 동의어들이 성경 전체에 반복해서 나타난다. 하나님이 그만큼 충분히 말씀하셨으면 우리도 알아들어야 하지 않겠는가? 그런데도 우리 대부분은 우리가 하나님 안에서 항상 행복해야 한다고 누누이 강조된 성경의 계시를 여태 알아차리지 못하고 있다.

그리스도 안의 행복은 성장의 과정이다

그리스도의 신부는 점진적으로 성숙해간다. "오직 우리 주 곧 구주 예수 그리스도의 은혜와 그를 아는 지식에서 자라"갈수록(벧후 3:18) 우리의 기쁨도 자라가는 법이다.

바울은 점점 성장하여 그리스도를 닮아가는 과정을 이렇게 묘사했다. "우리가 다 수건을 벗은 얼굴로 거울을 보는 것 같이 주의 영광을 보매 그와 같은 형상으로 변화하여 영광에서 영광에 이르니 곧 주의 영으로 말미암음이니라"(고후 3:18). 영광에서 영광에 이를수록 주님 안의 행복도 더해간다. 우리를 지배하던 죄가 힘을 잃는데 이는 다분히 죄에 뒤따르는 불행이 눈에 보이기 때문이다. 그래서 점차 이런 의문이 든다. "죄가 행복을 가져다주리라고 어떻게 내가 잠시라도 믿을 수 있었을까?"

우리는 역경을 통해서도 배운다. 우리의 시각과 믿음이 시험에 부쳐질 때에도 얼마든지 행복할 수 있다. 그래서 수많은 구절이 기쁨을 시련과 연결해 우리를 놀라게 한다(참조. 약 1:2-4, 벧전 1:6-9, 고후 8:2-3, 히 10:34).

하나님 안에서 진정한 행복을 추구하면 그분이 영광을 받으신다

조나단 에드워즈는 불과 열아홉 살에 아주 의미심장한 결심을 했다. "내 힘과 능력과 기운과 열의가 허락하는 한…이 다른 세상의 행복을 최대한 많이 얻고자 노력하기로 결단한다."[6]

대다수 청교도처럼 리처드 십스(Richard Sibbes)도 행복을 추구하는 우리의 행위를 비하하지 않고 오히려 예수님을 그렇게 추구해야 할 바른 대상으로 보았다. "참된 그리스도인만이 초자연적 빛을 통해 지고한 행복의 바른 대상이자 바른 길을 만날 수 있다."[7]

영화 "스텝포드 와이프"(The Stepford Wives)에 나오는 남편들은 '완벽한' 아내를 만들어낸다. 물론 이 로봇 같은 아내들은 무엇이든 남편의 뜻대로 한다는 의미에서만 완벽하다. 그러나 모든 선량한 남자가 정말 원하는 것은 진심 어린 사랑과 행복 때문에 반응하는 진짜 인격체와 맺는 관계다. 조종당하는 가짜 사랑이나 행복은 공허하며 현실과도 거리가 멀다. 하나님은 우리에게 행복을 강요하지 않으신다. 우리를 초대하여 그분 안에서 행복을 얻고 그 속에 들어오게 하신다.

C. S. 루이스는 이렇게 말했다. "하나님이 만물의 영장인 인간에게 주시려는 행복은 사랑과 기쁨의 무아경 속에서 자유롭게 자원하여 그분과 연합하고 또 서로 간에 연합하는 행복이다. 이에 비하면 남녀가 이 땅에서 나누는 가장 희열에 찬 사랑조차도 김빠진 상태에 지나지 않는다."⁸

2014년 미국의 대형 교회 목사인 조엘 오스틴(Joel Osteen)의 아내 빅토리아 오스틴(Victoria Osteen)이 한 말이 인터넷에 퍼지면서 수많은 그리스도인의 블로그에서 엄청난 뭇매를 맞았다. 그녀는 이렇게 말했다.

> 모두에게 꼭 깨닫도록 권하고 싶은 것이 있다. 우리가 하나님께 순종함은 그분을 위한 일이 아니라—그렇게 볼 수도 있지만—우리 자신을 위한 일이다. 우리가 행복해야 하나님이 기쁘시기 때문이다…이거야말로 그분께 가장 큰 기쁨이 되는 일이다…자신을 위해 선을 행하라. 하나님이 당신의 행복을 원하시니 선을 행하라…당신이 교회에 와서 하나님을 예배하는 것도 사실은 그분을 위한 일이 아니라 자신을 위한 일이다. 그래야 그분이 행복하시기 때문이다. 아멘인가?⁹

그녀는 온라인에서 많은 아멘을 얻지 못했다. "우리가 하나님께 순종함은 그분을 위한 일이 아니라"는 말은 명백히 잘못되었다. 무슨 일을 하든지 우리는 마땅히 하나님을 사랑하는 마음으로(참조. 마 22:37), 하나님을 경외하는 심정으로(참조. 벧전 2:17), 하나님을 영화롭게 하려는 바람으로(참조. 고전 10:31), 하나님을 기쁘시게 하려는 열망으로(참조. 요일 3:22) 해야 한다.

만일 빅토리아 오스틴이 "우리가 하나님께 순종함은 먼저 그분을 위한 일이고 또한 자신을 위한 일이다"라고 했다면 그것은 성경적인 말이다. 우리는 힘써 하나님을 기쁘시게 하고 그분을 즐거워해야 한다. 번영 신학의 천박한 자기중심적 행복을 배격하는 것은 옳지만 하나님이 우리의 행복에 관심이 없으시다고 생각하는 것은 잘못이다.

대부분 비판자는 그녀의 말 속에 들어 있는 귀한 진리를 인식하지 못했다. 하나님께 순종하고 그분을 예배하는 것이 정말 우리에게도 행복이어야 한다! 그분은 그런 행복을 기뻐하신다. "여호와를 찬송하라, 여호와는 선하심이니라. 그의 이름을 찬양하라, 이것이 즐거움이니라"(시 135:3, NKJV). 누구의 즐거움인가? 물론 하나님께도 즐거움이 되기를 바란다. 하지만 성령의 감동으로 된 본문이 말하는 바는 하나님을 예배하는 우리의 즐거움이다.

성경의 복음은 '큰 의무'가 아니라 '큰 기쁨'의 좋은 소식이다

마이크 메이슨(Mike Mason)은 "이 어려운 결정에 굉장한 기쁨이 수반되지 않는다면 아무도 그리스도인이 되지 않을 것이다"라고 말했다.[10]

청교도들은 유행을 탄다고 비난받은 적이 없는데도 그리스도인의 행복에 관한 말을 많이 했다. 스코틀랜드의 신학자 새뮤얼 러더퍼드(Samuel Rutherford, 1600-1661)는 켄무어 부인에게 보낸 편지에 "나는 그리스도 안에 있는 행복을 가히 필설로 형언할 수 없습니다"라고 썼다.[11]

침례교 목사 옥타비우스 윈슬로우(Octavius Winslow, 1808-1878)는 말했다. "하나님의 자녀는 기쁜 사람일 수밖에 없다. 그는 죄를 용서받고 영혼이 의롭다 하심을 얻어 입양되었다. 그의 시련은 복이고 싸움은 승리며 죽음은 곧 영생이다. 그의 미래는 모든 지각과 상상과 말을 초월하는 끝없는 복의 천국이다. 이런 하나님과 이런 구주와 이런 소망을 얻었으니 기쁜 사람이 아닌가? 그래야 마땅하지 않은가?"[12] 이것은 수사 의문문이다. 예수님을 아는 사람보다 기뻐할 이유가 더 많은 사람이 누가 있겠는가?

복음을 사람들에게 짐과 의무를 지우는 것으로 인식하면 기쁜 소식은 묻히고 만다. 짐과 의무는 기쁜 소식이 아니다. 기쁜 소식은 해방과 구출과 새로 얻은 기쁨과 매일의 즐거움이다. 물론 의무는 현실이며 복음은 우리를 순종의 삶으로 부른다. 그러나 그것은 즐거운 의무고 기쁜 순종이다.

그리스도를 따르는 사람들이 주님 안에서 가장 깊은 행복을 발견한 것은 유서 깊은 전통이다. 우리도 힘써 그들의 행렬에 동참하여 영국의 청교도 존 플라벨(John Flavel, 1627-1691)처럼 고백해야 한다. "그리스도는 모든 즐거움과 기쁨의 정수요 핵심이요 본질 자체시다. 모든 강이 바다로 모여들듯이…그리스도는 모든 참된 즐거움과 기쁨이 만나는 바다시다."[13]

Chapter·4

우리의 행복은 왜 중요한가?

> 온 유다가 이 맹세를 기뻐한지라[행복해한지라] 무리가 마음을 다하여 맹세하고 뜻을 다하여 여호와를 찾았으므로 여호와께서도 그들을 만나 주시고 그들의 사방에 평안을 주셨더라.
>
> 역대하 15:15

> 사탄은 아담과 하와에게 하나님의 계명을 어기면 지고한 행복과 기쁨에 이를 수 있다고 부추겨…하나님이 죽음을 선고하신 곳에서 삶을 구하게 만들었다.
>
> 존 낙스(John Knox)

세계 최고의 클래식 기타 연주자로 꼽히는 크리스토퍼 파크닝(Christopher Parkening)은 서른 살 때 음악가로서 자신의 꿈을 성취했다. 그즈음 그는 파리 낚시의 세계 정상급 챔피언이기도 했다.

그러나 성공도 그에게 행복을 가져다주지 못했다. 공연과 녹음에 지친 그는 기타를 그만두고 농장을 구입했다. 하지만 모든 것을 버렸는데도 행복을 얻기는커녕 삶은 더욱 공허해졌다. 그는 이렇게 고백했다. "바라던 것을 다 얻어 행복해질 줄 알았는데 여전히 행복하지 않았다. 삶이 그 지점에 이르면 그때부터 의문이 싹트게 마련이다. 꿈을 다 이루었는데도 '뭐가 더 남았지?' 하는 생각이 들었다."

파크닝은 친구들을 만나러 갔다가 교회로 이끌렸고 그리스도를 믿게 되었다. 성경에 갈급하던 그에게 "무엇을 하든지 다 하나님의 영광을 위하여 하라"는 고린도전서 10장 31절이 강하게 다가왔다.

그는 이렇게 고백했다. "내가 할 줄 아는 거라고는 파리 낚시로 송어를 잡는 것과 기타 연주, 두 가지뿐이었다. 지금 나는 순전히 하나님의 은혜로 기타를 치고 있다…이제 내 삶에는 전에 없던 기쁨과 평안과 깊은 만족이 있다. 삶의 목적이 생겼다…진정한 행복의 참된 비결을 직접 체득했다."[1]

세상은 기독교와 행복을 분리했다. 그리스도를 따르는 사람들이 일부 책임을 져야 한다

다음은 G. K. 체스터턴(G. K. Chesterton, 1874-1936)이 했다고 세간에 알려진 말이다. "예수님은 제자들에게 세 가지를 약속하셨으니 곧 그들이 전혀 두려움이 없을 것이고, 이상하게 행복할 것이며, 늘 환난을 당하리라는 것이다." 대부분 서구 그리스도인은 셋 중 아무것도 아니며, 특히 "이상하게 행복"한 것과는 거리가 멀다.

많은 사람이 기독교의 관건은 행복이 아니라 전통과 도덕이라고 여긴다. 나도 대학에서 성경 윤리 과목들을 가르쳐왔고 당당히 도덕을 믿는 사람이다. 하지만 일부 그리스도인은 도의라는 미명 아래 늘 죽을상을 하고 다니고, 의무감에서 종교 생활의 규칙을 엄수하며, '수준 낮은' 이들이 행복해지려고 행하는 일들을 거만하게 밀쳐낸다. 마치 자신의 불쾌한 심기를 명예 훈장처럼 달고 다니는 것 같다.

『그리스도인의 행복한 삶의 비밀』(The Christian's Secret of a Happy Life, 살림 역간)의 저자 한나 휘톨 스미스(Hannah Whitall Smith, 1832-1911)는 종교적인 가정에서 자랐다. 다음은 그녀가 다시 그리스도께 돌아오기 여러 해 전 교회에 다니는 사람들에 대해 일기장에 기록한 감상이다.

어떤 사람들은 미소나 유쾌한 말을 죄라고 생각하는 것 같다. 내 생각에 종교란 사람을 불행하게 하고 눈에 거슬리게 만드는 것이 아니라 행복하게 해주어야 한다…쾌활한 목소리 대신 우울하게 질질 늘어지는 숙덕거림이 있다…아직 생명의 길을 찾지 못한 이들에게 사랑과 관심을 보이기는커녕…"내가 너보다 낫다"는 태도로 냉정하게 거리를 둔다. 그나마 조금 열려 있던 마음마저 완전히 닫게 만든다. 온유와 친절한 사랑으로 주변 사람들의 마음을 얻는 것이 아니라 은근히 신경질적으로 자꾸 자신을 그들과 비교하면서 불쾌하게도 독재자 노릇을 한다. 내가 늘 그리던 종교는 고결하고 아름다우며 겸손하고 대범하며 행복한 것인데 정작 내 눈앞에 보이는 종교는 시무룩하고 침울하며 교만하고 고집스러우며 옹졸하다.[2]

안타깝게도 어떤 사람들은 여전히 기독교를 그렇게 잘못 대변하고 있다. 똑같이 안타깝게도 어떤 사람들은 문제를 해결하고자 그리스도께 나아가는 것이 아니라 성경의 진리를 희석하여 더 환심을 사려 한다. 복음은 양면 공격을 받고 있다. 한편으로 기독교 고유의 행복을 박탈당하고 있고 또 한편으로 행복을 가져다주는 능력과 특유의 거룩함을 빼앗기고 있다.

스미스는 회심 후 자기 아들에게 이렇게 썼다. "복음은 사람들을 속박하는 율법이 아니라 행복하게 해주는 기쁜 소식이다."[3]

침울한 그리스도인은 친구를 얻거나 다른 사람을 매료하지 못한다. C. S. 루이스는 "도덕이나 의무는…사람을 행복하게 하거나 다른 사람의 선망을 불러일으킨 적이 없다"라고 했다.[4]

영국의 설교자 J. C. 라일은 그것을 이렇게 표현했다.

> 사람이 회심하면 더 행복해질까?…자신이 회심하면 분명히 침울하고 불행하고 의기소침해질 거라는 은밀한 두려움이 사람들 속에 도사리

고 있다. 회심과 떨떠름한 얼굴, 회심과 찌푸린 인상, 회심과 무조건 젊은이들을 타박하며 그들의 흥을 짓밟으려는 심술…회심과 한숨짓는 탄식, 그들은 이 모두가 분명히 짝을 이룬다고 생각하는 것 같다! 그런 사람들이 회심이라면 무조건 고개를 젓는 것은 당연한 일이다![5]

그리스도인이 되면 불행해질 거라는 비신자들의 우려에는 그만한 이유가 있다. 여태 그들이 알았던 소위 믿는다는 그리스도인들은 즐거움이 아닌 비참함을 일부러 조장했다. 교회에 다니는 우리도 그런 그리스도인을 알고 있다. 나도 종종 목격하는 것인데, 성경을 믿는 그리스도 중심의 사람들이 블로그나 SNS에 글을 올리면 다른 그리스도인들이 줄줄이 혹평의 댓글을 단다. 이들 비판자들은 글의 관점이 자신에게 조금이라도 미심쩍어 보이면 성경 구절을 무기처럼 휘둘러 신속히 단죄한다. 더 많은 그리스도인이 금세 이 난투극에 가담하다 보면 머지않아 블로거가 실제로 무슨 말을 했는지는 아무도 굳이 읽은 사람이 없는 듯 보인다. 좋은 쪽으로 해석하고 말 것도 없이 그냥 최악의 경우로 단정하고 무차별로 인신공격을 퍼붓는다. 나라도 비신자로서 그런 댓글들을 읽는다면 절대로 기독교 신앙에 끌리지 않을 것이다.

그렇게 행동하는 사람들은 그것이 자신이 고백하는 신앙과 자신이 믿는 성경에 완전히 어긋남을 왜 즉각 깨닫지 못할까? 끊임없는 경멸과 의심과 냉대와 적의가 어떻게 영적인 고수의 모습으로 비쳐질까? 그리스도인이 행복해서는 안 된다는 메시지가 정말 가슴깊이 박혀 있는지도 모른다! 그래서 심술궂은 기독교가 넘쳐난다.

J. C. 라일의 말은 이 상황과 시원한 대조를 이룬다. "주저 없이 단언컨대 성경에 묘사된 회심은 비참한 일이 아니라 행복이다. 회심한 사람이 행복하지 못하다면 잘못은 본인에게 있다…확신컨대 회심한 사람이야말로 가장 행복한 사람이다."[6]

찰스 스펄전은 복음과 행복을 연결하기를 좋아했다. "전투의 상흔으로 뒤

덮인 베테랑 그리스도인이 다음과 같이 증언할 때 초신자의 믿음은 더욱 굳건해진다. 즉 주님을 섬기는 일이 그에게는 행복이기에 설령 다른 주인을 섬길 수 있었다 해도 그는 그러지 않았을 것이다. 그것은 주님을 섬기는 것이 즐거운 일이며, 그분이 영원한 기쁨을 상으로 주시기 때문이다."[7]

라일과 스펄전은 성경적 정통과 건전한 교리를 중시한 사람들이지만 진리로만 아니라 또한 은혜로 충만했다.

신자들은 그리스도인의 삶이 불행을 초래한다는 편견에 힘을 실어줄 때가 많다

일부 그리스도인은 문화에 참여하고 즐기는 사람들을 상대로 도덕적 우월감을 품고 있으며, 그 결과 세상을 정죄하는 비판을 일삼는다. 그들은 부도덕한 농담에만 아니라 어떤 농담에도 웃을 줄 모른다. 그들이 보기에 바비큐와 운동 시합은 죄의 온상이다. 바리새인처럼 죽을상을 한 '그리스도인들' 덕분에 사탄의 선전 운동이 훨씬 쉬워진다. 그들이 기쁜 소식을 갉아먹고 부정적 행복관을 퍼뜨리기 때문이다.

불행하기 짝이 없는 사람들의 세계관에 어느 누가 끌리겠는가? 풍자 작가며 언론인이었던 H. L. 멘켄(H. L. Mencken, 1880-1956)이 청교도를 "어딘가에 행복한 사람이 있을지 몰라 늘 전전긍긍하는 존재"라고 정의한 것을 생각해보라.[8] (그렇기는커녕 청교도들은 그들의 저작으로 보아 사상 최고로 행복했던 무리에 속한다! 그들의 저작으로 보아 H. L. 멘켄보다 훨씬 더 행복했다.)

기독교의 정체를 폭로하는 것이 시대의 유행이던 1898년에 〈프리싱커〉(Freethinker)라는 잡지의 기사에 성경에 대한 이런 주장이 실렸다.

> 성경을 단죄하는 자체적 사실이 하나 있다. 성경에는 미소가 없다…성경의 가르침대로 살면 삶이 무미건조해진다…인간의 진정한 행복에 대해 설교할 만한 본문이 성경에 하나도 없다. 사실 내가 믿기로 '행복'이란 말 자체가 성경 어디에도 없다. 행복을 말하지 않는 책에서 행

복에 대해 도움을 얻기란 요원하다.⁹

이 책 제3부를 보면 성경에 언급된 행복이 열거되어 있다. 위의 말이 완전히 터무니없다는 증거다. 그런데 오늘날에도 나는 신자나 비신자 할 것 없이 모두가 똑같이 주장하는 것을 본다.

존 파이퍼(John Piper)는 이렇게 말했다. "당신이 내게 '세상이 우리 신앙의 진리를 알고 위대하신 구주께로 끌리려면 그리스도인들이 행복한 존재로 비쳐져야 하지 않겠는가?'라고 묻는다면 나는 '물론이다, 당연하다!'라고 답하겠다. 아울러 세상은 우리가 누리는 행복이 그리스도가 우리가 당한 슬픔의 한복판에서 일구어내신 불굴의 산물임을 알아야 한다."¹⁰

그리스도 안의 행복은 우리가 전도할 때 사용할 수 있는 가장 강력한 도구 중 하나다.

모든 유혹에 행복이 약속되어 있다 보니 행복 자체까지 연좌제에 걸려든다

미국 프로 풋볼 팀에서 쿼터백으로 활약했고 스포츠 방송채널 ESPN의 해설자였던 조 타이즈먼(Joe Theismann)은 이혼 직전 아내에게 자신이 바람을 피운 이유를 이렇게 설명했다. "하나님은 조 타이즈먼이 행복해지기를 원하신다."¹¹

타이즈먼의 이야기는 행복의 평판이 나빠진 이유를 잘 보여준다. "이제 내가 행복해질 차례다"라고 말하는 사람들은 합리화하지 못할 죄가 거의 없다.

썩은 과일을 맛본 사람이 썩은 것을 거부하는 것은 옳다. 그러나 과일 자체를 거부하는 것은 잘못이다! 좋은 과일이 있고 나쁜 과일이 있다. 의로운 행복이 있고 죄가 되는 행복이 있다.

하나님은 물질세계와 행복을 지으셨다. 그러나 마귀는 우리에게 한 조각의 행복도 내줄 것이 없다. 마귀가 내주는 것이 행복이라고 속지 않는 이상 우리가 그에게 바랄 것은 아무것도 없다. 마귀는 가격표로 장난을 치는 재주가 있어 싸구려를 귀중품처럼, 불행을 행복처럼 보이게 만든다(예컨대 마약을 구입하기 전에 그것을 복용한 5년 후의 자기 모습을 미리 사진으로 볼 수 있다면 그래도 사람들은 마약을 살까?).

비신자들은 기독교를 침울한 종교로 볼 때가 많다

바울은 일촉즉발의 문제를 교회 지도자들과 의논하러 다시 예루살렘에 갔다. 음식물의 금기와 할례 같은 유대교의 율법을 이방인들도 지켜야 할까? 초대 교회에서 이는 장구한 세월의 전통이 걸려 있는 민감한 사안이었다. 긴장되었을 법도 한 그 만남을 누가는 이렇게 묘사했다. "예루살렘에 이르니 형제들이 우리를 기꺼이 영접하거늘"(행 21:17). 한 성경 번역 사전에 따르면 "여기 '아스메노스'(asmenos)라는 단어는 '행복의 경험과 관계되며, 기꺼이 즉각 수용함을 암시한다. 그것은 행복하게, 즐거이'라는 뜻이다."[12]

이 넘치는 환영에 이어 복음이 이방인에게 영향을 미친 사연들이 소개되자 모두가 그리스도의 교회를 굳건하게 하시는 성령을 찬미했다. 이런 행복한 모임은 어려운 문제에 직면한 모든 시대의 신자들에게 시대를 초월하여 귀감이 된다.

신약 교회에 편만했던 이런 행복은 영국의 시인 앨저넌 스윈번(Algernon Swinburne, 1837-1909)이 예수님에 대해 한 말과 극명한 대조를 이룬다. "오 창백한 갈릴리 사람이여, 그대가 이겼도다. 그대의 입김에 세상은 잿빛이 되었노라."[13] 스윈번은 이교가 일찍이 세상에 맥박을 불어넣었는데 예수가 그 생기를 다 고갈시켰다고 보았다.

다음은 G. K. 체스터턴이 스윈번의 말을 논평한 것이다.

> 당시 많은 젊은이가 그랬듯이 나도 스윈번이 침울한 신경(信經)을 향해 퍼부은 조롱을 아주 기쁘게 입 안에 곱씹었다…그러나 같은 시인이 이교에 대해 한 말을 읽으면서…나는 갈릴리 사람의 입김이 닿은 후보다 그전 세상이 더 잿빛이었음을 깨달았다. 시인은 주장하기를…삶

자체가 칠흑같이 어둡다고 했다…기독교를 비관적이라 비난한 사람 자신이 비관론자였다…한순간 퍼뜩 이런 생각이 들었다. 본인의 말대로 종교도 없고 행복도 없는 이들이야말로 종교와 행복의 관계를 판단할 최적임자가 아닐 거라고 말이다.[14]

대부분 비신자가 보기에 기독교는 세상에 기쁨을 별로 들여놓지 못했다. 이 종교는 주로 규율과 독선적 태도와 불관용으로 유명한데 그중 즐겁고 명랑한 것은 하나도 없다.

물론 이것이 이야기의 전부는 아니다. 예로부터 병원, 학교, 과학, 산업, 음악, 연극, 미술 등 행복을 자아내는 발전상은 기독교 세계관에서 기원했다. 더 개인적 차원에서 보면 거의 모든 공동체마다 그리스도를 말없이 신뢰하는 가운데 남다른 사랑과 친절과 도움을 쾌활하게 베푸는 사람들이 있다. 곤경에 처한 사람들에게 즐거이 시간과 재물을 내주는 그들은 세간의 눈에는 잘 띄지 않아도 엄연히 존재한다. 그러나 안타깝게도 많은 사람이 보기에 그들은 규범이 아니라 예외다.

최고의 행복을 하나님 안에서 찾으면 그분이 창조하신 세계를 마음껏 즐기며 음미할 수 있다

C. S. 루이스는 이렇게 썼다.

> 대다수 현대인의 사고 속에 자신의 유익을 갈망하고 그것을 누리기를 간절히 바라는 것이 잘못이라는 개념이 도사리고 있다면, 단언컨대 그 개념은 기독교 신앙에서 온 것이 아니다. 보상이 떳떳이 약속되어 있다는 사실과 복음 안에 약속된 상급의 놀라운 특성을 생각해보면, 오히려 우리 주님은 우리의 갈망이 너무 강한 것이 아니라 너무 약하다고 보실 것 같다. 우리는 무한한 기쁨이 주어져 있는데도 술과 섹스와

야망 따위로 장난이나 치며 건성으로 살아가는 피조물이다. 마치 바닷가에서 휴일을 즐길 수 있는데도 그게 무슨 뜻인지 몰라 빈민가에서 흙장난이나 하겠다는 무지한 아이와 같다. 우리는 아무것에나 너무 쉽게 혹한다.[15]

내가 이 말을 처음 읽은 것은 그리스도를 안 지 몇 년 안 되었을 때였는데 내게는 그야말로 패러다임 전환이었다. 그때까지 경험한 짧은 교회 생활로 나는 우리가 행복을 추구하는 데 하나님이 반대하신다고 판단했다. 음악이나 공상 과학 소설 같은 '세상적인' 것을 즐길 때면 막연히 죄책감이 들었다. 마치 나의 즐거움을 하나님이 못마땅해하시는 것 같았다.

그러나 루이스의 시각은 달랐다. 그는 술과 섹스와 야망이 잘못이라고 말한 것이 아니라 다만 그것을 창조하신 하나님이 우리 마음에서 마땅히 최고의 자리를 점하셔야 한다고 했다. 하나님이 주신 선물들을 때와 장소에 맞게 누릴 수는 있으나 그것들은 결코 하나님께만 있는 깊은 행복과 만족을 우리에게 줄 수 없다. 최고의 즐거움을 하나님 안에서 찾으면 행복을 주는 그것들까지도 더 잘 누릴 수 있다. 장난이나 치던 흙이 군침 도는 디저트로 뒤바뀌어, 선하신 하나님의 잔칫상에서 때와 장소에 맞게 그것을 십분 즐기게 된다.

내가 초신자였을 때 우리 교회에서 자주 부르던 찬송가에 이런 가사가 있다.

> 눈을 주님께 돌려
> 그 놀라운 얼굴 보라
> 주님 은혜와 영광의 광채에
> 세상 근심은 사라지네[16]

세상 것들이 다 죄라면 이 가사가 맞을 것이다("세상 근심"이 원문에는 "세상 것들"

4. 우리의 행복은 왜 중요한가?   65

로 되어 있다-역주). 하지만 창조주와 가까워질수록 그분이 만드신 세상의 아름다움과 경이가 사라지기는커녕 더 밝아져야 하는 것 아닌가?

조나단 에드워즈는 그리스도께 돌아온 뒤 이 주제에 대해 이렇게 말했다.

> 모든 것이 달라 보였다. 거의 모든 것 속에 하나님의 영광이, 이를테면 잔잔하고 아름다운 특성 내지 모습으로 있는 듯했다. 하나님의 탁월하심과 지혜와 순결과 사랑이 모든 것 속에, 해와 달과 별 속에, 구름과 파란 하늘 속에, 풀과 꽃과 나무 속에, 물과 모든 자연 속에 있는 것 같았다.[17]

내가 하나님과 동행해온 세월 동안 죄를 중심으로 한 세상의 천박한 멋들은 점차 사라졌다. 그러나 세상의 동물, 나무, 꽃, 바다, 하늘, 친구, 가족, 좋은 이야기, 음악, 음식 등의 아름다움은 더 환해지면서 내게 행복을 가져다주었다.

중세의 가장 영향력 있는 신학자인 토마스 아퀴나스(Thomas Aquinas, 1225-1274)는 "즐거움 없이 살 수 있는 사람은 아무도 없다. 그래서 영적 기쁨을 박탈당한 인간은 육적 쾌락으로 넘어간다"라고 말했다.[18] 우리는 기쁨과 즐거움과 쾌락을 갈구한다. 그것을 한마디로 하면 행복이다.

하나님 안에서 행복하고 의롭게 사는 맛이 죄의 맛보다 훨씬 좋고 훨씬 오래간다. 기쁨을 바라는 나의 굶주림과 목마름이 그리스도로 채워지면 죄는 매력을 잃는다. 내가 부도덕을 거부하는 것은 쾌락이 싫어서가 아니라 그분 안에 있는 영원한 쾌락을 원하기 때문이다.

위대한 신학자들은 늘 행복을 옹호했다

여기 인용하는 다양한 역사적 인물들의 신념에 내가 다 동의하는 것은 아니다. 하지만 진지한 사상가로서 교회와 문화에 지대한 영향을 미친 그들의 위상을 감안할 때, 그들은 행복에 몰두하는 현상이 그저 현대에 들어서 시작된 일이 아님을 보여주는 산 중인들이다.

사도 요한의 제자로 알려진 안디옥의 이그나티우스(Ignatius of Antioch, 35-117)가 쓴 한 서신은 이런 말로 시작된다. "에베소에 있는…당연히 더없이 행복한 교회에…예수 그리스도를 통한 풍성한 행복과 그분의 순결한 기쁨이 있기를 원하노라."[19] 다른 서신에는 이렇게 문안했다. "예수 그리스도 안에서 흠 없는 기쁨을 누리는 에베소의 마땅히 행복한 교회에 행복이 풍성하기를 원하노라."[20]

초대 교회의 주교로서 순교로 자신의 믿음을 지킨 폴리캅(Polycarp)에게 쓴 편지에도 이그나티우스는 똑같이 "풍성한 행복"을 기원했다.[21] 그 편지는 "우리 하나님이신 주 예수 그리스도 안에서 그대의 행복이 영원하기를 기도하노라"는 말로 끝난다.[22]

오늘날 그리스도인이 편지의 시작과 끝에 행복을 강조한다면 우리는 어떻게 생각할까? 1세기의 이그나티우스는 틀림없이 그리스도 안에 있는 행복에 대해 우리가 모르는 무엇을 알고 있었다.

지성인 아우구스티누스가 그리스도인이 되기 전에 부도덕한 삶을 택한 이유는 그때나 지금의 우리처럼 똑같이 행복에 있었다. 그런데 행복은 그를 피해 달아났다. 아우구스티누스는 "분명히 우리는 죄 때문에 경건과 행복을 다 잃었다. 그러나 행복을 잃는다고 행복을 사모하는 마음까지 잃는 것은 아니다"라고 말했다.[23] 그가 역설했듯이 이 열망은 그리스도를 따르는 이들에게도 여느 누구와 똑같이 있다. "왜 그리스도를 믿어 그리스도인이 되었느냐고 묻는다면 누구나 다 솔직한 답은 '행복하게 살고 싶어서'일 것이다. 철학자나 그리스도인이나 행복한 삶을 추구하기는 마찬가지다."[24]

그의 말이 옳다면 사람들은 교회, 커피숍, 운동 시합, 마약 소굴, 스트립 클럽 등 어디를 가든 행복을 찾아서 간다. 아우구스티누스는 이러한 추구가 늘 성공에 이른다고 말하지 않았다. 다만 "인간은 자신의 삶으로 행복을 불가능하게 만들 때조차도 사실은 행복해지기를 원한다"라고 했다.[25]

이는 인류가 타락한 이래로 모든 문화에 똑같이 적용되는 말이다. 우리는 무엇보다 행복해지기를 원하며, 심지어 자신의 잘못된 선택으로 그 행복을 날려버릴 때조차도 그렇다.

카르타고의 키프리안(Cyprian of Carthago, 672-735)은 하나님에 대해 이렇게 썼다. "그분은 우리에게 생명의 길을 열어주시고 우리를 낙원으로 도로 데려가신다…우리 그리스도인은…하나님 앞에서 영원한 즐거움으로 늘 기뻐하며 항상 그분께 감사할 것이다. 한때 죽었다가 확실한 영생을 얻은 사람은 늘 즐겁고 감사할 수밖에 없다."[26]

토마스 아퀴나스는 "인간은 행복을 바라지 않을 수 없다"라고 말했다.[27] 행복을 무시하거나 비하하려는 그리스도인들의 시도가 모두 잘못이며 부질없다는 뜻이다. 복음과 행복을 분리함으로 우리는 기독교 신앙이 따분하고 침울하다는 비성경적 (그리고 역사적 근거가 없는) 메시지를 보낸다. 죄는 배격하되 그리스도가 곧 모든 사람이 열망하는 행복임을 알려야 한다. 그렇지 않으면, 기독교가 행복을 가져다주는 것이 아니라 오히려 앗아간다는 세간의 인식은 우리의 책임이 된다.

예로부터 하나님의 사람들이 한결같이 말했듯이 우리가 추구하는 행복은 그리스도 안에서 실현될 수 있다

우리가 깊이 열망하는 행복의 답이 곧 그리스도라는 믿음을 모든 세대와 모든 교단의 학자들, 설교자들, 교사들에게서 볼 수 있다.

독일의 개혁가 마르틴 루터(Martin Luther, 1483-1546)는 "우리가 마음 깊은 곳으로부터 기뻐하거나 웃을 때마다 그것이 사랑의 하나님께 기쁨이 된다"라고 했다.[28]

프랑스의 개혁가 장 칼뱅(John Calvin, 1509-1564)은 "인간의 행복이란…곧 하나님과 연합되는 것이다…그것을 동경하는 것이 영혼의 주된 활동이다"라고 했다.[29]

조나단 에드워즈는 말했다. "예수님은 온 인류가 행복을 추구함을 아셨다. 그분은 그들을 행복의 참 길로 인도해오셨고, 복과 행복을 얻으려면 어떤 사람이 되어야 하는지 알려주신다."[30] 이렇게 더 자세히 설명하기도 했다. "한없이 자비로운 그분이 우리를 격려하고자 무엇을 더 하실 수 있었을까? 그분이 바라시는 것은 우리가 불행해지지 않는 것, 그 자체로 비참하게 끝날 길들로 가지 않는 것, 행복해지는 것뿐이다."[31]

이것은 햇볕에 그을린 몸에 장신구를 치렁치렁 걸친 동기부여 강사의 말이 아니라 성경의 진리를 깊이 깨우친 청교도 목사가 거의 3백 년 전에 한 말이다! 그런 그가 이렇게 말한 것이다. 우리를 불행에서 건져 행복하게 해주시는 것이 하나님이 바라시는 바라고.

무슨 이의라도 있는가?

청교도 토머스 왓슨은 "하나님은 그분의 영광과 우리의 유익이 서로 맞물리게 하셨다"라고 말했다. 그의 역설에 따르면 하나님은 우리에게 "너희가 행복할수록 나는 더 영화로워진다"라고 말씀하신다.[32]

"모든 인간은 행복을 추구한다"라고 한 블레즈 파스칼은 이렇게 말을 이었다.

> 아무리 수단이 다를지라도 인간은 모두 이 목적을 지향한다. 전쟁에 나가는 사람과 전쟁을 피하는 사람도 관점만 다를 뿐 바라는 것은 똑같다. 인간의 의지는 이 목적이 아니고는 단 한 발짝도 움직이지 않는다. 이거야말로 인간의 행동을 유발하는 유일한 동기며 심지어 목매달아 죽는 사람도 마찬가지다.[33]

파스칼은 자살하는 사람도 사실은 행복을 구하거나 불행을 면하기 위해 그렇게 한다고 했다. 약간 억지같고 충격적인 주장이지만 맞는 말로 들린다.

파스칼도 아퀴나스가 6백 년 전에 했던 말을 읽지 않았을까 싶다. "인생의 궁극적 목적은…행복이다." 아퀴나스의 말은 이렇게 계속된다. "유익한 면이 있다고 판단하지 않고는 자신에게 해로운 일을 도모하거나 행하는 사람은 없다. 심지어 자살하는 사람도 죽음이 불행이나 고통을 종식시켜준다는 점에서 죽음을 유익한 것으로 여긴다."[34]

그리스도를 따르는 사상가들이 이처럼 예로부터 논했듯이 사람들은 행복을 가져다주리라고 생각되는 일이라면 무엇이든 가리지 않고 추구한다.

교리적 전통이 서로 다른 그리스도인도 그리스도 안의 행복한 삶을 강조한다

아르미니우스주의 전통의 가장 유명한 지도자라 할 수 있는 영국의 전도자 존 웨슬리(John Wesley, 1703-1791)는 이렇게 썼다. "인간에게 이 세상의 모든 것을 주어보라…그래도 뭔가 부족하다! 그 뭔가란 더도 말고 덜도 말고 하나님을 알고 사랑하는 것이다. 천국에서든 지상에서든 그것이 없이는 누구도 행복할 수 없다."[35]

웨슬리는 자신이 비신자였을 때의 상태를 이렇게 말했는데 나도 그 말에 충분히 공감한다.

> 나는 부족한 것이 없었고 양식 있고 붙임성 있는 친구들도 많았다… 그런데 행복하지 않았다. 왜 그런지 궁금했다. 아무리 생각해도 이유가 묘연했다. 물론 그 이유는 영원한 행복만 아니라 또한 현재 행복의 근원이신 하나님을 내가 몰랐다는 것이다.[36]

웨슬리가 강조한 대목을 잘 보라. 하나님의 자녀는 미래까지 기다렸다가 행복해지는 것이 아니다. 고생과 고난으로 가득한 세상에서도 하나님의 임재는 그분을 아는 모든 이에게 비할 나위 없는 행복을 가져다준다. 그리스도를 따르는 사람들이 전하는 행복은 희망 사항에 기초한 아슬아슬한 행복이 아니다. 오히려 우리는 행복한 사람이 될 확고부동한 이유가 있으며, 그런 이유는 고난 중에도 동일할 뿐 아니라 오히려 어떤 때는 고난 중일수록 더 또렷해진다.

웨슬리는 "인간에게 닥치는 일 가운데 하나님의 보호와 섭리의 대상이 되지 못할 만큼 작거나 시시한 것은 없다. 자신의 모든 피조물이 누려야 할 행복에 관한 한 그분 앞에 작은 일이란 없다"라고 말했다.³⁷

칼뱅주의자인 찰스 스펄전은 이렇게 썼다.

> 즐거운 종교라는 개념은 대다수 사람에게 워낙 낯설어 그들의 언어에서 '거룩함'과 '즐거움'보다 더 상극인 두 단어는 없다…마음을 다하여 하나님을 사랑하는 사람들에게는 그분의 방식이 즐겁고 그분의 모든 길이 평화다…우리는 거룩함 쪽으로 질질 끌려가거나 의무 쪽으로 내몰리는 것이 아니다. 오히려 우리의 경건은 곧 즐거움이고, 우리의 소망은 곧 행복이며, 우리의 의무는 곧 기쁨이다.³⁸

웨슬리와 스펄전은 신학 노선이 달랐는데도 다음의 개념들에 의견이 일치했다.

1. 모든 사람은 행복을 갈망한다.
2. 예수 그리스도의 복음은 사람들에게 영원한 행복과 현재의 행복을 함께 가져다준다.
3. 사람들은 그리스도를 따르는 이들에게서 참된 행복을 보면 그분께로 끌리고, 우리에게서 고질적인 불행이 보이면 그분과 멀어진다.
4. 참된 행복의 유일한 근원은 하나님이시므로 우리는 마음을 다하여 그분 안에서 즐거움을 구해야 한다.

행복의 가치는 행복을 무엇과 비교하느냐에 따라 달라진다

행복의 가치를 고난당하는 세상의 온갖 필요와 대비한다면 우리에게 행복할 권리가 없다고 생각할 수도 있다. 그러나 오히려 불행한 그리스도인은 고난당하는 세상에 내줄 것이 아무것도 없다. 그리스도 안의 행복은 냉담하기는커녕 진심 어린 긍휼을 담고 있기에 우리는 사람들을 돕고 그분 안에 있는 기쁨을 나누어줄 수 있다. 바로 이 행복이 하나님과 사람들을 섬기도록 우리를 지탱해주는 원동력이다.

물론 하나님과 그분의 영광이 지니는 가치에 비하면 우리가 추구하는 행복의 가치는 무한히 작다. 하지만 그것은 다른 것도 다 마찬가지다. 하나님과 그분의 영광이 우리의 가족과 친구와 교회와 일보다 무한히 더 중요하지만 그렇다고 후자가 시시해지는 것은 아니다. 오히려 그것들이 얼마나 중요한지를 하나님이 친히 우리에게 말씀하셨다.

아울러 이런 비교에 깔려 있는 잘못된 전제가 있다. 하나님의 영광과 우리의 행복이 서로 대립 관계로 저울의 양쪽에 마주 놓여 있다는 것이다. 그러나 오히려 반대로 이 둘은 불가분으로 얽혀 있다. 둘 다 그분의 설계와 계획 속에 들어 있다. 우리가 하나님 안에서 행복할 때 하나님은 영광을 받으신다. 그러므로 우리의 행복을 그분의 영광과 대비할 것이 아니라 그 영광의 일부로 보아야 한다.

우리의 행복을 그분과 비교하여 축소할 것이 아니라 그분이 우리의 행복을 바라시는 분임을 알아야 한다. 그분은 행복의 근원이시며 우리에게 행복을 주시려고 상상을 초월하는 희생도 마다하지 않으셨다.

하나님 안에서 누리는 우리의 행복은 그래서 엄청나게 중요하다. 우리가 행복을 원해서가 아니라(물론 원하지만) 무엇보다 하나님이 우리를 지으실 때 행복을 원하는 마음을 주셨고, 또 친히 우리의 행복을 참으로 원하시기 때문이다.

Chapter·5

기쁨과 행복은 어떻게 다른가?

> 의인은 기뻐하여[행복하여] 하나님 앞에서 뛰놀며 기뻐하고 즐거워 할지어다.
>
> 시편 68:3

> 사랑하는 형제자매들이여, 세상에 행복해야 할 사람들이 있다면 바로 우리다…우리가 받은 특권은 얼마나 무한하며 우리가 가진 소망은 얼마나 찬란한가!
>
> 찰스 스펄전

내가 자료를 연구하며 이 책을 쓴 지 어언 3년, 그동안 거의 똑같은 대화를 수십 번은 나누었다.

누군가가 묻는다. "무엇에 대해 쓰시는 겁니까?"

그럼 나는 답한다. "행복에 관한 책입니다."

비신자들은 즉시 관심을 보인다.

신자들은 대체로 나를 이상하게 쳐다본다. 마치 "기독교 서적이라면 영적인 주제여야 하지 않나요?"라고 말하는 것 같다.

"행복이라 함은 기쁨을 말하는 겁니까?" 그들이 자주 하는 말이다.

목사인 한 친구는 행복에 관한 책을 쓰는 것이 큰 잘못인 이유를 내게 글로 전해왔다. "행복은 순간순간 변하며 기분과 감정의 영향을 받는다. 기쁨은 하나님에게서만 오는 영적 평안과 자족이며, 슬플 때에도 강고하다. 하나님이 바라시는 바는 우리를 이생에서 행복하게 해주시는 것이 아니라 그리스도와의 관계로 말미암아 우리 삶을 기쁨으로 충만하게 해주시는 것이다."

이 친구와 똑같이 생각하도록 배운 독자가 많으므로 일단 여기서 이 주제를 다루기로 하자. 마무리는 제4부에서 할 것이다.

'기쁨' 대신 '행복'이란 용어를 쓰는 이유는?

첫째, 의미상 행복의 폭이 더 넓다. 행복은 철학과 신학과 일상 대화에 두루 쓰이는 더 광범위하고 친숙한 용어다.

둘째, 기쁨과 행복을 분리하는 근거 없고 위험한 풍조가 기독교계에 만연해 있다. 어느 세계관을 막론하고 행복에 대한 담론은 매우 중요한 것인데, 그리스도인들은 그 담론에서 고유의 영토를 유기했다. 이 책은 그 실지(失地)를 탈환하려는 내 나름의 노력이다.

셋째, 역사적으로 행복이란 단어는 신자에게나 비신자에게나 공통의 의미가 있었으며 많은 이에게 아직도 그렇다. 최근 몇십 년 전까지만 해도 행복은 교회와 세상을 이어주는 다리였다. 우리는 이 다리를 불사를 여유가 없다.

기쁨은 더없이 좋은 단어며 나도 그 말을 자주 쓴다. 하지만 행복, 즐거움, 유쾌함, 희락, 쾌락 등 의미가 겹치는 다른 단어들도 똑같이 좋다.

존 파이퍼는 이렇게 썼다. "당신이 만일 '기쁨은 그리스도인에게 있는 것'이고 '행복은 세상에 있는 것'이라고 깔끔히 분류해 두었다면 성경을 펼칠 때는 그 범주를 폐기해도 된다. 성경에는 행복, 기쁨, 자족, 만족 등의 용어가 차별 없이 쓰이기 때문이다."[1]

성경에 자주 쓰이는 대구법이 있다. 뜻이 비슷한 단어들을 병렬하여 의미를 강조하는 기법이다. 우리도 똑같이 한다. "재미있고 신나는 파티를 기대했는데 사실은 지루하고 따분했다"라는 말에서 "재미있다"와 "신나다"는 비슷한 말이고, "지루하다"와 "따분하다"도 마찬가지다. 양쪽이 서로 강조해주는 역할을 한다.

다양한 성경 역본에 기쁨과 행복이 나란히 쓰인 구절이 백 군데도 넘는데, 기쁨과 행복의 밀접한 관계를 예증하고자 아래에 그중 소수의 예만 골라 놓았다. 풀어쓴 역본은 하나도 없고 전부 고도로 숙련된 히브리어와 헬라어 학자들이 각 구절의 어구에 최종 합의하여 직역한 것들이다. 읽으면서 잘 보라. 각 본문마다 기쁨과 행복은 분명히 동의어다. 매번 두 단어를 굵게 처리하여 강조했다.

신국제역(NIV)

- 유다인에게는 **행복**과 즐거움과 **기쁨**과 존귀함이 있는지라(에 8:16).
- 의인은 기뻐하여 하나님 앞에서 뛰놀며 **행복**해하고 **기뻐**할지어다(시 68:3).
- 만군의 여호와가 이같이 말하노라…금식이 변하여 유다 족속에게 **기쁨**과 즐거움과 **행복**의 절기들이 되리니(슥 8:19).

홀먼기독표준성경(HCSB)

- 악인이 이긴다는 **기쁨**도 잠시요 경건하지 못한 자의 **행복**도 잠깐이니라(욥 20:5).
- **기쁘게** 소리칠 줄 아는 백성은 **행복**하나니 여호와여 그들이 주의 얼굴빛 안에서 다니리로다(시 89:15).
- 그때에 처녀는 춤추며 즐거워하겠고 청년과 노인은 함께 즐거워하리니 내가 그들의 슬픔을 돌려서 **기쁘게** 하며…그들의 근심으로부터 **행복**을 얻게 할 것임이라(렘 31:13).

새생활역(NLT)

- 네 부모를 **기쁘게** 하며 너를 낳은 어미를 **행복**하게 하라(잠 23:25).
- 너는 가서 **기쁨**으로 네 음식물을 먹고 **행복한** 마음으로 네 포도주를 마실지어다 이는 하나님이 네가 하는 일들을 벌써 기쁘게 받으셨음이니라(전

9:7).

- 너희는 내가 창조하는 것으로 말미암아 영원히 기뻐하며 즐거워할지니라 보라 내가 예루살렘을 **행복한** 성으로 창조하며 그 백성을 **기쁨**으로 삼고 (사 65:18).

하나님의 말씀역(GWT)

- 네가 모든 것이 풍족하여도 **기쁨**과 **행복한** 마음으로 네 하나님 여호와를 섬기지 아니함으로 말미암아(신 28:47).
- 여호와의 속량함을 받은 자들이 돌아오되 노래하며 시온에 이르러 그들의 머리 위에 영영한 **행복**을 띠고 **기쁨**과 즐거움을 얻으리니 슬픔과 탄식이 사라지리로다(사 35:10).
- 너희가…이제도 [예수를] 보지 못하나 믿고 말할 수 없는 영광스러운 **기쁨**으로 **행복**해하니(벧전 1:8).

신영어역(NET)

- 여호와여 주께서 행하신 일로 나를 **행복**하게 하셨으니 주의 손이 행하신 일로 말미암아 내가 **기뻐** 외치리이다(시 92:4).
- 너희 의인들아 여호와를 기뻐하며 **행복**해할지어다…기쁘게 외칠지어다 (시 32:11).
- 아침에 주의 인자하심이 우리를 만족하게 하사 우리를 일생 동안 **행복**하고 **기쁘게** 하소서(시 90:14).

신세기역(NCV)

- 왕이 백성을 그들의 장막으로 돌려보내매 백성이 여호와께서…베푸신 은혜로 말미암아 **기뻐**하며 마음에 **행복**해하였더라(대하 7:10).
- 집에서 떡을 뗄 때며 **기쁨**과 **행복한** 마음으로 음식을 먹고(행 2:46).

- 만일 너희 믿음의 제물과 섬김 위에 내가 나를 전제로 드릴지라도 나는 **행복**하고 너희 무리와 함께 **기뻐**하리니(빌 2:17).

기쁜소식역(GNT)

- 한나가 기도하여 이르되 내 마음이 여호와로 말미암아 **기뻐**하며…내가 주의 구원으로 말미암아 **행복**함이니이다(삼상 2:1).
- 박사들이…별을 보고 매우 크게 **행복**해하고 **기뻐**하더라(마 2:9–10).
- 이날에 무리가 큰 제사를 드리고 심히 **기뻐**하였으니 이는 하나님이 크게 **행복**하게 하셨음이라(느 12:43).

이상의 본문에 나온 기쁨과 행복의 관계는 두 가지 흔한 주장을 논박한다. 1) 성경은 행복에 대해 말하지 않는다. 2) 기쁨과 행복은 의미가 서로 상반된다.

사실 성경에는 하나님의 사람들이 그분 안에서 행복했다는 기사가 넘쳐난다(제3부에 예증하겠지만 위의 예는 빙산의 일각에 불과하다).

왜 기쁨에서 행복을 제하는가?

'눈물의 선지자'도 크게 즐거울 때가 있었다. "만군의 하나님 여호와시여 나는 주의 이름으로 일컬음을 받는 자라…주의 말씀은 내게 기쁨과 내 마음의 즐거움이오나[행복이오나]"(렘 15:16). 행복 대신 기쁨이 아니라 기쁨과 행복이다.

기쁨을 행복과 대비시키다 보니 두 단어 모두 참뜻이 흐려졌다. 기쁜 사람들은 대개 즐겁고 명랑하다. 표정이 밝고 많이 웃는다. 쉽게 말해 그들은 행복하다!

다음은 현대의 그리스도인들이 기쁨과 행복을 인위적으로 가르는 전형적 사례다.

  기쁨과 행복은 전혀 다르다. 성경의 문맥에서 기쁨은 감정이 아니다…

기쁨은 폭풍 속에서도 우리에게 평안을 가져다준다. 하나님이 성령을 통해 우리 안에 기쁨을 넣어주신다…기쁨과 행복은 큰 차이가 있다. 행복은 일시적 감정이지만 기쁨은 마음의 태도다.[2]

이런 기사들을 보면(얼마든지 더 많이 있다) 기쁨과 행복의 구분이 성경적인 것처럼 보이지만 사실은 그렇지 않다.

장구하고 풍부한 역사에서 기쁨은 그리스도 안의 행복과 대등하게 여겨졌다

조나단 에드워즈는 요한복음 15장 11절["내(예수의) 기쁨이 너희 안에 있어"]을 인용하여 그 점을 입증했다. "그리스도가 그분의 사람들에게 주시는 행복은 그분 자신의 행복에 동참하는 것이다." 그는 "참 신랑이신 그분 안에서 누릴 교회의 기쁨과 행복"을 언급했고,[3] 신자들을 "이 기쁘고 행복한 사람들"이라 표현했다.[4] 에드워즈가 기쁨과 행복을 병용한 것은 서로 대비하기 위해서가 아니라 강조하기 위해서였다.

청교도 목사인 리처드 백스터(Richard Baxter, 1615-1691)는 "참된 신자들에게 죽음의 날은 곧 행복과 기쁨의 날이다"라고 말했다.[5] 성공회 지도자인 윌리엄 로우(William Law, 1686-1761)는 신자들에게 "생생한 믿음, 기쁜 희망, 하나님을 향한 정당한 신뢰 등의 행복이 결코 없어서는 안 된다"며 "자주 기도해야 하는 이유는 기도만이 줄 수 있는 은밀한 기쁨으로 자주 행복하기 위해서다"라고 말했다.[6]

매우 영향력 있는 이런 작가들이 기쁨과 행복을 동의어로 썼다.

다음은 찰스 스펄전이 행복과 기쁨에 대해 한 말들이다.

- 설교 횟수가 많아질수록 그 행복한 섬김이 내게 더 큰 기쁨이 되었다.[7]
- 환난에도 불구하도 오늘 아침 당신의 큰 기쁨이신 하나님을 온전히 기뻐하고 그분 안에서 행복을 누리라.[8]
- 오 즐겁고 행복하고 기쁜 이들이여, 이런 사람들이 더 많아졌으면 좋겠

다!…'예수 그리스도 자신'을 늘 최고의 기쁨으로 삼으라.⁹
• 당신이 그렇게 나아오기를 빌고, 그리스도인으로서 당신의 삶에 행복이 가득하고 기쁨이 흘러넘치기를 빈다.¹⁰

행복과 기쁨을 보는 스펄전의 관점은 수백 편의 설교에 명백히 나타나 있으며, 이는 현대 교회가 기쁨과 행복 사이에 세운 인위적 벽과는 철저히 상반된다.

수잔나 웨슬리(Susanna Wesley)는 1735년에 아들 존 웨슬리에게 이렇게 썼다. 그때 존은 아버지를 사별한 직후였다. "하나님은…무한히 복되신[행복하신] 분이라서…그 지복의 임재를 느낄 때마다 마음이 심히 즐거워진다. 그분께 나아갈 때마다 그만큼 행복해진다."¹¹ 보다시피 즐거움과 관련된 단어들이 서로 혼용되고 있다. "지복의 임재", "심히 즐거워진다", "행복해진다"와 같은 동의어가 줄줄이 등장한다. 요즘 많은 사람이 가장 영적이라고 생각하는 "기쁨"이란 단어는 그녀의 말에 한 번도 나오지 않는다.

'행복'이란 단어에 대한 교회의 반감은 근래에 생겨난 현상이다

20세기 이전의 신자들과는 정반대로 현대의 많은 그리스도인은 행복이 기껏해야 기쁨보다 열등한 것이고 최악의 경우에는 악한 것이라고 생각한다. 제일 먼저 행복을 나쁘게 말한 성경 교사 가운데 한 사람은 내가 무척 존경하는 오스왈드 챔버스(Oswald Chambers, 1874-1917)다. 그는 이렇게 썼다. "행복은 인간에게 어울리지 않는다. 행복하려면 하나님과 그분의 요구 사항을 전혀 몰라야 하기 때문이다."¹²

광범위한 연구 끝에 나는 행복 자체를 죄로 정의할 성경적, 역사적 근거가 전혀 없다고 확신한다. 안타깝게도 챔버스 같은 성경 교사들은 죄에서 행복을 찾으려는 사람들을 보고 행복의 추구 자체가 죄라고 결론지었다.

내가 신앙생활을 시작하고 처음 만난 목사님은 오스왈드 챔버스의 『주님은 나의 최고봉』(My Utmost for His Highest, 토기장이 역간)을 자주 인용했고, 나도 신앙이 어렸을 때 그 명저를 탐독했다. 하지만 당시 나는 아직 잘 몰라서 그의 이런 말에 이의를 품지 못했다. "기쁨을 행복과 혼동해서는 안 된다. 사실 예수 그리스도께 행복이란 단어를 붙이는 것은 그분을 모욕하는 처사다."[13] 예수님을 모욕할 마음이 당연히 없었기에 나는 이와 비슷한 말들을 많이 읽으면서 행복을 경계하게 되었다.

그런 선언들이 하도 흔하다 보니 틀림없이 옳아 보였으나 나는 불편해졌다. 그런 말을 읽거나 강단에서 듣기 전까지만 해도 그리스도 안에서 새로 발견한 나의 행복을 만끽했기 때문이다. 그런데 이제 행복이 미심쩍을 뿐 아니라 아예 영적이지 못하며 따라서 진지한 그리스도인의 삶에 들어설 자리가 없다는 것이었다.

그것은 내 직관에 반했다. 물론 죄에서 행복을 찾으려 해서는 안 된다. 하지만 그리스도께로 왔을 때 나는 행복을 버린 것이 아니라 행복을 얻었다! 하나님은 내게 죄를 용서받는 행복, 그분과 바른 관계를 맺는 기쁨, 그분과 동행하며 그분을 섬기는 특권을 주셨다. 그런 그분이 정말 나의 행복을 막으신단 말인가?

챔버스는 "기쁨은 행복이 아니다. 성경에 그리스도인의 행복은 한 번도 언급되지 않지만 기쁨에 대한 말은 아주 많다"라고 말했다.[14] 이 말의 문제점은 그게 전혀 사실이 아니라는 것이다. 앞서 인용한 스물한 곳의 본문 외에도 그것이 틀렸음을 증명하는 구절이 수백 개나 더 있다.

챔버스가 사용한 흠정역(KJV)에 보면 예수께서 제자들에게 "너희가 이것을 알고 행하면 행복하리라"고 말씀하신다(요 13:17). 사도 바울은 그리스도인들에게 "자기가 옳다 하는 바로 자기를 정죄하지 아니하는 자는 행복하도다"라고 썼다(롬 14:22). 야고보는 충실한 그리스도인들에 대해 "인내하는 자를 우리가 행복하다 하나니"라고 말했다(약 5:11). 베드로는 동료 신자들에게 "의를 위하여 고난을 받으면 행복한 자니"라고 했고, 또 "너희가 그리스도의 이름으로 치욕을 당하면 행복한 자로다"라고 했다(벧전 3:14, 4:14).

그런데 정말 훌륭한 성경 교사였고 그리스도를 따른 오스왈드 챔버스는 어떻게 "성경에 그리스도인의 행복은 한번도 언급되지 않는다"고 주장할 수 있었을까?

중요한 것은 이것이 챔버스만의 문제가 아니라는 사실이다. 다른 사람들에게서도 다음과 같은 주장을 흔히 들을 수 있다. "기쁨은 흠정역 성경에서 155구절에 걸쳐 나오지만 행복은 성경에 없다."[15] "행복"이라는 명사로 따지자면 그 말이 맞을 수도 있지만 방금 보았듯이 흠정역에도 "행복하다"라는 형용사가 모두 29회나 나온다. "거룩하다"와 "기쁘다"와 "즐겁다"가 각각 "거룩함"과 "기쁨"과 "즐거움"을 말해주듯이 "행복하다"도 당연히 행복을 말해준다!

그런데 왜 챔버스는 "거룩한 성품, 순결한 삶, 하나님과 교제하는 생활이 인생의 목적이며 사람이 행복한지 여부는 쓸데없는 문제다"라고 말했을까?[16]

강단과 기독교 서적과 사석에서 나눈 대화에서 어떤 주장들이 나오든 관계없이 사람들은 늘 행복을 원했고 앞으로도 늘 원할 것이다. 따라서 행복을 원해서는 안 된다는 말을 들어도 달라질 것은 하나도 없고 죄책감과 절망감만 들 뿐이다. 어차피 우리는 계속 행복을 바라고 추구할 테니 말이다.

행복과 거룩함 중에 택일을 강요하는 것은 성경적 세계관에 완전히 어긋난다. 정말 하나님이 우리에게 거룩해질 것만 명하신다면 빌립보서 4장 4절도 "주 안에서 항상 기뻐하라"가 아니라 "주 안에서 항상 거룩하라"가 되어야 하지 않겠는가?

A. W. 토저는 "하나님의 백성은 온 세상에서 가장 행복한 사람들이 되어야 한다"라고 말했다.[17] 이런 설명도 덧붙였다.

> 선(善)이란 피조물의 행복을 바라시는 하나님의 속성이요 복[행복]을 부어주시려는 하나님의 주체할 수 없는 충동이다. 선하신 하나님은 그분의 사람들이 즐거워할 때 즐거워하신다…우리가 행복하면 하나님이 걱정하신다고 주입당한 지가 얼마나 오래인가. 그래서 우리는 그

분이 우리의 행복을 썩 달가워하지 않으신다고 믿는다. 하지만 말씀의 지엄하고도 참된 가르침은 하나님의 사람들이 그분을 즐거워하는 한 그분도 그들의 즐거움을 즐거워하신다는 것이다.[18]

기쁨은 정말 감정이 아닌가?

한 그리스도인 작가는 "기쁨은 더 나은 정서 생활을 구한다고 얻어지는 것이 아니다. 기쁨은 감정이 아니기 때문이다. 기쁨은 하나님이 주관하고 계시다는 부동의 확신이다"라고 말했다.[19] "기쁨은 감정이 아니라 선택이다"라고 말한 사람도 있다.[20]

기쁨이 감정이 아니라는 개념(온라인에 1만7천회도 더 나오는 말이다)은 비성경적인 신화를 부추긴다.

어떤 성경공부 교재에 "영적 기쁨은 감정이 아니라 성령 충만한 삶에 대한 반응이다"라는 말이 나온다.[21] 하지만 이 반응에 행복이나 즐거움의 감정이 수반되지 않는다면 그것이 어떻게 기쁨이 되는가?

기쁨이 감정이 아니라 성령의 열매라고 주장하는 사람들도 있다. 하지만 갈라디아서 5장 22절을 보면 기쁨(희락)이란 단어 앞뒤에 사랑과 화평이 있다. 누군가를 사랑하면 무언가 감정이 생기지 않는가? 평화도 느껴지는 것이 아니라면 무엇인가?

한나 휘톨 스미스는 자신의 아들에게 이렇게 조언했다.

> 아침저녁에는 물론이고 온종일 생각날 때마다 "사랑의 주여, 저를 주님 안에서 행복하게 하소서"라고 아뢰고 가만히 있으라. 일단 주님 안에서 행복해지면 나머지는 다 제대로 되게 되어 있다. 이 행복은 시작일 뿐이다. "사랑과 희락과 화평"이 제일 먼저 언급된 열매임을 잊지 마라.[22]

백 년 전에만 해도 모든 그리스도인이 기쁨의 의미를 알고 있었다. 오늘날 그리스도인들에게 기쁨이 무슨 뜻이냐고 물으면 대부분 말이 궁색하여 쩔쩔맬 것이고, 기쁨이 행복과 다르다는 한 가지 견해만 강조할 것이다. 이는 비가 축축하지 않고 얼음이 차갑지 않다는 말이나 같다. 이런 분리는 성경과 각종 사전과 일상 대화 등 무엇으로도 뒷받침되지 않는다.

인터넷에서 "기쁨의 정의"를 검색해보니 제일 먼저 "아주 즐겁고 행복한 느낌"이라는 사전적 정의부터 나왔다. 이 정의는 다른 사전들이나 일상의 대화와는 일치하지만 무수한 기독교 서적이나 설교와는 어긋난다. 교회가 기쁨과 행복을 잘못 갈라놓는 바람에 두 단어의 의미가 왜곡되었다. 정신과의사 조지 베일런트(George Vaillant)는 "행복은 속되고 기쁨은 성스럽다"라고 했다.[23] 그러면 성경을 읽고 기도하고 예배드릴 때 기쁘기만 하고 행복해서는 안 된다는 말인가? 그리스도인의 삶은 정말 성(聖)과 속(俗)으로 나뉘는가, 아니면 평범한 순간까지도 우리 삶의 모든 부분이 하나님께 중심을 두어야 하는가?

다음은 이런 잘못된 생각을 보여주는 몇몇 예에 불과하다.

- 기독교 사역에 관한 책을 보면 "행복 대 기쁨"이라는 장이 있고, "기쁨과 행복은 아주 다르다"라는 말이 나온다.[24]
- 다른 그리스도인 저자는 "기쁨 대 행복"이라는 제목의 장에 "행복은 느낌이지만 기쁨은 존재 상태다"라고 썼다.[25]
- "기쁨은 기독교 특유의 단어요 개념이며 행복의 반대다"라고 주장한 사람도 있다.[26]
- "예수님은 당신의 행복을 원하지 않으신다"라는 글의 저자는 이렇게 말했다. "복음서를 읽어보면 기쁨은 누누이 약속되어 있지만 행복에 대한 약속은 하나도 없다. 둘은 서로 무한히 다르다."[27]

행복은 기쁨의 반대인가? 둘은 서로 무한히 다른가? 기쁨은 '존재 상태'일

뿐이고 그 이상은 아닌가? 우리는 감정을 배척해야 하는가, 아니면 감정도 하나님의 선물이요 그분 형상의 일부인가?

하나님은 우리의 사고만 아니라 마음도 지으셨다. 물론 감정은 조작될 수 있으나 그것은 지성도 마찬가지다. 하나님은 우리를 지으실 때 감정을 주셨고, 우리가 감정을 피하거나 무시하기를 원하지 않으신다. 기쁨과 행복을 재정의하여 서로 대척점에 두는 것은 무분별한 일이다. 그보다 우리는 예수님을 알고 사랑하며 따르는 데서 비롯되는 정서적 만족을 받아들여야 한다.

행복은 기쁨의 엉터리 모조품이 아니라 기쁨의 동의어다

영어 사전들을 들추어보면 기쁨과 행복의 대비가 얼마나 인위적이고 억지인지 알 수 있다. 『웹스터 사전』에는 기쁨의 기본 정의가 "매우 행복한 감정"으로 되어 있고 부수적으로 "큰 행복의 출처나 원인"이라는 정의가 나온다.[28] 『미국 헤리티지 사전』(American Heritage Dictionary)에는 기쁨이 "강렬하고 특히 황홀하거나 환희에 찬 행복"으로 풀이되어 있다.[29] 『콜린스 영어 사전』(Collins English Dictionary)에 정의된 기쁨은 "행복하거나 만족스러운 깊은 감정 또는 상태"다.[30]

기독교 사전들은 어떨까? 『복음주의 성경신학 사전』(Evangelical Dictionary of Biblical Theology)에는 기쁨이 "예기치 못한 또는 현존하는 유익으로 인한 행복"으로 정의되어 있고[31] 이런 설명이 이어진다. "영적 차원에서 기쁨이란 신자가 구원과 복된 내세를 생각할 때 맛보는 지극한 행복을 가리킨다."[32]

『성경 주제별 사전』(Dictionary of Biblical Themes)은 행복을 "인간과 하나님이 공히 경험하는 즐거움이나 기쁨의 상태"로,[33] 기쁨을 "즐겁고 행복한 특성 내지 태도"로 정의했다.[34] 행복은 기쁨이고 기쁨은 행복이다. 일반 사전이든 기독교 사전이든 사실상 모두가 인정하는 사실이다.

우리가 흔히 쓰는 표현들을 생각해보라.

- "기뻐서 펄쩍 뛰었다."

- "그 아이는 복덩이다."
- "그는 우리의 자랑이요 기쁨이다."
- "나는 기뻐서 울었다."

'도표 1'에는 많은 그리스도인의 관점대로 기쁨과 행복이, 서로 대비되어 있다. 그들에 따르면 기쁨은 알맹이는 있으나 정서적 차원이 결여되어 있다. 행복은 가볍고 일시적이며 환경의 바람에 금방 날려 없어질 구름이다.

이 대비를 좀더 끌고 나가면 '도표 2'처럼 된다. 기쁨은 3차원이라 깊이가 있지만 행복은 피상적인 1차원에 그친다는 것이다.

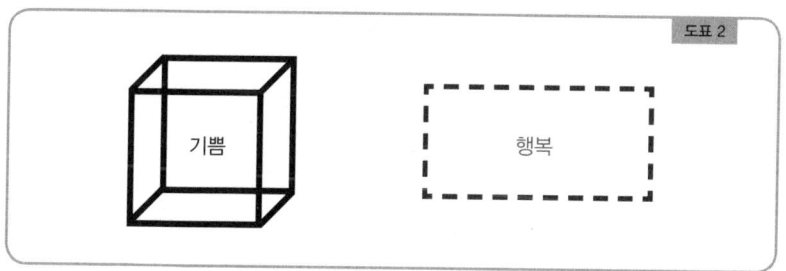

'도표 3'은 복음주의 그리스도인들이 흔히 생각하는(그 밖에 다른 사람들은 별로 없다) 기쁨과 행복이다. 별개의 두 원을 보면 기쁨은 위쪽에 있어 하늘에 더 가깝고 땅에서 멀다 따라서 행복보다 우월하다. 행복은 더 낮고 작고 하위며 열등하다. 행복은 하늘의 것이 아니라 땅의 것이다(다시 말하는데 이것은 내 입장은 아니지만 많은 그리스도인의 지배적인 관점이다).

기쁨과 행복의 관계에 대한 이상의 세 가지 관점이 틀렸다면—나는 그것이 틀렸다고 확신한다—올바른 관점은 무엇인가? 1) 영어 역사, 2) 영문학, 3) 성경 역본들, 4) 영어 사전들에 쓰인 절대다수의 용례에 따르면 이 두 단어는 의미가 대폭 겹치는 동의어다. 서로 차이점보다 공통점이 훨씬 많다. 그래서 나는 이 둘을 대폭 겹치는 두 개의 원으로 본다.

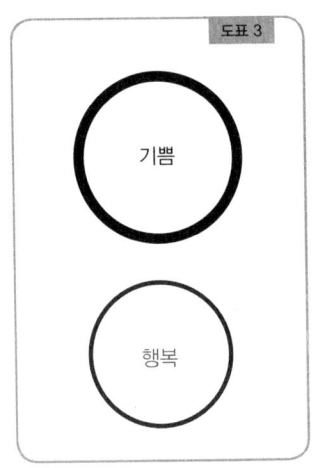

'도표 4'의 관점은 현대 복음주의에서 생각하는 행복—나도 신앙이 어렸을 때부터 그렇게 배웠고 평생 그렇게 읽고 또 들었다—과는 극명한 대조를 이룬다(나도 복음주의자인 만큼 내가 문제 삼는 것은 복음주의 신학 전반이 아니라 기쁨과 행복에 대한 이 특정한 관점이다).

마지막 그림의 중첩되는 말의 뜻에는 행복과 기쁨만 아니라 즐거움, 쾌활함, 희락, 명랑도 포함된다. 성경에 쓰인 히브리어와 헬라어 단어들로서 '도표 5'의 역어들과 비슷한 예를 제3부에서 역시 그림으로 살펴볼 것이다. 아울러 의미영역 또는 어군의 문제도 뒤에서 다룰 텐데, 번역 성경을 읽을 때 그것을 이해하는 것이 중요하다.

내 말이 옳다면, 즉 기쁨과 행복의 명확한 구분이 자의적이고 주관적인 것이라면, 그 많은 그리스도인 저자들과 목사들과 교사들이 기쁨과 행복에 대한 유서 깊은 해석과 사전들의 공통된 정의를 등지는 이유가 무엇일까?

내가 대화를 나누어본 많은 사람은 성경에 기쁨과 행복이 구분되어 있다는 생각을 확실히 품고 있다. 성경에 나오는 기쁨은 다 경건하고 행복은 다 불경하다는 것이다. 제3부에서 성경 원어들을 철저히 공부하며 예증하겠지만 이는 잘못된 생각이다. 오히려 성경 자체는 행복과 기쁨을 인위적으로 구분하는 것을 배격한다.

행복을 하나님과의 관계에서 분리할 여유가 없다

역사적, 철학적, 실제적으로 행복은 중대한 단어다. 아리스토텔레스와 플라톤과 아우구스티누스와 아퀴나스는 행복에 해당하는 헬라어와 라틴어 단어들을 사용했고, 파스칼도 프랑스어의 상응하는 단어를 써서 인류 보편의 갈망을 논했다.

조나단 에드워즈는 "행복은 우주 창조의 최고 목적이다…영원히 행복하도록 지어진 지성적 존재는…얼마나 행복한가!"라고 말했다.[35] 다시 말해 인간은 행복을 열망하도록 장치되어 있으며, 그 열망을 참으로 충족할 수 있는 길은 오직 하나님과의 관계뿐이다.

이 책을 쓰던 중 내가 기독교 사상가로 존경하는 조니 에릭슨 타다(Joni Eareckson Tada)의 묵상집을 읽었다. 기쁨과 행복에 대한 현대 그리스도인들의 잘못된 말들을 읽느라 이력이 나 있던 터에 그녀의 글을 읽으니 절로 환호성이 터져 나왔다.

타다는 우선 시편 68편 3절을 인용한다. "의인은 기뻐하여 하나님 앞에서 뛰놀며 기뻐하고[행복해하고] 즐거워할지어다." 다음은 거기에 이어지는 글이다.

> 흔히 우리는 기쁨과 행복의 차이를 조심해야 한다고 배운다. 행복은 '사건'에 따라 변하는 감정인 반면 기쁨은 영원하며 영혼 깊은 데서 우러나 주변 상황에 영향을 받지 않는다는 것이다…나는 하나님이 그렇게 꼬치꼬치 따져 구분하셨다고 생각하지 않는다. 이 두 단어는 성경에 희락, 즐거움, 복 등의 단어와 더불어 혼용된다. 각 단어

마다 영적 가치의 눈금이 서로 다른 것이 아니다. 행복은 생각이 육적인 죄인들에게 해당되고 기쁨은 천국을 향하는 성인들에게 귀속되는 것이 아니다.[36]

타다의 말이 절대적으로 옳다. 행복과 기쁨을 가르는 현대의 구분은 완전히 직관에 반한다. 이런 어의는 결코 작은 문제가 아니다. 아우구스티누스와 아퀴나스와 파스칼과 청교도들과 웨슬리와 스펄전과 기타 많은 영적 거장들의 말대로 하나님은 우리를 지으실 때 행복을 갈망하는 마음을 주셨고 그분 자신도 우리의 행복을 원하신다. 그런데 우리는 너무 오랫동안 복음을 그 행복과 떼어놓았다.

기쁨은 성스럽고 행복은 속되다고 선언하면 비신자들과 대화할 문은 닫힌다. 생각이 있는 사람치고 기쁨이 행복의 반대라는 말을 들으면 누구나 이렇게 말할 것이다. "그렇다면 나는 기쁨을 원하지 않는다!"

복음이 행복을 가져다주지 않는다고 말하면 지각이 있는 사람은 듣고 이렇게 반응할 것이다. "그렇다면 어째서 그것이 기쁜 소식인가?"

우리가 추세를 뒤집어야 한다. 성경과 교회사 둘 다에 비추어 행복이란 단어를 구속(救贖)하자. 우리가 전해야 할 메시지는 "행복을 구하지 말라"가 아니라 "당신이 늘 열망하던 행복이 예수 안에 있다"여야 한다.

Chapter·6

성경이 말하는 행복은
현대의 연구로 확증되는가?

> 너희의 복[행복]이 지금 어디 있느냐.
>
> 갈라디아서 4:15

> 그리스도인은 세상 앞에 초자연적 기쁨을 보여줄 책임이 있다.
>
> A. W. 토저

국제정의선교회(International Justice Mission)의 설립자 겸 총재인 게리 하우겐(Gary Haugen)은 어렸을 때 가족 휴가를 갔다가 중요한 교훈을 배웠다. 그의 아버지는 가족이 다 함께 레이니어 산의 암석을 등반하기 원했으나 열 살 난 게리는 두려워 자료관에 남았다. 각종 전시물과 감동적인 영상물이 마음에 들었으나 같은 화면이 계속 반복되어 곧 싫증이 났다. 게리는 아무 위험도 없이 안전했으나 오도 가도 못한 채 불행했다. 마침내 모험을 마친 가족이 돌아왔다. 그들은 지쳐 있었고 바위와 얼음에 긁혀 생채기투성이였지만 의기양양하게 신나는 모험담을 쏟아냈다. 게리는 자신의 경험을 이렇게 한마디로 요약했다. "나는 여행을 갔으나 모험을 놓쳤다."[1]

다람쥐 쳇바퀴처럼 안전하고 따분하고 불행한 삶에 안주한 채 모험에 찬 행복을 피하는 사람들이 얼마나 많은가?

유능한 대학 졸업생들을 평점이 최하인 공립학교들에 교사로 배치하고자 노력하는 '미국을 위한 교육'(Teach for America)이라는 기관이 있다. 그 기관의 채용 담당자가 듀크 대학교를 방문했던 이야기를 이 학교의 교목이 공개했다. 채용 담당자는 그곳 학생들에게 아무래도 자신이 못 올 곳에 온 것 같다고 말했다. 어차피 이 우수한 학생들은 실속 있는 직업들을 찾아갈 것이 분명할 테니 말이다.

그녀는 이 프로그램에 연결된 공립학교들을 소개하면서 지난해에 교사 둘이 근무 중에 피살되었다는 말도 했다. 관심 있는 학생이 하나도 없겠거니 생각하고 그녀는 이렇게 말을 맺었다. "그러니까 여러분은 각자 계획한 대로 법학대학원에 가든지 아니면 다른 일로 성공하시면 됩니다." 그러고 나서 안내 유인물이 있는 곳을 알려주고 모임을 마쳤다.

학생들은 몇 장 안 되는 유인물을 집으려고 우르르 달려들었고 더러는 싸우다시피 했다. 그날 교목은 교훈을 배웠다. "행복한 삶도 좋지만 사람들은 그 이상을 원한다. 모험에 참여하기를 원한다. 사람들은 자신의 삶보다 더 큰 프로젝트에 몸담기를 원한다."[2]

의미를 찾으려는 학생들의 흥미로운 열망이 엿보이는 이야기지만 여기에 간과된 중요한 사실이 있다. 이 젊은이들은 숭고한 봉사를 위해 자신의 행복을 포기하려 한 것이 아니다. 무언가 훌륭하고 보람된 일을 하며 살고자 불행을 자초하는 듯한 일에 마음이 감동되었을 뿐이다. 그러나 그 일은 행복을 앗아가는 것이 아니라 오히려 행복을 가져다줄 것이었다! 그들이 안전과 특권과 재물을 등지려 한 것은 맞지만 행복을 등질 생각은 추호도 없었다.

행복의 유익과 불행의 악영향은 세상의 연구로도 확증된다. 예컨대 "불행한 직원들은 병가도 더 잦아서 결근 일수가 연간 15일이나 더 많았다"라는 연구 결과를 생각해보라.[3] 이 연구에는 행복의 수위를 높이기 위해 우리가 취할 수 있는 조치도 함께 제시되는데, 모험과 성취 욕구도 거기에 포함된다. 과학적 연구들은 현명한 사람들의 견해를 확증해주고 성경과도 조화를 이룬다. 따라서 주목할 가치가 있다.

연구 결과는 성경의 원리와 맥을 같이한다

미국심리학협회 회장을 지낸 마틴 셀리그먼(Martin Seligman)은 1990년대 말에 심리학이 우울과 불안 등 삶의 부정적 측면만 강조하고 행복과 웰빙 등 긍정적 측면을 간과한 데 주목했다. 그의 이런 관측을 계기로 행복에 대한 새로운 연구와 수백 편의 기사가 쏟아져 나왔다.

그 연구들이 다룬 중심 주제 중 하나는 "사람은 더 행복해질 수 있는가?"라는 단순한 질문이다. 하나같이 답은 어느 정도까지는 "그렇다"였다. 연구가들에 따르면 유전적으로나 인류 보편의 상태(기독교 세계관에서는 그 원인을 죄와 저주로 본다) 때문에나 인간의 행복은 유한하다.

이 책이 강조하는 행복관은 성경과 신학과 교회사에 기초한 것이지만 나는 행복에 대한 일반 서적도 여남은 권쯤 읽었다. 많은 작가가 제시하는 행복에 대한 놀라운 연구 결과들은 성경의 가르침과 일치한다. 그들 가운데 그 연관성을 아는 사람은 거의 없어 보이지만 말이다.

예컨대 행복에 대한 현대의 연구들에서 입증되듯이 재물과 성공과 권력과 인기는 행복의 지표가 아니다. 감사하기를 힘쓰며 타인 중심의 예의바른 관계를 가꾸는 사람들이 권리 의식에 사로잡혀 자기밖에 모르는 사람들보다 더 행복하다.[4]

감사하는 마음을 품고 다른 사람들을 섬기며 시간과 에너지를 후히 베풀어야 한다는 진보적인 세속 심리학자들의 말은 구식 설교자들과 놀랍도록 닮아 있다! 돈과 섹스와 권력으로 행복을 살 수 없다는 확신도 마찬가지다.

듀크 대학교에서 실시한 한 연구 결과를 생각해보라. 이 연구의 결론에 따르면 행복을 촉진하는 요인은 다음 여덟 가지다.

1. 의심과 원망을 버려라. 원한을 품는 것은 불행으로 인도하는 주요 요인

이다.
2. 과거 속에 살지 마라. 이전의 실수와 실패에 지나치게 집착하면 우울해진다.
3. 고칠 수 없는 조건과 싸우느라 시간과 기력을 낭비하지 마라. 삶을 피하려 하기보다 삶과 협력하는 사람이 더 행복하다.
4. 생동하는 세상에 계속 참여하라. 정서적 스트레스가 쌓일 때 자기 안으로 숨고 싶어도 그 유혹을 물리치면 행복이 배가된다.
5. 부당한 대우를 받을 때 자기 연민에 빠지지 마라. 어느 정도의 슬픔과 불운 없이 사는 사람은 아무도 없다. 이 사실을 받아들이면 행복을 얻기가 더 쉬워진다.
6. 사랑, 유머, 긍휼, 충절 등의 구식 덕목을 가꾸라.
7. 자신에게 무리한 기대를 하지 마라. 자신에 대한 기대와 그 목표를 달성할 능력 사이의 괴리가 너무 크면 무력감이 들 수밖에 없다.
8. 무언가 더 큰 것을 찾아 믿어라. 자기중심의 이기적인 사람일수록 행복을 측정하는 모든 검사에서 점수가 가장 낮게 나온다.[5]

이 보고서를 읽는 동안 나도 모르게 여백에 다음과 같은 성경 구절들을 써서 연구 결과를 요약했다. "네 이웃을 네 자신 같이 사랑하라"(마 22:39). "범사에 감사하라"(살전 5:18). "주께서 너희를 용서하신 것 같이 너희도 그리하고"(골 3:13).

위 연구에서 내린 여덟 가지 결론을 다음 목록과 조목조목 대조해보라.

1. 예수님은 원한을 품는 일에 대해 이렇게 말씀하셨다. "서서 기도할 때에 아무에게나 혐의가 있거든 용서하라 그리하여야 하늘에 계신 너희 아버지께서도 너희 허물을 사하여 주시리라"(막 11:25).
2. 사도 바울은 의지적으로 과거 속에 살지 않았다. "오직 한 일 즉 뒤에 있

는 것은 잊어버리고 앞에 있는 것을 잡으려고 푯대를 향하여 그리스도 예수 안에서 하나님이 위에서 부르신 부름의 상을 위하여 달려가노라"(빌 3:13-14).

3. 예수님은 고칠 수 없는 것들 때문에 염려하지 말라고 가르치셨다. "목숨을 위하여 무엇을 먹을까 무엇을 마실까 몸을 위하여 무엇을 입을까 염려하지 말라…너희 중에 누가 염려함으로 그 키를 한 자라도 더할 수 있겠느냐"(마 6:25, 27).

4. 솔로몬은 대인관계에 참여하는 일의 중요성을 말했다. "두 사람이 한 사람보다 나음은 그들이 수고함으로 좋은 상을 얻을 것임이라 혹시 그들이 넘어지면 하나가 그 동무를 붙들어 일으키려니와"(전 4:9-10).

5. 바울은 자족이 자기 연민의 해독제임을 알았다. "어떠한 형편에든지 나는 자족하기를 배웠노니 나는 비천에 처할 줄도 알고 풍부에 처할 줄도 알아 모든 일 곧 배부름과 배고픔과 풍부와 궁핍에도 처할 줄 아는 일체의 비결을 배웠노라"(빌 4:11-12).

6. 세속 심리학자들이 열거한 덕목은 다음 목록과 매우 비슷하다. "너희가 더욱 힘써 너희 믿음에 덕을, 덕에 지식을, 지식에 절제를, 절제에 인내를, 인내에 경건을, 경건에 형제 우애를, 형제 우애에 사랑을 더하라"(벧후 1:5-7).

7. 성경은 우리가 유한하며 늘 자비와 은혜가 필요한 존재임을 일깨워준다. "그러므로 우리는 긍휼하심을 받고 때를 따라 돕는 은혜를 얻기 위하여 은혜의 보좌 앞에 담대히 나아갈 것이니라"(히 4:16).

8. 예수님은 우리 자신보다 더 큰 것에 초점을 맞추어야 한다고 말씀하셨다. "너희는 먼저 그의 나라와 그의 의를 구하라"(마 6:33). 나아가 자기중심으로 교만할 때보다 타인 중심으로 겸손할 때 우리는 더 나은 사람이 된다. "아무 일에든지 다툼이나 허영으로 하지 말고 오직 겸손한 마음으로 각각 자기보다 남을 낫게 여기고"(빌 2:3).

오직 십자가만이 하나님 안에 있는 참된 행복과 현대 심리학의 괴리를 이을 수 있다

세상의 연구들은 우리가 성경의 하나님을 알고 사랑해야 함에 대해서는 당연히 아무 말이 없다.

소냐 류보머스키(Sonja Lyubomirsky)는 세상에서 가장 잘 알려진 행복 연구가일 것이다. 그녀는 "나는 전혀 종교적이거나 영적인 사람이 아니다"라고 시인하면서도[6] 종교적인 사람들이 더 행복하다는 결과가 여러 연구를 통해 명백히 밝혀졌다고 말한다. 그래서 그녀는 이렇게 조언한다. "종교나 영성을 갖는 것이 당신에게 자연스러워 보이거든 얼마든지 그렇게 하라."[7]

그녀는 사람들이 가장 행복해질 수 있는 길을 말했을 뿐이다. 물론 믿지도 않는 것을 믿는 척하는 것이 해답은 아니다. 하나님과의 인격적 관계가 없이는 참된 평안과 행복을 누릴 수 없다.

우연과 궁극적 무의미와 적자생존을 믿는 자연주의적 세계관은 행복을 낳을 수 없다. 누구나 기독교 세계관에서 특정한 가치관을 빌려올 수는 있다. 그러나 그리스도를 믿지 않는다면 그리하여 변화의 주체이신 성령이 내주하지 않으신다면 그 사람은 행복의 확실한 기초가 없다.

심리학자들과 자기 계발 서적들은 주관적 행복감을 높이는 검증된 방법들을 제시한다. 그러나 이런 궁여지책의 자족감은 사람을 무감각한 안일에 빠뜨릴 수 있다. 스스로 성취해낸 무난한 수준의 행복은 우리를 마비시켜, 절실히 필요한 하나님을 멀리한 채 겨우 죄만 관리하게 만들 수 있다. 이런 전략은 당장은 잘 통해 보일지 몰라도 최후의 심판 날에는 무용지물이다.

악한 사람들이 악을 미워하시는 하나님과 어떻게 화목할 수 있는지의 문제는 사상 최대의 난제다. 따라서 사상 최대의 해답이 요구된다. 똑똑한 사람들에게 미련해 보일 정도로 급진적인 그 해답은 바로 그리스도의 십자가다. "십자가의 도가 멸망하는 자들에게는 미련한 것이요 구원을 받는 우리에게는 하나님의 능력이라"(고전 1:18).

심리학자 데이비드 폴리슨(David Powlison)은 "예수님의 기쁜 소식과 연계되지 않은 것을 결코 좋은 조언이라고 어쭙잖게 내놓지 말라. 그분은 십자가에 달리셨다 살아나 현존하시고 역사하시며 다시 오실 분이다"라고 말했다.[8]

좋은 조언이 나쁜 조언보다는 항상 낫다. 그러나 불타는 건물 안에 갇힌 사람에게는 조언 이상이 필요하다. 기쁜 소식에 뒤따르는 실제적 행동이 필요하다. 지옥으로 향하고 있는 사람에게는 과감히 사나운 불꽃 속으로 뛰어들어 죄의 파멸에서 그를 구해내 영원한 행복을 가져다줄 누군가가 필요하다.

행복을 향한 갈망은 우리에게 그리스도가 필요함을 지적해준다

거룩하지도 못하고 행복하지도 못한 인간의 실상은 우리가 하나님과 분리되어 있음을 지적해준다. 사람들은 자신에게 속죄와 구속이 절실히 필요함을 직관적으로 깨닫지 못하지만 행복을 원하는 자신의 마음만은 본능적으로 안다. 불행이 괴롭다는 것도 안다. 그래서 행복은 우리가 복음을 제시하기 위해 건너갈 수 있는 다리다. 물론 사람들은 하나님 앞에서 바른 신분을 얻어 거룩해져야 한다. 그러나 거룩함은 겉으로 드러나기 어려운 덜 명확한 문제인 만큼 행복과 평안과 자족의 모습이 사람들을 그쪽으로 이끌 수 있다.

J. C. 라일이 1800년대에 쓴 말은 그때 못지않게 지금도 사실이다. "쾌활하고 친절한 심령은 신자가 취해야 할 큰 장점이다. 그리스도인이 생글생글 웃을 수 없다면 이는 기독교에 치명적 재난이다. 모든 순수한 환희에 동참하려는 자세와 더불어 명랑한 마음은 더없이 귀한 선물이다. 그것은 편견을 누그러뜨리고 걸림돌을 치워 그리스도의 길과 복음의 길을 여는 데 특효가 있다."[9]

그렇다고 그리스도인의 삶이 순탄하거나 쉬울 거라는 말은 아니다. 하나님은 "무릇 그리스도 예수 안에서 경건하게 살고자 하는 자는 박해를 받으리라"(딤후 3:12)고 단언하셨다. 큰 어려움을 만나도 우리는 놀라서는 안 된다(참조. 벧전 4:12).

그러나 고난이 예언된 본문에 기쁨도 함께 제시되는 경우가 많다(참조. 약 1:2-3). 예수님은 "세상에서는 너희가 환난을 당하나 담대하라 내가 세상을 이기었노라"(요 16:33)고 말씀하셨다.

하나님의 사람들에게 고난이나 슬픔이 없을 거라는 말은 이 책에 없다. 그러나 예로부터 하나님은 그분을 따르는 이들에게 슬픔과 역경 중에도 초자연적 행복을 불어넣어 주셨다.

행복은 복음의 필수 요소다

예수님이 태어나실 때 천사가 목자들에게 준 메시지에 복음의 핵심이 압축되어 있다. 천사는 "내가 온 백성에게 미칠 큰 기쁨의 좋은 소식을 너희에게 전하노라"(눅 2:10)고 말했다. 복음은 일부 사람들만 아니라 만인을 위한 것이다. "큰"으로 번역된 헬라어 형용사는 메가스(*megas*)다. 복음은 그냥 소식이 아니라 "큰 기쁨"의 좋은 소식이다. 이렇게 좋은 소식은 전무후무하다.

이 좋은 소식의 특징은 누구든지 그것을 받아들이는 사람에게 주어지는 깊고 영원한 기쁨이다. 현대영어역(CEV)에는 이 구절이 "너희를 위한 좋은 소식이니 모든 사람을 행복하게 하리라"고 옮겨져 있다.

영어표준역(ESV)에 행복과 그 파생어들은 13회밖에 쓰이지 않았지만 이사야 52장 7절에는 신미표준역(NASB)과 몇몇 다른 역본들처럼 그 단어가 나온다. "좋은 소식을 전하며 평화를 공포하며 복된[행복한] 좋은 소식을 가져오[는]…자의 산을 넘는 발이 어찌 그리 아름다운가."

메시아에 관한 이 중요한 선포는 "여호와께서 이와 같이 말씀하시되"(사 52:3)라는 말로 시작된다. 단어 하나하나마다 하나님이 직접 책임지신다는 뜻이다. 모든 성경은 성령의 감동으로 되었으므로 모든 단어는 결국 하나님에게서 왔지만, 성령은 대개 인간 저자의 어휘와 말투를 통해 역사하신 것 같다. 그런데 여기 이사야의 경우는 만인에게 "행복한 좋은 소식"을 전하는 것이 우리의 사명이라고 하나님이 직접 말씀하신다.

바울은 로마서 10장 15절에 복음에 대해 말하면서 이사야 52장 7절을 인용했는데, 이로써 이 "행복한 좋은 소식"이 사실은 다름 아닌 예수 그리스도를 통한 구원의 복음임을 보여주었다.

이는 복음의 관건이 다분히 행복임을 성경에 명시했다는 뜻이다. 우리가 전하는 복음이 행복과 무관하다면 이사야 52장 7절에 하나님이 직접 하신 말씀에 어긋난다. 불행을 낳는 죄를 예수님이 친히 의로 바꾸어 행복을 주신다는 것이 곧 복음이다. 목자들은 아기 예수께 절할 때 인간의 몸을 입으신 기쁨과 행복의 화신에게 절한 셈이다.

찬송가 "참 반가운 신도여"에는 각 절마다 참된 행복의 정서가 묻어난다. 1절의 "기쁘고 당당하게"나 2절의 "환희의 노래로"나 4절의 "이 행복한 아침에 나신" 등이 다 그렇다(우리말 번역에는 다 생략되었다-역주).

기쁨과 환희와 행복이야말로 예수님께 합당한 반응이다. 복음의 특성이 그런 주체할 수 없는 즐거움이 아니라면 그건 복음이 아니다.

생각해보라. 영원한 저주에서 해방되면 영원한 불행에서도 해방된다. 영원한 생명은 영원한 행복을 수반한다. 이사야 52장 7절에 나오는 "행복한 좋은 소식"의 자격으로 이보다 더 나은 것이 무엇이겠는가?

그리스도를 믿고 섬기는 사람은 "네 주인의 즐거움[행복]에 참여할지어다"(마 25:21)라는 믿기 어려운 초청을 받는다. 반면 재물을 의지하는 사람은 "너희에게 임할 고생으로 말미암아 울고 통곡하라"(약 5:1)는 말을 듣게 될 것이다.

참된 복음은 그 자체로 완전하다. 더 나아지려야 나아질 수 없다. 신학자 J. 그레샴 메이첸(J. Gresham Machen, 1881-1937)은 "인간이 바랄 수 있는 모든 것이 복음 안에 다 들어 있다"라고 말했다.[10] 우리가 가장 바라는 것은 무엇인가? 바로 행복이다.

물론 우리의 행복이 복음의 유일한 관건은 아니다. 그러나 행복은 그리스도가 자신의 구속 사역을 통해 이루신 놀라운 결실 가운데 하나다.

믿음이 어렸을 때 내가 자주 들은 간증이 있다. 사람들이 각자 회심하던 날을 행복하게 회고하는 간증이었다. 몇 년 후 문득 이런 생각이 들었다. 나는 예수님이 과거에(십자가에서 그리고 내가 회심했을 때) 하신 일과 장차 어느 날(재림하실 때) 하실 일로만 아니라 오늘 하고 계신 일로도 행복해야 한다고 말이다. 시편 저자도 무언가 깨달은 바 있어 이렇게 말했다. "이 날은 여호와께서 정하신 것이라 이 날에 우리가 즐거워하고 기뻐하리로다"(시 118:24). 물론 그는 어느 특정한 날을 말한 것이지만 하나님은 우리의 모든 날을 정하셨다.

하나님이 지금 여기서 우리 삶의 매일 매시간에 하고 계신 일로 기뻐한다면 우리는 얼마나 더 행복해질까. 오랜 세월을 또는 주님 곁에 갈 때까지 기다렸다가 그때 뒤돌아보며 이렇게 말할 까닭이 무엇인가? "하나님, 그 힘든 시절에도 주님이 역사하고 계셨음이 이제야 보입니다. 그때 주님을 신뢰하지 못해 아쉽습니다."

내 친구 하나는 거의 모든 식사나 모임이나 수련회나 휴가가 자기 평생에 최고라고 진심으로 믿는다. 그래서 그와 함께 있으면 즐겁다. 그는 순간을 즐기고 현재의 행복을 음미할 줄 알기에 과거의 행복도 소중한 추억으로 남는다. 그와 함께 있다 돌아오면 거의 매번 그에게서 이런 문자가 온다. "여태 우리가 함께했던 최고의 저녁 식사였고 가장 재미있는 시간이었다네." 나는 씩 웃으며 그의 행복 속으로 들어간다.

우리는 늘 현재를 살아갈 뿐이다. 하나님 안의 행복은 앞날에 대한 기대나 지난날의 추억 이상이어야 한다. 상황은 늘 변하고 좋은 소식들도 오락가락한다. 그러나 우리는 지금 하나님을 의지하여 행복을 누려야 한다. 왜 그런가? "행복한 좋은 소식"이 이미 왔고, 아직 우리 곁에 있으며, 영원히 사라지지 않을 것이기 때문이다!

하나님을 즐거워하는 것이 우리의 최고 목적이다

웨스트민스터 소요리문답은 1646년에 영국과 아일랜드와 스코틀랜드에서 활동하던 일단의 개혁주의 신학자들이 작성했다. "인간의 최고 목적은 무엇인가?"라는 질문으로 시작되는데 그 답은 이렇다. "인간의 최고 목적은 하나님을 영화롭게 하고 영원히 그분을 즐거워하는 것이다."

신학자들이 "하나님을 영화롭게 하고"라는 답을 내놓는 것은 지당한 일이다. 하지만 영원히 그분을 "즐거워하는 것"은 어떤가? 왜 영원히 그분께 순종하거나 그분을 경외하는 것이 아닌가?

이 요리문답을 쓴 사람들은 막판에 어휘를 골라 급히 이메일로 보낸 것이 아니다. 그들은 장차 대대로 암기하고 그대로 살고자 애써야 할 신앙과 그 실천의 진술을 심사숙고하며 공들여 작성했다. 그래서 단어 하나하나를 사려 깊게 선택했다.

17세기의 이 신학자들과 목사들이 진술하기를 우리는 하나님을 영화롭게 하기 위해서만 아니라 또한 그분으로 인해 기뻐하고 행복하고자 존재한다고 했다. 이는 4백 년 전의 고루하고 종교적인 스코틀랜드인들의 분위기에 비추어 볼 때 들어맞지 않는다.

놀랍게도 영국 국회는 이 신앙고백이 작성된 지 오래지 않아 그것을 공식 승인했다. 신학자들과 심지어 국회의원들도 알았는데 그 후로 몇 세기 동안 이상하게 희미해져버린 그것은 무엇인가?

또한 하나님을 즐거워한다는 말은 무슨 뜻인가? 청교도 토머스 왓슨은 이렇게 말했다. "영원히 하나님을 즐거워함이란 곧 행복한 상태에 들어서는 것이 아니고 무엇인가?…하나님은 최고선(summum bonum)이시므로 그분을 즐거워하는 일이야말로 극에 달한 최고의 행복이다."[11]

요리문답을 작성한 이들이 알았듯이 하나님은 인간을 지으실 때 그분을 영화롭게 할 뿐 아니라 또한 그분으로 인해 행복하도록 지으셨다. 즉 그분과 더불어 깊고 만족스럽고 영원한 인격적 관계를 누리도록 지으셨다. 또 그들이 알았듯이 기쁜 소식은 일차원으로 그치지 않는다. 하나님은 마땅히 영광을 받으셔야 하고, 그분이 지으신 인간은 그분을 영화롭게 할 뿐 아니라 끝없이 그분을 기뻐하고 즐거워해야 한다.

행복은 좋은 소식에 대한 우리의 자연스러운 반응이다

좋은 소식들을 들을 때 우리의 반응은 어떤가? 행복과 설렘과 경이와 축하가 아닌가?

1945년 8월 15일에 뉴욕 타임스퀘어에서 서로 모르는 사이인 어느 해군 병사와 간호사가 나눈 전설적인 입맞춤을 생각해보라. 〈라이프〉(Life)지에 처음 실린 그 사진을 보면 수많은 사람이 이 커플을 에워싸고 있는데, 제2차 세계대전이 끝났다는 트루먼 대통령의 발표에 하나같이 기뻐 어쩔 줄을 모른다. 좋은 소식은 "전쟁이 끝났다"처럼 거창할 수도 있고, "제일 친한 친구가 놀러 온다"처럼 더 작을 수도 있다. 그런가 하면 "당신 부부에게 곧 아기가 태어날 겁니다"처럼 다른 사람에게는 작지만 당신에게만은 중대한 소식도 있다. 더 좋은 소식일수록 우리의 행복도 더 커진다.

복음은 실체에 근거하여 구체적으로 우리를 행복으로 부른다. 예수님은 정말 인간이 되어 십자가를 지셨고 다시 살아나셨다. 참으로 지금 우리와 함께 계시고 우리 안에 계시며 장차 다시 오실 것이다. 이런 사실 때문에 복음은 희망적 사고와는 엄연히 다르다.

예수님은 "내가 온 것은 양으로 생명을 얻게 하고 더 풍성히 얻게 하려는 것이라"(요 10:10)고 말씀하셨다. 여기 "풍성히"로 번역된 단어는 양적으로 철철 넘치고 질적으로 비범하다는 뜻이다. 한마디로 비할 나위 없이 행복한 삶이다. 비슷하게 성경에 묘사된 영생은 그저 끝나지 않을 삶이 아니라 충만하고 만족스러운 삶이다. "하나님이 우리에게 영생을 주신 것과 이 생명이 그의 아들 안에 있는 그것이니라"(요일 5:11). 신약에 "영생"이라는 말이 43회 나오는데 거기에는 영원한 실존보다 더 큰 의미가 있다. 영생은 영원한 행복을 뜻한다!

히브리서 3장 13절에서 하나님은 이렇게 우리를 행복으로 부르신다. "오직 오늘이라 일컫는 동안에 매일 피차 권면하여." 우리가 하나님 안에서 행복하기를 그분이 원하시므로 그리스도가 중심이 되시는 행복을 경험할 시간은 (내일이 아니라) 바로 오늘이다.

우리가 믿는 주권자 하나님은 예수님을 통한 구속을 은혜로 베푸셨다. 그런데도 우리가 행복하지 못하다면 자신에게 이유를 물어야 한다.

우리는 기쁨을 선택하여 고난 속에서도 행복하고 감사할 이유를 되뇌어야 한다. 이는 하나님이 하신 일을 신뢰한다는 고백일 뿐 아니라 또한 모든 고생을 선하게 마무리하실 그분을 향한 믿음이다. 복음은 우리의 상황 가운데 소망과 기쁨을 불어넣는다. 어떤 위기가 닥쳐와도 하나님의 위대하심을 인정하기 때문이다.

"여호와께서 자기 백성에게 힘을 주"시고 "여호와께서 자기 백성에게 평강의 복을 주시"는 때는 미래의 막연한 시점이 아니라 바로 지금이다(시 29:11). 성령의 열매는 천국에 갈 때까지 기다렸다 누리는 것이 아니라 이생에서도 우리에게 주어진다(참조. 갈 5:22). "이러므로 나의 마음이 기쁘고 나의 영도 즐거워하며[행복해하며]"(시 16:9). 보다시피 이 시의 저자는 현재 시제로 말하고 있다. 미래의 기쁨을 기다리는 것이 아니라 지금 기뻐하고 있다.

오늘 그리스도 안에서 누리는 행복은 하나님이 이미 우리 계좌에 무한히 예치해두신 행복에서 인출되는 것이다. 사후에야 행복이 완전해지기는 하지만 그렇다고 그때까지 기다려야만 경험하는 것은 아니다. "여호와께서는 자기에게 간구하는 모든 자[에게]…가까이 하시는도다"(시 145:18).

복음이 참된 행복을 가져다주지 못한다면 우리가 믿는 그것은 복음이 아니다. 어느 목사나 저자가 "하나님은 인간의 행복을 의도하신 적이 없다"라고 말하면[12] 그 말이 영적으로 들릴 수 있다. 하지만 행복이 죄가 아닌 이상 그 말은 사실이 아니다.

불행히도 우리는 성경에 넘쳐흐르는 행복을 축소한다. 기도, 성경 읽기, 교회처럼 기쁨을 주는 '거룩한' 일과 애완동물, 취미, 바비큐, 휴가, 스포츠처럼 행복을 주는 '세상적' 일을 구분하기 때문이다. 그 결과 우리는 엉뚱하게 '예수님 시간'과 '세상 시간', '하나님 시간'과 '내 시간'을 구분하는 영적 정신 분열증에 걸린다.

일하고 자전거 타고 게임하고 영화 볼 때 기도하며 하나님을 영화롭게 할 수 없다면 어떻게 범사에 하나님을 영화롭게 하며 쉬지 않고 기도할 수 있겠는가?

의식적으로 하나님에 대해 말하거나 누구에게 전도하지 않을 때조차도 사실은 우리 삶의 모든 영역 속에 기쁜 소식이 스며들어야 한다. 우리가 복음을 생각하고, 복음대로 살며, 복음을 나누고, 복음이 성취되어 죄와 죽음이 없어질 세상을 사모할 때마다 "행복한 좋은 소식"이 우리 삶에 두루 스며든다. 그리하여 우리를 행복하게 한다.

바울과 바나바가 이방인들에게 복음을 전했을 때 벌어진 일이 바로 그것이다. 바울은 이렇게 말했다. "약속[기쁜 소식(KJV)]을 너희에게 전파하노니…이방인들이 듣고 기뻐하여[아주 행복해하여(CJB)]…제자들은 기쁨[행복(CEB)]과 성령이 충만하니라"(행 13:32, 48, 52).

하나님은 자신의 외아들을 보내 우리 대신 죽게 하셔서 그분을 믿는 자마다 영생을 얻게 하셨고, 이로써 우리를 향한 자신의 무한한 사랑을 입증하셨다(참조. 요 3:16). 하나님은 우리를 위하시며 죽음조차도 우리를 그분의 사랑에서 끊을 수 없다(참조. 롬 8:31-39). 이런 사실을 정말 믿는다면 어떻게 행복하지 않을 수 있겠는가?

기쁜 소식이란 곧 하나님의 선하심과 인자와 은혜와 자비와 구원과 중생과 새롭게 하심이고, 또 그분이 예수님을 통해 선물로 주시는 성령이다(참조. 딛 3:5-7). 이 복음에 대한 합당한 반응을 압축한 말로 행복보다 더 적합한 것은 없다.

프레드 샌더스(Fred Sanders)는 "회심의 순간에만 해당될 뿐 그리스도 안에서 사는 매순간의 삶으로 확장되지 않는 복음은 너무 작다. 당신의 죄만 사해주고 변화의 능력을 주지 못하는 복음은 너무 작다"라고 말했다.[13] 나는 거기에 이렇게 덧붙이고 싶다. 당신을 이전보다 더 행복하게 해줄 수 없는 복음은 너무 작다.

복음이 우리를 행복하게 해주지 못한다면 우리는 참된 기쁜 소식을 믿는 것이 아니다. 어쩌면 버거운 나쁜 소식의 종교를 받아들였는지도 모른다. 복음의 참 의미가 무엇인지 자신에게 일깨워야 한다. 제리 브리지스(Jerry Bridges)의 말대로 "날마다 자신에게 복음을 전하라."[14]

하버드 대학교와 스탠포드 대학교에서 교목으로 섬겼던 엘튼 트루블러드(Elton Trueblood, 1900-1994)는 "명색이 기독교라면서 때에 따라 쾌활한 모습을 보일 수 없다면 명백히 가짜다"라고 말했다.[15]

옥타비우스 윈슬로우는 이렇게 썼다. "그리스도의 종교는 기쁨의 종교다. 그리스도는 오셔서 우리 죄를 없애고, 저주를 벗기고, 사슬을 풀고, 감옥을 열고, 빚을 탕감해주셨다…이것이 기쁨이 아닌가? 이토록 생생하고 깊고 순수하고 영원한 기쁨을 어디서 찾을 수 있는가? 그리스도의 복음 안에 기쁨의 모든 요소가 들어 있다. 우리를 성화시키는 깊고 만족스러운 무아경의 환희가 있다. 예수님을 믿는 사람은 본질상 행복한 사람이다."[16]

복음이 들어온 세상 속에는 예나 지금이나 행복을 찾는 철학들이 넘쳐난다

예수님이 오신 세상에는 사람들을 죄와 절망과 불행에서 구해줄 구주가 절실히 필요했다. 로마인들이 이름만 바꾼 그리스 신화의 신들은 좀처럼 진지하게 취급되지 않았다. 일상생활에서 헬라와 로마의 세계관들은 스토아주의나 에피쿠로스주의에 더 경도되어 있었는데, 양쪽 다 행복을 얻는 길로 자처했다.[17]

스토아주의자들은 진리와 덕을 믿었다. 정신 훈련을 구사하여 감정을 극복하고 역경을 이기려 했다. 오늘날의 일부 불교 분파와 비슷하다. 학자 윌리엄 모리스(William Morrice)는 "스토아주의에는 기쁨이 없다. 그 기조는 본질상 비관적이며 그 인생관은 어둡고 음울하다"라고 썼다.[18]

반면 에피쿠로스주의는 행복이란 삶의 쾌락을 즐기는 데 있다고 가르쳤다. 에피쿠로스(Epicurus)에 따르면 "종교에는 기쁨의 자리가 전혀 없다. 신들 자신만 늘 행복과 환희 속에 살아갈 뿐이다. 철학자들이 자임한 과제는 사람들을 종교의 폭압과 비하에서 해방시키는 일이었다."[19]

현대 서구 문화에도 스토아주의와 에피쿠로스주의에 가까이 상응하는 것들이 있다. 종교로서의 현대 기독교는 다분히 스토아주의처럼 기쁨 없이 의무에 쫓기는 부정적 생활방식으로 간주된다. 그런 시각이 불공평할 때도 있지만 그렇지 않을 때도 있다.

오늘날 기독교에 대한 세속의 반격은 에피쿠로스주의와 공통점이 많다. 그들은 때와 방법을 가리지 말고 행복해지라고 우리를 설득한다. 도덕적 기준에 대한 죄책과 염려 때문에 행복을 방해받아서는 안 된다는 것이다.

헬라와 로마 문화의 소위 '신비 종교들'은 행복이 신들에게만 있다고 단언했다. 신들만 참으로 행복하다는 것이다. 오늘날의 뉴에이지 신념이 그런 종교들과 비슷한 데가 있다. 행복이 높은 영적 존재 내지 영적 세력 안에 있다는 시각은 옳지만 그들은 참되신 하나님을 인정하지 않는다.

기독교가 출현하자 예수님의 가르침은 어디에나 두루 위력을 발휘했다. 그분은 스토아주의처럼 진리와 덕을 강조하셨고, 에피쿠로스주의처럼 먹고 마시는 것까지 포함하여 쾌락과 행복이 선하다고 가르치셨다. 또 그분이 제시하신 하나님과의 참된 관계는 신비 종교들이 성과 없이 추구하던 것이었다. 그때나 지금이나 예수님은 모든 사람이 원하면서도 얻지 못한 진정한 행복을 주신다.

예수님은 하나님의 완벽한 타이밍에 기쁨의 화신으로 성육신하셨다

"때가 차매 하나님이 그 아들을 보내사 여자에게서 나게 하시고…"(갈 4:4). 하나님이 예수님을 보내신 타이밍은 세상 전반을 향해서만 완벽했던 것이 아니었다. 특히 이스라엘에는 이상적이었다. 유대 민족은 로마인의 압제에 시달리고 있었고, 참되신 유일신을 믿는 그들에게 신으로 자처하는 황제 아래의 삶이란 유난히 더 고달팠다.

유대인들이 하나님의 개입을 대망한 지 오래였지만 구속의 약속과 적들을 향한 심판은 성취될 기미가 보이지 않았다. 낙심과 비관론이 만연했다.

일반 유대인은 종교 지도자들이 부과하는 엄격하고 불행한 요구 사항들에도 똑같이 시달렸다. 많은 바리새인은 율법에 집착하여 하나님의 은혜보다 인간의 자체적 의와 공로를 강조했다. 예수님은 그들이 "무거운 짐을 묶어 사람의 어깨에 지우되 자기는 이것을 한 손가락으로도 움직이려 하지 아니"한다고 말씀하셨다(마 23:4).

바로 이렇게 지치고 절망한 세상 속에 하나님은 "큰 기쁨의 좋은 소식"(눅 2:10)을 가져오신 것이다. 거룩하고 행복하신 하나님이 우리를 영원한 죄와 불행에서 구하려고 이 땅에 오셨다. 그래서 "큰 기쁨의 좋은 소식"은 복음의 호칭으로 결코 과장이 아니다.

행복을 구하는 지혜로운 사람들은 하나님이 주시는 영원하고 끝없는 행복을 받아들인다

예수님이 하신 두 이야기에 하나님이 베푸신 큰 파티가 나온다. 하나는 혼인 잔치고(참조. 마 22:1-14) 또 하나는 큰 잔치다(참조. 눅 14:15-24). 하나님을 대변하는 주인이 두 잔치 모두에 손님을 초대한다.

그 문화의 사람들은 당연히 잔치가 무엇인지 알았고, 음식과 음료와 음악과 춤이 값없이 넘쳐나던 혼인 잔치만큼 흥겹고 신나는 일은 없었다.

두 번째 이야기에 나오는 선하고 행복한 왕은 자원이 무궁무진한 거부(巨富)다. 제정신인 사람치고 이런 왕의 초대를 사양할 사람은 없다! 너무 바빠서 성대한 혼인 잔치와 왕이 차린 연회에 갈 수 없다면 당신은 정말 너무 바쁜 것이다.

그런데 왕에게 초대받은 사람들은 온갖 구실을 대며 오지 않았다. 파티를 마다하고 일하러 가거나 길을 떠나거나 가축을 시험하거나 집을 지켰다. 행복을 거부한 것이다. 초대받은 사람들이 오지 않자 왕은 종들을 시켜 아무나 초대하게 했다. 그래서 연회실은 감사하는 사람들로 꽉 찼다.

이 비유들이 예시해주듯 하나님은 진지하게 우리를 행복으로 초대하시건만 우리는 그분의 초대를 물리치고는 자기 생각에 더 행복을 가져다줄 만한 일에 힘쓰기 일쑤다.

그보다 더 잘못된 일은 없다. 왕이신 하나님이 그분의 임재 안에서 끝없이 즐기도록 우리를 초대하신다. 이 초대를 거부하면 행복 자체를 거부하는 것이다.

이 이야기의 교훈은 무엇인가? 하나님의 초대에 응하여 파티에 가라! 그러기를 잘했다는 생각이 들 것이다!

Chapter·7

행복은 영적이지 못한가?

> 내 영혼이 여호와를 즐거워함이여 그의 구원을 기뻐하리로다 내 모든 뼈가 이르기를 여호와와 같은 이가 누구냐…하리로다.
>
> 시편 35:9-10

> 창의적 희열의 하나님이 세상을 창조하실 때 물질 속에 에너지를 심어두셨는데 그 에너지의 희미하고 아득한 결과가 지금 우리가 말하는 물리적 쾌락이다…여기 지류에서도 이토록 취하는데 그 강물을 수원(水源)에서 맛보면 어떨까? 그런데 내가 믿기로 우리 앞에 펼쳐져 있는 것이 바로 그것이다. 우리의 전인(全人)이 기쁨의 샘에서 기쁨을 마시게 되어 있다.
>
> C. S. 루이스

2004년에 내 책 『헤븐―천국은 이런 곳이다』(Heaven, 요단출판사 역간)가 출간되었을 때 내가 제일 좋아하는 신학교수 중 한 분이 심각한 우려를 표하며 반론을 제기했다. 그 책에 부활의 교리와 새 땅의 교리가 나오는데 나는 그것이 성경이 가르치는 미래의 우리 삶이라 믿는다. 즉 우리는 육신을 입고 새 땅을 다스리며 하나님을 사랑하고 섬길 것이다.

그 책에 지적했듯이 우리는 새 땅에서도 먹고 마실 것이다. 성경에 기술된 내용을 논리적으로 따라가면 나오는 결론이 있다. 이 땅에서 현재의 몸으로 하는 일의 대부분을 우리는 새 땅에서 새로운 몸으로 더 행복하게 할 것이다.

추측건대 부활한 땅에서 부활한 우리는 창작하고 글도 쓰고 책도 읽고 게임도 즐기고 자전거도 탈 것이다. 그런데 이것이 내가 좋아하는 교수의 심기를 건드렸다. 함께 커피를 마시는 자리에서 이 경건한 사람은 이맛살을 찌푸리며 말했다. "하나님을 볼 수 있는데 굳이 자전거를 타고 싶을 까닭이 무엇인가?"

그의 표정으로 보나 말투로 보나, 하나님을 보는 일은 영적이지만 자전거를 타는 일은 속되다 못해 거의 죄라는 것이 그의 생각이었다.

나는 성경에 나오는 이 명령이 무슨 뜻이냐고 그에게 정중히 물었다. "그런즉 너희가 먹든지 마시든지 무엇을 하든지 다 하나님의 영광을 위하여 하라"(고전 10:31). 먹고 마시는 일은 생계를 위해 꼭 필요할 뿐 아니라 물리적 쾌락이기도 하며 하나님의 영광을 위하여 해야 한다. 그에게 말했듯이 내가 이 땅에서 자전거를 타는 것도 그분의 영광을 위해서다. 나는 테니스나 스노클링을 즐길 때도 하나님을 예배한다. 음악을 즐기거나 하나님의 말씀을 읽거나 개와 함께 놀면서 그분을 예배하듯이 말이다. 여기서도 먹고 마시고 일하면서 그리고 취미와 자연과 예술을 즐기면서 하나님을 예배할 수 있다면 부활한 땅에서 그러지 못할 이유가 무엇인가? 왕이신 그분을 예배하는 사람들과 함께 놀랍도록 아름다운 새 세상에서 자전거를 타면 우리 마음에 찬양이 넘쳐 그분께 더 가까워지지 않을까?

그 교수와 나눈 대화는 기도와 사랑과 상호 존중으로 끝났지만 관점의 차이는 좁혀지지 않았다. 그와 나는 현재와 미래의 물질세계와 물리적 몸을 보는 세계관이 다르다.

우리 둘은 작은 일부일 뿐이며 신앙에서 육과 영이 차지하는 역할에 대한 담론은 그보다 크다. 오랜 세월 신자들은 영원한 행복이 얼마나 가시적이고 구체적이며 물리적일까 하는 문제로 씨름해왔다. 장차 하나님을 뵐 때 우리는 미동도 없이 매순간 그저 그분을 바라보기만 할 것인가? 아니면 매일 그분을 섬기고, 서로 즐겁게 교제하며, 창조 세계의 경이를 탐색하기도 할 것인가? 그분을 찬양하고 예배하면서 말이다.

왜 일부 그리스도인들은 몸의 물리적 쾌락이 선하다는 사실을 부인하는가?

일부 그리스도인들이 물리적 쾌락을 경계하는 이유는 영의 세계는 선하고 물질세계는 악하다는 비성경적 신념 때문이다. 나는 이것을 '기독플라톤주의'라 부르는데, 『헤븐—천국은 이런 곳이다』에서 내가 지어낸 용어다.[1] 말로 명시될 때도 있고 그렇지 않을 때도 있으나 이 만연한 신념이 지난 세월 수많은 그리스인과 교회에 악영향을 끼쳤다. 그 결과 사람들은 물리적 쾌락이 영적이지 못하며, 따라서 사람들을 행복하게 하는 많은 일이 무가치하고 미심쩍다고 확신하게 되었다.

실재가 근본적으로 뭔가 이상적이거나 추상적인 것이라고 처음 주장한 서구 철학자 가운데 플라톤이 있다. 그는 "몸이 영혼을 방해하고 심지어 옥에 가둔다" 하여 몸을 "걸림돌"로 보았다.[2] "몸은 무덤이며 우리는 그 속에 묻혀 있다"라고도 썼다.[3] 그는 "몸, 무덤"(soma sema)이라고 표현했는데, 그것은 몸에서 해방되는 일이야말로 영혼의 가장 고귀한 숙명이라는 의미다.

이렇게 육과 영을 대립시키는 것은 성경에 어긋난다. 하나님은 몸과 영혼을 둘 다 지으셨다. 둘 다 죄로 망가졌지만 둘 다 그리스도가 구속하신다. 우리 몸은 감옥이 아니다. 소라게가 껍질을 썼다 벗었다 하듯이 우리 마음대로 몸을 입거나 버릴 수도 없다. 몸은 하나님이 필수로 고안하신 우리 존재의 일부다. 몸이 창조된 목적은 우리를 창조주와 멀어지게 하기 위해서가 아니라 그분을 드러내기 위해서다. 타락의 여파로 몸과 영혼이 서로 싸울 때도 있지만 (로마서 7장 14-24절에 언급된 육신이 그런 뜻이다) 이는 하나님이 창조하신 본연의 관계가 아니며 그대로 영원지도 않다.

일부 그리스도인들이 폄훼하는 이 땅도 역시 이류급 장소가 아니다. 우리는 이 땅에서 구조되어야 하는 것이 아니다. 오히려 하나님이 우리를 위해 맞춤형으로 지으신 곳이 이 땅이다. 그분이 인류 최초이자 최후의 거처로 정하신 곳은 무형의 세계가 아니라 이 땅이다. 그분이 지으신 물질세계의 목적은 우리와 그분의 동행을 방해하는 것이 아니라 촉진하는 데 있다.

하나님은 아무 맛도 없는 영양물을 주어 우리의 건강을 지키실 수도 있었다. 그런데 세상을 맛좋은 음식물로 가득 채우시고 우리에게 그것을 즐길 미뢰를 주셨다. 그분은 얼마든지 무슨 기계적인 방법으로 아기가 잉태되게 하실 수도 있었다. 그런데 성관계라는 정교한 쾌락의 과정을 고안하셨다. 그분은 모든 피조물을 보시며 "제 기능을 다하더라"고 말씀하실 수도 있었다. 그런데 "심히 좋았더라"고 말씀하셨다.

하나님은 우리가 그분 자신과 그분의 선물을 둘 다 누리기를 원하신다

불행히도 플라톤의 사상이 필로(Philo, BC 약 20-AD 50)의 저작을 통해 기독교 신앙에 침투해 들어왔다. 대부분 랍비가 선호하던 문자적 해석과 반대로 그는 어떻게든 성경을 비유적으로 해석했다.[4]

영향력 있는 교회 교부들인 알렉산드리아의 클레멘트(Clement of Alexandria, 150-215)와 오리겐(Origen, 185-254)도 헬라 철학을 받아들여 성경을 우화적으로 이해해야 한다고 주장했다. 그들은 부활한 몸들이 구속된 땅에서 먹고 마신다는 성경 본문들을 문자적으로 취해서는 안 된다고 믿었다. 기독플라톤주의의 관점에서 보면 육은 악하고 오직 순결한 영만 선하기 때문이다. 그들의 주장대로라면 성경이 말하는 이 땅의 쾌락과 즐거움은 문자적 의미가 아니다.

이사야가 예언한 완전한 새 땅에서의 삶이라든지 요한계시록 21-22장에서 묘사한 것처럼 부활한 사람들이 새 땅에서 살아가는 모습은 육체 없는 영적 세계라는 이상(理想)의 상징으로만 간주되었다. 이런 관점은 물리적 몸의 부활이 얼마나 중요한지를 힘주어 역설하는 성경에 완전히 어긋난다(참조. 고전 15장).

성경과 그리스도인의 삶을 무조건 영적으로만 보는 이런 시각은 헬라 철학자들 이후 내내 서구 교회를 오염시켰다. 그 결과 사람들은 성경에 하나님의 창조 세계가 선하고 그분이 우리에게 물리적 차원에서 즐거움과 행복을 누리게 하셨다고 나와 있는데도 이를 이해하는 능력을 상실해버렸다(한번은 내가 부활과 새 땅에 대해 설교한 뒤 어느 멀끔한 그리스도인 남자가 나를 찾아와 이렇게 말했다. "몸을 지니고 음식을 먹으며 땅에 산다는 이 개념은…내가 보기에 전혀 영적이지 못합니다!").

왜 하나님은 우리의 미뢰를 지어 음식을 즐기게 하셨고, 우리 뇌의 '쾌락 중추'에 도파민이 분비되게 하셨는가? 시원하게 수영하고, 더운물로 샤워하고, 음악과 오디오북을 듣고, 골프공을 치고, 산비탈에서 스키를 타고, 공원을 달리는 것이 왜 우리에게 기쁨이 되게 하셨는가? 그분을 더 잘 알고 그분 안에서 훨씬 더 행복해지게 하실 목적이 아니라면 왜 우리에게 몸의 감각을 주셨는가? 그분이 우리를 육체 없는 영으로 만들어 물리적 쾌락을 즐길 수 없게 하셨다면 우리는 이만큼 그분을 알거나 그분 안에서 행복할 수 없을 것이다.

육체와 이 땅과 물질과 모든 '세상적인' 것을 무조건 영적이지 않다고 보는 것은 잘못이다. 이런 관점을 무의식중에라도 받아들이면 우리도 하나님의 물리적 창조 세계에서 얻는 기쁨이나 몸의 부활 같은 성경의 계시를 모두 거부하거나 영적으로 해석할 수밖에 없다.

기독플라톤주의의 잘못된 가정대로라면 영적인 사람은 육체의 쾌락을 멀리해야 한다. 하지만 쾌락을 누가 창조했는가? 음식과 물, 먹고 마시는 일, 결혼과 섹스, 우정과 게임, 미술과 음악, 축제와 웃음을 누가 만들었는가? 힌트를 대자면 사탄은 아니다!

마귀는 무엇도 창조할 수 없고 다만 하나님이 창조하신 것을 비틀어 변질시킬 수 있을 뿐이다. C. S. 루이스의 『스크루테이프의 편지』(The Screwtape Letters, 홍성사 역간)에 보면 서신을 주고받는 두 귀신이 나온다. 그들이 말하는 "원수"란 하나님을 가리킨다.

> 어떤 쾌락이든 건강하고 정상적이며 만족스런 형태의 쾌락을 상대할 때는 우리가 어떤 의미에서 원수의 적진에 있음을 잊어서는 안 된다. 물론 우리는 쾌락을 통해 많은 영혼을 빼앗았다. 하지만 쾌락은 그의 창작품이지 우리의 것이 아니다. 그가 만든 것이다. 우리는 그간의 모든 연구에도 불구하고 쾌락을 하나도 만들어내지 못했다. 우리가 할

수 있는 일이라고는 인간들을 부추겨 원수가 만든 쾌락을 누리되 원수가 정해준 때와 방식과 정도를 벗어나게 하는 것뿐이다.[5]

물론 우리는 하나님이 주신 것들을 우상으로 삼지 않도록 조심해야 한다. 그러나 우리가 바른 시각으로 그분이 주신 선물들을 즐기면 그분도 행복해하신다. 하나님은 하늘에서 우리에게 눈살을 찌푸리시며 "그만! 너는 나에게서만 기쁨을 얻어야 한다"라고 말씀하시는 분이 아니다. 그런 모습은 우리 하늘 아버지의 속성에 어울리지 않는다. 육신의 아버지인 나도 딸들에게 그러지 않는다. 크리스마스 선물을 사주고는 아이들이 선물을 가지고 너무 많이 즐긴다며 삐치지 않는다.

몸의 부활은 하나님의 물리적 창조 세계가 선하다는 증거다

사도 바울이 몸의 부활을 자세히 변호한 편지를 고린도 교회를 향해 쓴 것은 우연이 아니다. 고린도 신자들은 플라톤주의와 이원론이라는 헬라 철학에 푹 젖어 있었다. 그 철학은 영의 세계와 육의 세계를 이분법으로 나누었다.

본래 하나님은 우리 몸도 영혼만큼 영원하게 지으셨다. 플라톤주의자들은 육체 없는 영혼을 이상으로 삼지만 성경은 그런 구분을 바람직하지 않고 부자연스럽게 여긴다. 우리는 통합된 존재다. 그래서 몸의 부활이 그토록 중요하며, 그래서 욥은 "내 가죽이 벗김을 당한 뒤에도 내가 육체 밖에서[안에서, ESV] 하나님을 보리라"(욥 19:26)고 고백했다. 또 바울이 만일 부활이 없다면 "모든 사람 가운데 우리가 더욱 불쌍한 자이리라"(고전 15:19)고 말한 것도 그래서다.

온전한 몸의 부활에 조금이라도 미치지 못하는 내세관—기독플라톤주의, 환생, 영혼의 윤회 등—은 모두 기독교에 명백히 어긋난다. 초대 교회는 교리적인 면에서 영지주의와 마니교에 맞서 싸웠다. 이 두 이원론적 세계관은 하나님을 영적인 빛의 세계에 귀속시키고 사탄을 육적인 어둠의 세계와 결부시켰다. 이런 이단은 성경에 기록된 내용과 모순된다. 성경이 말하는 하나님은 물질세계를 다 직접 창조하시고 "심히 좋았더라"(창 1:31)고 하시며 그 전체를 기뻐하셨다. 그리스도의 부활은 영지주의와 마니교를 배격하고 기독플라톤주의의 이단을 몰아낸다.

하나님은 물리적 쾌락과 자연적 즐거움을 창조하시고 우리가 누리게 하셨다

물리적 세계를 영적이지 않거나 악하거나 열등하다고 믿는다면 그 세계 안의 모든 것을 미심쩍게 볼 수밖에 없다. 우리는 좋은 음식과 포도주, 미술과 음악(완전히 기독교적인 것이 아닌), 스포츠와 문화, 취미와 레크리에이션, 연극과 오락을 깔볼 것이다. 행복의 개념도 비하할 것이다. 어차피 행복이란 '세상적인' 것이기 때문이다. 우리의 결론대로라면 하나님의 사람들은 거룩함이나 혹 '기쁨'이 아닌 것에 관심을 두어서는 안 된다. 이때의 기쁨이란 생전 얼굴로 표현되는 법도 없고 감정도 없는 초월적 개념이다.

그러나 이는 성경적 세계관에 부합하지 않는다. 성경에 밝혀져 있듯이 좋은 식사, 훌륭한 예술, 모험 등에서 경험하는 물리적 쾌락과 일시적 행복도 사탄에게서 오는 것이 아니라 하나님에게서 온다.

어떤 사람들은 야고보서 4장 4절을 인용하여 그런 개념을 반박한다. "세상과 벗된 것이 하나님과 원수 됨을 알지 못하느냐." 그러나 이 구절은 물질세계 전체를 단죄하는 것이 아니라 그중 불경한 측면들—죄 때문에 왜곡되어 결국 하나님이 의도하신 아름다움을 박탈당한 것들—만 거부할 뿐이다.

기독플라톤주의는 물리적 세계의 쾌락을 배척하면서 금욕주의를 영성으로 착각한다. 반면에 성경은 하나님이 우리에게 물리적인 것들도 주어 "누리게 하"신다고 말한다(딤전 6:17). 바울은 물질세계를 영적이지 않다고 보는 것은 귀신들과 거짓말쟁이들이나 하는 일이라면서(참조. 딤전 4:1-3) "하나님께서 지으신 모든 것이 선하매 감사함으로 받으면 버릴 것이 없나니 하나님의 말씀과 기도로 거룩하여짐이라"(딤전 4:4-5)고 말했다. 하나님을 그분이 창조하신 쾌락과 분리하는 것은 심각한 오류다.

하나님은 우리가 물리적 쾌락을 때와 장소에 맞게 마음을 다하여 즐기기를 원하신다

잠언 5장 18-19절을 풀어써 보면, 하나님은 우리에게 "나는 너를 행복하도록 지었다. 내가 의도한 섹스는 부부관계를 위한 것이며 네가 누리도록 한 것이다"라고 말씀하신다.

그런데 성경을 믿는 많은 교회가 가르치거나 암시하는 메시지는 전혀 다르다. 쾌락을 거부하는 정서가 아직도 많은 그리스도인의 생각을 지배하고 있다. 그들은 하나님이 그분과 세상 사이에 선을 그어놓으셨다고 생각한다. 하나님 쪽에는 성경 읽기, 기도, 금식, 전도, 교회 출석이 있다. 세상 쪽에는 섹스, 음식, 술, 파티, 스포츠, 예술, 연극, 영화, 성공, 게임, 콘서트가 있다.

세상은 잡동사니 행복을 끝없이 약속한다. 행복을 구하는 사람들은 이런저런 거짓 약속을 옮겨 다니다 결국 망한다. 솔로몬이 배운 교훈을 그들도 똑같이 깨닫는다. 즉 세상이 약속하는 행복은 모두 공허하다. 본질과 실체가 아니라 바람과 안개다.

교회들이 하나님은 행복하시며 모든 행복의 근원이시라고 가르친다고 상상해보라. 하나님이 그리스도인들을 불러 일과 놀이와 음악과 음식과 음료를 그분이 주신 은혜로운 선물로 보고 그분이 명하신 테두리 안에서 책임감 있게 누리라고 하신다. 그리스도인들이 정말 그렇게 믿는다고 상상해보라. 그것이 실체라면 거룩해지라는 부름을 불행해지라는 부름으로 혼동하는 일은 없을 것이다!

하나님은 물질세계를 통해 사람들을 자신께로 이끄시고 자신의 성품을 드러내신다

하나님이 죄인들을 자신에게로 이끄시고자 인류에게 주신 책이 두 권 있는데, 우리가 자연계의 아름다움과 쾌락을 멀리하면 그중 하나를 무시하게 된다. 한 권의 책은 신학자들이 '특별 계시'라 부르는 하나님의 말씀이고, 또 한 권은 '일반 계시', 즉 자연이다. 일반 계시는 중성자와 쿼크에서 태양계와 준성(準星)까지 모든 것을 망라한다. 자연계만 아니라 인간의 문화도 다분히 거기에 포함된다. 하나님의 형상을 지닌 인간은 문화를 통해 자신의 창조주를 드러낸다.

바울은 로마서 1장 20절에 하나님의 속성이 그분의 창조 세계 속에 분명히 계시되어 있다고 썼다. 시편 19편 1절에는 "하늘이 하나님의 영광을 선포하고 궁창이 그의 손으로 하신 일을 나타내는도다"라고 나와 있다. 이런 구절에서 분명히 보듯이 하나님은 자연을 통해 자신의 속성을 계시하신다. 창조 세계 속에서 우리는 그분의 위대하심과 아름다움을 볼 수 있다. 산과 폭포와 바다를 좋아하는 사람, 등산과 잠수를 즐기고 자연의 절경을 사진에 담는 사람, 동물을 사랑하는 사람은 모두 하나님을 본다. 설령 그들이 이 모두의 기원을 철저히 자연적 원인으로 돌린다 해도 말이다. 자연은 유신론으로 연결되는, 즉 신의 존재를 믿게 되는 자연스러운 다리다. 자연이 곧 복음은 아니지만 사람들을 준비시켜 복음을 듣게 할 수는 있다.

서글프게도 기독플라톤주의는 비신자들과 이어지는 그 다리를 허물어버린다. 자연계의 가치와 선함만 아니라 하나님의 형상을 지닌 인간의 창의력—공원과 놀이터와 동물원과 댐과 저수지와 도로와 기념물과 온실과 조각품을 만드는 능력—까지도 부정하기 때문이다. 물론 인간은 죄인이다. 하지만 인간의 성취가 전부 죄밖에 없는가?

이런 사고 때문에 신자들은 현재뿐 아니라 미래를 보는 눈까지 빈곤해진다. 그들이 상상하는 것은 몸을 벗은 영혼이며, 천상의 삶은 천사처럼 육체가 없는 '고차원'의 영성 속에서 예배와 봉사로만 이루어진다. 성경에 없는 가르침이다.

인간의 참된 기쁨은 육체 없이 영적 형태로만 존재할 수 없다

내가 여태 기쁨에 관해 읽은 내용은 행복과 대조적으로 대체로 기쁨을 영성의 극치로 미화한다. 아예 기쁨이 인간의 세계에서 증발해버릴 정도다. C. S. 루이스는 『순전한 기독교』(Mere Christianity, 홍성사 역간)에 이렇게 썼다. "하나님보다 더 영적이 되려 하는 것은 부질없는 짓이다. 하나님은 인간을 순전히 영적인 존재로 짓지 않으셨다. 그래서 빵과 포도주 같은 물질을 통해 우리 안에 새 생명을 주신다. 우리가 보기에는 영적이지 못하고 조잡할지 모르지만 하나님께는 그렇지 않다. 음식을 먹는 일도 그분이 창안하셨다. 그분은 물질을 좋아하신다. 자신이 지으셨기 때문이다."

그의 말은 이렇게 이어진다.

> 내가 아는 일부 얼빠진 그리스도인들은 마치 기독교가 섹스나 몸이나 쾌락 자체를 나쁘게 보는 것처럼 말한다. 하지만 그것은 틀린 생각이다. 주요 종교 가운데 기독교만이 거의 유일하게 육체를 완전히 인정한다. 기독교에 따르면 물질은 선하고, 하나님 자신도 한때 인간의 몸을 입으셨으며, 천국에서도 우리에게 모종의 몸이 주어져 그 몸이 우리의 행복과 아름다움과 에너지의 필수 요소가 될 것이다.[6]

영화 "바베트의 만찬"(Babette's Feast)에 등장하는 보수 기독교 분파는 '세상적인' 위락이라면 기를 쓰고 피한다. 그들은 기독플라톤주의의 불행한 철학을 그대로 따랐다. 그들은 비판하기에 빠르고, 기뻐하기에 더디며, 축제와 쾌락과 웃음은 무조건 죄라고 확신한다.

이 작은 무리의 금욕적인 신자들을 이끄는 노령의 두 자매가 있는데, 한때 프랑스의 고급 요리사였던 바베트가 전쟁 통에 어쩔 수 없이 그 두 자매의 하녀가 된다. 뜻밖에 거액의 돈을 물려받은 바베트는 자신이 받은 호의에 보답하는 마음으로 그 돈을 다 들여 두 자매와 그들의 친구들을 위해 성대한 저녁 파티를 준비한다.

"바베트의 만찬"은 하나님의 넘치는 은혜를 잘 보여준다. 바베트의 너그러움과 진수성찬에 감동한 마을 사람들은 잘못된 죄책감에서 벗어나 이때부터 웃고 즐거워하며 하나님의 풍성한 공급을 마음껏 누린다. 영화에서 보듯이 하나님의 아낌없고 창의적인 선물을 진심 어린 감사로 향유하는 것은 아름다운 일이다. 여러 코스의 정찬이 진행되는 동안 그 율법주의자들이 점차 깨달은 것처럼, 잔치와 웃음과 아름다움은 우리를 하나님에게서 멀어지게 하는 것이 아니라 오히려 그분께로 이끌어줄 수 있다. 그분과 그분의 선물을 우리 행복의 출처로 보면 그렇게 된다.[7]

하나님은 물리적 새 땅에서 육체를 입고 살아갈 영생을 약속하신다

C. S. 루이스는 구속된 관계와 문화를 『네 가지 사랑』(The Four Loves, 생명의 말씀사 역간)에 다음과 같이 기술했다. "우리가 소망할 수 있듯이 몸의 부활은 이른바 '더 큰 몸'의 부활을 의미하기도 한다. 즉 이 땅에서 이루어지는 삶의 전반적 구조(構造)와 그에 따른 애정과 관계도 부활한다."[8] 성경에는 새 땅이 이렇게 묘사되어 있다. "땅의 왕들이 자기 영광을 가지고 그리로[새 예루살렘으로] 들어가리라 낮에 성문들을 도무지 닫지 아니하리니…사람들이 만국의 영광과 존귀를 가지고 그리로 들어가겠고"(계 21:24-26, 참조. 사 60장, 65장, 계 21-22장). 만왕의 왕께 바쳐질 공물이 얼마나 영광스럽겠는가?

돌과 보석으로 지어진 성벽보다 더 유형적이고 현세적이며 덜 영적인 것은 없다. 새 땅에서 건축과 음악과 미술이 구속될 거라면 모두 하나님의 영광을 위해 행해지는 과학과 기술과 오락과 집필과 독서와 탐험이라고 어찌 그렇지 않겠는가? 성경에 보니 "그의 종들이 그를 섬기며"(계 22:3)라고 했다. 우리는 의미 있는 일에 힘쓰며 왕이신 그분을 섬길 것이다. 또한 안식을 누리며 편히 쉴 것이다(참조. 히 4:1-11, 계 14:13).

장차 우리는 부활한 존재로서 먹고 마시게 될까? 성경은 아주 분명히 말한다(참조. 계 2:7, 19:9, 마 8:11). 예수님은 "사람들이 동서남북으로부터 와서 하나님의 나라 잔치에 참여하리니"(눅 13:29)라고 말씀하셨다. 이사야 25장 6절에는 "만군의 여호와께서 이 산에서 만민을 위하여 기름진 것과 오래 저장하였던 포도주로 연회를 베푸시리니"라고 했다. 얼마나 멋진 식사일까? 그저 상상해볼 따름이다. 요리장이신 주 하나님께 나의 경의를 표하리라!

성경에 반대의 증거가 있는데도 그리스도인들마저 이런 생각에 빠진다. '내

꿈을 지금 실현할 수 없다면 영영 못할 것이다.' 또는 '생은 한 번뿐이다.' 그러나 예수님을 아는 사람에게는 생이 두 번이며 두 번째 삶은 영원히 계속된다. 이를 영생이라 한다. 우리는 구속된 우주인 새 땅에서 왕이신 예수님과 함께 영원히 살 것이다!

전형적 관점의 천국 곧 육체 없이 영원한 상태는 성경에 완전히 어긋날 뿐 아니라 다음과 같은 훨씬 풍부한 진리마저 무너뜨린다. 즉 하나님이 약속하신 영생을 누릴 우리는 육체를 지닌 건강한 사람으로서 죄와 고난에 최종 작별을 고했고, 예배와 우정과 사랑과 발견과 일과 놀이의 역량이 이전 어느 때보다도 뛰어나며, 그리하여 이 땅에 살 때보다 훨씬 더 행복하다.

불행을 벗는 최종 해방에 대해서는 제4부에서 더 자세히 살펴볼 것이다. 새 하늘과 새 땅에서 우리를 기다리고 있는 즐거움과 쾌락도 그때 함께 알아볼 것이다. 거기서는 행복이 우리가 호흡하는 공기처럼 될 것이다.

Chapter·8

선한 것들이 우상으로 변해 우리의 행복을 앗아갈 수 있는가?

한 사람이 두 주인을 섬기지 못할 것이니 혹 이를 미워하고 저를 사랑하거나 혹 이를 중히 여기고 저를 경히 여김이라…그런즉 너희는 먼저 그의 나라와 그의 의를 구하라 그리하면 이 모든 것을 너희에게 더하시리라.

예수(마태복음 6:24, 33).

'예수님을 영접하려면' 그분을 더해서만은 안 되고 또한 우상을 빼야 한다.
레이 오틀런드(Ray Ortlund)

헨리 워드 비처(Henry Ward Beecher, 1813-1887)는 논란의 대상이 된 유명한 목사로서 미국 전역에 설교하러 다니며 꽤 비싼 사례비를 요구했다. 어느 주일에 외부 강사가 그를 대신해 강단에 서게 되었다.

많은 청중이 비처의 설교를 들으러 그가 담임을 맡고 있던 뉴욕의 교회에 모였다. 그런데 외부 강사가 강단에 올라서자 어떤 사람들은 나가려고 자리에서 일어났다.

그때 강사 목사가 큰 소리로 말했다. "오늘 이 자리에 헨리 워드 비처를 예배하러 오신 분들은 지금 밖으로 나가셔도 됩니다! 하나님을 예배하러 오신 분들만 모두 그대로 앉아 계십시오!"¹

우상 숭배는 여러 형태로 찾아온다. 우상 숭배를 정죄하는 교회들도 자신도 모르게 거기에 빠질 때가 있다. 교회에 다니는 사람들도 이교도들 못지않게 우상을 숭배할 수 있다. 숭배의 대상은 목사, 교회 건물, 전통, 소속 교단, 자기 이름이 새겨진 좌석 등 무엇이든 될 수 있다.

모든 문화는 우상을 숭배하며 우리 문화도 예외는 아니다

"아메리칸 아이돌"(American Idol) 같은 쇼들이 있고 '십대 아이돌'이라는 별명이 붙은 연예인들이 있는데도 불구하고 오늘날 대다수 미국인은 미국을 우상 숭배자들의 나라로 여기지 않는다. 우상이라는 단어는 조잡한 형상을 깎아놓고 그 앞에 제물을 바치던 원시인들의 모습을 연상시킨다. 당연히 우리는 그들보다 낫지 않은가?

과거에 하나님의 백성은 물리적 우상을 숭배하지 않을 때에도 우상 숭배에 빠질 수 있었다. 하나님은 그분을 섬긴다고 고백하는 일부 사람들에 대해 선지자 에스겔에게 "이 사람들이 자기 우상을 마음에 들이며"(겔 14:3)라고 말씀하셨다.

사도 요한이 1세기 말경에 편지를 쓸 때, 그리스도를 따르던 대다수 사람은 목석에 새긴 우상과 아무런 관계가 없었다. 그런데도 그가 그들에게 맨 마지막으로 한 말은 "자녀들아 너희 자신을 지켜 우상에게서 멀리하라"(요일 5:21)였다. 새생활역(NLT) 성경은 그 의미를 이렇게 담아냈다. "너희 마음에서 하나님의 자리를 차지할 수 있는 것이라면 무엇이든 삼가라."

팀 켈러(Tim Keller)는 『팀 켈러의 내가 만든 신』(Counterfeit gods, 두란노 역간)이라는 책에 이렇게 썼다.

> 우리 현대 사회도 고대 사회와 근본적으로 다르지 않다. 문화마다 그 문화를 지배하는 우상들이 있다…우리가 아프로디테 동상 앞에 실제로 무릎 꿇지는 않을지 몰라도, 오늘날 많은 젊은 여성은 외모와 몸매

에 과도히 집착한 나머지 우울증과 각종 섭식 장애에 빠진다. 실제로 아르테미스에게 향을 피우지 않아도 돈과 성공을 세상 최고의 가치로 떠받들면 우리도 자녀를 일종의 인신제물로 바치는 것이다. 직장에서 높은 자리로 올라가고 더 많은 재물과 위신을 얻고자 가정과 공동체마저 팽개치기 때문이다.[2]

인류의 독립 욕구야말로 우상 숭배의 핵심이다

사도 바울은 인류의 죄를 우상 숭배의 행위로 기술했다. "썩어지지 아니하는 하나님의 영광을…우상으로 바꾸었느니라…피조물을 조물주보다 더 경배하고 섬김이라"(롬 1:23,25).

선지자 이사야가 말한 어느 인간 왕은 또한 마귀를 상징하는 듯 보인다. "너 아침의 아들 계명성이여 어찌 그리 하늘에서 떨어졌으며…어찌 그리 땅에 찍혔는고"(사 14:12). 그 일이 벌어질 때 예수께서 실제로 그 자리에 계셨다. 그분은 제자들에게 "사탄이 하늘로부터 번개 같이 떨어지는 것을 내가 보았노라"(눅 10:18)고 말씀하셨다. 마귀는 행복의 하나님께 반항하여 행복의 집인 천국에서 쫓겨난 뒤로 늘 불행했다.

행복을 잃은 사탄은 하나님이 사랑하시는 우리를 지독히 미워한다. 그래서 우리까지 자기처럼 불행하게 만들려고 혈안이 된 나머지 우리를 유혹하여 하나님을 욕되게 하는 일을 시키려 든다. 불행에 빠뜨릴 일이 사실은 행복을 가져다줄 거라며 그럴듯한 거짓말로 우리를 설득한다. 수천 년을 그러다 보니 그는 정말 그 일에 대가가 되었다. 예수님은 사탄을 가리켜 말씀하시기를 "거짓을 말할 때마다 제 것으로 말하나니 이는 그가 거짓말쟁이요 거짓의 아비가 되었음이라"(요 8:44)고 하셨다.

마귀는 처음에 아담과 하와를 유혹할 때부터 하나님을 떠나서 더 큰 행복을 찾으라고 설득했다. 인간의 모든 불행은 그 최초의 죄에서 연유했다. 무엇이든 하나님보다 더 갈망하는 대상은 다 우상이다. 무엇이든 우리의 생각을 지배하거나 우리를 그분과 갈라놓는 것은 다 우상이다.

우상 숭배는 에덴동산에서 시작되어 아직도 끝나지 않았다
창세기의 서두에만 해도 하나님에게서 피조물의 애정을 빼앗아가려는 경쟁자는 없었다. 인류는 의미와 목적과 행복을 하나님에게서 얻었다. 하나님은 하나님이었고 나머지는 다 하나님이 아니었다. 모두가 아는 사실이었다.

그런데 인류가 타락하면서 비참한 변화가 찾아왔다.

우상이란 우리가 칭송하고 떠받들고 집착하고 의지하는 대상이지만 참 하나님이 아닌 모든 것을 가리킨다. 성경은 우상 숭배의 죄를 매섭게 질타한다. "도움을 구하러 애굽으로 내려가는 자들은 화 있을진저 그들은 말을 의지하며 병거의 많음과 마병의 심히 강함을 의지하고 이스라엘의 거룩하신 이를 앙모하지 아니하며 여호와를 구하지 아니하나니"(사 31:1).

그들은 말과 병거와 마병과 이집트로 하나님을 대신했다. 묘하게도 이스라엘 백성은 한때 자신들을 노예로 부렸던 나라에 도움을 구했다. 그런 어이없는 일을 우리도 똑같이 할 때가 많다. 우리에게 해를 끼쳤던 것들을 우상화하면서 이번만은 그것이 통하기를 바라지만 허사일 뿐이다.

청교도 토머스 보스턴은 이렇게 썼다. "하나님과 피조물이 경쟁 관계에 놓일 때면 우리는 피조물을 버리고 오직 하나님만 붙들어야 한다…하나님의 영광보다 [피조물이나 재산이나 목숨 자체를] 앞세워서는 안 된다. 그분의 영광을 늘 우리 삶의 주된 목적으로 주시하고 최고의 행복과 기쁨으로 삼아야 한다."[3]

모세가 산에서 하나님을 만나는 동안 그의 형 아론은 이스라엘 백성을 위해 금송아지를 만들었다. 이것은 명백히 빗나간 숭배였고 처음부터 우상이었다(참조. 출 32:4-8). 반면 놋 뱀은 모세가 하나님의 명령에 따라 만들었고, 그분은 이를 통해 많은 사람을 사망에서 건지셨다(참조. 민 21:4-9). 그런데 사람들은 하나님 대신 놋 뱀을 숭배하기 시작했다. 하나님이 친히 선한 목적으로 주신 것조차 우상으로 변했고, 그리하여 결국 그것을 부수어 없애야만 했다(참조. 왕하

18:4).

팀 켈러는 이렇게 말했다.

> 하나님 외에 다른 것을 위해 살면 파멸과 죽음을 면할 수 없다. 물에서 살도록 지어진 물고기가 물을 떠나면 자유로운 것이 아니라 죽는다. 다른 것을 숭배하면…만족을 얻을 수 없다. 그것은 본래 '신'이 아니기 때문이다. 그것은 하나님을 대신하기 위해 있는 것이 아니다.[4]

우리는 모두 아담 안에서 죄를 지었기에(참조. 롬 5:12-14) 모두 아담 안에서 우상 숭배자가 되었다. 우상 숭배는 아예 우리 본성의 일부가 되었다. 칼뱅은 "인간의 마음은 우상 공장이다"라고 말한 뒤 "우리 모두는 모태에서 나면서부터 우상을 만들어내는 데 전문가다"라고 덧붙였다.[5]

행복의 성경적 신학을 이해하려면 우리를 끊임없이 우상 숭배로 잡아끄는 유혹의 성질과 범위를 알아야 한다.

인간은 행복을 추구하기에 우상 숭배에 빠지기 쉽다

기독교 세계관에서 피조물은 본래 하나님을 즐거워하도록 우리를 돕는 수단이다. 그런데 하나님 자신보다 그분의 피조물에서 더 행복을 얻을 수 있다고 생각하면 그때부터 문제가 시작된다.

우상 숭배를 이렇게 묘사한 말을 생각해보라. "그들의 우상들을 섬기므로 그것들이 그들에게 올무가 되었도다 그들이 그들의 자녀를 악귀들에게 희생제물로 바쳤도다 무죄한 피 곧 그들의 자녀의 피를 흘려 가나안의 우상들에게 제사하므로 그 땅이 피로 더러워졌도다"(시 106:36-38). 거짓 신들에게서 행복을 구하는 사람은 결국 자신의 인격과 가족과 문화는 물론 자신이 동경하는 행복마저 제물로 바치게 된다.

모든 우상은 우리의 욕심에 호소하며, 선한 것을 변질시켜 우리를 올무에 빠뜨린다

C. S. 루이스는 두 귀신이 하나님에 대해 나누는 대화를 이렇게 기술했다.

> 그는 속속들이 쾌락주의자다. 모든 금식과 철야와 화형대와 십자가는 겉모습이나 해변의 물거품일 뿐이다. 그의 바다로 나가면 쾌락과 즐거움이 넘쳐난다. 그는 이것을 비밀로 하지도 않았다. 그의 오른쪽에 "영원한 즐거움"이 있다. 아!…온종일 인간들이 잠자고, 씻고, 먹고, 마시고, 성관계를 하고, 놀고, 기도하고, 일해도 그는 조금도 개의치 않는다. 우리한테 유용해지려면 모든 것을 미리 변질시켜야 한다.[6]

루이스가 지적한 이 굉장한 아이러니를 놓쳐서는 안 된다. 마귀가 유혹에 써먹을 거라고는 하나님의 선한 창조 세계밖에 없기 때문에 그는 그것을 자신의 악한 목적대로 변질시켜야만 한다. 그는 우리의 유익을 위해 행동하는 법이 없다. 하나님의 형상대로 우리를 지으신 그분을 미워하는 것처럼 또한 우리를 미워하기 때문이다.

갈망이 충족될 때 그것을 선물로 보고 하나님의 영광을 위해 감사함으로 누리면 우리는 만족스러운 행복을 얻는다. 그러나 그렇지 못하면 그 선물의 노예가 되어 불행해진다.

우상 숭배는 잘못된 일일 뿐 아니라 효과도 없다.

쥐덫에 치즈를 놓아야 할지 피넛 버터를 놓아야 할지 입씨름을 벌이는 사람들도 한 가지만은 의견이 일치한다. 매혹이 강할수록 쥐가 잡힐 가능성도 커진다는 것이다. 모든 유혹은 가짜 행복을 미끼로 내세운다. 어떤 여성이 내게 이렇게 말했다. "행복을 찾으려고 가정까지 버렸으나 오래가지 않더군요. 괜히 내 평생 최고의 행복만 희생했습니다." 잠깐의 행복을 빙자한 선택이 결국 그녀를 절망에 빠뜨렸다.

마귀는 늘 그렇게 일한다. 미끼로 덫을 놓는 사람처럼 마귀도 가짜 행복을 내보이며 완전한 파멸로 몰아간다. 그것 말고 다른 무슨 수로 그가 우리를 꾀겠는가?

수천 년 이력을 가진 마귀는 덫을 놓아 사람들을 삼키는 데 도가 텄다. "근신하라…너희 대적 마귀가 우는 사자 같이 두루 다니며 삼킬 자를 찾나니"(벧전 5:8).

J. R. R. 톨킨(J. R. R. Tolkien, 1892-1973)은 "살아 있는 용 근처에 살면서 그를 계산에서 빼서는 안 된다"라고 썼다.[7] 지구상에 사는 우리가 감히 사탄의 전략에 무지할 수는 없다(참조. 고후 2:11). 그의 단골 전략 중 하나가 예수님과 행복 사이에 가상의 균열을 일으키는 것인데, 때로 신자들마저 자신도 모르게 거기에 합세한다.

우리의 갈망을 인식하면 우상 숭배의 덫을 피할 수 있다

아우구스티누스는 "행복한 삶은 여기 있으니 곧 주님 앞에서 주님을 위하여 주님을 기뻐하는 것입니다…다른 길이 있다고 생각하는 사람들은 다른 기쁨을 추구할 뿐 참된 기쁨은 아닙니다"라고 기도했다.[8]

행복한 삶이란 하나님을 하나님으로 예배하고 다른 무엇이나 누구도 그분의 자리에 두지 않는 것이다. 그러나 이 타락한 세상에서 하나님을 행복의 근원으로 인정하려면 경쟁 상대들을 물리치지 않고는 안 된다. 아래에 열거한 잠재적 우상들을 보라. 그것들을 원래 자리인 하나님 아래서 즐기면 모두 우리를 행복하게 해주는 정당한 출처가 될 수 있지만 이것들을 그분보다 높이면 독소로 변한다.

- 사랑으로 묶인 가족관계
- 친구들의 지원
- 지적인 발전, 교육, 학문
- 평판, 인기, 명성

- 보람된 직업
- 봉사
- 자기표현(미술, 음악, 문학 등)
- 여가, 취미, 오락
- 스포츠
- 정치, 권력, 영향력, 성공
- 정신적 유산
- 신앙, 영성, 종교, 철학
- 건강과 운동
- 아름다움과 젊음
- 안락
- 음식과 음료
- 섹스
- 재물

이 목록에 하나님이 없는 것은 그분만은 우리가 아무리 예배해도 우상 숭배가 될 수 없기 때문이다. 하나님이 중심에 계시다면 위에 나온 거의 모든 것이 우리가 그분 안에서 행복을 누리는 데 도움이 될 수 있다.

앞서 말한 기독플라톤주의를 물리치려면 다음 사실을 늘 기억해야 한다. "온갖 좋은 은사와 온전한 선물이 다 위로부터 빛들의 아버지께로부터 내려오나니"(약 1:17). 우상이 문제가 되는 것은 그것이 본래 잘못된 것이어서가 아니다. 이교의 우상을 만드는 데 쓰이는 나무와 돌과 금도 하나님이 창조하셨다. 마찬가지로 가정과 우정과 직업과 음악과 미술과 섹스와 음식과 음료 등 우리가 정당하게 가치를 부여하는 모든 것도 그분이 창조하셨다. 그런데도 이 모두는 우상으로, 즉 하나님의 대용품으로 변할 수 있다.

하나님이 우상 숭배자들을 정죄하시는 것은 "그들이 하나님의 진리를 거짓

것으로 바꾸어 피조물을 조물주보다 더 경배하고 섬"기기 때문이다(롬 1:25). 창조 세계와 피조물 자체는 아무 문제가 없다. 문제는 거룩하고 행복하신 하나님 대신 이런 거짓 신들을 숭배하는 인간의 타락한 마음이다.

이 목록을 항목별로 더 자세히 살펴보자(맨 나중에 나오는 넷은 다음 장에서 쾌락의 우상에 초점을 맞출 때 다룰 것이다).

사랑으로 묶인 가족관계, 친구들의 지원

하나님은 모든 인간을 대인관계가 필요하게 지으셨다.

배우자는 하나님의 선물일 수 있으나 배우자가 우리 삶 속에서 하나님의 자리로 높여지면 우상으로 변한다. 이는 잘못된 일일 뿐 아니라 배우자에게도 부당하며 부부관계를 무너뜨린다. 하나님만이 채우실 수 있는 필요를 능히 채워줄 인간은 없기 때문이다.

마찬가지로 부모가 자녀를 우상화하여 '사랑'으로 숨 막히게 하고 성장을 경험할 기회를 박탈하면 자녀가 피해를 입는다. 그러나 사람보다 하나님을 더 사랑하면 그 사랑이 상대에게 해가 되지 않고 유익을 끼친다(참조. 마 22:37-39).

팀 켈러는 이렇게 말한다.

> 무언가를 우상으로 삼는 사람은 그것 때문에 늘 불행하다. 자신이 그 기준에 미치지 못하면…그것이 우리의 기쁨을 앗아간다. 자녀가 우상인 사람은 자녀의 삶에 문제가 생기면 기쁨을 잃는다. 자녀에게 문제가 생길 소지만 있어도(항상 그렇다!) 우리는 염려하며 기쁨을 잃는다.[9]

인간의 우정은 하나님이 우리에게 주신 가장 큰 선물 중 하나로 삼위일체 하나님의 선한 관계를 닮은 것이다. 하나님은 "사람이 혼자 사는 것이 좋지 아니하니 내가 그를 위하여 돕는 배필을 지으리라"(창 2:18)고 말씀하셨다. 이는 비단 결혼에 관한 말씀만이 아니라 본연의 인간에게 필요한 친구와 동지에 관한 말씀이기도 하다. 어떤 사람도 혼자 있는 것은 좋지 않다. 잘 보면 하나님은 "너는 나만 있으면 된다"라고 하지 않으셨다. 어떤 의미에서 그것이 사실인데도 말이다. 그보다 그분은 "네게 필요한 것을 내가 다 주겠다. 나는 너에게 다른 사람들이 필요하도록 지었다"라고 하셨다.

유익이 클수록—우정은 크고도 막강한 유익이다—우리가 그것을 변질시켜 하나님처럼 높일 수 있는 소지도 높아진다. 그렇게 되면 자신과 상대에게 다 해롭다. 좋은 우정보다 더 좋은 것도 인생에 드물지만 나쁜 우정보다 더 나쁜 것도 드물다. 우상 숭배로 변한 우정이야말로 최악이다.

지적인 발전, 교육, 학문

여호와를 경외함이 지식과 지혜의 근본이다(참조. 잠 1:7, 9:10). 중심을 하나님께 두면 공부와 학문은 우리에게 큰 행복을 가져다줄 수 있다. 그러나 지식을 하나님과 분리해서 추구하면 교만해진다. 학문과 지성은 본래 유한하고 한시적이므로 그것을 의지하면 결국 실망할 수밖에 없다. 하나님 아닌 것을 신으로 삼으면 모든 것이 마찬가지다.

당대에 세상에서 가장 지혜롭고 박식했던 솔로몬 왕은 이렇게 말했다. "내가 크게 되고 지혜를 더 많이 얻었으므로 나보다 먼저 예루살렘에 있던 모든 사람들보다 낫다 하였나니…이것도 바람을 잡으려는 것인 줄을 깨달았도다 지혜가 많으면 번뇌도 많으니 지식을 더하는 자는 근심을 더하느니라"(전 1:16-18). 지적인 추구도 제자리를 벗어나면 바람을 잡으려는 것에 불과하다.

평판, 인기, 명성

하나님은 우리 각자에게 저마다 영향력을 미칠 수 있는 영역과 범위를 주셨다. 세상에서 받는 인정도 그분의 영광을 위해 쓰일 수 있으나 덧없이 지나간다. 머잖아 다른 큰일이 생기거나 중요 인물이 나타나 우리를 밀어낼 것이다.

기를 쓰고 명성을 추구하는 삶은 초라하다. 이보다 잔인한 우상도 별로 없다. 명성이라는 신을 좇는 사람들의 99퍼센트는 끝내 삶의 목표를 이루지 못하고 실망한다. 나머지 1퍼센트도 전보다 불행해진다. 유명해지려는 노력의 반대급부로 사람이 천박해지고 피상적이 되며 정서적으로 불안하고 사랑받지 못하는 것은 말할 것도 없다.

다른 사람들의 눈으로 자신의 가치를 찾으려 하면 특히 교만 같은 유혹에 빠지기 쉽다. "교만은 패망의 선봉이요 거만한 마음은 넘어짐의 앞잡이니라"(잠 16:18). 사람에게 인정받기 위해 살면 결국 하나님께 "잘하였도다"라는 말씀을 듣기 위해 애쓰지 않게 된다. 예수님은 "의인들은 자기 아버지 나라에서 해와 같이 빛나리라"(마 13:43)고 말씀하셨다. 역설이지만 지금 다른 사람들의 칭찬을 탐하며 살면 나중에 하나님께 보상받을 여지가 없어진다.

'멋있어지는' 것 또한 우리 시대에 만연한 문화적 우상이다. 멋의 종교는 워낙 깊이 배어들어 때로 물고기가 물을 의식하지 못하듯 우리도 그것을 의식하지 못할 정도다. 대부분 대학 신입생처럼 우리도 최신 동향에 밝은 진보적인 모습으로 주변과 어울리기를 원한다. 때로는 그 바람이 너무 간절해 세상에 동조하는 것이 우리의 신이 되어버린다.

사람들의 비위를 맞추다 보면 그 결과 진실을 말하지 못하게 된다. 진실은 인기가 없기 때문이다. 바울은 "이제 내가 사람들에게 좋게 하랴 하나님께 좋게 하랴 사람들에게 기쁨을 구하랴 내가 지금까지 사람들의 기쁨을 구하였다면 그리스도의 종이 아니니라"(갈 1:10)고 말했다.

보람된 직업

많은 사람이 자신의 일에서 행복을 얻는다. 그 자체는 나쁘지 않다. 솔로몬도 "나는 사람이 자기 일에 즐거워하는 것보다 더 나은 것이 없음을 보았나니 이는 그것이 그의 몫이기 때문"임을 깨달았다(전 3:22).

그러나 우리가 중요하게 상기해야 할 것은 정말 누구를 위해 일하느냐는 것이다. 그러면 일이 우상으로 변하지 않는다. "무슨 일을 하든지 마음을 다하여 주께 하듯 하고 사람에게 하듯 하지 말라 이는 기업의 상을 주께 받을 줄 아나니 너희는 주 그리스도를 섬기느니라"(골 3:23-24). 그리스도를 떠나서 일하면 우리의 일이 곧 그리스도로 변하기 쉽다. 그러나 그분을 위해 일하면 그 일을 통해 적당량의 행복을 경험하게 된다. 일을 그분의 선물로 인식하면 그분이 기뻐하신다.

봉사

다른 사람을 섬기는 일은 숭고할 뿐 아니라 본인에게도 득이 된다. 다른 사람들의 유익을 위해 자신을 쏟아 부으면 행복해지기 때문이다. 그러나 내가 다른 사람을 돕는 것이 그리스도를 예배하는 방편인지, 아니면 내가 칭찬받고 내 비중을 확인하려는 수단인지 평가하는 것이 중요하다. 우리는 예수께서 명하신 대로 사랑으로 하나님과 사람들을 섬길 수도 있지만 또한 다른 사람들에게 "참 훌륭한 종이야!"라는 말을 들으려고 섬길 수도 있다.

"너희가 서로 영광을 취하고 유일하신 하나님께로부터 오는 영광은 구하지 아니하니"(요 5:44). 예수께서 유대 지도자들에게 하신 말씀이지만 우리에게도 요긴한 경고다.

봉사는 좋은 일이지만 이를 하나님과 분리하면 우리의 자존심이 부풀어 자신의 노력으로 천국에 들어갈 것처럼 생각하게 된다.

알아주는 사람이 없어도 지극히 겸손하고 충실하게 화장실을 청소하거나 공장의 조립 라인에서 일하는 하나님의 종이 그분을 영화롭게 하지 않는 왕보다 그 인생의 목적이 훨씬 더 위대하다. 주님은 지금 보이지 않게 그분을 섬기는 사람들을 높여 모두에게 드러나게 하실 것이다(참조. 벧전 5:6).

예술과 자기표현

하나님은 자신이 창조하신 사람들에게 자신의 예술적 능력을 나누어주셨다. "[하나님이] 지혜로운 마음을 그들에게 충만하게 하사 여러 가지 일을 하게 하시되 조각하는 일과 세공하는 일과 청색 자색 홍색 실과 가는 베 실로 수놓는 일과 짜는 일과 그 외에 여러 가지 일을 하게 하시고 정교한 일을 고안하게 하셨느니라"(출 35:35).

우리에게 미술과 공예와 음악과 문학의 창작력이 있음은 우리가 하나님의 형상대로 지어졌기 때문이다. 이런 재능의 근원이신 하나님을 의식적으로 인정하는 사람은 그분의 창조 목적대로 살며 큰 행복을 누린다. 그러나 은사와 재능을 하나님보다 높이면 그것은 나무나 풀이나 짚에 불과하게 된다(참조. 고전 3:12). 다시 말해 불타 없어질 신들이 되어 심판 날에 하나님의 거룩한 불을 견뎌내지 못한다.

여가, 취미, 오락

여가 시간을 선용하면 하나님을 기쁘시게 할 수 있다. 예컨대 그분의 말씀을 공부하고 묵상할 수도 있고(참조. 딤후 2:15), 그리스도 안에서 안식할 수도 있으며(참조. 마 11:28-30), 그리스도께서 제자들에게 명하신 대로 분주한 삶에서 벗어나 원기를 회복할 수도 있다(참조. 막 6:31).

하나님을 영화롭게 하는 오락과 취미는 우리 삶을 한결 풍성하고 만족스러우며 행복하게 해줄 수 있다. 그러나 여가 생활은 몇 날 며칠이고 아까운 시간 낭비로 전락할 수도 있다. 예컨대 텔레비전만 보며 바보가 되거나, 끝없이 인터넷에 파묻히거나, 포르노, 외설적 연애 소설, 비디오 게임 등을 통해 부정한 공상에 빠져들면 그렇게 된다.

시간을 어떻게 보낼지 결정할 때는 다음과 같은 구절들을 고려하는 것이 지혜롭다. "너희가 어떻게 행할지를 자세히 주의하여…세월을 아끼라"(엡 5:15-16). "근신하라 깨어라"(벧전 5:8).

스포츠

스포츠도 그 자체는 나쁜 것일 수 없다. 그렇지 않다면 사도 바울이 스포츠를 긍정적 비유로 제시하지 않았을 것이다. "이기기를 다투는 자마다 모든 일에 절제하나니…그러므로 나는…싸우기를 허공을 치는 것 같이 아니하며 내가 내 몸을 쳐 복종하게 함은"(고전 9:25-27).

나는 스포츠에 참여도 하고 관전도 즐긴다. 경쟁이 건강과 어느 정도의 행복을 가져다줄 수 있다는 것도 배웠다. 그러나 경쟁을 절제하지 않으면 실망과 원한과 집착에 빠질 수도 있다. 팀을 응원하는 것은 무해하고 재미있는 일이지만 그런 열광이 그리스도보다 아래에 놓이지 않으면 강박적 우상으로 전락할 수 있다. 그러면 제한된 시간과 열정이 소진되고 분노와 우울이 싹튼다.

이렇게 공정하게 자신에게 물어보면 우상이 밝혀진다. 내가 우리 팀을 즐기려고 스포츠 장비, 입장권, 유선방송 시청료, 가상의 팀 선발, 복장 등에 들이는 시간과 돈에 비하면 내가 세상에 복음을 전하는 선교 팀들을 후원하는 데 쓰는 시간과 돈은 얼마나 되는가? 선교지보다 경기장에서 벌어지는 일에 더 관심이 많다면 이미 스포츠가 우상이 된 것이다. 스포츠에서 얻는 행복은 오락가락하지만 그리스도 안의 행복은 득을 즐거워하면서도 실에 좌절하지 않는다.

정치, 권력, 영향력, 성공

정당과 정치적 신념에 소망을 두는 사람에게는 그것이 신이 될 수 있다. 때로 그리스도인들은 정치 지도자들과 그들의 정강을 대할 때 하나님과 그분의 나라에만 합당한 수준의 신앙심으로 대한다. 반대로 사탄과 그의 귀신들에게나 합당한 수준의 증오와 경멸을 내보일 때도 있다.

권력 자체는 잘못된 것이 아니지만 사실 권력은 부패할 때가 많다. 정계나 재계의 권력은 물론이고 교회와 가정의 권력도 마찬가지다.

초점이 그리스도 중심이고 정책이 하나님을 영화롭게 한다면 정치적 영향력은 선한 것이다. 성공도 경건한 방식으로 이루어지면 선하다. 그렇지 않으면 성공은 금방 탄로 날 위장된 우상 숭배며, 아무리 널리 칭송받아도 늘 실패로 귀결된다.

정신적 유산

사람은 누구나 정신적 유산을 남긴다. 문제는 어떤 종류의 유산이냐는 것이다. 예수님을 자신의 중심으로 삼는 겸손한 사람들은 사랑과 경건을 유산으로 남긴다. 그들의 자손은 정말 행운의 주인공이다. 많은 부자가 거액의 재산을 남기지만 그의 정신적 유산은 초라하다. 물질만능주의, 냉소주의, 도덕적 타락, 자화자찬 등의 유산은 차라리 남기지 않느니만 못하다.

그리스도께 유익이 되는 유산만이 참된 행복을 낳는다. 대부분 사람이 죽을 때 후회하는 것은 자녀에게 돈을 더 쓰지 못한 것이 아니라 자녀와 함께 시간을 더 보내지 못한 것이다.

신앙, 영성, 종교, 철학

행복을 연구한 많은 보고서를 보면 종교적인 사람들이 종교가 없는 사람들보다 더 행복하다.[10] 성경은 고아와 과부를 돕고 하나님 앞에서 거룩해지는 참된 경건을 높이 평가한다(참조. 약 1:27).

그러나 역시 성경에 나와 있듯이 바리새인 같은 종교적인 사람들은 독선을 통해서(참조. 마 23:25-28) 또는 남을 압제하면서(참조. 마 23:4, 13-15) 쾌감을 느낄 때가 많다. 종교는 자신을 미화하고 자력으로 하나님께 나아가려는 헛수고가 될 수도 있다.

영성도 하나님 중심이 될 수 있다. 그러나 성경에 어긋나게 살면서 스스로 '영적'이라 생각할 수도 있다. 우리는 자신의 영성을 믿을 것이 아니라 하나님을 믿고 사고방식이 영적으로 바뀌어야 한다.

건강과 운동

꾸준히 운동하면 더 기력도 나고 행복해지므로 나도 운동을 중시하는 편이다. 그러나 운동에 집착하면 어느새 그것이 우상으로 변할 수 있다. 건강을 유지하면 인류의 타락이 불러온 저주의 물리적 결과를 늦출 수 있으나 없앨 수는 없다. 어떤 사람들은 자신의 몸을 매력 있게 조각할 수만 있다면 행복해질 거라고 생각한다. 그러나 사실 우리는 영생을 갈망하도록 지음 받았는데 그 영생은 우리가 죽고 부활하기 전에는 실현될 수 없다. 아무리 오래 살더라도 말이다.

적절한 노력으로 체중을 관리하고 유해 식품을 삼가 건강을 지키는 것은 지혜로운 일이다. 그러나 자칫 우리의 관점이 빗나가면 건강이 신으로 변할 수 있다. 어떤 사람들은 음식에 대해 강박적이며 다이어트와 건강식품이라면 사족을 못 쓴다. 암을 예방하거나 살을 빼는 특효의 비법을 찾아다닌다. 목표는 선할 수 있으나 거기에 들어가는 시간과 에너지와 돈이 결국 우리의 대화를 지배하고 아예 삶 전체를 지배할 수 있다.

다윗은 "내 육체와 마음은 쇠약하나 하나님은 내 마음의 반석이시요 영원한 분깃이시라"(시 73:26)고 기도했다. 건강은 복이다. 우리는 주어진 건강에 감사하고 적절한 노력으로 건강을 지켜야 한다. 그러나 건강은 어차피 한시적이며, 몸이 성한 사람도 만성적 불행과 우울을 경험할 수 있다. 건강이 행복을 보장하지 못할 뿐더러 숭배할 가치는 더더욱 없다는 증거다.

아름다움과 젊음

아름다움은 바람직하지만 아름다움에 집착하는 것은 흉하다. "고운 것도 거짓되고 아름다운 것도 헛되나 오직 여호와를 경외하는 여자는 칭찬을 받을 것이라"(잠 31:30). 우리 문화는 외모를 떠받들지만 하나님의 시각은 다르다. "사람은 외모를 보거니와 나 여호와는 중심을 보느니라"(삼상 16:7). 성경은 옷차림과 장신구에 집착하지 말라고 경고한 뒤에 이렇게 말한다. "오직 마음에 숨은 사람을 온유하고 안정한 심령의 썩지 아니할 것으로 [단장]하라 이는 하나님 앞에 값진 것이니라"(벧전 3:4).

젊음과 아름다움에 절박하다 못해 때로 병적으로 집착하는 것이 현대인들의 문화다. 그러나 성형수술과 보톡스와 미용을 목적으로 하는 이식으로 죽음을 막을 수는 없다. 노화는 삶의 일부며 제 나이로 보이는 것도 마찬가지다. 행복을 외모에 의존하는 사람들은 천박해져 허세를 부린다. 젊음을 숭배하고 젊음의 상실을 슬퍼하지만 그토록 구하는 행복을 끝내 얻지 못한다. 젊음은 한시적인 것이며, 따라서 젊음을 믿는 우리 믿음도 한시적일 수밖에 없다.

하나님을 첫째로 삼고 아름다움을 그다음에 두면 우리 주변의 아름다움 속에서 하나님이 보인다. 그분은 부활과 더불어 영원한 아름다움을 약속하셨다. 그때는 우리도 그분께 지음 받은 모습 그대로 만족할 것이다. 우리 몸이 부활하면 이 땅에서 지녀보지 못한 건강과 아름다움을 입게 된다. 영원한 젊음과 그윽한 지혜가 하나님의 자녀들을 기다리고 있다. 그때까지 우리는 젊음이나 아름다움을 믿을 것이 아니라 구속의 은혜로 그것을 우리에게 주실 하나님을 신뢰해야 한다.

우리 삶에 들어설 수 있는 예배의 대상은 하나뿐이다

전도자 조지 휫필드(George Whitefield)는 이렇게 말했다. "설령 사탄이 당신에게 온 세상을 줄 수 있다 해도 하나님 없이는 당신은 행복해질 수 없다. 오직 하나님만이…당신 영혼에 영원불변의 행복을 주실 수 있다. 그분이 당신의 마음을 원하시는 이유는 이것뿐이니 곧 그분 없이는 당신이 불행할 수밖에 없기 때문이다."[11]

무엇이든 하나님만의 왕좌를 차지하려고 넘보는 것은 다 우상이다. 하나님은 우리에게 거짓 신들을 가차 없이 왕좌에서 몰아낼 것을 명하신다. "오직 너희가 그들에게 행할 것은 이러하니 그들의 제단을 헐며 주상을 깨뜨리며 아세라 목상을 찍으며 조각한 우상들을 불사를 것이니라"(신 7:5).

존 파이퍼는 "누구나 자신이 가장 즐거워하는 것을 신으로 삼는다"라고 했다.[12] 우상 숭배를 피하는 유일한 길은 유일하신 참 하나님을 가장 즐거워하는 것이다. 그리스도를 따르는 우리는 하나님이 이스라엘의 우상을 용납하지 않으셨던 것만큼이나 자신의 우상을 용납해서는 안 된다. 일단 우상을 식별하면 그것을 부수고 하나님만 높일 수 있다.

그제야 우리는 참되고 영원한 행복을 알 수 있다. 모든 부수적 쾌락은 그것의 그림자에 불과하다.

Chapter·9

쾌락의 우상을
하나님 자리에 두면 어떻게 되는가?

> 여호와를 의지하고 교만한 자와 거짓에 치우치는 자를 돌아보지 아니하는 자는 복이 있도다.
>
> 시편 40:4

> 해로운 쾌락을 잃고 어차피 재앙에 불과했던 복이 끝나서 괴로워하는 사람보다는 악한 행실을 즐기는 사람이 더 가련하다.
>
> 아우구스티누스

'무서운 터키인' 유수프 이스마엘로(Youssuf Ishmaelo)는 1890년대에 상대 선수들을 궤멸시키기로 유명했던 국제 레슬링계의 기재(奇才)였다. 의심이 많았던 그는 상금을 금으로 요구하고 벨트로 만들어 차고는 한시도 벗지 않았다.

미국에서 벌어진 경기에서 승리한 후 귀국하던 길에 그가 탄 배가 침몰했다. 생존자들의 회고에 따르면 이스마엘로는 '들짐승처럼' 날뛰었다. 모두가 겁에 질려 구명보트에 타려고 기다리고 있는데 그가 손에 단도를 들고 억지로 그 속을 비집고 나왔다. 이미 만선으로 하강 중이던 보트에 다다른 그는 만류하는 무리의 함성도 무시한 채 거기로 뛰어내렸다. 그의 엄청난 체중에다 낙하의 힘까지 보태져 보트는 뒤집어졌고 타고 있던 사람들은 모두 바다에 빠졌다.

이스마엘로는 수영을 잘하는 사람이었지만 1만 달러 상당의 육중한 금 벨트에 끌려들어가 익사하고 말았다.[1]

재물을 우상으로 삼았던 그의 예를 스탠리 탬(Stanley Tam)과 비교해보라. 그는 재물을 도구로 삼아 하나님을 예배했다.

탬은 젊었을 때 세일즈맨으로 가가호호 돌아다니던 중에 어떤 농부의 아내를 만나 예수님에 대해 들었다. 그리고 머잖아 그리스도를 믿었다. 주머니에 있던 25달러에 아버지가 보태준 12달러를 더하여 미국 플라스틱 회사를 차린 그는 나중에 하나님이 직접 회사를 운영하시고 탬을 직원으로 두고자 하신다고 느꼈다. 그래서 주식의 51퍼센트를 비영리단체에 기부함으로써 회사의 과반수 소유권을 법적으로 하나님께 넘겨드렸다.

사업이 번창하자 탬은 모든 수익을 복음 전파에 썼다. 그의 연봉은 CEO들이 거두는 통상적 수입에 비하면 새 발의 피였다. 그는 하나님의 영광을 가로채지 않고자 조심했고 계속 선교 헌금을 늘려 결국 1억4천만 달러 이상을 기부했다.

탬이 기부에 대해 감화를 받은 것은 어떤 상인이 전 재산을 팔아 값진 진주를 샀다는 예수님의 이야기를 읽고 나서였다(참조. 마 13:45-46). 비유 속의 주인공처럼 탬도 여러 개발도상국에 교회를 세우는 어느 재단에 미국 플라스틱 회사의 소유권 100퍼센트를 기쁘게 양도했다.

그는 하나님을 삶의 첫 자리에 모심으로써 자신을 지키고 우상 숭배를 멀리했다. 이 글을 쓰는 현재 스탠리 탬은 "잘하였도다 착하고 충성된 종아"라는 말씀을 앞두고 있는 99세의 행복한 사람이다.[2]

무한하고 거룩하신 하나님 대신 피조물을 의지하면 엄청난 손실을 면할 수 없다

하나님이 모세에게 주신 십계명 중 제1계명과 제2계명은 각각 "너는 나 외에는 다른 신들을 네게 두지 말라", "너를 위하여 새긴 우상을 만들지 말고…어떤 형상도 만들지 말며 그것들에게 절하지 말며 그것들을 섬기지 말라"이다(출

20:3-5).

그 와중에도 이스라엘 백성은 금송아지를 숭배하고 있었다. 산에서 내려온 모세는 "그들이 만든 송아지를 가져다 불살라 부수어 가루를 만들어 물에 뿌려 이스라엘 자손에게 마시게" 했다(출 32:20). 우상을 숭배하면 구역질나는 쓰라린 현실을 맛볼 수밖에 없음을 생생히 보여주는 사례다. 여기서 상징적으로 보듯이 모든 우상 숭배자에게 결국 남는 것은 뱃속이 뒤틀리는 지독한 뒷맛이다. 행복을 약속하는 우상을 숭배하면 그런 결과를 당한다.

성경에 나오는 여러 우상 숭배의 문화에서 복음을 마음에 받아들인 사람들은 우상을 수거하여 없앴다. 에베소에서 일어난 새로운 회심자들은 마술 서적을 모두 불살랐다(참조. 행 19:19). 그 책들은 나무나 금에 형상을 새긴 우상은 아니었지만 그 속에 담긴 내용이 하나님을 욕되게 했다.

오늘 우리 앞에 놓인 도전은 우리가 종종 무의식적으로 행하는 우상 숭배다. 이런 우상들은 금송아지나 바알 석상처럼 두드러지지 않을 수 있으나 그래도 여전히 우상이다.

우리 문화에 우상들이 어떻게 출현하는지 알려면 우리 자신도 훈련을 받고 또 미래 세대들을 훈련시켜야 한다. 음식, 옷차림, 명성(名士), 비디오 게임, 스포츠, 섹스 등 그것들 자체는 대개 악하지 않다. 그러나 그리스도를 따르려면 그런 우상을 식별하여 타파할 줄 아는 것도 중요하다. 오직 하나님만을 예배하면서 그분이 창조하신 세계를 누리는 법을 배워야 한다.

스코틀랜드의 젊은 신학자 헨리 스쿠걸(Henry Scougal, 1650-1678)은 하나님의 사랑에 관해 말하면서 "그것만이 영혼을 행복하게 할 수 있다. 가장 황홀한 최고의 쾌락, 가장 확실한 본질적 즐거움은…믿을 만하고 제대로 된 애정에서…비롯된다"라고 했다.[3]

우리의 애정을 하나님께 둘 것인지 하나님의 대용품에 둘 것인지는 각자가 선택할 문제다. 그래서 여호수아는 이스라엘 백성에게 의지적으로 하나님을 따를 것을 촉구했다. "너희 조상들이 강 저쪽에서 섬기던 신들이든지 또는 너희가 거주하는 땅에 있는 아모리 족속의 신들이든지 너희가 섬길 자를 오늘 택하라 오직 나와 내 집은 여호와를 섬기겠노라"(수 24:15). 사람들은 하나님이 얼마나 위대하시고 만족을 주시는 분인지 알아야 하고, 그와는 대조적으로 우상들이 가져다주는 파멸과 불행도 인식해야 한다. 그렇지 않고는 우상을 떠나 참되신 하나님께로 돌아오지 않을 것이다.

하나님을 시야에서 놓치면 우상에게 이끌린다

어느 모로 보나 하나님은 우리를 경이로움과 놀라움으로 가득 젖게 하실 분이다. 그런데 어떤 사람들은 그분이 창조주이심을 부인한다. 자연주의 그 자체로는 하나님을 경외하는 것과 반대된다. 물리적 우주를 시간과 우연의 임의적 산물로 설명하기 때문이다. 그럼에도 많은 자연주의자는 여전히 경이로움에 젖는다. 칼 세이건(Carl Sagan)은 우주를 논할 때 경외를 표현한 것으로 유명하다. 그는 창조주를 믿지 않았으며 서글프게도 우주 자체를 애정의 대상으로 삼았다. 우주에 감탄한 것은 옳지만 그는 최대의 경이를 경험하는 데는 이르지 못했다. 최대의 경이란 곧 우주를 창조하신 하나님, 거룩하고 사랑이 많으신 그분이다.

우리는 영광스러운 저녁노을 앞에 서 있는 눈먼 사람들과 같다. 하지만 완전히 맹인은 아니다. 로마서 1장 19-20절 말씀대로 하나님이 창조 세계를 통해 우리에게 자신을 보여주셨기 때문이다.

사람들은 때로 이 세상을 어떤 우연한 세력이나 심지어 별이나 외계인이나 가공의 신들이 창조했다고 우긴다. 그것이 바로 우상 숭배다. 밤하늘이나 그랜드 캐니언이나 나이아가라 폭포의 장관을 누구도 부인할 수 없다. 그런데 우리는 그것을 창조하신 분을 예배하기보다 자꾸 허구의 대안들을 만들어낸다. 우리가 도덕적 책임을 져야 할 대상인 거룩하신 하나님을 빼버리는 것이다.

우리 문화는 하나님이 없다며 그 자리를 보충하려고 제멋대로 경외할 대상들을 양산한다. 슈퍼볼, 각종 콘서트, 스릴 넘치는 놀이 기구, 입체 영화, 미식가들의 요리, 고급 포도주, 운동의 쾌감, 마약 도취, 성적 황홀경 등이다. 한때 하나님께만 쓰이던 '경외심을 자아내다'(awesome)는 단어가 이제 '환상적이다'는 뜻으로 신곡 다운로드나 맛있는 피자에도 쓰인다.

우주의 초월성을 대할 때마다 우리는 우주 바깥의 누군가가 그 안에서 역사하고 계심을 상기해야 한다. 우리는 은혜와 진리가 충만하신 성경의 참 하나님께로 가기를 거부할 때가 너무 많다. 그러나 인간은 어딘가로 가야만 한다. 하나님께로 가지 않으면 우상에게 갈 수밖에 없다(우리는 행복을 구하도록 지어졌듯이 예배하도록 지어졌다. 문제는 예배의 여부가 아니라 누구 또는 무엇을 예배할 것이냐이다).

팀 켈러는 말했다. "죄란 단지 나쁜 짓만이 아니다. 더 근본적으로 죄란 좋은 것을 궁극적인 것으로 둔갑시키는 일이다. 삶과 의미의 기초를 하나님보다 다른 것, 그것이 아무리 좋은 것일지라도 그 위에 두면 그것이 바로 죄다. 삶의 기초를 어디에 두든 그것이 우리를 몰아가며 속박하게 되어 있다. 죄란 무엇보다도 우상 숭배다."⁴

안락

하나님을 섬기는 것보다 안락을 앞세우면 그 쾌락이 우상으로 변한다. 반대로 하나님을 즐거워하는 사람은 그분을 따를 의욕이 생긴다. 필요하다면 기꺼이 안락의자와 리모컨과 컴퓨터와 안전한 집을 떠나 다른 사람들과 교류할 수 있다.

섭리와 일반 은혜의 하나님은 우리에게 무수히 많은 쾌락을 주신다. 밤의 단잠, 뜨거운 목욕물, 초콜릿, 친구들과 함께 웃기, 따뜻한 집, 고전 영화, 아이들과 함께 공놀이하기, 버터가 녹아내리는 갓 구운 과자, 산악자전거 타기, 개 산책시키기 등 수많은 쾌락이 하나님의 선물이다. 우리는 이로 말미암아 하나님께 감사하며 행복의 창시자요 시혜자요 원천이신 그분을 높일 수 있다.

바울은 디모데에게 명하기를 사람들을 가르쳐 재물을 나누게 하라고 했다. 바울의 말대로 그들은 "소망을…오직 우리에게 모든 것을 후히 주사 누리게 하시는 하나님께 두"어야 했다(딤전 6:17). 하나님은 창조 세계를 통해 우리에게 풍성한 쾌락과 안락을 주셨고, 우리가 그것을 누리기를 원하신다. 불행히도 우리는 타락한 피조물이라서 시야가 흐리다 보니 정당한 쾌락을 삶의 중심으로 삼아 우상으로 변질시킬 수 있다.

어떤 '쾌락'은 유해하고 중독성이 있다. 사람들은 마약을 통해 권태를 떨치거나 도피하거나 긴장을 풀거나 주변에 동조하거나 반항하려 한다. 그러나 속성으로 도취되는 다른 쾌락들처럼 마약도 불행을 해결해주기는커녕 오히려 떨치고 싶은 불행을 안겨준다.

음식과 음료
음식이 몸에 활력과 즐거움을 주면 하나님을 영화롭게 할 수 있다. 그러나 음식이 삶의 중심이 되면 우상으로 변해 사람의 행복을 앗아갈 수 있다. 강박적 과식, 폭식, 거식증 등이 좋은 예다. 요즘은 식탐의 죄가 거의 거론되지 않지만 바울은 "그들의 신은 배"(빌 3:19)인 사람들을 책망했다.

마찬가지로 사람들은 술을 적당히 즐길 수도 있고 중독에 빠질 수도 있다. 알코올 중독자 갱생회(Alcoholics Anonymous)의 한 회원이 술을 마시는 이유를 쭉 적었는데 처음 두 가지는 이렇다.

1. 우리는 행복해지려고 술을 마셨으나 불행해졌다.
2. 우리는 기쁨을 얻고자 술을 마셨으나 비참해졌다.[5]

음식물 광고에 비만인 사람은 좀처럼 나오지 않는다. 포도주와 맥주 광고에 술주정꾼과 파탄 난 가정은 보이지 않는다. 담배 광고도 폐암으로 죽어가는 사람을 보여주지 않는다.

고린도전서 10장 31절의 말씀대로 살면 음식과 음료는 제자리를 찾는다. "그런즉 너희가 먹든지 마시든지 무엇을 하든지 다 하나님의 영광을 위하여

하라."

섹스

하나님이 의도하신 섹스 곧 남녀 부부간의 섹스는 마음껏 누려야 할 쾌락이다 (참조. 잠 5:15-19). 그러나 혼외 섹스는 정서적, 신체적, 영적으로 심각한 부정적 결과를 낳는다. 섹스와 포르노에 중독되면 그것이 약속하는 것처럼 장기적 쾌락을 얻기는커녕 그와 관련된 모든 사람이 존엄성을 잃고 노예가 된다. "[간음하는] 젊은이가 곧 [음녀]를 따랐으니 소가 도수장으로 가는 것 같고…그의 생명을 잃어버릴 줄을 알지 못함과 같으니라"(잠 7:22-23).

미국의 성인 1만6천 명에게 지난 한 해 동안 섹스 파트너가 몇이었는지 익명으로 물은 연구 자료에서 잠언의 요점이 똑같이 입증되었다. "자료에 따르면 남녀 모두 최적의 파트너 수는 1명이다."[6] 다른 연구에서도 "섹트 파트너가 많은 사람이 덜 행복하다"라는 비슷한 결과가 나왔다.[7]

사탄은 우리에게 혼외 섹스를 즐기는 사람들이 더 행복하다고 믿기를 바라겠지만 그것은 거짓말이다.

여태까지 내가 보았던 가장 불행해 보이는 사람—찡그린 얼굴은 초췌했고 눈은 초점을 잃어 멍했다—은 이런 팻말을 들고 있었다. "나는 게이여서 행복하다." 물론 동성애자들이 결코 행복할 수 없다는 말은 아니다. 하나님은 일반 은혜로 모든 사람에게 어느 정도의 행복을 베푸신다. 그러나 로마서 1장 27절에 보면 그런 선택을 내린 사람들은 "그들의 그릇됨에 상당한 보응을 그들 자신이 받았느니라"고 되어 있다. 로마서에 하나님이 미워하시는 다른 죄들도 많이 열거되어 있지만 유독 그 죄 하나만 자기 자신을 벌하는 것으로 지목되어 있다.

나는 '게이의 생활방식'으로 살아가는 사람들과 길고 진솔한 대화를 나누어보았는데 그들은 확연히 불행했다. 저마다의 우상이 있는 많은 이성애자와 다를 바 없었다.

성생활이 난잡한 청소년들과 독신 성인들은 이를 즐기는 척해야 한다는 중압감에 시달릴 때가 많지만 속으로는 자기혐오와 환멸에 가득 차 있다. 현실은 기대했던 바와 전혀 다르기 때문이다. 마찬가지로 게이들도 자기 삶에 만족한 인상을 풍겨야 한다는 부담감이 있다. 이성애자나 동성애자 할 것 없이 어떤 사람들은 일부러 자신의 문란한 행동을 공적으로 떠벌이지만 그러는 내내 공허감과 고통을 무시하려 애쓴다. 그들은 사탄의 각본대로 "나는 이것(각자의 죄) 때문에 행복하다"라고 의무감에 차 주장하지만 사실은 거짓의 아비를 위해 거짓 광고를 하고 있다. 사탄은 그들의 자멸에 쾌재를 부른다.

우리 문화의 무수한 사람들의 삶을 정욕의 신이 지배하고 있다. 예수님은 "음욕을 품고 여자를 보는 자마다 마음에 이미 간음하였느니라"(마 5:28)고 말씀하신 뒤 이렇게 덧붙이셨다. "만일 네 오른 눈이 너로 실족하게 하거든 빼어 내버리라…또한 만일 네 오른손이 너로 실족하게 하거든 찍어 내버리라"(마 5:29-30). 우리는 정욕의 우상을 얼마나 단호하게 처리하고 있는가? 참된 행복을 찾으려면 특단의 조치를 취해서라도 그 우상을 왕좌에서 몰아내고 하나님을 제자리에 모셔야 한다.

존 파이퍼는 『장래의 은혜』(Future Grace, 좋은씨앗 역간)에 이렇게 썼다. "불에는 불로 맞서야 한다. 하나님의 쾌락이라는 불로 정욕의 쾌락이라는 불과 싸워야 한다…더 나은 행복을 보장하는 굳건한 약속으로 그것과 싸워야 한다. 활활 타오르는 거룩한 만족으로 희미하게 깜박이는 정욕의 쾌락을 삼켜버려야 한다."[8]

재물

돈으로 행복을 살 수 없다고 말할 사람들은 많지만 거의 모든 사람이 그 이론을 시험해보기 원한다!

대부분 사람은 돈만 더 있으면 자신이 행복해질 거라고 믿는다. 그러나 복권 당첨자들의 사례 연구에서 나온 오싹한 결과를 보면 인간의 재정적 꿈이 실현될 때 어떤 일이 벌어지는지 알 수 있다.

이 글을 쓰는 현재 분당 13만 장의 파워볼 복권이 팔려나가고 있다. 사는 사람들은 기대가 크지만 그간의 전력으로 볼 때 당첨자들이 누릴 행복은 충격적일 정도로 음울하다. 2013년에 윌리 실리(Willie Seeley)—긴 턱수염에 색안경을 끼고 낡은 밀짚모자를 쓴 인상적인 인물—는 직장 동료 여러 명과 함께 4억5천만 달러짜리 복권에 당첨된 뒤 기자 회견에서 마이크를 잡았다. 그는 희색이 만면하여 "우리는 아주 행복하고 행복하고 행복합니다"라고 말했다. 그는 부인과 함께 NBC의 "투데이"(Today) 쇼에도 출연하여 앞으로 낚시하고 사냥하며 마음대로 살겠다고 말했다.

불과 두 달 만에 윌리와 부인은 후회막급이 되었다. 그는 "때로는 그냥 격주로 보수를 받던 때로 돌아갔으면 좋겠다고 생각합니다. 생활방식을 완전히 고쳐야 되는데 그 삶을 포기하고 싶지가 않더군요"라고 말했다.

그의 부인 도나(Donna)는 복권에 당첨된 일을 '저주'라 불렀다. 실리는 4억 달러짜리 복권에 당첨된 사람에게 이렇게 조언했다. "그냥 사라지십시오…아직 자취를 감출 수 있을 때 그래야 합니다." 그는 당첨자에게 연민을 보이면서 "이 드라마는 중간에 쉬지도 않아요"라고 말했다.[9]

사람마다 경험이 다를 수는 있지만 장기적으로 볼 때 돈을 횡재하여 더 행복해진 경우는 거의 없다고 말해도 무방하다. 다음은 복권 당첨자 여덟 명의 사연을 요약한 것이다.

- 찰스 리들(Charles Riddle)은 1975년에 거액의 복권에 당첨되었다. 이혼과 몇 차례의 소송을 겪은 후 그는 코카인을 팔다가 체포되었다.[10]
- 윌리엄 "버드" 포스트(William "Bud" Post)는 1988년에 1천6백2십만 달러의 당첨금을 받았다. 전 여자친구가 그 돈을 노리고 그를 고소했고, 그의 형은 그를 죽이고 유산을 받으려고 청부 살인업자를 고용했다. 1년 만에 그는 1백만 달러의 빚을 지게 되었고 한 수금원의 머리에 총을 쏘아 감옥에

갔다. 포스트는 복권 당첨을 '악몽'이라 불렀다. 그는 파산을 선고한 후 2006년에 사망했다.[11]

- 제프리 댐피어(Jeffrey Dampier)는 1996년에 2천만 달러의 당첨금을 받아 여러 친척에게 집을 사주었다. 몇 년 후에 그의 처형이 남자친구와 함께 그를 납치하여 살해하고 돈을 가로챘다.[12]

- 빌리 밥 해럴 주니어(Billie Bob Harrell Jr.)는 1997년에 3천1백만 달러에 당첨되어 그 돈으로 농장과 집 몇 채를 샀고 자신과 가족의 차도 샀다. 지출과 빌려준 돈이 걷잡을 수 없이 불어났고 머잖아 이혼했다. 복권에 당첨된 지 20개월 만에 그는 엽총으로 자살했다.[13]

- 잭 휘터커(Jack Whittaker)는 2002년에 3억1천5백만 달러짜리 복권에 당첨되었다. 그 뒤로 그의 삶에는 체포, 관계의 파경, 법정 소송, 사랑하는 이들의 죽음이 꼬리를 이었다. 약물 과용으로 죽은 사람도 있었다. 나중에 그의 전 아내는 '복권을 찢지' 못한 것이 한이라고 말했다.[14]

- 캘리 로저스(Callie Rogers)는 16세인 2003년에 3백만 달러에 당첨되었다. 영국의 최연소 당첨자인 그녀는 그 돈으로 고급 자동차 여러 대와 선물을 사고 호화 휴가도 다니고 성형수술도 했다. 전 남자친구의 꼬임에 넘어가 코카인에 중독된 그녀는 두 번이나 자살을 기도했다.[15]

- 키스 고프(Keith Gough)는 2005년에 약 1천8백만 달러의 당첨금을 받았다. 그 돈으로 여러 경주마를 샀고 아내와 이혼했다. 머잖아 그의 삶은 무너지기 시작했다. 여자 친구에게 사기를 당했고 알코올 중독으로 간경변증이 생겼다. 2010년에 죽은 그는 어느 신문에 이런 말을 남겼다. "내 삶은 찬란했었는데 복권이 모든 것을 망쳐놓았다. 모든 꿈이 잿더미로 변했다…밤마다 눈물로 베개를 적시는데 돈이 있으면 무슨 소용인가?"[16]

- 에이브러햄 셰익스피어(Abraham Shakespeare)는 2006년에 3천1백만 달러에 당첨되었다. 그 돈을 거의 다 쓰고 2009년에 실종된 그는 몇 달 후 콘크리트판 밑에서 시신으로 발견되었다.[17]

사람들이 복권 당첨을 꿈꾸는 이유는 그게 영원한 행복을 가져다주리라고 확신하기 때문이다. 당첨되기 전까지는 희망이 남아 있다. 그러나 당첨되었는데도 영원한 행복을 얻지 못하면 희망이 사라진다. 돈의 정체가 우상으로 밝혀지면 돈을 숭배하던 사람들은 참담해진다. 불행히도 우리는 재물의 지저분한 전력을 무시하는 재주가 뛰어나다.

세상 최고의 부자는 모든 것을 가졌지만 행복은 갖지 못했다

솔로몬 왕의 인생은 아름다움, 교육, 생산적인 일, 미술, 음악, 여자, 최고급 음식과 포도주, 오락, 성공, 권력, 재물 등 모든 최상의 것으로 가득했다. 부와 권력을 갖춘 그는 배우자를 하나 더 얻은 정도가 아니라 부인 7백 명과 첩 3백 명을 두었다. "무엇이든지 내 눈이 원하는 것을 내가 금하지 아니하며 무엇이든지 내 마음이 즐거워하는 것을 내가 막지 아니하였으니"(전 2:10). 솔로몬은 앞서 살펴본 잠재적 우상 목록 곧 우리가 행복을 얻고자 추구하는 것 가운데 갖지 못한 것이 거의 없었다.

모든 것을 얻은 후에 그가 내린 결론은 무엇인가? "그 후에 내가 생각해 본즉 내 손으로 한 모든 일과 내가 수고한 모든 것이 다 헛되어 바람을 잡는 것이며"(전 2:11).

역사상 가장 부러움을 살 만한 자신의 인생을 그는 이렇게 요약했다. "헛되고 헛되며 헛되고 헛되니 모든 것이 헛되도다"(전 1:2).

솔로몬은 주님께 지혜를 구하며 시작은 좋았으나(참조. 대하 1:7-13) 중간에 길을 잃었다. 잡다한 우상들을 좇다 허망함을 맛본 그는 자신의 삶이 농축된 이런 조언을 남겼다. "너의 창조주를 기억하라…하나님을 경외하고 그의 명령들을 지킬지어다 이것이 모든 사람의 본분이니라 하나님은 모든 행위와 모든 은밀한 일을 선악 간에 심판하시리라"(전 12:1, 13-14).

잘못된 하나님관(觀)을 품는 것도 우상 숭배다

우리는 무엇이든 궁극적으로 행복을 가져다주리라 믿는 것을 숭배한다. 그래서 성경의 하나님을 예배하면서도 그분에 대해 사실이 아닌 내용을 믿을 수 있다. 잘못된 대상을 예배하여 '하나님'마저 우상으로 만드는 것이다.

흔히 하는 말이 있다. "나는 하나님을 심판자가 아니라 아빠로 생각하고 싶다." "나는 예수님을 주님이 아니라 친구로 생각하고 싶다." 그러나 그분은 심판자, 아버지, 친구, 주님을 포함하여 성경에 계시된 그 모든 존재며 항상 그러하시다. 그분의 속성은 까다로운 그리스도인들이 마음 내키는 대로 고르고 나머지는 버려도 되는 잡동사니가 아니다.

하나님의 속성 중 하나 곧 예컨대 사랑을 취하여 그것을 거룩함 등의 나머지 속성과 분리시키면 결국 우리는 참 하나님을 예배하는 것이 아니라 자신의 왜곡된 사랑의 개념을 숭배하는 것이다. 물론 그분은 사랑이시지만 그 밖에 다른 속성도 많이 있다. 우리가 예배해야 할 하나님은 사랑과 거룩함, 은혜와 진리, 정의와 긍휼, 진노와 자비, 질투와 행복이 공존하시는 분이다.

예수님은 하나님의 어린양이나 선한 목자만이 아니라 훨씬 그 이상이다. 온유하고 긍휼이 풍성하신 그분이 또한 강도 같은 장사치들을 성전에서 쫓아내셨고 독선적인 종교 지도자들을 단죄하셨다. 많은 사람이 생각하는 것만큼 그분이 유하고 부드러웠다면 십자가에 달리실 일도 없었을 것이다. 사람들은 그분의 속성 중 인기가 덜한 부분에 격노하여 그분을 십자가에 못 박았다.

우리는 하나님에 대해 성경에 나와 있는 내용을 전부 다 곧 우리의 작고 유한한 머리로 이해되는 부분만 아니라 그렇지 못한 부분까지도 믿어야 한다. 그래야만 그분에 대한 생각이 우상 숭배로 빠지지 않을 수 있다.

행복을 하나님 안에서 찾지 않으면 행복도 우상이 된다

청교도 설교자 조지 스윈녹(George Swinnock, 1627-1673)은 "그리스도와 함께 있으면 얼마나 기쁜가…작은 시내들도 이런 낙을 주는데 수원(水源)을 즐기는 사람은 얼마나 행복한가!"라고 말했다.[18] 모든 시내를 즐길 때마다 우리의 생각은 궁극적 수원으로 거슬러 올라가야 한다.

지금까지 내가 행복을 아주 긍정적으로 말했기 때문에 행복도 우상이 될 수 있다는 말이 뜻밖으로 다가올 수 있다. 그러나 뜻밖이어서는 안 되는 두 가지 이유가 있다. 첫째, 타락한 세상에서 우상으로 변할 수 있는 다른 것들도 거의 모두 그 자체로는 선하다. 둘째, 내가 예찬하는 행복은 하나님 안의 행복이다. 하나님 안의 행복은 결코 우상이 아니다. 말 그대로 하나님을 하나님으로 인정하며 그 기초를 그분께 그리고 예수님의 복음에 두고 있기 때문이다.

하나님을 영화롭게 하는 모든 예배의 배후에 행복의 추구가 있다. 모든 우상 숭배의 뿌리가 행복의 추구인 것과 같다. 사람들이 석상과 목상을 숭배하는 동기는 무엇인가? 유익을 얻기 위해서다. 그래서 비를 원하는 사람들은 비의 신을 숭배한다. 마찬가지로 자식을 낳게 해준다는 다산의 신, 풍작을 가져다준다는 수확의 신, 권력과 힘을 쟁취해준다는 전쟁의 신도 있다.

숭배자들은 우상이 행복을 주리라고 진심으로 믿는다. 더 '문명화된' 문화들이 이데올로기와 재물을 숭배하는 이유도 똑같지 않은가?

1629년에 에드워드 리(Edward Leigh)는 이렇게 썼다. "인간의 행복은 하나님을 즐거워하는 데 있다. 다른 모든 것은 우리가 그 속에서 하나님을 보고 맛보지 않는 한 행복의 수단이나 방도가 될 수 없다."[19] 이 지혜로운 청교도에 따르면 하나님이 우리를 행복하게 해주시려고 허락하신 것들이 제구실을 다하려면 우리가 무엇보다 먼저 하나님 안에서 행복을 찾아야 한다.

그리스도가 없는 사람도 부차적인 것들 속에서 자신도 모르게 하나님의 은혜를 조금은 볼 수 있다. 그러나 그리스도를 따르는 헌신된 사람은 모든 작은 기쁨 속에서 그분을 본다.

행복은 다른 우상들과 다르다

우리는 행복을 갈망하기에 우상 아니면 하나님께로 끌리게 되어 있다. 둘 중 어느 쪽일지는 행복이 어디에 있다고 생각하느냐에 달려 있다.

무언가가 우상으로 변하는 이유는 그 자체가 잘못되어서가 아니라 우리가 그것을 하나님의 자리에 두기 때문이다. 참된 행복도 마찬가지다. 마약이나 도둑질처럼 유해한 것이라면 당연히 배격해야 한다. 그러나 행복의 경우는 배격하는 것이 답이 아니다. 정작 배격해야 할 것은 잘못된 행복관이다. 행복을 배격하기는커녕 오히려 참된 행복을 수용해야 한다.

어떤 사람이 밤하늘의 별들을 우상화한다면 우리는 그에게 별들이 아름답거나 경이롭지 않다고 설득하려 해서는 안 된다! 그보다는 별들을 지으신 분, 우주에서 가장 아름답고 경이로우신 그분을 가리켜 보여야 한다. 숲이나 바다나 동물을 숭배하는 사람에게 우리가 알려주어야 할 것은 이것이다. 그것들을 사랑하는 거야 옳지만 그것들을 지으신 분이야말로 마땅히 그들의 예배를 독점하셔야 하며, 능히 그들에게 그들이 갈망하는 행복을 주실 수 있다고 말이다.

토니 레인케(Tony Reinke)는 이렇게 예리하게 말했다. "무신론의 심각한 문제는 하나님의 존재를 부정하는 지성적 무신론이 아니다. 진짜 문제는 하나님을 내 기쁨의 걸림돌로 보는 감정적 무신론이다. 이런 사실상의 무신론이 인류의 문제를 양산해내는 근본적 뿌리며, 무신론자들과 불가지론자들의 마음은 물론이고 믿는다고 말하는 이신론자(理神論者)들의 마음까지 병들게 한다."[20]

C. S. 루이스는 『영광의 무게』(The Weight of Glory, 홍성사 역간)에 이렇게 썼다.

> 우리는 아름다움이 책이나 음악 속에 있다고 생각하지만 거기에 의지하면 실망할 수밖에 없다. 아름다움은 그 속에 있지 않고 그런 통로로 왔을 뿐이며, 그 통로로 온 것은 바로 그리움이다…그림자를 실체로 착각하면 그것이 무력한 우상으로 변해 숭배자를 슬픔에 빠트린다. 그림자는 어디까지나 실체가 아니기 때문이다. 그것은 우리가 아직 만나보지 못한 꽃송이의 향기, 들어보지 못한 곡조의 메아리, 밟아

보지 못한 나라의 소식일 뿐이다.[21]

도박이나 술이나 축구나 가상의 풋볼이 우리의 우상이 되었다면—거의 무엇이든 우상이 될 수 있으므로—그것을 그만두는 것이 지혜롭다. 그러나 행복을 향한 갈망을 그만둘 수는 없다. 대신 우리는 그 갈망이 올바른 대상, 즉 하나님을 향하게 해야 한다. 그분을 첫 자리에 모시고 우리의 가장 큰 행복을 그분 안에서 찾아야 한다.

어떤 우상도 우리가 정말 원하는 영원한 행복을 줄 수 없다

역사가 마크 놀(Mark Noll)은 이렇게 썼다. "한마디로 십자가란 자아를 신으로 여기는 인류의 가장 근본적인 우상 숭배를 하나님이 영원히 거부하신 사건이다. 인간 스스로 실존의 중심에 좌정하려는 모든 노력을 하나님은 십자가를 통해 결정적으로 단죄하셨다."[22]

인간을 예속하는 모든 쾌락은 잠깐이나마 행복을 주지만 그 끝은 오랜 불행일 수밖에 없다. 과식의 쾌락이 아이스크림을 하나 더 먹는 동안만큼밖에 지속되지 않는 것과 같다.

우리는 기쁨이 평생 가기를 바란다(게다가 오래 살기까지 바라는 것이 문제다!). 얼마나 살아야 '오래'인가? 당신이 백 살까지 살며 용케 풍성한 행복을 누린다 하자. 그러다 죽어서 행복이 끝나면 당신의 행복은 얼마나 '오래' 지속된 것인가?

"인생은 한 번뿐이다"라는 말을 생각해보라. 죽음을 인정한 것까지는 옳지만 사후에는 삶이 없다는 전제가 깔려 있다.

복음의 기쁜 소식은 이런 한시적 사고방식과 완전히 다르다. 그리스도는 그분을 믿는 사람들이 멸망하지 않고 영생을 얻는다고 약속하셨다(참조. 요 3:16). "나를 믿는 자는 죽어도 살겠고"(요 11:25)라고도 말씀하셨다. 복음의 능력은 현세에 영향을 미칠 뿐 아니라 현세를 초월한다.

행복을 말하는 모든 세속적 스승과 서적과 세미나는 미래의 희망이라는 부분에서 치명적 결손을 보인다. 30세의 청년에게 희망을 말하는 거야 쉽다. 하지만 걷지 못하는 90세의 노인에게는 어떤가? 우리는 관계와 건강과 재물과 아름다움과 의미와 성공과 안전이 영원하기를 원한다.

그리스도가 약속하신 영생을 받아들이지 않아 새 땅에서 부활하지 못할 사람들은 몸과 마음의 영원한 젊음을 누릴 소망이 없다. 기독교 세계관에 따르면 장차 우리는 부활한 땅의 변화된 문화 속에서 몸을 지닌 존재로서 앞서 말한 행복의 목록 중 대다수를 끝없이 누리며 살 수 있다. 거기서는 아무것도 다시는 우리를 우상 숭배 쪽으로 유혹할 수 없다.

영원한 관점으로 삶을 바라보는 사람은 장기적 행복에 초점을 맞춘다. 우상 숭배의 쾌락을 거부하고 하나님으로 인한 쾌락을 선택하면 그분께도 영광이 되고 우리에게도 유익하다. 그분으로 인한 쾌락은 현재에만 아니라 앞으로도 영원히 계속된다.

Chapter·10

행복의 궁극적 근원은 무엇(또는 누구)인가?

> 주께서 생명의 길을 내게 보이시리니 주의 앞에는 충만한 기쁨이 있고 주의 오른쪽에는 영원한 즐거움이 있나이다.
>
> 시편 16:11

> 태양의 지척이 가장 열기가 뜨겁듯이 최고의 행복은 그리스도와 가장 가까운 곳에 있다.
>
> 찰스 스펄전

C. S. 루이스는 우리 삶의 좋은 것을 최고의 것으로 떠받들 때 벌어지는 일을 이렇게 경고했다.

> 개를 중심으로 살아가는 여자는 결국 인간으로서 자신의 유용성과 존엄성을 잃을 뿐 아니라 개를 소유하는 온당한 쾌락마저 잃는다…큰 선(善)보다 작은 선을, 전체적 선보다 부분적 선을 선호할 때마다 작은 선이나 부분적 선은 상실된다. 그것을 얻고자 희생했음에도 말이다…부수적인 것을 첫 자리에 두어서는 그것을 얻을 수 없다. 부수적인 것을 얻으려면 가장 중요한 것을 첫 자리에 두어야 한다.[1]

TV 프로그램 "60분"(60 Minutes)의 기자 스티브 크로프트(Steve Kroft)가 뉴잉글랜드 패트리어츠 팀의 슈퍼스타 쿼터백인 톰 브래디(Tom Brady)를 인터뷰할 때 브래디는 누가 보기에도 불행한 모습으로 이렇게 말했다. "슈퍼볼 우승 반지를 세 번이나 탔는데도 아직도 더 큰 무엇이 있을 것 같은 이유는 무엇일까요? '이봐, 그 정도면 됐지'라고 말할 사람들도 많을 겁니다. 제 목표와 꿈과 인생을 이루었으니까요. 그래도 저는 '이건 아니다, 뭔가가 더 있어야 한다'는 생각이 들거든요."

"해답은 무엇입니까?" 크로프트가 물었다.

브래디는 "그걸 알면 좋게요. 알았으면 좋겠습니다"라고 답했다.[2]

다른 무수한 운동선수들은 자기도 브래디 정도의 위업을 달성하면 행복해지리라 믿지만 정작 브래디 자신이 아는 바는 다르다. 사람들이 동경하는 부차적인 것은 그에게 다 있다. 그러나 궁극적인 것이 없기에 그에게는 여전히 만족이 없다.

만족한 영혼은 위와 밖을 본다

행복이 행복의 근원보다 더 클 수는 없다. 하나님이 궁극이시고 관계, 피조물, 물질적 쾌락 등 다른 모든 행복은 부차적이다. 의식적으로 하나님을 근원으로 보지 않으면 우리가 누려야 할 부차적인 것들이 오히려 우리를 지배할 수 있다.

시합에서 이기는 것, 승진, 복권 당첨, 새 직장, 휴가 등은 큰 행복을 가져다주기에는 너무 작다. 반면에 하나님은 "사모하는 영혼에게 만족을 주시며 주린 영혼에게 좋은 것으로 채워"주신다(시 107:9). 우리는 유한하고 타락한 존재인지라 행복을 이루기 위해 필요한 것들이 우리에게는 없다. 쾌락과 즐거움을 자기 안에서 찾으려는 사람은 누구나 비참해질 수밖에 없다.

그리스도를 따르는 사람들이 하나님께 공급받은 것들을 즐거워함은 무엇보다 먼저 공급자이신 하나님을 즐거워하기 때문이다. 우리와 달리 하나님은 흠이 없고 무한하시다. 부차적인 것들은 약간의 기쁨을 주지만 우리의 "큰 기쁨"(시 43:4)은 하나님뿐이다. 새뮤얼 러더퍼드는 "행복에 사무친 당신의 굶주림을 채워주셔야 할 분은 무한하신 하나님이다. 그렇지 않으면 당신의 갈망은 영원히 충족되지 않을 것이다"라고 썼다.[3]

부차적인 것들도 중요하지 않거나 있으나 마나 한 것은 아니다. 창조 세계는 우리를 하나님께로 이끌어주는 그분의 선물이므로 결코 그것을 멸시해서는 안 된다. 그러나 하나님을 첫 자리에 두고 피조물을 그다음에 두면 세상과 그 아름다움이 기쁨과 예배의 도구가 된다. 부차적인 것들보다 하나님을 더 사랑하면 그것들까지도 더 잘 사랑하게 된다.

우리는 왜 월드시리즈 야구나 올림픽 경기를 관람하는가? 왜 그랜드 캐니언이나 알프스나 바다에 가는가? 왜 크고 아름답고 웅장한 것에 가까이 서려 하는가? 자신보다 더 큰 무엇을 바라볼 때 행복을 맛보기 때문이다. 우리는 이를 위해 지음 받았다. 무한히 크신 하나님을 행복의 원천으로 누리도록 지어졌다.

하나님을 사랑함이 곧 행복을 아는 것이다

아우구스티누스는 "하나님을 소유한 사람은 행복하다"라고 썼다.[4] 이 개념을 한 걸음 더 끌고 나가 그는 "하나님은 우리 행복의 근원이시다. 우리의 모든 갈망은 그분에게로 귀착된다"라고 말했다.[5]

아우구스티누스의 이 말도 옳다. "두뇌를 쓰는 모든 이의 확고한 소신은 이것이니 곧 모든 인간은 행복을 갈망한다…유일한 최고선이신 불변의 하나님께 순전하고 거룩한 사랑으로 매달리지 않는 사람은 모든 인간이 갈망하는 행복한 삶에 이를 수 없다."[6]

아우구스티누스에게 하나님과 행복은 불가분의 관계였다. 그는 "하나님을 따르는 것은 행복을 향한 갈망이고 하나님께 이르면 그 자체가 행복이다"라고 말했다.[7] "그러므로 행복한 삶으로 이끄는 지상계명은 '네 마음과 목숨과 뜻을 다하여 주 너의 하나님을 사랑하라'이다"라고도 했다.[8] 그는 또 "우리가 이 행복한 삶에 이를 수 있으려면 복되신[행복하신] 참 생명이신 그분이 친히 우

리에게 기도를 가르쳐주셔야 한다"라고 덧붙였다.[9]

요즘 어느 목사에게서 "예수님은 우리를 행복하게 해주시려고 우리에게 기도를 권하셨다"라는 말을 듣는다면 당신은 어떻게 생각하겠는가? 아우구스티누스에게는 그것이 지극히 이치에 맞는 말이었다. 그의 영성이 우리보다 얕아서가 아니라 더 깊었기 때문이다. 그는 하나님을 모든 행복의 근원으로 보았고, 따라서 하나님의 모든 명령이 우리를 행복으로 이끌어준다고 보았다.

행복을 현대 문화에서 교회로 흘러든 이질적 용어라고 확신하는 그리스도인들이 많다. 그래서 그들은 어떻게든 행복을 저지하려 한다. 그러나 4세기에 살았던 아우구스티누스의 사고는 현대의 유행이 낳은 산물이 아니었다.

고금(古今)의 위대한 사상가들이 알았듯이 모든 행복은 하나님에게서 기원한다

하나님이 사랑이시라는 말(참조. 요일 4:8)과 똑같은 의미에서 그분은 또한 행복이시다. 그분은 사랑과 행복의 정수시다.

청교도 설교자 토머스 브룩스(Thomas Brooks, 1608-1680)는 말했다. "하나님을 분깃으로 삼은 사람은 무엇으로도 진정 불행해질 수 없고, 하나님이 자신의 분깃이 아닌 사람은 무엇으로도 진정 행복해질 수 없다. 하나님은 모든 참된 행복을 지으시고 베푸시고 지키시는 분이다. 모든 참된 행복의 중심이시다…세상에 행복한 사람은 그분을 자신의 하나님이요 분깃으로 삼은 사람뿐이다."[10]

청교도 제러마이어 버로스(Jeremiah Burroughs, 1600-1646)는 하나님이 아닌 데서 행복을 찾으려는 것이 부질없는 일임을 이렇게 말했다.

> 이는 마치 배고픈 사람이 주린 배를 채우려고 입을 크게 벌리고 바람을 들이마신 뒤, 여전히 허기진 이유를 바람을 충분히 먹지 않아서라고 생각하는 것과 같다. 아니, 그 이유는 주린 배에 바람이 적합하지 않아서다.[11]

흠정역(KJV) 성경이 간행되던 해인 1611년에 로버트 볼튼(Robert Bolton, 1572-1631)은 하나님만이 "홀로 행복의 지고한 완성, 무한한 즐거움의 강, 생명의 샘, 모든 창조된 갈망의 끝없는 안식"이라 썼다.¹²

『천로역정』(The Pilgrim's Progress)의 저자 존 버니언(John Bunyan, 1628-1688)은 이렇게 썼다.

> 오직 하나님만이 영혼을 온 세상이 할 수 있는 것보다 더 복되고 편안하고 행복한 상태에 두실 수 있다. 천국의 모든 천사가 지어낸 행복이 한 인간의 가슴속에 몽땅 머문다 해도 그분이 주시는 행복은 그보다도 더 크다.¹³

거의 모든 청교도가 하나님을 인간 행복의 진원지로 인정했다. 그들의 말은 이 땅과 거기에 거주하는 존재가 아름답지 못하고 가치가 없으며 즐거움의 대상이 아니라는 뜻이 아니다. 다만 부차적인 것들이 궁극적인 근원에서부터 끊어지면 전자의 아름다움과 기쁨이 반감되고 결국 소멸되는 것을 그들은 알았다.

장 칼뱅은 "하나님의 임재를 즐거워하는 것이 행복의 극치일진대 그 임재가 없는 상태야말로 비참하지 않은가?"라고 말했다.¹⁴

행복을 추적해 올라가면 매번 하나님께 가닿는다

화창한 가을날에 어느 무신론자가 시원한 바람을 즐기며 하나님의 부재를 증명하는 논문을 쓰고 있다면 그가 누리는 행복의 출처는 하나님이다. 우주 자체를 그분이 지으셨기 때문이다. 이 땅, 시원한 바람, 화창한 날, 하나님의 형상대로 지음 받은 그 무신론자, 자연을 즐길 수 있는 육체적 감각, 심지어 그가 하나님을 논박하는 데 구사하는 이성적 사고력까지도 다 그분에게서 왔다.

'도표 6'에서 보다시피 인간 행복의 전체 배경은 하나님과 그분의 행복이라는 무한히 더 큰 원 안에 존재한다. 그러나 정작 행복을 경험하는 본인은 그 사실을 모를 수 있다.

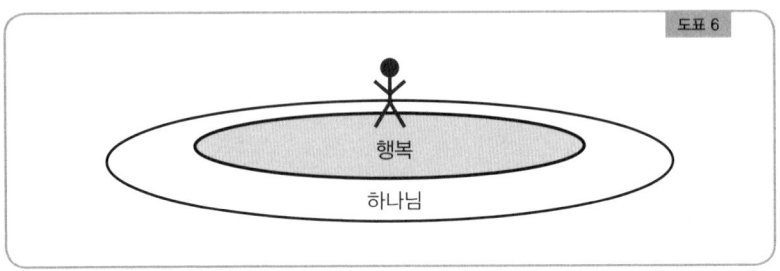

그리스도인의 삶을 누리는 열쇠 중 하나는 우리의 행복과 하나님의 행복을 연결할 뿐 아니라 우리의 행복을 그 행복의 공급자이신 그분 자신과 연결하는 것이다.

개와 함께 달리거나 후드 산 상공에 높이 뜬 목성을 볼 때면 나는 행복을 느낀다. 비신자들도 똑같은 일로 행복을 누릴 수 있으나 그 근원이신 분을 인정하지 않기에 그들의 행복은 그만큼 크거나 오래갈 수 없다. 그분의 충만한 행복이 창조 세계 속으로 흘러넘치기 때문이다.

그래서 우리는 시편 73편에 나오는 아삽의 말을 더 잘 이해할 수 있다. "하늘에서는 주 외에 누가 내게 있으리요 땅에서는 주밖에 내가 사모할 이 없나이다"(25절). 그는 음식과 물과 옷과 집과 우정과 웃음을 갈망하지 않는다는 말인가? 그렇지 않다. 그의 말은 사실상 이런 것이다. "나는 많은 것을 갈망한다. 그러나 그 모든 것의 중심에 하나님이 계시다. 그래서 나의 모든 갈망은 오직 그분께로 수렴된다."

네덜란드의 개혁가이며 로테르담의 목사였던 빌헬무스 아 브라켈(Wilhelmus à Brakel, 1635-1711)도 사실상 똑같이 이렇게 썼다. "스스로 더없이 충족하신 우리 하나님은…영혼을 차고 넘치도록 채우고 흠뻑 적셔 영혼의 분깃이신 그분 외에 아무것도 필요하지 않게 하실 수 있다. 이런 은총을 입은 영혼은 빛과 사랑과 행복으로 충만하여 그 외에 아무것도 바라지 않는다."15

1600년대 중반에 청교도 존 기번(John Gibbon)은 "하나님만으로 충분하다.

그분이 없다면 행복은 완성되지 않는다"라고 말했다.[16] 하나님이 행복의 근원이시기에 행복을 찾으려는 추구는 하나님을 찾으려는 추구와 같다. 설령 우리가 의식하지 못하더라도 그렇다.

아퀴나스는 "존재 자체가 곧 행복이라는 말은 하나님께만 성립된다"라고 했다.[17] 피조물은 모든 면에서 유한하고 부족하며, 행복을 생성하는 능력도 마찬가지다. 행복을 얻고자 바깥을 보지 않아도 되는 분은 하나님뿐이다. 타락한 우리는 반항적인 피조물인지라 행복을 원하면서도 하나님을 원하려는 마음조차 없다. 영적 어둠 속에서 행복의 원인을 하나님이 아닌 다른 모든 것으로 돌리는 것이 우리다.

하나님이 우리를 행복하게 하시려면 자신의 일부를 주셔야만 한다

청교도 윌리엄 베이츠(William Bates, 1625-1699)는 이런 예리한 질문을 던졌다. "가장 선하시고 복되신[행복하신] 그분께 온전히 사랑받고 그분을 온전히 사랑하는 것보다 더 충실한 행복의 개념을 우리가 생각해낼 수 있을까?"[18] 성경과 인류 역사는 그럴 수 없다고 힘주어 답한다. 하나님을 사랑하는 모든 이의 심령도 똑같이 증언한다.

무신론자였다가 불가지론자를 거쳐 그리스도인이 된 C. S. 루이스는 청교도들과는 문화적으로 많이 달랐다. 그런데도 그의 말은 청교도들의 글을 잘 보완해준다. 이는 양쪽 모두가 동일한 진리를 인식하고 있었다는 증거다. 『순전한 기독교』에 루이스는 이렇게 썼다.

> 사탄이 우리 첫 조상의 머릿속에 넣어준 생각은 그들도 '하나님처럼 될' 수 있다는 것이었다. 저절로 생겨난 존재인 양 자력으로 해나갈 수 있고, 스스로 자신의 주인이 될 수 있으며, 하나님을 떠나 그분 바깥에서 스스로 모종의 행복을 지어낼 수 있다는 것이었다. 돈, 빈곤, 야망, 전쟁, 매매춘, 계급, 제국, 노예 제도 등 소위 인류 역사는 거의 다

그 가망 없는 시도에서 비롯되었다. 인간이 하나님 아닌 다른 데서 행복을 찾으려 한 길고도 비참한 이야기다.[19]

우리가 범하는 모든 죄와 우리에게서 드러나는 모든 결점은 하나님의 대용품을 통해 행복해지려는 시도다. 반평생을 하나님 바깥에서 행복을 찾으려 했던 루이스는 결국 자기 자신에게 속아왔음을 깨달았다. 비단 그만의 이야기는 아니다.

그러나 비신자들만 하나님 바깥에서 행복을 찾으려 하는 것은 아니다. 신자들도 죄의 유혹을 느낄 때마다 혹시 하나님 없이 더 큰 행복을 찾을 수는 없는지 저울질한다. 그럴 수 있다고 생각되면 유혹에 굴한다.

루이스의 논증은 이렇게 이어진다.

> 하나님은 우리를 만드셨다. 인간이 자동차를 창조했듯이 그분도 우리를 창조하셨다. 자동차는 기름의 힘으로 가도록 되어 있다. 다른 것으로는 제대로 작동하지 않는다. 하나님은 인간이라는 기계를 그분 자신의 힘으로 작동하도록 설계하셨다. 우리 심령이 연소해야 할 연료 내지 섭취해야 할 음식은 바로 그분 자신이다. 다른 것은 없다. 그래서 신앙을 무시한 채 하나님께 우리 방식대로 행복해지게 해달라고 해봐야 소용없다. 하나님은 그분 자신을 떠나서는 우리에게 행복과 평안을 주실 수 없다. 그런 것이 없기 때문이다. 그런 것은 존재하지 않는다.[20]

루이스는 또 "하나님께 이의를 제기하기는 힘들다…그것은 마치 자신이 앉아 있는 나뭇가지를 잘라내는 것과 같다"라고 말했다.[21]

불행해지는 것은 우리의 자유다. 행복이 없는 데서 행복을 찾으려 하는 것도 우리의 자유다. 그러나 하나님 아닌 다른 데서도 행복을 얻을 수 있도록 그분이나 우주나 우리 자신을 개조하는 것만은 우리의 자유가 아니다.

하나님은 그분이 주시는 행복과 결코 멀지 않으시다

세상을 지으신 후에 하나님은 그것을 인간의 관리에 맡기셨으나 세상이 여전히 그분의 소유임을 역설하신다. 꽃, 솔방울, 나비, 행성, 성운, 초원, 산, 폭포가 다 그분의 것이다. 인간도 그분의 것이다.

하나님은 자신의 소유물에 직접 개입하시며 그 공로를 온전히 자신이 취하신다.

- 땅과 거기에 충만한 것과 세계와 그 가운데에 사는 자들은 다 여호와의 것이로다(시 24:1).
- 하늘과 모든 하늘의 하늘과 땅과 그 위의 만물은 본래 네 하나님 여호와께 속한 것이로되(신 10:14).
- 은도 내 것이요 금도 내 것이니라 만군의 여호와의 말이니라(학 2:8).
- 이는 삼림의 짐승들과 뭇 산의 가축이 다 내 것이며 산의 모든 새들도 내가 아는 것이며 들의 짐승도 내 것임이로다…세계와 거기에 충만한 것이 내 것임이로다(시 50:10-12).
- 온 천하에 있는 것이 다 내 것이니라(욥 41:11).

이 구절들을 다 합하면 그 무게가 어마어마하다. 쾌락의 모든 출처와 행복의 모든 이유를 하나님이 지으셨다. 온 우주에 하나님에게서 나지 않은 행복은 지금까지도 없었고 앞으로도 영원히 없을 것이다.

인간은 선한 쾌락을 즐길수록 하나님을 더 가까이서 보게 된다. 『스크루테이프의 편지』에서 귀신 웜우드는 스크루테이프에게 자신이 맡은 사람을 "원수"(하나님)에게 빼앗겼다고 보고한다. 그러자 스크루테이프는 "그 사람을 꾈 수 없었더냐?"며 웜우드의 잘못을 이렇게 지적한다.

너는…환자에게 그가 정말 즐기는 책을 읽게 해주었다. 그는 새 친구들에게 똑똑한 논평을 하려고 읽은 것이 아니라 그 책을 정말 즐겼다. 또 너는 그에게 옛 방앗간까지 걸어가 차를 마시게 해주었다. 거기는 그가 정말 좋아하는 시골길이다…요컨대 너는 그에게 두 가지 아주 긍정적인 쾌락을 허락했다. 이 위험을 보지 못할 정도로 네가 무지했더란 말이냐?[22]

이런 단순한 쾌락일지라도 진정한 쾌락은 사람을 하나님께로 이끌 수 있다. 그래서 사탄의 전략은 쾌락을 하나님과의 논리적 연관성에서 떼어놓는 것이다. 이로써 그는 하나님의 영광과 우리의 행복을 빼앗는다!

내가 종종 듣는 말이 있다. "우리의 생각을 하나님께만 두고 그 밖에 무엇이나 누구에게도 두어서는 안 된다." 영적으로 들리지만 과연 맞는 말일까? 천만의 말이다. 성경은 우리에게 "무엇에든지 참되며 무엇에든지 경건하며 무엇에든지 옳으며 무엇에든지 정결하며 무엇에든지 사랑 받을 만하며 무엇에든지 칭찬 받을 만하며 무슨 덕이 있든지 무슨 기림이 있든지 이것들을 생각하라"(빌 4:8)고 명한다. 하나님은 아니지만 그럼에도 참되고 경건하고 옳고 정결하고 사랑받을 만하고 칭찬받을 만하고 덕과 기림이 있는 것들이 존재한다. 그 근원은 하나님의 성품이다. 우리는 그것을 그분께로 추적해 올라가야 한다. 햇빛의 근원을 찾아 해에게로 추적해 올라가는 것과 같다.

그러므로 우리는 하나님이 아닌 모든 선을 얼마든지 생각하고 즐겨야 한다. 다만 그러면서 근원이신 그분을 예배하고 감사해야 한다. 그러면 모든 선한 것을 생각하고 즐거워하면서 하나님 자신을 생각하고 즐거워할 수 있다.

하나님만을 유일한 행복으로 보느라 그분이 은혜로 주신 무수한 부차적 행복의 출처들을 보지 못하는 것은 잘못이다.

하나님을 첫 자리에 모시면 그 아래 있는 모든 것도 활짝 피어난다

스티브 드위트(Steve DeWitt)는 『눈을 크게 뜨다』(Eyes Wide Open)라는 책에 이렇게 말한다. "마땅히 하나님을 자신이 즐기는 것들의 원천이자 목표로 삼는 그리스도인들은 그것들까지도 더더욱 즐기게 된다. 사실 우리 신자들은 피조물의 아름다움을 향유하는 부분에서 비신자들을 능가해야 한다. 우리의 정체성을 거기에 두지도 않고 그것을 궁극적 요소로 붙들지도 않기 때문이다."[23]

부차적 행복은 하나님이 창조하신 사람이나 사물을 통해 오며 결국 우리를 그분께로 도로 데려간다. 아이에게 무언가를 보여주려고 손가락으로 가리켰는데 아이가 그것 대신 당신의 손가락만 쳐다본 적이 있는가? 부차적인 것들이 소기의 목적을 다하려면 사람들이 이를 통해 궁극적 근원을 보아야 한다.

아내가 하나님보다 부차적임을 아는 남자는 부부관계에서 큰 행복을 누릴 수 있다. 그러나 아내를 궁극의 자리에 두는 남자는 계속 실망할 수밖에 없다. 그의 가장 깊은 필요들을 아내는 채워줄 수 없기 때문이다. 아내를 인간 이상으로 만들려다가 결국 둘 다 고생하게 된다.

로버트 크로프츠(Robert Crofts)는 이렇게 썼다. "이 땅의 모든 쾌락과 행복을 통해 우리는 감격과 감사가 우러나야 하고, 덕과 경건의 모든 본분을 다해야 하며, 더 높은 원천과 하나님 자신과 천국을 바라보아야 하고, 그분을 사랑하고 즐거워해야 하며, 그분의 무한한 선하심과 사랑과 아름다움과 자상하심과 영광과 탁월하심을 묵상해야 한다."[24]

바울은 "우리의 소망이나 기쁨이나 자랑의 면류관이 무엇이냐 그가 강림하실 때 우리 주 예수 앞에 너희가 아니냐 너희는 우리의 영광이요 기쁨이니라"(살전 2:19-20)고 했다.

잠깐, 바울은 하나님을 우리의 유일한 기쁨으로 알지 않았던가? 아니, 그는 하나님이 우리의 궁극적 기쁨이심을 알았다. 나도 아내와 자녀와 손자손녀와 친구들이 내 기쁨이라고 말해도 괜찮다. 하나님이 그들을 지으셨고 그들을 통해 내게 행복을 주신다는 것만 잊지 않는다면 말이다. 이 선물들이 누구에게서 오는지를 알기에 그들을 통한 기쁨은 내게 더 작아지는 것이 아니라 오히려 더 커진다.

영화 "어벤져스"(The Avangers)에서 토르의 동생인 악한 로키는 인크레더블 헐크에게 진저리를 치며 호령하듯 말한다. "이제 그만!…나는 신이고 너는 미련한 피조물이다!" 헐크는 아랑곳없이 로키를 한 손으로 들어올려 인정사정없이 가격한 뒤 바닥에 패대기친다. 그러고는 걸음을 떼다가 로키 쪽을 돌아보며 역겹다는 표정으로 중얼거린다. "시시한 신 같으니라고." 완패당한 로키는 딱하게 겨우 우는소리를 낸다.

앞서 언급했던 모든 우상은 거짓 신일 뿐 아니라 시시한 신이다. 큰 기쁨을 가져다줄 수 있는 하나님의 선물들도 우리가 그것을 궁극으로 삼으면 한심하리만치 작아진다. 사람이 앉기에는 아주 넉넉한 소파도 비행기가 그 위에 착륙하려면 갑자기 아주 좁아진다.

하나님의 손은 무한히 크다. 작은 행복밖에 가져다주지 못할 무엇이라면 우리 행복의 전체 무게를 감당할 만큼 크지 못하다. 그 정도로 크신 분은 참 하나님뿐이다. 그분을 크게 볼수록 우리가 그분 안에서 누리는 행복도 더 커진다.

행복의 샘에서 마시기로 결단하라

세상은 행복에 절박하게 목마른 사람들로 가득하다. 그들은 오염된 물을 열심히 마신다. 그 물의 사방에는 '행복'이라는 큼직한 네온사인이 번쩍거리고 있다. 그러나 그들이 갈구하는 꼭 필요한 물은 유일한 "생수의 근원"이신 하나님께만 있다. 하나님은 우리의 잘못된 선택을 이렇게 탄식하신다. "내 백성이 두 가지 악을 행하였나니 곧 그들이 생수의 근원되는 나를 버린 것과 스스로 웅덩이를 판 것인데 그것은 그 물을 가두지 못할 터진 웅덩이들이니라"(렘 2:13).

나는 목마르면 인터넷에서 '물'을 검색하지 않는다. SNS에 들어가 사람들이 물에 대해 뭐라고 말하는지 알아보지도 않는다. 무턱대고 가장 가까운 웅덩이의 물을 퍼마시지도 않는다. 나는 수도꼭지로 가서 오리건의 고산 지대에서 상수도로 끌어온 세계 최고의 물을 마셔 갈증을 푼다.

하나님은 내게 새 힘과 만족을 주시는 맑은 물이시다. 그분을 가장 깊이 마시는 날이 내가 가장 행복한 날이다. 그분을 마시지 않으면 내가 다른 물을 마시리라는 것도 안다. 다른 물은 내게 갈증과 불만족과 질병만 남겨줄 것이다. 우상은 우리를 채워줄 수 없기 때문이다. 조지 휫필드는 "나는 하나님의 쾌락을 강물처럼 마셨다. 이 생수를 모두가 함께 마실 수 있다면 얼마나 좋을까"라고 썼다.[25]

존스타운은 남미의 사회주의 공동체였다. 1978년에 짐 존스(Jim Jones)는 미국 국회의원 한 명과 다른 네 사람을 살해한 뒤 자신의 이단 신도들을 소집했다. 미국에서 가이아나로 이주해온 사람들이었다. 그는 청산칼리를 탄 포도주스를 마시게 해 912명의 추종자를 죽이고 자신도 죽었다.

그래서 "아무나 맹종하지 마라"는 뜻으로 "과일주스를 함부로 마시지 마라"는 말이 생겨났다. 이는 잘 속는 사람들에게 요긴한 충고다. 그들은 온갖 모조품이 정말 행복을 가져다줄 거라고 덥석 믿어버린다.

세상이 주겠다는 행복은 거의가 다 기만이다. 사람들이 짐 존스를 신뢰한 것은 잘못이었다. 그러나 하나님의 아들이신 예수님을 신뢰하는 것은 잘못이 아니다. 우리에게 가장 절실히 필요한 것은 하나님과 화목해지는 일인데 예수님이 십자가를 지심으로 그 문제를 해결해주셨다. 예수님은 우리의 신뢰를 받기에 온전히 합당하신 분이다. 그런 그분이 이렇게 초대하신다. "누구든지 목마르거든 내게로 와서 마시라 나를 믿는 자는 성경에 이름과 같이 그 배에서 생수의 강이 흘러나오리라"(요 7:37-38).

당신도 행복에 목마른가? 의미와 평안과 자족에 목마른가? 예수님의 초대에 응하여 그분께로 와서 우주 최고의 물을 마시라. 역사를 통틀어 지상의 무수히 많은 사람이 그렇게 해왔고, 지금 생수의 근원이신 그분의 가시적 임재 가운데 살아가고 있는 허다한 무리도 마찬가지다. 영원히 참된 만족을 줄 음료는 오직 그분뿐이다.

Chapter·11

부차적 선물은 그 근원을 떠나서도 참 가치가 있는가?

> 그런즉 너희가 먹든지 마시든지 무엇을 하든지 다 하나님의 영광을 위하여 하라.
>
> 고린도전서 10:31

> 하나님만이 행복과 기쁨의 원천이시며 그분을 떠나서는 어떤 피조물도 행복의 원천이 될 수 없다. 그러나 그분은 피조물들을 활용하여 인간의 전인적 행복을 아름답게 꾸미고 마무리하고 완성하신다.
>
> 플로렌틴 J. 보드로(Florentin J. Boudreaux)

중병에 걸린 두 남자가 병원의 같은 병실에 입원했다. 창가의 환자는 일어나 앉을 수 있었지만 다른 사람은 그조차 할 수 없었다.

창가의 사람은 날마다 병원 바깥의 모습을 그림처럼 자세히 묘사했다. 호수에 오리들이 있었고 모형 배를 띄우는 아이들도 있었다. 밖을 내다볼 수 없던 룸메이트에게는 그가 전해주는 바깥 풍경이 무엇과도 바꿀 수 없는 기쁨이었다. 그 아름다운 풍경을 머릿속에 그리며 날마다 행복을 맛보았다.

결국 창가의 환자는 세상을 떠났다. 슬픔에 잠긴 룸메이트는 자신을 그쪽 병상으로 옮겨달라고 부탁했다. 그리고 기대에 부풀어 처음으로 바깥을 내다보았다. 그러나 보이는 거라고는 낡은 벽돌 담장뿐이었다.

이 이야기는 행복의 참 이유를 마음속에 그리는 상상이 얼마나 큰 위력이 있는지 보여준다. 설령 당장은 행복의 이유가 눈에 보이지 않더라도 말이다. 이 세상에는 정말 호수들과 오리들이 있고 아이들도 놀고 있다. 그리고 그 모든 배후에 우리를 창조하셨고 사랑하시는 하나님이 정말 계신다. 그분께서는 우리를 향한 계획이 있다. 천국과 새 땅도 정말 존재하여 거기서 모든 것이 원래대로 회복된다. 이것은 괜히 그런 척하는 허식이 아니다.

이 세상에서는 행복의 이유를 보기 힘들 때도 있다

죄가 세상에 들어온 이래 우리 인간은 엄청나게 불리한 입장에서 살아왔다. 타락 이전의 아담과 하와에게는 어디서나 자연스럽게 하나님이 보였다. 어떻게 그렇지 않을 수 있겠는가? 그러다 반역이 일어나면서 순리에 어긋나는 죄가 새로운 규범이 되었다. 이제 우리의 죄성과 타락한 세상과 마귀가 공모하여 하나님을 흐릿하게 가리고 왜곡한다.

우리는 인간이 어떻게 행복을 잃었고 왜 행복이 막연해 보이는지 알지도 못한 채 행복을 얻으려 할 때가 너무 많다. 성경의 첫 석 장에 답이 나온다. 그 내용을 받아들이지 않으면 인생이 무의미해진다. 그래서 우리는 공허함을 채우려고 행복의 부차적 수단들에 죽자 살자 매달릴 것이다. 존 웨슬리는 "하나님이 한 분이시듯 모든 인간의 신앙도 하나요 행복도 하나다. 하나님은 그 이상을 의도하신 적이 없으며 그 이상이 존재할 수도 없다"라고 말했다.[1]

어떤 죄수들은 사방이 벽으로 된 곳에 갇혀서도 마음의 눈으로 세상의 아름다움을 본다. 그러나 어떤 사람들은 자유의 몸으로 풍성한 아름다움에 둘러싸여 있으면서도 아무것도 보지 못한다. 차이는 시각에 있다.

J. R. R. 톨킨이 『반지 원정대』(The Fellowship of the Ring)에 그것을 멋있게 표현했다. "세상은 정말 위험으로 가득하며 어두운 곳이 많지만 그래도 아름다움도 많이 있다. 지금은 가는 곳마다 사랑에 슬픔이 섞여 있지만 어쩌면 사랑이 더 커지고 있다."[2]

하나님의 참 모습을 보면 사방에 행복이 가득함을 알 수 있다

하나님을 궁극적 근원으로 인정하면 부차적인 것들을 최대치로 즐기면서도 그것을 우상화할 위험이 없어진다. 팀 켈러는 "당신의 삶에서 우상의 뿌리를 뽑아도 그 자리에 그리스도의 사랑을 심지 않으면 그 우상이 되살아난다"라고 했다.[3]

예수님을 더 잘 알수록 나의 사방에서 곧 사람, 동물, 장소, 사물 속에서 그분이 더 많이 보인다. 그러나 그동안 내가 그분의 말씀을 공부하지 않고 그분의 성품을 묵상하지 않았다면 무엇을 눈여겨보아야 할지 몰랐을 것이다. 곤충이나 새를 공부한 사람은 짧은 시간을 걷더라도 매혹적인 표본을 많이 볼 수 있다. 그러나 관찰법을 배우지 못한 사람은 같은 길을 걸어도 전부 놓칠 수 있다.

하나님을 보는 사람은 행복하다. 고대 교회사에서는 하나님을 보는 일을 '지복직관'(至福直觀)이라 했는데 이는 '행복을 자아내는 광경'이라는 뜻의 라틴어 표현에서 온 말이다.[4] 요한계시록 22장 4절에 보면 하나님의 종들이 "그의 얼굴을 볼 터이요"라고 했다. 물론 우리는 죽기 전에는 하나님의 얼굴을 볼 수 없지만 여기 놀라운 소식이 있다. 아이와 놀아주거나 이야기를 읽거나 일이 잘되어 힘이 날 때 우리는 매일 조금이나마 그분의 얼굴을 볼 수 있다. 하나님께 의식적으로 감사를 표현하면 지금 여기서도 무수한 방식으로 '행복을 자아내는 광경'을 경험할 수 있다.

일상생활 속에서 하나님을 의식하는 법이 성경에 나와 있다. 우리는 온종일 하나님에 대해 (또한 하나님께) 말해야 하고, 범사에 그분을 보는 법을 배우고 자녀들에게도 그렇게 가르쳐야 한다(참조. 신 6:1-7). 나의 손자들 중 둘은 풋볼을 아주 좋아해서 프로 선수들에 대해 지칠 줄 모르고 말한다. 그래서 아내와 나는 그들의 세계 속으로 들어간다. 최고라고 생각되는 선수들의 이름을 대면서 이렇게 말한다. "하나님이 이들 각자에게 특별한 재능을 주셔서 그분의 영광을 위해 쓰게 하시고 나머지 우리에게는 그것을 즐기게 하시니 놀랍지 않니?" 이런 식으로 우리는 삶의 아름다움 속에서 하나님의 실체를 본다. 그리스도를 영화롭게 하는 운동선수가 보이면 우리는 이를 본보기 삼아 손자들을 격려해 준다. 제 자랑을 일삼는 선수의 흉한 모습에서는 타락이 불러온 저주를 본다. 이 또한 좋은 가르침의 기회다.

기록상 모세가 죽기 전에 마지막으로 남긴 말은 이렇다. "이스라엘이여 너는 행복한 사람이로다 여호와의 구원을 너 같이 얻은 백성이 누구냐 그는 너를 돕는 방패시요 네 영광의 칼이시로다"(신 33:29).

늙어서 죽음을 앞둔 모세가 백성에게 "하나님 안에서 행복하라"는 메시지를 남겼다. 그들이 행복할 수 있었던 원인은 그들의 공로나 업적이 아니라 "여호와의 구원을…얻은" 데 있었다. 그분은 그들을 보호하신 방패였고 그들에게 승리를 주신 칼이었다. 모세가 죽을 때도 그런 시각을 잃지 않았던 것은 평소에 그렇게 살았기 때문이다. 그는 삶의 중심을 행복의 확고부동한 기초이신 하나님의 선하심과 위대하심에 두었다. 그가 사람들에게 하나님 안에서 행복하라고 명할 수 있었던 것은 자신부터 하나님 안에서 행복했기 때문이다.

궁극적 기원을 인정하면 부차적 출처에서 누리는 행복도 더 커진다

추리 작가 데이비드 로젠펠트(David Rosenfelt)는 아내와 함께 어느 동물 보호소에 갔다가 온갖 쓰레기를 묻혀 더럽지만 사랑스러운 테리어 개를 보았다. 그들은 안락사당하기 직전의 그 개를 집으로 데려와 '프린세스'라는 이름을 붙여주고 입양 공지를 냈다.

머잖아 어느 부부가 지적 장애가 있는 성인 아들과 함께 개를 보러 왔다. 부부는 어떤 골든리트리버가 마음에 들었으나 아들 리처드는 프린세스를 보고 눈에 띄게 반색했다. 둘의 마음이 금세 통하여 프린세스는 그 집으로 갔다.

3주 후에 그 부부가 로젠펠트 부부에게 전화하여 리처드가 아기 때 사고로 뇌 손상을 입었다고 설명했다. 그가 하는 행동이 워낙 엉뚱해서 30년간 보호 시설에 있어야 했고, 집에는 주말에만 올 수 있었다.

그런데 프린세스가 온 뒤로 리처드가 달라졌다. 덕분에 행동이 차분해져 의

사들도 그가 다시 집으로 돌아가도 된다고 했다. 그래서 그들은 로젠펠트 부부에게 전화하여 "우리 아들을 되돌려주셔서 감사합니다"라고 말했다.

데이비드는 "우리가 너무 목이 메어 말은 못했지만 공로는 당연히 프린세스의 몫이었다"라고 썼다.[5]

나는 이 이야기에 감동했다. 세계관과 무관하게 누구나 거기에 감동할 수 있겠지만 나는 하나님의 사랑과 섭리를 믿기에 그것이 훨씬 감명 깊게 다가왔다. 이 이야기는 배후의 계획 없이 이루어진 일이 아니다. 나의 세계관은 이렇게 말한 매튜 헨리(Matthew Henry, 1662–1714)의 세계관과 일치한다. "우리가 누리는 기쁨의 출처가 무엇이든 그 궁극적 근원이 하나님임을 인정해야 한다."[6]

로젠펠트 부부가 이 인연을 순전히 우연한 요행으로 여긴다 해도 그들은 여전히 이 일로 행복할 것이다. 그 아들과 개를 맺어주는 도구가 된 것만으로도 틀림없이 큰 만족을 느꼈을 것이다. 도구라는 말을 쓴 것은 하나님도 없고 배후의 계획도 없다면 로젠펠트 부부든 개든 아들이든 부모든 누구도 더 큰 섭리의 일부가 될 수 없기 때문이다. 요컨대 이 이야기의 궁극적 행복이 그 아들과 개 그리고 개를 건네준 사람들에게 있다면 이것은 기껏해야 좋은 이야기로 끝난다. 감동적이지만 그리 오래 지속될 가치로서는 부족하다. 그러나 그들이 조연이고 하나님이 극작가와 감독이라면 그 사람들과 개는 덜 중요해지는 것이 아니라 더 중요해진다. 이야기의 행복이 우연한 일시적 감상에 그치지 않고 하나님의 은혜와 자비에 대한 영원하고 뜻깊은 초월적 이야기로 격상된다.

궁극적 원인을 제자리에 두면 부차적 출처는 왕좌에서 밀려난다. 하지만 그렇게 밀려나면서 더 의미가 깊어진다.

달이 해를 반사하듯이 부차적 출처도 하나님의 행복을 반사한다

하늘의 가장 밝은 '별들'을 생각해보라. 바로 금성, 목성, 화성, 토성 등의 행성들이다. 멀리 있어 더 희미한 진짜 별들과 달리 이 행성들은 자체적으로 빛을 내지 못한다. 그 별들이 밝은 까닭은 오직 해를 반사하기 때문이다. 마찬가지로 아름다운 달도 스스로 발광하지 못하고 단지 빛을 반사할 뿐이다. '단지'라고 하니까 반사가 시시한 일 같지만 사실은 웅장한 현상이다. 달은 해를 영화롭게 하도록 지어졌으며 그 일을 잘하면 해의 영광을 공유한다(달이 자신의 환한 빛을 자신의 공로로 돌린다면 얼마나 어리석은 일이겠는가?).

행복의 부차적 출처들도 마찬가지다. 미술, 음악, 문학, 스포츠, 직업, 취미 같은 것들은 자체적으로 빛을 내지 못한다. 그것들이 반사하는 빛은 "변함도 없으시고 회전하는 그림자도 없으"신 "빛들의 아버지께로부터" 온다(약 1:17).

나는 행성과 달이 자체적 발광체가 아니라고 해서 그것들의 가치를 깎아내리지 않는다. 마찬가지로 내 아내와 자녀와 손자손녀와 직장 동료들과 개가 하나님보다 부차적이라는 이유로 그들을 평가절하하지도 않는다. 오히려 궁극이신 하나님이 그들을 각자의 모습대로 지으셨기에 나도 그들을 더 가치 있게 여긴다. 그분이 부여하신 가치 덕분에 그들은 그냥 우연한 임의적 존재일 때보다 훨씬 더 중요해진다.

리처드 백스터는 하나님을 즐거움의 궁극적 원천으로 높이면서 다른 데서 파생되는 기쁨에 대해 이렇게 말했다. "성도의 영원한 기쁨과 영광이신 생명의 주님 외에 우리가 기뻐할 것이 무엇이란 말인가? 복 자체는 우리를 행복하게 할 수 없고, 생명 자체는 우리를 살리기에 부족하며, 해 자체는 우리를 비출 수 없다. 그러므로 이런 빛과 생명과 행복과 기쁨을 다른 데서 기대해보아야 허사다…다른 것들은 전달하는 수단이 될 수 있을 뿐 우리 기쁨의 원천은 하나님이시다."[7]

정제당이 없어 꿀이 자연 최고의 별미이던 고대 문화에서 한 아버지가 베푼 이 조언을 생각해보라. "내 아들아 꿀을 먹으라 이것이 좋으니라 송이꿀을 먹으라 이것이 네 입에 다니라"(잠 24:13).

이 아버지는 아들이 하나님보다 꿀을 더 사랑할까 봐 아들에게 꿀을 멀리하라고 경고하지 않았다. 성경적으로 생각해보면 알겠지만 하나님이 벌들을 창조하여 꿀을 만들게 하신 것은 벌들을 위해서만 아니라 우리를 위해서다. 그분은 또 우리의 미뢰를 꿀의 단맛을 즐기도록 지으셨다. 꿀은 그분이 사랑하시는 사람들에게 주신 선물이다. 이 선물을 즐기면 곧 그것을 주시는 하나님을 즐거워하는 것이다.

꿀을 우상으로 삼을 수도 있을까? 물론이다. 잠언에 이런 경고가 있다. "너는 꿀을 보거든 족하리만큼 먹으라 과식함으로 토할까 두려우니라"(잠 25:16). 적당량의 꿀은 우리를 행복하게 하지만 과식하면 병이 난다.

이 아버지가 아들에게 준 조언이 하나님과 무슨 관계인지는 굳이 설명할 필요가 없다. 최초의 청중에게는 그것이 자명했기 때문이다. 히브리 세계관은 창조 세계에 창조주의 생각과 마음이 표현되어 있다고 보았다. 그러므로 꿀로 행복해지면 곧 하나님으로 행복해지는 것이었다. 또 사람이 하나님의 풍성한 선물로 행복해지면 그분도 행복해지신다는 것을 그들은 알았다.

현대 서구의 세계관은 삶의 무수한 작은 보물이나 자연 현상을 여간해서 하나님의 공로로 돌리지 않는다. 따라서 우리는 그만큼 더 의지적으로 사고하고 자녀들을 더 확실하게 훈련시켜야 한다. 그래야 베푸시는 하나님의 손길이 창조 세계 어디에나 머물러 있음을 볼 수 있다.

선물 '대신' 선물을 주시는 분을 구할 것이 아니라 선물을 '통해' 그분을 구해야 한다

교회나 설교나 기도만 영적이라고 생각하는 신자들이 많이 있다. 그래서 그들은 하나님을 창조 세계와 쾌락과 행복으로부터 떼어놓는다. 나도 신앙이 어렸을 때 "선물을 구하지 말고 선물 주시는 분을 구하라"는 말을 듣곤 했다. 상황에 따라 적절한 경고일 수 있지만 일반 원리로서는 잘못된 말이다.

그보다 "선물을 통해 선물을 주시는 분을 구하라"는 말이 맞다. 훌륭한 식사와 그것을 즐기는 역량이 하나님의 선물임을 의식하면서 식사를 즐기고 감사해야 한다. 음식과 음료를 즐김으로써 그분을 즐거워하는 것이다. 장 칼뱅은 "선물을 경시하면 그것을 주신 분을 모욕하는 것이다"라고 썼다.[8]

하나님과 선물을 분리해 생각하는 것은 해답이 아니라 문제다. 하나님의 선물을 귀신의 유혹으로 볼 것이 아니라 자비로이 베푸시는 그분의 사랑과 은혜로 보아야 한다. 그분의 선물이 신(gods)은 아니지만 엄연히 하나님의 것이며, 그분이 우리에게 주시는 최고의 선물은 바로 하나님 자신이다. 그 사실을 알고 선물 속에서 그분을 보는 한 우리는 선물을 경계할 필요도 없고 선물에 너무 푹 빠질까 봐 겁낼 필요도 없다.

쾌락과 행복에서 하나님을 떼어놓을 때마다 우상 숭배의 위험이 생겨난다. 오히려 쾌락과 행복과 아름다운 창조 세계 속에 계시는 하나님의 임재에 이끌려 그분을 사랑해야 한다! 하나님을 예배하려면 쾌락과 행복과 피조물을 멀리해야 한다는 메시지는 근본적으로 오류며 반드시 영적 재앙을 부른다. 왜 그런가? 결국 인간은 쾌락과 행복과 창조 세계를 늘 사랑할 것이기 때문이다. 마땅히 그래야 한다. 아울러 인간은 불행한 종교와 의무적인 고역을 싫어할 것이다. 좋은 음식과 재미있는 이야기와 멋진 파티를 즐기는 데 대한 죄책감도 싫어할 것이다. 마땅히 그래야 한다.

꿀을 비롯한 맛있는 음식―과자나 케이크나 (적당량의) 아이스크림―을 맛보고 즐기라는 성경의 초대를 중시하지 않는다면 과연 우리가 "여호와의 선하심을 맛보아 알지어다"(시 34:8)라는 하나님의 초대를 정말 중시할까? 이 구절의 지시대로 우리는 하나님께 가서 그분 안에서 쾌락과 행복을 누려야 한다. 꿀을 맛본 사람은―곰돌이 푸도 동의하겠지만―당연히 꿀을 더 원한다. 하나님을 맛본 사람도 당연히 그분을 더 원한다!

쾌락을 우주적 우연이나 귀신의 유혹으로 전락시킬 것이 아니라 성경적 세계관으로 보아야 한다. 하나님은 우리가 그분을 즐거워하기를 원하셔서 쾌락들로 가득 찬 세상을 지어, 그것들이 그분을 가리켜 보이게 하셨다. 그런 쾌락을 맛보고 그 선함을 알면 그것을 지으신 하나님을 더 잘 맛보아 그분의 선하심도 알 수 있다. 쾌락의 선함을 보지 못하면 하나님의 선하심도 볼 수 없다.

창조주보다 피조물을 예배하고 섬기면 행복이 잠식된다

바울은 하나님이 창조 세계 속에 그분을 계시하셨다는 말에 이어 사람들이 "하나님을 알되 하나님을 영화롭게도 아니하며 감사하지도 아니하고…[부차적] 피조물을 [궁극적] 조물주보다 더 경배하고 섬김이라"(롬 1:21, 25)고 했다.

달이 해의 바로 앞으로 지나가면 일식이 발생한다. 그 순간 달은 본래의 모습대로 어두워진다. 달이 해를 항상 가린다면 지구에는 빛이 없을 것이다.

마찬가지로 사람이 부차적인 것들을 하나님보다 높이고 피조물을 숭배하면 어두운 일식이 뒤따른다. 우리의 타락한 세상에서 날마다 보는 현상이다.

타락의 여파로 인간은 자신을 포함한 피조물을 창조주만의 지위로 자꾸 높이려 한다. 에덴동산은 제자리에 올바로 놓여 있었는데 인류의 타락으로 세상이 뒤집혔다.

거만한 헬라 도시인 데살로니가의 사람들은 예수님을 따르는 무리를 보며 "천하를 어지럽게 하던[뒤집어놓던] 이 사람들이 여기도 이르매"(행 17:6)라고 말했다. 이미 도치된 세상을 다시 뒤집으면 원상으로 돌아온다. 기독교 세계관은 참되신 하나님을 궁극적 존재로 인정함으로써 세상을 대대적으로 뜯어고친다.

13세기의 신학자 보나벤투라(Bonaventura)는 눈에 보이는 사물로부터 시작해 거꾸로 생각하는 법을 이렇게 기술했다. "나무나 산 같은…유한한 물체를 오르막의 출발점으로 삼을 수 있다. 저마다의 방식대로 창조주 하나님을 되비쳐주는 만큼씩 말이다…그러면 하나님의 무한한 존재가 유한한 사물의 거울 속에…눈에 보이고 귀로 들리고 손으로 만질 수 있게 나타난다."[9] 그러니 나무를 보며 하나님을 경배하라.

우리가 창조주가 아니라 피조물이고 원인이 아니라 결과라고 해서 그것이 잘못은 아니다

유한한 상태는 죄가 아니다. 피조물은 피조물이라서 문제가 아니라 우리가 그것을 신으로 둔갑시키는 것이 문제다.

하나님을 하나님으로 예배하면 다른 것은 다 제자리로 돌아간다. 좋은 음식과 음료는 기쁨을 주고, 우정은 충족감을 주며, 부부간의 섹스는 깊은 만족을 줄 수 있다. 일과 취미와 스포츠와 음악과 오락도 모두 본연의 역할대로 우리 삶을 풍요롭게 해줄 수 있다. 그럴 때 이 모든 것은 행복을 주는 선물로서 빛을 발한다. "우리에게 모든 것을 후히 주사 누리게 하시는 하나님"(딤전 6:17)의 선물이다.

C. S. 루이스는 『개인 기도』(Letters to Malcolm, 홍성사 역간)에 말하기를 "낮은 차원의 일로 하나님을 경배하는 습관이 배어 있지 않다면 우리는—적어도 나는—높은 차원의 일로도 그리할 수 없다"라고 했다.[10] 폭포를 보거나 웅장한 교향곡을 듣거나 진흙 웅덩이에서 노는 아이를 보거나 제 꼬리를 쫓는 개를 보면서 하나님 안에서 행복하지 못하다면 나는 교회에 가거나 성경을 읽거나 기도하면서도 하나님 안에서 행복하지 못할 것이다.

그러나 부차적인 것들을 궁극인 양 대하는 사람은 그것들로부터 우리를 행복하게 해주는 기능을 도려내는 것이다. 부차적인 것들은 하나님 아래서 제자리에 있을 때에만 행복을 줄 수 있다. 우상 숭배는 부차적 요소를 도관으로 보지 않고 행복의 근원으로 본다. 그 자체는 선한 것일지라도 하나님이 계셔야할 가장 높은 자리를 거기에 내주는 순간 그것은 더는 선하지 못하다.

농구를 삶의 일부로 좋아하는 아이는 훗날 정겨운 추억을 돌아보며 앞일을 고대할 수 있다. 그러나 농구를 삶의 중심에 두는 성인은 어린 시절의 성공과 실패를 여태 곱씹으며, 자녀가 팀에 입단하지 못하거나 자기가 좋아하는 팀이 지면 비참해진다. 문제는 농구가 아니라 농구(또는 무엇이든 될 수 있다)를 최고의 자리에 두는 것이다.

우리가 하나님을 볼 때 피조물을 통해 우리의 행복을 완성해주시는 분으로 보는 한 피조물이 그분의 영광을 잠식할 일은 없다.

부차적 출처는 우리 마음을 궁극적 근원으로 향하게 해줄 때 본연의 진가를 발휘한다

나는 내 아내와 우리 딸들과 손자들과 타코 샐러드와 책과 자전거 타기와 스노클링과 수중 사진 촬영을 즐겨도 정말 괜찮을까? 그렇다, 그것이 하나님을 대신하는 것이 아니라 하나님을 즐거워하는 내 삶의 일부라면 괜찮다. 그것이 그분 아래에 머무는 한 그리고 그것을 통해 행복을 주시는 하나님께 내가 감사하는 한 그것은 그분의 자리를 넘볼 수 없다. 그러나 그것이 하나님보다 우위를 차지하면 우상으로 변한다. 그때는 내 생각을 고치고 그것을 제자리에 돌려놓아야 한다.

이 책을 쓰다 말고 잠시 쉬는 동안 내가 경험한 일련의 사건들이 부차적 출처와 궁극적 근원의 관계를 잘 예시해준다.

우선 나는 뒤뜰에 서서 쌀쌀한 밤하늘을 올려다보았다. 어려서부터 알고 사랑해온 익숙한 별들이 총총했다. 다시 따뜻한 집 안으로 돌아온 나는 우주의 광활함과 아름다움에 관해 생각에 잠겼다.

문득 의자를 보니 곁에 낸시의 성경책이 놓여 있었다. 말씀의 여인인 아내로 인해 하나님께 감사했다. 우리 교회에 여성을 위한 성경공부 교재를 집필하고 편집하는 팀이 있는데 아내도 거기에 속해 있다. 마침 그날은 아내가 공부를 인도했다. 아내와 내가 서로 알고 지내온 지난 45년을 생각해보았다. 내가 아내를 이전 어느 때보다도 더 사랑한다는 사실도 생각했다. 우리를 맺어주신 하나님의 은혜가 놀라웠고 훌륭한 두 딸과 손자들로 인해서도 감사드렸다.

그 순간 우리 집 골든리트리버인 매기가 가만히 다가와 내 무릎에 한 발을 올려놓았다. 머리를 쓰다듬어주니 매기는 내 눈을 똑바로 보며 한숨을 푹 내쉬었다. 나는 개들과 특히 매기로 인해 하나님께 감사하면서, 창조 세계를 통해 어렴풋이나마 자신을 계시해주시는 그분을 묵상했다. 매기는 나한테 충실하다. 하나님도 내게 충실하시다. 매기는 아름답고 하나님은 모든 아름다움을 지으셨다. 매기는 하루에도 몇 번씩 나를 행복하게 해준다. 하지만 나는 매기의 참된 정체성과 역할을 알기에 매기를 통해 나를 행복하게 해주시는 분이 자비로운 하나님이심을 안다. 그래서 그분께 내 감사한 마음을 쏟아놓았다.

이 모든 부차적인 것이 중요한 까닭은 그것이 궁극이신 하나님을 내게 가리켜 보이기 때문이다. 창조 세계와 피조물은 동시에 내게 창조주를 예배하는 마음을 불러일으킨다. 행복에 대한 책을 쓰다 말고 쉬면서 내가 한없이 행복한 사람임을 새삼 깨달았다!

하나님을 찬송하고 즐거워할 이유는 그분이 주시는 부차적 선물들만큼이나 많다

내가 자리에 앉아 아이스크림을 곁들인 피칸 파이 한 조각을 즐긴다 치자. 이것을 먹는 쾌락이 내 마음을 하나님께로 향하게 해야 할까? 물론이다!

피칸 파이에 영적 의미를 부여하는 것은 아니다. 다만 먹든지 마시든지 무엇을 하든지 하나님의 영광을 위하여 하라고 한 성경의 명령에 따르는 것뿐이다(참조. 고전 10:31). 우리는 삶의 가장 작은 즐거움 속에서도 하나님을 보고 그분께 영광을 돌려야 한다. 그러려면 그분을 모든 즐거움의 창조자요 근원으로 의식적으로 인정해야 한다. 하나님을 인정하지 않아도 파이가 똑같이 맛있다는 주장이 가능하겠지만 내 경험으로 보면 그렇지 않다.

나는 스노클링을 좋아하고 바다 속에서 하나님이 지으신 바다 생물들 사진을 찍으며 즐거워한다. 우리 집 거실과 내 사무실에도 사진이 몇 장 걸려 있는데, 몇 년 뒤에 보아도 그 신기한 발견의 순간들로 다시 돌아가게 된다. 너구리나비고기와 크리스마스놀래기는 다가와 나를 산호초 속의 집으로 잡아끌었다. 사진을 보면 물고기를 처음 보던 때의 즐거움이 되살아난다. 산호초의 어두운 그림자 속을 응시하고 있는데 복어는 퉁방울눈으로 나를 노려보았고, 아귀는 능숙하게 산호초의 일부처럼 보호색을 입었다. 곰치가 거대한 바다거북 밑에 숨어 있다가 홱 튀어나오던 일도 기억난다. 내 아래쪽에 있던 굴속에서 상어가 하나로 시작하여 다섯 마리까지 나올 때는 전율이 일었었다. 공해(公海)에서 헤엄치고 있는 나를 갑자기 돌고래 떼가 휘감고 지나가기도 했다.

이 얼마나 놀라운 경이요 예배인가!

하나님을 모르는 사람들도 스노클링을 많이들 즐긴다. 그러나 내 행복의 큰 부분은 이 모든 경이를 지으신 하나님을 아는 것 그리고 내 곁에 계시는 그분의 임재를 느끼는 것이다. 하나님은 내가 그분이 창조하신 바다에 나가 있을 때나 집에 앉아 그 임재를 회상할 때나 늘 함께 계신다. 그때나 지금이나 변함없이 임재하신다. 이것은 하나님과 내가 함께하는 경험이다. 이 글을 쓰는 지금도 물속에서 수많은 시간을 그분과 함께 보내며 그분의 아름다운 수중 왕국을 즐기던 추억이 되살아나 눈가에 기쁨의 눈물이 맺힌다.

하나님을 우리의 행복 속으로 초대하면, 그분이 어떻게 우리를 그분의 행복 속으로 초대하시는지 알게 된다. 내 인생의 가장 행복했던 시간들은 하나님의 행복 속으로 들어가던 때였다. 성경공부, 기도, 교회를 통해서만 아니라 좋은 책을 읽고, 친구와 함께 웃고, 달리기를 하고, 자전거를 타고, 창조 세계의 경이를 즐기던 순간들이었다.

하나님의 임재를 끊임없이 인식하는 것이 행복의 길이다

어디서나 행복을 구할 수야 있지만 행복을 얻을 수 있는 곳은 하나뿐이다. 그 원천은 놀랍게도 "너희 안에 계신 그리스도"(골 1:27)시다. 그분은 은하들을 창조하실 만큼 크시면서도 그분을 사랑하는 우리 각자 안에 거하신다.

로렌스 수사(Brother Lawrence, 1614-1691)는 하나님의 임재를 끊임없이 의식적으로 연습한 내용으로 『하나님의 임재 연습』(The Practice of the Presence of God)을 기록했다. 그에게 하나님과의 관계란 세월이 가면 기억 속에서 희미해지는 산 정상을 밟은 경험이 아니라 매순간의 생활방식이었다. 그에게 하나님을 섬긴다는 것은 곧 자신이 부름 받은 작은 일들에 자족하는 삶이었다.

> 꼭 큰 일을 해야만 하는 것은 아니다…작은 일들도 하나님을 위해서 할 수 있다. 나는 철판의 전병을 뒤집을 때도 그분을 사랑하는 마음

으로 한다. 그 일을 마치고 딱히 다른 소임이 없을 때면 내게 일할 수 있는 은혜를 주신 그분 앞에 엎드려 경배한다. 나중에 일어날 때는 왕보다 더 행복하다. 바닥의 지푸라기 하나를 줍는 일도 하나님을 사랑하는 마음으로 한다."

지난 세월 나의 행복이 점점 더 깊어진 데는 날마다 단순히 하나님을 의식하는 마음을 가꾼 것이 핵심 역할을 했다. 나는 종종 하나님과 함께 커피를 마시며 가끔씩 단둘이 식사할 때도 있다. 기도할 때면 간혹 그분의 의자도 옆에 놓고 예수께서 거기 앉아 계신다고 생각한다(그분은 앉으실 뿐 아니라 아예 그 의자를 지으신 분이다!). 그렇게 그분과 대화를 나눈다. 점심 시간이나 기도 시간에 나는 마치 그분이 함께 계신 척하는 것이 아니다. 나와 정말 함께 계신다는 그분의 약속을 믿고 거기에 맞추어 행동하는 것뿐이다. "하나님과 함께 시간을 보낸다"라는 표현이 때로 빈말로 변해버린 지금, 당신도 행복해지고 싶다면 그 말에 의미를 입혀보라.

참모들은 왕의 말에 끼어들기를 주저하지만 왕의 자녀들은 언제나 환영받는다. 하나님은 우리에게 이렇게 말씀하신다. "그러므로 우리는 긍휼하심을 받고 때를 따라 돕는 은혜를 얻기 위하여 은혜의 보좌 앞에 담대히 나아갈 것이니라"(히 4:16).

우리는 세상의 많은 유명인사와 함께 시간을 보낼 수 없지만 내 예감으로는 설령 그럴 수 있다 해도 실망스러울 때가 많을 것이다. 그러나 하나님과는 매일 매시간 함께 지낼 수 있다. "쉬지 말고 기도하"는 것(살전 5:17)은 불가능한 고역이 아니라 계속되는 즐거움이다.

개들은 주인에게 갈 때 열심히 꼬리를 흔들고 기쁨이 넘치며 철저히 연약한 모습으로 간다. 우리도 하나님께 그렇게 간다고 상상해보라. "그냥 주님과 함께 있고 싶어요!"라고 온몸으로 말하며 그분의 임재 안으로 뛰어든다면 어떻게 될까?

하나님은 우리가 그분의 한결같은 임재와 선하심을 인식하기 원하시고, 일이 뜻대로 잘될 때만 아니라 "범사에"(살전 5:18) 그분께 감사하기를 원하신다. 성경에 행복의 공식이 있다면 거기에 가장 근접한 것이 바로 이것이다. 이대로 실천하는 사람들에게 이것은 처방전 정도가 아니라 행복으로 충만한 현실이다.

행복해지려면 잃어버린 땅을 되찾아야 한다. 우리는 길을 잃었고, 행복의 근원 되시는 분과의 관계를 저버렸으며, 삶의 목적을 팽개쳤다. 우리가 행복을 잃은 것은 행복을 유일한 궁극적 근원에서 찾지 않고 오만가지 부차적인 곳에서 찾으려 했기 때문이다. 우리는 혼자 힘으로는 완전히 절망할 수밖에 없으며 행복은 허무한 꿈에 불과하다.

다행히 하나님은 우리를 혼자 두지 않으셨다. 우리 힘으로 결코 불가능한 일을 창조주께서 은혜로 대신 해주셨다. "우리가 아직 죄인 되었을 때에 그리스도께서 우리를 위하여 죽으심으로 하나님께서 우리에 대한 자기의 사랑을 확증하셨느니라 그러면 이제 우리가 그의 피로 말미암아 의롭다 하심을 받았으니…곧 우리가 원수 되었을 때에 그의 아들의 죽으심으로 말미암아 하나님과 화목하게 되었은즉…그뿐 아니라 이제 우리로 화목하게 하신 우리 주 예수 그리스도로 말미암아 하나님 안에서 또한 즐거워하느니라"(롬 5:8-11).

그래서 예수 그리스도가 주시는 복음의 관건 중 하나는 하나님과 우리 양쪽 모두의 행복이다. 복음은 창조주와 우리의 관계를 회복시킨다. 그분은 약속대로 우리와 함께하시고 우리 안에 계시며 우리를 위하신다. 산속의 옹달샘에서 맑은 물이 흘러나오듯 하나님에게서 행복이 끊임없이 흘러나온다.

제2부

하나님의 행복

Chapter·12

하나님은 행복하신가?

> 하나님은 복되시고 유일하신 주권자이시며 만왕의 왕이시며 만주의 주시요.
>
> 디모데전서 6:15

> 다른 사람들이 언덕을 넘어오는 먼동밖에 보지 못하는 곳에서 나는 기뻐 외치시는 하나님의 영을 본다.
>
> 윌리엄 블레이크(William Blake)

영화 "불의 전차"(Chariots of Fire)에서 올림픽 유망주이자 금메달 리스트인 에릭 리들(Eric Liddell)이 올림픽에 출전하려고 훈련을 결심하자 그의 여동생 제니가 이의를 제기한다. 그는 선교지로 떠날 예정이지만 400미터 달리기 선수로 선발되려고 출국을 연기한다. 제니는 그가 하나님을 뒷전으로 미룬다고 생각하지만 에릭의 관점은 다르다. 그는 "하나님은…나를 빨리 달리는 사람으로 지으셨다. 내가 달릴 때 하나님이 기뻐하시는 것을 느낀다"라고 고백한다.[1]

에릭과 제니는 동일한 하나님을 믿지만 한편으로는 그렇지 않다. 둘 다 하나님을 경외하고 사랑한다. 둘 다 그리스도를 섬기기로 헌신했다. 그러나 에릭이 다정하게 웃으며 사람들에게 사인을 해줄 때 여동생은 그를 못마땅하게 바라본다. 그에게는 그녀에게 없는 무언가가 있다. 바로 창조 세계와 사람들과 삶 전체와 스포츠와 경쟁에서까지 진심으로 하나님의 행복을 인식하는 여유로운 마음이다.

에릭도 여동생 못지않게 하나님을 섬기기 원하지만 그는 자신을 빨리 달릴 수 있도록 지으신 하나님의 즐거움과 목적을 느낀다. 하나님이 말의 위엄을 즐거워하시는 분일진대(참조. 욥 39:19-25) 순전히 달리는 기쁨을 위한 에릭의 육상을 그보다 더 즐거워하실 것은 자명한 일이다. 이 선물이 가져다주는 하나님 중심의 기쁨 때문에 에릭은 제니에게 육상을 그만두는 것은 "하나님을 모욕하는" 일이라고 말한다.

에릭 남매는 둘 다 세상에 복음을 전하기 원한다. 그러나 에릭의 기쁜 소식이 훨씬 더 좋은 소식이다. 왜 그런가? 그의 이야기가 지옥에서 건짐 받는 데서 끝나지 않기 때문이다. 그는 하나님의 마음과 생각이 교회와 사역에만 아니라 그분이 창조하신 모든 것에 즐거이 관여하고 계심을 안다. 리들은 행복하신 하나님을 믿기에 삶으로 깊은 매력을 풍긴다.

더 많은 그리스도인이 비신자들보다 확연히 더 행복하지 않은 이유는 무엇인가?

우리는 이미 입 안에 떠 넣은 음식을 즐기기보다 다음번 숟가락에 퍼 담을 음식을 찾아 모든 그릇 위로 분주히 시선을 옮기며 살아갈 수 있다.

아르망 니콜(Armand Nicholi)에 따르면 지그문트 프로이트와 C. S. 루이스는 서로 관점이 극과 극으로 다르지만 행복의 추구가 인간 조건의 보편적 핵심이라는 데는 의견이 일치한다. 다음은 그의 설명이다.

> 누구나 바라면서도 인생에서 가장 막연하고 묘연한 것이 바로 행복이다. 사람들은 행복을 얻을 수 있겠다 싶으면 무엇이든 바라고 그것을 얻으려 애쓴다. 건강, 멋진 외모, 이상적 결혼, 자녀, 편한 집, 성공, 명성, 재정적 독립 등 끝이 없다. 하지만 이런 목표를 이루어도 누구나

행복을 얻는 것은 아니다.²

사실 대부분 사람은 이런 목표를 이루어도 일시적 행복밖에 얻지 못한다고 할 수 있다. 상황에 따라 결정되는 행복은 상황이 수시로 변하는 세상에서 어차피 오래갈 수 없기 때문이다. 프로이트의 경우처럼 자연주의적 세계관에서는 죽음이 인간 실존의 종말을 의미하기에 각자가 누리는 크고 작은 행복도 사람과 함께 소멸한다.

그렇다면 우리 중 루이스의 세계관을 공유하고 있는 사람들은 어떤가? 우리를 사랑하시는 주권자 하나님이 계시다고 믿으면 다른 데서는 얻을 수 없는 행복을 누리는 것이 이론적으로 맞다. 그런데 현실을 보면 이 진리를 인정하는 많은 사람이 비신자 친구들보다 유난히 더 행복하지도 않다. 참 난감한 일이다. 하나님의 사람들이 예로부터 그리스도 안에서 행복을 찾는 일을 중요하게 여겨왔기에 특히 더하다.

성경에 자주 언급되는 행복과 기쁨을 그리스도인들이 경험하지 못하고 있는 현실을 어떻게 설명할 것인가? 확신컨대 핵심 원인―어쩌면 유일한 핵심 원인―은 하나님을 믿는 많은 사람이 하나님 자신의 행복을 믿지 않기 때문이다. 우리가 알고 섬기는 하나님이 불행한 분이라면 어떻게 우리라고 행복해지기를 기대할 수 있겠는가?

하나님을 행복하고 자비하신 분으로 믿는지 여부가 왜 중요한가?

나는 테렌스 프레다임(Terence Fretheim)의 신학에 늘 동의하지는 않지만 아래와 같이 그가 제시한 좋은 질문들에는 동의한다.

> 그동안 교회는 하나님의 행복보다 그분의 불행을―가장 잘 알려진 바로는 인간의 죄에 대한 하나님의 분노를―강조했다. 그것이 강조되면 사람들이 하나님을 생각하고 삶을 영위하는 방식에 부정적 영향

을 미치지 않을까?…하나님의 행복에 주목하지 않아서 수많은 그리스도인의 안색이 종종 시무룩하고 험악해진 것은 아닐까? 하나님의 기쁨을 더 강조한다면 교회의 가르침과 설교에 그리고 그리스도인들의 행복에 어떤 긍정적 영향이 미칠까?[3]

예수님은 "사람이 나를 사랑하면 내 말을 지키리니 내 아버지께서 그를 사랑하실 것이요 우리가 그에게 가서 거처를 그와 함께 하리라"(요 14:23)고 말씀하셨다. 당신이라면 불행을 가져올 사람과 행복을 가져올 사람 중 누구와 거처를 함께하겠는가? 성경에 하나님의 분노가 나오는 것은 맞지만, 그분의 분노는 죄에 대한 한시적 반응인가, 아니면 그분의 영원한 기본 상태인가? 그리스도인은 거의 누구나 하나님이 선하시다고 믿지만 그중 다수는 그분을 마음씨 좋으신 분으로는 믿지 않는다.

하나님을 행복하신 분으로 생각하면 그분이 하시는 일마다 그 행복이 흘러넘치는 것이 보인다. 심술보 이웃이 당신에게 "뭘 하려는 거요?"라고 물으면 그것이 의심과 비판의 질문으로 들린다. 그러나 늘 명랑한 이웃이 똑같이 물으면 당신은 웃으며 계획을 들려줄 것이다. 상대의 성품과 시각을 어떻게 인식하고 있느냐에 따라 그 사람의 말에 대한 우리의 해석이 달라진다. 하나님을 볼 때도 마찬가지다.

웬만한 사람들의 하나님관에 비추어볼 때 그들이 성경을 부정적으로 읽는 것은 당연한 일이다. 그들은 그분의 분노와 심판만을 골라서 거기에 집중하느라 그분의 자비와 은혜와 행복을 놓친다. 그분이 우리를 제약하고 정죄하는 것처럼 보이는 이유는 그들이 믿는 하나님이 우리와 우리의 행복을 대적하기 때문이다.

똑같은 성경을 읽더라도 하나님을 자애롭고 행복하신 분으로 보는 사람들이 읽으면 우리가 잘되기만을 바라시는 그분의 심정이 확연히 드러난다. 그들에게 성경은 가혹하고 자의적인 규정집이 아니라 살아 있는 따뜻한 문서가 된다. "하나님이 우리를 위하"신다고 믿으면(롬 8:31) 성경이 우리 죄를 지적해도 우리는 그분을 신뢰한다. 그분이 은혜로 우리 죄를 다루어 용서와 능력을 베풀어 하시기 때문이다. 내가 그분이 해주신 일에 감사하여 행복해지면 그분 또한 행복해지시는 것을 우리는 안다.

행복은 어디서 기원하는가?

어떤 사람들이 생각하는 행복은 인간 고유의 것이며 하나님의 속성과는 무관하다. 그분이 자신에게 없는 몸과 배고픔을 우리에게 주신 것처럼 역시 자신에게 없는 행복의 역량을 우리에게 주셨다는 것이다. 내가 믿는 바는 완전히 다르다. 하나님이 우리의 행복을 원하시는 이유는 자신이 행복하시기 때문이다! 그분은 자신의 행복을 중시하고 우리를 중시하시며, 따라서 우리의 행복도 중시하신다!

구약학 교수 브렌트 스트론(Brent Strawn)은 "성경의 하나님은 행복하시고, 그분의 행복은 온 세상에 영향을 미치며 인간에게도 전염된다"라고 썼다.[4] 이 문장의 뒷부분은 앞부분을 전제로 한다. 하나님이 행복하지 않으시면 우리에게 '전염될' 행복도 없다.

경건이란 하나님을 닮아가는 것이다. 하나님이 불행하시다면 우리도 불행을 추구해야 하는데, 이는 돌멩이를 보고 식욕이 동하는 것만큼이나 요원한 일이다. 행복을 외면해야만 예수를 따를 수 있다면 우리는 그리스도인으로서 실패할 수밖에 없다. 그것은 우리가 행복을 원하도록 만들어졌기 때문이다.

성경을 주의 깊게 보면 행복하신 하나님이 보인다. 그분은 우리도 그분에게서 행복을 얻기 원하신다. 그런데 하나님의 행복에 대해 설교를 듣거나 책을 읽거나 토의하거나 묵상해본 그리스도인이 과연 얼마나 되는가?

나는 교회에서나 성경 대학에서나 신학대학원에서나 한번도 하나님의 행복에 대해 들어본 적이 없다. 들었다면 틀림없이 놀랐을 것이고 잊지 못할 격려가 되었을 것이다. 그리스도께 돌아온 뒤로 내 삶에 물밀 듯이 밀려온 행복을 어떻게 설명할 수 있을까? 나를 창조하시고 구원하시고 내 안에 거하시는 하나님이 행복한 분이라는 사실보다 더 좋은 설명이 있을 수 있을까?

나는 오랫동안 성경을 공부했는데도 왠지 하나님의 쾌락과 즐거움과 기쁨을 보여주는 수많은 구절이 눈에 들어오지 않았다. 많은 목사와 저자에게 들었던 비성경적인 말들이 그것을 삼켜버린 것이다. 예컨대 "하나님은 우리를 행복해지도록 부르신 것이 아니라 거룩해지도록 부르셨다"와 같은 말들이다.

나는 왕성한 독서가라서 신학 서적까지 포함하여 책을 아주 많이 읽었다. 그런데 하나님의 행복에 대해서는 하나도 읽은 것이 없었다. 그러다 목사가 된 지 10년이 지난 1980년대 말에야 존 파이퍼의 『하나님을 기뻐하라』(Desiring God, 생명의 말씀사 역간)와 『하나님의 기쁨』(The Pleasures of God, 두란노 역간)을 통해 그 주제를 처음 접했다. 청소년 시절 교회에 처음 나가던 몇 달 동안 이미 들었어야 할 내용이었다.

성경에 명백히 나오는 가르침인데 왜 나는 그 진리를 듣기까지 그토록 오래 걸렸을까? 하나님의 행복이 나나 내 교회나 학교의 레이더망에 아예 없었기 때문이다. 물론 그분의 공의와 진노만 아니라 사랑과 자비와 은혜도 선포되었다. 그러니 어쩌면 나라도 하나님이 행복하시다고 추론했어야 했다. 그런데 한 번도 그런 생각이 든 적이 없었다.

우리 자녀들과 미래 세대의 그리스도인들에게만은 절대로 하나님의 행복을 그들 스스로 알아내도록 두어서는 안 된다. 대부분 사람은 끝내 알아내지 못할 것이다. 그것이 어떻게 가능하겠는가? 가정과 교회에서 하나님 중심의 행복을 가르치고 직접 삶으로 보여주지 않는 한 말이다. 우리는 그들에게 죄와 고난과 수치와 불행이 하나님의 백성에게는 한시적 조건임을 말해주어야 한다. 장차 우리는 영원히 의롭고 건강하며 수치가 없고 행복해질 것이다. 마침내 그분을 직접 뵈올 때는 성경에 나오는 하나님의 분노와 심판과 징계를 다시는 경험하지 않을 것이다(그런 것들도 다 적절하고 중요하지만 지금도 그것이 그분의 행복이나 사랑을 삼키지는 못한다).

확신컨대 새 우주 곧 성경이 말하는 새 하늘과 새 땅에서는 하나님의 속성인 행복이 어디에나 분명히 보일 것이다. 그리스도를 따르는 사람들이 죽을 때 그분이 그들에게 하실 말씀은 "네 주인의 가혹함에 복종할지어다"가 아니라 "네 주인의 즐거움에 참여할지어다"(마 25:21)이다. 이 놀라운 말씀을 기대하기에 우리는 현세의 모든 상심과 도전을 능히 견뎌낼 수 있다.

하나님의 행복을 알면 인생이 달라진다

한 청소년이 신앙에 의문이 들어 나를 찾아왔다. 평생 교회에 다닌 남자아이인데 그즈음 회의가 생겼다. 나는 성경의 저자들도 때로 힘들어했다며 그를 다독여주었다. 그는 기독교의 기본 교리를 의심한 것도 아니고 그리스도가 부활하셨다는 여섯 가지 증거가 필요한 것도 아니었다. 그래서 나는 거룩함과 행복에 대해 말해주었다.

"하나님이 거룩하시다는 말은 어떤 뜻일까?" 내가 물었다.

그의 대답은 명확하고 성경적이었다. "그분은 죄가 없이 완전하십니다."

"두말하면 잔소리다. 그런데 하나님의 거룩하심을 생각하면 네 마음이 그분께로 끌리니?"

그는 침울하게 "아니요"라고 답했다.

나는 그에게 한시도 빼놓지 않고 항상 거룩해지고 싶으냐고 물었다.

"아니요."

"나도 마찬가지다. 그래야 되겠지만 말이다."

이어 나는 이런 말로 그를 놀라게 했다. "네가 한시도 빼놓지 않고 항상 원하는 것이 뭔지 아니?"

그는 몰랐다.

"너 혹시 한 번이라도 '나는 행복해지고 싶지 않다'고 생각해본 적 있니?"

"아니요."

"행복, 그게 네가 정말 원하는 것 아니니?"

그의 표정이 '유죄'라고 말하고 있었다. 우정, 비디오 게임, 스포츠, 학업 등 그의 모든 관계와 활동이 행복을 향한 갈망의 표출이었다. 그런데 그는 이런 열망이 영적이지 못하다고 느끼는 것이 분명했다.

나는 그에게 디모데전서 1장 11절과 6장 15절에 "복되신"과 "복되시고"로 번역된 단어가 하나님의 행복을 뜻한다고 말해주었다(이에 대해서는 14장에서 자세히 살펴볼 것이다). 그러면서 "복되신 하나님"을 "행복하신 하나님"으로, "하나님은 복되시고"를 "하나님은 행복하시고"로 바꾸어 그 두 구절을 암송하게 했다.

또 무엇이든 하나님의 행복을 가리켜 보여주는 것 곧 배낭여행, 음악, 하키, 좋아하는 음식 등을 말해보게 했다. 그다음에 이렇게 말했다. "하나님은 음식을 아무런 맛도 없게 만드실 수도 있었다. 하지만 그분은 행복하신 하나님인지라 세상을 행복이 가득한 곳으로 창조하셨다. 그러니까 너는 마카로니와 치즈, 음악, 탁구로 인해 그리고 무엇보다 그분을 알고 영원한 행복을 얻게 하시려고 너를 위해 십자가에서 죽으신 그분으로 인해 감사할 수 있는 거다."

이 아이가 여태 보았던 기독교는 행복해지지 않을 것인데도 해야만 할 일들의 목록과 행복해질 수 있는데도 해서는 안 될 일들의 목록이었다.

나는 하나님의 거룩하심의 중요성을 축소할 마음이 추호도 없다. 37장에서 보겠지만 거룩함과 행복은 불가분의 관계다. 그러나 "하나님은 거룩하시다"라는 말은 수없이 들었어도 "하나님은 행복하시다"라는 말은 들어보지 못한 그리스도인이 대부분이다. 그들은 세상을 하나님의 행복이라는 렌즈로 보지 않는다. 그래서 이번 장부터 시작해 앞으로 몇 장(18장의 "예수님은 행복하셨는가?"까지 포함해)은 필수적인 내용이다. 그대로 믿는다면—그럴 수만 있다면—이 책의 나머지는 논리적으로 저절로 맞아든다.

행복하지 않으신 하나님이라면 어떻게 우리를 행복하게 하실 수 있는가?

어차피 우리는 무엇이든 우리에게 행복을 줄 만한 것들을 추구하게 되어 있다. 그러니 행복의 근원보다 더 중요한 주제는 없다. 돈이 행복을 가져다주리라고 믿는 사람은 돈 중심으로 살아갈 것이고, 하나님이 행복을 가져다주시리라고 믿는 사람은 하나님 중심으로 살아갈 것이다. 자동차 부품점에서 우유를 찾거나 심술궂은 하나님에게 행복을 구할 사람은 없다.

내가 하나님의 거룩하심을 믿는 것만큼이나 굳게 믿는 것이 또 있다. 하나님의 행복을 강조하는 것은 비신자들에게 복음을 전하거나 그리스도인들에게 신앙의 발판을 되찾도록 도와주는 정당하고도 효과적인 방법이다.

그리스도를 따르는 삶이 "무조건 행복을 부인하라!"로 귀결된다고 생각하는 사람들이 있다. 기독교 가정들과 교회들은 하나님의 행복에 기초한 성경적 행복의 교리로 그런 오해를 불식시켜야 한다.

A. W. 토저(A. W. Tozer)의 고전 『하나님을 바로 알자』(The Knowledge of the Holy, 생명의 말씀사 역간)는 내가 새 신자 때 읽고 깊은 영향을 받은 책인데, 거기에 이런 말이 나온다. "하나님을 생각할 때 우리 머릿속에 떠오르는 내용이야말로 우리에 관한 가장 중요한 사실이다…어떤 종교도 그 종교의 하나님관보다 더 컸던 예는 없다…한 인간을 알 수 있는 가장 확실한 징후는 주어진 순간에 그가 어떤 언행을 할 수 있느냐가 아니라 그의 마음 깊이 하나님이 어떤 존재로 인식되어 있느냐다."[5]

하나님이 얼마나 사랑이나 분노나 용서나 정의나 인내의 존재인지를 우리와 관련해서만 생각하는 것은 자아도취적 발상이다. 우리는 나중에 등장한 피조물에 불과하며 무한히 작다. 그분은 시작도 없고 끝도 없는 창조주시며 늘 생기와 활력이 넘치신다. 그분의 정체와 성품은 우리에게 의존하지 않는다. 그분의 생명은 우리가 그분을 만나기 전부터 있었고, 설령 그 만남이 없었어도 그분의 정체는 변함이 없다. 그러므로 우리의 질문은 단지 하나님이 우리를 대하여 행복하신가가 아니라 그분 자신이 행복하신지 여부다.

조나단 에드워즈는 "하나님이 어떤 존재인지 아는 것은…무한히 중요하다. 그분이…우리 행복의 유일한 근원이시기 때문이다"라고 말했다.[6] 그는 사랑 없는 하나님이 우리에게 사랑을 주실 수 없듯이 불행한 하나님은 행복의 원천이 되실 수 없음을 알았다.

하나님은 행복을 비롯한 진짜 감정들이 있는 인격적 존재시다

신학자들은 수세기 전에 하나님의 무감정성이라는 교리를 제정했다. 그들의 주장에 따르면 하나님은 1646년에 영국국교회 지도자들이 작성한 웨스트민스터 신앙고백에 진술된 대로 "감정이 없는" 분이다. 그들의 동기는 "하나님은 사람이 아니시니"(민 23:19) "변함도 없으시고 회전하는 그림자도 없으시니라"(약 1:17)고 한 성경 본문들에 충실하려는 것이었다.

그들이 하나님을 인간의 변덕스러운 감정과 따로 떼어 생각한 것은 옳았다. 하지만 불행히도 많은 사람은 이것을 하나님이 아무것도 느끼실 수 없다는 뜻으로 이해했다. J. I. 패커의 관점은 다르다.

> 무감정성이란 하나님이…아무것도 느끼지 못하신다는 뜻이 아니라…어떤 피조물도 마음대로 그분께 고통과 고난과 고뇌를 가할 수 없다는 뜻이다. 하나님이 고난과 슬픔 속에 들어가신다면…이는 그분 자신의 의지적 선택일 뿐 그분은 결코 피조물의 불운한 피해자가 아니다…하나님은 기쁨과 즐거움을 잘 아시는 분이다…그분의 기쁨은 영원하며 어떤 타의에 의한 고통에도 잠식되지 않는다.[7]

하나님은 사랑과 긍휼과 분노와 행복을 느끼신다. 그분은 결코 불안한 감정에 압도되시거나 다른 사람이 가하는 고통에 지배당하지 않으신다. 하지만 자기 자녀들의 고난을 깊이 느끼시는 것만은 분명하다.

육신의 아버지가 말로는 당신을 사랑한다면서 한 번도 이를 감정으로 표현하지 않는다면 당신은 그 말을 믿겠는가? 하나님이 아무것도 느끼실 수 없다고 생각하는 사람은 그분이 우리를 즐거워하심을 믿을 수 없고, 그분의 사랑을 느낄 수도 없다. 그래서 하나님의 행복을 믿으면 돌파구가 열려 그분을 사랑할 수 있다.

하나님은 폭넓은 감정을 경험하시면서도 자신의 행복을 잃지 않으신다

나도 행복하고 우리 개도 행복하다는 말은 둘의 경험이 똑같다는 뜻이 아니다. 나의 행복은 인간의 차원이고 매기의 행복은 개의 차원이다. 마찬가지로 하나님이 행복하시다는 말은 그분과 우리의 경험이 똑같다는 뜻이 아니라 공통점이 있다는 뜻이다.

성경은 때로 신인동형론을 써서 하나님을 기술한다. 마치 그분께 인간의 형체가 있는 것처럼 말한다는 뜻이다. 예컨대 그분은 몸이 없는데도(참조. 요 4:24) 손과 얼굴과 눈이 있는 분으로 성경에 표현된다(참조. 출 7:5, 민 6:25, 시 34:15). 이와 비슷하게 신인동감동정설(anthropopathism)을 말하는 이들도 있다. 하나님 자신은 사실 감정이 없는데도 그분이 인간과 교감하심을 보이려고 성경이 그분께 감정을 이입한다는 것이다.

그러나 알다시피 성경이 하나님께 눈이 있다고 말한 것은 그분이 보신다는 뜻이고, 그분의 귀를 언급한 것은 우리 기도를 들으신다는 뜻이다. 하나님은 육적 존재는 아니지만 영적 존재인 만큼 엄연히 그분께도 인격의 제반 속성이 있다. 그분께 있지도 않은 감정적 속성을 그냥 이입한 것이라면 그런 성경 본문들은 우리를 오도할 수밖에 없다.

하나님은 우리에게 성령을 "근심하게 하지 말라"(엡 4:30)고 명하신다. 또 그분은 "진노"하시고(신 1:37) "뜻을 돌이키"시며(삿 2:18) 무언가가 "마음에 든"(왕상 3:10) 분으로 나와 있다.

다음 구절에 하나님의 긍휼에 대한 놀라운 진술이 나온다. "그들의 모든 환난에 동참하사[같이 환난당하사-NIV]"(사 63:9). 형태만 다를 뿐 동일한 단어가 이스라엘의 환난에도 쓰이고 그분 자신의 환난에도 쓰였다. 물론 우리의 환난에는 무력감이나 불안 등 하나님께 없는 감정이 개입될 수 있다. 그러나 분명히 하나님은 우리와 그분의 정서적 환난에 서로 유사성이 있음을 보여주려 하셨다.

요컨대 성경에 따르면 하나님은 죄가 아닌 인간의 감정을 폭넓게 경험하신다. 그렇다면 행복도 느끼시리라는 것은 당연한 일이다.

스펄전은 이렇게 설명했다.

> 우리는 주님이 슬픔이든 즐거움이든 감정을 초월하여 계신다고 교육받았다. 예컨대 그분이 고통받으실 수 없다는 것이 늘 자명한 원리처럼 제시된다…나로서는 살아 계신 하나님, 살아 계시기에 전정 희비를 느끼시는 그분을 예배하는 것이 즐겁다!…주님을 감정 따위를 느낄 수 없는 전혀 무감정한 존재로 보면 내 생각에 그분이 높아지는 것이 아니라 오히려 돌이나 나무로 만든 신들의 수준으로 전락한다. 그런 신들은 자기를 예배하는 사람들에게 공감할 수 없다.[8]

엘런 채리(Ellen Charry)는 "하나님에 대한 교리에 그분의 정서 생활을 담아낼 수 없다면 그 교리는 무언가 잘못된 것이다. 성경의 충만한 증언에 온전히 공명하지 못하기 때문이다"라고 썼다.[9]

하나님은 행복하시지만 그것과는 별개로 자기 백성을 위해 그리고 그들과 함께 슬퍼하신다

당신이 현재 큰 고난을 통과하는 중이라면 "하나님은 늘 행복하시다"라는 메시지가 불편하게 느껴질 수 있다. 당신의 반응은 친구에게 "내 딸이 방금 백혈병 진단을 받았네"라고 말했다가 친구한테서 "나는 늘 행복하니 그런 일에 신경 쓰지 않겠네"라는 답을 들었을 때와 비슷할 수 있다.

하나님의 행복은 중단되지 않지만 그렇다고 그것을 냉담함으로 잘못 해석해서는 안 된다. 다음 몇 가지 예에서 자신의 사람들에게 공감하시는 하나님을 볼 수 있다.

- 이스라엘 자손은 고된 노동으로 말미암아 탄식하며 부르짖으니…부르짖

는 소리가 하나님께 상달된지라 하나님이 그들의 고통 소리를 들으시고 (출 2:23-24).

- 여호와께서 이르시되 내가 애굽에 있는 내 백성의 고통을 분명히 보고…그 근심을 알고 내가 내려가서 그들을…건져내[려]…하노라(출 3:7-8).
- 그는 가난한 자와 궁핍한 자를 불쌍히 여기며 궁핍한 자의 생명을 구원하며(시 72:13).
- 그들이 대적에게 압박과 괴롭게 함을 받아 슬피 부르짖으므로 여호와께서 뜻을 돌이키셨음이거늘(삿 2:18).
- 그들의 모든 환난에 동참하사…그의 사랑과 그의 자비로 그들을 구원하시고 옛적 모든 날에 그들을 드시며 안으셨으나(사 63:9).

하지만 하나님이 우리의 슬픔에 이토록 마음 아파하신다면 어떻게 우리가 고난당하는 중에도 여전히 행복하실 수 있을까? 그분은 모든 것을 아시기에 아무것도 그분을 불시에 덮칠 수 없다. 그분은 전능하시기에 마음에는 원이로되 힘이 부치시는 일도 없다. 그분은 온전히 사랑이 넘치시고 선하시므로 자기 자녀들의 궁극적 유익을 능히 이루실 수 있을 뿐 아니라 거기에 헌신적이시다.

성령의 감동으로 우리에게 항상 기뻐하라고 명하신 하나님이 친히 기쁨의 모범을 보이신다. 그분은 자기 자녀들의 모든 고난을 동정하시면서도 또한 기쁘게 우리를 구원하시고 예수님을 더 닮아가게 하신다. 또 영원한 행복을 계획해두시고 즐거이 우리의 처소를 예비하신다. 그분께는 모든 일을 성취하실 능력은 물론이고 그대로 될 것을 아시는 확실한 지식까지 있다.

나는 하나님이 나를 자상히 돌보아주시는 것도 고맙지만 내가 비참해진다고 해서 그분까지 비참해지시는 것은 아님으로 인해서도 감사한다. 딸이 남자 친구한테 버림받았을 경우 좋은 아버지라면 누구나 딸과 함께 아파할 것이다. 마찬가지로 하나님도 자신의 행복을 지키시면서도 우리의 고통을 느끼실 수 있다. 하나님 아버지께는 무한히 더 큰 그림이 있어 그분은 반드시 영원한 궁극적 유익을 이루신다. 그분의 주권에서 벗어나 있는 일은 없다. 따라서 아무 것도 그분께 걱정거리가 못 된다. 하나님은 안달하지 않으신다.

세상에 불행이 들어왔으나 하나님이 계획하신 우리의 영원한 행복을 막지는 못한다
창조 세계 전체의 완전한 행복이 하나님의 본래 계획이었다. 물론 사탄이 반역했고, 아담과 하와는 자유로이 죄를 선택하여 고난과 죽음을 자초했다. 물론 전능하고 행복하신 하나님이 개입하여 그런 선택을 막으실 수도 있었다. 그런 개입이 그분께 더 큰 영광이 되고 우리에게 더 큰 유익이 된다면 틀림없이 그분은 그렇게 하셨을 것이다. 하지만 지혜의 하나님은 반역과 죄조차도 그분의 계획을 막을 수 없도록 정하셨다. 그리하여 그분은 계획대로 자신의 행복과 자기 백성의 행복을 증진하신다.

죄가 아담과 하와를 행복하신 하나님과 갈라놓은 뒤로 그들에게는 부차적 또는 파생적 행복밖에 남지 않았다. 맛있는 음식, 향기로운 꽃, 황홀한 노을은 다 그들이 한때 누렸던 하나님과의 친밀하고 완전한 관계에 비하면 변죽에 불과했다. 비록 회개했어도 그들에게 경험되는 하나님 자신의 행복은 타락으로 인한 사망선고와 무거운 저주 때문에 흐릿하고 희미해졌다.

성경의 내용에 대해 회의적이었던 영국의 소설가 조지 오웰(George Orwell, 1903-1950)은 "물론 정직한 사람치고 행복이 현재 성인(成人)들의 규범적 상태라고 주장할 사람은 아무도 없다"라고 썼다.[10] 오웰이 말한 "현재"는 성경에 계시된 내용과 정확히 맥을 같이한다. 즉 행복은 한때 규범적 상태였다.

청교도 윌리엄 베이츠는 이렇게 역설했다. "하나님이 인류의 타락을 허용하신 것은 인간을 더 탁월하고 안정된 지복의 상태로 높이기 위해서였다. 아담은 하계(下界)를 다스리는 존엄한 존재요 낙원의 군주였으나 그의 행복은 순종에 달려 있었다…그러나 죄 사함은 영원한 행복의 기초다."[11]

하나님의 행복은 재창조된 땅에서도 환희 빛날 것이다

하나님은 자신의 행복과 자기 백성의 행복을 위해 그분의 새로운 창조 세계를 기쁘게 고대하신다. 아래 본문에서 그분의 기쁨과 인간의 기쁨이 서로 섞여 있는 것을 잘 보라.

> 보라 내가 새 하늘과 새 땅을 창조하나니…너희는 내가 창조하는 것으로 말미암아 영원히 기뻐하며 즐거워할지니라 보라 내가 예루살렘을 즐거운 성으로 창조하며 그 백성을 기쁨으로 삼고 내가 예루살렘을 즐거워하며 나의 백성을 기뻐하리니 우는 소리와 부르짖는 소리가 그 가운데에서 다시는 들리지 아니할 것이며(사 65:17-19).

새 땅에서 하나님은 우리를 대하여 행복하실 것이고 불행은 영원히 사라질 것이다. 소외된 관계, 암, 전쟁, 배신, 교통사고, 죄, 고난 등이 더는 없을 것이다.

영국의 설교가이자 역사가인 토머스 풀러(Thomas Fuller, 1608-1661)는 "믿음대로 살지 않는 사람은 믿는 것이 아니다"라고 했다.[12] 그 말이 옳다면 하나님이 행복하신 분임을 많은 그리스도인이 믿지 않는다고 말해도 무방할 것이다.

정말 그렇게 믿는다면 우리도 더 행복하지 않겠는가?

Chapter·13

성경은 하나님의 행복에 대해 뭐라고 말하는가?

> 나와 함께 즐기자[행복해하자] 나의 잃은 양을 찾아내었노라.
> 누가복음 15:6

> 우리도 하나님처럼 평안하고 기쁘고 행복하게 살아야 한다.
> 찰스 스펄전

나는 브라질과 아르헨티나의 접경에 있는 이구아수 폭포에 가본 적이 없다. 하지만 놀라운 영상물들을 통해 그 장관을 조금이나마 보았다.

이 폭포는 전체 길이가 거의 3킬로미터이며 중간에 작은 섬들이 많아 크고 작은 폭포들로 격류가 갈라진다. 수위에 따라 폭포가 150-300개나 되고 높이도 60-80미터에 이른다. 나이아가라 폭포의 위력을 직접 보았지만 이구아수 폭포에서 떨어지는 물은 그보다 최고 20배는 더 장엄하다(엘리너 루스벨트는 이 폭포에 가본 뒤 "나이아가라는 아무것도 아니네!"라고 외쳤다고 한다).[1]

하나님을 믿는 사람들에게 이런 절경은 그분이 자신의 창조 세계를 즐거워하신다는 확실한 증거다.

하나님의 행복과 기타 감정들이 우리에게 왜 중요한 것인가?

하나님을 온전히 신뢰하려면 반드시 행복하신 하나님을 믿어야 한다. 그분은 우리가 잘되기를 간절히 바라시며 창조와 구속에 능동적으로 임하신다. 예수님은 "도둑이 오는 것은 도둑질하고 죽이고 멸망시키려는 것뿐이요 내가 온 것은 양으로 생명을 얻게 하고 더 풍성히 얻게 하려는 것이라"(요 10:10)고 말씀하셨다. 도둑은 도둑질하고 죽이고 멸망시켜 결국 불행만 남긴다. 정반대로 예수님은 풍성하게 흘러넘치는 생명을 통해 우리에게 궁극적 행복을 주신다.

오직 하나님만이 무한히 행복하시다. 유한한 피조물은 무엇 하나에도 무한할 수 없다. 그러나 우리도 하나님의 능력에 의지하여 그분을 즐거워할 수 있다. 마음을 새롭게 함으로 변화를 받으면(참조. 롬 12:2) 행복하신 하나님과 점점 가까워진다.

창조 세계는 하나님의 선하심과 행복이 흘러넘친 결과다

하나님이 창조하신 세상은 선하다. "하나님이 지으신 그 모든 것을 보시니 보시기에 심히 좋았더라"(창 1:31). 다시 말해 "내가 지은 모든 것이 나를 아주 행복하게 한다."

조나단 에드워즈는 "행복은 창조의 목적이다…창조주께서 세상을 지으신 동기는 분명히 그분의 선하심이다…그래서 그분은 자신의 피조물들이 즐거워하는 모습을 보며 즐거워하신다"라고 썼다.[2]

하나님은 욥에게 이렇게 물으셨다. "내가 땅의 기초를 놓을 때에 네가 어디 있었느냐 네가 깨달아 알았거든 말할지니라…그때에 새벽 별들이 기뻐 노래하며 하나님의 아들들이 다 기뻐 소리를 질렀느니라"(욥 38:4,7). 대부분 역본에 "하나님의 아들들"이 "천사들"로 옮겨져 있다. 본문의 의미상 천사들이 거의 확실하지만 그래도 하나님의 아들들이라 표현하지 않으면 히브리어 원어의 의미가 일부 상실된다.

천사들은 하나님의 형상대로 지음 받았다는 말이 없지만 "하나님의 아들들"

이라는 표현에는 그분을 닮았다는 의미가 내포되어 있다. 창조 때 하나님의 아들들이 기뻐 소리를 질렀다는 것은 아버지인 하나님께 반응했다는 뜻이다. 그분이 창조하신 웅장한 세계 속에 그분 자신의 즐거움이 흘러넘쳤다.

모든 창조 세계는 하나님의 행복을 반사한다

A. W. 토저는 창조 세계 속에 보이는 하나님의 행복을 이렇게 묘사했다.

> 하나님은 자신을 기뻐하시고 자신의 완전한 모습을 즐거워하시며 자신의 창조와 구속 사역에 행복해하신다. 그뿐 아니라 그분은 열정적이시다. 삼위일체 하나님 안에 열정이 있고 창조 세계 안에도 열정이 있다…이 무한하신 하나님이 자신을 즐거워하신다. 누군가 하늘과 땅과 바다와 창공에서 좋은 시간을 보내고 계신다. 누군가 하늘에 색을 칠하고 계신다. 누군가 나무들이 자라게 하시고…얼음이 녹고…물고기가 헤엄치고 새들이 노래하게 하신다…누군가 우주를 운행하고 계신다.[3]

하나님은 자신이 지으신 동물들을 보며 행복하실까? 이 말씀을 보라. "말의 힘을 네가 주었느냐 그 목에 흩날리는 갈기를 네가 입혔느냐…그것이 골짜기에서 발굽질하고 힘 있음을 기뻐하며…두려움을 모르고 겁내지 아니하며…땅을 삼킬 듯이 맹렬히 성내며 나팔 소리에 머물러 서지 아니하고 나팔 소리가 날 때마다 힝힝 울며"(욥 39:19, 21-22, 24-25).

하나님이 말을 마냥 기뻐하시는 것이 분명히 보이지 않는가? 그분이 동물로 인해 행복해하시니 우리도 동물을 즐거워하는 것을 "영적이지 못하다"라고 느껴서는 안 된다. 동물을 애호하는 비신자들에게 우리는 이렇게 말해줄 수 있다. "내가 믿는 하나님은 동물을 지으셨을 뿐 아니라 즐거워하신다!"

하나님은 유머 감각이 있으실까? 그분은 기린과 낙타와 하마와 오리너구리를 창조하셨다. 증거가 더 필요하다면 온라인으로 코주부원숭이, 별코두더지, 애기아르마딜로, 덤보 문어, 흡반발박쥐, 블로브피시, 내가 제일 좋아하는 아홀로틀 같은 동물들의 사진을 보라.[4] 나도 손자들과 함께 여러 번 사진을 보면서 함께 즐겁게 웃기도 하고 하나님의 행복과 유머 감각에 대해 좋은 대화를 나누었다.

하나님은 실을 잣듯 은하들을 생겨나게 하셨고, 지구별을 빚으셨으며, 동물들과 첫 인간들을 지으셨다(장차 우리도 그때로 돌아가 그 모든 과정을 보게 될지도 모른다). 만일 우리가 그분의 그런 모습을 지켜볼 수 있었다면 분명히 그분의 행복과 그분이 우리에게 주시려 한 즐거움이 보였을 것이다.

자신의 창조 세계를 기뻐하시는 하나님의 행복을 어떻게 보느냐에 따라 복음의 깊이와 넓이를 보는 우리의 시각이 달라진다. 마이크 고힌(Mike Goheen)과 크레이그 바르톨로뮤(Craig Bartholomew)는 "성경에 기록된 복음은 창조 세계만큼이나 그 범위가 넓다. 교회는 이 기쁜 소식을 삶 전반을 통해 알리도록 보냄 받았으므로 교회의 사명도 창조 세계만큼이나 그 범위가 넓다"라고 역설했다.[5]

여기에 함축된 의미는 엄청나다. 하나님이 만일 자신의 창작품 중 제한된 일부에 대해서만 행복해하시고 나머지 대부분—그분의 형상을 지닌 인간이 창달한 문화도 포함하여—에 대해서는 적대적이거나 무관심하시다면, 그분을 영화롭게 할 만한 것은 훨씬 조금밖에 남지 않는다. 그러나 그분이 타락한 창조 세계를 여전히 사랑하셔서, 그것을 멸하시기는커녕 자신과 우리가 영원히 즐거워할 수 있도록 그것을 구속하려 하신다고 가정해보라. 이 가정이 바로 성경의 가르침이다(참조. 마 19:28, 요 3:17, 행 3:21, 벧후 3:13).

찰스 스펄전은 이렇게 말했다.

> 복음은 우리를 즐겁게 하는 포도주와 같다. 주 예수 그리스도의 은혜를 참으로 아는 사람은 행복해질 수밖에 없다! 그리스도의 영을 더 깊

이 마실수록 더 행복해진다! 불행을 본분으로 가르치는 종교는 얼른 보기에도 잘못된 것이다. 하나님은 세상을 지으실 때 피조물의 행복을 염두에 두셨기 때문이다. 주변의 모든 것을 둘러보노라면 차마 떨칠 수 없는 생각이 있다. 하나님은 지극정성을 다하여 인간을 기쁘시게 할 방도를 부지런히 찾으셨다. 그분은 우리에게 꼭 필요한 것들만 주신 것이 아니라 그 이상을 주셨다. 쓸모 있는 것들만 아니라 장식품까지 주셨다! 꽃과…별과…언덕과 골짜기를 다 주신 취지는 우리에게 그것이 필요해서가 아니라 그분이 우리를 얼마나 사랑하시고 우리의 행복을 얼마나 간절히 바라시는지 보이기 위해서다!

그렇다면 행복한 세상을 지으신 하나님이 불행한 구원을 보내실 리가 없다! 행복하신 창조주는 또한 행복하신 구주일 수밖에 없다![6]

하나님은 자신의 사람들을 기뻐하여 즐거이 노래하신다
스바냐 3장 14절에 하나님은 행복을 뜻하는 네 개의 서로 다른 히브리어 단어를 써서 자기 백성에게 기뻐할 것을 명하신다. "시온의 딸아 노래할지어다[린나, rinnah[7]] 이스라엘아 기쁘게 부를지어다[루아흐, ruah[8]] 예루살렘 딸아 전심으로 기뻐하며[사마흐, samach] 즐거워할지어다[알라즈, alaz]."

그야말로 즐거움이 철철 넘쳐흐르는 표현이다. 하나님 자신이 행복하지 않으시다면 결코 자기 백성에게 이런 행복을 명하지 않으실 것이다. 그런데 세 구절 후인 스바냐 3장 17절에 보면 더 놀라운 진술이 나온다. 여기에도 행복과 관련된 단어가 넷이 나오는데 이번에는 넷 다 하나님의 백성에게 쓰인 것이 아니라 하나님 자신에게 쓰였다. "너의 하나님 여호와가 너의 가운데에 계시니 그는 구원을 베푸실 전능자이시라 그가 너로 말미암아 기쁨을[심하, simchah] 이기지 못하시며[수스, sus] 너를 잠잠히 사랑하시며 너로 말미암아 즐거이 부르며[길, gil] 기뻐하시리라[린나, rinnah]."

이 구절 하나에만도 하나님의 행복과 자상하심과 사랑이 가히 우리가 이해할 수 없을 정도로 표현되어 있다. 사실 하나님이 이렇게 우리를 즐거워하신다는 사실이야말로 그분이 세 구절 앞에서 자기 백성에게 누리라고 명하신 사중의 행복이 뿌리내리고 있는 확고부동한 기초다. 우리는 하나님이 우리 때문에 노하시거나 슬퍼하신다는 생각에 익숙해 있다. 그러나 본문에 네 번이나 반복되어 나오듯이 하나님은 우리를 보며 행복해하신다! 토저는 이 구절에 대해 "아무도 행복하지 않을지라도 하나님만은 행복하시다"라고 말했다.[9]

스바냐가 말한 대상은 동족 이스라엘이었지만 오늘의 신자들인 교회 역시 하나님의 백성이라 해도 과언은 아니다. 분명히 하나님의 속성은 변하지 않았기에 스바냐 3장 17절에 나오는 그분의 행복은 지금도 전부 사실이다. 이스라엘을 즐거워하신 그분이 또한 우리를 즐거워하신다.

설령 이것을 확증하는 다른 수많은 구절이 없다 해도 이 구절 하나만으로도 하나님이 우리를 대하여 행복해하신다는 확신을 품기에 충분하다.

하나님 안에서 행복할 수 있다는 많은 성경 말씀에 그분의 행복이 전제된다

내가 누군가를 즐거워한다면 대개는 그 사람에게 나를 즐겁게 하는 어떤 일면이 있기 때문이다.

시편 2편 12절에 보면 주님의 보호에 의지하는 사람들의 행복이 생생히 그려져 있다.

- 여호와께 가서 보호받는 사람은 다 행복하도다(GNT).
- 여호와께 피하는 모든 사람은 행복하도다(HCSB).

가장 오래되고 가장 직역에 가까운 영어 역본들에는 이렇게 옮겨져 있다.

- 그를 의지하는 사람은 다 행복하도다(WYC).

- 오 그를 의지하는 모든 사람의 행복이여(YLT)!

하나님의 백성에게 예비된 행복이 다른 구절들에는 이렇게 표현되어 있다.

- 여호와께 정죄를 당하지 아니하는 자는 복이 있도다[행복하도다](시 32:2).
- 여호와를 자기 하나님으로 삼은 나라[는]…복이 있도다[행복하도다](시 33:12).
- 주께서 택하[신]…사람은 복이 있나이다[행복하나이다](시 65:4).

"하나님은 행복하시다"라고 직설적으로 말하는 본문들은 아니지만 그분이 행복하지 않으시다면 이 구절들은 전혀 이치에 닿지 않는다.

하나님이 행복하지 않으시다면 왜 우리의 행복 여부에 신경을 쓰시겠는가?

그동안 살아오면서 당신을 참으로 행복하게 해주었던 사람들을 떠올려보라. 그중에 불행한 사람이 하나라도 있었던가?

"주의 앞에는[임재 안에는] 충만한 기쁨이 있고 주의 오른쪽에는 영원한 즐거움이 있나이다"(시 16:11). 하나님은 사랑이 많으시고 거룩한 분이기에 그분의 임재 안에는 사랑과 거룩함이 있다. 마찬가지로 하나님은 기쁘고 행복한 분이기에 그분의 임재 안에는 기쁨과 행복이 있다. 어찌 그렇지 않을 수 있겠는가?

우주를 무에서 창조하신 분이지만 하나님이 창조하시는 사랑과 거룩함과 행복은 그분과 동떨어진 것들이 아니다. 영원히 존재할 그 속성들은 그분 자신의 성품에서 발현된다. 성령의 열매로 열거된 아홉 가지 특성이 있는데 그중 첫째는 사랑이고 둘째는 기쁨이다(참조. 갈 5:22-23). "성령 안에 있는…희락"(롬 14:17)도 있다. 예수님도 "성령으로 기뻐"하셨다(눅 10:21). 하나님은 기쁨을 가져다주실 뿐 아니라 그분 자신이 곧 기쁨이시다.

하나님을 행복하신 분으로 보면 "주 안에서 항상 기뻐하라"(빌 4:4)는 명령이 갑자기 이치에 닿는다. 하나님은 "너희도 나처럼 되라"고 말씀하신 셈이다.

"하나님의 자녀들은 왜 행복해야 하는가?"라는 물음의 답은 "내가 거룩하니 너희도 거룩할지어다"(벧전 1:16)와 맥을 같이하여 "우리 아버지께서 행복하시기 때문이다"가 된다.

사람들이 죄를 회개하고 하나님의 용서를 받아들일 때 그분은 행복하시다

예수님이 누가복음 15장 6절에 보여주신 하나님은 "그 벗과 이웃을 불러 모으고 말하되 나와 함께 즐기자 나의 잃은 양을 찾아내었노라 하"시는 목자다. 기쁜소식역(GNT)에는 이 구절이 "내 잃은 양을 찾아내서 아주 행복하다. 함께 경축하자!"로 옮겨져 있다. 잃어버린 아들에 대한 그리스도의 비유에서 아들에게 달려가 그를 끌어안고 용서하는 쪽은 누구인가? 하나님을 상징하는 아버지다. 잔치를 명하고 집 안에 음악과 춤이 가득하게 한 쪽은 누구인가? 하나님이다. 잔치 석상에서 누구의 웃음이 가장 그윽하고 풍성한가? 하나님이다.

둘째아들은 아버지 곁을 떠나야 행복이 있다는 거짓에 속았다. 그래서 헛되이 행복을 찾아 떠났지만 결과는 비참했다. 절박해져 집에 돌아온 그는 그토록 찾아 헤매던 행복을 바로 아버지에게서 받는다.

둘째아들은 한동안 불행했지만 아버지와 화해하면서 모든 것이 달라진다. 맏아들은 영원히 불행하다. 예수께서 이 비유를 들려주신 대상인 독선적인 종교 지도자들과 같다. 그들은 은혜와 용서를 전혀 몰랐으며 따라서 행복도 전혀 몰랐다.

형은 동생의 회개를 너그러이 즐거워하는 아버지에게 분개한다. 그러자 아버지는 이렇게 설명한다. "이 네 동생은 죽었다가 살아났으며 내가 잃었다가 얻었기로 우리가 즐거워하고 기뻐하는[행복해하는] 것이 마땅하다"(눅 15:32).

왜 아버지는 즐거워하고 행복해하는 것이 마땅하다고 말했을까? 하나님은 자신의 속성에 충실하게 행동하실 수밖에 없다. 행복하시기에 즐거워하실 수밖에 없다. 죄를 슬퍼하시기에 십자가에 죽으셔서라도 자녀들과의 관계를 회복하신다. 그들이 회개하면 그분은 잔치를 베푸시고, 온 하늘이 거기에 가담

한다(참조. 눅 15:7, 22-24). 이 모두가 하나님이 행복하시기에 벌어지는 일이다!
『스크루테이프의 편지』에 나오는 한 귀신은 하나님이 자신의 사람들을 사랑하시는 것을 두고 이렇게 볼멘소리를 한다.

> 원수의 가장 고약하고 불가사의한 성격이 무엇인지 결코 잊어서는 안 된다. 그는 자기가 창조한 저 털 없는 두 발 동물들을 정말 사랑한다…자기를 닮은 저 혐오스러운 복제품들로 정말 우주를 가득 채우려 한다. 이 피조물들의 삶은 질적으로 그의 축소판이다. 그가 그들을 흡수해서가 아니라 그들이 스스로 원해서 그를 닮아가기 때문이다. 우리는 결국 음식물로 변할 소들을 원하지만 그는 결국 자녀가 될 종들을 원한다.[10]

토저의 다음 말을 그대로 믿는다면 우리 마음이 즐거움으로 가득 찰 수밖에 없다. "장차 당신과 하나님이 천국에 함께 있을 것을 당신 못지않게 그분도 기뻐하실 것이다."[11] 그렇게 수백만 년만 산다고 생각해보라!

하나님이 우리를 즐거워하심은 우리가 그분을 행복하게 해드린다는 뜻이다

성경에 반복되어 나오듯이 하나님은 우리를 기뻐하시고 즐거워하신다. 나는 아내를 즐거워하는데 이는 내가 아내를 귀히 여기고 아내가 나를 행복하게 만든다는 뜻이다. 상대를 즐거워하면서 그 사람으로 인해 행복하지 않을 수는 없다.

모세는 "여호와께서 네 조상들을 기뻐하신[행복해하신] 것과 같이 너를 다시 기뻐하사[행복해하사]"(신 30:9)라고 말했다.

다윗은 "나의 의를 즐거워하는[행복해하는] 자들이 기꺼이 노래 부르고 즐거워하게 하시며 그의 종의 평안함을 기뻐하시는[행복해하시는] 여호와는 위대하시다 하는 말을 그들이 항상 말하게 하소서"(시 35:27)라고 썼다.

자신이 지으신 사람들을 기뻐하시는 하나님을 다른 구절들에서도 볼 수 있다.

- 그들이 자기 칼로 땅을 얻어 차지함이 아니요 그들의 팔이 그들을 구원함도 아니라 오직 주의 오른손과 주의 팔과 주의 얼굴의 빛으로 하셨으니 주께서 그들을 기뻐하신 까닭이니이다(시 44:3).
- 거짓 입술은 여호와께 미움을 받아도 진실하게 행하는 자는 그의 기뻐하심을 받느니라(잠 12:22).
- 여호와는 자기를 경외하는 자들과 그의 인자하심을 바라는 자들을 기뻐하시는도다(시 147:11).

다음의 놀라운 진술을 생각해보라. "신랑이 신부를 기뻐함 같이 네 하나님이 너를 기뻐하시리라"(사 62:5). 신부를 즐거워하는 신랑보다 더 행복할 이유가 많은 사람을 상상할 수 있을까? 하나님이 우리를 그렇게 기뻐하신다.

로버트 덩컨 컬버(Robert Duncan Culver, 1916-2015)는 이런 본문들에 기초하여 "하늘의 초월자시면서도 모든 창조 세계 속에 내재하시는 하나님은 지극히 행복하신 분이다…언제나 그러셨고 앞으로도 영원히 그러실 것이다"라고 말했다.[12]

하나님은 우리의 행복을 행복해하신다

성경에 분명히 나와 있듯이 하나님은 혼자서만 행복하신 것이 아니라 자신의 행복을 즐거이 우리에게 나누어주신다. "하나님이여 주의 인자하심이 어찌 그리 보배로우신지요 사람들이…주의 집에 있는 살진 것으로 풍족할 것이라 주께서 주의 복락의 강물을 마시게 하시리이다"(시 36:7-8).

1868년에 미국의 신학자 앨버트 반즈(Albert Barnes)는 이렇게 주해했다.

이 구절이 가르치는 바는 다음과 같다. 1) 하나님은 행복하시다. 2) 신앙은 인간을 행복하게 한다. 3) 인간의 행복은 하나님의 행복과 본질 내지 성격이 같다. 4) 이 행복은 본질상 만족을 준다. 즉 영혼의 참된 필요를 채워준다. 5) 그것은 풍성하여 영혼의 어떤 필요도 채워지지 않은 채로 두지 않는다. 6) 이 행복은…하나님께 드리는 공적인 예배와 밀접한 관계가 있다.[13]

시편 저자가 고백했듯이 하나님은 우리가 그분을 기뻐할 때 즐거워하신다. "나의 기도를 기쁘게 여기시기를 바라나니 나는 여호와로 말미암아 즐거워하리로다"(시 104:34).

조나단 에드워즈는 하나님이 자기 자녀들에게 자신의 행복을 베푸신다고 했다. "그분의 모든 아름다움이 그들의 몫이다. 목숨을 버리신 사랑도, 그분의 마음 자체도, 하늘에서 누리시는 영광과 행복도 다 그들의 것이다…그분이 그것을 그들에게 약속하셨고 그들의 명의로 취하셨기 때문이다."[14]

에드워즈는 또 하나님이 "친히 행복을 즐기시는 것만큼이나 다른 사람에게 행복을 전하시는 것도 즐거워하신다"라고 했다.[15] 그가 역설했듯이 하나님의 자녀들은 그분의 무한한 행복과 사랑을 영원히 누릴 것이다. "그들에게 위로와 자족과 기쁨을 주는 무한한 선(善)의 원천이 있다…그분은 또한 사랑의 무한한 원천이시다. 하나님은 사랑이시기 때문이다. 그분은 기슭이나 바닥이 없는 사랑의 바다시다!"[16]

생각해보라. 이제부터 영원까지 우리는 바다 같은 하나님의 행복을 즐거워하고 그분은 시내 같은 우리의 행복을 즐거워하신다!

그런데도 우리 마음이 차고 넘치지 않는다면 무엇이 더 필요한가?

장차 하나님은 자신의 모든 자녀를 초대하여 자신의 행복 속으로 온전히 들어오게 하신다

"네 주인의 즐거움[행복]에 참여할지어다"(마 25:23)라고 하신 예수님의 말씀을 생각해보라. 많은 역본에 즐거움으로 되어 있지만 최소한 9종의 역본에는 이 구절에 행복이란 단어가 쓰였다. 제대로 이해한다면 둘은 같은 뜻이다.

제자들에게 그 말씀을 하실 때 예수님의 메시지는 틀림없이 하나님이 행복하시다는 것이었다. 게다가 우리는 스스로 행복해질 필요도 없다. 하나님이 우리를 그분의 행복 속에 들어오라고 초대하신다! 장차 우리는 그분 자신과 그분의 모든 재산을 마음껏 누릴 것이다. 그분을 행복하게 하는 모든 것에 우리도 동참할 것이다.

1세기의 팔레스타인에서 다른 사람의 집에 들어가 그의 행복에 동참한다는 것은 곧 더러운 샌들을 벗고 물로 씻고 깨끗한 옷을 입은 뒤에 즐거워하는 주인과 더불어 진미를 즐긴다는 뜻이었다. 재산의 소유주이자 집주인이 세 사람으로 존재한다고 일단 상상해보라. 그 셋이서 영원하고 무한한 행복 속에 서로를 즐거워하는 모습을 손님들이 한없이 즐겁게 지켜본다고 하자. 이번에는 손님들이 그 즐거운 관계를 관찰할 뿐만 아니라 그 안으로 초대되어 합류한다고 상상해보라.

실제로 하나님이 우리의 그 상상대로 해오셨다. 왕이신 그분의 다른 수많은 아들딸과 더불어 우리는 영원히 하나님을 즐거워하며 그분 안에서 그분과 함께 행복할 것이다.

에드워즈는 "다른 모든 참된 행복과 마찬가지로 하나님의 행복도 사랑과 공동체로 이루어진다"라고 했다.[17] 다시 말해 세 분이면서 하나이신 하나님은 행복한 관계 속에서 늘 교제해오셨다. 그러니까 그분은 우리를 창조하시고 사랑하심으로써 행복한 공동체 속에 처음 들어오신 것이 아니다. 그분께는 이미 그 공동체가 있었으며 은혜로 우리를 그분의 행복 속에 끼워주신다.

예수님은 이 개념을 한 걸음 더 끌고 나가 아버지께 이렇게 기도하셨다. "우리가 하나가 된 것 같이 그들[나를 따르는 사람들]도 하나가 되게 하려 함이니이다 곧 내가 그들 안에 있고 아버지께서 내 안에 계시어 그들로 온전함을 이루어 하나가 되게 하려 함은…이는 나를 사랑하신 사랑이 그들 안에 있고 나도 그들 안에 있게 하려 함이니이다"(요 17:22-23, 26).

우리의 얕은 생각 같아서는 완전하신 성부와 성자와 성령께서 그분들의 친밀한 행복 공동체에 아무도 끼워주지 않으려 하실 것 같다. 그분들이 두 팔 벌려 우리 같은 한낱 피조물을 초대하여 함께 식탁에 앉아 그분들의 영원한 관계의 유익에 동참하게 하시다니 이것이 도무지 있을 법한 일인가?

그것을 이해하려 해보라. 그러면서 하나님이 당신에게 주시려는 순전한 즐거움을 경험해보라.

Chapter·14

행복하신 하나님인가, 복되신 하나님인가?

[여호와께서 다윗 왕을] 주 앞에서 기쁘고 즐겁게[행복하게] 하시나이다.

시편 21:6

기쁨은 하나님이 임재하신다는 가장 확실한 증표다.

피에르 테야르 드 샤르댕(Pierre Teilhard De Chardin)

에이브러햄 링컨(Abraham Lincoln)의 참모진은 그에게 특정 인물을 대통령 내각에 영입할 것을 권했다. 그가 거부하자 그들은 이유를 물었다.

"그 사람의 얼굴이 마음에 들지 않습니다." 링컨의 대답이었다.

한 사람이 놀라서 강변했다. "하지만 그 딱한 사람의 얼굴은 자기 책임이 아닙니다."

링컨은 이렇게 되받았다. "누구든 마흔이 넘은 사람의 얼굴은 자기 책임입니다."[1]

링컨은 사람의 외모를 말한 것이 아니라 마음의 상태가 언제나 얼굴로 드러나는 법임을 말한 것이다. "마음의 즐거움[행복]은 얼굴을 빛나게 하여도"(잠 15:13). 사람만 아니라 하나님도 그렇지 않을까? 우리가 그분의 형상을 받았으니 말이다.

흔히 우리는 하나님의 얼굴을 거룩함과 연관시킨다. 하지만 그분의 얼굴에 사랑과 긍휼과 행복도 나타나지 않는가?

하나님은 자기 백성에 대해 "그들의 얼굴은 여호와의 모든 복으로 인해 행복으로 빛나리라"(렘 31:12, NCV)고 말씀하신다. 하나님의 얼굴이 워낙 행복으로 빛나다 보니 그분을 사랑하는 이들의 얼굴로까지 넘쳐흐른다는 의미다. 불행한 하나님이라면 자기 백성의 얼굴을 행복으로 빛나게 하실 리가 만무하다.

하나님이 모세에게 명하신 대로 아론과 제사장들은 백성에게 이렇게 말해야 했다. "여호와는 네게 복을 주시고 너를 지키시기를 원하며 여호와는 그의 얼굴을 네게 비추사 은혜 베푸시기를 원하며 여호와는 그 얼굴을 네게로 향하여 드사 평강 주시기를 원하노라"(민 6:24-26). 당신을 비추고 은혜를 베푸시며 평강을 주시는 얼굴은 어떤 얼굴일까? 매섭고 적대적인 얼굴일까, 아니면 즐겁고 행복한 얼굴일까?

하나님은 행복하신 분으로 성경에 직설적으로 기술되어 있다

이쯤 해서 당신은 하나님의 행복을 기껏해야 추론을 통해서만 결론지을 수 있다고 생각할지 모른다. 예컨대 그분이 자기 백성에게 기뻐하라고 명하신 것과 자신의 자녀들을 기뻐하신다는 것 등을 통해서 말이다. 그러나 성경은 우리를 추론에만 맡겨두지 않고 하나님이 행복하시다고 직설적으로 진술한다.

바울은 "내게 맡기신 바 복되신 하나님의 영광의 복음"(딤전 1:11)에 대해 말했다. 또 디모데전서 말미에는 하나님을 "복되시고 유일하신 주권자이시며 만왕의 왕이시며 만주의 주"(딤전 6:15)라고 칭했다.

이 두 구절이 하나님의 행복과 무슨 관계인가? 이런 질문을 해야 한다는 사실 자체가 우리가 성경을 이해하는 데 근본적 걸림돌이 있음을 보여준다. 곧 입증하겠지만 여기 "복되신"과 "복되시고"로 번역된 헬라어 형용사 마카리오스(makarios)는 '행복하다'는 뜻이다. 따라서 두 구절 모두 하나님이 행복하시다고 명백히 말하고 있다.

흔히 "복되다"로 제대로 번역되는 헬라어 단어 율로가토스(eulogatos)도 하나님을 묘사하는 말로 쓰인다(참조. 눅 1:68, 롬 1:25, 고후 1:3, 엡 1:3, 벧전 1:3). 그런데 디모데전서 1장 11절과 6장 15절에 쓰인 단어는 마카리오스다. 대표적인 한 헬라어 사전은 마카리오스를 "행복과 관련되다"로 정의하고 있다.[2] 다른 사전은 "행운이다, 행복하다"로[3], 또 다른 사전은 "행복하다, 복되다"로 풀이했다.[4]

디모데전서 1장의 마카리오스가 하나님이 행복하시다는 뜻이 아니라면 무엇이겠는가? 행운이라는 뜻이겠는가? 하지만 스스로 충족하시고 전능하신 하나님이 어떻게 운이 좋으실 수 있는가? 헬라어 학자 A. T. 로버트슨(A. T. Robertson)은 디모데전서 6장 15절을 "행복하시고 하나뿐이신 군주"로 번역했다.[5] 다른 전문가들은 이 두 구절을 이렇게 설명한다.

- "여기[디모데전서 1장 11절]에 "복되신"으로 번역된 단어는…'행복하다'는 뜻이다…우리에게는 행복하신 하나님, 행복하신 통치자가 계시다…완전히 행복하시고 완전히 능하신 분이다."[6]
- "이 단어 자체는…'행복하다'는 뜻이며, 따라서 여기서는 '스스로 모든 행복을 지니시고 그것을 인간에게 베푸시는 하나님'을 가리킨다."[7]
- "'복되시다'는 단어는…최고의 행복을 나타낸다."[8]

우리는 하나님이 행복하실 수 없다고 전제할 것이 아니라 마카리오스의 통상적 의미를 보고 가장 근접한 역어를 찾아야 하지 않을까? 그리하여 하나님이 자신을 묘사하실 때 택하신 단어를 그냥 받아들여야 하지 않을까?

하나님은 서신서에 "행복하신 하나님"으로 기술되어 있다

하나님의 행복을 주제로 현대의 거의 어느 저자보다도 더 많이 집필한 사람은 존 파이퍼다. 그는 『하나님의 기쁨』에 이렇게 말했다. "성경의 전문 용어들이라는 너무 익숙해진 표면 밑에 아름다운 문구가 묻혀 있는데 그것이 디모데전서 1장 11절에 나온다. 그것을 파내기 전에는 '복되신 하나님의 영광의 복음'처럼 들리지만 파낸 후에는 '행복하신 하나님의 영광의 기쁜 소식'처럼 들린다."[9]

"복되신 하나님"을 설명하는 대목에서 파이퍼는 "놀랍게도 이 단어가 하나님께 쓰인 곳은 신구약을 통틀어 여기[디모데전서 1장 11절]와 디모데전서 6장 15절뿐이다. 바울이 하나님을 마카리오스, 즉 행복하다고 칭한 것은 분명히 이례적인 일이다"라고 했다.[10]

바울이 말한 것은 그냥 복음이 아니라 "행복하신 하나님의…기쁜 소식"이다. 이 기쁜 소식은 하나님에게서 오고 그분의 영광과 관계되지만, 우리에게 기쁜 소식을 주시는 이 하나님의 특징을 밝힌 단 하나의 수식어는 바로 형용사 마카리오스다. 그분은 그냥 아무런 신이 아니라 행복하신 하나님이다. 여기 하나님의 행복이 복음이라는 기쁜 소식의 일부로 포함되어 있다. 이는 복음이 "행복한 좋은 소식"(사 52:7)으로 예언된 것과도 잘 들어맞는다.

찰스 스펄전은 디모데전서 1장 11절에 대해 "복음은…행복의 복음이다. '복되신 하나님의 영광의 복음'이라 했는데 '행복하신 하나님'이 더 정확한 번역이다. 그렇다면 당신의 행복한 삶으로 복음을 장식하라!"고 말했다.[11]

디모데전서 6장 15절에 하나님이 행복하시다고 말한 바울은 바로 두 구절 뒤에 그분이 "우리에게 모든 것을 후히 주사 누리게 하"신다고 했다(17절). 15절을 "하나님은 행복하시고"로 번역하면 분명히 그 표현에서 17절이 자연스럽게 따라 나올 것이다.

프레드 샌더스(Fred Sanders)는 "하나님은 스스로 완전하시며 완전히 행복하시다. 완전하시기에 사실상 더 나아지실 수 없다…그분이 피조물에게 행복과 복을 베푸실 수 있음은 이미 그분께 행복과 복이 늘 있기 때문이다"라고 썼다.[12]

파이퍼는 디모데전서 1장 10-11절을 이렇게 설명했다.

하나님 영광의 큰 부분은 그분의 행복이다. 그분이 무한히 기쁘지 않은 상태로 온전히 영광스러울 수 있다는 것은 사도 바울로서 상상도 못할 일이었다. 무한히 영광스러우려면 무한히 행복하셔야 했다. 그가 "행복하신 하나님의 영광"이라는 말을 쓴 것은 하나님의 지극한 행복이 영광스러운 일이기 때문이다. 하나님의 영광은 다분히 그분이 우리의 모든 상상을 초월할 정도로 행복하시다는 사실로 이루어진다.[13]

우주 유일의 무한한 존재이신 하나님 자신 안에는 무한한 거룩함과 사랑과 선하심만 아니라 무한한 평안과 기쁨과 즐거움도 있다. 참으로 그분은 행복하신 하나님이다. 우리 죄로 인한 하나님의 불행은 한시적이다. 죄 자체가 한시적 탈선이기 때문이다. 그리스도께서 죄를 해결하셨다. 그러나 행복은 시간을 초월하시는 하나님의 근본 속성이다. 시작점이 없는 그분의 행복은 죄가 태어나기 전부터 영원히 있었으며 죄가 죽은 후에도 영원히 계속될 것이다.

하나님의 행복을 왜 행복이라 부르지 않는가?

내가 확인해본 45종의 역본 가운데 42종은 디모데전서 1장 11절과 6장 15절의 마카리오스를 "복되다"로 번역했다. 그 밖에 "명예롭다"와 "놀랍다"가 각각 하나씩 있다. 성경의 다른 곳들에 쓰인 마카리오스 중 절대다수는 수십 종의 역본에 "행복하다"로 옮겨져 있으나, 하나님을 지칭하는 이 두 본문에서만은 그런 번역을 하나도 볼 수 없었다. 유일하게 새영어성경(NEB)에만 행복과 동의어인 "지복"이라는 단어가 쓰였다.

50회 나오는 마카리오스 중 42회를 "행복하다"로 번역한 영의 직역본(YLT)조차도 놀랍게도 나머지 2회만은 "복되다"로 옮겼는데, 그 두 번이 바로 하나님을 지칭하는 이 두 본문이다!

마카리오스의 직역이 "행복하다"로 널리 통하는데도 왜 하나님을 가리켜 쓰인 경우에만은 예외인가?

존 위클리프(John Wycliffe)와 윌리엄 틴데일(William Tyndale)과 KJV 번역진이 각각 이 문구를 "복되신 하나님"이라 번역한 것은 이해가 된다. 1300-1600년대에는 "복되다"는 단어에 행복의 개념이 분명히 포함되어 있었기 때문이다. 그러나 이제는 그렇지 않다(21장에 자세히 다룰 것이다). 사람들은 여간해서 "행복"이란 단어를 하나님과 연관시켜 쓰지도 않거니와 "복되신 하나님"이라는 표현을 볼 때 행복의 의미를 연상하지도 않는다.

『풀핏 성경주석』(The Pulpit Commentary)에 보면 마카리오스가 인간에게 쓰일 때는 "행복하다"라는 뜻이라고 풀이했다. 그런데 똑같은 주석에 디모데전서의 두 용례에 대해서만은 "여기서 사도가 왜 또는 어떻게 마카리오스를 하나님께 적용했는지 불분명하다"라고 되어 있다.[14] 바울이 "행복하다"라는 뜻의 단어로 하나님을 수식한 이유는 정말 그렇게 말하고 싶어서가 아닐까?

'오컴의 면도날'(Occam's razer)은 가장 단순한 설명이 가장 사실일 소지가 높다는 철학 원리다. 가설이 더 필요할수록 정확한 설명에서 멀어진다는 것이다. 디모데전서에 나오는 두 사례의 경우 가장 단순한 설명은 하나님이 행복하시기에 바울이 그렇게 표현했다는 것이다.

대부분 사람의 머릿속에 하나님을 행복하신 분으로 생각하지 못하게 막는 걸림돌이 있는 것 같다. 하나님의 말씀에 그분이 행복하시다고 계시되어 있는데도 말이다.

성경 역본들에 원어의 의미를 명확히 담아낸다면 목사들도 하나님의 행복에 대해 설교할 것이다. 아이들도 그 의미가 명확히 전달되는 성경책을 보며 자라날 것이다. 대부분 학자는 하나님이 감화하신 이 단어의 원뜻에 대해 의견이 일치한다.

애석하게도 하나님이 행복하시다거나 우리의 행복을 원하신다고 가르치는 교회는 별로 없다. 우리는 성경에 계시된 하나님의 속성 중 한 부분을 본의 아니게 묵살하고 있으며, 그리하여 교회와 가정과 개인에게 큰 손실을 끼치고 있다.

신학자들은 왜 '하나님의 행복'이라 하지 않고 '하나님의 복되심'이라 하는가?

많은 조직신학책을 확인해보았지만 '하나님의 행복'이라는 장이나 하다못해 단락이라도 있는 책은 하나도 없었다. '복됨'이 한때 '행복'과 동의어였으므로 현대 신학에 전자가 쓰이는 것이 연속성을 살리기 위함일 때도 있다. 하지만 안타깝게도 그 단어는 이제 고어라서 대부분 사람에게 원래의 의미를 전달하지 못한다.

내 친구 하나가 최근에 하나님의 속성에 대해 가르치고 있었다. 그는 내게 이렇게 말했다. "하나님의 행복도 포함하겠지만 물론 그렇게 칭하지는 않고 '하나님의 복되심'이라 부를 걸세."

"왜지?" 내가 물었다.

"글쎄, 실제로 '하나님의 행복'이라고 말하는 사람은 아무도 없거든."

"복됨"이란 단어를 쓰는 현대의 신학자와 주석가 중 거의 전원은 복됨이 행복을 뜻한다고 즉시 설명한다. 그렇다면 왜 그냥 처음부터 "하나님의 행복"이라 하지 않는가?

폐결핵을 뜻하는 말로 "consumption"이란 용어가 수백 년간 쓰였으나 이제 더는 의학 교과서에 그렇게 칭하지 않는다는 사실을 생각해보라. 희한하게도 현대 조직신학은 하나님의 행복을 다루지 않거나 그 단어를 쓰지 않는다. 번역자들이 디모데전서의 문구를 "행복하신 하나님"으로 옮기지 않는 이유도 같을 것이다. 그 표현은 어색하고 낯설다 못해 일부 사람들에게 신성모독처럼 들린다. 하지만 행복한 사람을 행복하다고 말한다 해서 그 사람이 모욕감을 느끼는가? 당신은 그런 사람을 하나라도 알고 있는가? 하나님은 우리가 그분의 모든 속성을 인정하기를 원하지 않으실까? 특히 그분의 말씀에 계시된 속성이라면 더더욱 말이다.

하나님의 행복이라는 표현이 불편하게 느껴진다는 사람들의 말을 나도 들어보았다. "행복하시다"보다 "복되시다"는 단어를 쓰면 하나님의 품위가 더 살아난다고 주장하는 사람들도 있다. 그러나 성경 번역의 관건은 우리가 편해지는 것인가, 아니면 원어의 의미를 최대한 정확히 대변하는 것인가? 하나님이 친히 감화하신 말씀에 자신이 행복하다고 하셨는데 우리가 그것을 삭제해야 하는가? 이는 하나님을 검열하는 행위가 아닌가?

예수님의 비유에 보면 탕자의 아버지가 들판을 가로질러 달려가 회개하며 돌아오고 있는 자신의 아들을 맞이한다. 여기서 주석가들은 고대 중동에서 남자가 달려가는 것은 체통에 어긋나는 행동이라고 지적한다.[15] 그러나 하나님을 상징하는 이 아버지는 행복을 주체할 수 없어 품위도 내팽개친 채 회개하는 아들에게 은혜를 쏟아붓는다.

하나님이 보시기에 그분의 행복과 품위는 서로 모순되지 않는다. 그런데 왜 우리는 그 둘을 모순으로 보아야 하는가?

하나님과 행복 중 하나를 택할 필요가 없다

당신이라면 행복한 사람과 성미가 까다로운 사람 중 누구를 룸메이트로 원하겠는가? 그 사람과 영원히 함께 살아야 한다면 어떻겠는가? 시도 때도 없이 기분이 변하거나 아예 애정이나 즐거움을 느낄 줄 모르는 전능한 존재가 있다면, 그런 존재와 영원히 함께 사느니 차라리 자신이 소멸되기를 바랄 사람이 대부분일 것이다.

하나님이 행복하지 않다면 그분과 함께 사는 영원한 삶은 우리에게 매력이 없다. 하나님의 행복은 복음이 참으로 기쁜 소식으로 비처질지 그렇지 않을지에 지대한 영향을 미친다.

하나님과 행복 중 하나를 택하라고 한다면 사람들은 행복을 택할 것이다. 하지만 이것은 잘못된 이분법이다. 대신 우리는 영원히 행복하신 하나님 안에서만 행복을 얻을 수 있음을 보여주어야 한다. 그분은 기꺼이 자신을 희생하여 우리의 영원한 행복을 사셨다.

토머스 오든(Thomas Oden)은 자신의 조직신학책에 이렇게 설명했다.

하나님은 가장 완전한 의미에서 행복하시며 따라서 영원히 행복하시다. 모든 피조물은 어떤 식으로든 그 영원한 행복에 동참할 수 있다. 그래서 창조주의 영광과 피조물의 행복은 불가분의 관계다. 하나님의 창조 본연의 목적에서 인간의 행복은 부수적인 부분이 아니다.[16]

내가 성경에 근거하여 하나님의 행복이라는 진리를 전하면, 그리스도인이 된 지 오래된 사람들은 처음에 회의적인 반응을 보일 때가 있다. 성경의 의미를 왜곡하려는 현대의 또 다른 시도인가 싶은 것이다. 그러나 일단 진리를 알고 나면 그들은 놀라면서도 기뻐한다. 다음은 하나님이 행복하시다는 주장에 대해 내가 들었던 몇 가지 반응이다.

- "설마 그럴 리가요."
- "정말입니까?"
- "하나님이 행복하시다고는 생각조차 해본 일이 없는데요."
- "그게 사실이라면 나의 하나님관이 정말 바뀔 겁니다."

가장 난감한 질문은 이것이다. "나는 그리스도인이 된 지 오래되었습니다. 교회에서 자랐으니까요. 이것이 사실이라면 왜 나는 여태 한 번도 듣지 못한 겁니까?"

존 웨슬리는 "성미가 까다로운 종교는 마귀의 종교다"라고 말했다.[17] 성미가 까다로운 종교의 신봉자가 되는 확실한 길은 하나님을 성미가 까다로우신 분으로 믿는 것이다. 하나님의 행복을 인정하고 가르치지 않으면 우리는 마귀의 손에 보기 좋게 놀아난다.

나는 하나님이 행복하시다고 진심으로 믿기에 그분을 더 사랑하고 더 잘 알게 된다. 나는 행복한 사람들과 함께 있는 것이 좋다. 누군들 그렇지 않겠는가? 불행한 사람과 장기간 함께 지내야 한다고 생각하면 아찔하고 기운이 빠진다. 그런데 많은 사람에게 '영생'이란 바로 그런 뜻이다. 불행하신 하나님과 영원히 함께 사는 것이다.

영원만 아니라 현세에도 나는 행복하신 하나님의 동행하심과 내주하심과 능력 주심 속에서 살아가고 싶을 뿐이다. 그분은 행복을 갈망하는 내 마음을 이해하신다. 그분 자신도 행복을 경험하고 온전히 누리시기 때문이다.

그것으로도 모자라다는 듯 그분은 상상을 초월하는 희생도 마다하지 않으시고 나의 행복을 확보하셨다.

Chapter·15

삼위일체 하나님을
행복하게 하는 것은 무엇인가?

> 이는 내 사랑하는 아들이요 내 기뻐하는 자라.
>
> 마태복음 3:17

> 성 삼위일체의 모든 위격이 협력하여 천국의 행복을 이룬다. 동등하게 성부와 성자와 성령은 성도들이 누리는 영원한 복의 근원이시다.
>
> 윌리엄 베이츠

부자(父子) 2인조인 '호이트 팀'은 최근에 철인 명예의 전당에 이름을 올렸다. 딕 호이트(Dick Hoyt)는 뇌성마비를 안고 태어난 아들 릭(Rick)이 열다섯 살 되던 1977년부터 아들과 함께 마라톤과 철인3종 경기에 출전했다. 둘이서 40년에 걸쳐 참여한 행사가 1,100회도 넘는다. 철인3종경기에서 딕은 특수 보트에 탄 릭을 끌면서 수영했고, 자전거를 탈 때는 릭의 맞춤형 좌석을 매달았으며, 달릴 때는 릭이 앉은 휠체어를 밀었다. 부자는 72회의 마라톤과 6회의 철인3종 경기에 함께 참여했다. 또 자전거로 미국을 횡단하여 45일 만에 6천 킬로미터를 주파하기도 했다.

 호이트 부자의 출전은 나이가 각각 70대 중반과 50대 중반이 되던 2014년까지 계속되었다. 수많은 사람이 그들의 경기를 지켜보며 감동했다. 개인주의

로 알려진 스포츠에서 이 아버지와 아들이 경험한 유대감은 둘 다에게 큰 기쁨의 원천이 되었다.¹

공동체는 하나님이 계획하신 행복의 핵심이다

우주에서 가장 오래된 팀은 아버지와 아들과 성령이라는 세 인격체로 이루어져 있다.

유한한 인간은 삼위일체의 개념을 이해하기 어렵다. 어떻게 유일하신 하나님이 별개의 세 인격체로 이루어지되 각자가 다 하나님일 수 있는가? 신기하게도 하나님께는 의식의 세 중심부가 있는데, 그 셋은 개별적 정체와 상호간의 교류가 가능할 정도로 별개이면서도 또한 완전히 연합되어 유일하신—곧 오직 하나뿐인—하나님을 이룬다.

신학자들과 학자들은 오랜 세월 이 난제로 씨름했다. 그러나 삼위일체의 신비로운 신학에 머리를 긁적이면서도 그 불가해한 경이를 그대로 인정하는 일은 가능하다.

A. W. 토저는 삼위일체 하나님에 대해 "이런 진리는 계시되었을 수밖에 없다. 아무도 그것을 상상해낼 수 없다"라고 썼다.²

찰스 스펄전이 스무 살 때 했던 한 설교는 이런 말로 시작된다.

> 영혼을 넓히는 가장 탁월한 공부는 그리스도와 그분의 십자가에 대한 학문 그리고 영광스러운 삼위일체 하나님을 아는 지식이다…오, 그리스도를 바라보면 모든 상처가 치유되고, 아버지를 묵상하면 모든 슬픔이 가라앉으며, 성령의 영향으로 모든 환부가 아문다…삼위일체의 심해에 뛰어들어 그분의 광대하심에 몰입하라. 나올 때는 푹신한 소파에 앉아 쉰 것처럼 새 힘과 기운이 넘칠 것이다. 삼위일체라는 주제를 경건하게 묵상하는 것만큼 영혼에 위로가 되고, 파도처럼 밀려오는 비애와 슬픔을 달래주며, 시련의 바람을 잔잔히 가라앉혀주는 것은

내가 알기로 아무것도 없다.³

이 초대가 당신 영혼에 기대감을 불러일으키지 않는다면 하나님께 당신의 마음을 움직여달라고 기도하라. 모든 행복을 삼위일체 하나님과의 관계 속에서 보아야 함을 깨닫게 해달라고 구하라.

마이클 리브스(Michael Reeves)는 『선하신 하나님』(Delighting in the Trinity, 복 있는 사람 역간)에 이렇게 썼다. "삼위일체는 기독교의 모든 교리를 지배하는 중추고, 다른 모든 진리를 아름답게 빚어내는 진리며, 그리스도인의 모든 사고를 움직이는 조종실이다."⁴

삼위일체는 모든 행복의 핵심이다. 그런데 이상하게도 내가 읽어본 행복에 관한 많은 기독교 서적에 삼위일체는 좀처럼 언급되지 않는다.

하나님의 영원한 사랑과 행복은 삼위일체를 떠나서는 의미를 잃는다

신학자 윌리엄 셰드(William Shedd, 1820-1894)는 이렇게 썼다. "하나님이 복되신 [행복하신] 분이려면 자체적 지식과 교제가 있어야만 한다. 주체만 있고 객체가 없으면 사랑이나 기쁨을 경험할 수 없다. 사랑과 기쁨은 관계적인 것이며 두 사람 이상을 전제로 한다."⁵

하나님의 행복이나 사랑에 시작점이 없으려면 그 행복과 사랑의 이유와 대상이 그분 자체 내에 존재해야만 한다. 침례교 목사이자 신학자인 아우구스투스 스트롱(Augustus Strong, 1836-1921)은 "사랑이란 혼자서는 불가능한 일이다"라고 말했다.⁶

하나님은 유일하시지만 혼자는 아니시다. 자체적으로 자애롭고 행복하신 그분은 무언가가 필요해서 세상을 창조하신 것이 아니다. 사랑과 행복이 충만하신 하나님이 우주와 천사와 사람과 동물을 통해 그런 감정을 표현하고 싶으실 수 있음은 쉽게 상상이 간다. 그들은 그분의 행복을 누리고 그분은 그들을 즐거워하실 수 있다. 그러나 하나님의 행복은 피조물이 없어도 이미 완전하다. 청교도 스티븐 차녹(Stephen Charnock, 1628-1680)은 "하나님은 자신 이외의 무엇을 통해서도 무한한 만족을 얻으실 수 없다. 그분 외에는 아무것도 무한하지 않기 때문이다"라고 썼다.[7]

성경의 하나님과 거짓 신들의 차이는 삼위일체를 통해 부각된다

영원히 관계적인 창조주 하나님은 다른 어느 종교에도 없다. 일각에서는 이슬람교의 알라가 역사적 기독교의 하나님을 지칭하는 또 다른 이름일 뿐이라고 주장한다. 그러나 코란이 그것을 부인한다. "'삼위일체'를 말하지 마라. 삼가라…알라는 유일한 알라시니 그에게 영광이 있을지어다. 아들이 있는 것보다 (훨씬 높으신 분이다)."[8]

코란에는 삼위일체를 반박하는 이런 진술도 나온다. "'지극히 은혜로운 분(알라)이 아들을 낳았다!'고 말하는 자들이 있다. 참으로 너희는 아주 해괴한 말을 하는구나!"[9]

하나님이 성관계를 통해 아들을 낳으신 것이 아님은 그리스도인들도 동의하는 바다. 그러나 흔히 이 진술은 하나님이 아들 예수를 육체적으로 낳으셨다는 주장을 논박하기 위한 것이다. 그 주장대로라면 예수님은 기독교를 잘못 대변하는 허수아비가 되고 마는데, 그리스도인들은 그렇게 믿지 않는다.

알라는 아버지와 아들과 성령의 위격으로 이루어지지 않은 단일한 신이다. 그리스도인들이 유일신 신앙만 고백하고 삼위일체 자체 내의 풍성한 관계를 생각하지 않는다면, 우리가 보는 것은 성경의 하나님이 아니라 기독교화된 형태의 알라다.

알라의 호칭 중 하나는 "사랑이 많은 분"이다. 마이클 리브스는 이런 의문을 제기한다.

> 어떻게 알라가 영원히 사랑이 많은 존재일 수 있는가? 그가 창조하기 전에는 그가 사랑할 수 있는 대상이 아무것도 존재하지 않았다…

피조물이 있어야만 알라의 자체적 존재("사랑이 많은 분")가 성립될 수 있다면 알라는 자신의 피조물에 의존하는 것인데, 이슬람교의 핵심 교리 중 하나는 알라가 무엇에도 의존하지 않는다는 것이다. 여기 문제가 있다. 사랑에는 사랑할 대상이 수반되는데 어떻게 혼자인 신이 영원히 본질적으로 사랑이 많을 수 있는가?[10]

하나님의 사랑이 그 사랑할 대상보다 선행해야 한다는 이 표면상의 문제는 삼위일체 교리를 통해 아름답게 해결된다. 마찬가지로 곧 보겠지만 그분의 행복도 언제나 삼위일체 자체 내에서 온전히 충족되었다.

삼위일체 하나님의 행복은 예수님의 삶 속에 계시되어 있다
마태복음에 삼위일체 하나님의 행복이 비범하게 표현된 일이 두 번 나온다. 한 번은 예수께서 세례를 받으실 때였고 또 한 번은 변화산에서였다.

> 예수께서 세례를 받으시고 곧 물에서 올라오실새 하늘이 열리고 하나님의 성령이 비둘기같이 내려 자기 위에 임하심을 보시더니 하늘로부터 소리가 있어 말씀하시되 이는 내 사랑하는 아들이요 내 기뻐하는 자라 하시니라(마 3:16-17).

보다시피 아버지와 아들과 성령이 모두 참여하신다. 아버지는 아들로 인한 기쁨과 행복을 귀로 들리게 표현하신다. 성령은 예수님 위에 비둘기처럼 임하시는 가시적 임재를 통해 세 분의 연합을 확증하신다.

아버지의 말씀은 변화산에서도 반복된다. "이는 내 사랑하는 아들이요 내 기뻐하는 자니 너희는 그의 말을 들으라"(마 17:5). 성부께서 성자를 기뻐하신다는 것은 아들로 인해 행복하시다는 뜻이다. 아버지와 아들은 성령을 기뻐하시듯이 또한 서로를 한없이 기뻐하신다.

스티브 드위트는 이렇게 썼다. "당신에게 행복한 순간이 있기 전, 당신의 증조부모에게 행복한 순간이 있기 전, 아담과 하와에게 행복한 순간이 있기 전, 즉 우주가 창조되기도 전부터 성부 하나님과 성자 하나님과 성령 하나님은 서로를 향한 완전하고 확고한 관계적 즐거움을 누리고 계셨다."[11]

자신의 영광을 무한히 즐거워하시는 하나님을 생각하는 한 가지 좋은 방법은 그분이 기뻐하시는 아들을 묵상하는 것이다. 아들 예수님은 그 영광을 온전히 드러내신다(참조. 요 17:24-26, 고후 4:4). 아버지는 "내가 붙드는 나의 종, 내 마음에 기뻐하는 자 곧 내가 택한 사람을 보라"(사 42:1)고 말씀하신다.

마찬가지로 아들과 성령도 창세 전부터 서로를 그리고 아버지를 전적으로 즐거워하실 이유가 얼마든지 있었다(참조. 요 17:24, 벧전 1:20).

하나님의 공동체적 행복은 우리의 행복에도 중요한 의미를 지닌다. 즉 행복이란 첫 인간이 행복을 경험하던 때로부터 시작된 것이 아니라는 뜻이다. 아울러 하나님이 피조물과 그들의 죄를 못마땅해하실 때도 그분의 고유한 행복이 침해받지 않음 또한 그것으로 설명된다(하나님이 행복하신 핵심 이유는 피조물이 아니며, 따라서 그분의 행복은 우리의 태도와 행동에 따라 기복을 타지 않는다).

청교도 윌리엄 베이츠는 인간이 하나님의 임재 안에서 삼위일체의 행복을 만끽하는 모습을 이렇게 내다보았다.

> 성 삼위일체의 모든 위격이 협력하여 천국의 행복을 이룬다. 동등하게 성부와 성자와 성령은 성도들이 영화롭게 된 상태에서 누리는 영원한 복의 근원이시다. 모든 것을 하나님의 복된 보고(寶庫)에서 받을 때 피조물이 얼마나 행복할지 생각해보라.[12]

어떤 종교들에서 말하는 신은 순전히 자신의 수종을 들게 할 목적으로 인간을 창조해놓고는 그들의 행복에는 아무런 관심도 없는 상전이다. 이런 철학에서는 상전의 행복만 중요하고 종의 행복은 무시된다. 사실 상전의 행복이 종들의 희생을 통해 유지될 뿐 즐거운 인격적 관계는 없다.

성경에 그려진 하나님은 완전히 다르시다. 주인이신 그분의 행복과 사랑은 피조물보다 먼저 있었다. 하나님은 스스로 무한히 행복하실 뿐 아니라 그분에게서 흘러나오는 행복은 피조물을 온전히 충족시켜준다.

하나님의 기본 성향은 행복이다

확신컨대 대부분 사람이 보는 하나님의 통상적인 감정 상태는 불행이다. 그들의 생각은 이렇다. '물론 피조물이 제대로 할 때는 그분께도 간혹 행복한 순간이 있을 것이다. 하지만 그분의 행복은 늘 잠깐뿐이다. 우리가 죄를 지으면 하나님도 다시 불행해지기 때문이다.' 인간이 죄로 가득하니 하나님도 불행으로 가득하실 수밖에 없다는 논리다.

하지만 이 논리는 출발점이 잘못되었다. 즉 우리 자신에게서 시작한다. 우리는 자신이 하나님의 행복의 궁극적 출처인 줄 알고 우쭐해진다. 우리의 생각과 행동과 말 때문에 그분이 어느 한쪽으로 기우실 것이라 착각한다.

물론 하나님은 어느 한 피조물의 생각이나 행동 때문에 행복하실 수도 있고 불행하실 수도 있다. 아내와 자녀로 인해서는 더없이 행복한 사람이 종업원이나 이웃으로 인해서는 불행할 수 있는 것과 비슷하다. 그러나 비슷한 점은 거기서 끝난다. 사랑받는 배우자나 자녀조차도 죄인이기 때문이다. 반면에 성부와 성자와 성령은 서로 간에 실망시키거나 실망하실 수 없다. 그분들은 늘 서로로 인해 행복하시며 늘 서로에게 행복만 가져다주신다.

삼위일체 하나님의 영원한 행복이 잠시나마 극적으로 깨질 수 있었던 때라면(여기에 대해서는 상당한 논란이 있다) 하나님의 아들이 십자가에 달리신 마지막 세 시간 동안 땅이 흑암에 덮이면서 아버지와 분리되신 듯 보이던 그때였다(참조. 마 27:45). 예수님은 아버지께 "나의 하나님, 나의 하나님, 어찌하여 나를 버리셨나이까"(마 27:46)라고 부르짖으셨다. 아버지는 예수께서 대신 지신 죄 자체를 싫어하셨다. "하나님이 죄를 알지도 못하신 이를 우리를 대신하여 죄로 삼으신 것은"(고후 5:21). 그러나 동시에 하나님은 희생을 자원하신 예수님을 기뻐하셨고(참조. 사 53:10), 예수님은 궁극적 기쁨을 내다보며 십자가를 참으셨다(참조. 히 12:2).

역사 속에 하루 한때라도 성부와 성자와 성령의 행복이 깨졌던 때가 있다면 분명히 이른바 성금요일이었을 것이다. 하지만 설령 그렇다 해도 예수님의 불행한 고난과 죽음은 결국 사망의 사망을 보장했다(참조. 계 21:4). 또 그것은 예수님과 그분의 불가해한 고난을 믿고 의지하는 모든 사람의 영원한 행복을 보장했고, 그리하여 그분의 사랑하는 아버지와 성령의 영원한 행복을 보장했다. 이 모두가 우리의 영원한 유익과 그분의 영원한 영광을 위한 것이었다.

삼위일체 하나님의 행복은 시작도 없고 끝도 없다

독일의 신학자 마이스터 에크하르트(Meister Eckhart, 1260-1328)는 "삼위일체의 근저에서 아버지는 웃으며 아들을 낳으시고, 아들은 아버지를 보고 마주 웃으며 성령을 낳으시고, 세 분은 함께 웃으며 우리를 낳으신다"라고 말했다.[13] 조나단 에드워즈는 "하나님이 사랑하신 아들은 [아버지의] 가장 귀한 보물이시다. 하나님의 무한한 부요와 무한한 행복과 기쁨이 영원부터 영원까지 그 아들 안에 있다"라고 썼다.[14] 요지는 삼위일체 하나님이 누리시는 행복이 늘 존재했고 앞으로도 늘 존재한다는 것이다.

삼위일체 하나님께 시작점이 없듯이 그분의 행복도 마찬가지다. 하나님이 만일 행복을 처음 경험하신 특정한 시점이 있다면 그분의 행복이 지금으로부터 백만 년 후에도 계속되리라는 보장이 없다. 그래서 이런 의문이 남을 것이다. '하나님이 한때 행복하셨고 어쩌면 지금도 행복하시겠지만 장차 어느 날 더는 행복하지 않으시면 어떻게 될까?'

여기서 하나님이 영원히 존재하신다는 교리와 그분의 불변성이라는 교리가 아주 중요해진다. 모세는 "영원부터 영원까지 주는 하나님이시니이다"(시 90:2)라고 썼다. 행복하고 거룩하신 하나님은 시작도 없고 끝도 없으시며 결코 변하지도 않으신다(참조. 말 3:6, 약 1:17). "하나님은 사랑이심이라"(요일 4:8)는 말씀을 읽을 때 우리는 대개 그것을 그분이 우리를 한없이 사랑하신다는 선언으로 여긴다. 그러나 무엇보다도 이것은 하나님의 속성에 대한 진술이다. 물론 그분은 우리를 사랑하신다. 그러나 사랑은 그분 고유의 영원한 속성이다. 삼위일체 하나님은 영원 전부터, 즉 인간을 창조하시기 전부터 서로 사랑을 베풀고 받으셨다.

우주의 중심은 우리가 아니라 하나님이다. 그렇게 우주를 실체대로 볼 수 있으려면 하나님을 우리와의 관계 속에서 보기 전에 그분 자신으로 보는 훈련이 필요하다. 그래야 하나님이 목적을 위한 수단이 아니라 그 이상이 되신다. 그분은 우리의 자기계발 과정을 거드시는 분이 아니라 예배받기에 합당하신 핵심적 존재시며 "큰 기쁨의 좋은 소식"의 알파와 오메가시다.

제임스 휴스턴(James Houston)은 이렇게 말했다.

> 하나님은 자신을 즐거워하신다. 행복은 그분의 본질적 속성이다. 그러므로 그분은 모든 선과 행복의 기초요 근원이시다…고금의 그리스도인들이 고백했듯이 그들은 삼위일체를 묵상함으로써 행복의 궁극적 본질과 표현과 실천을 만났다.[15]

하나님의 행복이라는 교리를 그분의 불변성이라는 교리와 결합하면 그분이 늘 행복하실 수밖에 없음을 알게 된다. 우리는 하나님의 행복이 어느 날 줄어들거나 사라질까 봐 걱정할 필요가 없다. 반대로 행복의 적(敵)인 죄가 마침내 영원히 정복되면, 지금도 이미 이 세상에 명백한 하나님의 행복이 그때는 기하급수적으로 팽창하여 그 편만하고 한결같은 광채로 우리를 압도할 것이다. 그날이 오면 우리는 다시 행복해지려 애쓸 필요도 없다. 그 이하의 상태는 아예 불가능하다.

하나님의 행복도 더 커질 때가 있는가?

창조 세계가 "심히 좋았더라"고 하실 때 하나님은 그냥 "좋았더라"고 하시던 이전의 날들보다 더 행복하셨을까? 그 순간 그분은 천지를 창조하시기 이전보다 더 행복하셨을까? 예수님은 "그 앞에 있는 기쁨"을 위하여 십자가를 참으셨다고 했는데(히 12:2), 그렇다면 자신의 기쁨이 더 커질 것을 아셨다는 뜻인가?

이런 질문들은 이 하나의 기본 난제로 귀결된다. 무한한 것이 어떻게 더 커질 수 있는가? 논리적으로 그럴 수 없다. 하지만 그 논지를 전개할 때 하나님의 인격성을 박탈하면 위험해진다. 하나님은 죄인 하나가 회개할 때마다 기뻐하신다(참조. 눅 15:7). 그렇다면 회심이 있을 때마다 그분의 기쁨이 더 커지고, 수백만 번째 회심 후에는 전보다 더 커진다는 뜻이 아닌가? 물론 그분은 각 회심이 있을 것을 아셨으므로 이미 늘 기쁘셨다고 말할 수 있다. 하지만 그렇다고 하나님이 우리의 순간순간에 진정한 기쁨으로 동참하신다는 사실이 약화되는 것은 아니다.

하나님은 예수님의 성육신을 통해 시간과 공간 속으로 들어오셨다. 그러나 시간에 구애받지 않으시는 초월적 하나님이 여전히 우리와 함께 계시며, 졸업과 결혼과 출산 같은 특별한 때에 우리의 행복 속에 동참하신다. 일상생활의 소소한 기쁨들 속에는 말할 것도 없다.

돌아온 탕자를 바라보는 아버지의 기쁨을 가볍게 보아서는 안 된다. 하나님은 나를 청소년 시절에 신앙으로 이끄셨는데, 비록 그 시점을 영원 전부터 정확히 알고 계셨어도 그날은 특별히 더 기뻐하셨을 것이다. 그분은 아내와 내가 결혼하던 때나 우리 두 딸이 태어나던 때에도 그러셨고, 우리 손자들이 맞는 삶의 특별한 순간들에도 마찬가지다. 당신이 경험하는 삶의 즐거운 순간들에도 똑같이 기뻐하실 것이다.

성경 말씀대로 우리는 하나님을 기쁘시게, 즉 행복하게 해드릴 수 있다

성경은 우리가 믿음과 예배와 순종으로 하나님을 기쁘시게 할 수 있다고 말한다. 예수님은 자신이 "[아버지]가 기뻐하시는 일을 행"했다고 말씀하셨다(요 8:29). "하나님을 기쁘시게 한다"는 표현은 우리가 자주 접하면서도 미처 다 알지 못하고 쓰는 말 중 하나다. 누군가를 기쁘게 한다는 말은 무슨 뜻인가? 부모나 교사나 코치나 상사나 배우자나 자녀를 기쁘게 함은 곧 상대를 행복하게 해주는 것과 동의어가 아닌가?

하나님을 기쁘시게 또는 즐겁게 해드린다는 내용의 모든 성경 말씀은 그분의 행복이 가능하다는 증거다. 하나님은 우리에게 그분을 기쁘시게 할 것을 명하시는데, 이 명령이 성립되려면 그분이 1) 자신의 행복을 중시하시고 2) 우리를 통해 행복을 누리기 원하셔야만 한다. 그러므로 성경을 읽을 때 "하나님을 기쁘시게 한다"는 말을 그분을 행복하게 해드린다는 말로 바꾸어 읽으면 정확하다.

하나님이 그분의 자녀를 기뻐하신다는 내용의 말씀이 많이 있는데 그중 몇 가지만 살펴보면 다음과 같다.

- 하나님은 그분을 경외하는 사람들과 그분의 인자하심을 바라는 사람들을 "기뻐"하신다(시 147:11).
- 하나님은 우리가 그분을 신뢰하고 그분을 구할 때 기뻐하신다. "믿음이 없이는 하나님을 기쁘시게 하지 못하나니"(히 11:6).
- 하나님은 우리의 생각이 육적이지 않고 영적일 때 기뻐하신다. 육적으로 생각하면 "하나님을 기쁘시게 할 수 없"다(롬 8:8).
- 하나님은 우리가 그분께 순종할 때 가장 "좋아하"신다(삼상 15:22).
- 다윗은 하나님께 "주께서…정직을 기뻐하시는 줄을 내가 아나이다…주의 백성이 주께 자원하여[행복하게] 드리는 것을 보오니"라고 아뢰었다(대상 29:17).

우리로 인한 하나님의 행복과 그분으로 인한 우리의 행복은 불가분의 관계다. '이미 다 가진 사람에게 무엇을 줄 것인가?' 누구나 한 번쯤 해본 고민이다. 하나님 이상으로 다 가진 사람이 있을까? 그런데도 성경은 우리가 그분을 기쁘시게, 즐겁게, 행복하게 해드릴 수 있다고 말한다. 하나님은 우리를 그분의 형상대로 지으셨다. 그런데 나는 아내와 가족과 친구들을 행복하게 해주는 것이 행복하다. 그렇다면 당연히 하나님도 그분의 선물로 우리를 행복하게 해주실 때 행복하지 않으시겠는가?(시 36:8)

무한히 크신 하나님이지만 그분 안에서 우리는 참된 관계와 서로로 인한 행복을 누릴 수 있다

미국 육군의 군목이었던 로버트 대브니(Robert Dabney, 1820-1898)는 "성 삼위일체는 영원히 으뜸가는 중심 대상이며 신자들의 지복(至福)은 거기서 파생된다"라고 썼다.[16] 서로를 기뻐할 때 유대감이 생긴다. 그것 없이는 깊고 의미 있는 관계도 없다. 하지만 피조물인 우리가 어떻게 하나님께 기쁨이 될 수 있을까? 그분은 삼위일체 자체 내에서 경험하는 기쁨에 영원히 익숙하신데 말이다. 하나님이 우리를 창조 세계의 청지기로 삼으신 데는 어쩌면 이런 목적도 있을지 모른다. 하위의 존재와 사랑을 주고받는다는 것이 무엇인지 우리가 더 잘 이해하게 하시려고 말이다.

우리 집 골든리트리버 매기가 다치면 내가 도와준다. 매기가 배고프면 나는 먹여준다. 의무감에서가 아니라 사랑으로 그렇게 한다. 고마워해야 보살펴주는 것은 아니지만 매기가 고마움을 표하면 나도 기뻐진다. 나를 즐거워하는 매기를 보면 내 기쁨도 배가된다. 우리는 대등한 존재는 아니지만 서로의 행복한 관계는 거기에 구애받지 않는다. 하나님과 우리의 관계도 마찬가지다.

문득 부엌에서 창밖을 내다보니 매기가 마당에서 놀고 있다. 무슨 신기한 물건이라도 나오기를 바라는 듯 눈을 휘둥그레 뜨고 코를 땅에 박고 있다. 그러다 갑자기 멈추어 무언가를 빤히 쳐다본다. 여태 자기가 즐겁게 조각조각

뜯어놓은 굵은 진달래 가지다(우리는 관목보다 매기를 더 사랑하므로 그것이 문제가 되지는 않는다).

매기는 그 보물을 덮쳐 전리품처럼 입에 물고는 개선장군이라도 되는 양 빙글빙글 마당을 활보한다. 우리 개의 심리 상태를 나더러 말해보라고 한다면 단연 '행복'이다. 진심 어린 즐거움이 머리끝부터 발끝까지 뚝뚝 떨어진다.

아내가 매기의 목줄을 꺼낼 때는 정말 볼 만하다. 매기는 좋아서 달음질치며 빙빙 돈다(아내도 행복하지만 매기가 더하다). 사랑하는 주인이 어서 자기를 데리고 밖으로 나가주었으면 싶어 안달이 난다. 산책 중에 둘은 서로의 기쁨 속으로 들어가 사랑과 행복을 나눈다.

하나님도 하늘에서 우리를 보실 때 아내와 내가 매기를 즐거워하는 것처럼 우리를 즐거워하지 않으실까? 그분이 우리보다 무한히 더 똑똑하고 크시다 해서 우리를 즐거워하시는 데 지장을 받으시는 것은 아니다. 우리의 우월한 지성이나 가치가 매기를 즐거워하는 데 방해되지 않는 것처럼 말이다.

인간과 동물은 크게 다르지만 둘 다 생명체며 둘 다 똑같은 히브리어 단어 네페쉬(nephesh), 즉 '생명'이라 불린다(참조. 창 2:19). 우리 개와 내가 행복해질 수 있는 역량의 근원은 똑같이 창조주께 있다. 하나님은 그분 자신과 우리 행복의 근원이시며, 그분의 형상을 받은 우리도 그분을 닮아 행복을 향한 갈망과 행복해질 수 있는 역량이 있다.

신자들 안에 하나님의 영이 내주하시고(참조. 고전 6:19) 예수님도 우리 안에 사신다(참조. 골 1:27). 그렇다면 아버지는 어떤가? 성경은 부활하신 그리스도에 대해 "그 안에는 신성의 모든 충만이 육체로 거하시고"(골 2:9)라고 했고, 예수께서도 "내가 아버지 안에, 너희가 내 안에, 내가 너희 안에" 있다고 말씀하셨다(요 14:20). "내가 그들 안에 있고 아버지께서 내 안에 계시어"(요 17:23)라는 예수님의 기도에 암시되어 있듯이 그분이 우리 안에 계시다는 것은 곧 아버지도 계시다는 뜻이다.

이렇듯 삼위일체 중 두 위격(성령과 성자)이 우리 안에 내주하심은 성경에 명시되어 있고, 세 번째 위격(성부)이 내주하심은 미루어 알 수 있다. 이는 삼위일체 하나님과 그분의 영원히 즐거운 상호관계가 우리 안에 있다는 뜻이다. 얼마나 놀라운 사실인가. 우리는 창세 전부터 있었던 이 초월적인 행복 공동체에 받아들여졌으며 다른 모든 공동체는 그다음이고 그 아래다. 이 진리를 매일 묵상한다면 우리 삶에 경이와 기쁨이 넘쳐나지 않겠는가?

그 기쁨을 인식하고 기꺼이 받아 누려야 한다. 하나님이 행복하신 분임을 아는 것도 중요한 출발점이지만, 행복하신 그분이 우리와 멀지 않고, 늘 함께 계시며, 우리 삶에 관심이 많으신 것을 믿으면 더 좋다. 그분은 우리 안에 계시면서 삼위일체의 상호관계에서 영원한 행복을 누리신다. 그런 확신이 있다면 우리도 이해를 초월하는 그 즐거운 공동체에 동참하게 된다.

딕과 릭 호이트 부자는 철인3종경기에서만 아니라 삶 속에서도 서로를 즐거워한다. 하나님 아버지와 그분의 아들을 닮은 아름다운 모습이다. 릭에게 없는 힘을 딕이 채워주듯이 우리를 자녀로 부르신 하나님 아버지도 우리에게 없는 힘을 채워주신다. 그분이 우리를 사랑하시기에 우리도 그분을 사랑할 수 있다.

예수님은 "내가 그들 안에 있고 아버지께서 내 안에 계시어 그들로 온전함을 이루어 하나가 되게 하려 함은 아버지께서 나를 보내신 것과 또 나를 사랑하심 같이 그들도 사랑하신 것을 세상으로 알게 하려 함이로소이다"(요 17:23)라고 기도하셨다. 아버지와 아들과 성령은 우리보다 무한히 크신데도 사랑과 행복을 나누어주시고, 우리의 행복 속에 들어오시며, 우리도 능히 그분들의 행복 속에 들어갈 수 있게 해주신다.

하나님은 우리가 그토록 간절히 바라면서도 스스로 결코 얻지 못할 행복을 그분 안에서 우리에게 주신다. 영원 전부터 행복을 아신 삼위일체 하나님보다 그 일을 더 잘하실 수 있는 분이 누구겠는가?

Chapter·16

하나님은 자신에 대해 행복하신가?(그러셔야 하는가?)

> 잘하였도다 착하고 충성된 종아…네 주인의 즐거움[행복]에 참여할 지어다.
>
> 마태복음 25:23

> 구원의 하나님, 언약의 하나님을 우리는 기쁨으로 예배해야 한다! 그분은 행복하신 하나님이며 행복한 예배자들을 사랑하신다.
>
> 찰스 스펄전

노먼 커즌스(Norman Cousins)의 『웃음의 치유력』(Anatomy of an Illness, 스마트 비즈니스 역간)에 보면 웃음의 놀라운 치유 효과가 기술되어 있다.[1] 그는 한때 불치병 말기를 선고받고 회복될 가망성이 5백분의 1밖에 되지 않았다.

커즌스는 염려와 우울과 분노가 자신의 병에 일조했다고 믿었다. 그래서 웃음에 푹 빠지기로 결심하고 "마르크스 형제들"(The Marx Brothers)이라는 코미디와 재미있는 영화들을 보았다. 알고 보니 10분 동안만 웃어도 몇 시간의 고통이 덜어졌다. 결국 그는 완치되어 20년을 더 살았다. 커즌스는 자신이 치유된 것이 늘 밝은 면에 초점을 맞추고 웃은 덕분이라고 확신했다.

내가 보기에 이 이야기는 자연주의적 세계관으로는 설명될 수 없다. 마음을 소생시키고 육신을 치유하는 이 웃음이라는 위력적 존재는 임의의 화학 물질과 양자와 중성자의 산물인가? 유머와 웃음과 행복을 자연 도태와 적자생존으로 설명할 수 있는가?

아니면 유머와 웃음은 우리에게 주어진 선물인가? 만일 선물이라면 그 기원은 하나님이 아니고 무엇이겠는가? 이 타락한 세상에서 하나님이 우리에게 유머와 웃음을 선물로 주신다면 이는 그분 자신에 대해 무엇을 말해주는가?

자신에 대한 하나님의 행복은 자만심이나 이기심이 아닐까?

인간이 자신에 대해 행복해하면 대개 교만하고 자아에 집착하는 것으로 비친다. 그렇다면 하나님이 자신에 대해 행복하시다는 말이 어떻게 칭찬이 될 수 있을까?

C. S. 루이스가 한동안 힘들어한 문제가 있다. 하나님이 우리에게 그분을 찬양하고 그분께 영광을 돌릴 것을 요구하신다는 사실이다. 결국 루이스는 자신이 진리를 오해했음을 깨달았다.

> 대상이 하나님이든 기타 무엇이든 간에 찬양에 대한 가장 분명한 사실이 있는데 이상하게 나는 그것을 놓쳤다. 내가 생각한 찬양이란 칭찬하고 인정하고 명예를 주는 것이었다. 모든 즐거움은 자연스럽게 찬양으로 넘쳐흐른다는 사실을 미처 몰랐던 것이다…사람들은 무엇이든 자신이 귀히 여기는 것을 자연스럽게 찬양하며 우리에게도 그 찬양에 동참할 것을 자연스럽게 권한다. "그녀는 아름답지 않은가? 이것은 영광스럽지 않은가? 너에게도 저것이 훌륭해 보이지 않는가?" 시편 저자들은 모든 사람에게 하나님을 찬양하라고 말했거니와 인간은 누구나 자신이 중시하는 것에 대해 그렇게 똑같이 말한다. 우리는 자신이 귀히 여기는 모든 것을 즐거이 찬양하며 실제로 그럴 수밖에 없다. 그런데 어이없게도 나는 가장 귀하신 그분에 대해서만은 그것

을 막으려 했으니 하나님을 찬양함에 대한 나의 전반적 어려움은 모두 거기서 비롯되었다.²

모든 선하고 찬양받을 만한 것들의 궁극적 기원이 과연 하나님일진대 그분이 우리에게서 그분을 찬양하는 행복을 박탈하신다면 그것이 사랑이 아니잖은가?

루이스의 결론은 이렇다.

> 내 생각에 우리가 즐거움의 대상을 기꺼이 찬양하는 것은 즐거움이 찬양으로 표현될 뿐만 아니라 찬양으로 완성되기 때문이다. 찬양은 즐거움의 운명적 정점이다. 연인들이 계속 서로에게 아름답다고 말해주는 것은 예의상의 칭찬이 아니다. 표현되지 않는 즐거움은 미완(未完)이다…온전히 즐거워하려면 상대를 영화롭게 해야 한다. 하나님이 우리에게 그분을 영화롭게 하라고 명하신 것은 곧 그분을 즐거워하라는 초대다.³

하나님께 가장 유익한 것이 결국 우리에게도 가장 유익하다

하나님은 "내 이름을 위하여 내가 노하기를 더디 할 것이며 내 영광을 위하여…나는 나를 위하며 나를 위하여 이를 이룰 것이라…내 영광을 다른 자에게 주지 아니하리라"(사 48:9, 11)고 말씀하신다. 인간이 자꾸 "나를 위하여"를 되뇌면 그것은 이기심의 소치다. 우리는 우주를 창조하지 않았다. 자신의 영광을 구하는 사람들이 우리의 비위에 거슬리는 것은 그들이 그 영광을 받기에 합당하지 않기 때문이다. 그러나 하나님은 다르시다. 그분은 모든 영광을 받기에 합당하신 분이다. 우리의 지각을 초월할 정도로 더 합당하시다.

공연이 끝나고 청중이 기립 박수를 보낼 때 우리는 작곡가와 지휘자와 관현악단원들이 행복하기를 바라지 않는가? 청중은 행복에 겨워 자발적으로 찬양한다. 청중이 행복하니 연주자들도 행복하다. 이는 연주자들의 이기심과는 무관하지 않은가? 사람들을 행복하게 해주고 싶은 것이 이기적인 일인가? 이와 비슷하게 우리는 하나님을 찬양할 때 마냥 행복해지고 그분은 그 찬양을 받으실 때 행복해하신다. 그분의 그런 모습에 우리가 실망해야 할 까닭이 무엇인가?

하나님이 당연히 하나님 중심이어야 하는 이치가 삼위일체의 교리로 설명된다. 첫째, 그분은 합당하시기 때문이다. 둘째, 그분은 합당한 것을 그에 걸맞게 높이시기 때문이다. 셋째, 삼위일체의 각 위격은 타자(他者) 중심으로 서로를 즐거워하시기 때문이다. 성부는 성자와 성령 중심이시고, 성자는 성부와 성령 중심이시며, 성령은 성부와 성자 중심이시다.

하나님은 우리가 그분을 기쁘시게 하기를 바라시는데 이는 그분의 유익만 아니라 또한 우리의 유익을 위한 것이다. 찰스 스펄전은 이렇게 말했다. "이생과 내세에서…인간의 궁극적 목적은 창조주 하나님을 기쁘시게 하는 것이다. 누구든지 하나님을 기쁘시게 하면 이로써 자신도 최고의 현세적 유익과 영원한 유익을 누린다. 하나님을 기쁘시게 하면 엄청난 행복이 뒤따를 수밖에 없다."[4]

다음은 존 파이퍼의 말이다. "자기 자신을 높이는 것이 결핍된 자아의 행위가 아니라 무한한 베풂의 행위가 되는 분은 온 우주에서 유일하게 하나님뿐이다. 하나님이 우리의 찬양을 바라시는 이유는 그분이 찬양을 받지 않고는 온전한 하나님이 아니어서가 아니라 우리가 찬양을 드리지 않고는 행복하지 않기 때문이다. 이는 교만이 아니라 은혜다."[5]

하나님은 삼위일체시므로 우리에게 의존하지 않고도 우리를 갈망하고 사랑하실 수 있다

행복하신 하나님이 왜 우리를 창조하셨을까? 우리가 있어야만 그분이 행복해지시는 것이 아닌데 말이다. 조나단 에드워즈가 간명한 답을 내놓았다. "샘물이 자꾸만 흘러넘치는 것은 결함이 아니다."[6]

하나님은 창조주시다. 그러나 창조해야만 자신이 행복해지신다는 뜻은 아니다. 오히려 그분은 이미 행복하시기에 창조하신다.

하나님은 늘 삼위일체의 세 위격으로 사랑의 관계를 누리셨다. 예수님은 "아버지께서 창세 전부터 나를 사랑하시므로"(요 17:24)라고 말씀하셨다.

영국의 신학자 존 오웬(John Owen, 1616-1683)은 삼위일체 안의 사랑에 대해 이렇게 주해했다.

> "하나님은 사랑이시라."…자신을 향한 하나님의 사랑—신이신 그분께는 당연하고도 꼭 필요한 것이다—은 성부와 성자께서 성령으로 말미암아 서로 만족하시는 데 있다. 하나님이 자신의 바깥에 무언가를 만드신 것은 자신을 표현하시기 위해서다. 하늘과 땅을 지으심은 자신의 존재와 선하심과 능력을 표현하시기 위해서였다. "자신의 형상대로" 인간을 창조하심은 자신의 거룩함과 의를 표현하시기 위해서였다. 우리의 본성 속에 사랑을 심어주심은 성 삼위일체가 서로를 영원히 사랑하시는 것을 표현하시기 위해서였다.[7]

우리에게 행복을 주심으로 하나님은 자신의 행복을 보여주신다

포로들이 예루살렘으로 귀환하고 성벽이 재건된 후에 느헤미야는 백성에게 잔치하고 즐거워하라며 "여호와로 인하여 기뻐하는 것이 너희의 힘이니라"(느 8:10)고 말했다. 기쁜소식역(GNT)에는 이 구절이 "여호와께서 너희에게 주시는 기쁨이 너를 강하게 할 것이다"라고 되어 있다. 본문의 요지는 단순히 우리가 하나님을 기뻐하는 것이 아니라 그분이 우리에게 그분의 기쁨을 주신다는 것이다.

하나님이 자신의 자녀들을 가리켜 하신 하나님의 다음 말씀에서 그분의 환희에 찬 열정을 보라. "내가 기쁨으로 그들에게 복을 주되 분명히 나의 마음과 정성을 다하여 그들을 이 땅에 심으리라"(렘 32:41). 당신이 지극히 사랑하는 사람을 위해 특별한 일을 해줄 때 느끼는 따뜻함과 즐거움을 상상해보라. 그 느낌에 무한대를 곱하면 우리를 향한 하나님의 사랑과 행복을 엿볼 수 있다!

1754년에 호레이스 월폴(Horace Walpole)은 중세 페르시아의 "세렌디프의 세 왕자"라는 옛날 우화를 바탕으로 'serendipity'라는 단어를 만들어냈다. 이 단어는 '뜻밖의 행운을 찾아내는 재능'을 뜻한다.[8]

뜻밖의 행운은 누구에게나 즐거운 일이다. 그러나 우연처럼 보이는 즐거움이 사실은 주권자 하나님의 계획임을 믿는 사람들에게는 그런 행운이 특별한 의미로 다가온다. 그분은 일부러 우리 삶 속에 뜻밖의 즐거움을 불쑥 끼워 넣어주신다.

내가 다닌 성경 대학의 한 교수는 자신의 자잘한 일상사 속에 그리스도가 임재하시는 사례를 자주 나누었다. 왜 나한테는 그런 일이 없는지 의아했다. 그러나 시간이 가면서 하나님이 내게도 보여주셨다. 내게도 그런 일이 있었던 것이다. 단지 내가 알아보지 못했을 뿐이다!

하나님은 삶의 가장 작은 일까지도 주관하신다. 그렇다면 우리는 나무에서 떨어지는 이파리, 오솔길을 가로질러 뛰어가는 토끼, 가게에서 만난 옛 친구, 예상하지 못한 격려의 말 등을 하나님이 나누어주시는 행복으로 보아야 하지 않을까?

하나님이 우리 삶 속에 행복의 원인들을 주신다는 사실은 그분의 행복하신 속성과 즐겁게 해주시는 속성을 보여주는 또 다른 증거다.

우리가 직간접으로 누리는 모든 행복은 하나님에게서 온다

장차 새 땅에서 하나님의 얼굴을 뵈올 그날 우리는 직접적 행복을 누릴 것이다(참조. 계 22:4). 물론 하나님은 성도 간의 교제, 천사, 경이로운 자연, 동물 등 간접적 방식을 통해서도 계속 우리에게 행복을 주실 것이다. 그러나 그날에는 우리의 눈가리개가 벗겨질 것이다. 그리하여 모든 작은 행복의 배후에서 궁극의 행복이신 하나님을 보지 못하는 일이 다시는 없을 것이다.

그날 우리는 좋은 음식을 한 입만 먹어도 창조주요 공급자를 찬양할 것이다. 사람들과 함께 웃을 때도 하나님 자신이 웃음의 근원이시며 즐거이 함께 웃으시는 분임을 결코 잊지 않을 것이다(19장에서 보겠지만 예수님의 웃음이야말로 가장 전염되기 쉽다고 믿을 만한 이유가 얼마든지 있다). 그분의 즐거움은 우리의 즐거움이 되고 우리의 즐거움은 그분의 즐거움이 될 것이다.

아버지와 아들과 성령으로 존재하실 만큼 광대하신 하나님만이 그런 큰 기쁨의 좋은 소식을 생각해내시고 실행하실 수 있다. 그 기쁜 소식이 우리가 누릴 영원한 행복의 기초다.

아들은 아버지를 사랑하시며 아버지를 대하여 행복하시다

예수님은 "아버지께서 아들을 사랑하사"(요 3:35)라고 말씀하셨다. 아들도 아버지를 사랑하신다. "오직 내가 아버지를 사랑하는 것과 아버지께서 명하신 대로 행하는 것을 세상이 알게 하려 함이로라"(요 14:31).

사랑이 많으신 아들 예수님은 "나의 양식은 나를 보내신 이의 뜻을 행하며 그의 일을 온전히 이루는 이것이니라"(요 4:34)고 말씀하신다. 양식은 우리를 살릴 뿐 아니라 즐거움을 가져다준다. 그리스도의 양식 곧 행복의 출처는 무엇인가? 아버지의 뜻을 이루는 것이다. 아버지의 뜻을 행하는 것이 예수께는 짐이 아니라 즐거움이다. 다른 모든 짐을 무색하게 할 정도로 우주 역사상 가장 무거운 짐이었던 십자가까지도 말이다.

우리 인간이 자신에 대해 행복하면 그 대상은 단일하고 유한하며 영광을 받기에 합당하지 못하다. 그러나 자신에 대한 하나님의 행복은 그 행복의 출처와 대상에 다른 두 위격이 포함되어 있어 속성과 가치가 무한하다.

예수님을 향한 아버지의 사랑은 구속하신 자녀들에게로 확대된다

예수님은 자신만 하나님을 아버지라 부르실 뿐 아니라 제자들까지도 그분을 아버지로 누리게 해주신다. "내가 내 아버지 곧 너희 아버지, 내 하나님 곧 너희 하나님께로 올라간다 하라"(요 20:17).

이 놀라운 진리를 구약에서도 엿볼 수 있다. "여호와의 말씀에 이스라엘은 내 아들 내 장자라"(출4:22). "너희가 당하였거니 사람이 자기의 아들을 안는 것 같이 너희의 하나님 여호와께서…너희를 안으사"(신 1:31). 모세는 하나님에 대해 "그는 네 아버지시요 너를 지으신 이가 아니시냐 그가 너를 만드시고 너를 세우셨도다"(신 32:6)라고 말했다. 시편 저자도 같은 개념을 되풀이했다. "아버지가 자식을 긍휼히 여김 같이 여호와께서는 자기를 경외하는 자를 긍휼히 여기시나니"(시 103:13).

예수께서 치르신 극한의 희생을 생각해보라. "나의 하나님, 나의 하나님, 어찌하여 나를 버리셨나이까"(마 27:46)라는 그분의 부르짖음은 영원 전부터 아버지와 함께 누리신 완전한 사랑의 관계가 깨졌다는 뜻이다. 아버지를 기쁘시게 할 수 있는 유일한 분이 죄가 되셨는데, 죄는 아버지와 아들 두 분 다 미워하시는 것이다. 이 모두가 도둑질하고 살해하는 배은망덕한 반역자들을 하나님과의 친밀하고 행복한 관계 속으로 들어가게 해주시기 위해서였다!

빅토르 위고(Victor Hugo, 1802-1885)는 『레미제라블』(Les Misérable)에 "인생 최고의 행복은 자신이 사랑받고 있다는 확신에 있다"라고 썼다.[9] 우리를 사랑하는 사람이 위대할수록 우리의 행복도 커진다. 그래서 하나님의 모든 자녀는 다음과 같은 성경의 약속들을 늘 바라보아야 한다. "높음이나 깊음이나 다른 어떤 피조물이라도 우리를 우리 주 그리스도 예수 안에 있는 하나님의 사랑에서 끊을 수 없으리라"(롬 8:39).

하나님은 우리가 이 땅에서 겪는 고통을 보시며 슬퍼하시지만 자신의 완전한 계획이 결국 최고임을 아시기에 안심하신다. 그분은 자신의 자녀들을 못내 사랑하시고 구원받지 못한 사람들을 오래 참으시지만 죄에는 노하신다. 창세 전부터 행복하셨던 그분은 오는 세상에서도 행복하실 것이며 지금도 행복하시다.

자신의 행복을 이제부터 영원까지 나누어주시려는 하나님을 보면 우리의 세계관이 바뀐다

존 버니언은 1600년대에 살았던 청교도이자 영국의 설교자다. 그가 복음을 전한 죄로 옥에 갇혀 있는 동안에 집필한 『천로역정』은 성경 이외에 가장 영향력 있는 문학 작품으로 널리 인정받고 있다. 그는 "하나님은 최고의 선이시다…그분 자체로 더없이 행복하시다…모든 참된 행복은 하나님 안에서만 얻을 수 있으며 그것이 그분의 본질적 속성이다"라고 말했다.[10] 버니언에게 행복이란 하나님과 불가분의 관계며, 그분 자신이 행복하지 않으시고는 불가능한 것이다.

아내와 나는 휴가나 모임 때 서로와 가족과 사랑하는 친구들과 더불어 행복을 나누는 즐거움을 안다. 이런 행복한 시간은 세월이 흘러도 여전히 훈훈한 추억을 되살려주는 위력이 있다. 그런데 이런 놀랍도록 행복한 시간을 인간관계에만 국한시켜야 할 이유가 무엇인가? 성경을 믿는다면 우리는 경건한 자세로 하나님 자신과 더불어 행복과 웃음을 즐기고자 힘쓸 수 있다. 나는 종종 하나님이 항상 나와 함께 계심을 상기한다. 그분은 우리가 그분 안에서 그리고 그분과 더불어 행복할 수 있음을 알기 원하신다. 죽은 다음에만 아니라 오늘의 삶 속에서 말이다. 묵상을 하든 책을 읽든 사진을 보든 영화를 보든 내가 혼자 있을 때 경험하는 모든 행복이나 웃음은 하나님과 함께 나누는 웃음이다. 실제로 나는 혼자가 아니기 때문이다!

찰스 스펄전은 개인적으로 이따금씩 우울을 경험했다.[11] 그는 사역 훈련생들도 우울해지기 쉽다고 경고하며 이렇게 말했다. "가끔씩 쓰러지지 않고 영혼들의 무게를 감당할 수 있는 사람이 누가 있겠는가?"[12] 그럼에도 그는 "우리가 있어야 할 자리로 돌아가자. 행복하신 하나님의 자녀들은 행복해야 한다"라고 말했다.[13] 우리는 하나님의 자녀이므로 마땅히 아버지를 닮아야 한다.

바울은 고통당하는 하나님의 자녀들에 대해 "우리가 아빠 아버지라고 부르짖느니라"(롬 8:15)고 말했다. 여기 아빠(Abba)란 '아빠'를 뜻하는 친밀한 단어다.

우리는 하나님 아버지처럼 되기를 원한다. 그분의 행복이 우리의 행복이다.

하나님은 우리가 영원히 그분의 행복에 동참하고 그분도 우리의 행복에 동참하기를 원하신다. 그분이 우리에게 이보다 높은 찬사를 보내실 수 있을까? 우리는 자격이 없지만 그것도 그분께 걸림돌이 못 된다. 그분은 열성을 다해 우리에게 사랑을 베푸시고 행복을 나누어주신다.

하나님의 행복과 우정을 어떻게 믿느냐에 따라 그분에 대한 우리의 신뢰도가 달라진다

하나님은 지극히 거룩하고 의로우시지만 또한 A. W. 토저의 표현으로 "친구처럼 마음이 통하는 하나님"이시다.[14] 친구 같은 하나님이라니? 마음이 통하는 하나님이라니? 하나님의 속성을 열거해보라고 한다면 이런 단어를 떠올릴 사람이 우리 중 몇이나 될까?

우리가 하나님을 친구처럼 마음이 통하는 분으로 생각하지 못하는 이유는 그분을 행복하신 분으로 생각하지 않기 때문이다. 그분은 참으로 우리의 친구시며 또한 친구가 되기를 원하시건만 많은 그리스도인에게 이것은 청천벽력 같은 개념이다. 그것을 믿는다면 예수께서 "이제부터는 너희를 종이라 하지 아니하리니…너희를 친구라 하였노니"(요 15:15)라고 하셨을 때 제자들의 심정이 어땠을지 이해가 될 것이다.

행복하신 하나님은 우리가 친구처럼 가까이할 수 있는 분이다. "그러므로 우리는 긍휼하심을 받고 때를 따라 돕는 은혜를 얻기 위하여 은혜의 보좌 앞에 담대히 나아갈 것이니라"(히 4:16). 그리스도의 구속 사역 덕분에 우리는 하나님의 보좌 앞에 담대히 나아갈 수 있다. 그분이 우리를 위해 대가를 치르신 것은 우리 아버지이자 친구가 되고 싶으신 마음 때문이었다.

프린스턴 신학교 교수인 신학자 아치볼드 알렉산더(Archibald Alexander, 1772–1851)는 이렇게 썼다. "하나님은 선하시다. 그분의 선하심은 그분이 지혜로 행하신 모든 일 속에 나타나 있다. 이는 그분이 모든 일을 피조물의 행복을 가장 증진하는 쪽으로 조치하시고 지속하셨기 때문이다."[15]

하나님이 행복하신 분이라고 말하면 어떤 사람들은 그분을 우리의 형상대로 개조하는 거라고 생각한다. 사실은 정반대다. 우리가 행복을 원하는 것은 행복하신 하나님이 우리를 그분의 형상대로 지으셨기 때문이다. 우리는 엉뚱한 데서 행복을 구하는 데 너무 익숙한 나머지 행복을 죄라고 믿게 되었다. 사실은 하나님 안에서 행복을 구하지 않는 것이 죄다. C. S. 루이스는 "행복의 근거를 당신이 잃을 수 있는 것에 두지 말라"고 했다.[16]

하나님이 말씀하신 대로 그분은 우리를 사랑하시며(참조. 요 3:16) 우리의 염려를 그분께 맡기기 원하신다(참조. 벧전 5:7). 이런 하나님을 신뢰하려면 먼저 그런 약속들이 진정으로 그분의 행복에서 그리고 우리가 행복하기를 바라시는 마음에서 비롯되었음을 믿어야 한다.

다윗은 왕인 자신을 하나님이 "주 앞에서 기쁘고 즐겁게[행복하게] 하시나이다"(시 21:6)라고 아뢰었다. 다윗의 행복을 요약하면 이렇다. 1) 하나님은 기쁘신 분이다. 2) 그 기쁘신 하나님이 그와 함께 계신다.

내가 당신에게 이렇게 말한다고 하자. "당신이 나의 지인의 집에 들르면 그 사람이 당신을 기쁘고 행복하게 해줄 것이다." 이런 말에 부응하려면 그 지인은 어떤 사람이어야 할까? 진정으로 행복한 사람이라야만 한다. 하나님의 행복을 믿지 않고는 이런 본문들이 무슨 말인지 알 수 없다.

하나님의 행복이 변한다고 생각하면 그분 안에 있는 영원한 행복도 의심스러울 것이다

하나님이 행복하실 수 있거나 간혹 행복하시다고 믿는 것만으로는 부족하다. 부모가 정서적으로 일관성이 없으면 자녀는 슬슬 피한다. 한순간 행복하고 자애롭던 엄마나 아빠가 다음 순간 노하여 대적한다면 아이들은 거리를 두는 법을 배운다.

물론 일관되게 자애로운 부모도 자녀가 죄짓고 반항하면 불행할 것이다. 그래도 은혜로운 부모는 용서하고 관계를 회복하려 한다.

내가 의심하거나 실수하거나 실패할 때마다 하나님의 행복이 사라진다고 믿는다면 나는 그냥 포기하고 다른 데서 행복을 구할 것이다. 그러나 내 죄와 실패에도 불구하고 하나님의 행복이 계속 깊고 영원하며 어떻게든 그분이 나를 용서하고 위로하신다면—그리고 사랑하는 자녀로서 나를 필요에 따라 징계하신다면—나는 내가 갈망하는 사랑과 행복을 얻고자 담대히 그분께 나아갈 것이다.

그분의 행복이 나에게 의존해 있다면 그분도 나도 행복할 수 없다. 그러나 그분의 행복이 나에게 달려 있지 않다면 그분도 나도 행복할 수 있다.

하나님의 행복이라는 교리가 그래서 아주 중요하다. 하나님의 지속적인 행복을 믿지 못하면 예수께서 이런 말씀으로 안심시켜주셔도 우리 마음이 닫힐 수 있다. "수고하고 무거운 짐 진 자들아 다 내게로 오라 내가 너희를 쉬게 하리라 나는 마음이 온유하고 겸손하니 나의 멍에를 메고 내게 배우라 그리하면 너희 마음이 쉼을 얻으리니 이는 내 멍에는 쉽고 내 짐은 가벼움이라"(마 11:28-30).

우리 자녀와 손자손녀와 미래 세대들은 자신이 가장 깊이 갈망하는 바를 하나님에게서 찾아야 한다. 만일 우리가 그것을 바란다면 그분이 본래 행복하신 분임을 그들에게 가르쳐야 한다. 그들은 기쁜 소식을 주시는 하나님이 정말 "그들의 슬픔을 돌려서 즐겁게 하"실 수 있고(렘 31:13) 또 이를 간절히 원하심을 알아야 한다.

성경의 하나님은 충분히 행복하고 능하셔서 우리의 가장 큰 슬픔과 고난을 이기시고 우리에게 영원한 행복의 이유를 주신다. 우리가 그것을 알면 하나님을 신뢰하지 못하게 막으려는 사탄의 논리는 힘을 잃는다.

행복하신 하나님을 받아들이면 일부 교회들과 신자들을 지배하는 침울함과 불만의 구름이 걷힐 것이다. 찰스 스펄전은 성경에 계시된 하나님의 행복을 알았기에 일부 그리스도인들의 쾌활하지 못하고 우울한 모습에 일침을 가했다. "우리가 행복하신 하나님을 닮아갈수록 오히려 더 불행해진다면 이는 심히 이상한 일이다. 하나님은 더없는 행복을 온전히 누리며 모든 선을 베푸시는데 우리가 그분처럼 행동하면서 날로 더 비참해진다면 이보다 더 해괴망측한 일은 없을 것이다."17

십자가에서 우리 죄를 해결하신 이 하나님이 어느 날 단번에 완전히 "[우리의] 슬픔이 변하여…춤이 되게 하"실 것이다(시 30:11).

영국의 목사 로버트 윌리엄 데일(Robert William Dale, 1829-1895)은 이렇게 썼다.

> 세상의 즐거운 일들은 마귀에게서 나지 않았고 음울한 일들은 하나님에게서 나지 않았다…하나님 자신은 영원히 복되신[행복하신] 분이다… 그분은 순결의 빛 속에만 아니라 기쁨의 빛 속에 거하시며, 우리는 비참해질수록 더 그분을 닮아가는 것이 아니라…우리의 복[행복]이 온전해질수록 더 하나님을 닮아간다. 기독교의 위대한 은혜는 행복으로 빛을 발한다.18

하나님도 자신에게 없는 것을 우리에게 주실 수 없다

하나님은 구하는 모든 신자에게 그러시듯이 내게도 종종 성경을 통해 말씀하신다. 2013년 6월 2일 주일에 하나님의 행복에 관한 몇 가지 생각이 유난히 명료하게 내게 임했다. 물론 무오한 성경과 대등하지는 않지만 하나님 말씀에 비추어 시험해본 결과 나는 아래의 내용이 진실이라 믿는다.

우리가 하나님을 행복하신 분으로 믿는지 여부가 중요한가? 이보다 중요한 일은 전무후무하다. 로마서 8장을 믿을 수 있는지 여부가 이것으로 결정되기 때문이다.

불행한 하나님이라면 로마서 8장에 그분이 하셨다고 나와 있는 일들을 결코 하시지 않았을 것이다. 즉 우리를 구원하러 오시고, 우리를 위해 탄식하며 기도하시고, 우리의 부활과 영생을 확보하시며, 우리를 대적하는 것이 아니라 위하시고, 모든 것을 합력하여 우리의 선을 이루시고, 어떤 상황이나 그 무엇도 우리를 그분의 사랑에서 끊지 못하게 하시는 일 등을 그분은 하시지 않았을 것이다.

하나님이 불행하다면 우리 행복의 근원이 되실 수 없다. 불행한 하나님은 피조물의 영원한 행복을 결코 중시하지도 않고 보장하지도 않을 것이다. 은혜 없는 하나님에게 은혜를 구하거나 무자비한 하나님에게 자비를 구하거나 불행한 하나님에게 행복을 구할 사람은 없다. 그것은 마치 가난한 사람에게 백만 달러를 구하는 것과 같다. 자신에게 있지도 않은 것을 줄 수는 없는 법이다.

하나님이 행복하지 않다면 모든 인간이 행복을 추구한다는 사실은 잔인한 비극이다. 우리가 그토록 간절히 갈망하는 것을 하나님도 채워주실 수 없다는 뜻이기 때문이다. 기껏해야 그분은 우리를 비참한 지옥에서 건지실 수 있을지 모른다. 그러나 천국에 행복이 넘쳐흐르려면 하나님 자신이 행복으로 넘쳐흘러야만 한다.

끝없이 이어질 이 이야기에 해피엔딩이 보장되는 것은 우리의 창조주께서 행복하시기 때문이다.

Chapter·17

역사적으로 교회는
하나님을 **행복**하신 분으로 보았는가,
불행하신 분으로 보았는가?

너의 하나님 여호와가 너의 가운데에 계시니 그는 구원을 베푸실 전
능자이시라 그가 너로 말미암아 기쁨을 이기지 못하시며 너를 잠잠히
사랑하시며 너로 말미암아 즐거이 부르며 기뻐하시리라.
스바냐 3:17

하나님의 행복을 보면 한없이 행복하신 그분 생각에 기쁨이 더해진
다…하나님을 뵈올 사람들은…그분의 행복을…심히 기뻐할 것이다.
조나단 에드워즈

『허클베리 핀의 모험』의 첫 장에서 허크는 그리스도인 노처녀인 미스 왓슨과 함께 산다. 그녀는 재미를 즐기는 허크의 기질을 나쁘게 보고 지옥 불로 그를 위협한다. 그녀의 말대로라면 천국은 누구나 마땅히 가고 싶어할 곳이지만 허크에게는 다르게 보인다.

그녀는 그 좋다는 곳에 대해 내게 장황히 늘어놓았다. 거기서 몸이 할 일이라곤 온종일 하프를 들고 돌아다니며 영원히 노래하는 것뿐이라 했다. 그래서 나는 그곳을 대수롭지 않게 여겼다…그녀에게 톰 소여

가 그곳에 갈 수 있겠느냐고 물었더니 아무래도 아닐 거라고 했다. 나도 톰과 함께 있고 싶기 때문에 다행이다 싶었다.[1]

미스 왓슨은 천국만 불행한 곳으로 그려낸 것이 아니다. 온갖 의무와 자초한 고생으로 점철된 현세의 삶도 불행했다. 그녀가 소리 내어 주장하지는 않았을지 몰라도 작품 속에 숨은 뜻은 분명히 이것이다. 즉 불행한 그리스도인의 삶이 하나님에게서 났다면 그분 자신도 불행할 수밖에 없다는 것이다.

허크가 미스 왓슨에게서 예수님을 향한 깊고 즐거운 애정을 보았다면, 그리고 그 결과로 허크와 톰과 그 밖의 사람들에게로 흘러넘치는 은혜를 보았다면, 그리스도와 교회와 천국이 허크에게도 매력 있게 보였을 것이다.

허크의 하나님관은 마크 트웨인으로 알려진 저자 새뮤얼 클레멘스(Samuel Clemens)의 하나님관이 그대로 반영된 것이다.[2] 클레멘스에게 다음과 같은 말을 해준 사람이 아무도 없었을까? 그가 그토록 엄격하고 유머 없는 존재로 보았던 하나님이 물론 거룩하신 분이지만 또한 놀이와 재미와 웃음과 기발함을 창조하신―그리고 마크 트웨인에게 재치와 유머 감각을 주신―행복한 하나님이기도 하다고 말이다.

마르크스주의 철학자인 레셰크 코와코프스키(Leszek Kołakowski)는 『신은 행복한가?』(Is God Happy?)라는 책의 제목에서 제기된 질문에 부정으로 답했다. 그에 따르면 하나님은 행복할 수 없으며, 고통과 죽음이 있는 한 인간도 행복할 수 없다. 행복이 죄나 슬픔과 전혀 공존할 수 없다면 나도 그의 말에 동의하겠다. 하지만 우주의 현 상태에도 불구하고 하나님의 불변하는 속성에는 행복이 기본으로 들어 있고, 우리에게 행복의 이유를 주시는 그분의 능력도 여전하다.

옛 철학자들과 신학자들과 일반인들이 면면히 하나님의 행복을 믿던 때가 있었으나 현대 그리스도인의 사고에서는 이 개념이 위축되다 못해 때로 사라져버렸다. 이제 우리 이전의 신자들이 오랜 세월 알았고 가르쳤던 그 내용을 되찾아야 할 때다.

초기의 교부들과 중세의 신자들은 하나님의 행복을 말했다

AD 1세기 말에 기록된 『바나바 서신』(Epistle of Barnabas)은 정경(즉 성경의 일부)은 아니지만 많은 교부가 좋은 뜻으로 인용했다. 거기에 이런 말이 나온다. "그러므로 기쁨의 자녀들이여, 알아야 할 것은 이것이니 선하신 주께서 모든 것을 우리에게 미리 계시하심은 그 모든 것으로 인해 누구에게 감사와 찬송을 드려야 할지 알게 하시기 위함이라"(7:1).[3] 그리스도를 따르는 사람들을 왜 "하나님의 자녀들"이라 하지 않고 "기쁨의 자녀들"이라 불렀을까? 하나님이 기쁘신 분이기 때문이다. 그분은 기쁨의 정수 자체시다.

니사의 그레고리(Gregory of Nyssa, 335-394) 주교는 하나님의 행복에 대해 이렇게 썼다. "복[행복]이란 곧 더럽혀지지 않은 삶이다. 즉 상상을 초월하는 형언 못할 선, 말로 다할 수 없는 아름다움, 근본적인 은혜와 지혜와 능력, 참된 빛, 모든 선의 근원…무궁한 즐거움, 영원한 기쁨이다."[4] 요즘 웬만한 신자들에게 하나님을 묘사하라고 해보라. 그 답에서 "말로 다할 수 없는 아름다움", "무궁한 즐거움", "영원한 기쁨"을 찾아보기는 어려울 것이다.

안셀무스는 베네딕트회의 수사로서 캔터베리의 대주교가 되었다. 아마 그는 아우구스티누스와 아퀴나스 사이에 있는 가장 위대한 신학자일 것이다. 철학 논문 『모놀로기온』(Monologion)의 서두에 그는 "우리가 하나님에 대해 믿어야 할 것들"에 대해 말했다. 그중 하나는 하나님의 행복이다. "존재하는 모든 것 위에 뛰어나신 분은 유일하시니 그분만이 자신의 영원한 행복 속에 스스로 충족하시며, 전능하신 선하심을 통해 행복을 이루시고 베푸신다."[5] 안셀무스가 하나님의 전능하심과 선하심을 열거한 데는 놀랄 사람이 별로 없겠지만 하나님의 행복은 대부분 현대 그리스도인이 그냥 지나치는 경향이 있다.

프랑스의 철학자 피에르 아벨라르(Peter Abelard, 1079-1142)는 "하나님의 행복과 영광은 인간의 어떤 행복이나 영광보다 크다"라고 말했다.[6] (내가 인용하기는 하지만 때로 동의하지 않는 사람들도 많이 있는데 안셀무스와 아벨라르도 거기에 속한다.)

토마스 아퀴나스는 "존재 자체가 곧 행복이라는 말은 하나님께만 성립된다"며[7] "우리는 행복을 바라지만 그분은 행복을 바라실 뿐 아니라 누리신다. 그래서 그분은 행복하시다"라고 했다.[8] 그는 또 "사람이 은혜로 하나님의 자녀로 입양되는 것은 은혜로 하나님의 삶과 행복에 동참하기 때문이다"라고 했다.[9] 하나님의 행복에 동참한다는 말은 우리가 경험하는 즐거움이 먼저 하나님 안에 존재한다는 뜻이 아니고 무엇인가?

아퀴나스는 "하나님은 행복 자체시다. 즉 그분의 행복은 다른 데서 얻거나 다른 무엇에 동참하는 것이 아니다…반면 인간의 행복은…동참하는 행복이다"라고 썼다.[10] 그는 장차 우리가 그분의 존전에서 "하나님의 행복과 동일한 행복을 누리고, 그분을 그분 자신이 보시는 것처럼 볼" 것을 알았다.[11] 아퀴나스의 논리대로 하나님은 행복의 화신이시므로 우리 행복의 관건은 순전히 그분 자신이다. "행복을 인간의 최고선이라 하는 이유는 최고선이신 하나님을 얻거나 누리는 것이 곧 행복이기 때문이다."[12]

중세의 전형적인 종교 학자들과 달리 아퀴나스는 하나님의 백성에 대해 그분께 이렇게 아뢰었다. "그들은 주의 집에 있는 풍족한 것들로 취할 것이며 주께서 그들에게 주의 즐거움의 강물을 흠뻑 마시게 하실 것입니다."[13]

독일의 성직자 토마스 아 켐피스(Thomas à Kempis, 1380-1471)는 이렇게 기도했다. "오소서, 임하소서. 주님이 없이는 한날한시도 행복할 수 없습니다. 주님은 저의 행복이시니 주님 없는 저의 식탁은 공허할 뿐입니다. 저는 비참하게도 옥에 갇혀 차꼬에 짓눌려 있습니다. 주께서 저를 주님 임재의 빛으로 충만하게 하시고 자유를 되찾아주시며 다정한 낯빛을 보여주셔야 합니다."[14]

16-17세기의 개혁가들도 하나님의 행복을 확언했다

마르틴 루터는 그리스도에 대해 "그분만 있으면 나는 정말 전부 가진 것이다. 그분은 순전한 빛, 생명, 영원한 복[행복]이시며 또한 죽음을 이기는 주님이시다"라고 썼다.[15] 장 칼뱅에 따르면 하나님은 자신의 자녀들을 영원히 행복하게 하실 뿐 아니라 "자신의 행복에 참여하게" 하신다.[16] 하나님의 행복은 종교개혁 오래전부터 있었던 교리지만, 그 시기에 값없는 은혜가 강조되면서 하나님의 행복도 아주 중요한 개념으로 회복되고 칭송되었다. 칼뱅의 초상화에서 미소를 보기는 힘들지만 그는 자기 백성에게 영원한 행복을 주시는 행복하신 하나님을 믿었다.

웨스트민스터 신앙고백에도 "하나님 자신 안에 모든 생명과 영광과 선과 복[행복]이 있다"라는 진술이 나온다.[17]

청교도 스티븐 차녹은 하나님에 대해 "그러므로 그분이 자신과 자신의 행복을 온전히 알지 못하시다면 행복을…누리실 수도 없다"라고 썼다.[18] 그는 또 "그분 자신이 먼저 무한히 복되시고[행복하시고] 충만하시지 않고는 우리에게 무한히 선하시거나 후히 베푸실 수도 없으며, 그분 자신이 속성상 무한히 풍성하시지 않고는 피조물에게로 흘러넘치실 수 없다"라고 역설했다.[19]

스위스의 개혁 신학자 베네딕트 픽테트(Benedict Pictet, 1655-1724)는 디모데전서 1장 11절과 6장 15절을 인용하면서 이렇게 말했다. "이 하나님의 삶은 지극히 행복하다[felicissima]…그분은 하나도 부족한 것이 없고, 스스로 완전히 충족하시며, 모든 것을 소유하셨고, 악이 조금도 없으시며, 모든 선으로 충만하신 분이다. 이런 존재를 어느 누가 행복하다 하지 않겠는가?"[20]

픽테트가 제시한 바 하나님이 행복하신 이유들은 곧 그분의 자녀들이 행복한 이유기도 하다. 우리에게 하나님의 속성이 있어서가 아니라 그런 속성을 지니신 분이 우리 삶을 안전하게 붙들고 계시기 때문이다!

청교도며 당대 최고의 성경 주석가였던 매튜 헨리(Matthew Henry, 1662-1714)는 "영원하신 하나님은 자신을 즐거워하시는 것만으로도 무한히 행복하신데 자신의 손으로 만드신 작품을 흡족해하셨다"라고 썼다.[21] 하나님은 창조 이전부터 더없이 행복하셨지만 자신의 피조물을 특별히 즐거워하셨다.

장로교 목사인 윌리엄 베이츠는 "하나님은 무한히 행복하시며 어떤 선(善)도 그분께 새롭지 않다"라고 했다.[22] 그는 하나님 자신이 행복하시기에 우리를 행복하게 하실 능력도 있다고 강조했다. "하나님은 영원 전부터 자신에게 천국이셨고 스스로 무한히 영광스러우며 기뻐셨다…무한히 넘쳐흐르는 행복으로 스스로 행복하시니 행복을 갈망하는 사람들을 행복하게 해주시기도 쉽다."[23] 베이츠는 인간이 행복해질 수 있는 역량의 확실한 기초가 하나님의 행복에 있음을 알았다. 오늘날에는 그것을 아는 그리스도인들이 별로 없다. "하나님이 살아 계시며 영원히 행복하시니 우리도 영원히 행복할 수밖에 없다."[24]

영국의 청교도 에드워드 리(Edward Leigh)는 1646년에 행복에 관한 훌륭한 책을 썼는데 거기에서 하나님의 행복을 꽤 길게 다루었다. 원판을 온라인에서 사진으로 보면 알겠지만 정말 오래된 책이다.[25] 영어도 구어에다 활자까지 구식이라 읽기는 힘들지만 이 고서가 우리에게 일깨워주는 사실이 있다. '하나님의 행복'을 우리가 들어본 적이 없더라도 사실 이것은 아주 오래된 교리며, 리의 책보다 훨씬 이전으로 거슬러 올라간다!

다음은 리의 글이다.

> 하나님의 행복은 자신에 대한 즐거움과 만족으로 온전히 충만하여 외부의 그 무엇도 필요 없이 스스로 행복하신 속성을 지닌다…그분은 참으로 복되셔서 그분의 속성상 악이 조금도 없고, 모든 선으로 충만하시며, 자신의 지복[행복]을 온전히 아시고, 외부의 것을 하나도 바라지 않으시며, 자신으로 온전히 만족하신다.[26]

리는 또 하나님에 대해 "그분은…근원이시다…다른 존재들은 각기 종류별로 다 그분 덕분에 잘되고 행복해진다. 그렇다면 그분 자신부터 더할 나위 없이 행복하실 수밖에 없다"라고 말했다.[27]

남편을 사별한 여인의 슬픔이야 이루 말할 수 없겠지만 여전히 그녀는 행복한 사람일 수 있다. 울다가도 갑자기 소중한 추억이 떠올라 미소를 짓거나 소리 내어 웃을 수 있다. 상반된 감정인 행복과 불행이 하나님의 형상을 지닌 인간 안에 이렇게 공존할 수 있다면 무한히 광대하신 하나님 안에도 얼마든지 그럴 여지가 있다.

청교도를 비롯한 많은 사람이 확언했듯이 우리의 행복하신 하나님은 자기 백성으로 인하여 슬퍼하시며 죄와 불의를 기뻐하지 않으신다. 그러나 이런 반응이 그분의 행복을 몰아낼 위력은 없다. 리도 그런 뜻으로 이렇게 말했다. "하나님은 행복하시다…행복은 그분의 속성이기에 변할 수 없다. 그분의 행복은 안정된 또는 확고한 상태다."[28]

많은 청교도 작가가 우리의 행복을 말하면서 그것이 하나님의 행복에서 기원했기에 즐거움과 감정으로 충만할 수 있다고 했다. 그들은 하나님의 행복이 메마르거나 멀지 않으며, 우리 행복의 확대판으로서 진정한 쾌락과 즐거움을 수반한다고 믿었다.

18세기의 그리스도인들도 행복이 하나님의 핵심 속성 중 하나라고 믿었다

많은 청교도가 하나님의 행복을 말했다. 이 책 전반에 두루 인용되고 있지만 그중 둘만 예로 들면 다음과 같다.

존 길(John Gill, 1697–1771)이 하나님을 찬양한 이유가 히브리어 학자이자 목사며 진지한 신학자로서 그가 집필한 『신학 교본』(A Body of Doctrinal Divinity)에 어울리지 않아 보일 수 있다.

> 하나님을 주님으로 삼은 백성은 한없이 행복하다! 그분은 이 땅에서 부어주시는 복 외에도 그들을 위해 내세의 큰 복을 예비해두셨으니 인간의 마음으로는 가히 상상할 수 없다. 그러니 그분 자신은 얼마나 복되시고 행복하시겠는가! 우리가 생각하는 행복의 요소가 무엇이든 그것은 온전하고 충만하게 바로 하나님 안에 있다.[29]

조나단 에드워즈는 우리의 행복을 하나님의 행복과 연결하며 이렇게 썼다. "그분이 인간을 창조하신 목적은 바로 이것이니 곧 전능하신 그분을 즐거워하는 행복을 주시는 것이다. 그분은 영원 전부터 스스로 행복하신 분이다."[30]

그는 하나님의 더 큰 행복을 묵상할 때 우리의 행복이 절정에 이른다고 믿었다. "하나님의 행복을 보노라면 한없이 행복하신 그분 생각에 우리의 기쁨이 더해진다."[31]

에드워즈는 또 "하나님의 자체적 선 또는 영광은 온통…그분의 무한한 지식, 무한한 덕 또는 거룩하심, 무한한 기쁨과 행복 속에 있다…하나님의 속성이 아주 많지만…전부 이것으로 귀결될 수 있다"라고 했다.[32] 그가 짤막하게 열거한 하나님의 속성에는 그분의 행복이 들어 있건만 근래에 출간된 많은 책에는 이 사실이 아예 빠져 있다.

19세기의 그리스도인들도 하나님의 행복을 선포했다

신학자 찰스 하지(Charles Hodge)는 1857년에 쓴 『논문과 평론』(Essays and Reviews)에 하나님의 호의는 "행복을 증진하는 성향"이라 했다.[33] 하나님은 자신의 형상을 지닌 인간들 안에 자신의 한 고유한 속성을 증진하신다.

찰스 스펄전은 역사상 가장 많은 저작을 남긴 저자 중 하나이자 신학을 사랑한 목사였으며, 그의 설교를 들은 사람만도 줄잡아 1천만 명에 달한다. 그는 "그분은 행복하신 하나님이며 행복한 예배자들을 사랑하신다"라고 했고[34] 신자들을 "행복하신 하나님의 자녀들"이라 칭했다.[35]

그는 또 하나님의 미소에 대해 이렇게 말했다. "신자들의 모든 영적 체험 중 단 한 발짝의 걸음에도 하나님의 미소가 거두어졌던 적이 없고, 은혜의 놀라운 사슬 중 단 하나의 고리에도 진정한 행복이 부재했던 적이 없다."[36]

신학자 윌리엄 G. T. 셰드는 하나님의 선하심이 "그분의 신성에서 흘러나오는" 속성이며 "그 목표는 우주의 복지와 행복을 증진하는 것"이라고 썼다.[37]

케임브리지 대학교를 졸업한 H. D. M. 스펜스 존스(H. D. M. Spence-Jones,

1836-1917)는 히브리어를 가르쳤고 『풀핏 성경주석』의 편집장을 맡았다. 나는 예레미야 32장 41절에 대한 그의 통찰에 감명을 받았다. 하나님이 "내가 기쁨으로 그들에게 복을 주되 분명히 나의 마음과 정성을 다하여 그들을 이 땅에 심으리라"고 말씀하시는 대목이다.

스펜스 존스는 이렇게 썼다.

> 하나님께는 기쁨이 있다. 그분은 냉담하거나 침울하지 않다. 우리는 그분을 '복되신' 하나님, 즉 본질상 행복하신 분으로 생각해야 한다… 찬란하고 아름다운 세상은 복되신 하나님을 닮았다. 그분이 기쁘시니 자연도 기쁘고 꽃이 피고 새들이 노래하고 동물의 새끼들이 기뻐 뛴다. 하나님을 우울한 폭군으로 제시하는 것보다 더 슬프고 변질된 종교는 없다….

이 싱그러운 초원, 망망대해처럼 관목이 무성한 황야, 분주한 곤충들의 군락지인 신록의 숲, 바다의 눈부신 파도, 파란 쪽빛 하늘, 모든 아름답고 멋진 피조물이 일제히 환희의 교향악을 토해낸다. 그것들을 지배하시는 전능자 자신이 기쁨으로 흘러넘치기 때문이다. 우리 하나님은 태양이시다. 신이 해처럼 밝으시니 종교도 그래야 한다. 행복하신 하나님은 자기 자녀들의 행복을 기뻐하신다…하나님은 어찌나 기쁘신지 심지어 우리에게서도 기쁨을 취하신다.[38]

20-21세기의 신자들도 하나님의 행복을 중시했다

그리스도를 따르는 수많은 사람이 지난 백 년 동안에도 하나님의 행복을 힘주어 단언했다. 불행히도 지금은 그런 목소리를 거의 들을 수 없다.

성경학자 A. W. 핑크(A. W. Pink, 1886-1952)는 디모데전서 6장 15절에 나오는 "복되시고 유일하신 주권자" 하나님에 대해 이렇게 주해했다. "삼위일체 하나님 자신이 모든 행복과 기쁨의 근원이시다. 하나님은 스스로 충족하시고 무한

히 복되시며 행복하시다."³⁹

철학자이자 신학자인 코넬리우스 반 틸(Cornelius Van Til, 1895-1987)은 "우리는 하나님 자신이 행복하시다고 지극히 경건하게 말할 수 있다"라고 했다.⁴⁰

마틴 로이드 존스(Martyn Lloyd-Jones, 1899-1981)는 이렇게 썼다. "하나님이 '복되시다'는 바울의 말은 무슨 뜻인가?…그분이 자신을 기뻐하신다는 뜻이다. 그분은 자신을 즐거워하신다…성경에 따르면 하나님은 자신의 영광스러운 존재에 스스로 매우 만족해하신다."⁴¹

A. W. 토저는 "하나님은 자신과 자신의 온전하신 모습을 기뻐하신다. 성삼위일체는 자신을 즐거워하신다!"라고 썼다.⁴²

이제부터 인용할 일부 그리스도인 사상가들도 교회사의 앞서간 사람들과 비슷하게 말했다. 나의 취지는 하나님의 행복에 대한 믿음이 현대에까지 폭넓게 지속되어왔음을 예증하는 것이다.

오늘날 가장 널리 읽히는 현대의 조직신학책 중 하나는 칼뱅주의자인 웨인 그루뎀(Wayne Grudem)이 쓴 것이다. 그는 영어표준역(ESV) 성경을 감수하기도 했다. 하나님의 속성에 대한 단원에 "복되심"을 포함시키면서 그는 우선 "'복되시다'는 말은 아주 충만하고 풍성한 의미에서 행복하다는 뜻이다"라고 말문을 열었다.⁴³

하나님의 행복이라는 성경 교리를 그루뎀은 이렇게 명료하고 아름답게 진술했다.

> 하나님의 복되심은 그분이 자신을 그리고 자신의 성품을 닮은 모든 것을 온전히 즐거워하신다는 뜻이다…마땅히 기뻐하거나 즐거워할 만한 모든 것의 구심점이 바로 그분이시기 때문이다. 이 정의에서 보듯이 하나님은 온전히 행복하시고 자신을 온전히 기뻐하신다…하나님은 자신의 탁월함을 닮은 창조 세계의 모든 것을 즐거워하신다…복되신 하나님을 닮으려면 그분을 기쁘시게 하는 모든 것에서 즐거움

과 행복을 얻으면 된다…또 그분의 탁월한 성품의 다양한 면을 닮은 창조 세계를 기뻐하면 된다. 모든 선한 속성의 근원이신 하나님 자신을 즐거워할 때 우리도 가장 큰 복, 가장 큰 행복을 누린다.[44]

아르미니우스주의 신학자인 토머스 오든도 비슷하게 썼다. "하나님이 영원히 복되시다는 말은 그분이 피조물에게 선과 자비와 사랑을 영원토록 즐거이 쏟아 부어주신다는 뜻이다…하나님의 복되심 또는 지복이란 삼위일체 자체 내에서나 피조물을 대하실 때나 그분의 삶에 기쁨이 충만하다는 뜻이다."[45]

신학적 전통은 달라도 그루뎀과 오든이 모두 확언한 것은 하나님이 행복하실 뿐 아니라 그분의 행복이 우리의 행복과 직결되어 있다는 것이다.

구약학자 테렌스 프레다임(Terence Fretheim)은 "행복을 설명할 때 첫째이자 가장 중요한 것은 그것이 하나님의 삶의 한 특성이라는 것이다. 하나님은 행복하시다. 또는 만족스럽고 즐겁고 기쁘시다"라고 했다.[46]

작가 존 맥레이놀즈(John McReynolds)는 이렇게 말했다. "하나님은 행복하시다. 행복은 그분이라는 존재의 고유한 한 부분이다. 그분은 영원 전부터 행복하셨고, 지금도 행복하시며, 앞으로도 영원토록 행복하실 것이다…이 행복도 그분의 다른 모든 속성처럼 무한하고 절대적이다."[47]

하나님의 사람들이 그분의 행복을 인식하면 거기서 비롯되는 해방과 즐거움이란 아무리 과장해도 지나치지 않다. 하나님은 너무도 행복하셔서 그 즐거움이 우주와 우리에게로 넘쳐흐른다. 이런 하나님을 알면 지금부터 영원까지 모든 것이 달라진다.

Chapter·18

예수님은 행복하셨는가?

> 내가 이것을 너희에게 이름은 내 기쁨[행복]이 너희 안에 있어 너희 기쁨[행복]을 충만하게 하려 함이라.
>
> 예수(요한복음 15:11)

> 기쁘고 행복한 일꾼이 일도 가장 잘하는 법이다. 그리스도도 마찬가지다. 영혼을 구원하시는 일을 그분은 마지못해 하시는 것이 아니다. 마치 할 수만 있다면 다른 일을 찾겠다는 듯 말이다. 오히려 마음을 다하여 기쁘게 그 일을 하시니 또한 철저하실 수밖에 없다. 그리고 그 과정에서 우리에게 자신의 기쁨을 전해주신다.
>
> 찰스 스펄전

내 아내가 인도하는 여성 성경공부 그룹에서 아내가 집필한 예수님의 행복에 대한 공과를 토의했다. 어려서부터 교회에 다닌 한 여성이 깜짝 놀랐다. 그녀는 전에도 예수님이 웃으시는 그림을 보고 기겁했노라고 했다. 이유가 무엇일까? 예수님을 행복해 보이도록 만드는 것이 신성모독이라 믿었기 때문이다!

마태복음을 영화화할 때 예수님 역을 맡았던 배우 브루스 마키아노(Bruce Marchiano)는 이런 감동적인 편지를 받았다.

몇 주 전에 텔레비전을 보는 둥 마는 둥 하다가 마침 화면을 보니 '예수님'(당신)이 갈릴리 해변을 걷고 있었다…그분은 천천히 뒤돌아보며 함지박 만하게 씩 웃어 보이고는 자기를 따라오라는 몸짓을 해보였다. 내 심장이 밖으로 튀어나오는 줄 알았다!…예수님이 그런 모습이리라고는 한 번도 생각해본 적이 없다. 그 순간 내 마음에 확신이 들었다. 예수님은 그러셔야 한다고, 여태 내가 생각했던 모습과는 완전히 달라야 한다고, 얼굴과 눈빛에 흥겨움이 피어나야 한다고, 강인하고 활기차며 열정적이고 기쁜 사람이어야 한다고 말이다! 그 즉시로 그분과의 관계가 변했다. 어찌나 변했던지 수십 년 동안 그분을 알면서도 사실은 모르는 채로 허송세월한 것이 원통할 정도였다. 그분을 사랑했고 어딘가 아득한 데로부터 그분의 사랑을 받기는 했으나 그분과 '사랑에 빠진' 적은 없었는데…이제야 그렇게 되었다!'

신자들이 진정한 행복을 보여주면 사람들이 복음과 하나님에게 이끌린다. 한 젊은 여성은 자신이 예수님을 알게 된 사연을 이렇게 나누었다.

그분을 만나기 전에 내 삶은 파산으로 치닫고 있었다. 무엇을 위해 죽어야 할지는 고사하고 무엇을 위해 살아야 할지도 몰랐다. 터널이 끝나는 불빛이 보이지 않았다. 사실은 터널도 아니고 그냥 깊고 축축한 무덤일 뿐이었다. 다 지난 옛일인데도 도저히 잊히지 않는다…
교회라고는 평생 처음 가보는 거라 어찌해야 될지 막막했다. 가슴이 쿵쾅거리기 시작했다. 일행과 함께 자리에 앉으니 마음이 좀 가라앉았다…둘러보니 사람마다 얼굴이 행복한 표정으로 아주 밝았다. 교회가 사람들을 행복하게 하는 줄은 몰랐다.
예배가 끝나자…교회에 자꾸 다시 가고 싶어졌다. 그 모든 행복의 비결을 알아내고 싶어졌다. 알고 보니 사람들을 행복하게 한 것은 교회가 아니라 하나님과 그분의 아들 예수님이었다. 그래서 사람들의 얼

굴 표정이 행복했던 것이다.²

수많은 그리스도인이 비슷한 이야기를 한다. 사람들은 다른 이들의 삶에서 예수님의 속성을 볼 때 그분에게 끌린다. 친절과 아량과 행복을 보았기에 그 결과로 이런 성품의 원인을 알고 싶은 것이다.

복음을 처음 들었던 교회에서 나는 많은 '세련된' 사람을 만난 것이 아니다. 깊은 평안과 자족과 행복을 풍기는 평범한 사람들을 여럿 만났을 뿐이다. 그런 성품을 보고도 무시할 수는 없었다. 나도 그런 성품을 원하다 보니 그들이 예배하는 그리스도에게 끌렸다. 결국 내가 예수님을 알고 나서 그분 안에서 얻은 행복은 상상을 초월했다.

신구약 모두 그리스도의 행복을 확언하고 있다

대다수 그림 속의 예수님은 금욕적이고 무감정한 모습이지만 성경을 보면 다르다. 그분은 자주 감정을 표현하셨다. 성경에서 가장 짧은 구절이 곧 가장 막강한 구절 중 하나기도 하다. "예수께서 눈물을 흘리시더라"(요 11:35). 예수님이 우신 것은 이때만이 아니다(참조. 눅 19:41). 다른 많은 본문에서 그분의 긍휼(참조. 마 9:36, 눅 7:13)과 동정(참조. 마 20:34)과 분노(참조. 요 2:15-17)와 실핏줄이 터질 정도로 극심했던 고뇌(참조. 눅 22:44)를 볼 수 있다. 행복을 맛보시는 그분의 모습에도 놀라서는 안 된다.

그리스도는 "하나님의 지혜"로 불린다(고전 1:24). "인자는 와서 먹고 마시매 말하기를 보라 먹기를 탐하고 포도주를 즐기는 사람이요 세리와 죄인의 친구로다 하니 지혜는 그 행한 일로 인하여 옳다 함을 얻느니라"(마 11:19). 이 말씀에서 예수님은 자신을 "지혜"라 칭하셨다. 내가 믿기로 잠언 8장에 의인화된 유명한 "지혜"로 자처하신 것이다. [잘 보면 잠언 8장에 지혜가 여성대명사로 지칭되는데 예수님도 자신을 지혜에 빗대시면서 지혜가 "그(그녀의)" 행한 일로 옳다 함을 얻는다고 하셨다. 이는 교사들의 표현으로 잠언 8장에 나오는 "지혜의 여인"과 명백한 연관성이 있음을 보여준다.]

청교도 존 길은 잠언 8장의 주제가 "명의만 지혜일 뿐 사실은 그리스도"라 했다.[3] 찰스 브리지스(Charles Bridges, 1794-1869)는 잠언 8장에 나오는 지혜가 "하나님 아들의 음성"이라 주장했다.[4] 스코틀랜드의 성직자 랠프 워들로(Ralph Wardlaw, 1779-1853)는 "소위 복음주의 강해자들의…대다수는 이번 장의 '지혜'가 하는 말을 복되신 삼위일체의 제2위이신 성자 하나님의 말씀으로 해석한다"라고 말했다.[5] 현대 성공회 학자인 데릭 키드너(Derek Kidner, 1913-2008)는 "예수께서 [마태복음 11장 19절에] 자신의 행동이 '지혜의 여인'의 행동을 대변한다고 주장하신다"라고 보았고,[6] 구약학 교수 트렘퍼 롱맨 3세(Tremper Longman III)도 같은 입장이다.[7]

따라서 잠언 8장은 아버지에 대한 그리스도의 말씀이 거의 확실하다. "그가 하늘을 지으[실]…때에 내가 거기 있었고…또 땅의 기초를 정하실 때에 내가 그 곁에 있어서 창조자가 되어"(27, 29-30절). 예수님은 또 아버지에 대해 "내가…날마다 그의 기뻐하신 바가 되었으며 항상 그 앞에서 즐거워하였으며 사람이 거처할 땅에서 즐거워하며 인자들을 기뻐하였느니라"(30-31절)고 말씀하신다. 딜런 디마르시코(Dylan Demarsico)는 이 본문에 대해 이렇게 말했다. "'즐거워하다'는 히브리어 단어 '사하크'(sachaq)를 온건하게 번역한 말이다. 사실 '웃다'나 '놀다'가 더 정확한 번역이다. 우리는 전능자 하나님께 그런 표현을 쓰기를 당연히 주저하지만 히브리어 사전을 아무거나 찾아보면 이 단어의 의미를 직접 볼 수 있다. 요컨대 하나님과 '지혜'는 세상을 창조하면서 웃고 놀았다."[8]

일상영어성경(CEB)에는 하나님의 전지하신 아들의 말씀이 이렇게 옮겨져 있다. "나는 그분 앞에서 늘 *재미있게 웃으며* 그분의 거주지인 땅과 함께 *떠들며 놀고* 인류를 즐거워했다"(잠 8:30-31, 강조 추가). 기쁜소식역(GNT)에는 "나는 날마다 그분의 기쁨의 원천이었고 늘 그분의 임재 안에서 행복했다. 세상을 대하여 행복했고 인류를 대하여 즐거웠다"라고 되어 있다.

그리스도는 우주를 창조하신 분이다(참조. 요 1:1-3, 골 1:16). 그런데 여기에 묘사된 그분은 아버지와 창조 세계로 더불어 재미를 나누시는 분이다. 성육신하기 이전의 행복하신 예수님을 보여주는 얼마나 놀라운 장면인가!

디마르시코의 설명은 이렇게 이어진다. "초월적 존재이신 삼위일체 하나님이 이렇게 웃고 놀며 우주를 창조하시는 모습을 당신이 목격했다면 필시 덩달아 기뻐 외치며 함성을 질렀을 것이다…주님의 기쁨은 사소한 것이 아니다. 그 놀이가 우주를 창조했고, 지탱하고 있으며, 그 웃음이 역사를 영광스러운 종말로 이끌어가고 있다."[9]

삼위일체 하나님이 이 땅을 창조하실 때 천사들이 기뻐 소리를 질렀다고 했으니(참조. 욥 38:4, 7) 우리도 그 자리에 있었다면 틀림없이 그렇게 했을 것이다. 어쩌면 장차 새 땅에서 그럴지도 모른다. 하나님이 과거의 휘장을 걷어 우리에게 태초에 연출되었던 창조의 광경을 맨 앞좌석에서 관람하는 기쁨을 주실지도 모른다!

설득력 있는 증거로 미루어볼 때 예수님은 자신을 잠언 8장에 나오는 지혜의 화신으로 지칭하셨다. 만일 그렇다면 성자 하나님의 행복만 아니라 놀이까지도 성경에 확증되어 있는 셈이다. 최초의 인간이 창조되기 전부터 삼위일체 하나님 사이에 아름다운 웃음이 있었다고 믿어도 무리는 아니다.

예수님은 마음이 즐거우신 분으로 묘사되어 있다

초대 교회가 최초로 전한 복음의 메시지에서 사도 베드로는 시편 16편의 주제가 그리스도라고 설교했다. "다윗이 그를 가리켜 이르되 내가 항상 내 앞에 계신 주를 뵈었음이여 나로 요동하지 않게 하기 위하여 그가 내 우편에 계시도다 그러므로 내 마음이 *기뻐*하였고 내 혀도 *즐거워*하였으며…이는 내 영혼을 음부에 버리지 아니하시며 주의 거룩한 자로 썩음을 당하지 않게 하실 것임이로다…주 앞에서 내게 *기쁨이 충만하게* 하시리로다 하였으므로"(행 2:25-28, 강조 추가). 메시아에 관한 이 풍부한 진술에 그분의 행복이 세 번이나 확언된다!

베드로가 예수께 적용한 본문에는 시편 16편 11절도 포함되어 있다. "주의 앞에는 충만한 기쁨이 있고 주의 오른쪽에는 영원한 즐거움이 있나이다." 새생명역(NLV)에는 "주님과 함께 있으면 기쁨이 가득하고 주님의 오른쪽에는 영원한 행복이 있습니다"라고 되어 있다.

확신컨대 우리는 사도가 전한 이 첫 설교를 오늘날 복음을 전하는 모델로 삼아야 한다. 베드로는 성령이 충만하여 복음의 원형적 메시지를 전하면서 복음의 핵심이신 예수님의 행복을 세 번이나 역설했다. 하지만 오늘날 신자나 비신자를 막론하고 그 부분이 강조되는 복음의 메시지를 한 번이라도 들어본 사람이 얼마나 되는가? 베드로는 예수님께 "기쁨이 충만"하셨다고 전했다. 우리는 왜 그래서는 안 되는가?

우리도 구주의 행복을 매번 전하면 어떻게 될까? 예수님이 처참한 십자가를 지신 것은 그분과 우리의 영원한 행복을 위해서였다(참조. 히 12:2). 이 사실을 강조할 때 뒤따를 반응을 상상해보라. 복음의 이 부분도 선포해야 한다. 그것은 사람들을 끌어들이는 힘도 클 뿐더러 또한 전적으로 진리다.

그때나 지금이나 예수님은 가장 행복한 사람이다

시편 45편 6-7절은 히브리서 1장 8-9절에 메시아와 직결되어 인용된다. 거기 보면 아버지께서 아들에 대해 이렇게 말씀하신다. "주께서 의를 사랑하시고 불법을 미워하셨으니 그러므로 하나님 곧 주의 하나님이 즐거움의 기름을 주께 부어 주를 동류들보다 뛰어나게 하셨도다." 현대영어역(CEV)에는 "주의 하나님이…주를 모든 친구들보다 더 행복하게 하셨도다"라고 옮겨져 있다.

이 본문에서 예수님의 동류들은 누구일까? 가까운 친구들 무리나 모든 신자나 모든 동료 인간을 가리킬 수 있다. 맨 마지막의 경우라면 그분의 즐거움은 모든 인간보다 뛰어나다(그분이 우리를 지으셨으니 지당한 말이다). 신자들과 비신자들을 임의로 모아놓고 "역사상 가장 행복한 인간은 누구인가?"라고 묻는다면 '예수님'이라고 정답을 댈 사람은 거의 없을 것이다.

존 파이퍼는 시편 45편과 히브리서 1장의 이 본문들을 고찰하며 이렇게 썼다. "예수 그리스도는 우주에서 가장 행복하신 존재다. 그분의 즐거움은 하늘에 있는 모든 천사의 즐거움을 합한 것보다 크다. 아버지의 무한하고 거룩하신 불굴의 환희를 그분도 그대로 닮으셨다."[10]

이어지는 구절들에서도 시편 45편의 주제는 바뀌지 않으므로 다음의 말씀도 아마 예수께 적용될 것이다. "상아궁에서 나오는 현악은 왕을 즐겁게 하도다." 신세기역(NCV)에는 "음악이 왕을 행복하게 하도다"라고 했다. 당신도 음악 때문에 행복할 때가 있는가? 세상 누구보다도 더 즐거우신 예수님도 음악이 주는 행복을 아신다.

예수께서 생활의 기쁨을 모범으로 보이셨음이 성경에 거듭 암시된다

"예수 그리스도께 행복이란 단어를 붙이는 것은 그분을 모욕하는 처사다."[11] 이 말이 옳다면 잠언 8장, 시편 16편, 사도행전 2장, 시편 45편, 히브리서 1장은 모두 예수께 모욕이 될 것이다!

성경에 그리스도의 행복이 암시된 대목이 그 밖에도 많이 있다. 기쁜 사람만이 자신의 제자들에게 기쁨의 이치를 가르칠 수 있다. 예수님은 "귀신들이 너희에게 항복하는 것으로 기뻐하지 말고 너희 이름이 하늘에 기록된 것으로 기뻐하라"(눅 10:20)고 말씀하셨다. 현대영어역(CEV)에는 이 구절이 "너희 이름이 하늘에 기록된 것으로 행복해하라"고 옮겨져 있다.

그 다음 절로 넘어가면 제자들의 기쁨이 예수님의 기쁨으로 연결된다. "그때에 예수께서 성령으로 기뻐하시며"(눅 10:21). 웨이머스신약(WNT)에는 "예수께서 성령으로 말미암아 기뻐서 어쩔 줄을 모르셨다"라고 되어 있다.

그 구절의 뒷부분도 생각해보라. "그때에 [아들이] 성령으로 기뻐하시며 이르시되…아버지를 찬양하나이다…"(눅 10:21, NASB). 여기서 분명히 삼위일체의 즐거움을 볼 수 있다. 예수님은 성령의 기쁨으로 충만하시고 아버지는 자녀들에게 자신을 계시하며 즐거워하신다.

청교도 데이비드 클락슨(David Clarkson, 1622–1686)은 이 본문에 대해 이렇게 말했다. "그리스도는 기쁘고 황홀하여 거의 어쩔 줄 모르실 정도다…그분은 세상의 하고많은 것들 중 인간을 지상 최대의 기쁨으로 삼으신 것 같다. 슬픔과 고난을 당하실 때도 인간이 결국 행복해져야 한다는 생각이 그분의 기운을 돋우고 마음을 기쁘시게 했다."[12]

다음 장면을 상상해보라. "그 때에 사람들이 예수께서 안수하고 기도해주심을 바라고 어린 아이들을 데리고 오매 제자들이 꾸짖거늘 예수께서 이르시되 어린 아이들을 용납하고 내게 오는 것을 금하지 말라 천국이 이런 사람의 것이니라 하시고 그들에게 안수하시고 거기를 떠나시니라"(마 19:13-15). 예수께서 아이들을 사랑하셨음을 이 본문에서 의문의 여지없이 알 수 있다. 아이들이 그분께 모여들었다는 사실은 무언가 시사하는 바가 있다. 아이들은 불행한 어른에게 끌리지 않고 행복한 어른에게 끌리는 법이다.

예수께서 하신 말씀들에도 그분의 행복이 드러난다. 그분은 풍랑의 한복판에서 "잠잠하라 고요하라"(막 4:39)고 말씀하신다. "염려하지 말라"(마 6:25). "긍휼히 여기는 자는 복이 있나니[행복하나니] 그들이 긍휼히 여김을 받을 것임이요"(마 5:7). 이 모든 말씀은 분명히 하나님 중심의 행복에서 흘러나온 것이다.

그분은 또 "내가 이것을 너희에게 이름은 내 기쁨이 너희 안에 있어 너희 기쁨을 충만하게 하려 함이라"(요 15:11)고 말씀하신다. 『신약성경 헬라어-영어 사전』(The Greek-English Lexicon of the New Testament)에 보면 여기 "기쁨"으로 번역된 단어 '카라'(chara)의 뜻이 "기쁘고 즐거운 상태, 기쁨, 즐거움, 큰 행복"으로 풀이되어 있다.[13] 현대영어역(CEV)에는 이 구절이 "내가 이것을 너희에게 이름은 너희도 나만큼 온전히 행복하게 하려 함이라"고 옮겨져 있다. 예수님만큼 행복해지는 것, 얼마나 위대한 인생 목표인가!

스펄전은 이 본문을 주해하면서 이렇게 썼다. "예수님의 기쁨은 우선 아버지의 사랑 안에 거하시는 기쁨이다. 그분은 아버지께서 자기를 사랑하심을 아신다…그리스도는 바로 그 기쁨을 당신에게 주신다. 이는 아버지께서 예수 그리스도를 사랑하시듯이…당신도 사랑하시는 것을 아는 기쁨이다."[14]

예수님은 행복이라는 주제에서 당대의 종교 지도자들과 구별된다

1세기의 바리새주의는 하나님이 절기와 축제와 안식일과 일상생활을 통해 주시려 한 기쁨을 끝없는 규정들로 부정하기 일쑤였다. 그러나 예수님은 당대의 '거룩한 사람들'과 극명한 대조를 이루었다. 진지한 랍비들은 먹기를 탐하고 술을 즐긴다고 비난받을 위험이 전혀 없었다. 생전 파티에 가지 않았기 때문이다(아마 초대받는 일도 별로 없었을 것이다!). 그들의 기준으로 보면 예수님은 충분히 진지하지 못했다. 그래서 그들은 그분이 거룩한 분일 수 없다고 예단했다.

제임스 마틴(James Martin)은 "세리와 창녀와 '죄인' 등 사회의 주변부 인물들이 공동체에 받아들여져 얼마나 행복했을지 생각해보라. 식탁의 기쁨이 그들의 감사로 인해 증폭되었다"라고 썼다.[15]

존 파이퍼는 이렇게 말했다.

> 예수님의 영광과 은혜는 그분이 불멸의 행복으로 행복하시며 앞으로도 늘 그러시리라는 것이다…내 기쁨의 역량은 아주 유한하다. 그래서 그리스도는 내 기쁨의 신적 대상이 되어주실 뿐 아니라 자신의 기쁨의 역량까지 내 안에 부어주신다. 내가 하나님 자신의 기쁨으로 그분과 함께 기뻐할 수 있도록 말이다…그리스도는 침울했던 적이 없으시다.[16]

예수님은 놀라운 통찰과 위트에 사랑의 마음까지 갖추셨으니 그분과 함께 저녁을 먹던 사람들은 이런 생각이 들었을 수밖에 없다. '다음에는 무슨 말씀을 주실까?'

첫 그림소설인 『영원』(Eternity)을 집필할 때 나는 화가에게 예수님의 평상시 얼굴을 어떻게 그려달라고 할지 정해야 했다. 복음서를 많이 읽은데다 예수님을 안 지 40년이 되었으므로 나는 그분의 기본 표정이 행복이어야 함을 알았다. 물론 바리새인들과 대결하실 때는 노한 표정으로, 십자가를 향해 가실 때는 슬픈 표정으로 그려달라고 했다. 하지만 아이들을 품에 안아주시고, 사람들의 병을 고쳐주시며, 큰 무리를 먹여주시고, 결혼식장에서 포도주를 만들어주신 그분은 대개 행복하셨다!

우리가 생각하는 예수님이 늘 슬프거나 노한 모습으로 다니고, 늘 불만을 토로하며, 은혜를 베풀기보다 걸핏하면 정죄하는 분이라면 이는 성경에 계시된 예수님이 아니다.

예수님은 슬픔의 사람인 동시에 기쁨의 사람이셨다

다음은 메시아에 관해 기록된 말씀이다. "그는 멸시를 받아 사람들에게 버림받았으며 간고를 많이 겪었으며[슬픔의 사람이며] 질고를 아는 자라 마치 사람들이 그에게서 얼굴을 가리는 것 같이 멸시를 당하였은"(사 53:3). 보다시피 그분은 특히 구속 사역과 관련하여 "슬픔의 사람"으로 지칭된다.

예수님은 십자가를 목전에 두고 "내 마음이 심히 고민하여 죽게 되었으니"(막 14:34)라고 말씀하셨다. 하지만 그날은 그분의 생애에서 최악의 날이었다. 인류 역사상 최악의 죽음을 앞두신 상황이었다. 평상시에 드러내신 예수님의 일상적 기질과는 거리가 멀다.

우리 죄 때문에 치르셔야 했던 대가를 감안할 때 그분이 "슬픔의 사람"이면서 또한 행복하셨다는 개념은 서로 모순인가? 천만의 말이다. 슬픔과 행복은 한 사람 안에 공존할 수 있고 실제로 공존한다. 그분이 아셨고 우리도 알 수 있듯이 우리가 슬퍼할 이유는 잠깐이지만 즐거워할 이유는 영원하다. 그분으로 말하자면 무한한 행복을 영원 전부터 아셨고, 그 행복이 다시 자신을 기다리고 있음도 아셨다. 고난과 슬픔 속에서도 그 사실이 그분의 나날 속에 즐거움을 불어넣었을 수밖에 없다.

윌리엄 모리스는 이렇게 썼다. "마음 아픈 사람들이 예수께로 끌린 사실로 보아 그분의 자태는 험악했을 리가 없다. 그분의 성품을 '슬픔의 사람'으로 보는 개념은 내 생각에 그동안 너무 과장되었다. 그분이 침울하여 흥을 깨는 사람이었다면 평범한 사람들과 아이들을 그렇게까지 매료하지 못했을 것이다."[17]

누가복음 4장 17절부터 보면 예수께서 두루마리를 펴서 이사야 61장의 첫 몇 구절을 읽으신 뒤 "이 글이 오늘 너희 귀에 응하였느니라"(눅 4:21)고 말씀하신다. 예수님에 대한 이사야 61장의 예언은 이렇게 계속된다. "내가 여호와로 말미암아 크게 기뻐하며 내 영혼이 나의 하나님으로 말미암아 즐거워하리니 이는 그가 구원의 옷을 내게 입히시며 공의의 겉옷을 내게 더하심이…"(사 61:10). 신세기역(NCV)에는 이 구절이 "여호와께서 나를 아주 행복하게 하시므로 나의 전 존재가 나의 하나님을 즐거워하니"라고 옮겨져 있다. 또다시 하나님의 말씀에 예수님의 일상적 행복이 명백히 확언되어 있다.

이 놀라운 말씀도 다시 보라. "그는 그 앞에 있는 *기쁨*을 위하여 십자가를 참으사 부끄러움을 개의치 아니하시더니 하나님 보좌 우편에 앉으셨느니라"(히 12:2, 강조 추가).

그분의 앞에 있는 기쁨은 무엇이었던가?

- 아버지와 성령을 기쁘시게 하는 기쁨
- 자신의 사랑하는 사람들을 구원하시는 기쁨
- 성령과 동역하여 자신의 사람들을 거룩하게 하시는 기쁨
- 자신의 사람들을 천국에 들어오게 하시는 기쁨
- 자신의 사람들에게 "잘하였도다…네 주인의 즐거움[행복]에 참여할지어다"(마 25:23)라고 말씀해주시는 기쁨
- 자신의 사람들에게 자신의 나라에서 섬길 자리를 주시는 기쁨
- "마지막 아담"(고전 15:45)으로서 영원히 새 땅을 다스리시는 기쁨
- 자신의 사람들이 죽음에서 부활하여 다시는 울지 않고 즐겁게 웃는 모습을 지켜보시는 기쁨

성금요일에 예수님은 우리의 죄가 되어 속죄의 무거운 짐, 십자가에서 죽는 고통, 아버지와 잠시 분리되는 고뇌를 겪으셨다(참조. 마 27:46, 고후 5:21). 그러나

그 고난마저도 우리를 구원하시는 기쁨에 삼켜졌다. 이 땅에 사실 때 매순간 그분은 과거에 신으로서 누리시던 행복을 맛보셨고, 영원한 관점 속에서 현재에서도 행복하셨으며, 미래의 끝없는 행복을 내다보셨다.

사람의 기쁨은 얼굴에 나타나게 마련이며 예수님도 예외는 아니었다

희색이 만면하신 예수님을 떠올리지 않기가 어려운 대목들이 성경에 수십 군데도 더 나온다. 예컨대 어린아이들을 품에 안으실 때(참조. 마 19:13-15), 죽었던 아들과 딸을 다시 살려주실 때(참조. 눅 7:11-17, 막 5:35-43), 공중의 새와 들의 꽃에 대하여 말씀하실 때(참조. 마 6:26, 28), 낙타를 삼킨다는 우스꽝스러운 과장법을 쓰실 때(참조. 마 23:24), 아버지와 함께 나누시고 우리에게 베푸시던 그 사랑을 묵상하실 때(참조. 요 15:9) 등이 그런 경우다.

잠언 15장 13절에 "마음의 즐거움[행복]은 얼굴을 빛나게 하여도"라고 했다. 평소에 예수님은 마음이 행복하고 얼굴이 빛나셨을까? 나는 그렇다고 믿는다. 물론 매일 매순간은 아니었겠지만 분명히 대개는 그러셨을 것이다.

누가복음 10장 21절의 첫머리가 대부분 역본에는 "예수께서 성령으로 기뻐하시며[아갈리아오, agalliao]"로 번역되어 있으나 읽기쉬운번역(ERV)에는 "그때에 성령께서 예수님을 아주 행복하게 하시니"로 옮겨져 있다. 행복하지 않고서야 그분이 어떻게 성령으로 기뻐하실 수 있겠는가?

그리스도의 행복은 그분의 신성과 인성 모두에 속하는 고유한 속성이다

초대 교회는 정체성을 확립하는 과정에서 몇 가지 심각한 이단에 직면했다. 일부는 그리스도의 신성을 부인했고 일부는 그분의 인성을 부인했다. 그러나 성경은 양쪽을 다 인정한다.

예수님께 행복의 역량이 있음은 그분이 인간이기 때문이라는 견해가 있다. 하지만 그것은 바른 출발점이 아니다. 그분은 인간이기 이전에 하나님이셨다. 하나님은 성육신하고 나서야 처음으로 행복해지신 것이 아니다! 지금까지 성경에서 보았듯이 삼위일체 하나님은 늘 스스로 기뻐셨다.

또한 성경에 밝히 나와 있듯이 예수님은 인간의 감정을 두루 다 경험하셨다. "우리에게 있는 대제사장은 우리의 연약함을 동정하지 못하실 이가 아니요 모든 일에 우리와 똑같이 시험을 받으신 이로되 죄는 없으시니라"(히 4:15).

혹시 당신은 영원히 행복하신 하나님의 아들이 인간으로서 행복을 처음 맛보시던 순간들을 생각해본 적이 있는가? 확신컨대 그분의 미소, 웃음, 하늘 아버지께 하신 말씀 등은 즐거움으로 가득했을 것이다. 육신을 입은 자신이 신기했을 테니 말이다. 그분이 몸으로 부활하셨으니 성육신의 상태도 영원할 것이다!

A. W. 토저는 "하나님은 우리가 그분을 보고 그분과 함께 살고 그분의 미소에서 생기를 얻기를 원하셨다"라고 썼다.[18] 예수님의 미소는 고통과 단절되어 있는 부처의 미소와는 다르다. 예수님은 영원 전부터 행복하셨으나 우리 대신 자신이 치러야 할 대가를 충분히 아셨다. 그래서 그분의 미소는 우리의 영원한 행복을 확보하고자 최악의 고난을 자원하신 분의 미소다.

우리가 흔히 생각하는 예수님은 모든 고난을 기적처럼 종식하실 신이다. 물론 그분은 그렇게 하실 것이다. 그러나 아직은 그분이 기쁨과 고난을 둘 다 이해하고 겪으시며 반드시 양쪽 모두를 통해 자신의 영광을 이루시는 분임을 알아야 한다.

일찍이 한 지혜로운 사람이 이런 말을 했다. "초대 그리스도인들은 당황하여 '세상이 어쩌다 이 지경이 되었는가'라고 말하지 않고 즐겁게 '세상에 누가 오셨는지 보라'고 말했다."[19]

물론 세상에 오신 분은 예수 그리스도시다. 그분은 워낙 사람들을 끌어들이는 매력과 기쁨이 넘치셔서 자신의 죽음을 통해서만 아니라 삶을 통해서도 세상을 바꾸어놓으셨다.

예수께서 행복하시니 그분의 제자들도 행복하게 그분을 따라야 한다

윤리학 교수 폴 J. 와델(Paul J. Wadell)은 이렇게 썼다.

행복의 습관에 관한 한 우리는 신출내기며 신출내기에게는 스승이 필요하다. 그리스도인의 삶에 행복의 길을 가르치실 궁극적 스승은 그리스도시다. 그분은 우리의 스승이시고 우리는 그분의 제자들이다. 행복을 영위할 수 있는 사람으로 자라가려면 그분을 관찰하고, 그분의 말씀을 들으며, 그분께 배우고, 그분의 가르침을 따르며, 그분을 본받아야 한다. 인생은 행복 훈련이며, 그리스도인의 행복은 본질상 그리스도와 맞물려 있다. 우리는 그분에게서 행복의 길을 보고, 행복을 구성하는 모든 덕목과 실천을 발견한다. 그리스도인에게 행복이란 삶의 방식이며, 이를 통해 우리는 그리스도 안에 계시된 하나님의 사랑과 선하심과 아름다움을 점차 닮아간다.[20]

제네바의 주교였던 프란시스 드 살레(Francis de Sales, 1567-1622)는 이렇게 말했다. "하나님과 그분의 선하심에 헌신한 사람들이 왜 늘 즐겁지 못한지 나로서는 이해할 수 없다. 그런 상태를 어찌 행복이라 할 수 있겠는가? 그 어떤 사고나 결함이 발생하더라도 그들은 거기에 져서 근심에 잠긴다든지 위를 바라보지 못해서는 안 된다."[21]

우리가 즐겁지 못한 한 가지 이유는 분명하다. 우리가 섬기는 그리스도는 즐거우시건만 하나님의 사람들 가운데는 그렇게 믿지 않는 사람들이 많다.

찰스 스펄전은 "그리스도의 행복을 생각하면 우리도 행복해진다. 신자여, 당신이 그 기쁨을 마셔보았는지 모르겠지만, 그리스도께서 기뻐하시기에 나도 기뻐하는 것이 내게는 아주 달콤한 기쁨이 되었다"라고 말했다.[22]

성경은 우리에게 예수님의 발자취를 따를 것을 명한다(참조. 벧전 2:21). 우리 구주는 이 땅에 사실 때 고난과 슬픔을 경험하셨을 뿐 아니라 태곳적부터 누리셨으면서도 늘 새롭기만 한 행복한 마음과 밝은 얼굴로 그렇게 하셨다. 그런 확신이 있으면 우리도 감화를 받아 그분을 더 깊이 사랑하고 더 즐겁게 따를 수 있다.

Chapter·19

예수님은 웃고 노실 줄 아셨으며, 유머 감각이 있으셨는가?

맹인 된 인도자여 하루살이는 걸러 내고 낙타는 삼키는도다.

예수(마태복음 23:24)

성경에 유머가 있는 사람이 딱 한 명 있다면 의심의 여지없이 예수님이다.

『성경 이미지 사전』(Dictionary of Biblical Imagery)

친구와 나는 암으로 죽어가던 50대의 경건한 여인 캐럴 킹(Carol King)과 3시간 동안 함께 있었다. 내 책을 몇 권 읽은 그녀는 천국에 관한 대화를 나누기 원했다. 그날 나는 뜻밖의 선물에 감동했다. 웃음이라는 선물이었다.

"새 옷이 필요한데 이제 사서 뭐하겠어요? 샴푸도 늘 큰 걸로 샀지만 지금은 작은 병으로 구한답니다. 초록색 바나나도 사지 않아요. 그게 익을 때쯤이면 난 이미 가고 없을 테니까요!" 캐럴은 그렇게 말하면서 웃었다. 섬뜩하거나 냉소적인 웃음이 아니라 진심 어린 평안에서 자연스럽게 흘러나오는 웃음이었다. 그녀는 더 좋은 세상에서 예수님과 함께 지낼 날을 사모했다. 이미 큰 고통을 겪은데다 죽음에 대한 낭만적 생각도 없었다. 그런데도 그녀는 지상에서 보내는 마지막 시간을 고요한 기쁨과 그리스도를 높이는 웃음으로 맞이했다.

우리까지 그 기쁨에 전염되어 그녀 못지않게 웃었다.

찰스 디킨스(Charles Dickens)는 자신의 소설『크리스마스 캐럴』(A Christmas Carol)에 이렇게 썼다.

> 스크루지는…친조카의 시원한 웃음소리가 들려와…깜짝 놀랐다. 문득 보니 자신이 습기 없이 환히 빛나는 방에 있고 바로 옆에 정령이 미소를 지으며 서서 그 조카를 보고 있었다…세상에 웃음과 좋은 기분만큼 전염성이 강해 떨치기 힘든 것은 없다. 스크루지의 조카가 웃자…조카의 부인까지 마음 놓고 웃었다. 모여 있던 친구들도 전혀 굼뜨지 않은지라 한바탕 요란하게 폭소를 터뜨렸다.[1]

즐거운 마음과 웃음 덕분에 아내와 나는 탈진하거나 바른 시각을 잃지 않고 힘들고 버거운 상황을 헤쳐 나가곤 한다. 우리는 유머를 통해 긴장을 풀고 스트레스를 해소한다. 웃음은 치유와 치료와 희망과 활력을 가져다준다.

웃음이라는 치료약은 어디서 오는가?

웃음은 사탄이 창조했는가? 인간이 지어냈는가? 아니다. 성경은 하나님에 대해 "웃음을 네 입에, 즐거운 소리를 네 입술에 채우시리니"(욥 8:21)라고 했다.

성경은 또 예수님에 대해 "만물이 그에게서 창조되되"(골 1:16)라고 말한다. 웃음은 우리를 자신의 형상대로 지으신 창조주에게서 온다! 그분의 웃음이 우리의 웃음에 선행하며 그분이 우리의 웃음이 흘러나오는 근원이다. 우리가 행복할 수 있는 것은 그분이 행복하시기 때문이고, 우리가

도표 7

하나님의 행복

(하나님에게서 오는) 인간의 행복

웃을 수 있는 것은 그분이 웃으시기 때문이다.

인간은 행복의 근원이 아니라 수혜자다. 우리의 기쁨과 즐거움은 다 하나님에게서 온다.

우리의 행복을 하나님의 행복과 분리할 수 없다. 그분의 행복이 우리 행복의 기초기 때문이다.

예수님의 행복을 받아들이지 않고는 그분을 보는 관점이 올바를 수 없다

성경에 예수님의 행복을 가리켜 보이는 증거가 아주 많은데도 그 반대로 믿는 그리스도인이 많다. "예수님은 한 번도 웃지 않으셨다"라고 적혀 있는 전도지도 있다.[2] 목사이자 신학교 교수인 마이크 애빈드로스(Mike Abendroth)는 자신도 기독교 배경에서 자라면서 예수님이 웃지 않으셨다는 말을 사실인 양 배웠다고 했다.[3]

물론 성경에 예수께서 웃으셨다는 직접적 진술은 없지만 그것을 입증하는 것 또한 아무것도 없다. 예수님의 언행 중 절대다수는 성경에 기록되지 않았다고 성경에 나와 있다(참조. 요 20:30, 21:25). 성경에 언급되지 않았다는 이유로 예수께서 웃지 않으셨다고 주장한다면 이는 성경에 언급되지 않았다는 이유로 그분이 숨 쉬거나 하품하거나 재채기하거나 달리지도 않으셨다는 말이나 같다. 그런 것은 굳이 언급할 필요가 없다. 성경에 예수님이 온전한 인간이라고 나와 있으니(참조. 히 2:14-18) 그런 행동들도 하셨다고 단정해도 무방하다.

인간은 웃는다. 예수님의 제자들이 모닥불에 둘러앉아 이야기를 나누거나 서로 놀렸다는 기록은 성경에 없다. 하지만 나는 그들이 그렇게 했다고 확신한다. 인간이라면 누구나 하는 일이기 때문이다.

예수님은 친구들과 함께 농담도 하셨을까? 더 좋은 질문은 이것이다. 그러지 않으셨을 까닭이 무엇인가? 솔로몬이 알던 것을 그분도 아셨다. "울 때가 있고 웃을 때가 있으며 슬퍼할 때가 있고 춤출 때가 있으며"(전 3:4).

예수님은 충실한 유대교 가정에서 자라셨으므로 많은 축일과 절기와 매주의 안식일 등 모든 축제의 경험을 즐기셨을 것이다(이 책 33장을 참조하라). 그분이 어려서부터 묵상하셨을 시편 중 하나에 이런 말씀이 있다. "여호와께서 시온의 포로를 돌려보내실 때에 우리는 꿈꾸는 것 같았도다 그때에 우리 입에는 웃음이 가득하고 우리 혀에는 찬양이 찼었도다…여호와께서 우리를 위하여 큰 일을 행하셨으니 우리는 기쁘도다[행복하도다]"(시 126:1-3).

웃음은 인간적일 뿐 아니라 명백히 성경적이며 하나님을 기쁘시게 한다. 그러므로 예수께서 웃지 않으셨다는 것은 상상할 수 없는 일이다!

1세기에 살았던 중동 사람이라면 누구나 예수님의 유머를 훤히 알아들었을 것이다

우리 중에 예수께서 사셨던 당시 문화에 익숙한 사람은 별로 없다. 우리 문화에서 유머는 대부분 우스운 농담, 중의적 표현, 몸으로 하는 코미디 등에 기초한 것이다. 유대인의 유머는 흔히 과장법—예리하게 허를 찌르는 반전의 말—을 써서 웃음을 끌어냈다. 오늘날 일부 코미디언들도 그렇게 한다. 그럴 때는 잘도 웃는 우리가 예수님이 복음서에 그런 기법을 쓰실 때는 알아듣지 못한다. 물론 예수님은 심야 프로그램의 코미디언들처럼 빈정대는 유머로 소심하거나 불운한 사람들을 조롱하신 적은 없다. 그러나 권력을 가진 위선자들에게 정면으로 위트를 날리신 것만은 분명하다.

엘튼 트루블러드는 『그리스도의 유머』(The Humor of Christ)라는 책에 이렇게 역설했다.

> 진지한 산문으로 대하면 사실상 뜻이 통하지 않지만, 그리스도께서 한 번도 농담하신 적이 없다는 근거 없는 가정에서 벗어나기만 하면 번쩍 빛을 발하는…본문들이 성경에 아주 많다…그리스도라고 늘 경건한 대화만 하신 것은 아님을 깨달으면 우리는 이해의 길로 장족의 걸음을 내디딘 것이다.[4]

유머가 우주에 들어온 것은 죄의 결과일까? 아니다. 우리에게 유머 감각이 있음은 하나님의 형상을 지닌 우리가 웃음을 즐기시는 그분을 닮았기 때문이다. 『성경 이미지 사전』에 보면 "예수님은 말놀이와 아이러니와 풍자의 대가셨고, 거기에 유머의 요소가 섞여 있을 때도 많았다"라고 나와 있다.[5] 그분은 진지한 내용을 유머러스하게 전달하신 적이 많다. 예컨대 "가시나무에서 포도를, 또는 엉겅퀴에서 무화과를 따겠느냐"(마 7:16)라는 물음도 그렇다. 그 문화에서 땅을 경작하던 사람들은 자명한 대답에 분명히 웃음이 절로 났을 것이다.

"너희 진주를 돼지 앞에 던지지 말라"(마 7:6)는 교훈도 있다. 이런 구절을 만날 때 현대의 독자들은 설마 그런 어처구니없는 짓을 생각이나 할 사람이 있을지 의아할 수 있다. 하지만 바로 그게 요지다. 제정신이라면 아무도 그러지 않는다는 것이다. 그래서 예수님은 영적인 면에서도 그런 미련하기 짝이 없는 짓을 하지 말라고 말씀하시는 것이다.

예수님은 또 사람들에게 "구제할 때에 외식하는 자가 사람에게서 영광을 받으려고 회당과 거리에서 하는 것 같이 너희 앞에 나팔을 불지 말라"(마 6:2)고 말씀하셨다. 그렇게 노골적으로 자신을 과시할 사람은 없다. 대신 그들은 돈을 빤히 내보이며 경건한 척 느릿느릿 걸어 주위의 시선을 끌고는 했다. 이런 자화자찬의 행동을 예수께서 "나팔을 분다"라고 표현하셨을 때 틀림없이 많은 사람이 씩 웃거나 선웃음을 짓거나 키득거렸을 것이다.

예수께서 "화 있을진저 외식하는 서기관들과 바리새인들이여 회칠한 무덤 같으니 겉으로는 아름답게 보이나 그 안에는 죽은 사람의 뼈와 모든 더러운 것이 가득하도다"(마 23:27)라고 하셨을 때 사람들이 놀라기도 하고 묘하게 고소하기도 해서 서로 쳐다보는 광경이 떠오르지 않는가? 그분은 우스갯소리를 하신 것이 아니라 그림처럼 생생하고 유머러스한 풍자로 급소를 찌르신 것이다. "창녀들이 너희보다 먼저 하나님의 나라에 들어가리라"(마 21:31)고 하신 그분의 말씀에 격분했을 종교 지도자들을 생각해보라. 반면 그 자리에 있던 가난하고 압제받던 사람들은 수긍의 미소를 띠었을 것이다. 영적인 척하는 가짜 목자들에게 겁 없이 맞서는 사람을 마침내 만났기 때문이다.

예수님은 교활하고 무자비한 정치 지도자 헤롯을 "저 여우"(눅 13:32)라 칭하셨다. 여우는 약삭빠르니까 이 말이 칭찬처럼 들릴 수 있으나 틀림없이 군중은 귀를 쫑긋 세운 그 유해 동물이 무섭다기보다 귀찮은 존재임을 놓치지 않았을 것이다. 예수님은 이 사악하고 부도덕하고 잔인한 폭군을 사자나 곰이 아니라 여우에 빗대어 비꼬셨다! 사람들이 집에 가서 친구들에게 이렇게 말하는 모습을 상상해보라. "예수님이 헤롯을 뭐라고 불렀는지 믿어지지 않을 걸세!"

또 예수님은 "금식할 때에 너희는 외식하는 자들과 같이 슬픈 기색을 보이지 말라 그들은 금식하는 것을 사람에게 보이려고 얼굴을 흉하게 하느니라"(마 6:16)고 하셨다("슬픈 기색을 보이지 말라"는 말씀은 일부 교인에게 요긴한 암송 구절이 될 것이다). 당시 독선적인 종교인들은 자신의 금식에 주목을 끌고 싶어 얼굴에 재를 발라 수척하고 궁색해 보이게 만들었다. 몰골이 말이 아닐수록 더 영적이라고 생각한 것이다. 그리스도는 그들을 놀리셨고 그들은 못마땅해했다. 그러나 그 자리에 있던 많은 사람은 의로운 척하는 지도자들이 질책을 당하는 것이 듣기 좋았을 것이다.

그런 종교 지도자들에 대해 예수님은 "그들은 맹인이 되어 맹인을 인도하는 자로다 만일 맹인이 맹인을 인도하면 둘이 다 구덩이에 빠지리라"(마 15:14)고 말씀하셨다. 이 생생한 그림 언어는 폭소를 자아냈을 수도 있다. 물론 예수님은 맹인들을 놀리신 것이 아니라 자신의 영적 시력이 멀쩡하다고 자랑하는 부유하고 영향력 있는 실세들을 비판하신 것이다.

예수님은 과장법을 써서 희극의 효과를 살리셨다

예수님은 종교 지도자들에게 그들의 눈이 멀어 하나님을 따르는 삶의 핵심을 놓치고 있다고 말씀하셨다. "맹인 된 인도자여 하루살이는 걸러 내고 낙타는 삼키는도다"(마 23:24). 하루살이를 걸러내는 일은 누구에게나 어려웠겠지만 맹인에게는 불가능했을 것이다. 게다가 낙타를 삼키는 것보다 더 터무니없는 일이 무엇이겠는가? 이 이상한 경구 같은 한마디에 당연히 웃음이 터져 나왔을 것이다.

『성경 이미지 사전』에 따르면 "예수님의 유머에서 가장 특징이 되는 형태는 말도 안 되는 과장법이다."[6] 이런 식의 과장법이 전혀 허위가 아님을 이해하는 것이 중요하다. 듣는 이들도 그것이 과장임을 알기 때문이다. 화자는 청중을 오도하는 것이 아니라 그들의 유머 감각을 끌어들여 요점을 밝힌다.

마태복음 25장에 나오는 달란트의 비유를 생각해보라. 예수께서 말씀하신 부자는 여러 종에게 한 달란트부터 다섯 달란트까지 맡긴다. 다섯 달란트라면 거의 백 년 치 임금에 맞먹는 돈이다.[7] 많은 사람이 하루하루 근근이 살아가던 문화에서 이런 천문학적 숫자의 금액은 마치 "어떤 사람이 호리병박을 천 개나 먹었다"라는 말과 같다. 이야기꾼은 일부러 이렇게 어처구니없는 막연한 말로 자신의 요점을 부각한다.

왕이 한 종에게 만 달란트를 빌려주었다는 이야기(참조. 마 18:23-35)에서 예수님의 수사적 기교인 과장법은 새로운 경지에 도달한다. 웬만한 사람이 1달란트를 벌려면 20년을 일해야 했으므로 그것은 가히 상상이 안 될 만큼 터무니없는 금액이었다.[8] 그러니 왕이 종에게 탕감해준 액수를 가늠해보려던 청중의 얼굴 표정을 떠올려보라.

이어지는 예수님의 말씀을 보면 다른 종이 이 탕감받은 종에게 백 데나리온의 빚을 졌다(참조. 마 18:28). 한 데나리온은 하루 일당이었으니 백일 치 임금도 적은 돈은 아니었지만 그래도 그 종이 탕감받은 빚에 비하면 새 발의 피였다. 각 사람이 하나님께 진 헤아릴 수 없이 큰 빚과 얼마나 유사한지가 깊이 실감되었을 것이다. 이것은 무대에 올린 코미디 공연은 아니었지만(어차피 그랬어도 그들은 재미있어하지 않았을 것이다) 예수님의 유머는 분명히 현장에서 청중의 반향을 불러일으켰을 것이다.

그분의 이런 물음도 생각해보라. "어찌하여 형제의 눈 속에 있는 티는 보고 네 눈 속에 있는 들보는 깨닫지 못하느냐…외식하는 자여 먼저 네 눈 속에서 들보를 빼어라 그 후에야 밝히 보고 형제의 눈 속에서 티를 빼리라"(마 7:3,5). 사람의 눈에 들보가 박혀 있는 우스꽝스러운 모습을 떠올리며 청중은 한편으로 양심이 뜨끔하면서도 필시 웃음을 참지 못했을 것이다.

엘튼 트루블러드는 자신이 그리스도의 유머에 처음 눈뜨게 된 경위를 밝혔다. 그가 마태복음 7장을 소리 내서 읽고 있는데 예수께서 눈 속의 들보를 말씀하시는 대목에서 그의 어린 아들이 웃음을 터뜨렸다. 그전까지만 해도 트루블러드는 그리스도가 하신 그 자명한 위트를 알아차리지 못했었다.[9]

예수님의 말씀을 듣던 사람들은 그분의 예리한 유머를 알았고 그런 그분을 사랑했다.

그리스도는 어리석은 행동에 대한 유머러스한 이야기들로 요점을 밝히셨다

예수님의 한 비유에 나오는 지혜로운 사람과 어리석은 사람은 각각 반석 위와 모래 위에 집을 지었다(참조. 마 7:24-27). 집을 모래 위에 짓는다는 대목에서 청중의 실소가 터졌을 것이다. 결과가 뻔히 보였기 때문이다!

새 옷 조각을 낡은 옷에 꿰맨다는 비유(참조. 눅 5:36)에서는 모든 주부가 그것이 얼마나 한심한 방법인지를 알기에 회심의 미소를 지었을 것이다.

"새 포도주를 낡은 가죽 부대에 넣지 아니하나니 그렇게 하면 부대가 터져 포도주도 쏟아지고 부대도 버리게 됨이라"(마 9:17). 그분이 이 말씀을 하셨을 때는 틀림없이 무리 중 일부가 멋쩍게 웃으며 고개를 끄덕였을 것이다. 자신들도 실생활 속에서 그 교훈을 어렵게 터득했을 테니 말이다. 포도주가 발효되면 부피가 팽창하면서 가죽 부대의 이음매가 터져 한바탕 난리가 난다. 주변 모든 사람이 흠뻑 젖어 부랴부랴 헝겊을 찾아 얼굴을 닦는가 하면, 어쩌면 식탁이나 옷에 두고두고 얼룩이 남아 나중에 웃음을 자아내기도 한다.

깨끗한 마음이 중요하다는 영적 교훈을 주시면서 예수님은 "입으로 들어가는 모든 것은 배로 들어가서 뒤로 내버려지는 줄 알지 못하느냐"(마 15:17)라고 말씀하셨다. 영어표준역(ESV)은 이 구절의 주(註)에 헬라어 원뜻이 "변소로 내버려지다"라고 밝혀놓았다. 예수께서 실제로 하신 말씀은 그것이므로 분명히 좌중에 선웃음이 일었을 것이다. 대부분 영역본은 화장실을 연상시키지 않으려고 (열왕기상 18장 27절처럼) 완곡어법을 썼다. 하지만 성경에 무슨 내용을 넣고 싶으신지는 하나님이 정하실 일 아닌가?

예수님의 화술을 보면 그분은 절묘한 반전의 대가셨다. "건강한 자에게는 의사가 쓸 데 없고 병든 자에게라야 쓸 데 있느니라 나는 의인을 부르러 온 것이 아니요 죄인을 부르러 왔노라"(막 2:17). 건강한 사람들이 의사를 보려고 줄을 서 있는 모습을 상상해보라. 얼마나 우스운가.

이런 예도 있다. "집주인이 만일 도둑이 어느 때에 이를 줄 알았더라면 그 집을 뚫지 못하게 하였으리라"(눅 12:39). 도둑이 자신의 범행 일정을 집주인과 상의하는 장면을 떠올려보라! 당신도 '멍청한 범인'들의 사연을 들으며 웃은 적이 있지 않은가? 일례로 어떤 은행 강도는 하필 자기 수표책의 사본에 협박 문구를 적어 창구 직원에게 내밀었다가 30분 만에 자신의 아파트에서 검거되었다.

예수님은 또 "사람이 등불을 가져오는 것은 말 아래에나 평상 아래에 두려 함이냐 등경 위에 두려 함이 아니냐"(막 4:21)라고 반문하셨다. 당시 등불은 불꽃을 덮는 뚜껑이 없었을 뿐더러 평상도 쇠붙이 틀이 아니라 밀짚 거적이었다! 은유의 앞뒤가 맞지 않으니 우습게 들린다.

좌중을 끌어들이는 그분의 성격과 당시 문화를 알면 예수님의 유머가 훨씬 눈에 잘 띈다. 그분은 일부러 즐거운 언어도단의 표현을 많이 쓰셨으며, 이를 알아보는 것은 결코 불경한 일이 아니다.

선하고 순결하며 하나님을 높이는 천국의 웃음을 지금 여기서도 즐길 수 있다

예수님은 "지금 우는 자는 복이 있나니 너희가 웃을 것임이요"(눅 6:21)라고 하셨는데 문맥상 이는 천국에서 큰 상을 받을 사람들에 대한 말씀이다. 다시 말해 "너희가 천국에서 웃을 것임이요"라는 뜻이다. 물론 그분도 함께 웃으실 뿐 아니라 많은 웃음의 진원지가 되실 것이다. 그분의 웃음은 언제나 하나님의 웃음이자 또한 인간의 웃음이다.

곧이어 그분은 "화 있을진저 너희 지금 웃는 자여 너희가 애통하며 울리로다"(눅 6:25)라고 말씀하신다. 그분이 대적하시는 웃음은 불의와 부도덕 등 하나님을 욕되게 하는 것들을 즐기는 웃음이다. 먹고 마시는 일과 기타 모든 일이 그렇듯이 당연히 웃음도 죄로 말미암아 변질될 수 있다.

우리 신자들은 한편으로 훨씬 더 웃고 한편으로 훨씬 덜 웃어야 한다. 삶의 모순과 자기 자신에 대해서는 더 많이 웃어야겠지만, 하나님을 기쁘시게 하는 삶을 조롱하는 세태와 온갖 부도덕은 결코 웃을 일이 아니다.

성경에 보듯이 예수님은 자신의 사람들 안에 사신다(참조. 갈 2:20). 내가 여러 경험이나 나 자신에 대해 웃을 때면 예수님도 함께 웃으시는 것이 정말 느껴진다. 다른 사람에게 피해를 주지 않는 한 나는 으레 자신의 실없는 실수를 웃어넘긴다. 그러면 속상하거나 창피하기보다 오히려 행복을 얻을 수 있다. 나의 죄에 대해서는 웃지 않지만 나의 한계와 실수에 대해서는 일부러 웃으면서 종종 "으이구 이 바보야"라고 혼잣말한다(자기혐오가 아니라 나의 악의 없는 실책을 즐기는 것이다). 자신을 웃어넘기면 하나님을 기쁘시게 하고 스트레스가 해소되며 겸손해질 수 있다. 교만한 사람들은 어차피 자신에 대해 웃지도 못할 뿐더러 다른 사람들이 웃으면 버럭 화를 낸다.

예수님도 한 인간으로서 자신의 한계를 보며 웃으셨을 수 있다. 물론 그분은 죄를 짓거나 어리석은 결정을 내리신 적은 없지만 그래도 넘어지거나 우유를 엎지르거나 망치질하다 엄지손가락을 내리치신 적은 있지 않을까? 손가락으로 하늘을 만드신 그분(참조. 시 8:3)도 종일 목공 일을 하노라면 분명히 손가락에 가시가 박혔을 것이다. 그렇다고 투덜대지는 않으셨겠지만 내 생각에 그분은 인간으로 산다는 것이 이런 거구나 싶어 신기하셨을 것이다. 그분이 세상에 하나님의 은혜와 진리만 가져오신 것이 아니라 하나님의 행복과 즐거움과 유머와 웃음도 가져오셨음을 잊지 마라.

예수님도 노셨을까?

놀이는 행동하는 행복이다. 수달들은 왜 몇 시간이고 물에서 미끄럼을 지칠까? 왜 전복을 우적우적 씹으며 드러누워 헤엄을 칠까? 안락의자에 편히 앉아 팝콘을 먹어대는 우리처럼 말이다. 하나님이 그들 속에 그분의 일부를 넣어주셨고 피조물 속에 자신의 속성을 계시하셨기 때문이다(참조. 롬 1:20). 하나님은 놀이를 좋아하시는 것이 분명하다. 그렇지 않다면 그분의 어떤 피조물에도 놀이의 본능이 없을 것이다. 수달들을 유심히 관찰하면 하나님에 대해 무언가를 배울 수 있다.

놀이는 인류의 타락으로 시작된 것이 아니라 하나님의 마음에서부터 직접 왔다. 그분이 동물과 사람과 특히 아이들 속에 그것을 짜 넣으셨다. 하나님은 거대한 바다 동물 리워야단에 대해 욥에게 "네가 어찌 그것을 새를 가지고 놀 듯 하겠으며 네 여종들을 위하여 그것을 매어두겠느냐"(욥 41:5)라고 하셨다. 욥은 그럴 수 없지만 그분은 그 사랑하는 피조물과 함께 노실 수 있다는 뜻이다. 하나님은 피조물들을 물속에서 놀게 하셨다. "그곳에는 배들이 다니며 주께서 지으신 리워야단이 그 속에서 노나이다"(시 104:26). 그들의 놀이는 그분을 행복하게 한다. 사실 수중 놀이의 거의 전부는 하나님께만 보인다(혹시 천사들도 구경할지 모르지만 말이다).

욥에게 주신 답변을 보면 하나님은 자신의 창조 세계를 즐거워하신다. "모든 들짐승들이 뛰노는 산은 그것을 위하여 먹이를 내느니라"(욥 40:20). 피조물들이 노는 까닭은 창조주께서 놀이를 즐기시며 그들 안에도 똑같은 성질을 주셨기 때문이다.

하나님이 잘 노시고 자신의 형상을 지닌 인간과 심지어 동물에게도 놀이를 즐기는 본성을 주셨으니 당연히 예수님도 노셨을 수밖에 없다. 앞서 잠언 8장 22-31절에서 보았듯이 지혜로 의인화된 하나님의 아들은 성육신하기 이전부터 노셨다. 하지만 굳이 이 구절이 아니더라도 우리는 그분이 노셨음을 안다. 그분도 한때 아이였기 때문이다! 그분은 나중에 제자들과도 함께 놀고 경주하고 농담을 주고받으셨을까? 물론이다. 나는 새 땅에서도 그분이 우리와 함께 놀고 농담을 하시리라 확신한다.

새 세상이 오면 우리는 위험한 동물들과 함께 놀아도 다칠 위험이 없다. "젖 먹는 아이가 독사의 구멍에서 장난하며 젖 뗀 어린 아이가 독사의 굴에 손을 넣을 것이라"(사 11:8). 거기가 천년왕국이든 새 땅이든 아니면 둘 다이든 하나님은 장차 우리가 동물들과 함께 놀아도 위험하지 않을 것을 약속하셨다.

하나님은 아이들이 노는 모습을 그분이 임재하신 열매로 보시며 이렇게 큰 행복의 때를 약속하셨다. "그 성읍 거리에 소년과 소녀들이 가득하여 거기에서 뛰놀리라"(슥 8:5). 얼마나 아름답고 소망을 주는 광경인가! 놀이는 완성된 세상의 일부다.

새 땅에서도 예수님은 늘 성육신하신 상태로 자기 백성과 함께 사실 것이므로(참조. 계 21:3) 그분이 창조하여 사람들 속에 넣어주신 놀이의 정신은 그분 자신의 속성과 행동에도 그대로 나타날 것이다. 사람들과 동물들이 자신들을 놀이를 즐기도록 지으신 분과 함께 놀다니 그것은 어떤 모습일까? 그야말로 한없이 영광스러울 것이다.

예수님의 행복은 어떻게 우리의 삶으로 전이되는가?
그리스도의 놀이와 유머가 우리에게 똑똑히 보이지 않는 이유가 무엇일까? 아마 우리가 하나님께 유머 감각이 있다고 상상하는 것을 그분께 모욕이라 여기기 때문일 것이다. 하지만 어떻게 그분께 유머 감각이 없을 수 있는가? 하나님이 웃거나 재미를 느낄 줄 모르신다면 우리의 그런 성향은 어디서 왔는가? 또한 놀이와 웃음처럼 즐거운 일을 하나님과 그분의 아들께 귀속시키는 것이 어째서 모욕인가? 반대로 이런 놀라운 선물을 그분의 공로로 돌리지 않는 것이 그분께 모욕이 아닌가?

나는 그리스도를 믿기 전에도 웃었고 꽤 행복을 맛보았다. 그러나 예수님을 알고 나서 미소와 웃음이 훨씬 잦아졌다.

내 인생도 늘 순탄치만은 않아 때로 우울과 싸워야 했다. 그러나 청소년 시절 하나님을 알기 전에는 싸울 도구가 별로 없었다. 지금은 훨씬 좋은 무기들이 있다. 무엇보다 먼저 하나님의 임재와 은혜에 대한 인식이 있다. 감사하게도 세월이 가면서 그분 덕분에 역경 중에도 행복을 더 자주 경험할 수 있었다. 그분의 선물인 웃음이 거기서 큰 부분을 차지하며, 사실 어떤 때는 깊은 구덩이에서 올라오게 해주는 사다리와도 같다. 친한 친구 하나가 내게 이렇게 말한 적이 있다. "나는 자네의 마음이 아플 때를 늘 안다네. 그때는 자네의 농담과 웃음이 더 많아지거든." (사람에 따라 도움이 되는 의약품이 있으며 이 또한 하나님의 일반 은혜의 일부이므로 나는 그것으로 인해 감사한다.)

날씨가 좋을 때면 아내와 나는 집에서 음식을 먹거나 영화를 볼 때 종종 옆문을 열어둔다. 큼직한 나뭇가지를 물고 뛰어다니는 매기의 모습이 수시로 보인다. 우리는 그것을 볼 때마다 웃어주고 매기는 놀이에 지칠 줄 모른다. 상대가 우리든 우리 손자들이든 다른 개들이든 아니면 혼자든 매기는 몇 시간이고 놀 수 있다. 하나님도 매기와 함께 계신다고 나는 믿는다.

일하고 있노라면 매기가 자주 와서 내게 고개를 바짝 기댄다. 내 반응이 느리면 매기는 내가 덜 중요한 일(이 책을 쓰는 일처럼)에 정신이 팔린 줄로 알고는 그 큰 발로 내 손을 자판에서 밀쳐낸다. 나는 웃으며 함께 놀아준다. 그 순간 그것이 매기가 하나님께 지음 받은 본연의 모습임을 나는 안다. 예수께서 매기를 통해 내게 웃음을 주심도 애써 의식한다. 그분도 우리 둘을 보시며 웃고 계시리라 믿는다. 그렇게 믿지 않는다면 나의 행복이 반감될 것이다.

이런 행복을 누구나 누릴 수 있다. 익은 과일이 가지에서 쉽게 떨어지듯이 행복도 예수님의 손에서 우리 손으로 쉽게 떨어진다. 그분 안에서 행복을 느끼지 못한다면 우리가 그분을 실체 그대로, 즉 행복을 주시는 즐거우신 분으로 보고 있는지 자문해볼 필요가 있다. 그분은 자신의 행복을 세상 속과 우리 각자의 일상생활 속에 헤아릴 수 없이 많이 표현해두셨건만 우리가 그것을 보지 못하는 것은 아닌가? (가난하여 삶이 고달픈 사람들이나 심지어 빈민가나 감옥에 사는 사람들이 증언하듯이 그들은 온갖 자질구레한 일상 속에서 하나님을 보는 법을 배웠다.)

하나님의 속성에 관한 대부분 책에 행복은 나와 있지 않고, 그분의 유머에 관한 책은 아예 눈에 띄지 않을 수도 있다. 그래도 분명히 행복과 웃음은 그분 성품의 고유한 일부가 아닌가? "기뻐하고 즐거워하라"(마 5:12)고 말씀하시는 분이라면 분명히 자신도 기뻐하고 즐거워하실 줄 아신다.

하나님의 행복은 왜 중요한가?

죽음의 나치 수용소에서 살아남은 빅터 프랭클(Viktor E. Frankl, 1905-1997)은 "행복은 나보다 큰 대의에 헌신할 때 또는 나 아닌 사람에게 순복할 때 찾아오는 뜻밖의 부산물이다"라고 썼다.[10] 우리 가운데 행복하지 않은 사람이 그토록 많은 이유가 거기에 있다. 우리 삶에서 가장 큰 대의나 가장 중요한 사람은 바로 자기 자신이다. 그런데 우리는 자신의 행복을 창출하거나 유지하기에는 너무 작고 무력하다.

우리는 비할 나위 없이 크신 하나님—행복하게 웃으시는 하나님—과 그분의 보화로 가득한 광대무변한 나라를 생각하는 것이 아니라 작은 하나님을 생각할 때가 너무 많다. 그래서 엄청나게 큰 그분의 나라 대신 좁쌀처럼 작은 자신의 나라에 헌신한다. 하나님 안에서 더 큰 것들을 누리도록 지음 받은 우리가 그 이하에 만족해서는 안 된다. 그러려면 우리의 가장 큰 행복이 그분 안에 있음을 믿어야 한다.

제러마이어 버로스는 이렇게 말했다. "하나님은 진정한 행복의 유일한 근원이시다. 그분의 행복에는 그 무엇도 그 누구도 필요 없다. 세상을 지으시기 전부터 삼위일체 하나님은 서로 간에 온전히 행복하셨다. 그런 그분이 그리스도인들도 그분 자신만큼 행복하게 해주신다."[11] 얼마나 놀라운가!

하나님은 무한하시므로 우리의 행복은 결코 그분의 수준에 이를 수 없다. 그러나 하나님이 온전히 행복하시듯이 우리도 어느 날 온전히 행복해질 것이다. 그때까지 우리의 행복은 하나님 안에서 괄목할 만한 성장을 이룰 수 있다.

행복을 하나님께 가서 찾지 않는다면 당신은 반드시 다른 데로 갈 것이다. 그러나 그분 자신의 행복을 믿지 않고는 그분께 가지 않을 것이다. 그러니 마귀가 하나님의 행복을 미워하며 기를 쓰고 그것을 우리에게 숨기려 하는 것은 당연한 일이다.

찰스 스펄전은 하나님의 행복이라는 교리가 우리 자신의 경험과 분리될 수 없음을 알았다. "행복하신 하나님의 기쁨을 조금이라도 아는 사람은 참된 그리스도인의 삶이 불행할 수 없음을 안다!"[12] 타락한 세상에서는 어차피 슬픔의 때가 침범하여 수시로 우리의 행복을 끊어놓을 수밖에 없다. 그러나 하나님 안의 행복은 예외가 아니라 규범이 될 수 있으며 마땅히 그래야 한다.

예수님을 눈으로 뵙는 그날 우리는 주인의 행복에 참여한다는 것이 무슨 뜻인지 알게 될 것이다. 새 땅에서 함께 놀고 잔치하며 농담도 하고 이야기도 나누며 늘 우리를 구속하신 그분을 바라볼 것이다. 그날 웃음소리와 행복이 그분보다 큰 사람은 아무도 없을 것을 나는 확신한다.

제3부

성경에 실제로 쓰인 '행복'의 단어들

Chapter·20

성경에 나오는
행복, 기쁨, 즐거움

그들은 기쁨[행복]과 즐거움으로 인도함을 받고 왕궁에 들어가리로다.

시편 45:15

당신의 모든 안전과 자유와 안식과 평안과 행복은 당신을 향한 창조주의 선하심과 사랑 안에 있다.

빌헬무스 아 브라켈

나는 영화 "예수"(Jesus)를 처음 보는 사람들을 여러 나라에서 지켜보곤 한다. 그들은 예수께서 아이들의 친구가 되고 기적을 행하실 때는 표정이 환해졌다가, 그분이 십자가에 달리실 때는 신음하며 울고, 그분의 부활을 목격할 때는 기뻐 웃거나 환호성을 지른다. 예수님의 참모습이 그들을 압도한다(한번은 상영 중에 부족의 용사들이 예수님을 십자가에 못 박으려는 병사들을 막으려고 자기도 모르게 벌떡 일어나 입으로 불어서 쏘는 화살로 화면을 벌집처럼 만들었다고 한다).

나는 여러 부족이 예수님 안의 영생에 대해 처음 듣는 광경도 동영상으로 보곤 한다. 그들은 회개하며 예수께로 돌아와서는 몇 시간이고 계속 기뻐 외치며 춤을 춘다.[1]

인도네시아 킴얄(Kimyal) 부족을 촬영한 동영상에는 자기네 말로 된 최초의 성경을 받아든 사람들의 주체할 수 없는 행복이 고스란히 담겨 있다. 사람들은 희색이 만면한 얼굴에 기쁨의 눈물을 흘리며 춤사위에 몸을 맡긴다. 하나님의 말씀을 모국어로 읽는 그들의 행복과 즐거움은 보는 이에게까지 전염된다.[2]

놀랍게도 우리는 하나님의 말씀을 듣고 읽는 행복을 날마다 누릴 수 있다.

성경을 공부하는 사람은 성경에서 값진 상을 얻는다

성경은 행복의 방대한 보고(寶庫)로서 관련된 본문만도 수십 군데가 아니라 수백 곳에 달한다. 이번 제3부는 이 책에서 가장 중요하다고 할 수 있다. 내 말보다 하나님의 말씀이 더 많이 나오기 때문이다('복되다'는 말의 의미를 다룬 다음 장만은 대체로 예외다). 하나님은 "내 입에서 나가는 말도…헛되이 내게로 되돌아오지 아니하고 나의 기뻐하는 뜻을 이루며 내가 보낸 일에 형통함이니라"(사 55:11)고 말씀하셨다. 이 약속은 나나 당신의 말에 해당하는 것이 아니라 그분의 말씀에 해당한다.

제3부의 취지는 행복과 기쁨과 즐거움에 대해 하나님께 직접 듣는 것이다. 그분이 하시는 말씀은 놀랍고도 즐거우며, 신자나 비신자 할 것 없이 많은 사람이 생각하는 바와는 근본적으로 다르다.

세 가지 경고가 필요하다. 제3부에 인용될 많은 성경 본문은 당신이 성경에서 제일 좋아하는 부분이 될 수도 있지만 어떤 이들에게는 너무 과하게 느껴질 수 있다. 첫 몇 장을 읽다가 소화가 안 되어 체할 것 같거든 일단 멈추어 제4부로 넘어가라. 나중에 다시 돌아와 끝마칠 수 있도록 멈춘 자리에 표시만 해두면 된다. 하나님의 말씀은 거기 그대로 있을 테니 더 준비가 되거든 그때 읽으라!

두 번째 경고로 당신은 히브리어와 헬라어 단어들에 거부감이 들 수 있다. 그 말뜻에 대한 학자들의 인용문에 대해서도 마찬가지다. 언뜻 보기에 전문적이거나 학구적인 일로 비칠 수 있기 때문이다. 그러나 당부하는 것은 당신의 이해력을 과소평가하지 말라는 것이다. 여태까지 책을 많이 써보았지만 원어 단어들을 논하지 않으면 독자들이 어둠 속에 남겠다고 느껴지기는 이번이 처음이다. '행복'에 대한 현대의 오해를 파헤치고 하나님이 선택하신 특정한 히브리어와 헬라어 단어들로 돌아가지 않고는 결코 성경이 말하는 행복을 이해할 수 없다.

히브리어의 두 단어와 헬라어의 두 단어에 주로 집중할 것이다. 더 배우기 원한다면 히브리어 단어 19개와 헬라어 단어 14개를 부록에서 더 볼 수 있다. 전문 용어의 사용은 하나님의 말씀에 행복이 넘쳐난다는 사실을 예증하는 데 꼭 필요한 정도로 그쳤다. 많은 역본에 그 사실이 분명히 드러나지 않기 때문이다.

하나님이 성경에 담아두신 행복과 관련된 실제 어휘들을 탐색하지 않으면 성경의 표면 아래에 있는 그리스도의 풍성한 행복을 놓칠 것이다. 이번 제3부를 나와 함께 끝까지 마치면 그러기를 잘했다는 생각이 들 것이다.

마지막 경고가 있다. 내가 선택한 말씀들과 구절들의 초점은 자연히 이 책의 주제인 행복에 있다. 이것이 이야기의 전부는 아니다. 악과 고난에 대해 썼던 내 책들이 이야기의 전부가 아닌 것과 마찬가지다. 그 책들에 기쁨도 함께 논했듯이 이 책에도 나는 슬픔을 십분 인정한다.

모든 애통의 시편과 예레미야애가 전체와 기타 많은 성경 본문에 계시되어 있듯이 그리스도인의 삶에서 현실주의와 슬픔은 중요하다. 기쁨과 행복을 다루면서 그런 본문들을 부인하거나 축소해서는 안 된다. 참된 성경적 세계관과 진정한 기쁨과 행복의 교리는 오히려 현세의 고난을 온전히 현실로 인정하고 수용한다. 성경의 행복은 부인이나 가식이 필요 없을 뿐더러 극심한 역경 속에서도 누릴 수 있기에 더 한층 깊어지고 풍성해진다.

성경에는 행복의 어휘가 풍성하다

『성경 원어 사전』(Dictionary of Biblical Languages)을 편찬한 내 친구 제임스 스완슨(James Swanson)은 구약에서 기쁨과 행복과 즐거움에 관련된 히브리어 어근을 18개나 지적했다. 히브리어는 세상에서 행복이 가장 풍성하게 표현된 언어 중

하나다.³

윌리엄 모리스에 따르면 기쁨을 뜻하는 헬라어의 많은 동의어가 신약에 총 326회 등장한다.⁴ 로버트 J. 딘(Robert J. Dean)은 "다수의 히브리어와 헬라어 단어들이 쓰여 기쁨의 개념을 전해준다. 영어의 상황도 같아서 기쁨, 행복, 쾌락, 희락, 즐거움, 명랑, 지복, 낙 등의 단어가 동의어에 가깝다"라고 썼다.⁵

영어표준역(ESV)에서 행복, 기쁨, 즐기다, 기뻐하다, 즐거움, 명랑, 쾌락, 희락, 축하, 쾌활함, 기쁘게 하다, 유쾌함, 웃다, 웃음, 미소, 희열, 축제, 쉬다, 안식, 잔치, 절기 등의 단어를 전부 찾아보았다. 파생어까지 포함해 이 단어들이 쓰인 횟수는 1천7백 회가 넘었다. 여기에 '행복하다'는 뜻의 단어들을 '복되다'로 번역한 경우까지 합하면 총계는 약 2천 회에 달한다.

당신은 이번 제3부에 내가 인용할 성경 본문이 너무 많아 놀랄지 모르지만 나로서는 오히려 빼놓은 구절들이 너무 많아 놀랍다!

성경의 역본은 왜 이렇게 다양한가?

어떤 언어든 마찬가지지만 성경 역본이 서로 다른 이유는 단순히 언어와 번역의 성질이 그렇기 때문이다! 언어끼리 단어가 정확히 상응하는 경우는 드물다. 『메시지』역처럼 풀어쓸 때는 상당한 재량권을 가질 수 있지만 원어를 직역한 역본들은 의미가 상이한 경우보다 비슷한 경우가 훨씬 많다.

성경은 에스라와 다니엘의 몇 장이 아람어로 된 것을 제외하고는 전부 히브리어와 헬라어로 기록되었다. 이 원어들이 여러 언어로 번역되었는데 각 역본마다 고도로 숙련된 학자들로 구성된 팀이 어휘를 신중히 선택했다.

전도서 9장 7절을 예로 들어보자. 신미표준역(NASB)에는 "너는 가서 행복하게[히브리어 사마흐] 네 음식물을 먹고 명랑한[토브] 마음으로 네 포도주를 마실지어다 이는 하나님이 네가 하는 일들을 벌써 기쁘게 받으셨음이니라"고 되어 있다. 흠정역(KJV)과 영어표준역(ESV)에는 대명사만 고어("thy")에서 현대어("your")로 바뀌었을 뿐 둘 다 "기쁨으로 네 음식물을 먹고 즐거운 마음으로 네 포도주를 마실지어다"로 옮겨져 있다. 이렇듯 가장 직역에 가까운 두 종의 현대 역본이 동일한 히브리어 단어를 서로 다르게—각각 "행복하게"(NASB)와 "기쁨으로"(ESV)로—번역했고, 같은 구절의 두 번째 단어도 각각 "명랑한"과 "즐거운"으로 번역했다.

신국제역(NIV)에는 "즐겁게 네 음식물을 먹고 기쁜 마음으로 네 포도주를 마실지어다"(강조 추가)라고 되어 있다. 그래서 당신은 히브리어 원어들의 번역이 단일하지 못하니 세 역본이 일치하지 않는다고 생각할지 모른다. 하지만 사실 이 세 번역은 거의 일치한다. 그것은 히브리어의 두 단어가 동의어라서 둘 다 위에 선택된 영어 단어—역시 다 동의어다—중 어느 것으로 번역해도 정확하기 때문이다.

새생활역(NLT)과 유대인성경전서(CJB)와 신영어역(NET)에 모두 동일하게 번역된 표현은 위의 역본들과는 또 다르다. "행복한 마음으로 네 포도주를 마실지어다"(강조 추가).

딱 하나의 번역만 옳은가? 그렇지 않다. 언어 간에 정확하게 상응하는 어휘가 드물기 때문이며, 히브리어에서 영어로 옮기는 경우도 예외는 아니다. 원어의 취지를 역어에 제대로 담아냈다면 어느 역본이고 다 옳다.

이 중요한 개념을 이해하려면 의미영역을 알아야 한다. 의미영역이란 서로 밀접하게 연관된 어군을 가리킨다. "맑은 날이다"라고 말할 때 "맑다"의 의미영역에 포함되는 어휘로 "화창하다, 눈부시다, 환하다, 개다, 구름이 없다" 등이 있다.

'도표 8'과 '도표 9'의 히브리어와 헬라어에서 각각 보듯이 행복을 뜻하는 성경의 단어들은 의미가 중첩된다. 물론 행복에 해당하는 단어들은 그림에 나와 있는 것보다 훨씬 많아서 그것을 다 담으려면 히브리어 그림과 헬라어 그림의 원이 각각 세 배와 두 배씩은 더 필요할 것이다(각 단어의 뉘앙스는 나중에 살펴보기로 하자). 그림의 핵심 요지는 성경이 말하는 행복의 의미영역에서 단어들이 서로 겹친다는 개념이다.

두 그림을 염두에 두고 전도서 9장 7절을 다시 보자. 홀먼기독표준성경(HCSB)도 신미표준역(NASB)처럼 명랑한 마음으로 포도주를 마시라고 했으나 앞부분은 "유쾌하게 네 음식물을 먹고"라고 되어 있다. 그렇다면 우리는 음식물을 먹을 때 즐거워야 하는가(WYC, NIV), 기뻐해야 하는가(KJV, ESV), 행복해야 하는가(NASB, GNT), 아니면 유쾌해야 하는가(HCSB)? 생각해보라. 큰 차이가 있는가?

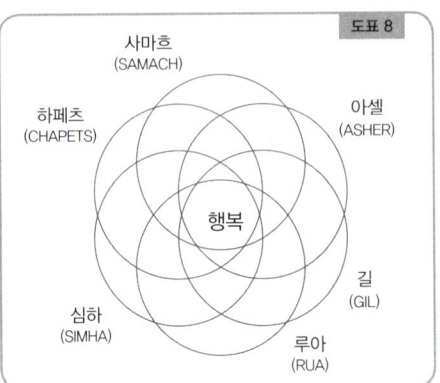

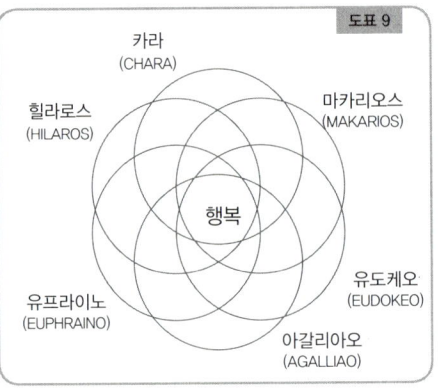

찰스 스펄전이 회심의 순간 체험한 일을 생각해보라. "그것을 처음 느끼던 날 우리는 얼마나 복되었던가[행복했던가]! 내 마음은 기뻐 뛰었다! 그렇게 행복했던 적은 없었다. 가끔 생각해보면 그날만큼 거룩한 감격과 흥분과 환희에 찼던 적도 별로 없었던 것 같다."[6]

스펄전이 복되고 기쁘고 행복하고 감격하고 흥분하고 환희에 찼다며 동의어들을 '쭉 늘어놓은' 것처럼 성경에도 동일한 기법이 쓰였다.

단어의 뜻을 이해하는 열쇠는 문맥이다

히브리어 학자 제임스 바(James Barr, 1924-2006)는 단어가 문장 속에 쓰이기 전까지는 구체적 의미를 획득하지 못하므로 사전이나 용어집만 보고 어의를 찾는 것은 위험하다고 역설했다.[7] 사전을 보아서는 단어의 가능한 의미나 용례를 알 수 있을 뿐 특정한 문맥 속에서 실제로 어떤 뜻으로 쓰였는지는 알 수 없다. 저자가 말하려는 의미의 단서를 잡으려면 앞뒤 문장을 살펴야 한다.

마찬가지로 히브리어나 헬라어의 특정한 단어도 늘 행복이나 기쁨이나 즐거움이나 기타 무엇을 의미하는 것은 아니다. 문맥이 왕이며 그래서 번역이란 만만치 않은 작업이다.

이번 제3부에 제시될 여러 본문에 히브리어와 헬라어의 특정한 단어들이 쓰였는데, 언어학자들과 번역가들에 따르면 그 단어들은 대개 영어의 행복, 기쁨, 기타 동의어들로 표현되는 개념들과 연관된다.

연구 과정에서 나는 여러 히브리어 학자들과 교류했는데 그중 라이니어 드 블로이스(Reinier de Blois) 박사는 전공이 히브리어 사전학이다. 그가 기본으로 삼는 인지언어학은 단어의 의미에 대한 새로운 관점을 제시하는 분야다.[8] 그의 설명을 들어보자.

> 용어가 속해 있는 의미영역 전체의 문맥 속에서 보지 않고는 성경 용어의 뜻을 알 수 없다…히브리어에는 동의어가 많다…대구법과 쌍쌍의 단어가 풍부하다 보니 많은 히브리어 단어에 짝이 있다. 이런 구문에서 두 단어의 차이는 비교적 중요하지 않고 반복을 통해 전체 구문을 더 강조할 뿐이다. "의와 정의", "인자와 진리", "기뻐하고 즐거워하라" 등의 말이 자주 나오는 것도 그래서다.[9]

내가 다양한 역본을 인용하는 이유는 하나의 역본을 선호하여 거기에 익숙해지다 보면 다른 역본들은 틀렸다고 생각할 수 있기 때문이다. 우리는 히브리어나 헬라어의 동의어들이 서로 완전히 구분되는 줄로 생각한다. 기쁨, 즐거움, 행복 등 번역에 쓰인 단어들에 대해서도 마찬가지다. 동일한 의미영역의 단어들은 의미가 중첩된다는 것을 알아야 한다. 그래야만 번역문의 해당 단어들을 인위적으로 구분하는 데서 벗어날 수 있다.

나는 평소에 혼자 공부할 때는 직역 성경을 사용하며, 책을 집필할 때도 의역은 거의 인용하지 않는다. 하지만 이번만은 중요한 점에서 예외다. 히브리어와 헬라어에서 기쁨과 행복의 의미영역에 속한 단어들의 번역에 관한 한 내가 믿기로 일부 의역 역본들이 직역보다 원뜻에 더 충실하다. 직역 역본들은 번역의 전통을 따라 행복을 뜻하는 히브리어와 헬라어의 일부 핵심 단어들을 애매하게 표현하는 경향이 있다.

이 책에 그때그때 특정한 역본을 사용한 것은 내가 믿기로 해당 인용 구절이 그 역본에 정확히 번역되어 있기 때문이다. 특히 우리가 살펴보고 있는 히브리어나 헬라어의 특정한 단어와 관련해서 그렇다.

그렇다고 인용하는 그 역본을 내가 무조건 다 지지한다고 보아서는 안 된다. 예컨대 나는 신세기역(NCV)에 '아셀'과 '마카리오스'가 대체로 정확히 번역되어 있다고 믿지만 이 역본이 다른 문맥에서 다른 단어들을 번역한 방식에까지 매번 동의하는 것은 아니다. 비슷하게 『메시지』역에 종종 삽입되는 저자의 특정한 해석은 내가 보기에 원문의 뜻과 거리가 멀지만 이 역본이 성경 본문의 핵심을 아름답고 정확하게 풀어쓴 경우도 있다. 그래서 『메시지』역도 두 번 인용했지만 그것을 묵상과 공부를 위한 주요 성경으로 추천할 마음은 없다.

다양한 역본을 인용하는 저자들은 신학적 취사선택의 과오를 범할 수 있음을 나도 잘 알고 있다. 즉 해석상 자신의 편견을 뒷받침해줄 역본들만 골라 쓸 수 있다. 나도 이 책에 많은 역본을 논거로 제시했으니 동일한 비판을 피해 갈 수 없다. 복수의 역본을 사용하는 데 누구라도 이의가 들거든 히브리어나 헬라어 원문을 주의 깊게 살펴보거나 원어를 아는 믿을 만한 주석가들의 도움을 받아 본문의 의미를 따져보기 바란다. 그러면 내가 선택한 각 역본의 장점이 보이리라 믿는다.

이번 단어 연구에서 나의 초점은 성경 저자들이 기록한 전체 문장에 있다. 이 본문들을 숙고하면 당신은 하나님의 말씀을 더 잘 이해할 뿐 아니라 아마도 더 행복해질 것이다. 사실 하나님이 우리에게 이 본문들을 주신 이유가 바로 그것이다!

서로 다른 역본들은 원어의 유동성을 보여준다

히브리어와 헬라어로 쓰인 특정 단어들의 용례로 더 깊이 들어가기 전에 몇 가지 번역의 예를 살펴보자. 영어표준역(ESV)에 "우리가 이것을 씀은 우리의 *기쁨이 충만하게* 하려 함이라"고 옮겨진 요한일서 1장 4절이 CEV에는 "우리가 너희에게 이것을 씀은 *이로써 우리가 참으로 행복해지기* 때문이라"고 되어 있다(각각 강조 추가). 이 두 문장의 의미는 어느 정도 차이가 날까? 두 단어가 혼용되는 우리 문화를 감안하면 거의 없다.

이번에는 시편 149편 2절을 생각해보자(비교하기 쉽도록 행복에 해당하는 핵심 단어들을 강조 처리했다).

- 이스라엘은 자기를 지으신 이로 말미암아 *기뻐하며*[사마흐, *samach*] 시온의 주민은 그들의 왕으로 말미암아 *즐거워할지어다*[가얄, *gayal*](NIV).
- 이스라엘은 자기를 지으신 이로 말미암아 *즐거워하며* 시온의 자녀는 그들의 왕으로 말미암아 *기뻐할지어다*(ESV).
- 이스라엘은 자기를 지으신 하나님으로 말미암아 *행복해하며* 예루살렘의 백성은 그들의 왕으로 말미암아 *기뻐할지어다*(NCV).

한 번역만 옳고 나머지는 틀렸을까? 아니다. 히브리어의 "사마흐"와 "가얄"이 동의어이듯 영어의 '기뻐하다'와 '즐거워하다'와 '행복해하다'도 동의어다. 히브리어 학자들로 구성된 번역 팀마다 선호하는 바가 달랐지만 서로 모순되는 것은 아니다.

시편 149편 4절에는 이런 말씀이 나온다.

- 여호와께서는 자기 백성을 *기뻐하시며*[라차흐, *ratsah*](NIV).
- 여호와께서는 자기 백성을 *즐거워하시며*(ESV).
- 여호와께서는 자기 백성으로 인해 *행복해하시며*(NLV).

이사야 65장 18절의 앞부분은 여러 역본이 다 비슷하다. "너희는 내가 창조하는 것으로 말미암아 영원히 *기뻐하며 즐거워할지니라*." 그러나 같은 구절의 뒷부분은 4종의 역본에 각각 이렇게 되어 있다.

- 보라 내가 예루살렘을 즐거운 성으로 창조하며 그 백성을 *기쁨*으로 삼고 (NIV).
- 보라 내가 예루살렘을 *기쁜* 성으로 창조하며 그 백성을 즐거움으로 삼고 (ESV).
- 보라 내가 예루살렘을 행복한 곳으로 창조하며 그 백성은 *기쁨*의 원천이 되고(NLT).
- 보라 내가 새 예루살렘을 *기쁨*으로 충만하게 하며 그 백성은 행복해지고 (GNT).

다 다르지만 큰 차이는 아니다. 그리고 어느 것도 하나님의 감동으로 된 원문의 의미를 잘못 대변하지 않는다.

역어에 다양한 동의어가 쓰였다 해서 학자들의 실력이 부실하다는 뜻은 아니다. 그것은 다만 원어와 역어 둘 다의 유동성을 보여줄 뿐이다. 히브리어와 헬라어를 번역한 여러 번역 위원회들은 종종 오랜 시간의 대화와 토의 끝에 어휘들을 선택했다. 그 역어들을 보면 성경 원어의 단어들에 대한 우리의 감각이 넓어지고 깊어지고 풍부해진다. 그 내용은 앞으로 여러 장에 걸쳐 살펴볼 것이다.

제3부는 책의 나머지 부분과 다르다. 성경공부를 한다고 생각하라. 여기에

는 나의 해석이나 예화가 많지 않다. 성령 하나님께 당신의 교사가 되어 생각을 새롭게 해주시고 마음을 녹여달라고 기도하라(참조. 요 14:26, 요일 2:27). 하나님의 감동으로 된 것은 성경뿐이므로 이번 기회에 그분이 행복에 대해 하시는 말씀을 직접 들어보라.

그러면 하나님의 말씀이 본연의 일을 할 것이다. 즉 당신을 즐겁게 할 것이다!

Chapter·21

원어의 번역이 '복되다'인가 아니면 '행복하다'인가는 왜 중요한가?

> 화평하게 하는 자는 복이 있나니[행복하나니] 그들이 하나님의 아들이라 일컬음을 받을 것임이요.
>
> 예수(마태복음 5:9)

> 주께서 당신을 이제부터 영원까지 행복하게 해주시려고 친히 모임에 초대하신다. 당신에게 잘해주실 뜻이 없다면 그러지 않으실 것이다.
>
> 찰스 스펄전

하나님을 믿지 않는 가정에서 자란 나는 '복되다'는 말을 들어본 적이 없다. 그리스도께 돌아와 교회에 다닌 뒤로는 불과 몇 년 사이에 그 단어를 수없이 들었다. 무슨 뜻인지 몰랐고 묻지도 않았다. 거룩하고 신령하게 들린다는 정도만 알았다. 교회에서 이 단어는 '배경을 조성하는 소음'이나 같았다. 늘 쓰다 보니 의미가 가려졌다.

몇 년 후 누군가로부터 성경의 '복되다'는 단어가 사실은 대개 '행복하다'는 뜻이라는 말을 들었다.

나의 반응은 "설마!"였다.

한 번도 해보지 못한 생각이었으므로 그 말이 틀렸을 거라고 확신했다. 그 뒤로 여러 해 동안 진실을 파헤쳐보니 풍성하고도 놀라운 결과가 나왔다.

'복되다'나 '행복하다'로 교차 번역되는 원어 단어들을 아는 것이 중요하다
앞으로 여러 장에 걸쳐 성경이 말하는 행복을 탐구할 텐데, 그전에 흔히 성경에 "복되다"(우리말로는 주로 "복이 있다"의 형태로 되어 있다-역주)로 번역되는 단어에 대한 만연한 혼란을 짚어둘 필요가 있다.

하나님이 피조물에게 주시려는 행복을 이해하려면 히브리어의 '아셀'(asher)보다 더 중요한 단어는 성경에 없다.

평소에 성경 참고서를 활용하는 사람들은 이미 숱하게 읽어서 알겠지만, 아셀은 '행복하다'는 뜻이고, 그 단어를 번역할 때 쓰인 '복되다'는 단어도 '행복하다'는 뜻이다. 표준 히브리어 사전들을 보면 아셀에 가장 상응하는 영어 단어가 으레 '행복하다'로 나와 있다.¹

일부 참고 자료를 바탕으로 쉽게 결론지을 수 있듯이 '복되다'는 말에는 아셀의 행복이라는 뜻이 담겨 있다. 예컨대『웹스터 사전』에 보면 '복되다'에 '더없이 행복하다'는 뜻이 있다.²『국제표준 성경백과사전』(The International Standard Bible Encyclopedia)에도 '복됨'은 "믿음으로 그리스도의 의를 전가받은 사람의 행복한 상태"로 정의되어 있다.³ 이 정의 뒤에 "'행복'을 참조하라"는 주가 붙어 있다.

잠언 28장 14절은 아셀이 '복되다'로 번역된 많은 사례 중 하나다.

- 항상 하나님 앞에서 떠는 자는 복되거니와(NIV).
- 항상 여호와를 경외하는 자는 복되거니와(ESV).

『성경 지식 주석』(The Bible Knowledge Commentary)은 이 본문에 대해 "그렇게 [죄의 결과를] 두려워하는 사람은 행복하다(복되다, 참조 시 1:1)"라고 풀이했다.⁴『영어표준역 주석성경』(The English Standard Version Study Bible)에도 "그런[하나님을 경외하는 복된] 사람은 자비를 받으며 따라서 참으로 행복하다"라는 설명이 붙어 있다.

그런 주해가 거의 모든 자료에 나온다. 스무 개 이상의 다른 구절들처럼 이 구절의 아셸도 '행복하다'로 번역했다면 굳이 주석이나 각주가 없이도 독자들에게 의미가 그대로 전달될 것이다.

하지만 여기 큰 문제가 있다. 단어 연상 퀴즈에서 '행복하다'는 단어가 제시된다면 사람들이 예상하는 단서는 '기쁘다, 즐겁다, 명랑하다' 등일 것이다. 누군가가 '복되다'를 단서로 내놓는다면 당신의 머릿속에 '행복하다'가 떠오르겠는가? 아마도 당신은 '신성하다'나 '거룩하다'라고 답할 것이다.

아셸의 의미로 더 깊이 들어가기 전에 '복되다'는 단어를 우리의 현대적 정황 속에서 생각해보자.

오늘날 '복되다'는 말은 무슨 뜻인가?

복된 것이 좋은 것임을 누구나 알지만 이 단어는 실제로 무슨 뜻인가?

어떤 사람이 내게 "당신의 책들이 내게 복이 되었습니다"라는 글을 보내왔다. 내 생각에 "당신의 책들이 영적 유익을 주었습니다"라는 뜻일 것이다. "당신의 책들이 나를 행복하게 해주었습니다"라는 뜻도 있었으면 좋겠지만 아마 그렇지는 않을 것이다. 그런 뜻이라면 그냥 그렇다고 말했을 것이다.

구글에서 '복되다'를 검색해보니 "형용사: 거룩해지다, 성별되다"라는 정의가 제일 먼저 나왔고, "명사: 천국에서 하나님과 함께 사는 사람들"이 그 뒤를 이었다.

온라인에 "복되신 동정녀 마리아"의 조회 건수는 2백5십만이 넘었다. 이 말의 뜻을 '행복하신 동정녀 마리아'라고 생각할 사람이 있을까? 없을 것이다. 이 말이 가리키는 것은 마리아의 신성함이지 즐거움이 아니다.

'복되다'를 조회했을 때 인기 순위 3위는 "'복되다'의 동의어와 반대말"이었다.[5] 나열된 동의어는 "숭배되다, 지복을 누리다, 성별되다, 신령하다, 추앙받다, 높여지다, 영화롭게 되다, 신성시되다, 구속(救贖)되다, 부활하다, 공경을 받다, 상을 받다, 구원받다, 천사 같다, 거룩하다, 불가침이다, 성스럽다, 신성불가침이다, 영적이다, 속되지 않다" 등이다.

『메리엄 웹스터 대사전』(Merriam-Webster Unabridged Dictionary)에서 '복되다'의 정의에 맨 먼저 제시된 동의어는 "하나님의, 하나님과 관계된"이다.[6] 이어 "신령하다, 경건하다, 독실하다, 천국 같다, 성스럽다, 초자연적이다"와 같은 동의어가 나열된다. 같은 사전에 나오는 '관련 단어' 밑에 "영원하다, 영구하다, 불멸이다, 전권을 소유하다, 만능이다, 전능하다, 전지하다, 지고하다" 등이 추가되어 있다. '복되다'는 단어의 두 번째 정의는 "하나님과 관련하여 구별되다 또는 존경받을 만하다"이다. 이 뜻의 동의어로는 "성별하다, 성별되다, 신성시되다, 성례적이다, 성스럽다, 신성불가침이다, 성화되다" 등이 있다.

보다시피 "복되다"에 동원되는 모든 정의와 동의어는 거룩함과 관계된다. 행복과 관련된 것은 사실상 전무하다.

『옥스퍼드 영어사전』(The Oxford English Dictionary)에서 '복되다'의 정의 1번은 "성별되다, 신성시되다, 거룩하다, 종교 의식이나 예식을 통해 구별되다"이다. 2번은 "사람들의 흠모나 공경이나 추앙이나 복을 받을 만한 대상"이다.[7] 행복은 3번의 간접적 정의에나 나온다. 그나마 현대의 축약 사전들에는 '행복하다'가 '복되다'의 가능한 정의로 등장하지도 않는다. 대체로 행복은 '복되다'는 단어의 레이더망에서 완전히 벗어나 있다.

대부분 사람은 '복되다'를 '행복하다'와 연관시키지 않는다

요즘 사람들이 '복되다'의 의미를 어떻게 생각하는지 알고 싶어 공식 여론 조사를 찾아보았으나 없었다. 그래서 내 페이스북을 통해 사람들에게 물었다. "'복되다'는 말을 들 때 떠오르는 생각은 무엇입니까?"

1,100명 이상이 응답했는데 그중 904명이 '복되다'의 의미를 구체적으로 밝혔다.

'복되다'를 "보호받다", "은총을 입다", 평안, 자족 등과 연관시킨 사람들도 있다. 5퍼센트는 이 단어의 뜻을 자신의 "행운"으로, 21퍼센트는 비신자들의 "행운"으로 보았다.

응답자의 약 30퍼센트는 "은혜"의 정의와 비슷하게 하나님에게서 "자격 없이 받는 호의"를 언급했다.

'복되다'는 말을 들을 때 연상된다고 응답한 내용을 몇 가지만 그대로 옮겨 적어보면 다음과 같다.

- 일이 잘 풀린다.
- 모든 것을 갖추고 순탄하게 살아온 사람
- 재능과 특권이 있다.
- 나의 필요가 충족되다.
- 하나님이 부어주시는 자비
- 하나님의 보호를 받다.
- 누구나 원하는 것이 내게 있다.
- 하나님을 알기 전에는 '복되다'는 말이 이단 용어처럼 섬뜩하게 느껴졌다.
- 모종의 기름 부음
- 구별되다, 거룩하다.
- "내 비싼 새 차 좀 봐. 나는 참 복도 많지." 이런 식의 위장된 자랑
- 편안하다—막연히 긍정적인 어감을 풍기는 교회 용어

질문에 대답한 사람 가운데 행복이나 즐거움이나 기쁨을 조금이라도 언급한 경우는 12퍼센트에 불과했다. 행복을 언급한 두 명의 응답자는 이런 연관성을 목사에게 들었으나 자신은 회의적이라고 말했다. 그중 한 명은 "내 생각에 복되다는 것은 곧 행복이지만 옳지 않은 생각임을 안다"라고 했다.

어떤 응답자는 "비신자 친구들이 내게서 '복되다'는 말을 듣는다면 그들에게

는 아무런 구체적 의미도 없는 말이다. 그냥 다른 세계관의 일부일 뿐이다"라고 말했다. 그런가 하면 "비신자들에게는 기독교 용어다. 오늘날 사용되는 그 말뜻이 그들을 복음으로 끌어들일지 의문이다"라고 답한 사람도 있다.

히브리어 학자들이 쓴 거의 모든 주석에 '행복하다'가 아셸을 가장 잘 번역한 것으로 설명되어 있다

헬라어 구약성경(칠십인역)에 아셸은 일관되게 마카리오스라는 단어로 번역되었다. 신약에도 마카리오스가 50회 쓰였는데 그중 절반 이상이 예수님의 말씀이다. 한 학자는 내게 "신약을 읽다가 마카리오스라는 단어를 만나거든 아셸을 생각하면 된다. 두 단어의 관계는 그 정도로 밀접하다"라고 말했다.[8]

시편 전체의 핵심이자 가장 결정적인 단어 중 하나는 아셸이다. 사실 시편이 시작되는 맨 첫 단어도 그것이다. 마크 푸타토(Mark Futato)는 히브리어 및 구약학 교수인데 그가 격찬을 받은 시편 주해서에 예증했듯이 시편 1편과 2편에 책 전체의 중심 주제들이 제시된다. 그는 시편의 두 가지 중심 주제를 "행복의 지침"과 "거룩함의 지침"으로 보았다.[9]

'행복하다'는 단어에 편협한 감정적 어감이 있다고 보는 사람들도 있으므로 푸타토는 웰빙의 의미를 함축한 "참으로 행복하다"를 더 좋은 번역으로 제안한다.[10]

시편의 제1권부터 제5권까지에 전부 아셸이 등장하므로(총 26회) 푸타토는 "시편은 참으로 행복한 삶을 위한 교본이다"라고 결론지었다.[11]

다른 학자들의 주해를 보면 아셸의 의미에 대해 견해가 일치되어 있음을 알 수 있다. 몇 가지 예를 들면 다음과 같다.

- "둘 다[시편 119편과 1편] '복되다'는 말로 시작되는데 이 단어의 가장 좋은 번역은 '행복하다'이다."[12]
- "'복되다'는 말은 '행복하다'는 뜻이다."[13]

- "'복되다'란 '오 행복이여'로 직역되는 진한 감정의 감탄사다."[14]
- "이 히브리어 단어는…그런 사람이 행복하거나 운이 좋거나 축하받을 만하다는 뜻이다."[15]
- "아셀은 '행복하다'로 직역될 수 있다."[16]
- "'행복하다'가 강조되어…의로운 사람을 묘사한다. '오 복됨이여, 기쁨이여, 행운이여'라는 뜻이다."[17]

내가 유수한 주석들과 히브리어 학자들을 통해 접한 수십 개의 비슷한 진술에도 아셀이 '행복하다'는 뜻이라고 설명되어 있다. 이 자료 중 다수에는 영어 단어 '복되다'가 '행복하다'는 뜻이라는 말도 곁들여 있다.

찰스 스펄전은 히브리어 단어 아셀로 시작되는 시편 1편에 대한 설교에서 이렇게 말했다. "인간은 누구나 행복을 추구한다는 금언은 아마 사실일 것이다. 그렇다면 인간은 누구나 이 시편을 읽어야 한다. 가장 높은 수준과 가장 순전한 형태의 행복이 있는 곳으로 우리를 인도하기 때문이다."[18]

학자들의 일치된 견해대로 아셀의 뜻은 '행복하다'인데 왜 '행복하다'로 번역되지 않았을까? 이것은 중요한 질문이다.

성경 역본들에 따라 번역에 형태적 등치 방법을 쓴 것도 있고, 기능적 등치 방법을 쓴 것도 있다. 전자는 단어 대 단어로 직역하는 접근이고, 후자는 의미 대 의미로 의역하는 접근이다.

가장 직역을 표방한 성경은 단연 영의 직역본(YLT)인데 거기에 아셀과 마카리오스의 절대다수가 "행복하다"로 번역되었다. 아셀이 "복되다"로 번역된 경우는 두 번뿐이며 그중 한 번은 하나님께 쓰였을 때다(참조. 사 30:18). 비슷하게 마카리오스도 하나님께 쓰였을 때 두 번만 "복되다"로 번역되었다(참조. 딤전 1:11, 6:15).

"복되다"보다 "행복하다"를 가장 자주 쓴 3종의 역본은 신개정표준역(NRSV)과 홀먼기독표준성경(HCSB)과 영의 직역본(YLT)인데 셋 다 의역이 아닌 직역을 하고 있다.

반면에 신국제역(NIV)과 영어표준역(ESV)과 신미표준역(NASB) 등 다른 역본들은 수세기 동안 이어져온 영어 번역의 전통을 살려 "복되다"라는 단어를 고수했다. 직역보다 전통을 택한 것이다.

KJV에 아셀과 마카리오스가 "복되다"로 번역되었을 때 독자들은 그것이 "행복하다"는 뜻임을 알았다

1382년에 손으로 필사되어 간행된 존 위클리프(John Wycliffe)의 첫 영역 성경에 잠언 28장 14절의 아셀은 "복되다"로 번역되었다. 1611년에 간행된 흠정역(KJV)도 대개 아셀을 "복되다"로 옮겼으나 잠언 28장 14절은 "항상 경외하는 자는 행복하거니와…"로 되어 있다.

그 당시에는 '행복하다'와 '복되다'가 동의어였으므로 둘 중 어느 것을 쓰든 별 차이가 없었다. 그러나 지금은 크게 다르다. 이 구절을 "항상 경외하는 자는 복되거니와"나 "항상 하나님 앞에서 떠는 자는 복되거니와"(NIV)로 읽는 사람들은 당연히 "복되다"를 "행복하다"보다 "거룩하다"에 가까운 뜻으로 이해한다.

KJV의 번역자들은 틴데일의 역본에 쓰인 어휘를 80퍼센트 정도 그대로 따랐다.[19] 본문을 단락별로 비교해보면 ESV와 NASB도 70퍼센트 정도 KJV를 그대로 따랐다.[20] 틴데일은 아셀을 "행복하다"로 번역할 수도 있었다. 마찬가지로 마태복음 5장의 마카리오스도 "심령이 가난한 자는 복이 있나니" 대신 "심령이 가난한 자는 행복하나니"로 옮길 수도 있었다. 그 시대에는 "복되다"라는 말에 행복의 개념이 담겨 있었으므로 그의 번역은 정확했다. 그러나 오늘날에도 그것이 정확한가?

초기 번역자들이 '복되다'는 말로 전하려 한 의미는 행복이었다

니콜라스 리들리(Nicholas Ridley, 1500-1555) 주교는 옥스퍼드에서 화형에 처해졌는데 『순교자들의 편지』(The Letters of the Martyrs)라는 책에 그가 죽기 바로 전에 쓴 글이 수록되어 있다.

> 너희는 주의 진리로 인해 행복하고 복되니 이는 하나님의 영의 영광이 너희 위에 머묾이라. 그리스도의 이름으로 욕을 듣고 고난당하는 사람도 거룩한 사도의 입을 통해 복되고 행복하다는 선언을 받았거든 하물며 은혜로 죽음까지 감수하는 사람은 얼마나 더 행복하고 복된가.[21]

윌리엄 틴데일과 동시대를 살았던 리들리도 당대 영국의 다른 성직자들처럼 "복되다"와 "행복하다"를 동의어로 써서 서로의 의미를 보강했다.

청교도 토머스 브룩스의 저작에 "행복과 복됨"이라는 말이 최소 120회가 쓰였다. 우리가 "밝고 화창한" 날이라 말하는 것과 같다. 그는 "영혼의 행복과 복됨"을 논하면서[22] "장차 나는 실컷 하나님을…대면하여 뵐 텐데 이거야말로 복됨과 행복의 가장 높은 경지다"라고 말했다.[23]

윌리엄 셰익스피어(William Shakespeare, 1564-1616)는 불행 속에서 행복을 발견한 어떤 사람에 대해 기록했다. 보다시피 그도 행복과 복됨을 이렇게 병치했다. "파멸이 오히려 그에게 행복을 안겨주었다. 그제야 자신의 존재를 느꼈고 작은 것의 복됨을 깨달았기 때문이다."[24]

그 뒤로 수세기 동안 복됨과 행복은 일상 언어에서 늘 혼용되다시피 했다. 케임브리지 대학교 교수이자 복음주의 목사였던 찰스 시미언(Charles Simeon, 1759-1836)은 이렇게 말했다. "'잘하였도다, 착하고 충성된 종아…내 주인의 즐거움에 참여할지어다.' 이 즐거움을 당신이 하나님의 품 안에서 끝없는 행복과 영원한 영광에 잠긴 상태에서 볼 수 있다면, 이 복됨이 정말 놀랍다는 고백이 절로 나올 것이다"(강조 추가).[25]

다음은 내가 노아 웹스터(Noah Webster)의 1828년 판 사전에서 찾아낸 정의다.

- 복되다(과거 분사): 행복해지거나 형통하게 되다, 칭찬받다, 행복하다고 선언되다.
- 복되다(형용사): 행복하다, 세상일에 형통하다, 영적 행복과 하나님의 은총을 누리다, 하늘의 지복을 누리다.[26]

웹스터는 "복되게"와 "복됨"도 각각 "행복하게"와 "행복"으로 똑같이 정의했다. 2백 년 전 사람들도 여전히 '복되다'를 '행복하다'는 뜻으로 이해했다. 이는 요즘 사람들에게 "복되다"의 뜻을 물어본 내 여론 조사 결과와는 극명하게 대조된다.

1611년 이후로 많은 영어 단어의 의미가 변했는데 '복되다'도 그중 하나다

세월이 가면서 단어의 뜻이 변하는 것은 흔한 일이다. 일례로 KJV에는 세례 요한의 머리를 "charger"에 얹었다고 했으나(막 6:25), 현대 역본에는 거의 다 "platter"로 바뀌었다. 1611년에는 charger라는 단어에 '소반'이라는 뜻이 있었으므로 정확한 표현이었다.

디도서 2장 14절에 보면 그리스도께서 "우리를 대신하여 자신을 주심은 모든 불법에서 우리를 속량하시고 우리를 깨끗하게 하사…자기[peculiar, KJV] 백성이 되게 하려 하심"이다. 그리스도를 따르는 우리 가운데 정말 "이상한" 사람들도 있을 수 있으나 4백 년 전에는 "peculiar"가 "하나뿐이다, 독특하다"라는 뜻이었다.

1611년에 KJV를 번역한 학자들은 대개 옳게 번역했다. 그러나 KJV의 어휘가 더는 독자들에게 히브리어와 헬라어 원문의 의미를 전달하지 못할 때 현대의 번역자들이 이 역본을 떠나는 것 역시 옳다. 번역이란 원어의 원뜻을 역어의 어휘로 가장 가깝게 표현하여 전달해야 한다. 그래서 '행복하다'는 뜻의 히브리어와 헬라어 단어들을 지금도 계속 "복되다"로 번역하는 것은 사리에 맞지 않는다.

이 문제의 중요성을 보여주는 또 다른 예가 있다. 시편 127편 5절에 "이것[자녀들]이 그의 화살 통에 가득한 자는 복되도다[아셀]"라는 말씀이 있다. NASB와 NIV와 ESV에는 아셀이 "복되다"로, KJV와 RSV와 YLT에는 "행복하다"로 옮겨져 있다.

같은 구절을 아래의 두 역본으로 읽으면서 문맥상 "행복하다"는 말을 통해 전달되는 의미가 "복되다"의 경우와 상당히 다르지 않은지 자문해보라. 본문의 "화살"이 자녀를 가리킴을 잊지 마라.

- 그런 화살이 많은 자는 행복하도다(GNT).
- 화살통을 그들로 가득 채우는 사람은 참으로 행복하도다(CEB)!

"복되다"로 되어 있으면 독자들은 이런 생각이 들 수 있다. '물론 하나님은 자녀를 복으로 보시며 부모도 그럴 수 있다. 아이들이 잠을 잘 잔다면 말이다! 하지만 지금은 자녀가 많은 것이 희생과 스트레스일 뿐이다.'

그러나 하나님의 감동으로 된 본문은 자녀 양육을 행복과 연결한다. 자녀를 기르는 일이 쉽다거나 유일한 행복이라는 말은 결코 아니지만 우리가 자녀에게서 큰 행복을 얻어야 함이 본문에 확언되어 있다.

이런 본문들에서 "복되다"는 말은 길든 신발처럼 편하게 느껴질 수 있다. 특히 KJV에 익숙한 독자들이라면 더하다. 그러나 성경 번역의 관건은 원뜻을 모호하게 하면서까지 굳이 영적으로 들리는 어휘에 집착하는 것이 아니다.

"복되다"로 번역된 다른 히브리어 단어는 정말 복되다는 뜻이다

히브리어 단어 바라크[barak 또는 바루크(baruk)]는 구약에 327회 쓰였는데 그중 300회 이상은 KJV와 대부분 현대 역본에 "복되다"로 번역되었다. 예컨대 "솔로몬 왕은 복을 받고 다윗의 왕위는 영원히 여호와 앞에서 견고히 서리라"(왕상 2:45).

직역과 의역을 막론하고 이 단어는 거의 모든 역본에 주로 "복"으로 옮겨져 있다. 여러 사전에 "무릎 꿇다, 축복하다, 칭송하다"로 정의되어 있고,[27] 더 나아가 "대상의 형편이 좋아지기를 바라는 마음으로 신의 은총을 구하는 말을 하다"라는 뜻도 있다.[28]

"복되다"는 말은 바라크의 탁월한 번역이다. 정확히 이해하지 못한다 해도 이 말에는 신의 은총이라는 의미가 담겨 있다. 하나님은 공급을 통해 우리에게 "복"을 주시고 우리는 찬송으로 그분을 "축복(송축)"한다. 이 과정에 행복이 뒤따르기는 하지만 대개 이 단어는 직접 행복을 뜻하지는 않는다.

히브리어 단어 아셀을 "복되다"로 번역하면 독자들은 당연히 그것을 수백 번이나 등장하는 바라크의 개념으로 생각한다. 바라크도 "복되다"로 (제대로) 번역되었기 때문이다. 그러나 히브리어로 읽는 모든 독자는 바라크와 아셀이 별개의 개념임을 안다. 둘은 동의어가 아니라 서로 다른 의미영역에 속한다. 하지만 일반 독자들은 이를 알지 못하며 알 수도 없다. 역본들에 두 단어를 서로 다르게 번역하여 의미의 차이를 보여주지 않는 한 말이다.

역으로도 문제가 된다. 아셀이 "행복하다"는 뜻임을 배운 독자들은 "복되다"는 말이 나오면 무조건 "행복하다"는 뜻으로 생각할 수 있다. 바라크를 번역한 경우에는 그렇지 않은데도 말이다.

나의 질문은 "복되다"가 좋은 단어인가 성경적 단어인가 하는 것이 아니라 아셀과 마카리오스에 대한 최적의 역어인가 하는 것이다.

어떤 사람들은 '행복하다'는 단어가 너무 얄팍하거나 영적이지 못해 성경에 쓸 수 없다고 주장한다

레온 모리스(Leon Morris)는 마카리오스가 "행복을 가리키지만 일반적인 의미의 세속적 행복은 아니다. 그것은 하나님의 임재와 그분을 인정(認定)하는 데서 오는 기쁨을 뜻한다"라고 말했다.[29]

그러나 성경에 나오는 행복이라면 일반의 세속적 행복이 아니라 하나님을 높이는 그분 중심의 행복임이 자명하지 않은가? 성경의 독자라면 누구나 알 듯이 성경은 평안과 소망과 정의와 사랑을 말할 때도 그 단어들에 우리 문화가 부여하는 것보다 더 깊은 그리스도 중심의 의미를 으레 부여하지 않는가?

한 주석가는 말하기를 마카리오스는 "'행복'보다 깊은 단어로서 하나님의 선물로만 주어지는 깊고 영원한 기쁨을 암시한다"라고 했다.[30] "행복하다"보다 "복되다"를 쓰는 것이 어떻게 독자들에게 더 깊고 영원한 기쁨이 전달되게 하는 것이라는 말인가? 오히려 절대다수의 사람들에게 아무런 기쁨이나 행복도 전달되지 않을 것이다.

존 스토트(John Stott, 1921-2011)는 마태복음 5장의 산상수훈에 관하여 "헬라어 단어 마카리오스는 '행복하다'로 번역될 수 있고 실제로 그렇게 번역된다"라고 말했다.[31] 그럼에도 그는 "마카리오스를 '행복하다'로 옮기면 심각한 오도의 소지가 있다. 행복은 주관적 상태인데 예수님은 이 사람들에 대해 객관적 판단을 내리고 계시기 때문이다"라고 주장했다.[32] 하지만 이 사람들이 행복하다는 객관적 선언에는 하나님이 부여하시는 행복을 그들이 주관적으로 경험해야 한다는 뜻이 깔려 있지 않은가? 경험되지 않는 행복이 어떻게 행복일 수 있는가?

"행복하다"는 말만 아니라 "거룩하다"는 말도 의미가 변질되어 무수히 많은 사람이 으레 오해하기 일쑤다. 그래서 우리는 이 단어를 쓰지 말아야 하는가? 아니면 설명해야겠는가? 대중음악의 오랜 이력에서 보듯이 "사랑"이란 말도 흔히 피상적인 뜻으로 쓰인다. 사람들은 햄버거나 헤어스타일이나 유튜브를 사랑한다고 말한다. 잘 알지도 못하는 사람과 '육체적 사랑'을 나누기도 한다. 그렇다면 이 단어도 아주 진부해졌으니 성경 번역에서 빼고 사용을 중단해야 하는가?

물론 아니다. 대신 우리는 성경이 말하는 사랑, 거룩함, 소망, 평안, 쾌락, 행복이 실제로 무슨 뜻인지 명확히 밝혀야 한다. 성경에 나오는 의미를 우리 문화의 피상적이고 때로 악한 어감과 대비시켜야 한다.

마카리오스의 뜻이 대개 "행복하다"임을 마지못해 인정해놓고서 정작 그렇게 번역하기를 거부하기보다는 차라리 "행복하다"로 번역하고 이것이 하나님 안의 깊고 참된 행복을 가리킨다고 설명하는 편이 더 사리에 맞지 않은가?

대신 "복되다" 같은 단어를 씀으로서 얼마나 더 많은 설명이 필요해졌는가? 그 단어는 대부분 사람에게 성경의 원뜻을 전혀 전달해주지 못한다.

'행복하다'는 말이 영적으로 들리지 않아서 쓰지 말아야 한다는 것은 논리적으로 부실하다

내 친구 존 R. 콜렌버거 3세(John R. Kohlenberger III)는 성경 원어를 연구한 학자이자 수십 권의 원어 관련 참고서를 쓴 저자다.[33] 30년쯤 전에 그가 어느 주요 신문사의 종교란 편집자에게 새로 개정된 NIV 성경을 증정했다. 그러자 그녀는 즉시 마태복음 5장의 산상수훈을 펼쳐 '복되다'는 익숙한 단어가 쓰였는지 확인했다. 일부 현대 역본들에 '행복하다'는 말이 대신 쓰였음을 알았기 때문이다. '복되다'로 되어 있는 것을 보고 그녀는 안도했다. 역본이 시험에 통과한 셈이다. 그녀에게 '행복하다'는 낯설고 영적이지 못한 단어였다. 그녀의 관심은 원어가 실제로 무슨 뜻이냐가 아니라 역어가 어떻게 들리느냐에 있었던 것 같다.

어느 목사는 일상영어성경(CEB)에 대해 이런 비평의 글을 올렸다. "마태복음 5장 3-11절을 폈다가 거의 울 뻔했다…CEB가 신학적으로 충만한 단어인 '복되다' 대신 '행복하다'를 쓴 것이다."

그의 논지는 무엇인가? "팔복은 사뿐사뿐 꽃밭을 거니는 싸구려 도취감이 아니다…'행복하다'를 쓰면 전체 문맥의 의미가 완전히 죽는다…하나님은 모든 사람이 복되기를 원하신다…그러나 모든 사람의 행복을 원하신다고 말씀하신 적은 없다."[34]

'행복하다'는 단어에 대한 그의 편견은 놀랍도록 심하다. 게다가 나는 '복되다'는 말이 일각의 생각처럼 그렇게 '신학적으로 충만'하다는 확신도 없다. 내가 나누어본 무수히 많은 대화와 천여 명을 대상으로 한 설문 조사에 입각하여 확신하건대, "복되다"는 말에 의미가 충만하다고 생각하는 사람들에게 그것은 거의 언제나 잘못된 의미다!

그 목사의 말은 이렇게 이어진다. "복된 것과 행복한 것은 천지차이다! 산상수훈이나 시편 1편 속에 행복이라는 잘못된 사상을 주입하면 영적 (그리고 나아가 육적) 복됨의 개념에 심각한 손상을 입힌다."[35]

영어의 '복되다'와 '행복하다'가 아주 다른 단어라는 그의 지적은 절대적으로 옳다. 그러나 그는 하나님의 감동으로 된 원어 단어들의 역어로 '행복하다'가 더 적합하다는 사실을 모른다. 사실 그가 반대하는 '행복하다'는 말이야말로 아셀과 마카리오스 둘 다에 내포된 주된 사전적 의미다!

이 예화를 드는 이유는 그 목사가 많은 사람을 대변하기 때문이다. 그들은 마치 하나님의 감동으로 된 성경에 정말 '복되다'로 되어 있으며 따라서 '행복하다'로 고쳐서는 안 된다는 듯이 행동한다. 그러나 하나님의 감동으로 된 단어는 '복되다'도 아니고 '행복하다'도 아니다. 히브리어나 헬라어에는 그 두 단어가 존재하지 않는다. 번역의 관건은 하나님의 감동으로 된 실제 단어인 아셀과 마카리오스에 가장 상응하는 역어를 찾아내는 것이다. 그런데 거의 모든 학자가 확언하듯이 그 역어는 '복되다'가 아니다. 적어도 오늘날 대부분 사람이 '복되다'는 단어를 이해하고 있는 의미에서는 아니다.

이 목사는 자신의 블로그에 "하나님은 우리의 복됨 여부에는 지대한 관심이 있으시나 우리의 행불행에는 정말 무관심하시다"라고 썼다.[36] 그러나 아셀과 마카리오스의 의미에 대한 사전들과 학자들의 말이 옳다면 하나님은 사실 우리의 행복에 아주 관심이 많으시다!

오랜 역사의 전례가 아니었다면 아셀이나 마카리오스를 '복되다'로 옮길 현대의 성경 역본은 없다

광범위한 연구에 병행하여 히브리어와 헬라어 학자들 및 번역자들과 폭넓게 대화하면서 내게 남은 난감한 의문이 있다. 대부분 번역자가 아셀과 마카리오스의 역어로 '복되다'를 고수하는 이유는 무엇일까? 성경이 여태 영어로 번역된 적이 없다면 오늘날 '최초의 역본'은 과연 아셀이나 마카리오스의 역어로 '복되다'를 고려하기나 할까? 그럴 것이라 상상이 되지 않는다.

직역 위주의 NASB는 로마서 14장 22절을 "자기가 옳다 하는 바로 자기를 정죄하지 아니하는 자는 행복하도다[마카리오스]"로 번역했다. 같은 구절의 그 단어를 틴데일 성경도 "행복하다"로 옮겼고 KJV도 똑같다.

여기서 '행복하다'가 마카리오스의 좋은 번역이라면 왜 팔복에는 똑같이 번역되지 않았는가? 예수께서 사용하신 문장 구조까지 "어떠어떠한 자는 마카리오스하나니"로 정확히 똑같은데 말이다. 가장 확실한 답은 KJV에 그것이 '복되다'로 번역되어 흔히들 그렇게 알고 암기했기 때문이다. 이 전통적 표현에 익숙해진 많은 사람이 변화를 꺼린다는 뜻이다(그래서 그 종교란 편집자도 팔복의 표현이 '복되다' 대신 '행복하다'였다면 NIV를 거부했을 것이다).

윌리엄 틴데일과 KJV는 둘 다 고린도전서 7장 40절의 마카리오스를 과부가 그냥 독신으로 사는 편이 "더 행복하다"라고 번역했다. 대부분 현대 역본도 그 선례를 따랐다. 분명히 "더 행복하다"가 맞는 표현으로 보인다. 그런데 왜 팔복을 포함한 다른 문맥들에서는 그게 맞는 표현이 아닌가?

베드로전서 4장 14절을 생각해보라. KJV에 "너희가 그리스도의 이름으로 치욕을 당하면 행복한 자로다"라고 번역되어 있다. 여기 마카리오스는 대번 독자들에게 "의를 위하여 박해를 받은 자는 마카리오스하나니"(마 5:10)라고 하신 그리스도의 유사한 말씀을 연상시킨다. 베드로가 이 편지를 쓸 때 그의 머릿속에 예수님의 그 말씀이 울려 퍼지고 있었을 것이 거의 확실하다.

이 본문에 이르기까지 서신의 문맥을 보면 행복이라는 주제가 뚜렷해진다. 기쁨과 행복을 갈라놓는 잘못된 이분법을 받아들이지만 않는다면 말이다.

> 사랑하는 자들아 너희를 연단하려고 오는 불 시험을 이상한 일 당하는 것 같이 이상히 여기지 말고 오히려 너희가 그리스도의 고난에 참여

하는 것으로 즐거워하라[카라오] 이는 그의 영광을 나타내실 때에 너희로 즐거워하고 기뻐하게[아갈리아오] 하려 함이라 너희가 그리스도의 이름으로 치욕을 당하면 행복한[마카리오스] 자로다 영광의 영 곧 하나님의 영이 너희 위에 계심이라(벧전 4:12-14, NLT).

『성경 히브리어 의미 사전』(Semantic Dictionary of Biblical Hebrew)[37]을 편집한 라이니어 드 블로이스 박사에게 시편 1편 1절의 아셀이 어떤 의미냐고 물었더니 그는 "유난히 행복해질 특권과 이유를 다 받은 사람"이라고 답했다.[38] 그리고 이렇게 덧붙였다. "나는 의미를 알기에 개인적으로 '복되다'는 단어가 좋다. 그러나 많은 독자에게 그 의미가 꽤 모호할 수 있다."

히브리어와 헬라어의 많은 전문가가 아셀과 마카리오스의 역어로 '복되다'를 선호하는 이유가 그것으로 더 설명될지도 모른다. 이 단어는 번역에 쓰인 역사가 가장 유구하기도 하지만, 또한 그 전문가들은 아셀과 마카리오스에 함축된 행복이라는 속뜻을 알기에 '복되다'는 단어에 걸려 넘어지지 않는다. 그러나 불행히도 절대다수의 일반 독자는 그런 속뜻을 모른다.

틴데일은 마카리오스를 '행복하다'로 번역한 때도 있다. 야고보서 1장 12절의 "시험을 참는 자는 행복하나니"가 좋은 예다. 팔복의 마카리오스도 그는 쉽게 "행복하다"로 옮길 수도 있었다. 문장 구조가 비슷한 야고보서 1장에서처럼 말이다. 만일 그랬다면 KJV의 번역자들도 아마 똑같이 했을 것이고, 차례로 다른 역본들도 KJV를 따랐을 것이다. 그렇게 되었다면 오늘날 팔복은 "어떠어떠한 자는 행복하나니…"로 시작되는 구절들로 알려졌을 것이고, 현대의 그리스도인 가운데 '행복하다'는 단어가 영적이지 않다고 말할 사람도 없을 것이다!

대부분 신자는 "복되다"는 말의 의미를 모르고 대부분 비신자는 거기에 관심조차 없다

복됨—우리가 상상하는 의미가 무엇이든—과 대조적으로 행복은 우리 모두가 생각하고 갈망하며 추구하는 무엇이다. 대부분 비신자도 행복을 추구하기에 그리스도께서 팔복에 실제로 하신 말씀에 큰 흥미를 느낄 것이다. "애통하는 자는 행복하나니 그들이 위로를 받을 것임이요"라는 말씀을 본다면 그들은 그 역설을 곰곰 생각할 수도 있다. '애통과 행복이 함께 있다니? 그게 어떻게 가능하지?'

"내 인생의 가장 큰 소원은 복을 받는 것이다"라고 말하는 비신자는 없다. 다들 아는 생일 축하 노래의 가사가 "행복한 생일" 대신 "복된 생일"로 바뀔 위험 같은 것은 없다.

문화가 세속화되면서 신자와 비신자가 사용하는 어휘의 공통분모가 줄었지만 행복이란 단어는 양쪽 모두에게 의미가 있다. 하나님이 행복하신 분이라는 개념과 그리스도 안에서 제시되는 깊고 한결같은 행복이 지금 시작되어 영원히 계속된다는 개념이 사람들을 복음으로 끌어들이지 않을까? 나는 그렇다고 확신한다. 물론 우리는 하나님께 반항하는 죄인이며, 행복을 제시하는 것만으로 반역자들을 설득하여 충성의 대상을 바꾸게 할 수는 없다. 그러나 하나님이 친히 복음을 "행복한 좋은 소식"이라 부르시기에 우리도 결코 복음에서 행복을 빼놓아서는 안 된다!

우울증으로 고생하며 자살을 생각하는 비신자가 시편 1편이 펼쳐져 있는 성경책을 보고 "복 있는 사람은…" 하고 읽는다고 하자. 계속 읽고 싶은 마음이 들까?

그러나 그 사람이 이 구절의 아셀을 "복되다"가 아니라 "행복하다"로 옮긴 10여 종의 성경 역본 중 하나를 읽는다고 하자. 그는 이런 식으로 하나님의 말씀에 들어서게 될 것이다. "악인들의 조언에 따르지 않고 죄인들의 길로 가지 않으며 조롱하는 자들의 무리에 들지 않는 사람은 얼마나 행복한가!"(시 1:1,

HCSB).

　엉뚱한 길들로 다니며 행복을 추구했으나 허사였고 그래서 지금은 세상이 싫어진 사람에게 그런 표현이 얼마나 절절이 와 닿겠는가?

아셀과 마카리오스를 번역하는 방식은 무엇이 걸린 문제인가?
다른 모든 단어처럼 아셀과 마카리오스도 독자들이 문맥상 원뜻을 이해할 수 있도록 번역되어야 한다. 이 두 단어는 특히 중요하다. 행복이라는 단어가 세상과 교회의 공통분모였고 지금도 그래야 하기 때문이다. 중요한 다리인 그것을 우리가 불살라서는 안 된다고 나는 몇 번이고 호소하고 싶다!

　한때 세상과 교회는 행복이 좋은 것이며 모든 사람이 그것을 추구한다는 데 생각이 일치했었다. 선지자 이사야는 장차 올 복음을 복된 좋은 소식이 아니라 "행복한 좋은 소식"(사 52:7)이라 불렀다. 파스칼은 "모든 인간은 복됨을 추구한다"라고 말하지 않았다. 그 말을 영어로 번역한 사람들이 "복되다"는 단어를 썼다고 생각해보라! 그렇다면 오늘 이 말은 "모든 인간은 거룩함을 추구한다"와 비슷한 뜻이 될 것이다.

　거룩함도 우리에게 절실히 필요하다. 그러나 우리가 열망하는 것은 행복이며 교회는 이런 중요한 단어를 외면해서는 안 된다. 반대로 우리는 성경적 문맥을 부여하여 행복을 예찬하고 복음의 메시지 가운데 하나로 품어야 한다.

Chapter·22

자기 백성에게 행복을 주시는 하나님:
'아셀'과 '마카리오스' 개괄

> 주의 집에 사는 자들은 복이 있나니[행복하나니] 그들이 항상 주를 찬송하리이다.
>
> 시편 84:4

> 본래 참된 종교는 결코 인간을 침울하게 하지 않는다. 반대로 인간의 진정한 기쁨과 행복을 증진한다.
>
> J. C. 라일

크리스티아나 차이(Christiana Tsai)는 중국에서 유복한 집안에 태어났다. 선교사들이 운영하던 고등학교에 다니다가 그리스도를 믿었다. 자서전에 보면 그녀가 회심하자 불교 신자인 가족은 노발대발했고 성경책을 갈가리 찢어 그녀의 면상에 던졌다. 그러나 결국 오빠가 그녀에게 기독교에 대해 물었다. 그가 그렇게 한 이유는 간단했다. "네가 이전보다 훨씬 행복해 보인다."[1]

그가 복음에 마음을 연 것은 메시아에 대한 예언이나 역동적 설교 때문이 아니라 동생에게서 묻어나는 행복 때문이었다.

"큰 기쁨의 좋은 소식"은 행복을 낳아야 한다. 그러면 사람들이 그것을 알아본다. 쇠가 자석에 달라붙듯이 그들도 행복에 끌린다.

아셀은 하나님 중심의 행복을 표현하는 말이다

히브리어 학도들은 알겠지만 원어의 이 단어는 아셀(asher) 외에 다른 형태로 대표될 수도 있다. 영어로 asre, ashre, ashrei, ashrey, esher 등으로 표기되기도 하는데 모두 동일한 히브리어 단어를 가리킨다. 내가 아셀을 택한 것은 발음하기 쉽고, 널리 통용되고 있으며, '행복한 자'라는 뜻의 인명 아셀이 낯익기 때문이다.

아셀의 전형은 하나님을 알고 섬기는 데서 오는 행복이다. "야곱의 하나님을 자기의 도움으로 삼으며 여호와 자기 하나님에게 자기의 소망을 두는 자는 행복하도다"(시 146:5, RSV, 강조 추가).

『구약 신학 단어집』(Theological Wordbook of the Old Testament)에 따르면 아셀은 "오 무엇의 행복이여"라는 뜻이다.²

『브라운-드라이버-브릭스 히브리어-영어 사전』(The Brown-Driver-Briggs Hebrews and English Lexicon)에는 아셀이 "행복, 복됨…격렬한 감탄…오 무엇의 행복과 복됨이여"로 풀이되어 있다(여기서 복됨은 고어 영어의 말뜻인 행복을 가리킨다).³

다음 표를 보면 아셀이 13종의 성경 역본에 어떻게 번역되었는지 알 수 있다. 아셀이 '행복하다' 대신 '복되다'로 옮겨진 횟수도 볼 수 있다.

히브리어 아셀(אֶשֶׁר) (총 44회)				
역본	복되다	행복하다	기쁘다	기타
신미표준역(NASB)	41	3		
신국제역(NIV)	38	6		
영어표준역(ESV)	37	7		
흠정역(KJV)	27	17		
새생활역(NLT)	8	6	28	2
예루살렘성경(JB 또는 TJB)	5	39		
신미성경(NAB)	4	39		1
신세기역(NCV)	4	35		5

일상영어성경(CEB)	3	41 ("참으로 행복하다"26)		
영의 직역본(YLT)	2	42		
기쁜소식역(GNT)	1	38		5
신개정표준역(NRSV)	1	43		
홀먼기독교표준성경(HCSB)	1	41	2	

성경 번역 위원회들은 원어 연구에 삶을 바친 숙련된 언어학자들로 구성된다. 그들은 어떻게 하면 원어의 의미를 역어로 가장 잘 전달할 수 있을지 신중하게 저울질한다. 이 13종 성경 역본의 모든 번역진은 아셀의 역어로 '복되다'와 '행복하다' 둘 다를 선호했다(딱 하나의 예외인 새생활역만은 '행복하다'의 동의어인 '기쁘다'를 썼다). 상당수의 역본에 '행복하다'가 주로 쓰였다는 점에 주목할 만하다.

두 단어를 모두 자주 쓴 역본은 흠정역뿐으로 각각 27회와 17회씩 아셀을 "복되다"와 "행복하다"로 번역했다.

시편에서 아셀이 최초이자 가장 결정적 의미로 등장하는 곳은 시편 1편 1절이다
성경에 나오는 아셀의 절반 이상이 시편에 쓰였다. "악인들의 조언에 따르지 않고 죄인들의 길로 가지 않으며 조롱하는 자들의 무리에 들지 않는 사람은 얼마나 행복한가! 대신 그들의 즐거움[헤페스, hepes]은 여호와의 교훈에 있어 밤낮으로 그것을 묵상하도다"(시 1:1-2, HCSB).

행복은 이 사람이 하지 않는 일(엉뚱한 사람들과 어울리며 잘못된 조언에 따르지 않는다)과 하는 일(하나님의 말씀을 묵상한다) 속에 있다. 우리의 생각과 행동에 영향을 미칠 요인들을 잘 고르는 것이 행복의 열쇠라는 말이다. 그것이 하나님과 그분의 말씀이면 우리는 행복해지겠지만, 그것이 하나님과 그분의 말씀을 조롱하는 자들이면 우리는 불행해질 것이다.

예루살렘성경(TJB)은 이 구절을 "행복한 사람은 악인들의 조언에 따르지 않고…여호와의 율법에서 낙을 얻도다"(강조 추가)라고 번역했다. NASB의 같은 본문에는 '행복'과 '기쁨'이 둘 다 쓰였다. "*행복한* 사람은 악인들의 조언에 따르지 않고…대신 주의 율법이 그들의 *기쁨*이어서 하나님의 율법을 밤낮으로 공부하도다"(강조 추가).

일부 훌륭한 성경 역본들도 KJV를 따라 시편 1편 1절의 아셀을 "복되다"로 번역했다. 그러나 오늘날에는 '행복하다'와 '복되다'의 의미가 서로 달라졌기 때문에 본문에 대한 우리의 이해도 완전히 달라진다. 한 원어 학자는 내게 "번역자들이 아셀을 '복되다'로 번역하는 이유는 '행복하다'는 말을 순화하여 더 높은 영적 수준으로 성화시키고 싶어서일 것이다"라고 말했다.[4] 하지만 세월이 가면서 '행복하다'와 '복되다'는 별개의 단절된 단어가 되었고 특히 일반 대중에게 더 그렇다. 따라서 웬만한 사람들에게 "복 있는 사람은…"이라는 말은 전혀 행복—성화된 행복이든 아니든—의 의미로 와닿지 않는다.

수많은 그리스도인이 성경 읽기를 자신의 의무이자 거룩한 사람들이 하는 일이라고 믿고 있다. 그런데 이 본문이 정말 무슨 말을 하고 있는지 정확히 모르는 사람이 많다. 본문의 의미는 하나님의 말씀을 묵상하면 즐거울 수 있고 마땅히 즐거워야 하며 진심 어린 행복으로 충만해진다는 것이다. '복되다'는 말은 거룩한 의무라는 고정 관념을 굳혀주는 반면 '행복하다'는 말에는 간절한 열망과 특권의 의미가 담겨 있다. 후자가 독자들에게 해주는 말은 하나님의 말씀에 계시된 그분과 그분의 선하심을 묵상할 때 자신이 가장 원하는 바를 얻을 수 있다는 것이다.

마카리오스는 그리스도 중심의 행복을 표현하는 말이다

마카리오스는 신약에 50회 쓰였다. 로우(Louw)와 나이더(Nida)의 『신약성경 헬라어-영어 사전』(Greek-English Lexicon of the New Testament)에 이 단어는 "행복한 상태…행복과 관련된"으로 정의되어 있다.[5] 마카리오스는 일관되게 아셀의 역어로 쓰였기 때문에 아셀이라는 단어 및 그 의미인 행복과 거의 불가분의 관계다.

다음 표를 보면 마카리오스가 여러 역본에 어떻게 번역되었는지 알 수 있다.

헬라어 마카리오스(μακάριος) (총 50회)			
역본	복되다	행복하다	기타
영어표준역(ESV)	48	1	1
신미표준역(NASB)	47	2	1
신국제역(NIV)	44	1	5
흠정역(KJV)	44	6	
일상영어성경(CEB)	9	33	8
예루살렘성경(JB 또는 TJB)	6	41	3
J. B. 필립스신약성경(Phillips)	6	35	9
기쁜소식역(GNT)	5	40	5
영의 직역본(YLT)	2	42	6

보다시피 역본들의 번역은 극과 극으로 갈린다. 현대의 독자들에게 '복되다'가 '행복하다'의 동의어라면 그것이 크게 문제될 것이 없다(역본에 따라 '성화되다'와 '거룩하다'를 혼용하는 것만큼이나 지엽적인 일이다). 그러나 이제 '복되다'가 '행복하다'의 동의어가 아니기 때문에 아셀의 경우처럼 마카리오스에 함축된 행복의 의미도 많은 역본에서 '복되다'는 단어에 묻혀 상실되고 만다.

헬라어 학자 칼 홀러데이(Carl Holladay)는 이렇게 주해했다.

> 마태와 누가의 어법과 관련하여 가장 큰 도전은 마카리오스라는 단어를 번역하는 문제일 것이다…일각에서는 마카리오스에 담긴 풍부함과 경험적 깊이를 '행복하다'는 말로는 다 살려낼 수 없다고 우려한다. 반면에 '복되다'는 말이 원어의 의미영역을 종교 분야로 너무 좁힌다고 주장하는 사람들도 있다.[6]

팔복은 하나님이 주신 행복을 가리킨다

팔복(참조. 마 5:2-12, 눅 6:20-23)에 마카리오스라는 단어가 되풀이되어 등장한다. 중요한 것은 예수께서 "심령이 가난한 자", "애통하는 자", "온유한 자" 등을 한 번에 쭉 열거하신 다음에 "이러한 자는 하나님 안에서 행복하나니…"라고 말씀하지 않으셨다는 것이다. 대신 그분은 문장마다 마카리오스를 반복하시면서 이 단어가 자신이 강조하려는 구심점임을 밝히셨다.

헬라어 학자 J. B. 필립스(J. B. Phillips)는 누가복음 6장 22-23절을 이렇게 번역했다. "인자로 말미암아 사람들이 너희를 미워하며 모임에서 쫓아내고 욕하고 너희가 표방하는 것마다 혐오할 때에 너희는 얼마나 행복한가. 그런 일이 있거든 즐거워하며 기뻐 뛰라. 하늘에서 너희 상이 큼이라"(Phillips).

어느 성경 번역 기관의 한 선임 번역위원장은 나에게 이렇게 썼다.

> 헬라어 문맥상 산상수훈에 쓰인 마카리오스는 사실상 "너희에게 임한 하나님의 은총으로 인해 참으로 행복하다"라는 뜻이다. 하나님의 은총이 행복한 상태의 큰 이유다…영어 역본들의 용어는 분명히 번역과 관련된 전통의 문제다…"복되다" 등의 말은 의미가 변했는데도 여전히 여러 역본에 고수되고 있다.[7]

19세기에 완성된 영의 직역본(YLT)은 한 히브리어와 헬라어 학자의 작품으로 "헬라어와 히브리어 원작의 시제와 어법까지 고수하려 애쓴 직역의 극치"다.[8] 이 역본의 문장은 서정성으로 유명한 것이 아니라 언어의 자유를 극도로 배제한 것으로 유명하다.

마태복음 5장 3-12절도 이렇게 최대한 직역되어 있다.

> 행복하다 심령이 가난한 자—천국의 통치가 그들의 것이기 때문이다.
> 행복하다 애통하는 자—그들이 위로를 받을 것이기 때문이다.

행복하다 온유한 자—그들이 땅을 물려받을 것이기 때문이다.

행복하다 의에 주리고 목마른 자—그들이 배부를 것이기 때문이다.

행복하다 자비로운 자—그들이 자비를 얻을 것이기 때문이다.

행복하다 마음이 청결한 자—그들이 하나님을 볼 것이기 때문이다.

행복하다 화평하게 하는 자—그들이 하나님의 아들이라 일컬음을 받을 것이기 때문이다.

행복하다 의를 위하여 박해받는 자—천국의 통치가 그들의 것이기 때문이다.

행복하다 너희여, 사람들이 나로 말미암아 너희를 욕하고 박해하고 모든 악한 말을 할 때마다—기뻐하고 즐거워하라, 하늘에서 너희의 상이 크기 때문이다.

영의 직역본(YLT)은 누가복음 6장 20-23절의 마카리오스도 모두 "행복하다"로 번역했다.

흥미로운 것은 '직역의 왕'인 YLT와 다수의 의역본들이 똑같이 마카리오스를 "행복하다"로 옮겼다는 사실이다. 번역의 전통에 그만큼 덜 구애받았기 때문일 수 있다. 즉 이 역본들은 KJV를 읽으며 자란 사람들의 마음에 들려 하지 않았고, 따라서 '복되다' 대신 '행복하다'로 옮겼다가 독자층을 잃지 않을까 하는 우려를 버렸다.

"행복하다"는 말은 아셀과 마카리오스의 문자적 의미일 뿐만 아니라 누구나 다 알아듣는 일상용어다. 1세기의 독자들도 마태복음과 누가복음을 읽을 때 마카리오스의 의미를 알았다. 삶에 시달려 지치고 슬픔에 젖은 청중이 예수님이 아홉 번이나 연속하여 "이러한 사람은 행복하나니…"라고 하시는 말씀을 들은 것이다. 말씀의 내용이 틀림없이 그들에게 충격으로 다가왔을 것이다. (아마도 예수님은 아람어로 말씀하셨겠지만 당시 문서를 기록한 공용어는 헬라어였고, 복음서의 저자들은 가장 상응하는 헬라어 단어로 마카리오스를 골랐다.)

예수님은 여러 의외의 상황을 행복과 연결하셨다

예수님의 이 말씀이 그토록 의외이고 위력적이며 패러다임의 전환이 되는 것은 바로 그분의 역설 때문이다. 이 말씀의 충격성을 놓치면 그분이 의도하신 의미도 놓친다.

일상영어성경(CEB)의 공동 발행인인 폴 프랭클린(Paul Franklyn)은 "사실 마카리오스는 헬라어의 큰 의미영역에 속해 있어, 진정한 행복의 요소에 대한 헬라와 로마의 담론이 거기에 배어 있다"라고 썼다. CEB가 팔복에 "행복하다"는 단어를 쓰자 일부 독자들이 불만을 제기했다. 프랭클린의 답변은 그들에게 좋은 깨우침을 주기에 충분하다.

> CEB의 여러 독자가 이 본문[마태복음 5장]에 쓰인 "행복하다"는 말을 용인할 수 없다는 글을 보내왔다. 우리로서는 이 단어가 왜 잘못된 것인지 정당한 이유를 모른다. KJV의 "복되다"는 말을 좋아하는 사람들이 있다는 것 외에는 말이다. 어떤 그리스도인들은 인간의 감정을 유발하는 단어들을 미심쩍게 볼 수 있다. 사실이나 이성에 기초한 신앙을 선호하기 때문이다. 그런가 하면 행복이라는 인간과 관련한 조건이 인간의 자존감일 뿐 하나님이 행하시거나 원하시는 일이 아니라고 착각하는 사람들도 있다.
>
> 우리 문화에서 행복의 의미가 진부해질 수 있음은 우리도 인정한다. 행복을 자기만족으로 잘못 알 수도 있다. 그러나 CEB 편집진은 단어의 사소한 오용 때문에 헬라어의 원뜻을 정확히 살리는 일을 포기할 생각이 없다.[9]

나도 이 번역진과 편집진의 입장에 동의한다. 그들은 거의 모든 언어학자와 주석가가 마카리오스에 가장 근접한 역어라고 의견 일치를 보인 "행복하다"라는 말을 역본에 넣었을 뿐이다.

헬라어 학자로서 마카리오스의 의미를 잘 알았던 조나단 에드워즈는 "마음이 청결한 자는 복이 있나니 그들이 하나님을 볼 것임이요"(마 5:8)에 나오는 복을 주해하면서 이렇게 말했다. "하나님을 본다는 것은 사람의 영혼을 참으로 행복하게 하는(happifying) 일이다."¹⁰ (그가 쓴 동사가 마음에 들지 않는가?)

윌리엄 바클레이(William Barclay, 1907-1978)는 그리스도께서 쓰신 마카리오스라는 단어에 관해 마태복음 5장의 주석에 이렇게 말했다.

> 팔복은 사실상 "오 그리스도인이라는 신분의 지복이여!…오 예수 그리스도를 스승과 구주와 주님으로 아는 이 순전한 행복이여!"라는 말이다. 팔복의 형식 자체에 그리스도인의 삶에 내포된 기쁜 감격과 찬란한 즐거움이 천명되어 있다. 팔복에 비추어볼 때 침울함 일색의 기독교란 생각할 수 없다.¹¹

역경 중에도 우리는 장차 하나님 안에서 누릴 영원한 행복을 고대할 수 있다

지금 우리 안에 사시는 그리스도는 장차 우리에게 영원토록 기쁨을 가져다주실 분이기도 하다. 우리에게는 하나님의 말씀과 그분의 사람들이 있다. 그분은 성경을 통해 우리 삶 속에 행복을 말씀해주시고, 그분의 사람들은 부족한 모습에도 불구하고 종종 그분의 사랑과 격려의 통로가 된다. 우리를 기다리고 있는 영광과 선을 사모하며 많은 사람이 고생 중에도 행복을 얻곤 했다. 이에 비하면 우리가 당하는 현재의 환난은 "잠시 받는…경한 것"(고후 4:17)이라 불린다.

갱도에 갇힌 채 골절까지 입어 고통당하는 광부도 구조 요원들이 접근해오는 소리가 들리면 그렇게 기쁠 수가 없다. 실제로 구조되려면 몇 시간이나 며칠을 기다려야 할지라도 말이다. 한동안 더 고생해야 함을 알면서도 도움의 손길이 오고 있기에 기쁜 것이다. 해외에 참전 중인 남편은 역경에 처한 자신의 신부에게 이런 글을 보낼 수 있다. "내가 당신을 사랑하니 당신도 행복하시오. 곧 돌아가리다." 형편이 열악하고 남편과 떨어져 있기가 힘들 수 있으나 그래도 이 아내는 지금 행복할 수 있다. 사랑하는 남편이 약속대로 귀환할 것을 고대하기 때문이다.

세계영어신약성경(WE)은 마태복음 5장 10절을 "옳은 일을 하다가 고초를 겪는 이들을 하나님이 행복하게 해주시나니"라고 번역했다. 신학자들은 이것을 "이미 그러나 아직"으로 표현하기도 한다. 우리는 이미 하나님 나라의 일원이 되어 지금 행복할 수 있다. 이 땅에 그분의 의로운 나라를 이루실 그분을 믿기 때문이다. 이것이 '이미'다. 그러나 동시에 우리는 장차 그분의 존전에서 누릴 행복에는 '아직' 근처에도 가지 못한다. 그때는 행복에 조건도 없고 끝도 없을 것이다.

예수님의 말씀은 더 강경하게 이어진다. "사람들이 너희를 욕하고 괴롭히고 너희에 대해 온갖 거짓말을 할 때 하나님이 너희를 행복하게[마카리오스] 해주시나니"(마 5:11, WE).

예수님을 아는 사람들은 삶의 가장 힘겨운 순간에도 행복을 경험할 수 있다. 이것이 그분이 밝히시는 신기한 역설인데 마카리오스를 '복되다'로 번역하면 이 역설이 잘 드러나지 않는다.

그분의 역설은 12절 말씀에도 계속된다. "기뻐하고[카이로, chiro] 즐거워하라[아갈리아오, agaliao] 하늘에서 너희의 상이 큼이라 너희 전에 있던 선지자들도 이같이 박해하였느니라." 동의어 마카리오스에 실려 있던 무게를 여기서는 기쁨과 즐거움이 함께 지고 있다. 현재의 기쁨과 즐거움은 하늘에서 큰 상이 우리를 기다리고 있다는 예수님의 약속을 믿는 데 달려 있다.

단어 마카리오스의 통상적 의미에도 불구하고 많은 사람은 행복과 팔복이 절대로 공존할 수 없다고 주장한다. 도대체 가난한 자, 애통하는 자, 온유한 자, 긍휼히 여기는 자, 청결한 자, 화평하게 하는 자, 무고(誣告)를 당하는 자가 어떻게 행복할 수 있다는 말인가? 그러나 그들은 거기까지만 말하고 각 구절의 뒷부분을 무시한다. 예수님이 하신 말씀은 심령이 가난한 자가 하나님 나라를 물려받고, 애통하는 자가 위로받으며, 온유한 자가 땅을 유업으로 받고,

화평하게 하는 자가 하나님의 자녀 일컬음을 받으며, 의에 주리고 목마른 자가 배부르게 되고, 마음이 청결한 자가 모든 행복의 근원이신 하나님을 본다는 것이다. 이 모든 '아직'에 대한 구주의 확실한 약속이 있기에 우리 마음은 '이미' 행복으로 부풀어 오른다.

하나님이 베푸시는 행복이라는 복은 신약의 지면마다 넘쳐흐른다

아래의 각 구절마다 마카리오스의 역어를 강조 처리했다. 시간을 들여 각 구절을 묵상하며 즐거워하기를 바란다.

예수님을 믿는 사람들은 행복하다

예수께서 부활하신 후에 도마는 그분이 살아 계시다는 가시적 증거를 원했다. 그분은 그가 찾던 증거를 주셨으나 또한 육안으로 보지 못하고 믿는 사람들의 행복에 대해 심오한 말씀을 하셨다.

- 예수께서 이르시되 "도마야, 너는 나를 본 고로 믿는구나. 나를 보지 못하고도 믿는 사람들은 행복하도다!" 하시니라(요 20:29, NLV).
- 나를 보지 않고 믿는 사람들은 얼마나 행복한가(GNT)!

옥에 갇힌 세례 요한은 예수께서 메시아의 통치권을 행사하지 않으시자 실망과 혼란에 빠졌다. 그래서 그분께 이런 질문을 보냈다. "오실 그이가 당신이오니이까 우리가 다른 이를 기다리오리이까"(마 11:3). 예수님은 자신이 성취하고 계신 성경 말씀 가운데 정치적 전복(顚覆)은 들어 있지 않다고 설명하신 뒤 요한에게 "나를 의심하지 않는 사람들은 얼마나 행복한가!"(마 11:6, GNT)라고 전하셨다. 요한은 거룩한 사람이었으나 지금 그분이 그에게 제시하신 것은 거룩함이 아니다. 주님은 마카리오스라는 단어를 써서 요한에게(또한 우리에게) "네가 나를 신뢰한다면 내가 하는 일이 네 기대에 어긋날지라도 너는 행복할 것이다!"라고 말씀하셨다.

예수님을 위하여 시험을 당하는 사람들은 행복하다

야고보서 1장 12절에는 직관에 어긋나는 관점이 나온다. 고난과 박해에도 행복이 수반된다는 것이다.

- 유혹을 견디는 자는 행복하나니(YLT).
- 시련 중에도 늘 충실한 사람들은 행복하나니(GNT).
- 시험을 참는 사람은 행복하나니(NET).

베드로전서 3장 14절에 팔복과 아주 비슷한 표현이 나온다. "그러나 의를 위하여 고난을 받으면 너희가 행복한 자니"(KJV). CEB에는 이 구절이 "그러나 비록 의 때문에 고난을 당해도 너희는 행복하도다!"로 번역되어 있다. 마카리오스가 "행복하다"로 옮겨진 이 구절[NLT, YLT, OJB(정통유대인성경), Phillips에도 그렇게 되어 있다]은 시련 중에도 기뻐하면서 편지의 서두를 연 베드로의 모습(참조. 벧전 1:6)과 일치한다.

베드로전서 3장 14절의 마카리오스를 "복되다"로 번역하면—내가 살펴본 36종의 역본에 그렇게 되어 있다—대부분 독자는 하나님이 박해를 통해 우리가 성화되게 하시거나 정화하신다는 뜻으로 생각할 것이다. 물론 그분은 그런 일도 하시지만 이 특정한 본문의 요지는 그것이 아니다. 이 구절의 관건은 거룩함이 아니라 행복이다!

예수님의 실체를 보고 듣는 사람들은 행복하다

예수님은 제자들에게 "너희 눈은 봄으로, 너희 귀는 들음으로 행복하도다"(마 13:16, YLT)라고 말씀하셨다. "너희가 보는 것을 보는 눈은 행복하도다"(눅 10:23, YLT)라고 하신 적도 있다.

예수님을 메시아로 알아본 베드로에게 그분은 "요나의 아들 시몬아, 너는 행복한 사람이로다! 이를 네게 알게 한 이는 혈육이 아니요 하늘에 계신 내 아버지시니라"(마 16:17, TJB)고 말씀하셨다.

예수님의 참모습을 알아보는 사람은 행복하다! 당시의 제자들도 그랬고 오늘의 제자들도 그렇다.

하나님을 충실하게 섬기는 사람들은 행복하다

어느 비유에 예수님은 "주인이 집에 올 때에 그 종이 이렇게 하는 것을 보면 그 종은 얼마나 행복한가!"(마 24:46, GNT)라고 말씀하셨다. 누가의 기록에는 이렇게 번역되어 있다. "주인이 돌아와서 그 종들이 깨어 있는 것을 보면 그들은 얼마나 행복한가! 내가 너희에게 이르노니 주인이 겉옷을 벗고 그 종들을 자리에 앉히고 시중들리라"(눅 12:37, GNT).

착한 종에게는 사랑하는 주인이 자신의 충성을 알아주는 것보다 더 행복한 일은 없다. 잘 보면 "복되다"는 말(NASB, ESV, KJV)은 사뭇 다르고 비교적 모호해 보인다. 그러나 "행복하다"는 말은 독자들에게 더 분명하고 매력 있는 동기를 부여한다.

하나님의 약속을 신뢰하는 사람들은 행복하다

마리아는 자신이 메시아를 낳으리라는 소식을 받은 직후에 친척 엘리사벳을 찾아갔다. 그때 엘리사벳이 큰소리로 이렇게 말했다.

- 주께서 주신 약속을 반드시 성취하시리라고 믿은 그 여자는 행복하도다 (눅 1:45, CEB).
- 믿은 그 여자는 행복하도다. 주께서 하신 말씀이 반드시 이루어질 것임이라(YLT).

많은 역본에 마리아가 "복되도다"라고 옮겨져 있지만('신성해지다'는 의미로 들린다) 엘리사벳의 말은 그것이 아니라 마리아에게 행복할 이유가 생겼다는 뜻이다. 놀랍고도 힘든 상황에서 주께서 그분의 약속대로 행하실 것을 마리아가 신뢰했기 때문이다.

하나님의 말씀에 순종하는 사람들은 행복하다

예수님은 참된 행복에 관해 이런 심오한 말씀을 하셨다. "이 말씀을 하실 때에 무리 중에서 한 여자가 음성을 높여 이르되 '당신을 낳고 젖을 먹인 어머니는 행복하나이다' 하니 예수께서 이르시되 '오히려 하나님의 말씀을 듣고 실천하는 자들이 행복하니라' 하시니라"(눅 11:27-28, CEB).

야고보는 큰 역경에 부딪힌 신자들에게 이렇게 썼다. "하나님의 온전한 율법을 계속 들여다보며 그것을 잊지 않는 사람은 그대로 행하리니 또한 행하는 대로 행복하리라"(약 1:25, NLV).

다음 역본에서 의미의 명확한 차이에 주목하라. "온전한 율법을 열심히 보는 자는…실천하는 자니 이 사람은 그 행하는 일에 복을 받으리라"(NASB).

'복되다'의 의미가 '행복하다'임을 모르는 사람들은 이런 본문을 도저히 이해할 수 없다. 야고보서 1장 25절의 큰 매력은 하나님의 말씀을 읽을 때 주어지는 행복에 있다(요한계시록 1장 3절도 마찬가지다). 하나님은 아무리 힘든 상황 속에서도 우리에게 행복을 주려 하신다. 그분의 그 진심을 이해할 때에만 참으로 즐겁게 그분께 순종할 수 있다.

다른 사람을 돕고 섬기는 사람들은 행복하다

성경에서 행복과 섬김은 불가분으로 맞물려 있다. 예수님은 우리에게 가난하고 어려운 사람들을 도우라고 하신 뒤 이렇게 말씀하셨다.

- 그리하면 장차 네가 행복하리라. 그들은 네게 갚을 수 없으니 너는 하나

님과 바른 관계를 맺은 사람들이 죽음에서 부활할 때에 그 갚음을 받으리라(눅 14:14, NLV, 강조 추가).

우리에게 갚을 수 없는 사람들을 섬기면 하나님이 천국에서 상으로 갚아주겠다고 약속하신다. 그때까지 우리는 하나님과 사람들을 섬기는 행복을 오늘 마음속에 누린다.

바울이 에베소 교회의 지도자들에게 마지막으로 남긴 말은 이것이다. "약한 사람들을 돕고 또 주 예수께서 친히 말씀하신 바 '주는 것이 받는 것보다 더 행복하다' 하심을 기억하여야 할지니라"(행 20:35, CJB). 유진 피터슨(Eugene Peterson)은 『메시지』역에 이 구절을 "'받는 것보다 주는 것이 훨씬 행복하다'고 하신 우리 주님의 말씀"이라고 풀어썼다.

이 구절에서 "복이 있다"의 의미를 "더 행복하게 하다"가 아니라 "더 영적이다"로 생각한다면 원뜻을 놓칠 수밖에 없다. 다행히 CJB 역본은―심지어 풀어쓴 『메시지』역도―그 의미를 살려냈다.

주님께 용서받은 사람들은 행복하다

예수님을 믿는 사람들은 죄를 용서받았고 영원한 형벌에서 구원받았다. 이 용서가 환난의 한복판에서도 기쁨의 끝없는 원천이 된다.

- 범죄를 용서받고 죄가 지워진 사람들은 행복하고 주께서 죄가 없다고 여겨주시는 사람은 행복하도다(롬 4:7-8, TJB).
- 불법 행위를 용서받고 죄가 가려진 사람들은 행복하고 주께서 그 죄를 인정하지 아니하실 사람은 행복하도다(YLT).

NLT도 마카리오스를 "기쁘다"로 번역하여 "복되다"는 말이 놓친 의미를 살려냈다. "오 불순종을 용서받고 죄가 멀리 치워진 사람들은 얼마나 기쁜가.

주께서 죄의 기록을 없애주신 사람들은 정말 얼마나 기쁜가."

보다시피 이 행복의 뿌리는 영원히 실존하는 무엇에 있다. 바로 우리 죄가 사해져 결코 하나님의 정죄가 없다는 사실이다. 이번 장을 마칠 즈음 나는 평소에 존경하는 한 유명한 기독교 지도자의 설교를 들었다. 그는 이렇게 말했다. "하나만 삐끗하면 당신의 행복은 사라져버린다…나는 당신의 행복을 부추기거나 장려하거나 돕는 데 관심이 없다. 내가 믿기로 행복은 싸구려며 그것은 하나님이 예비하신 여정을 가는 동안 당신을 지탱해주지 못하기 때문이다…내가 강조하려는 것은…당신의 기쁨이다."

30년 전이라면 나도 비슷하게 말했겠지만 지금은 결코 그럴 수 없다. 비록 선의로 한 말이지만 그럼에도 그가 잘못 알고 있고 사람들을 오도한다는 것을 성경 본문들, 히브리어와 헬라어 학자들, 많은 좋은 역본들, 교회사, 하나님이 인간에게 주신 행복을 향한 열망, 그리스도 안에서 지금부터 영원까지 행복을 주신다는 하나님의 약속 등이 한결같이 증언하기 때문이다.

불행을 경고 신호로 보는 사람들은 행복하다

바울은 갈라디아 교인들에게 그들이 바울을 만족스러워했던 일과 서로의 관계를 상기하게 했다. "그때는 너희가 아주 행복하더니 지금은 그 기쁨이 어디 있느냐? 기꺼이 증언할 수 있거니와 너희가 할 수만 있었더라면 너희의 눈이라도 빼어 나에게 주었으리라"(갈 4:15, NCV). 그의 말은 이런 것이다. "너희가 잃어버린 행복을 보라. 우리 사이가 어떻게 된 것이냐? 하나님이 너희에게 메시지를 보내고 계신다!"

하나님 및 동료 신자들과의 관계에서 기쁨의 수위는 그리스도인으로서 우리 삶이 얼마나 건강한지를 알아보는 척도다. 행복이 사라졌다면 무엇이 변했는지 하나님과 자신에게 묻는 것이 지혜롭다. 우리도 다윗과 함께 "주의 구원의 즐거움을 내게 회복시켜 주시"도록 기도해야 한다(시 51:12). 이거야말로 하나님이 즐겨 응답하실 기도다.

그리스도의 재림을 맞을 준비가 되어 있는 사람들은 행복하다

주님의 재림을 사모하는 신자들에게 행복을 약속하는 말씀이 신약성경에 가득하다.

- 들으라! 내가 도둑같이 오리라! 깨어 있는 사람은 행복하도다(계 16:15, GNT).
- 보라! 내가 속히 오리니 이 책에 기록된 말씀에 순종하는 사람은 행복하도다(계 22:7, NLV)!
- 우리의 소망이 행복하게 이루어져 우리의 크신 하나님 구주 예수 그리스도께서 영광스럽게 나타나시기를 기다리게 하셨으니(딛 2:13, NET).

여기 "소망"은 소원이 아니라 확실한 약속이다. 그리스도의 재림으로 영원한 행복이 도래할 것이니 오늘 그것을 생각만 해도 우리 안에 행복이 차올라야 한다!

하나님과 영원히 함께 지낼 사람들은 행복하다

하나님의 자녀들을 기다리고 있는 행복이 성경에 자주 언급된다.

- 자기 옷을 깨끗이 빠는 사람들은 행복하니 그들이 생명나무의 열매를 먹고 문들을 통하여 성에 들어갈 권세를 받으리라(계 22:14, GNT).
- 천사가 내게 말하기를 "기록하라. 어린양의 혼인 잔치에 청함을 받은 자들은 행복하도다" 하고(계 19:9, GNT).
- 어린양의 결혼 피로연에 부름 받은 사람들은 행복하도다(YLT).
- 또 내가 들으니 하늘에서 음성이 나서 이르되 "기록하라. 지금 이후로 주님을 섬기다 죽는 자들은 행복하도다" 하시매 성령이 이르시되 "그러하다! 그들이 수고를 그치고 쉼을 누리리니 이는 그들이 섬긴 결실이 그들을

따라옴이라" 하시더라(계 14:13, GNT).
- "주 안에서 죽은 사람들은 행복하도다!" 성령이 이르시되 "과연 행복하도다"(Phillips).

하나님이 그분의 혼인 잔치에 초대해주셨으니 우리는 복된가? 물론이다. 그러나 본문의 의미는 그것이 아니다. 하나님께 그렇게까지 사랑받는 우리는—마카리오스의 뜻 그대로—행복하고 즐겁고 기쁘고 신이 난다! 모든 행복의 근원이신 그분이 우리를 초대하여 과거와 현재를 통틀어 인류 역사상 최고의 축제에 동참하게 하셨다! 그 혼인 잔치로 고난과 슬픔은 끝나고 그리스도와 함께하는 새롭고 영원한 삶이 시작된다. 그분은 우리의 사랑하는 신랑이시며 우리의 행복을 확보하신 분이다. "나 있는 곳에 너희도 있게 하"려고(요 14:3) 앞서 가서 우리의 거처를 예비하시는 분이다.

거룩한 사람들은 행복하다

신약에 각각 "행복하다"와 "거룩하다"를 뜻하는 일상용어로 쓰인 마카리오스와 하기오스가 요한계시록 20장 6절에 나란히 등장한다. 이 아름다운 조합을 온전히 담아낸 역본은 놀랍도록 드문데 다음은 그중 몇이다.

- 이 첫 번 때에 죽음에서 부활하는 사람들은 행복하고 거룩하도다. 둘째 사망이 그들을 다스리는 권세가 없고(계 20:6, NLV).
- 첫 번째 다시 살아날 때 참여하는 사람은 행복하고 거룩하도다(YLT).
- 이 첫째 부활에 참여하는 사람은 행복하고 거룩하도다(Phillips)!

대부분 역본에는 "복이 있고 거룩하도다"로 되어 있다. 그 결과 대부분 독자는 신성하다는 뜻의 두 형용사가 이 구절에 반복된 줄로 안다. 그러나 헬라어 원문을 "행복하고 거룩하도다"로 옮기면 독자들에게 이렇게 생각할 여지가 생겨난다. "와, 하나님을 아는 사람들이 거룩할 뿐 아니라 행복하다고? 행복이야말로 내가 여태 추구해온 것이 아닌가! 거룩해지려는 '교회의 나'와 행복해지려는 '세상의 나'로 내 삶을 나누던 것을 어쩌면 이제 그만두어야겠구나!"

기쁨과 행복을 대비하는 복음주의의 보편적 현상에 대해 히브리어 학자 라이니어 드 블로이스의 생각을 물어보았다. 그의 답변은 충격적이었다. 그는 '행복'이 히브리어 단어 아셀에 상응한다면서 이렇게 말했다.

> 히브리어에서는 '행복'이 '기쁨'보다 더 깊은 개념이다. 전자는 대개 하나님의 개입과 직결된다. 아셀은 하나님으로 말미암은 행복이다. 나라면 논의의 방향을 완전히 뒤집고 싶다. 그리스도인은 하나님이 함께 계시기에 행복한 사람이다. 그분의 신실하심과 은혜 덕분에 이 상황은 변함없이 한결같다. 상황에 따라 있고 없는 것은 오히려 기쁨이다. 다행히 그리스도인은 아셀 상태 덕분에 얼마든지 기뻐할 이유가 있다![12]

잘 새겨들어야 할 개념이다. 복음을 통해 하나님은 자신의 행복을 우리에게 베푸시며 그 행복에 동참하도록 우리를 초대하신다. 믿음으로 이 선물을 받으면 초라하고 자격 없고 때로 비참한 우리에게 새롭고 영원한 상태가 주어진다. 그것을 한 단어로 놀랍게 표현한 것이 바로 '행복'이다.

Chapter·23

영원한 행복은 하나님 안에 있다:
히브리어 단어 '아셀'의 자세한 설명

> 허물의 사함을 받고 자신의 죄가 가려진 자는 복이 있도다[행복하도다]…여호와께 정죄를 당하지 아니하는 자는 복이 있도다[행복하도다].
>
> 시편 32:1-2

> 오 우리 존재의 궁극적 목표인 행복이여!
>
> 알렉산더 포프(Alexander Pope)

아셀은 하나님에게서 오는 행복이다. 이 행복을 누리는 하나님의 사람들은 주님을 첫자리에 모시고, 자신을 그분의 길에 맞추며, 그분의 선하심을 맛보는 사람들이다.

  창조주는 그런 사람들에게 은총을 베풀어 용서와 어느 만큼의 형통을 약속하신다. 마침내 영원 속에 들어가면 모든 고난의 종식과 절대적인 무조건의 형통도 보장되어 있다. 이것이 기복 신앙과는 다르다는 데 주의해야 한다(35장에서 살펴볼 것이다). 일각에서는 아셀이 쓰인 구절들을 인용하여 그런 기복 신앙을 정당화하려 한다. 그러나 현세에서 하나님의 사람들이 고난과 박해를 당할 것이 신구약 모두에 예시되다 못해 단언되어 있으므로 그런 극단적 오류는 들어설 틈이 없다.

주님을 예배하고 그분의 명령에 순종하는 사람들은 행복하다

하나님의 집에서 그분을 예배하는 사람들의 행복이 시편 84편 5절에 묘사되어 있다.

- 주께 힘을 얻고 마음의 순례를 떠난 사람들은 행복하나이다(HCSB).
- 오 주께 힘을 얻는 사람의 행복이여(YLT).
- 주의 힘을 의지하는 사람들은 참으로 행복하나이다(CEB).
- 주의 집에 사는 사람들은 얼마나 행복한지요(CJB).

잠언 29장 18절에는 하나님의 명령에 순종할 때 얻을 수 있는 즐거움이 나온다.

- 비전이 없으면 백성이 제멋대로 행하거니와 율법을 지키는 사람은 행복하니라(NASB).
- 누구든지 교훈에 순종하면 행복하니라(CEB).
- 하나님의 율법을 지키는 사람들은 행복하니라(GNT)!
- 교훈을 귀담아 듣는 사람은 행복하니라(HCSB).

하나님의 율법은 목숨을 살린다. 그분의 말씀에 애써 반항하는 사람들은 행복을 애타게 찾느라 그럴지 모르지만 성경에 명백히 밝혀져 있듯이 행복은 하나님 안에 있다. 행복을 누리려면 그분이 우리를 보호하려고 주신 울타리를 받아들이고 그 안에서 살아가야 한다. 욥기 5장 17절에 이런 말씀이 있다.

- 볼지어다, 하나님께 징계받는 자는 행복하나니 그런즉 너는 전능자의 징

계를 업신여기지 말지니라(KJV).
- 보라, 하나님이 책망하시는 사람은 얼마나 행복한가(NASB).
- 하나님이 징계하시는 사람은 행복하도다(GNT)!

겸손히 하나님의 징계에 순복하면 행복이 오지만 교만하게 그 징계에 저항하면 불행과 파멸을 자초한다(참조. 잠 16:18).

시편 119편 1-2절에는 두 구절 다 아셀이 나온다.

- 삶에 흠이 없고 여호와의 율법대로 살아가는 사람들은 행복함이여. 그분의 명령에 따르고 마음을 다하여 그분께 순종하는 사람들은 행복하도다(GNT).
- 삶의 방식이 나무랄 데 없고 아도나이의 토라대로 살아가는 사람들은 얼마나 행복한가! 그분의 교훈을 지키고 전심으로 그분을 구하는 사람들은 얼마나 행복한가(CJB)!
- 행위가 온전하여 여호와의 교훈대로 행하는 사람들은 참으로 행복함이여! 하나님의 율법을 수호하는 사람들은 참으로 행복하도다! 그들은 마음을 다하여 하나님을 구함이라(CEB).

많은 역본에 두 구절 다 아셀이 "행복하다"로 되어 있다. 그러나 ESV를 비롯하여 양쪽 다 "복되다"로 번역한 역본들도 있다.

신세기역(NCV)은 아셀을 1절에는 "행복하다"로, 2절에는 "복되다"로 옮겼다. 그러니 원문을 읽거나 듣는 사람들은 다 아는 것을 오늘날의 독자들은 모를 수밖에 없다. 두 구절의 단어는 정확히 동일하며 행복한 상태를 가리킨다.

비슷하게 시편 128편 1-2절에도 순종에 뒤따르는 행복이 반복된다.

- 여호와를 경외하며 그분의 길을 걷는 사람마다 얼마나 기쁜가! 네가 네

손의 열매를 즐거워하리라. 너는 얼마나 기쁘고 형통한가(NLT)!
- 여호와께 순종하며 그분의 명령에 순종하는 사람들은 행복하도다…네가 행복하고 형통하리로다(GNT).
- 누구든지 여호와를 높이며 하나님의 길로 행하는 사람은 참으로 행복하도다(CEB)!

KJV, RSV, ESV, NASB, NIV에도 다 아셀이 "행복하다"로 번역된 때가 있다는 사실은 그것이 정당한 역어임을 번역진이 알았다는 증거다. 그런데도 굳이 더 자주 그렇게 번역하지 않았으니 여기에는 의문의 여지가 있으며, 직역에 충실하려는 번역 철학 때문은 아니다(일관되게 "행복하다"로 옮긴 YLT의 경우는 예외다).

하나님의 지혜를 따라 사는 사람들은 행복하다

지혜를 구사하면 행복을 경험한다. 잠언 3장 13절에 그 둘의 연관성이 강조되어 있다.

- 지혜를 얻은 자와 명철을 얻은 자는 행복하나니(KJV).
- 지혜를 얻는 사람은 행복하나니(RSV, HCSB).
- 테부나(tevunah, 명철)를 얻는…사람은 아슈레이(ashrei, 행복)하나니(OJB).

정통유대인성경(OJB)은 일관되게 아셀/아슈레이(동일한 단어)를 '복되다'가 아니라 '행복하다'로 정의한다.

하나님께 나아와 그분께 동참하는 사람들은 행복하다

시편 34편 8절에는 하나님에게서 얻을 수 있는 것을 다 얻는 사람들에게 벌어지는 일이 더없이 즐겁게 묘사되어 있다.

- 오 너희는 여호와의 선하심을 맛보아 알지어다! 그분께 피하는 사람은 복이 있도다(ESV)!
- 그분께 피하는 사람들은 행복하도다(NRSV).
- 그분께 피하는 사람은 얼마나 행복한가(HCSB)!
- 그분께 피하는 사람은 참으로 행복하도다(CEB)!

하나님께 구원받은 사람들은 행복하다

신명기 33장 29절은 KJV에 "이스라엘이여 너는 행복한 사람이로다 여호와의 구원을 너 같이 얻은 백성이 누구냐"로 번역되어 있다. RSV와 ESV도 KJV를 따라 이 구절의 아셀을 "행복하다"로 옮겼다.

HCSB, GNT, CJB, OJB 등 다른 많은 역본에도 "행복하다"로 되어 있고, YLT는 이 구절을 "오 이스라엘 너의 행복이여!"로 번역했다.

행복이 주께 구원받은 결과임을 보여주는 구절들이 성경 전체에 그 밖에도 많이 있다.

- 여호와를 자기 하나님으로 삼은 나라 곧 하나님의 기업으로 선택된 백성은 행복하도다(시 33:12, NRSV).
- 주께서 택하시고 가까이 오게 하사 주의 뜰에 살게 하신 사람은 행복하나이다(시 65:4, HCSB).
- 주께서 이렇게 택하셔서 주의 뜰에 가까이 살게 하신 사람은 행복하나이다(시 65:4, MNT).

하나님께 용서받은 사람들은 행복하다

시편 32편 1-2절에 보면 행복은 용서받은 데 대한 자연스러운 반응이다.

- 허물을 용서받고 죄가 가려진 사람은 참으로 행복하도다!…여호와께서

유죄로 여기지 않으시는 사람은 참으로 행복하도다(CEB)!
- 허물의 사함을 받고 자신의 죄가 가려진 자는 행복하도다…여호와께 정죄를 당하지 아니하는 자는 행복하도다(NRSV).

CEB의 번역진은 "참으로 행복하다"는 표현을 씀으로써 아셸이 "행복하다"는 뜻임을 인정할 뿐 아니라 "참으로"를 덧붙여 더 비중을 실어주었다.

NRSV는 RSV의 전통적 역어인 "복되다"를 버리고 아셸을 일관되게 "행복하다"로 번역했다. 개정판 서문에 이런 말이 나온다. "KJV와 RSV에 '복되다'로 번역된…단어 아슈레[ashre, 아셸]는 인간의 행복을 뜻하는 일상용어다. 따라서 구약 위원회는 아슈레를 번역할 때마다 '복되다'를 '행복하다'로 고치기로 표결했다."[1]

존 웨슬리는 시편 32편 1절을 언급하며 "불의를 사함 받고 죄가 가려진 사람은 복되다(또는 오히려 행복하다)"라고 말했다.[2] 2백 년도 더 된 그때는 "복되다"는 말로도 웬만한 사람들에게 행복의 개념이 아직 전달되던 때였는데, 그래도 웨슬리는 "행복하다"가 더 좋은 번역이라고 토를 달 필요성을 느꼈다. 그렇다면 오늘날 우리는 그 점을 얼마나 더 명확히 해야 하겠는가?

하나님은 의로운 행위와 태도에 행복을 약속하신다

성경에 밝혀져 있듯이 의로운 행동은 우리가 하나님을 위해서 하는 일일 뿐 아니라 우리 자신에게도 행복을 가져다준다.

- 안식일을 지켜 더럽히지 아니하며 그의 손을 금하여 모든 악을 행하지 아니하여야 하나니 이와 같이 하는 사람[은]…행복하니라(사 56:2, HCSB).
- 오 여호와여, 주께서 징계하시고 주의 법으로 가르치시는 사람들은 행복하나니(시 94:12, NRSV).
- 왕은 귀족들의 아들이요 대신들은 취하지 아니하고 기력을 보하려고 정

한 때에 먹는 나라여, 네가 행복하도다(전 10:17, ESV).
- 그[아들, 메시아]에게 피하는 모든 사람은 다 행복하도다(시 2:12, HCSB).
- 그[여호와]를 기다리는 자마다 행복하도다(사 30:18, HCSB).

궁핍한 사람들에게 친절을 베푸는 사람들은 행복을 얻는다

성경에 따르면 가난한 사람들에게 친절을 베풀면 하나님께 영광이 되고 사람들에게 유익이 되며 자신에게 행복이 임한다.

- 이웃을 업신여기는 자는 죄를 범하는 자요 빈곤한 자를 불쌍히 여기는 자는 행복한 자니라(잠 14:21, NASB).
- 행복을 원하거든 가난한 사람들에게 친절을 베풀라(GNT).

내가 확인해본 42종 가운데 이 구절의 아셀을 각각 "행복하다"와 "복되다"로 옮긴 역본은 반반으로 갈린다. 불행히도 "복되다"로 된 역본을 읽는 사람들 대부분은 가득한 행복이라는 본래의 취지를 놓칠 것이다.

서구 문화에서 가난한 사람들을 돌보면 복이 있다는 말은 더 경건해지라는 격려처럼 들린다. 그러나 성경은 빈곤한 자를 불쌍히 여기면 우리가 더 행복해진다고 말한다! 옳은 일일 뿐 아니라 실속까지 있다. 상대에게 유익하고 자신도 행복해진다. 이보다 더 좋은 일이 있을까? 우리는 하나님께 순종하여 가난한 사람들을 도울 책임이 있는가? 물론이다. 많은 본문에 그 점이 밝혀져 있다. 그러나 제대로 이해하면 이 구절은 행복을 향한 우리의 갈망에 호소한다.

하나님은 다른 사람의 필요를 채워주는 사람이 어려움에 처하면 대체로 그분이 친히 개입하실 것을 암시하신다. "가난한 자를 보살피는 자는 행복함이여. 재앙의 날에 여호와께서 그를 건지시리로다"(시 41:1, HCSB).

하나님의 말씀에서 누누이 보듯이 우리의 동기는 하나님을 위해 옳은 일을 하려는 마음으로 제한될 필요가 없다. 성경은 우리에게 하나님 안의 행복도 동기로 삼을 것을 독려한다. 덜 영적으로 들릴 수 있으나 행복을 향한 우리의 열망에 호소하시는 분이 바로 하나님이시므로 전혀 덜 영적이지 않다. 하나님께 순종할 동기로서 그분이 주시는 거라면 무엇이든 다 우리에게 필요하지 않은가? 행복까지 포함해서 말이다.

행복한 사람들은 경건한 부모의 영적 지도에 따른다

부모의 지혜에 따르는 아들딸들에게 오는 행복이 잠언에 수두룩하게 언급되어 있다. 잠언 8장 32절을 보자.

- 자녀들아, 이제 내[지혜의] 말을 들으라. 내 도를 지키는 사람들은 행복하니라(CJB).
- 내 말대로 하면 너는 행복할 것이니라(GNT).

RSV와 HCSB를 비롯한 다른 여남은 종의 역본도 이 구절의 아셀을 "행복하다"로 번역했으나 KJV, NASB, NIV, ESV는 "복되다"로 옮겼다.

둘 중 어느 단어를 쓰느냐가 정말 중요한가? 나는 그렇다고 믿는다. 잠언의 솔로몬은 자기 아들에게 아버지의 교훈—하나님의 교훈에 기초한—에 순종하는 것이 행복의 길이라고 설명하고 있다.

히브리어에 '거룩하다, 신성하다'에 상응하는 단어들도 있음을 명심하라. 본문의 아버지가 아들이 자신의 교훈에 순종하면 거룩해질 거라고 말하려 했다면 단순히 거룩함을 뜻하는 단어를 썼을 것이다. 그런데 그는 대신 아셀이라는 단어를 썼다. 부모가 "내 교훈에 잘 따르면 너는 행복할 것이다"라고 말할 때 히브리의 자녀들은 그 말뜻을 알아들었을 것이다.

하나님은 자녀의 행복을 바라는 모든 부모의 갈망에 기초하여 이렇게 더한층 부모들에게 호소하신다. 잠언 20장 7절의 말씀이다.

- 의인들은 온전하게 살아가나니 그들의 자손은 행복하니라(CJB).
- 온전하게 사는 사람은 의로우니 그의 자손은 행복하니라(HCSB).
- 의인은 평소에 늘 온전하게 행하니 오 그의 아들들의 행복이여(YLT)!

부모가 의롭게 (의로운 척하는 것이 아니라) 살아가면 대개 자녀들이 행복하다. 그런데 부모들에게 "당신이 어떻게 하면 자녀들이 더 행복해질 수 있을까?"라고 묻는다면 성경의 이 명백한 진술에도 불구하고 "내가 더 의롭게 살면 된다"라고 답할 사람들이 몇이나 될까?

오늘의 우리에게 아셀은 어떤 의미인가?

의역보다 직역이 더 많은 홀먼기독표준성경(HCSB)은 아셀을 "복되다"가 아니라 "행복하다"로 번역했다고 비난받는 많은 역본 중 하나다. 어떤 사람은 "행복하다"는 말이 "성경에 없다"면서 "HCSB가 '복되다'를 '행복하다'로 바꾸었기 때문에 나는 이 역본을 사용하지 않겠다"라고 했다.[3]

HCSB의 편집자인 에드윈 블룸(Edwin Blum)은 한 인터뷰에서 이 역본의 재판(再版)에 대해 이런 질문을 받았다. "시편에 쓰인 '복되다' 대신 '행복하다'를 계속 유지할 것인가? 만일 그렇다면 그 역어를 선택하는 근거가 무엇인가? 다른 역본들에서 아주 크게 (어쩌면 불필요하게) 벗어나는 것 같다."

블룸 박사는 다음과 같이 답했다. "'행복하다'가 히브리어 원문을 잘 대변하며 '복되다'보다 정확하다. 후자는 히브리어의 다른 단어를 번역한 말이다. NRSV 역본을 보라. 모팻(Moffatt) 역본, 1930년판 굿스피드(Goodspeed)의 미국 역본, 1970년의 새영어성경(NEB) 등 1930년대 이후로 쭉 정확하게 '행복하다'로 번역되어왔다. 그러니 일부 역본들이 왜 원어를 신중하게 확인하지 않는지를 물어야 한다."[4]

나는 성숙한 그리스도인들에게서 '복되다'를 '행복하다'로 '고치는' 것이 불편하다는 말을 종종 듣는다. 원저자들의 언어가 영어가 아니었음을 잊지 마라.

그들은 '복되다'나 '기쁘다'나 '행복하다'는 단어를 쓴 적이 없다. "사도 바울도 KJV 성경으로 만족했으니 나도 그것으로 족하다"는 오랜 우스갯소리가 있다. 그러나 '복되다'는 하나님의 감동으로 된 단어고 '행복하다'는 성경을 개조하려는 현대의 시도라고 믿는 듯한 진지한 그리스도인들을 만나보면 그 말이 그렇게 우습지만도 않다.

KJV에도 아셀의 39퍼센트는 '행복하다'로 옮겨져 있는 만큼 분명히 번역진은 이 단어에 대한 편견이 없었다. 게다가 원문의 의미에 더 충실하려고 KJV의 전통적 표현을 떠나는 것은 하나님의 말씀을 떠나는 것이 아니다. 사실 KJV의 번역진이 아셀을 현대 영어로 지금 번역한다면—1611년에는 '복되다'에 행복의 어감이 있었으나 지금은 그 어감이 사라졌음을 아는 상태에서—확신컨대 '행복하다'는 번역이 39퍼센트보다 훨씬 많을 것이다. 어의가 변했으므로 아마도 아셀을 '복되다'로 옮기는 일은 전혀 없을 것이다.

내가 자주 사용하는 ESV는 이번에 확인해본 40여 종의 역본 중 어느 것보다도 '행복하다'는 말을 적게 썼다(13회). 그렇다면 ESV 번역진은 아셀의 뜻을 '행복하다'로 보지 않은 것일까? 『ESV 주석성경』(ESV Study Bible)의 주를 보면 그렇지 않다. 시편 1편 1-2절의 의미가 주에 이렇게 나와 있다. "참으로 행복한 사람은 하나님의 교훈을 거부하는 사람들의 조언을 따라 살지 않고 그분의 교훈을 따라 산다."[5] 비록 번역은 "복되다"로 했어도 이런 주를 도처에 삽입하여 아셀의 말뜻이 '참으로 행복하다'임을 밝혀놓았다.[6]

유일하신 참 하나님을 아는 사람들은 행복한 백성이다!

다음 구절들에는 아셀이란 말이 두 번씩 등장하여 행복의 의미가 물씬 풍겨 난다.

- 교만한 자들이나 우상을 숭배하는 자들을 의지하지 않고 여호와를 신뢰하는 사람은 행복하도다(시 40:4, NCV).

- 이러한 복이 임한 백성은 행복하도다! 여호와를 자기 하나님으로 삼는 백성은 행복하도다(시 144:15, RSV)!
- 오 이러한 백성의 행복이여, 오 여호와가 자기 하나님인 백성의 행복이여 (YLT)!

이런 수많은 본문을 읽노라면 다음과 같은 주장이 난감하게 느껴진다. "성경에는 행복이 없다…행복에 대한 말이 전혀 없다."[7]

청교도 학자 토머스 브룩스는 아셀의 참뜻을 알았다. 그가 시편 144편 15절을 주해한 내용에 이 단어의 핵심이 포착되어 있다.

> 하나님의 백성이 누리는 모든 행복과 복됨은 이것으로 이루어진다. 즉 하나님은 그들의 하나님이요 분깃이시며 그들은 그분의 유업이라는 사실이다! 오, 하나님을 주님으로 삼은 사람들의 넘치는 행복이여! 이 행복은 너무도 크고 영광스러워 가히 상상할 수도 없고 형언할 길도 없다! 하나님을 분깃으로 삼은 사람은 무엇으로도 진정 불행해질 수 없고, 하나님이 자신의 분깃이 아닌 사람은 무엇으로도 진정 행복해질 수 없다. 하나님은 모든 참된 행복을 지으시고 베푸시며 지키시는 분이다. 모든 참된 행복과 복됨의 중심이시다. 그러므로 세상에 행복한 사람은 그분을 자신의 하나님이요 분깃으로 삼은 사람뿐이다.[8]

아셀이란 단어에서 보듯이 하나님은 자신의 사람들이 행복해지기를 분명히 바라신다. 우리가 이 사실을 받아들이면 지상에서 가장 행복한 사람들이 되는 데 큰 도움이 될 것이다.

원저자들이 히브리어나 헬라어의 특정한 단어들을 쓴 것은 하나님의 감동으로 된 일이므로 성경을 이해하려면 그들이 의도한 원뜻을 알아야 한다. 대체로 영어 역본들에는 그것이 잘 반영되어 있으나 아셀과 마카리오스는 많은 경우 그렇지 않다. 모세오경에서 선지서에 이르기까지 번번이 아셀은 참되고 진심 어린 행복으로 그려졌으며, 이 행복은 하나님께 구원받고 그분과의 관계를 추구하는 데서 온다. 신약의 마카리오스도 마찬가지다.

아셀이나 마카리오스를 경험한다고 해서 모든 문제가 사라지는 것은 아니지만 하나님 안에서 우리가 참된 행복을 누릴 수 있다는 것만은 분명하다. 이는 우리 영혼이 늘 열망해오던 행복이다.

Chapter·24

우리는 지금부터 영원까지 행복할 수 있다:

헬라어 단어 '마카리오스'의 자세한 설명

> 의에 주리고 목마른 자는 복이 있나니[행복하나니] 그들이 배부를 것임이요…마음이 청결한 자는 복이 있나니[행복하나니] 그들이 하나님을 볼 것임이요 화평하게 하는 자는 복이 있나니[행복하나니] 그들이 하나님의 아들이라 일컬음을 받을 것임이요.
>
> 예수(마태복음 5:6, 8-9)

> 우리가 충분히 용감해져서 성경에 '복되다' 대신 '행복하다'라고 쓸 수 있었으면 좋겠다. 그것이 옳은 번역이기 때문이다.
>
> G. 캠벨 모건(G. Campbell Morgan)

옛날 한 우화에 어느 공주에 대한 예언이 있었다. 이 공주가 가장 현명하고 아름다운 여왕이 되려면 먼저 궁궐을 찾아내야만 했다. 어느 현자가 그녀에게 궁궐의 문을 여는 열쇠를 주었다. 공주는 문이라는 문은 다 열려고 해보았으나 열쇠가 하나도 맞지 않았다. 결국 기진맥진하고 빈털터리가 된 그녀는 어느 가난한 마을에 이르러 밭일을 하게 되었다.

마을 사람들의 사랑을 받아 아주 행복해진 그녀는 궁궐 따위를 다 잊어버렸다. 그런데 하루는 어느 작은 오두막집으로 발길이 끌렸다. 열쇠를 넣어보니 뜻밖에도 문이 열리면서 작고 아름다운 방이 나왔다. 방 안은 오색찬란한 광경으로 생기가 넘쳤다.

여왕이 된 그녀는 한때 없는 줄로 알았던 행복을 얻었다.

바로 이것이 고난 중에라도 그리스도 안에서 얻는 행복의 특성이다. 뜻밖이고 직관에 어긋나서 더더욱 즐겁다.

학자들이 말하는 마카리오스의 의미는 무엇인가?

『신약 주해 사전』(The Exegetical Dictionary of the New Testament)에는 마카리오스가 "행복하다, 복되다"로 정의되어 있다.[1] (대개 사전에는 가장 중요한 의미부터 먼저 나온다.)

프리드리히 하우크(Friedrich Hauck)에 따르면 신약의 마카리오스는 "하나님 나라의 구원에 동참하는 사람에게 찾아오는 특유의 종교적 기쁨을 압도적으로 일컫는 말이다."[2]

『앵커 성경 사전』(The Anchor Bible Dictionary)은 마카리오스가 "은총을 받은 데서 비롯되는 행복한 상태"라 했다.[3]

『신약 신학 사전』(Theological Lexicon of the New Testament)은 마카리오스에 관하여 "하나님만이 인간에게 행복을 주신다…그분께 소망을 두고 그분을 의지하며 그분 안에서 쉴 곳과 힘을 얻는 사람들은 행복하다!"라고 말했다.[4]

『HCSB 공관복음』(HCSB Harmony of the Gospel)에 따르면 "마카리오스는…마음의 행복과 자족을 말한다. 하나님의 뜻을 행하고 있음을 아는 데서 오는 평안과 기쁨이다."[5]

신약학자 윌리엄 헨드릭슨(William Hendriksen)은 말하기를 그리스도께서 팔복에 쓰신 마카리오스는 "그 단어에 담긴 가장 고상한 의미의 '행복'"을 뜻한다고 했다.[6]

진지한 성경학자로 알려진 목사들도 똑같이 말했다. 존 맥아더(John MacArthur)는 "마카리오스는 행복과 행운과 지복을 뜻한다"라고 했고,[7] 존 파이퍼도 이 단어가 "'행복'이나 '행운'을 뜻한다"라고 했다.[8] (행운아가 느끼는 것이 행복과 감사가 아니고 무엇이겠는가?)

워렌 위어스비(Warren Wiersbe)는 팔복의 마카리오스에 대해 "그날 예수님의 말씀을 듣던 사람들에게 위력적인 단어였다. 그들에게 이 말은 '신성한 기쁨과 완전한 행복'을 뜻했다"라고 말했다.⁹

마카리오스의 뜻이 '행복'임을 입증하려고 내가 유난히 많은 학자와 성경 교사들의 말을 인용하는 듯 보인다면 당신이 제대로 본 것이다! 이 중요한 핵심에 대한 저항이 워낙 강하기 때문에 그 정의를 뒷받침해줄 탄탄한 증거들을 동원하는 것이다.

이번 장의 서두에서 인용한 G. 캠벨 모건의 말을 생각해보라. "우리가 충분히 용감해져서 성경에 '복되다' 대신 '행복하다'라고 쓸 수 있었으면 좋겠다. 그게 옳은 번역이기 때문이다." 주목할 만한 발언이다. 학자이자 목사인 모건에 따르면 우리가 번역의 전통을 거스르지 못하는 것은 지식이 없어서가 아니라 용기가 부족해서다.

팔복의 마카리오스에 대해 그는 이렇게 말했다. "'이러한 자는 행복하나니' 이 말에는 즉시 우리의 주의를 사로잡는 무언가가 있다. 오래전 그날 예수께서 이 복된 말씀을 하셨을 때도 틀림없이 그것은 즉시 청중의 주의를 사로잡았을 것이다. 온 세상이 이 행복이라는 선물을 구하고 있기 때문이다."¹⁰

그 말의 요지를 놓치지 마라. 예수께서 무리를 보시며 말씀하시기를 하나님을 경외하는 가난하고 불신당하고 박해받는 사람들이 거룩할 뿐 아니라 실제로 행복하다고 하셨을 때 그 말씀은 그야말로 충격이었고 지금도 마찬가지다. 그런데 역본들에 대개 '행복하다'는 단어를 쓰지 않다 보니 우리는 이 말씀에 깜짝 놀라거나 매력을 느끼지 못한다.

필립 샤프(Philip Schaff)가 교회 교부들에 관해 쓴 불후의 명작에 보면 AD 400년에 크리소스톰(Chrysostom)이 했던 설교가 인용되어 있다. 설교자의 모국어인 헬라어를 번역한 것이다. 크리소스톰은 성경 본문 그대로 마카리오스라고 썼는데 샤프는 이를 "애통하는 자들은 복이 있나니"라고 번역하고 이런 역주를 달아놓았다. "'행복하나니'가 더 정확하지만 산상수훈의 인용 본문은 '복이 있나니'로 표현이 굳어버렸다."[11]

크리소스톰의 설교는 영어라는 언어가 존재하기 6백 년 전에 기록되었다. 그런데 번역자는 마지못해 마카리오스를 '더 정확'한 단어인 '행복하다' 대신 스스로 덜 정확하다고 인정한 '복되다'로 옮겼다. 그 이유는 무엇인가? 번역의 전통상 '표현이 굳어버렸'기 때문이라 했다! 그러나 마카리오스가 '복되다'로 굳어진 것은 크리소스톰보다 1,200년이나 이후에 흠정역(KJV)이 번역되고 나서부터였다. 그 뒤로 이 표현이 더 굳어질 수밖에 없었던 것은 학자들이 '복되다'는 단어를 계속 고수했기 때문이다. 아셀의 참뜻이 '행복하다'임을 부득이 매번 설명하면서까지 말이다.

'행복하다'가 마카리오스에 늘 정확히 상응하는 것은 아니다. 어떤 때는 '참으로 행복하다'나 '하나님의 은총으로 행복하다'가 더 가까울 수 있다. 그러나 나는 '복되다'는 말의 현재 의미가 마카리오스나 아셀에 가장 가까이 상응한다는 신빙성 있는 주장은 본 적이 없다.

본래 신약의 청중에게 마카리오스가 '행복하다'는 뜻이었음이 고대 문헌으로 입증된다

"이러한 자는 복이 있나니" 또는 "행복하나니"로 시작되는 구약판 팔복 같은 말씀들에 일관되게 아셀이 쓰였다(참조. 시 1:1, 33:12, 34:8, 40:4, 41:1-2, 84:4-5,12, 89:15, 94:12, 119:1-2, 127:5, 144:15, 146:5, 잠 3:13, 8:32, 34). 거의 모든 학자가 이 본문들의 뜻을 '행복하나니'로 이해한다. 그런데 신약에서 예수님은 이에 상응하는 말씀들에 분명히 마카리오스를 쓰셨다. 이는 마카리오스 역시 '행복하나니'로 이해해야 한다는 강력한 단서가 된다.

사도들과 초대 교회는 헬라어 구약성경(칠십인역) 전체에 아셀이 마카리오스로 번역되어 있는 것을 익히 보았다. 외경은 전 교회적으로 성경의 정경으로 용인되지 않은 책들인데 그중 집회서는 BC 175년경에 기록되었다. 거기에도 마카리오스가 행복의 뜻으로 쓰였다. "내가 행복하다고 생각하는 사람은 아홉 부류다…지각 있는 아내를 둔 남편은 행복하다…친구를 얻은 사람과 자기 말을 경청하는 청중이 있는 사람은 행복하다…지혜에 골몰하며 머리를 써서 사고하는 사람은 행복하다"(집회서 25:7-9).[12]

고전이 된 존 브로더스(John Broadus)의 1886년 작 『마태복음 주석』(Matthew)에 보면 팔복에 대해 이런 말이 나온다. "'행복하다'가 '복되다'보다 헬라어 단어의 원뜻을 더 가깝게 살려낸다…여기에 도입되는 '행복'을 보고 많은 사람이 충격을 받는데 이는 주님의 말씀을 들은 청중이 깜짝 놀랐을 모습과 일부 닮아 있다. 가난한 자는 행복하다. 애통하는 자는 행복하다. 이 역설 자체가 정말 그것이 뜻하는 일부다."[13]

고난당하는 사람이 복될 수 있다는 개념은 얼마든지 가능하다. 거룩하거나 구별되거나 정화된다는 의미에서 말이다. 그러나 사람이 어떻게 고난당하면서 행복할 수 있는가? 그것이 바로 이 본문의 가장 큰 충격이며, 단어의 의미를 알면 누구에게나 그 충격이 느껴질 수밖에 없다.

영어 역본들은 아셀과 마카리오스를 '행복하다'로 옮기지 않은 소수의 경우에 속한다

세계성서공회연합회(United Bible Societies)의 『신약 핸드북 시리즈』(New Testament Handbook Series)는 총 20권의 주석 세트로서 그 안에 전 세계인에게 신약의 번역을 지원하기 위한 언어학적 통찰이 풍부하게 들어 있다.

UBS 핸드북은 본문의 의미를 분석하는 데서 그치지 않고 번역자들에게 그 의미를 각자의 언어로 가장 잘 전달할 수 있는 길까지 제시한다.

성경의 베스트셀러 역본들에는 요한복음 13장 17절이 이런 식으로 번역되어 있다. "너희가 이것을 알고 행하면 복이 있으리라." 그러나 UBS 핸드북은 이 구절에 나오는 마카리오스에 관해 이렇게 말한다.

성경적 사고에서 '복되다'와 '행복하다'는 서로 연관된 개념이지만 초점에 약간 차이가 있다. '복되다'는 유익의 출처, 즉 유익이 하나님에게서 왔음에 주안점을 두지만, '행복하다'는 유익을 받는 사람의 상태를 묘사한다.

이 헬라어 단어[마카리오스]가 쓰인 신약의 대다수 본문처럼 이 본문의 초점도 하나님의 복을 받은 사람들이 누리는 행복의 주관적 상태에 있다. 그런 이유에서 '복되다'보다 '행복하다'가 더 나은 번역이다.[14]

수십 번의 비슷한 주해를 통해 UBS 핸드북은 전 세계 번역자들에게 각자의 언어에서 '행복'을 뜻하는 일상용어를 찾도록 안내한다. 지금까지 수십 년에 걸쳐 수많은 번역자가 이 지침을 따랐다. 그 결과 온 세상의 언어 집단들은 영어를 사용하는 독자 중 비교적 소수밖에 모르는 사실을 알고 있다. 아셀과 마카리오스가 쓰인 본문들이 하나님 안의 행복을 말하고 있다는 점이다.

"모든 인간은 행복을 추구한다"라고 말할 때 파스칼이 본래 쓴 단어는 프랑스어의 *heureux*였다. 파스칼의 『팡세』(*Pensées*)에 93회 등장하는 이 단어는 모든 프랑스어-영어 사전에 '행복하다'로 풀이되어 있다. 내가 온라인에서 접한 4종의 프랑스어 성경 역본에는 팔복의 마카리오스가 하나같이 *heureux*로 번역되어 있다. 따라서 마태복음 5장 3-11절의 *heureux*로 시작되는 각 행마다 프랑스어 독자들에게 말해주는 사실이 있다. 예수께서 제시하시는 행복은 곧 모든 인간이 추구한다고 파스칼이 말한 바로 그 행복이라는 것이다.

이 단어는 프랑스어뿐 아니라 무수히 많은 다른 언어에서도 '행복'에 해당하는 역어로 옮겨졌다. 그런데 왜 영어는 아닌가? 가장 잘 팔리는 7종의 영어 역본 전부가 대개 마카리오스를 '행복하다'가 아니라 '복되다'로 번역했다. 그래서 영어를 쓰는 신자들은 성경에 행복에 대한 말이 전혀 없다는 신화에 속기 쉽다. 성경을 믿는 전 세계의 신자들 대부분은 그럴 염려가 없는데 말이다.

마카리오스를 주로 '행복'으로 번역한 역본들도 많다

22장의 표에서 보듯이 다수의 현대 역본—그중 대부분은 널리 읽히지 않는다—은 마카리오스를 '복되다'로 번역하는 전통을 떠났다. 한 예로 다음은 하나님의 말씀역(GWT)에 대한 설명이다.

> 성경을 구성하는 히브리어와 아람어와 헬라어 본문의 원뜻을 누구나 다 이해할 수 있게 전달하려면 원어를 전혀 다른 눈으로 보아야 한다는 것이 GWT 발행인들의 소신이다. 많은 현대 역본은…그냥 기존의 용인된 역본들의 전통을 따르는 길을 택했다. 전통적 어휘와 문법이 이전의 의미를 잃었거나 독자에게 이해되지 않는데도 말이다.[15]

GWT에는 '행복'이나 '행복하다'가 141회 쓰였다. 전통에 치중한 역본들보다 2-10배나 더 많은 횟수다. 그러나 얄궂게도 시편 1편과 팔복은 여전히 전통대로 '복되다'로 옮겨져 있다(번역의 전통에 반대한다고 명시한 사람들에게까지도 그 전통이 얼마나 질길 수 있는지를 잘 보여주는 대목이다).

어떤 사람들은 아셀과 마카리오스의 뜻을 '행복하다'로 보면 부족하다고 말한다. 그 단어에 하나님의 은총이 빠져 있기 때문이다. 그러나 아셀과 마카리오스의 뜻을 '하나님의 은총'으로 보아도 당연히 부족하기는 마찬가지다. 그러면 행복이라는 어감이 배제되기 때문이다. 내 생각에 '복되다'는 단어는 '은총' 부분은 그런대로 잘 담아내지만 '행복' 부분은 살려내지 못한다.

'행복을 낳는 하나님의 은총' 또는 '하나님의 은총에서 비롯되는 행복'을 뜻하는 단어를 찾아내면 문제가 풀릴 수 있겠지만 영어에는 그런 단어가 없다. 일부 학자들이 선호하는 '참으로 행복하다'가 하나의 대안이 될 수 있다.[16] 이 문구는 일상영어성경(CEB)에 자주 쓰였고 『ESV 주석성경』의 주에도 아셀의 의미로 밝혀져 있다[『J. B. 필립스 신약성경』(*J. B. Phillips New Testament*)도 야고보서 1장 12절의 마카리오스를 "참으로 행복하다"로 옮겼다].

번역자라면 거의 누구나 동의하겠지만 어떤 역어든 신중히 골라서 원저자들이 의도한 뜻을 최대한 잘 전달해야 하며, 필요할 경우 역어를 개정해야 한다. 그런데 본문의 전통적 표현이 너무 확실히 굳어지고 널리 알려져 있으면 그 흐름을 역류하는 데 큰 희생이 요구될 수 있다.

원어는 본래의 힘을 결코 잃지 않지만 역어의 어휘는 힘을 잃을 수 있고 실제로 그럴 때가 있다.

'행복'이란 단어의 이력 때문에 그것이 마카리오스의 역어가 될 자격이 없다는 주장도 있다

'행복하다'는 단어를 배격하는 근거로 어근이나 이력을 내세우는 경우도 왕왕 있다. 이에 대한 가장 흔한 반론을 한 주석가가 잘 표현했다. "행복은 '우연'을 뜻하는 'hap'이라는 단어에서 파생되었다. 따라서 마카리오스를 '행복하다'로 옮기는 것은 잘못이다."[17]

그러나 원뜻과 멀어진 지 오래인 단어들은 부지기수로 많다. 예컨대 '열정'(enthusiasm)은 원래 '신들 안에서'라는 뜻이었다. 하지만 열정적이라는 칭찬은 상대가 다신론자라는 말이 아니다. '좋다'(nice)는 말은 무지하다는 뜻의 라틴어 *nescius*에서 왔다. 하지만 좋은 사람이라는 표현이 무지하다는 욕이 아니다.

D. A. 카슨(D. A. Carson)은 『성경 해석의 오류』(*Exegetical Fallacies*)에 "어근으로 단어의 뜻을 정하는 것은 신빙성 있는 방법이 못 된다"라고 역설했다.[18] 사람들이 행복을 원한다고 말할 때 대개 그것은 '우연'에 대한 말이 전혀 아니다.

KJV 번역진은 '행복'과 그 파생어들을 36회 썼고, 마카리오스도 그런 단어들로 17회 번역했는데, 만약 어근 때문에 이 단어를 신빙성 있는 성경 용어의 자격이 없다고 보았다면 그런 일은 없었을 것이다. 청교도들과 조나단 에드워즈와 존 웨슬리와 찰스 스펄전과 그 밖의 많은 사람이 그리스도 중심의 신학적 문맥에서 '행복'이란 단어를 자주 썼다는 사실은 이 단어의 이력에 구애받지 않았다는 뜻이다. 그들이 이 단어를 쓴 것은 모든 사람이 바라는 즐거운 마음 상태라는 말뜻 자체 때문이다.

사람들이 구하는 행복은 예수께서 세상에 가져오신 바로 그 행복이다!

성경 번역자들은 사람들에게 다가갈 때 외국어가 아니라 심정 언어(모국어)로 다가가야 한다는 말을 자주 한다. 행복이란 단어야말로 우리 '심정 언어'의 중심 단어다.

전 세계에서 영어를 모국어나 외국어로 쓰는 사람은 20억에 달하며 "세계 인구 넷 중 하나는 영어에 어느 정도 능통하다."[19] 2012년에 UN의 193개 회원국 전체는 행복에 더 우선순위를 둘 것을 촉구하는 결의안을 채택하고 매년 3월 20일을 '국제 행복의 날'로 공식 지정했다.[20] 행복은 전 세계적 개념일 뿐 아니라 지구상에서 가장 친숙하고 호감을 주는 단어 중 하나다.

거룩한 척하는 것처럼 들리는 '복되다'는 단어에 매몰되면 우리는 교회와 세상 양쪽 모두에 큰 해를 끼친다. 결국 우리는 대부분 신자가 알아듣지 못하고 대부분 비신자가 관심조차 없는 외국어로 말하는 것이다.

마카리오스가 '행복하다'로 번역된다면 성경이 어떻게 달라 보일까?

마카리오스가 '행복하다'로 번역된다면 독자들에게 어떤 영향을 미칠까? 요한계시록 한 권만 예로 들고자 한다.

요한계시록의 세 번째 문장은 이렇다. "이 예언의 말씀을 낭독하는 사람은 하나님 안에서 행복하며 그 가운데 기록한 것을 듣고 지키는 사람들은 참으로 행복하니 때가 가까움이라"(계 1:3).

서두와 짝을 이루어 마지막 장에는 "이 책의 예언의 말씀을 지키는 사람은 하나님 안에서 행복하니라"(계 22:7)고 되어 있다. 거기서 일곱 절 뒤로 가면 다시 이런 말씀이 나온다. "자기 두루마기를 빠는 사람들은 참으로 행복하니 그들이 생명나무의 권세를 받으며 문들을 통하여 성에 들어가리라"(계 22:14).

중간에도 이런 구절들이 있다.

- 내가 들으니 하늘에서 음성이 나서 이르되 "기록하라. 지금 이후로 주 안에서 죽는 사람은 하나님 안에서 행복하도다" 하시매 성령이 이르시되 "과연 참으로 행복하도다…" 하시더라(계 14:13).
- 천사가 내게 말하기를 "기록하라. 어린양의 혼인 잔치에 초대받은 사람들은 행복하도다" 하고(계 19:9).

우리는 사상 최대의 혼인 피로연에 참석할 뿐 아니라 우주의 왕께 사랑까지 받을 것이다. 그 축제와 즐거움의 느낌이 와 닿는가? 마카리오스의 의미는 우리가 거기서 복을 받거나 특권을 누리거나 구별된다는 것이 아니라 행복을 주체하지 못한다는 것이다!

마카리오스를 너무 영적으로 해석하면 의미가 반감된다

어떤 목사는 많은 사람이 자신을 불행한 사람으로 보는 데 대해 이렇게 썼다.

> 사람들은 "기운 좀 내십시오. 왜 그렇게 항상 심각합니까?"라고 말하곤 한다. 그동안 이런저런 설명으로 어물쩍 넘어갔지만 한마디로 압축하면 마카리오스다. 그렇게 근시안인 사람들에게는 내가 행복해 보이지 않겠지만 그것은 내가 오래전에 '행복'을 벗어나 더 본질적 상태인 영적 '기쁨'으로 넘어갔기 때문이다. 피상적 행복을 아무리 쌓아도 깊고 심오한 영적 기쁨이 훨씬 우월하다.[21]

물론 우리는 깊은 기쁨을 구해야 한다. 하지만 행복은 '벗어나야' 할 무엇인가? 그리하여 고작 다른 사람들에게 불행으로 착각되는 무감정의 기쁨에 도달해야 하는가? 마카리오스를 너무 영적으로 고상하게 만들려 하면 하나님 안의 행복은 풍성한 정서적 온기와 즐거움을 박탈당한다. 예수께서 이 단어를 쓰셨을 때 그 의미는 깊은 행복이었지 깊이 숨은 행복이 아니었다.

참된 마카리오스에는 두 가지 필수 조건이 있다.

1. 객관적 행복: 자신이 하나님의 택하심과 은총을 입어 어둠의 나라에서 빛의 나라로 옮겨졌음을 안다. 우리는 불행의 근원인 죄의 굴레에서 해방되었다.
2. 주관적 행복: 자신의 영적 실상을 안다. 우리는 그리스도의 의로 보호받고 그 의에 동참하지만 때로 구습이 끈질기게 남아 있으며, 성령께서 내주하시지만 아직 거룩하지 못한 모습과 싸운다. 하나님의 존전에서 누릴 영생과 건강과 형통과 쾌락이 우리에게 영원히 보장되어 있다. 지금 여기서는 삶이 고달플 수 있으나 그래도 그리스도 안에서 행복할 수 있다.

물론 근본 실상은 그리스도 안의 우리 신분이고 하나님과의 관계다. 그러나 이것을 아는 것이 구원에는 꼭 필요하지만 우리의 행복에는 충분하지 못하다. 사면되어 옥문이 열렸는데도 출소하지 않는 죄수처럼 우리도 여전히 옥에 갇힌 것처럼 행동할 수 있다. 사고방식을 바꾸어 감방에서 걸어나와 예수께서 피로 사주신 자유를 누려야 한다.

진정한 팔복에서 우리가 보아야 할 것은 단지 예수님의 말씀이 나쁜 성품 대신 좋은 성품을 예찬한다는 것만이 아니라 좋은 성품은 행복을 가져오고 나쁜 성품은 불행을 낳는다는 것이다.

하나님이 약속하신 영원한 행복에 동참하는 사람은 지금 여기서 마카리오스 곧 행복을 누릴 수 있다

설령 자신이 엄청난 유산의 상속자임을 안다 해도 정작 빈곤해진 사람이 그 혜택을 누리려면 상속자라는 새로운 신분에 걸맞게 행동해야만 한다. 우리도 그리스도인의 행복한 삶을 누리려면 주변에서 진정으로 행복한 다른 사람들을 볼 필요가 있다. 그들은 자신의 삶 속에서 하나님의 은혜를 알아보기 때문에 행복하다. 이런 행복의 모델이 우리에게 필요하다. 명령을 따르기보다 발자국을 따르기가 더 쉽다. 하나님의 사람들에게서 진심 어린 행복이 자주 보이지 않으면 다음 세대는 분명히 행복을 다른 데서 구할 것이다. 그러나 우리의 결혼생활과 가정과 교회들에 행복이 촘촘히 배어 있으면 그 파장은 전염성이 있다.

안네 프랑크는 일기에 "행복한 사람은 다른 사람들까지 행복하게 해준다"라고 썼다.[22] 나치 독일이 네덜란드를 점령했을 때 목숨을 건지려고 숨어 살던 유태인 소녀가 그런 말을 했다면 우리도 그래야 하지 않겠는가? 특히 그리스도를 받아들인 우리는 더 말할 것도 없다.

마카리오스는 훗날의 행복을 아는 것 이상이다. 마카리오스는 우리가 영원히 행복하겠기에 지금도 행복할 수 있음을 아는 것이다. 장차 하나님과 함께 있을 것이기 때문만이 아니라 지금 여기에 우리와 함께 계신 그분이 행복하시기 때문이다!

우리는 아직 벌어지지 않은 일에서 으레 행복을 얻곤 한다. 결혼을 고대하고, 새 집을 꾸밀 계획을 세우며, 임박한 휴가를 계획하는 등 미래의 행복을 내다보면 지금부터 기뻐진다. 그런데 왜 수많은 그리스도인은 성경에 영원한 행복과 부활과 새 땅의 삶이 약속되어 있는데도 거기서 기쁨을 얻지 못하는가? 아마 그것이 얼마나 참된 행복인지에 대해 하나님께 받은 상상력을 구사하지 않기 때문일 것이다.

마카리오스의 기초는 우리가 구원받고 의롭다 하심을 얻어 하나님과 화목해져 그분과의 바른 관계를 누리는 데 있다. 자신이 하나님의 은총을 입은 줄을 아는 사람은 이로 인해 행복하며, 하나님의 은총이 영원함을 아는 사람은 외부의 모든 상황이 행복과 반대로 가더라도 그분 안에서 행복할 수 있다. 다윗도 그것을 경험하며 이렇게 썼다. "내 속에 근심이 많을 때에 주의 위안이 내 영혼을 즐겁게 하시나이다"(시 94:19). 바울도 이를 알았기에 옥중에서도 "주 안에서 항상 기뻐하라"고 말했다. 야고보와 베드로가 신자들에게 시련을 만나거든 즐거워하라고 한 말도 바로 그것이다(참조. 약 1:2, 벧전 4:13).

삶이 내 뜻대로 풀리는 듯싶을 때에만 행복할 수 있다는 말은 성경 어디에도 없다. 삶의 드라마는 늘 공모하여 우리의 기쁨을 앗아가려 한다. 그러나 환경과 우리의 결점은 결코 하나님과 그분의 행복만큼 크거나 영원하거나 위력적이지 못하다. 그분은 사랑하는 자녀들에게 은혜로 행복을 베푸신다. 이 행복은 죽음 이후 '그때 거기'에만 아니라 '지금 여기'에도 해당된다. 아직 우리는 타락한 세상에 있지만 부활하신 예수님의 은혜 안에서 그 은혜로 말미암아 살아간다.

Chapter·25

자기 자녀들에게 파티에 시간과 돈을 쓰라 하시는 하나님:
히브리어 단어 '사마흐'(1)

너와 네 자녀[가]…함께…네 하나님 여호와 앞에서 즐거워할지니라.
신명기 16:11

이런 날의 의식(儀式)과 잔치가 기쁨의 가장 큰 원인이라면 낮이 밤으로 바뀌어 잔치가 끝나면 당신의 기쁨도 끝날 것이다. 그러나 천국이 기쁨의 원인이라면 당신은 영원히 즐거워하며 날마다 축제를 즐길 것이다.
리처드 백스터

전도자이자 목사인 조지 뮐러(George Müller, 1805-1898)는 만 명의 고아를 돌보았고, 117개의 학교를 지어 12만 명 이상의 아이들에게 기독교 교육을 제공했다. 그는 날마다 행정과 교육과 사역의 중책으로 정신없이 바빴지만 자신의 삶과 사역의 열쇠를 '주 안에서 행복한' 것이라 보았다. 그의 글을 보자.

나는 회심하지 않은 사람들에게 진리를 전하고, 신자들에게 유익을 끼치며, 괴로운 사람들의 아픔을 덜어주고, 이 세상에서 내 행실을 하나님의 자녀답게 하고자 여러 모로 애쓸 수 있다. 그러나 주 안에서 행복하지 못하고 속사람이 날마다 힘과 양분을 얻지 못한다면 그 모든 일을 바른 정신으로 수행하지 못할 수 있다.[1]

조지 뮐러는 또 "무엇보다도 당신 영혼이 주 안에서 행복해야 한다…힘써 당신의 영혼을 하나님 안에서 참으로 행복하게 하는 것이야말로 무엇보다도 최고로 중요하다!"라고 말했다.[2]

그렇다면 "주 안에서 행복하다"라는 말은 무슨 뜻인가? 이것은 정말 성경적 개념인가? 물론 그렇다.

히브리어에서 사마흐는 기쁨과 행복을 표현하는 가장 흔한 일상용어다. 하나님의 사람들이 그분과 그분의 선물을 누리며 즐거워할 때 이 단어가 쓰였다. 머리뿐 아니라 몸까지 포괄하는 개념이라서 예컨대 사람들이 먹고 마신다든지 신혼부부가 서로의 마음과 몸을 즐긴다는 의미도 있다.

제임스 스완슨(James Swanson)의 『성경 원어 의미영역 사전』(Dictionary of Biblical Languages with Semantic Domains)은 사마흐를 "기쁨과 즐거움과 환희…기쁨이나 행복이나 만족의 감정…그 기쁨의 외적 표현"이라 정의했다.[3] 한 히브리어 사전에는 사마흐가 "기뻐하고 즐거워하다, 다른 사람을 즐겁고 기쁘게 하다, 행복의 원인이 되다, 기뻐하도록 돕다"로 풀이되어 있다.[4] 따라서 이 단어는 '행복'이나 '기쁨'이나 기타 동의어로 번역하면 안성맞춤이다.

하나님은 자기 백성에게 거듭 행복을 명하신다. 성경에 그 사실이 히브리어 동사 사마흐와 그것의 형용사 형태로 176회나 기록되어 있다. 예컨대 하나님은 자기 백성이 그분 앞에 잔치와 절기로 모일 때 기뻐할 것을 명하신다(참조. 신 16:11, 14). 그들은 그분이 행하신 일을 행복하게 기념해야 한다(참조. 신 27:1-7). 또 이스라엘 백성은 하나님이 성취하신 약속을 기뻐해야 했다(참조. 신 12:7, 10-12, 18). 하나님의 공급을 기뻐하라는 말씀도 있다(참조. 신 14:26). 요컨대 "주 안에서 행복하다"라는 말은 그분이 행하신 일을 인정하고 즐거워하는 것이다.

하나님이 자기 백성에게 거듭 행복을 명하시므로 우리의 행복은 곧 순종의 척도다

이 문장을 급히 지나치지 마라. 우리의 행복은 곧 순종의 척도다. 다시 읽고 깊이 생각해보라. 또 하나 생각할 것이 있다. 은혜의 하나님은 우리에게 행복을 명하시면서 거기에 필요한 자원을 주지 않으실 분이 결코 아니다.

사메아흐(Sameach)는 사마흐의 형용사형으로 정서적 차원의 느낌을 나타내며 따뜻한 만족감을 수반한다. 크고 작은 사건과 관계 속에서 경험하는 하나님의 선하심이 그 원인일 수 있다. 사메아흐는 '행복하다'는 일상용어와 일치한다.

다음은 사마흐와 사메아흐가 구약에 쓰인 몇 가지 방식이다.

- 사랑하는 사람들과 재회하는 즐거움(참조. 출 4:14)
- 하나님의 복과 공급에 대해 그분이 바라시는 기쁨의 반응(참조. 신 16:15, 26:11, 왕상 8:66, 대하 7:10, 욘 4:6, 슥 10:7)
- 행복한 마음(참조. 잠 15:13, 17:22)
- 아들을 향한 아버지의 기쁨(참조. 잠 27:11, 렘 20:15)
- 다른 사람이 당하는 재앙을 고소해하는 악한(잘못된) 쾌감(참조. 시 35:26, 잠 2:14, 17:5, 미 7:8)

이번 장을 읽으면서 이 사실을 거듭 상기하라. '나를 창조하셨고 사랑하시는 하나님이 내가 가장 열망하는 행복에 관해 내게 말씀하신다!'

하나님의 말씀 앞에 나아갈 때 우리는 굶주린 사람이 밥상 앞에 가듯 해야 한다. 이런 본문을 읽는 일은 머리로 하는 냉철하고 학문적인 활동이 아니라 우리의 가슴을 뛰게 하는 잔치다!

하나님이 설계하신 결혼은 행복의 한 기초다

이스라엘은 주변국들로부터 침략의 위험이 끊이지 않았다. 그런데도 새신랑은 군복무가 면제되었다. 이유가 무엇일까? 하나님이 "그는 일 년 동안 한가하게 집에 있으면서 그가 맞이한 아내를 즐겁게[행복하게] 할지니라"(신 24:5, 강조 추가)고 명하셨기 때문이다. 본문에 쓰인 사마흐는 사역동사므로 '행복하다'는 뜻만 아니라 '행복하게 하다'는 뜻도 있다. 많은 사람이 생각하기에 의무와 행복은 서로 모순이지만 하나님은 아내와 함께 행복을 창출하는 것이 새신랑의 의무라고 말씀하셨다!

위의 경우는 행복을 주시는 것이 하나님의 목적으로 명시되어 있다. 그러나 그렇게 밝혀져 있지는 않더라도 동일한 목적이 엄연히 존재하는 곳이 그분의 율법에 얼마나 더 많은지 모른다. 흔히들 하나님의 율법을 짐으로 여기지만 율법의 취지는 우리의 행복을 확보하는 데 있다.

지금부터 사마흐의 용례를 종류별로 묶어 살펴보려 한다. 이번 장 전체에 사마흐를 번역한 단어들은 굵은 글씨로 표시했고, '행복'과 '기쁨'의 동의어가 복수로 쓰인 경우 다른 히브리어 원어들은 괄호 안에 넣었다. 이것을 학문적 활동으로 생각하지 마라. 히브리어나 헬라어에 대한 지식이 꼭 필요한 것은 아니다. 다만 성경 원어에 행복과 관련된 단어들이 얼마나 폭넓고 풍부한지에 초점을 맞추기 바란다.

성경의 절기들은 하나님이 자기 자녀들에게 은혜로 주신 선물이다

"레위기가 행복에 관해 말해주는 것은 무엇인가?" 대부분 신자는 이런 질문을 받는다면 아마 "아무것도 없다"라고 답할 것이다. 그러나 초막절에 관한 지침을 생각해보라. 초막절은 이스라엘이 이집트를 탈출하여 시나이 반도를 지나온 여정을 기념하기 위한 절기다(참조. 레 23:41-43). "첫 날에는 너희가 아름다운 나무 실과와 종려나무 가지와 무성한 나무 가지와 시내 버들을 취하여 너희의 하나님 여호와 앞에서 이레 동안 즐거워할 것이라"(40절).

이스라엘 백성은 임시로 초막을 엮어 일주일 동안 거기에 살았다. 금식하거나 열심히 일하거나 율법을 암기해야 했을까? 아니다. 하나님은 "이레 동안 즐거워할 것이라"고 명하셨다! 몇 시간이나 며칠로는 부족하셨던지 그분은 일주일 내내 기쁨이 지속되기를 원하셨다! 이는 마치 부모가 자녀에게 이렇게 말하는 것과 같다. "한 주 동안 아무 일도 하지 말고 행복하게 잔치하며 즐기기만 하면 된다! 내 말 똑똑히 알아들었지?" 웬만한 자녀라면 충격이 가신 뒤 이렇게 답하지 않을까? "좋아요. 그거야 얼마든지 할 수 있지요!"

먹고 즐거워하는 것도 하나님을 예배하는 것이다

신명기 12장 서두에 하나님은 이스라엘 백성에게 "너희가 쫓아낼 민족들이 그들의 신들을 섬기는 곳은…그 모든 곳을 너희가 마땅히 파멸"하라고 명하신다(2절). 대신 하나님의 백성은 번제와 제물과 십일조와 자원제물과 우양의 처음 난 것을 그분께 가져가야 했다. 버거운 의무처럼 보이지 않는가?

그렇다면 하나님이 7절에 하신 말씀을 잘 보라. "거기 곧 너희의 하나님 여호와 앞에서 먹고 너희의 하나님 여호와께서 너희의 손으로 수고한 일에 복 주심으로 말미암아 너희와 너희의 가족이 즐거워할지니라." 여기 두 가지 명령이 있다. 먹고 즐거워하라. 우리가 예수님 안에서 아는 하나님은 바로 자기 백성에게 일주일간 휴무하면서 많이 먹고, 가족과 친구들과 함께 재미있게 지내며, 수고한 모든 일을 즐거워하라고 말씀하신 그 하나님이다. 당신 마음에 와 닿지 않는가?

하지만 그분 말씀은 아직 끝나지 않았다. 12절에 이런 명령이 기록되어 있다. "너희와 너희의 자녀와 노비와 함께 너희의 하나님 여호와 앞에서 즐거워할 것이요 네 성중에 있는 레위인과도 그리할지니." 이어 그분은 "네 하나님 여호와께서 네게 주신 복을 따라 각 성에서 네 마음에 원하는 대로…그 고기를 먹을 수 있나니"(15절)라고 말씀하셨다.

암송 구절로 어떤가? "네 마음에 원하는 대로…먹을 수 있나니"! 평생 간직할 요절로 권하고 싶지는 않지만 이것도 요한복음 3장 16절과 똑같이 하나님의 감동으로 된 말씀이다. 하나님의 백성이 즐거이 순종해야 할 명령이었다!

그들이 제물로 드리는 고기에 관해 하나님은 "네 하나님 여호와 앞에서…그 것을 먹고 또 네 손으로 수고한 모든 일로 말미암아 네 하나님 여호와 앞에서 즐거워하되"(신 12:18)라고 말씀하신다.

행복을 말할 때 꺼림칙한 죄책감을 느끼는 그리스도인들이 무수히 많다. 마치 거룩함은 하나님 앞에서 할 수 있는 일이지만 행복은 그분의 등 뒤에서 하는 것이(그게 가능하기라도 하다는 듯) 더 편하다는 식이다. 그러나 이 말씀에 보듯이 하나님의 자녀들은 "여호와 앞에서" 행복해야 한다. 그들의 행복을 공급하시고 인정하시고 동참하시고 즐거워하시는 아버지 앞에서 말이다.

머릿속에 한번 그려보라. 하나님은 자녀들을 캠프에 보내면서 "좋은 시간 보내라. 다음 주에 보자"고 하지 않으신다. 그분은 "이 잔치는 내가 벌인 것이다. 나도 너와 함께 여기서 누구보다도 더 파티를 즐기고 있다!"라고 말씀하신다.

하나님은 자기 백성에게 십일조의 일부를 "네 마음에 원하는 모든 것"에 쓰라고 명하셨다

아니, 이 제목은 실수가 아니다. 십일조와 제물을 특정한 장소로 가져오도록 규정하신 뒤에 그분은 이렇게 덧붙이셨다.

> 그러나…택하신 곳이 네게서 너무 멀고 행로가 어려워서 네 하나님 여호와께서 그 풍부히 주신 것을 가지고 갈 수 없거든 그것을 돈으로 바꾸어 그 돈을 싸 가지고 네 하나님 여호와께서 택하신 곳으로 가서 네 마음에 원하는 모든 것을 그 돈으로 사되 소나 양이나 포도주나 독주 등 네 마음에 원하는 모든 것을 구하고 거기 네 하나님 여호와 앞에서…먹고 즐거워할 것이며(신 14:24-26).

본래 십일조는 주님만의 것이며 본인의 몫으로 남겨두어서는 안 되는 것 아닌가? 제사장들과 레위인들의 사역을 후원하기 위해 드려지는 십일조의 경우는 그랬다. 그 십일조를 다른 용도로 쓰면 하나님의 것을 도둑질하는 일이었다(참조. 말 3:9-10). 그러나 이번 경우에 그분이 지정하신 십일조는 전혀 달라서 그분의 백성이 벌이는 즐거운 파티에 쓰이도록 용처가 명시되어 있다!

이것이 일에 지친 이스라엘 백성에게 가져다주었을 즐거움을 생각해보라! 당신이 성경을 여러 번 읽었는데도 이 대목이 낯설어 보인다면 이렇게 자문해보라. '그동안 내가 어떻게 이것을 놓쳤을까?'

답은 우리가 성경을 늘 거룩함과 엄숙함의 렌즈로 읽는 습성에 깊이 젖어 있는데다 수많은 설교와 책과 대화도 그것을 부추겼기 때문일 수 있다. 그래서 우리는 행복과 즐거움을 강조하는 말씀마저도 놓치는 것이다.

하나님은 자기 백성의 행복과 유익을 위해 안식과 축제의 시간을 명하셨다

때로 우리가 생각하는 하나님은 자기 백성에게 작업을 주문하며 일터로 보내시는 생산 지향적인 분이다. 그러나 성경에는 일을 쉬라고 명하시는 하나님의 모습이 자주 나온다. 매주의 안식일만 그런 것이 아니다.

하나님이 친히 제정하신 이스라엘 백성의 절기들이 구약에 기록되어 있는데 그 횟수가 놀랍다. 그분이 그들의 달력에 정해놓으신 7대 명절만 해도 날수로 연간 30일쯤 된다. 거기에 매주 돌아오는 안식일을 더하면 매년의 절기와 휴식은 총 80일 정도로 늘어난다. 거기에 나중에 생긴 부림절(하루)과 수전절(여드레)과 결혼식과 생일 축하까지 다 합하면 축제와 예배를 위한 휴무일이 해마다 석 달이 넘는다!

성경이 사마흐를 비롯한 여러 즐거움의 어휘를 통해 전달하는 그분의 메시지는 이것이다. "느긋하게 쉬라. 나와 내가 주는 공급을 누리고 너희 가족을 즐거워하라!" 잘 보면 하나님은 그저 "너희 생각에 형편이 되거든 조금 쉬어도 좋다"라고 하신 것이 아니라 이런 휴무와 축제를 명령하셨다.

이스라엘 사람들은 어려서부터 일하는 법과 축제를 벌이고 즐기는 법을 둘

다 알았다. 그들은 부모가 열심히 일하다가 수시로 삶의 짐을 내려놓고 "여호와 앞에서" 좋은 음식과 좋은 포도주를 즐기는 모습을 보았다. 하나님의 공동체 바깥이 아니라 안에서 웃는 법을 배웠다. 자라면서 그들은 하나님과 행복 중에서 택일한다거나 행복을 찾고자 하나님의 품을 떠날 필요가 없음을 알았다.

이 주제가 신명기에 시종일관 계속된다. "네 하나님 여호와께서 너와 네 집에 주신 모든 복으로 말미암아 너는 레위인과 너희 가운데에 거류하는 객과 함께 즐거워할지니라"(신 26:11). 이런 말씀도 있다. "또 화목제를 드리고 거기에서 먹으며 네 하나님 여호와 앞에서 즐거워하라"(신 27:7).

연례 절기에 관한 지침 외에도 7년에 한 번씩 미지불된 채무를 탕감하여 이스라엘에 영구적 빈곤이 없게 하라는 선언도 있었다(참조. 신 15:1-4). 재정적 자유도 우리를 행복하게 하는 큰 이유다.

단어 사마흐를 중심으로 구약의 축제 문화를 공부하노라면 오늘의 우리에게 제기되는 중대한 질문이 있다. 우리의 다음 세대는 가장 큰 기쁨이 하나님 안에 있으며, 웃음과 재미와 행복을 찾기 위해 하나님과 가정과 교회를 등질 필요가 없음을 알면서 자라고 있는가? 부모와 조부모와 기타 역할 모델들을 볼 때 그들과 하나님의 관계 속에서 의무적 순종뿐 아니라 참된 행복도 보고 있는가?

하나님의 백성은 제사와 축제로 어찌나 즐거움이 충만한지 파티가 끝나는 것이 싫을 정도다!

우리 중 많은 사람이 제사를 두려움이나 공포와 연관시키는 경향이 있지만 성경의 입장은 다르다.

> 예루살렘에 모인 이스라엘 자손이 크게 즐거워하며 칠 일 동안 무교절을 지켰고 레위 사람들과 제사장들은 날마다 여호와를 칭송하며…이와 같이 절기 칠일 동안에 무리가 먹으며 화목제를 드리고 그의 조상

들의 하나님 여호와께 감사하였더라(대하 30:21-22).

하나님이 중심이 되시는 이 축제에 예배는 물론이고 재미까지 어찌나 넘쳤던지 놀라운 일이 벌어졌다.

> 온 회중이 다시 칠 일을 지키기로 결의하고 이에 또 칠 일을 즐겁게[심하, simchah] 지켰더라…예루살렘에 큰 기쁨이 있었으니 이스라엘 왕 다윗의 아들 솔로몬 때로부터 이러한 기쁨이 예루살렘에 없었더라(대하 30:23,26).

이 파티가 일주일로는 부족하다고 백성이 자발적으로 결정하여 기간을 연장했다. 하나님도 전적으로 승인하셨음이 분명하다!

오늘날 기준으로 보면 이스라엘 문화는 경제적으로 굉장히 불리했다. 늘 허드렛일이 끊이지 않았고 작물을 재배하여 수확해야 했으나 격무를 덜어줄 현대식 기계 같은 것은 없었다. 그런데도 하나님은 백성에게 시간과 돈을 떼어 이런 축제에 쓰도록 명하셨다.

일주일에 걸친 하나님 중심의 파티는 우리 기준으로는 전례가 없다. 더구나 자발적으로 일주일을 더 연장한다는 것은 모든 일이 계획표에 맞추어 돌아가는 우리 문화에서 상상할 수도 없다. 마디그라(Mardi Gras, 호주에서 열리는 세계 최대 규모의 동성애 축제-편주)에 상응하되 죄 대신 구속(救贖)을 예찬하며 하나님과 가족과 친구들과 창조 세계를 즐거워하는 경건한 축제를 상상해보라! 분명히 우리도 이스라엘 못지않게 절실히 축제를 경험할 필요가 있다. 우리도 즐거워하되 그리스도를 파티의 중심에 모셔야 한다!

우리가 잔치해야 하는 이유는 무엇인가?

성경이 말하는 축제의 주된 이유는 하나님의 선하심을 인식하고 즐거워하도록 우리를 돕기 위함이다.

- 여호와 하나님이여…원하옵건대 주의 제사장들에게 구원을 입게 하시고 또 주의 성도들에게 은혜를 기뻐하게 하옵소서(대하 6:41).
- 주의 거룩한 백성이 주의 선하심으로 인하여 행복하게 하소서(NCV).
- 하나님께서 백성을 위하여 예비하셨으므로 히스기야가 백성과 더불어 기뻐하였더라(대하 29:36).
- 나의 의를 즐거워하는[하페츠, chaphets] 자들이 기꺼이 노래 부르고[라난, ranan] 즐거워하게 하시며 그의 종의 평안함을 기뻐하시는[하페츠] 여호와는 위대하시다 하는 말을 그들이 항상 말하게 하소서(시 35:27).

세상은 우리 그리스도인들을 볼 때 파티에 초대할 1순위 후보로 꼽지 않을지 모른다. 그러나 성경에서 보듯이 우리는 즐거워할 이유가 더 많기에 누구보다도 먼저 즐거워해야 한다. 우리의 잔치가 하나님을 영화롭고 행복하게 하므로 우리도 마땅히 더 행복해져야 한다!

하나님은 그분의 백성이 드리는 감사의 근원이시고, 행복은 그분이 행하신 일에 대한 반응이다.

> 주께서 이 나라를 창성하게 하시며 그 즐거움[심하, simchah]을 더하게 하셨으므로 추수하는 즐거움[심하]과 탈취물을 나눌 때의 즐거움[길, gil] 같이 그들이 주 앞에서 즐거워하오니(사 9:3).

그 백성은 숨어서가 아니라 하나님 앞에서 공공연히 즐거워했고, 이는 그분도 그들의 즐거움에 명백히 동참하셨다는 뜻이다. 하나님은 기쁨을 단지 허용하시는 것이 아니라 명령하시고 지지하시며 촉진하신다! 그분은 우리가 누리는 쾌락의 근원이자 대상이시다.

이 기쁨은 "추수하는 즐거움", 즉 사람들이 하나님의 풍성한 공급을 볼 때와 같다. 물질적 부만큼이나 우리 마음을 즐겁게 하는 부가 하나님 안에 있다. 차이라면 하나님의 부는 영원한 만족을 준다는 것이다!

하나님의 백성이 고대하는 행복이 있다. 장차 그분이 약속대로 그들을 해방하실 때 찾아올 행복이다. "이스라엘의 구원이 시온에서 나오기를 원하도다 여호와께서 그의 백성을 포로 된 곳에서 돌이키실 때에 야곱이 즐거워하고[길] 이스라엘이 기뻐하리로다"(시 14:7).

기쁜소식역(GNT)은 이 구절의 끝부분을 "이스라엘 백성은 얼마나 행복할 것인가"로 옮겼고, 신영어역(NET)에는 "야곱이 즐거워하고 이스라엘이 행복하기를 바라노라"로 번역되어 있다.

하나님의 백성은 그분의 공급하심으로 인하여 기뻐한다

하나님은 작물에 비를 내리시고, 더위에서 보호하시며, 만족스러운 관계를 주시는 등 무수히 많은 방식으로 사람들을 돌보신다. 요엘 2장 21절과 23절에 이런 말씀이 있다.

- 땅이여 두려워하지 말고 기뻐하며[길] 즐거워할지어다 여호와께서 큰 일을 행하셨음이로다…시온의 자녀들아 너희는 너희 하나님 여호와로 말미암아 기뻐하며[길] 즐거워할지어다 그가…이른 비를 너희에게 적당하게 주시리니.
- 행복하고 기쁨이 충만할지어다. 여호와께서 놀라운 일을 행하셨음이로다…그러므로 예루살렘 백성이여, 너희 하나님 여호와 안에서 행복하고 기뻐하라(NCV).

선지자 요나가 자신에게 그늘을 드리워준 식물에게 처음 보인 반응이 사마흐였다. "하나님 여호와께서 박넝쿨을 예비하사 요나를 가리게 하셨으니 이는 그의 머리를 위하여 그늘이 지게 하며 그의 괴로움을 면하게 하려 하심이었더라 요나가 박넝쿨로 말미암아 크게 기뻐하였더니"(욘 4:6). 최소한 16종의 성경 역본에 하나님이 예비하신 식물이 요나를 "심히 행복하게"(예: NASB) 또는 "아주 행복하게"(예: NIV) 했다고 옮겨져 있다.

하나님은 부부가 서로를 한껏 즐거워하기를 원하시는데 여기에는 성관계도 포함된다. "네 아내와 더불어 행복하고 네가 결혼한 여자를 기뻐하라…아내의 매력에 늘 행복을 느끼고[아하바, ahabah] 아내의 사랑이 너를 에워싸게 하라"(잠 5:18-19, GNT).

하나님은 웃음 가득한 축제에 필요한 모든 것을 우리에게 공급해주신다

음식과 음료가 없는 축제는 상상하기 힘들다.

> 그가 가축을 위한 풀과 사람을 위한 채소를 자라게 하시며 땅에서 먹을 것이 나게 하셔서 사람의 마음을 기쁘게 하는 포도주와 사람의 얼굴을 윤택하게 하는 기름과 사람의 마음을 힘 있게 하는 양식을 주셨도다(시 104:14-15).

전도서는 "해 아래"의 허무한 삶을 사유하며 때로 관점을 이생으로 국한시키지만 그럼에도 하나님의 감동으로 된 작품이다. 이를 통해 우리는 이생을 즐길 가치가 없다는 염세적 태도를 버려야 한다. 전도서 8장 15절을 보자.

- 이에 내가 희락[심히]을 찬양하노니 이는 사람이 먹고 마시고 즐거워하는 것보다 더 나은 것이 해 아래에는 없음이라 하나님이 사람을 해 아래에서 살게 하신 날 동안 수고하는 일 중에 그러한 일이 그와 함께 있을 것이니라.
- 내가 재미를 권하노니 이는 사람들이 먹고 마시고 생을 즐기는 것보다 더 나은 것이 이 세상에 없음이라. 그러면 그들이 모든 수고와 더불어 어느

정도 행복도 경험하리라(NLT).
- 내가 환희를 예찬했나니 이는 사람이 먹고 마시고 유쾌한 것보다 더 나은 것이 해 아래에 없음이라(KJV).

사마흐에 웃음이란 단어가 동반되는 다음 구절은 재미, 즐거움, 이야기꽃, 안식 등에 둘러싸인 저녁 식탁을 떠올리게 한다. 물론 유머러스한 일 등 하루 동안 있었던 일들에 대한 회고도 빼놓을 수 없다.

잔치는 희락[웃음, ESV]을 위하여 베푸는 것이요 포도주는 생명을 기쁘게 하는 것이나(전 10:19).

J. R. R. 톨킨의 『두 개의 탑』(The Two Towers)에 보면 프로도의 조수 샘이 앞으로 프로도에 관해 회자될 이야기들을 들려준다. 그러자 프로도는 "한참을 웃어젖혔는데 가슴에서 터져 나오는 호쾌한 웃음이었다. 사우론이 중간계에 온 뒤로 그곳에 그런 소리가 들린 적이 없었다. 갑자기 샘은 모든 돌이 귀를 기울이고 높은 바위들이 바짝 다가서는 것처럼 느껴졌다. 그러나 프로도는 개의치 않고 다시 웃었다."[5]

프로도는 원수의 성역에서 자신이 소지한 반지가 내뿜는 어두운 세력에 짓눌려 있었다. 그런데도 친구의 말을 듣고 웃으며 악한 어둠을 초월할 수 있었다. 사마흐—진심 어린 행복—와 거기에 수반되는 웃음에는 그런 위력이 있다. 그것은 유머를 모르는 마귀를 능멸한다. 좋은 마음에서 나오는 웃음은 행복하신 하나님께 드리는 헌물이다. 그분은 웃음과 즐거움을 지으셨고, 우리와 함께 그 속에 들어가신다.

Chapter·26

우리가 지금부터 영원까지 행복하기를 바라시는 하나님:
히브리어 단어 '사마흐'(2)

여호와의 말씀에 시온의 딸아 노래하고 기뻐하라 이는 내가 와서 네 가운데에 머물 것임이라.

스가랴 2:10

얼마나 가까이, 아직도 얼마나 무한히 더/ 나 주께 가까워져야 비로소 빚을 갚을 수 있으리/ 단지 인간이라서 내게 얹힌 이 빚을!/ "얼마나 주께 가까이!" - 영혼아, 너의 즐거움은 당연한 것!/ 그분과의 연합이 영원한 즐거움이기에.

조지 맥도널드

청교도이며 성경 주석가였던 매튜 헨리는 아내가 출산 중에 죽고 세 자녀를 아기 때 잃는 등 큰 고난을 겪었다. 그런데도 그는 이런 사람으로 기술되었다.

헨리는 매사에 밝은 면을 보는 멋진 성향과 위력이 있었다…그의 유쾌한 기질과 즐거운 마음을 보고 사람들은 "그리스도인이 되면 행복한 것이 틀림없다"라고 느꼈다…이런 쾌활함은 그의 삶 전체에 배어 있었다…그의 삶이 종교와 전혀 무관한 많은 이에게 큰 영향력을 미친 한

가지 이유는 한결같이 행복한 그 활기에 있다. 사람들은 그것을 보고 부러워했다.¹

3백 년 전에 살았던 청교도가 보여준 이런 행복한 활기는 어디에서 왔을까? 다른 수많은 사람이 그런 것처럼 예수님에게서 왔다.

프레드릭 뷰크너(Frederick Buechner)는 "하나님은 당신의 깊은 즐거움과 세상의 깊은 갈망이 교차하는 지점으로 당신을 부르신다"라고 했다.² 얄팍한 가식이 아닌 우리의 깊은 행복이야말로 모두가 동경하는 한 가지다.

하나님의 선물인 사마흐를 계속 더 살펴보자. 역본마다 사마흐를 번역한 단어들은 역시 굵은 글씨로 표시했다. 매번 사람들을 행복하게 하시는 분이 하나님임에 주목하라.

사람들은 하나님이 행하신 일을 기뻐한다

다음 구절에는 사마흐의 다른 한 형태가 네 번이나 쓰였다. "이 날에 무리가 큰 제사를 드리고 심히 즐거워하였으니 이는 하나님이 크게 즐거워하게 하셨음이라 부녀와 어린 아이도 즐거워하였으므로 예루살렘이 즐거워하는 소리가 멀리 들렸느니라"(느 12:43).

기쁜소식역(GNT)과 현대영어역(CEV)은 둘 다 하나님이 백성을 "아주 행복하게" 하셨다고 했는데 이는 사마흐의 번역으로 더없이 훌륭한 표현이다. 영어표준역(ESV)은 시종 기쁨이란 단어의 반복을 선호한다. 신세기역(NCV)에는 이 구절이 "그날 백성이 제사를 많이 드리고 행복했으니 이는 하나님이 그들에게 큰 기쁨을 주셨음이라. 여자들과 자녀들도 행복했으며 예루살렘의 행복한 소리가 멀리까지 들렸느니라"로 번역되어 있다.

하나님이 행하신 일에 대한 행복이 성경에 넘치도록 언급되어 있다.

- 한 시내가 있어 나뉘어 흘러 하나님의 성 곧 지존하신 이의 성소를 기쁘게

하도다(시 46:4). (이 강이 행복의 수원이신 하나님에게서 직접 흘러나온다는 사실에 주목하라.)

- 하나님이 바다를 변하여 육지가 되게 하셨으므로 무리가 걸어서 강을 건너고 우리가 거기서 주로 말미암아 기뻐하였도다(시 66:6).
- 여호와여 주께서 행하신 일로 나를 기쁘게 하셨으니 주의 손이 행하신 일로 말미암아 내가 높이 외치리이다[라난](시 92:4).
- 이날은 여호와께서 정하신 것이라 이날에 우리가 즐거워하고[길] 기뻐하리로다(시 118:24).

하나님의 창조 세계 전체가 그분을 기뻐하라는 명을 받았다.

- 하늘은 기뻐하고 땅은 즐거워하며[길] 바다와 거기에 충만한 것이 외치고 (시 96:11).
- 여호와께서 다스리시나니 땅은 즐거워하며[길] 허다한 섬은 기뻐할지어다 (시 97:1).

하나님의 피조물 가운데 영장인 우리에게도 창조주를 기뻐할 수 있는 행복한 특권이 주어져 있다.

하나님의 임재와 보호는 우리가 기뻐해야 할 큰 이유다
주님의 개입에 감사하는 사람들의 기도와 고백이 성경에 많이 기록되어 있다.

- 내 마음이 여호와로 말미암아 즐거워하며 내 뿔이 여호와로 말미암아 높아졌으며 내 입이 내 원수들을 향하여 크게 열렸으니 이는 내가 주의 구원으로 말미암아 기뻐함이니이다(삼상 2:1).
- 내가 주의 인자하심을 기뻐하며[길] 즐거워할 것은 주께서 나의 고난을 보

시고 환난 중에 있는 내 영혼을 아셨으며(시 31:7).

- 그날에 말하기를 이는 우리의 하나님이시라 우리가 그를 기다렸으니 그가 우리를 구원하시리로다 이는 여호와시라 우리가 그를 기다렸으니 우리는 그의 구원을 기뻐하며[길] 즐거워하리라 할 것이며(사 25:9). (ESV에는 "즐거워하고 기뻐하라", NCV에는 "기뻐하고 행복하라"로 되어 있다.)
- 유다와 예루살렘 모든 사람이 다시 여호사밧을 선두로 하여 즐겁게 예루살렘으로 돌아왔으니 이는 여호와께서 그들이 그 적군을 이김으로써 즐거워하게 하셨음이라(대하 20:27). (이 구절의 사마흐를 위클리프는 "큰 즐거움"으로, CEV는 "아주 행복하게"로 옮겼다.)
- 여호와여 왕이 주의 힘으로 말미암아 기뻐하며 주의 구원으로 말미암아 크게 즐거워하리이다[길](시 21:1).

다음 본문에는 사마흐가 두 번 쓰였을 뿐 아니라 '행복'의 의미영역에 속하는 단어인 티스마(tismah)와 사손(sasson)도 함께 쓰였다. 이에 번역자들도 '기뻐하다, 기쁨, 기쁘다, 행복하다, 행복, 유쾌하다, 즐겁다, 즐거움' 등을 조합하여 다양한 방식으로 이 구절을 적절히 번역해왔다.

- 그때에 처녀는 춤추며 즐거워하겠고[티스마] 청년과 노인은 함께 즐거워하리니 내가 그들의 슬픔을 돌려서 즐겁게[사손] 하며 그들을 위로하여 그들의 근심으로부터 기쁨을 얻게 할 것임이라(렘 31:13).
- 그때에 젊은 여자들은 춤추며 행복할 것이고 남자들도 노소간에 기뻐하리라. 내가 그들을 위로하여 그들의 애통을 기쁨으로, 슬픔을 즐거움으로 변하게 하리라(GNT).

"춤추며"와 "위로하여"라는 단어에도 행복의 의미가 들어 있다. 재미와 유쾌함을 표현해주는 히브리어 단어가 이 구절에만 여섯 개나 나오는 셈이다. 하나님은 흘러넘치는 행복을 약속하실 뿐만 아니라 이처럼 우리에게 그것을 느끼게 해주시려고 어떤 수고도 마다하지 않으신다.

돈과 재산을 베풀면 행복이 임한다

다음 구절에서 베풂의 전염성을 잘 보라.

> 백성들은 자원하여 드렸으므로 기뻐하였으니 곧 그들이 성심으로 여호와께 자원하여 드렸으므로 다윗 왕도 심히 기뻐하니라(대상 29:9).

백성의 기쁨을 본 다윗 왕은 후히 드리는 그들로 인해 기뻐했으며, 백성도 그의 기쁨을 보고 틀림없이 더 기뻤을 것이다. 고금을 막론하고 하나님의 사람들이 발견한 동일한 진리가 있다. 자선은 행복을 낳는다는 것이다.

19세기에 중국에서 사역했던 선교사 허드슨 테일러(Hudson Taylor)는 수입의 3분의 2를 베풀며 검소하게 살았다. 그는 "내 경험으로 보건대 자신에게 덜 쓰고 다른 사람에게 더 베풀수록 내 영혼의 행복과 복이 더 충만해졌다"라고 말했다.[3]

최근에 한 친구가 내게 물었다. "후히 베풀면서 불행한 사람을 혹시 알고 있는가?" 곰곰 생각해보았다. 나는 후히 베푸는 사람들을 많이 알고 있다. 그중에는 큰 비극을 겪은 사람들도 있고 우울하고 불안한 시절을 보낸 사람들도 있다. 하지만 그중 하나라도 내가 보기에 전체적으로 불행한 사람이 있을까? 하나도 없다. 후한 베풂이 그들의 삶에 기쁨을 불어넣으며 많은 슬픔의 이유를 삼켜버린다.

내친김에 이렇게 뒤집어서 자문해보았다. "내가 아는 사람 가운데 인색하면서 행복한 사람이 있을까?" 금방 답이 나왔다. "한 명도 없다." 여태 단 하나의 예외도 떠오르지 않는다. 인색한 사람들은 자신이 베풀지 않아서 더 부자라고 생각하지만 사실은 베풀 줄 몰라서 큰 대가를 치른다.

극작가 헨릭 입센(Henrik Ibsen, 1828-1906)은 "돈은 많은 것의 껍데기일 수 있으나 알맹이는 아니다. 돈으로 양식은 얻어도 식욕은 얻지 못하고, 약은 얻어도 건강은 얻지 못하며, 지인은 얻어도 친구는 얻지 못하고, 종은 얻어도 충실함은 얻지 못하며, 즐거운 나날은 얻어도 평안이나 행복은 얻지 못한다"라고 말했다.[4]

돈이야 누구에게나 필요하지만 돈으로 누릴 수 있는 가장 큰 행복은 소비에 있지 않고 지혜롭게 후히 베푸는 데 있다.

하나님을 구하는 사람들은 행복을 얻는다

우리의 우선순위를 바로 하여 하나님을 첫자리에 모시면 행복이 따라오게 되어 있다. 시편 16편 8-9절에 그렇게 쓰여 있다.

- 내가 여호와를 항상 내 앞에 모심이여 그가 나의 오른쪽에 계시므로 내가 흔들리지 아니하리로다 이러므로 나의 마음이 기쁘고 나의 영도 즐거워하며[길].
- 내가 늘 여호와를 신뢰함이여. 그가 나의 오른쪽에 계시므로 내가 뒤집히지 아니하리로다. 이러므로 나의 마음이 기쁘고 나는 행복하며(NET).

우리의 즐거움과 기쁨의 중심을 하나님께 두어야 한다는 이 개념이 시편 40편 16절에도 되풀이된다.

- 주를 찾는 자는 다 주 안에서 즐거워하고[수스, sus] 기뻐하게 하시며.
- 주를 따르는 사람들은 행복하고 즐겁게 하시며(NCV).
- 주를 구하는 사람들은 다 주 안에서 행복하고 기뻐하게 하시며(NET)!

이것은 일이 잘 풀리거나 잠시 운이 좋아서 기쁜 것이 아니다. 그보다 여기서 말하는 기쁨은 다른 본문들에 더 잘 계시되어 있다. 즉 하나님의 자녀들은 영원히 우리 안에 함께 계시겠다고 약속하신 불변의 구주를 기뻐한다(참조. 말 3:1, 마 28:20, 골 1:27, 히 13:8).

하나님을 구하는 사람들의 행복을 말해주는 구절이 많지만 그중 몇 가지만 예로 들면 다음과 같다.

- 그의 거룩한 이름을 자랑하라 여호와를 구하는 자들은 마음이 즐거울지로다(시 105:3)! (NCV에는 "여호와를 구하는 자들은 행복할지로다"라고 했다.)
- 나의 기도를 기쁘게 여기시기를 바라나니 나는 여호와로 말미암아 즐거워하리로다(시 104:34).
- 주여 내 영혼이 주를 우러러보오니 주여 내 영혼을 기쁘게 하소서 주는 선하사 사죄하기를 즐거워하시며 주께 부르짖는 자에게 인자함이 후하심이니이다(시 86:4-5).

하나님의 사람들은 지혜를 기뻐한다

잠언은 지혜와 행복을 서로 긴밀하게 연관시킨다.

- 지혜로운 아들은 아비를 기쁘게 하거니와 미련한 아들은 어미의 근심이니라(잠 10:1).
- 의인의 아비는 크게 즐거울[길] 것이요 지혜로운 자식을 낳은 자는 그로 말미암아 즐거울 것이니라 네 부모를 즐겁게 하며 너를 낳은 어미를 기쁘게 [길] 하라(잠 23:24-25).

잠언 23장 15절에도 "내 아들아, 만일 네 마음이 지혜로우면 내 마음도 즐겁겠고"(ESV)라는 말씀이 있다. "내 마음도"라는 표현에 주목하라. 자녀가 지혜로우면 본인은 물론 부모도 즐거워진다는 뜻이다.

일을 잘 해냈을 때 기쁨을 얻을 수 있다

우리가 하는 일과 그로 인한 보람을 일깨워주는 말씀이 전도서에 나온다.

- 무엇이든지 내 마음이 즐거워하는[심히] 것을 내가 막지 아니하였으니 이는 나의 모든 수고를 내 마음이 기뻐하였음이라(전 2:10).
- 사람들이 사는 동안에 기뻐하며 선을 행하는 것보다 더 나은 것이 없는 줄을 내가 알았고(전 3:12).
- 나는 사람이 자기 일에 즐거워하는 것보다 더 나은 것이 없음을 보았나니 이는 그것이 그의 몫이기 때문이라(전 3:22).
- 또한 어떤 사람에게든지 하나님이 재물과 부요를 그에게 주사 능히 누리게 하시며 제 몫을 받아 수고함으로 즐거워하게 하신 것은 하나님의 선물이라(전 5:19).

이 본문들은 다 "해 아래"의 삶(전 1:9)에 관한 관점을 표현한 것이며, 그 삶은 궁극적으로 헛되다. 일과 활동과 재산이 참된 기쁨을 가져다줄 수 있으나 그리스도를 떠나서는 영구불변의 기쁨을 가져다줄 수 없다는 진리가 표현되어 있다.

격려의 말은 즐거움을 퍼뜨린다

잠언 15장 30절에 보듯이 말에는 행복을 자아내는 위력이 있다.

- 쾌활한 표정은 마음을 기쁘게 하고 좋은 소식은 건강을 좋게 하느니라 (NLT).
- 웃는 얼굴은 너를 행복하게 하고 좋은 소식은 네 기분을 더 좋게 하느니라(GNT).

잠언 12장 25절에도 이런 말씀이 있다.

- 근심이 사람의 마음에 있으면 그것으로 번뇌하게 되나 선한 말은 그것을 즐겁게 하느니라.
- 염려는 너의 행복을 앗아갈 수 있으나 따뜻한 말은 너를 기쁘게 하느니라 (GNT).

경건한 삶은 기쁨으로 충만한 삶이다
오늘의 우리 문화는 여간해서 경건함과 행복을 직결시키지 않지만 성경에는 둘의 연관성이 강조되어 있다.

- 사람이 내게 말하기를 여호와의 집에 올라가자 할 때에 내가 기뻐하였도다(시 122:1).
- 내가 주의 택하신 자가 형통함을 보고 주의 나라의 기쁨을 나누어 가지게 하사 주의 유산을 자랑하게 하소서(시 106:5).

사무엘상 19장 5절에 보면 다윗을 죽이려 하는 부왕 사울에게 요나단이 상기시키는 사실이 있다. 사울도 한때 다윗을 대하여 행복했었다는 것이다. "그가 자기 생명을 아끼지 아니하고 블레셋 사람을 죽였고 여호와께서는 온 이스라엘을 위하여 큰 구원을 이루셨으므로 왕이 이를 보고 행복해하셨거늘 어찌 까닭 없이 다윗을 죽여 무죄한 피를 흘려 범죄하려 하시나이까"(NET). 이 문구가 ESV에는 "왕이 이를 보고 기뻐하셨거늘"로, NIV에는 "왕이 이를 보고 즐거워하셨거늘"로, NLT에는 "왕이 그 일로 아주 행복해하셨거늘"로 각각 옮겨져 있다. 모두 적절한 번역이다. '기뻐하다'와 '즐거워하다'와 '행복해하다'는 본질상 의미가 같기 때문이다.

다윗을 향한 사울의 뿌리 깊은 원한과 앙심을 보면서 우리도 관계에 불행이

드리울 때 자신의 관점을 돌아볼 필요가 있음을 깨닫게 된다. 관계 속에서 누렸던 이전의 행복을 떠올리면 그것이 그 관계를 회복하는 촉매제가 될 수 있다. 요나단이 자기 아버지에게 한 말에 그런 의미가 담겨 있다.

〈미국 정신의학 저널〉(The American Journal of Psychiatry)에 173명의 남성을 대상으로 45년 동안 실시한 연구 결과가 발표되었다. 연구진은 그들이 1940년대 초에 하버드 대학교를 졸업한 이후 5년 간격으로 정밀 검사했다.[5]

결과에 따르면 "노년층 남성의 정서적 건강 비결은 직업상의 성공이나 행복한 결혼생활이나 안정된 유년기에 있지 않다…비결은 소극적이거나 다른 사람을 탓하거나 원한을 품지 않고 삶에 가해지는 각종 타격을 처리하는 능력에 있다."[6]

정신의학계에는 획기적인 결과처럼 보였을지 모르지만 이것은 예로부터 성경에 선포된 내용과 완전히 일치한다.

- 경건한 사람의 삶은 빛과 기쁨으로 충만하지만 악인의 등불은 꺼지느니라(잠 13:9, NLT).
- 악인이 범죄하는 것은 스스로 올무가 되게 하는 것이나 의인은 노래하고 기뻐하느니라(잠 29:6).
- 악한 사람들은 자기 죄의 덫에 걸리지만 선한 사람들은 노래하고 행복할 수 있느니라(NCV).
- 여호와의 교훈은 정직하여 마음을 기쁘게 하고(시 19:8).
- 여호와의 율법은 정직하여 그대로 순종하는 사람들은 행복하도다(GNT).

행복과 기쁨이 하나님을 중심으로 모시고 그분 말씀에 침잠할 때 얻어지는 산물이라는 말은 과장이 아니다.

사마흐가 빈번하게 사용된 것은 자기 사람들을 향한 하나님의 마음과 갈망의 반영이다

성경에 사마흐가 176회 등장하는데 우리는 그중 소수의 표본만 살펴보았을 뿐이다. 특히 시편에서 사람들은 하나님의 임재를 느끼고 그분의 공급을 볼 때 사마흐를 경험한다. 때로 우리의 행복은 그분의 진리를 묵상할 때 온다. 때로는 그분이 주권적으로 행하시는 일을 볼 때 분명히 행복을 누린다. 이 행복의 근원은 언제나 하나님이시다. 대개 사마흐에는 의식적으로 즐거워한다는 의미가 수반되며, 그 즐거움은 하나님을 향한 깊은 감사의 마음에서 비롯된다.

윌리엄 P. 브라운(William P. Brown)이 시편에 쓰인 사마흐를 잘 요약했다.

> 시편의 행복이란 비통한 중에도 하나님을 담대히 신뢰하는 것과 관련된다…하나님의 임재로 기쁨이 충만해지면 그것이 하나님을 본받는 기쁨 충만한 삶으로 구현된다. 나아가 행복이란…하나님께 피하여 그분의 섭리와 보호에 의지하는 것이다…
>
> 시편의 의인들에게 주님의 필요성은 행복, 곧 확연히 지혜로운 행복의 시발점이다. 시편에 수시로 언급되는 비참한 결핍은 불행과 환멸과 유한성과 박탈로 망가진 세상, 다시 말해 현실 세계가 그대로 반영된 것이다. 진정한 행복은 고통을 결코 우회하지 않고 그 속의 험로를 뚫고 지나간다.[7]

사마흐는 하나님의 사람들만 경험하는 것이 아니라 그분 자신도 누리신다. 그래서 우리는 그분이 이 땅과 그 속에 있는 것들을 보시며 사마흐, 즉 행복하고 기뻐시기를 기도한다. "여호와는 자신께서 행하시는 일들로 말미암아 즐거워하시리로다"(시 104:31). "시작이 이렇게 초라하다고 멸시하지 마라. 여호와께서 일의 시작을 보시기를 기뻐하심이니라"(슥 4:10, NLT).

분명히 사마흐는 인간의 감정으로 경험되는 기쁨 내지 행복이다. 사실 기쁨과 행복이 그것 말고 또 무엇이 있겠는가? 이상의 본문들에서 하나님은 자신이 공급하시는 모든 쾌락에 대한 건강한 반응으로 자신의 사람들이 행복하기를 바라신다. 이 쾌락들의 시작과 끝은 바로 그분 자신이다.

기쁨과 관련된 구약의 다른 20여 개 단어와 더불어 사마흐는 풍부하게 울려 퍼지는 행복이다. 하나님은 자신의 사람들을 열심히 거기로 부르신다. 아래에 나오는 본문에는 이 단어가 환희, 즐거운 노래, 함성을 표현하는 다른 세 단어와 함께 쓰였다. 기쁨 쪽으로 기분을 돌리고 싶다면 누구에게나 아주 좋은 말씀이다.

> 시온의 딸아 노래할지어다[린니] 이스라엘아 기쁘게 부를지어다[루아흐]
> 예루살렘 딸아 전심으로 기뻐하며 즐거워할지어다[알라즈](습 3:14).

『메시지』(The Message, 복있는 사람 역간)역은 이 구절을 "딸 시온아, 노래하여라! 이스라엘아, 서까래가 들썩이게 환호성을 올려라! 딸 예루살렘아, 기뻐하여라! 경축하여라!"로 풀어썼다.

하나님을 따른 앞서간 이들의 웅대한 합창에 우리의 즐거운 목소리를 보태자. 헤아릴 수 없이 크고 아름다우신 창주조요 구주께서 우리를 사랑하시고 돌보시며 모든 필요를 채워주신다. 그러니 감사하라! 노래하라! 즐거워하라! 행복을 누려라!

Chapter·27

기쁨과 축제는 하나님 백성의 본분이다:
복음서와 사도행전에 쓰인 '카라'와 '카이로'

> 너희 조상 아브라함은 나의 때 볼 것을 즐거워하다가 보고 기뻐하였느니라[행복해하였느니라].
>
> 예수(요한복음 8:56)

> 하나님을 당신의 분깃으로 삼으라. 불멸하는 이성적 영혼의 행복은 오직 그분뿐임을 잊지 마라. 하나님을 위하여 지음 받은 영혼은 하나님 밖에서는 행복을 얻을 수 없다.
>
> 존 메이슨(John Mason)

한때 바그완 쉬리 라즈니쉬(Bhagwan Shree Rajneesh)로 알려졌던 신비가요 종교 스승인 오쇼(Osho)는 "기쁨은 영적인 것이며 쾌락이나 행복과는 달라도 완전히 다르다. 기쁨은 외부나 타자와 전혀 무관하다"라고 말했다.[1] 그의 세계관이 성경의 세계관과 상극으로 다른데도 많은 그리스도인이 그와 비슷하게 기쁨이란 단어를 영적으로 해석한다. 그리하여 기쁨을 행복과 대비시키고, 감정이나 쾌락과 무관한 것으로 그려낸다.

헬라어 명사 카라와 동사 카이로는 흔히 각각 '기쁨'과 '기뻐하다'로 번역된다. 둘을 합해 신약에 133회 등장하는데, 일반의 선입견과 달리 문맥상 대개 행복을 뜻하며, 강하고 즐거운 감정도 수반된다.

카라와 카이로의 뜻은 행복도 되고 기쁨도 된다

로우와 나이더의 『헬라어-영어 사전』(Greek-English Lexicon)에 따르면 카라는 '기쁘고 즐거운 상태, 기쁨, 즐거움, 큰 행복'을 뜻한다. "많은 언어에서 '기쁨'은 예컨대 '내 마음이 춤춘다', '행복해서 내 마음이 소리친다'와 같이 관용구로 표현된다"는 말도 덧붙어 있다.[2]

역시 같은 사전에 카이로는 '행복하고 평안한 상태를 누리다, 기뻐하다, 즐거워하다'로 풀이되어 있다.[3] 명사 카라를 "내적 행복감 같은 문자적 기쁨…행복한 상태나 심정"으로 정의한 사전도 있다.[4]

『마운스 종합 주해사전』(Mounce's Complete Expository Dictionary)에 보면 "카라는 비애와 슬픔(요 16:20)의 반대말로, '기쁨, 행복, 즐거움'을 뜻한다"라고 되어 있다.[5]

학자들에 따르면 이 두 단어는 "기쁘다" 못지않게 "행복하다"로도 얼마든지 번역할 수 있다. 그 점을 염두에 두고, 또한 다양한 역본에 맞추어 나도 그 두 역어를 혼용했다.

그리스도인들은 기쁨(카라를 번역한)이 세상 용어가 아니라 원래 신앙 용어라고 배울 때가 많다. 그러나 한스 콘첼만(Hans Conzelmann)이 기록한 카라의 광범위한 역사는 카라가 "본래 세상 용어"라는 말로 시작된다.[6]

콘첼만은 칠십인역(히브리 성경의 헬라어 역본)에 쓰인 카라의 사례들을 제시했다. 거기에 보면 소식을 받았을 때(참조. 창 45:16), 친구나 친척을 만났을 때(참조. 출 4:14), 무역 조약안을 들었을 때(참조. 왕상 5:7) 등에 그 단어가 쓰였다. 이런 순탄한 상황이 기쁨을 유발했는데 그중 영적인 차원은 하나도 없다.

외경(신구약 중간기에 기록되었다)에는 결혼의 기쁨(참조. 토비트 11:17), 승리의 행복(참조. 마카베오 2서 15:28) 등에 카라가 쓰였다.

동사 카이로는 일반적인 서간문의 첫인사에 자주 등장한다.[7] 카라는 신자나 비신자 모두가 흔히 썼다. 본래 세상 용어라서 비신자들 사이에 널리 쓰였지만 성령이 거기에 구애받지 않으시고 새로운 생명을 불어넣어 영적 문맥 속에 두셨다. 신약의 저자들이 세상적 의미의 일상용어들을 자유로이 활용한 예는 그 밖에도 많이 있다. 근래에까지만 해도 교회는 행복이란 단어에 대해서도 동일한 자유를 구사했었다.

카라와 카이로는 역어인 '기쁨'과 '기뻐하다'보다 의미의 폭이 훨씬 넓다

카이로는 때로 '만나서 행복하다'에 상응하는 안부 인사로 번역된다. 예컨대 마태복음 26장 49절("안녕하시옵니까")과 28장 9절("평안하냐")에서 예수님은 각각 그 단어의 대상과 주체가 되셨다. 마태복음 27장 29절에서는 군병들이 "유대인의 왕이여 평안할지어다"라며 동일한 단어로 그분을 조롱했다. 이상의 경우에는 "기뻐하다"가 부적절한 번역임을 문맥상 분명히 알 수 있다.

누가복음 1장 14절에 보면 세례 요한이 태어날 것을 천사가 그의 아버지 사가랴에게 예고한다. 대부분 역본에 "기쁨"과 "기뻐하다"로 옮겨져 있는데, 구절 전체는 이렇다. "너도 기뻐하고[카라, chara] 즐거워할[아갈리아시스, agalliasis] 것이요 많은 사람도 그의 태어남을 기뻐하리니[카이로, chairo]." 보다시피 카라는 "기뻐하다"로, 동의어인 아갈리아시스는 "즐거워하다"로 번역되어 있다. 그러나 여기 카라를 "즐거워하다"로 번역해도 무방하다. 실제로 신미표준역(NASB)은 복음서의 다른 곳에서 여러 번 그렇게 번역했다. 마찬가지로 아갈리아시스 역시 얼마든지 "기뻐하다"로 번역될 수 있다. 베드로전서 1장 6절과 8절(NASB)에는 그렇게 옮겨져 있다.

번역에 정확한 일대일의 등가란 없다. KJV의 번역진이 빌립보서 4장 4절의 카이로를 "즐거워하라"로 옮겼다 해도 이 또한 정확한 번역이다. 일상영어성경(CEB)에 "주 안에서 항상 즐거워하라! 내가 다시 말하노니 즐거워하라!"고 되어 있다. 아니면 "주 안에서 항상 행복하라. 내가 다시 말하노니 행복하라"고 해도 무방하다.

KJV는 대개 카이로를 '기뻐하다'로 옮겼다. 좋은 단어고 좋은 번역이다. 새로 취직하거나 약혼하거나 아기를 낳았을 때 사람들은 '행복하다', '즐겁다', '기쁘다'라고 말할 수 있다. 세 단어 모두 적합하다. 의미가 중첩되는 히브리어와 헬라어의 이 단어들을 역시 의미가 중첩되는 다양한 역어로 번역하는 것은 적절한 처사다.

메시아의 강림은 주체할 수 없는 행복을 유발했다

누가복음 1-2장은 놀랍도록 기쁨으로 충만한 장이다. 천사는 사가랴에게 아들 요한의 출생에 관해 이렇게 약속한다. "너도 기뻐하고 즐거워할[아갈리아시스] 것이요 많은 사람도 그의 태어남을 기뻐하리니"(눅 1:14).

마리아, 엘리사벳, 목자들, 천사들, 시므온, 안나는 메시아가 오시자 행복해서 어쩔 줄 모른다. 요한은 태어나기도 전부터 성령으로 충만하여 예수님 앞에서 기뻐[아갈리아시스] 뛰었다(참조. 눅 1:44). 처음 오실 때부터 수많은 사람의 마음을 행복하게 하신 예수님은 바로 우리의 영원한 행복의 근원이시다. 이 성육신하신 하나님의 영이 지금 우리 안에 내주하시며 약속대로 늘 우리와 함께 계시므로 우리야말로 기쁨을 경험할 이유가 더 크다!

성경에 보면 박사들이 "별을 보고 매우 크게 *기뻐하고*[직역하면 큰 기쁨으로] *기뻐하더라*"(마 2:10, 강조 추가)고 했다. 명사 카라와 동사 카이로가 둘 다 쓰인데다 형용사 메가(megas, 크다)까지 더해져 행복이 최대한 강조된다. 예수님을 가리키는 별만 보고도 이렇게 기쁨을 주체하지 못했으니 직접 그분을 뵈었을 때 박사들이 얼마나 기뻤을지 상상해보라!

예수님은 가시는 곳마다 기적과 놀라운 행적으로 사람들에게 즐거움을 안겨주셨다. "온 무리는 그가 하시는 모든 영광스러운 일을 기뻐하니라"(눅 13:17). 유대인성경전서(CJB)는 "이 말씀으로 예수께서 자기를 대적하는 사람들을 부끄럽게 하셨으나 나머지 무리는 그분을 통하여 일어난 모든 놀라운 일로 행복해하니라"고 번역했다.

세상은 여전히 죄와 고난으로 저주받은 상태지만 그런 장애물이 기쁨을 이길 수는 없다. 그리스도께서 이미 오셨고, 그분과 함께 빛과 소망과 구원도 왔다. 이 세상의 궁극적 변화가 그것으로 보증된다.

그리스도의 초림이 이토록 행복을 분출시켰다면 마땅히 우리는 거기서 감화를 받아 그분의 재림을 기쁘게 고대해야 한다.

카라는 그리스도의 행복에 쓰였다

18장에 예수님의 행복을 다루기는 했지만 '카이로'나 '카라'와 관련하여 이 주제를 더 살펴볼 가치가 있다.

"예수님이 행복하셨다는 말은 성경 어디에도 없다." 최근에 내가 누군가에게 들은 말이다. 그러나 예수님은 제자들에게 "내가 이것을 너희에게 이름은 내 기쁨이 너희 안에 있어 너희 기쁨을 충만하게 하려 함이라"(요 15:11)고 말씀하셨다. 기쁨과 행복이 동의어며 카라가 모든 사전이 증언하는 것처럼 둘 중 어느 쪽으로든 번역될 수 있음을 우리가 안다면, 요한복음 5장 11절은 요한복음 11장 35절("예수께서 눈물을 흘리시더라")에 계시된 예수님의 슬픔보다 더 직접적으로 그분의 행복을 계시해준다. 어떤 사람이 "성경에 예수께서 슬프셨다는 말은 없고 눈물을 흘리셨다는 말만 있다"라고 우긴다고 상상해보라. 그리스도께서 자신의 기쁨만 고백하시고 자신의 행복은 인정하지 않으셨다는 말은 그보다 더 어이없다.

여러 팀의 헬라어 학자들이 요한복음 15장 11절의 카라를 "행복하다"로 번역했다. "내가 이것을 너희에게 이름은 내게 있는 참된 행복이 너희에게도 있게 하려 함이라. 나는 너희가 온전히 행복하기를 원하노라"(ERV).

J. B. 필립스는 이 구절에 두 번 등장하는 카라를 각각 '기쁨'과 '행복'으로 옮겼다. "내가 이것을 너희에게 이름은 너희를 내 기쁨에 동참하게 하고 너희의 행복을 온전하게 하려 함이라."

잃은 양을 찾은 목자에 대해 말씀하실 때 틀림없이 예수님은 선한 목자이신 자신을 생각하셨을 것이다. "만일 찾으면 길을 잃지 아니한 아흔아홉 마리보다 이것을 더 기뻐하리라"(마 18:13). 누가복음 15장 5-6절에는 그분이 하신 이런 말씀이 기록되어 있다. "또 찾아낸즉 아주 행복하여 어깨에 메고 집에 와서 그 벗과 이웃을 불러 모으고 말하되 '내가 잃은 양을 찾아내어 아주 행복하니 함께 즐기자!' 하리라"(GNT).

18장과 19장에서 보았듯이 복음서의 예수님은 기쁘신 분이다.

예수님과 가까이 있는 사람들은 행복해진다

일상영어성경(CEB)에 보면 "삭개오가 급히 내려와 행복해하며 예수를 영접하거늘"(눅 19:6)이라고 했다. 로마인들에게는 유대인이라고 멸시받고, 유대인들에게는 로마인에게 부역한다고 멸시받던 이 세리가 예수께서 그의 집에 가겠다고 자청하셨을 때 기분이 어땠을지 상상해보라!

> [예수께서] 이미…가까이 오시매 제자의 온 무리가 자기들이 본 바 모든 능한 일로 인하여 기뻐하며 큰 소리로 하나님을 찬양하여(눅 19:37).

가까이 계심, 우정, 긍휼 등 예수님의 임재가 곧 제자들의 행복의 열쇠였다. 그런데 그분은 더 큰 것을 약속하신다. "내가 결코 너희를 버리지 아니하고 너희를 떠나지 아니하리라"(히 13:5).

예수님을 아는 모든 사람은 그분과 함께 있으면 장차 영원한 기쁨을 누릴 것이다. 그러나 우리는 그 기쁨을 지금부터 미리 맛볼 수 있다. 우리도 세례 요한처럼 예수님을 기뻐할 수 있다.

> 신부를 취하는 자는 신랑이나 서서 신랑의 음성을 듣는 친구가 크게 기뻐하나니 나는 이러한 기쁨으로 충만하였노라(요 3:29).

그리스도께서 영광을 얻으심으로 그분의 사람들의 즐거움은 강화되고 완성된다. 기쁜소식역(GNT)에는 이 구절의 끝부분이 "나 자신의 행복은 이렇게 완성되노라"로, 신세기역(NCV)에는 "마찬가지로 나는 정말 행복하도다"로 옮겨져 있다.

탕자의 이야기에 큰 즐거움이 담겨 있다

예수님은 이 비유를 행복의 어휘들로 장식하신다. 아버지가 맏아들에게 하는 말을 보라.

> 이 네 동생은 죽었다가 살아났으며 내가 잃었다가 얻었기로 우리가 즐거워하고(유프라이노, euphraino) 기뻐하는 것이 마땅하다(눅 15:32).

여기 예수님은 행복의 두 가지 생생한 동의어를 쓰신다. 하나는 '즐겁다, 명랑하다, 즐기다, 기뻐하다, 경축하다'는 뜻의 유프란테나이(euphranthenai)고[8] 또 하나는 카이로다.[9] 기쁨이나 즐거움이나 행복이 한 문장 안에 서로 다른 단어로 두 번씩 등장하면 그야말로 틀림없는 환희다.

이 동의어들을 번역하는 데 쓰인 영어 단어들의 풍성한 조합을 생각해보라. 6백 년도 더 전에 위클리프는 최초의 영어 성경에 이 구절을 "잔치하며 기쁨을 누리는 것이 당연하다"(눅 15:32)로 번역했다. 그 이후 번역자들은 이 구절의 핵심 단어들을 다음과 같이 옮겼다.

- 우리가 흥겨워하고 즐거워하는 것이 당연하다(KJV, YLT).
- 경축하며 즐거워하는 것이 마땅하다(ESV, NIV, CEB, NET).
- 흥겨워하며 기뻐하는 것이 옳다(DARBY, WNT).
- 오늘은 행복해하며 축하할 날이다(ERV).
- 우리는 경축하며 행복해해야 한다(GNT, NCV, GW, VOICE).

- 우리는 경축하며 기뻐해야 한다(HCSB, CJB, NRSV, NASB).
- 이제 우리는 좋은 시간을 보내며 행복해해야 한다(WE).

이렇게 반복되는 '기쁨'이나 '기뻐하다'를 다 읽고도 당신은 이 아버지가 돌아온 아들로 인해 행복하지 않았다고 결론짓겠는가? 천만의 말이다! 이 모든 역본에서—'행복하다'는 단어를 쓴 7종만이 아니라—성경은 (하나님을 대변하는) 이 아버지가 행복했음을 우리에게 똑똑히 말해준다!

바리새인들은 유다가 예수님을 배반했을 때 기뻐했다

의로운 기쁨과 불의한 기쁨은 감정의 성격만 아니라 대상과 기초와 지속 기간에서도 서로 다르다. 청교도 토머스 브룩스는 "거룩함이 인간에게 금하는 모든 기쁨과 즐거움과 쾌락은 악한 기쁨과 즐거움과 쾌락이다"라고 말했다.[10]

유다가 예수님을 넘겨주겠다고 했을 때 바리새인들이 보인 반응을 생각해 보라.

> 그들이 듣고 기뻐하여 돈을 주기로 약속하니 유다가 예수를 어떻게 넘겨줄까 하고 그 기회를 찾더라(막 14:11).

신자들의 행복을 묘사할 때 쓰인 단어 카이로가 여기에도 똑같이 쓰였다. KJV, NASB, ESV, NIV, NLT는 대개 카이로를 '기뻐하다'로 번역하는데 여기서는 그러지 않았다. 이 구절에도 '기뻐하다'로 번역했더라면 성경에 쓰인 '기쁨'이 본래 신앙 용어라는 잘못된 개념이 미연에 방지되었을지도 모른다.

만일 KJV의 번역진이 '좋은' 카이로(빌립보서 3장 1절처럼)는 '행복하다'로, '나쁜' 카이로(유다의 배반을 기뻐한 바리새인들처럼)는 '기뻐하다'로 번역했다면, 오늘날 일부 사람들은 "행복은 신자들만의 것이고 기쁨은 비신자들만의 것이다"라고 말할 것이다(물론 그래도 요지를 놓치기는 마찬가지다).

예수님을 따르는 사람들은 주 안에서 기뻐한다

십자가에 달리시기 조금 전에 예수님은 제자들에게 이렇게 말씀하셨다. "내가 너희에게 한 말을 잊지 마라. 내가 갔다가 너희에게로 다시 오리라. 너희가 나를 정말 사랑한다면 내가 아버지께로 감을 행복해하리라. 아버지는 나보다 크심이라"(요 14:28, NLT).

요한복음 16장에 예수님은 자신의 임박한 죽음을 슬퍼하는 제자들에게 "너희는 근심하겠으나 너희 근심이 도리어 기쁨이 되리라"(20절)고 말씀하신다. 그러면서 설명하시기를 여자가 산통 중에는 근심하지만 "아기를 낳으면…그 고통을 다시 기억하지 아니"함은 아기로 인한 "기쁨"이 그 자리를 대신하기 때문이라 하신다(21절). 이어 그분은 "지금은 너희가 근심하나 내가 다시 너희를 보리니 너희 마음이 기쁠 것이요 너희 기쁨을 빼앗을 자가 없으리라"(22절)고 말씀하신다. 이 구절의 뒷부분은 "너희가 행복할 것이요 너희의 행복을 빼앗을 자가 없으리라"(GW)로 옮겨지기도 한다.

불과 석 절 안에 예수님은 카이로와 카라를 다섯 번이나 쓰셨다. 그분과 제자들이 당하는 고난과 슬픔은 잠깐이지만 그분과 제자들의 행복은 영원할 것이다. 카라의 특징은 출산 후 갓난아기를 안고 있는 여인의 마음 상태에 비유된다. 아기를 처음 품에 안은 어머니의 기쁨은 감정적일까? 그보다 더 감정적인 것은 상상하기 어렵다! 이 기쁨에 행복도 수반될까? 물론이다! 신약에 주로 '기쁨'으로 번역되는 카라를 결코 감정의 동요가 없거나 행복이 결여된 상태로 보아서는 안 된다.

부활하신 예수님을 본 것이 제자들의 궁극적 행복이었고 장차 우리도 그럴 것이다

무덤에 갔던 여인들은 예수께서 부활하셨다는 소식에 큰 기쁨으로 반응했다.

- 그 여자들이 무서움과 큰 기쁨으로 빨리 무덤을 떠나 제자들에게 알리려고 달음질할새(마 28:8).

- 그 여자들이 두려우면서도 아주 행복하여…(마 28:8, CEV).
- 그들이 놀라고 또 행복해서 아직도 믿지 못할 때에…(눅 24:41, NCV).

마찬가지로 다락방에 있던 제자들도 부활하신 그리스도를 만났을 때 즐거워했다(요 20:20).

- 이 말씀을 하시고 손과 옆구리를 보이시니 제자들이 주를 보고 기뻐하더라.
- 제자들이 주를 보고 아주 행복해하더라(CEV).

여태 낙담해 있던 제자들이 주님을 보고는 엄청난 행복으로 반응한 것이다. 그들의 기쁨이 오래가지 않으리라 생각될지 모르지만 사실은 예수께서 승천하신 후에도 지속되었다(눅 24:51-52).

- 축복하실 때에 그들을 떠나 [하늘로 올려지시니] 그들이 [그에게 경배하고] 큰 기쁨으로 예루살렘에 돌아가.
- 그들이 예루살렘에 돌아가 아주 행복해하며(CEV).

예수님은 살아 계실 뿐 아니라 그분을 따르는 사람들과 항상 함께 계실 것과 어느 날 그들을 데리러 다시 오실 것을 약속하셨다. 그래서 그들의 기쁨은 깊었고 삶의 둑 위로 넘쳐흘렀다.

복음을 전하고 예수님을 믿으면 행복해진다

복음을 전하는 사람들이나 복음을 받아들이는 사람들이나 양쪽 다 자연스럽게 행복을 경험하게 된다.

- 이는 뿌리는 자와 거두는 자가 함께 행복하게 하려 함이라(요 4:36, ERV).

- 둘이 물에서 올라올새 주의 영이 빌립을 이끌어간지라. 내시는 아주 행복하게 길을 가므로 그를 다시 보지 못하니라(행 8:39, CEV).
- 유대인이 아닌 사람들이 바울의 이 말을 듣고 행복하여 주의 메시지에 영광을 돌리며(행 13:48, NCV).

하나님과 함께 살 그날을 고대하는 기쁨이 영적 권능을 능가한다

예수님은 제자들에게 "귀신들이 너희에게 항복하는 것으로 기뻐하지 말고 너희 이름이 하늘에 기록된 것으로 기뻐하라"(눅 10:20)고 하셨다. NCV는 이 구절을 "귀신들이 너희에게 복종하기 때문이 아니라 너희 이름이 하늘에 기록된 것 때문에 행복해야 하느니라"고 번역했다.

우리 기쁨의 근원은 모든 행복의 창조자인 하나님이시며 또한 그분과의 영원한 관계다. 그분이 주시는 영적 권능과 은사도 정말 누려야 할 것이지만 부차적이다. 우리가 즐거워할 궁극의 대상은 그분 자신이다.

역사하시는 하나님을 보면 어떤 상황에서도 행복해진다

자칫 초대 교회를 갈라놓을 뻔했던 쟁점이 있었는데 이와 관련된 편지에 신자들은 이렇게 반응했다. "읽고 그 위로한 말을 기뻐하더라"(행 15:31).

그들이 경험한 카라는 고무적 내용이 담긴 편지라는 긍정적 상황 덕분이었다. 반면 이 단어는 부정적 상황과 연관될 때도 있다. "그[바나바]가 안디옥에 이르러 하나님이 그곳의 [박해당하고 있는] 신자들에게 어떻게 복을 주셨는지를 보고 아주 행복하여"(행 11:23, ERV).

카이로가 다른 동의어와 나란히 함께 쓰일 때도 있다.

- 기뻐하고 즐거워하라[아갈리아오] 하늘에서 너희의 상이 큼이라 너희 전에 있던 선지자들도 이같이 박해하였느니라(마 5:12).
- 그 일로 행복해하라! 마냥 즐거워하라(NLT)!

- 그 날에 기뻐하고 뛰놀라[스키르타오, *skirtao*]. 하늘에서 너희 상이 큼이라 그들의 조상들이 선지자들에게 이와 같이 하였느니라(눅 6:23).
- 행복해하고 기뻐 뛰어라(CEV)!

그리스도를 위하여 고난당하는 특권이 그분을 따르는 사람들을 행복하게 한다

초대 교회의 신자들은 예수님을 따른다는 이유로 박해받을 때 이렇게 반응했다. "사도들은 그 이름을 위하여 능욕 받는 일에 합당한 자로 여기심을 기뻐하면서 공회 앞을 떠나니라"(행 5:41). CEV와 다른 5종의 역본에는 "그들이 행복하여"로 옮겨져 있다. 고난당하는 사람이 어떻게 행복할 수 있는가? 자신들이 그분과 똑같은 취급을 당할 정도로 그분을 닮았다는 사실이 기뻤기 때문이다. 보다시피 그들은 박해 때문에 기뻐한 것이 아니라 예수님을 위한 고난에 합당하다고 여겨진 것을 기뻐했다. 전자는 스스로 영광을 취하는 자학이지만 후자는 하나님을 영화롭게 하는 은혜다.

동일한 초자연적 현실을 다른 본문들에서도 볼 수 있다(참조. 마 5:12, 롬 5:3, 약 1:2-3, 벧전 4:13). 마치 영원한 행복이 역순으로 현 순간의 고난 속으로 들어와, 임박한 끝없는 기쁨의 맛보기로 우리에게 밀려오는 것 같다.

빌립보에서 바울과 실라에게 벌어진 일을 생각해보라. "무리가 일제히 일어나 고발하니 상관들이 옷을 찢어 벗기고 매로 치라 하여 많이 친 후에 옥에 가두고…그들을 깊은 옥에 가두고 그 발을 차꼬에 든든히 채웠더니"(행 16:22-24).

안타깝게도 하나님의 사람들은 고금을 막론하고 늘 이런 취급을 당해왔다. 그런데 다음 구절이 우리를 놀라게 한다. "한밤중에 바울과 실라가 기도하고 하나님을 찬송하매 죄수들이 듣더라"(25절). 죄수들은 왜 들었을까? 찬송한다는 것은 찬양과 기쁨의 표현이며, 찬송할 때 그 초점은 자아가 아니라 하나님께 있기 때문이다.

이런 행동은 비신자들에게 강력한 메시지가 된다. 말로만 그치면 값싼 것이 되고 말지만 고난 중의 기쁨은 사람들의 주목을 끈다. 초자연적 설명이 필요하기 때문이다! 무수히 많은 신자가 고난의 현장과 그리스도 중심의 행복을 함께 활용하여 사람들을 복음으로 끌어들이곤 했다.

알렉산드르 솔제니친(Aleksandr Solzhenitsyn)은 러시아의 수용소에서 당한 고난을 통해 자기 자신과 그리스도 그리고 기쁨을 알게 되었다. 그의 감회는 직관에 반하지만 성경적이다.

> 젊은 날의 성공에 취하여 나는 자신이 무오(無誤)하게 느껴졌고 그래서 잔인했다. 권력에 찌든 나는 살인자요 압제자였다. 내가 가장 악한 순간에도 오히려 선을 행하고 있다고 확신했고, 이를 뒷받침할 체계적 논거는 얼마든지 있었다. 수용소 군도 감방의 썩어가는 밀짚 위에서 비로소 내 안에 처음으로 꿈틀거리는 선(善)을 느꼈다. 점차 깨닫고 보니 선과 악은 국가나 계급이나 정당에 따라 갈리는 것이 아니라 모든 인간의 마음속에서 갈린다. 그래서 나는 수용소 시절을 돌아보며 "오 복된 수용소여!"라고 고백한다. 주변 사람들이 이 말을 듣고 깜짝 놀랄 때도 있다.[11]

솔제니친은 『암 병동』(Cancer Ward)에 "사람은 스스로 행복을 선택하는 한 행복하며 아무도 그를 막을 수 없다"라고 썼다.[12] 고난 속에서 행복을 보고 경험한 사람들이 대부분 증언하듯이, 행복에 선택이 수반되기는 하지만 종종 행복은 행복의 근원이신 하나님이 우리 마음속에 은혜로 불어 넣어주시는 선물이다. 고난은 속성상 결코 쉽지 않지만, 그리스도를 알고 그분의 약속을 믿는 이들보다 기뻐할 이유가 더 큰 사람은 없다. 그분은 현재의 고난에 영원한 영광과 행복이 뒤따를 것을 약속하셨다.

Chapter·28

하나님의 은혜를 누리라:
사도들의 서신서에 쓰인
헬라어 단어 '카라'와 '카이로'

> 너희 행복의 근거를 그리스도 안의 소망에 두라.
>
> 로마서 12:12, 필립스 신약성경

> 은혜는 당신의 이기적인 꿈을 완전히 허물고 그 터무니없는 꿈보다 훨씬 나은 영원한 미래를 보장한다.
>
> 폴 데이비드 트립(Paul David Tripp)

1525년경, 목회 훈련을 받으러 가던 두 학생이 독일의 한 여관에 들었다가 어느 기사(騎士)를 만났다. 완벽한 기사 복장에 빨간 모자까지 쓴 그는 손을 검 위에 올려놓고 시편을 히브리어로 읽고 있었다. 기사는 두 젊은이를 청하여 함께 마시면서 그들에게 성경 원어를 공부할 것을 조언했다. 그들은 종교개혁 운동을 시작한 교수를 자신들이 곧 만날 거라며 가슴이 설렌다고 그에게 말했다.

그들이 비텐베르크에 도착하여 마르틴 루터를 만나보니 여관에서 마주쳤던 바로 그 기사였다.¹

개신교 종교개혁의 아버지인 루터는 자신의 모든 결점에도 불구하고 유머를 사랑했고, 날마다 자신이 누리는 행복을 사람들에게 나누어주는 습관이 있었다. 그리스도를 따르는 우리도 삶 속에서 그런 재미와 기쁨을 즐기고 있는가? 성경에 암시된 대로라면 마땅히 그래야 한다.

하나님의 선물인 기쁨은 우리 소망의 출처기도 하다

절망보다 빨리 행복을 앗아가는 것도 없고, 소망보다 더 행복을 부추기는 것도 없다. 사노라면 어두운 날이나 어두운 시절이 있을 수 있지만 소망은 여전히 불을 밝혀준다. 새뮤얼 존슨(Samuel Johnson)은 "소망 자체가 행복의 한 종류다. 어쩌면 세상에 존재하는 최고의 행복일 것이다"라고 썼다.[2]

물론 거짓 소망도 있고 참 소망도 있다. 우리 소망은 그리스도 안에 있으며 성경에 그 확실한 근거가 제시되어 있다. 하나님은 자신의 구속 계획을 아시기에 자녀들을 이렇게 안심시켜주신다. "너희를 향한 나의 생각을 내가 아나니 평안이요 재앙이 아니니라 너희에게 미래와 희망을 주는 것이니라"(렘 29:11).

"의인의 소망은 즐거움을 이루어도"(잠 10:28). 신약의 카이로와 카라는 소망과 밀접한 관계가 있다. "소망 중에 즐거워하며 환난 중에 참으며 기도에 항상 힘쓰며"(롬 12:12). 석 장 뒤에는 이런 말씀이 나온다. "소망의 하나님이 모든 기쁨과 평강을 믿음 안에서 너희에게 충만하게 하사 성령의 능력으로 소망이 넘치게 하시기를 원하노라"(롬 15:13).

가장 권위 있는 번역자용 핸드북에 따르면 이 구절의 "모든 기쁨[을]⋯너희에게 충만하게 하사"는 "너희를 온전히 행복하게 하사"나 "행복으로 너희 마음이 터질 듯하게 하사"로 번역될 수 있다.[3]

그리스도와 그분의 구속 사역을 묵상하면 우리의 소망이 자라나 결국 행복을 낳는다.

하나님은 우리를 불러 다른 사람들의 기쁨과 슬픔에 동참하게 하신다

하나님은 우리의 경험과 감정을 우리만 가지고 있기를 원하지 않으신다. 성경이 말하는 행복과 애통은 둘 다 공동체로 해야 할 활동이다.

- 즐거워하는 자들과 함께 즐거워하고 우는 자들과 함께 울라(롬 12:15).
- 행복한 사람들과 함께 행복하고…(롬 12:15, NLT).
- 행복한 사람들의 행복에 동참하고…(Phillips).
- 너희도 행복하고 나와 함께 기쁨이 충만할지라(빌 2:18, NCV).

필립스는 빌립보서 2장 16-18절을 이렇게 번역했다. "내 피를 부어야 한다 해도…나는 여전히 아주 행복할 수 있고 내 행복을 너희 모두에게 나누어줄 수 있다. 너희도 이 일로 즐거워하며 내가 말하는 행복에 동참할 수 있기를 바란다."

사랑하는 이들의 긍정적 변화와 성장을 보면 행복해진다

사랑하는 이들의 순종을 기뻐하려면 그들과 충분히 가까워야 한다. 그래야 그리스도 안에서 성장하는 그들의 모습을 볼 수 있다. 멀리 떨어져 있으면 하나님이 주시려는 행복을 놓치고 만다. 동료 신자들의 변화된 삶으로 인해 기뻐한 사람들의 예가 신약에 즐비하게 나온다.

- 이는 내가 육신으로는 떠나 있으나 심령으로는 너희와 함께 있어 너희가 질서 있게 행함과 그리스도를 믿는 너희 믿음이 굳건한 것을 기쁘게 봄이라(골 2:5).
- 그리스도를 믿는 너희의 훈련되고 안정된 믿음을 내가 행복하게 봄이라(골 2:5, CEB).
- 우리가 약할 때에 너희가 강한 것을 기뻐하고 또 이것을 위하여 구하니 곧 너희가 온전하게 되는 것이라(고후 13:9). (내가 확인한 역본 중 16종은 이 구절의 카이로를 '기뻐하다'로, 23종은 '즐거워하다'로, 4종은 '행복하다'로 번역했다. 셋 다 훌륭한 번

역이다.)
- 너희의 순종함이 모든 사람에게 들리는지라 그러므로 내가 너희로 말미암아 기뻐하노니(롬 16:19).
- 너희가 주께 순종함을 모두가 아는지라. 그것이 나를 아주 행복하게 하노니(롬 16:19, NLT).
- 너희가 순종한다는 소식이 모두에게 이르렀으므로 나는 너희로 인하여 행복하노니(롬 16:19, CEB).
- 우리가 우리 하나님 앞에서 너희로 말미암아 모든 기쁨으로 기뻐하니 너희를 위하여 능히 어떠한 감사로 하나님께 보답할까(살전 3:9).
- 너희가 우리에게 가져다준 모든 행복으로 인하여 어떻게 하나님께 충분히 감사할 수 있을까(살전 3:9, CEV).

바울처럼 우리도 친구들과 그들의 행복을 기뻐해야 한다

바울은 빌립보 교인들을 "나의 사랑하고 사모하는 형제들, 나의 기쁨이요 면류관"(빌 4:1)이라 불렀다.

기쁨이 감정이 아니라고 말하는 사람들은 고린도후서 7장 13절 같은 성경 본문들을 주의 깊게 읽어야 한다.

- 우리가 받은 위로 위에 디도의 기쁨으로 우리가 더욱 많이 기뻐함은 그의 마음이 너희 무리로 말미암아 안심함을 얻었음이라.
- 이토록 행복한 디도를 보고 우리도 특별히 즐거워함은…(NIV).
- 너희 모두가 디도의 기운을 돋우어준 결과 그가 자신의 행복으로 우리를 얼마나 행복하게 했던가(GNT)!

이번에도 긍정적 상황에서 촉발된 정서적 경험이 카라로 표현된다. 디도는 고린도 교인들이 자신에게 해준 일 때문에 행복했고, 그 행복은 다시 바울 일행을 행복하게 했다. 이것이 행복의 전염성이다. 고린도 교인들은 디도의 기운을 돋움으로써 바울의 기운을 돋우어주었다! 이런 본문에는 즐거운 감정이 가득하다. 바울의 행복은 분명히 사람들에게 행복을 안겨주었고, 그 행복은 연쇄 반응으로 다른 사람들에게로 퍼져나갔다.

우리도 마찬가지다. 하나님이 우리 삶 속에 역사하셔서 우리가 그분 안에서 더 행복해지면 이 행복은 반드시 가족과 친구들의 삶 속으로 흘러넘치게 되어 있다. 그리스도 안의 기쁨은 하나님이 우리에게만 아니라 우리 주변의 모든 사람에게 주시는 선물이며, 우리가 그들에게 주는 선물이기도 하다. 그래서 예컨대 부모와 조부모는 그리스도 안의 행복을 혼자만 누릴 것이 아니라 자녀와 손자손녀에게 그리고 자신의 영향권 안에 있는 모든 사람에게 나누어줄 의무가 있다.

신약의 행복은 성령의 열매다

우리 기쁨의 가장 큰 출처는 어디인가? 바울은 성령이라 말했다. "오직 성령의 열매는 사랑과 희락과 화평과 오래 참음과 자비와 양선과 충성과 온유와 절제니"(갈 5:22-23).

세계성서공회연합회(UBS)가 펴낸 번역 핸드북은 흔히 '기쁨'으로 번역되는 이 본문의 카라를 주해하며 이렇게 조언했다. "일부 언어에서 기쁨은 본질상 '사람들을 매우 행복하게 하다'에 상응한다. 이 기쁨이 한낱 덧없는 경험이 아님을 나타내려면 '마음속의 참된 행복'이라 말할 수도 있다. 일부 언어에서 기쁨은 '마음속이 따뜻하다', '마음속으로 춤춘다'와 같이 관용구로 표현된다."[4]

CEV는 성령의 열매를 명사 대신 형용사로 번역했다. "하나님의 영은 우리를 사랑이 많고, 행복하며, 평안하고, 참을성 있으며, 자비롭고, 선하며, 충성되고, 온유하며, 자제력 있게 하신다."

CEV의 번역진이 '기쁘다'를 '행복하다'로 제멋대로 바꾼 것처럼 보인다면, 이 구절의 다른 여덟 개의 형용사가 ESV와 NASB에 쓰인 명사들과 완벽하게 일치하는 데 주목하라. 이 본문에서 CEV의 번역진이 다르게 번역한 헬라어 단어는 카라뿐이다. 원어에 충실하려는 것이 그들의 목표였다. '기쁨'은 카라의 좋은 역어지만 동의어인 '행복'도 마찬가지다.

어떤 사람들은 성령의 아홉 가지 열매에서 순서가 중요하며, 사랑이 맨 먼저 언급된 것은 "제일은 사랑"(고전 13:13)이기 때문이라고 말한다. 그 말이 맞다면 기쁨의 자리가 바로 다음인 것은 기쁨이 두 번째로 중요하다는 뜻일 수도 있다.

바울은 기쁨을 비롯하여 성령의 아홉 가지 열매를 강조했는데, 왜 하필 갈라디아 교회의 율법주의를 질책하는 문맥 속에서 그랬을까? 행간을 읽어보면 이런 추측이 가능하다. 즉 오늘날에도 종종 그렇듯이 그곳의 그리스도인들 사이에도 기쁨이 별로 없었다는 것이다.[5]

바울이 갈라디아서에 전개한 논지에 따르면 독선적 율법주의는 성령의 열매를 질식시켜 결국 신자들을 흥을 깨는 사람이 되게 만든다. 흥을 깨는 사람들은 늘 자신이 옳고 다른 사람들이 틀렸음을 밝히는 데서 쾌감을 얻는다. 그들의 거짓된 기쁨은 이런 생각에서 비롯된다. '내가 이 자리에서 제일 똑똑하고 제일 순수하며 교리나 행실 면에서 또는 정치적으로 가장 공정한 사람이다.' 불행히도 그들과 함께 그 자리에 있기 원하는 사람은 예수님을 포함해서 아무도 없다.

기쁨은 성령의 다른 열매들과 마찬가지로 육체의 일과 대비된다(참조. 갈 5:19-21). 그리스도 안의 새 생명으로 무장된 신자만이 성령 안에서 행할 수 있다(참조. 갈 5:16-18,24-25).

카라를 '기쁨'으로 번역하든 '행복'으로 번역하든 성령의 열매 목록에 카라도 분명히 들어 있는데, 거기서 제기되는 의문이 있다. 나를 정말 행복하게 또는 기쁘게 하는 것은 무엇인가? 성부와 성자께서 성령을 행복하게 하시니 성령의 열매인 기쁨은 하나님 중심이며 하나님에게서 기원했을 수밖에 없다.

성령의 열매를 마치 덕목의 목록이나 명예의 훈장인 양 암기하기는 쉽다. 그러나 아홉 가지 자질이 전부 행복의 성분이다. 행복 자체인 기쁨만이 아니라 전체 목록이 그렇다.

성령께서 우리 삶 속에 영원히 내주하시므로 우리는 초자연적 행복을 계속 받아 누릴 수 있다. 행복하신 하나님의 내주하심을 빼앗기지 않는 한 신자는 기뻐할 수 있는 능력이나 기쁨의 근원을 빼앗길 수 없다.

우리도 하나님처럼 사랑하면 그분을 행복하게 하는 것들이 곧 우리의 행복이 된다
'사랑 장'인 고린도전서 13장에 보면 사랑은 의와 진리를 기뻐하는 일과 맞물려 있다.

- [사랑은] 불의를 기뻐하지 아니하며 진리와 함께 기뻐하고(6절).
- 사랑은 악을 대하여는 행복하지 않으나 진리를 대하여는 행복하다(GNT).

영원한 관점을 품으면 고난 중에도 기뻐할 이유를 찾을 수 있다
우리 삶에 고난도 있고 슬퍼할 이유들도 있지만 그렇다고 행복을 누릴 수 없는 것은 아니다. 세상은 하나님의 선으로 충만하면서도 아직 저주 아래 있으므로 모순처럼 보이는 감정들이 공존할 수 있으며 사실은 마땅히 그래야 한다.

- 우리는…근심하는 자 같으나 항상 기뻐하고 가난한 자 같으나 많은 사람을 부요하게 하고 아무 것도 없는 자 같으나 모든 것을 가진 자로다(고후 6:8, 10).
- 우리는 고난의 때에도 늘 행복하고…(10절, CEV).

패니 크로스비(Fanny Crosby, 1820-1915)는 "그 큰 일을 행하신 주께 영광", "예수로 나의 구주 삼고" 등 8천 곡이 넘는 복음성가를 작사했다. 그녀는 역사상 찬송가 노랫말을 가장 많이 지은 사람 중 하나며, 그 노래 가운데 다수는 지금도 다양한 교단에서 애창되고 있다. 다음은 그녀가 여덟 살 때 쓴 첫 시 중한 편이다.

> 앞을 보지 못해도
> 난 행복한 아이라네!
> 이 세상 사는 동안
> 늘 만족하며 살겠네[6]

만족하겠다는 그녀의 다짐은 말로만 그치지 않았다. 그녀는 자기 어머니에게 이렇게 고백했다. 죽어서 처음 보는 얼굴이 그리스도의 얼굴이 되기를 원하기에 자기에게 선택권이 주어진다 해도 맹인으로 남겠다고 말이다(그리스도를 따르는 많은 장애인처럼 그녀도 하나님이 이생에서 그 장애를 고쳐주실 때도 있고 그렇지 않을 때도 있음을 알았다).

사도 바울은 신체적 장애에 대한 하나님의 주권을 인정했을 뿐 아니라 그리스도를 위한 고난도 받아들였다.

- 나는 이제 너희를 위하여 받는 괴로움을 기뻐하고 그리스도의 남은 고난을 그의 몸된 교회를 위하여 내 육체에 채우노라(골 1:24).
- 나는 너희를 위하여 고난당하는 중에도 행복하고…(ERV).
- 나는 너희를 위하여 내 몸에 고난을 받을 때 즐겁고…(NLT).

하나님은 우리에게 깜짝 놀랄 행복을 주시기를 좋아하신다

이번 장 앞부분에서 고린도후서 7장 13절에 나타난 디도와 관련된 바울의 행복을 살펴보았다. 그 몇 구절 앞에 바울은 이렇게 말했다. "낙심한 사람들을 격려하시는 하나님이 디도가 옴으로 우리를 격려하셨으니 그가 온 것도 기쁨이지만 그가 너희에게서 격려를 받았다는 소식도 그러하니라. 그의 보고대로 너희가 나를 보기를 사모하고 그간의 일을 애석해하며 나를 향하여 충절이 있다 하니 나는 기쁨이 충만하도다"(고후 7:6-7, NLT)!

GNT에는 이렇게 번역되어 있다. "우리의 기운을 돋운 것은 그가 온 일만이 아니요…그의 말이 너희가 나를 간절히 보기 원하고 몹시 미안해하며 나를 변호할 각오가 되어 있다니 이제 나는 더 행복하도다"(7절).

"기쁨"(NLT)이나 "더 행복하도다"(GNT)로 번역된 7절 끝의 카이로는 보다시피 디도가 옴으로써 촉발되었다. 분명히 카이로는 아주 즐거운 정서적 반응이다. 성경적 기쁨이나 행복이나 즐거움이 모두 순탄한 상황에서 비롯되는 것은 아니지만 성경에 그런 사례도 많이 나온다.

9절에 보면 그들이 회개한 결과 바울에게 카이로가 유발되었다. 회개는 상황이 또 다르게 변화된 것이다.

- 내가 지금 기뻐함은 너희로 근심하게 한 까닭이 아니요 도리어 너희가 근심함으로 회개함에 이른 까닭이라.
- 내가 지금 행복함은 너희가 슬퍼하게 되었기 때문이 아니라 그 슬픔이 너희를 회개로 이끌었기 때문이라(NIV).

친구들의 순탄한 상황이 우리를 기쁘게 한다

세상은 나 자신의 욕심을 채워야 행복이 온다고 말하지만 성경은 그 개념을 뒤집는다. 다음은 빌립보서 2장 17절에 나오는 바울의 말이다.

- 너희의 충성된 섬김이 하나님께 드리는 제사이듯 설령 내 목숨을 잃어 하나님께 전제처럼 부어드린다 해도 나는 기뻐하리라. 너희도 다 그 기쁨에 동참하기를 원하노라(NLT).
- 나는 행복하고 너희 모두와 함께 기쁨이 충만하리라(NCV).

C. S. 루이스는 "우리의 자연적 삶에 존재하는 모든 견고하고 지속적인 행

복의 9할은 애정 덕분이다"라고 말했다.[7]

바울의 말에 담겨 있는 감정을 잘 보라.

> 그러나 에바브로디도를 너희에게 보내는 것이 필요한 줄로 생각하노니 그는 나의 형제요 함께 수고하고 함께 군사 된 자요 너희 사자로 내가 쓸 것을 돕는 자라 그가 너희 무리를 간절히 사모하고 자기가 병든 것을 너희가 들은 줄을 알고 심히 근심한지라 그가 병들어 죽게 되었으나…그러므로 내가 더욱 급히 그를 보낸 것은 너희로 그를 다시 보고 기뻐하게 하며 내 근심도 덜려 함이니라 이러므로 너희가 주 안에서 모든 기쁨으로 그를 영접하고 또 이와 같은 자들을 존귀히 여기라 그가 그리스도의 일을 위하여 죽기에 이르러도…(빌 2:25-30).

NCV에는 28절이 "그를 너희에게 보내고 싶은 마음이 간절한 것은 너희가 그를 보고 행복해하고 나도 너희에 대한 염려를 그치려 함이라"로 번역되어 있다.

빌립보 교인들은 사랑하는 친구 에바브로디도가 거의 죽게 되어 근심하던 차에 그의 병이 나아 기뻐했고, 이제 그를 대면하여 보면 또 기뻐할 것이었다. 삶의 긍정적인 상황은 깊은 감정적 기쁨과 행복을 유발할 수 있다.

이는 긍정적 상황—사랑하는 이들이 잘되는 것을 포함하여—으로 인한 행복이 왠지 영적이지 못하다는 현대의 정서를 결정적으로 바로잡아준다. 물론 상황은 변하며 우리의 행복은 변치 않으시는 그리스도께 기초해야 한다. 하지만 그렇다고 순탄한 상황을 기뻐하는 것이 부적절한 일은 아니다.

하나님 안에서 찾아야 할 기쁨은 그분의 권유가 아니라 명령이다

- 끝으로 나의 형제들아 주 안에서 기뻐하라(빌 3:1).

- 내 사랑하는 형제자매들이여, 무슨 일이 있든지 주 안에서 기뻐하라(NLT).
- 내 그리스도인 형제들이여, 너희는 그리스도께 속했으니 그러므로 이제 행복하라(NLV).
- 주 안에서 항상 즐거워하라! 내가 다시 말하노니 즐거워하라(빌 4:4, CEB)!
- 하나님 안에서 즐기라. 그렇다, 늘 그분 안에서 기쁨을 찾으라(Phillips).

하나님은 "항상"이라는 말을 진심으로 하셨을까? 물론이다. 그리스도 안에서 즐거워할 이유는 바다의 조류처럼 한결같다. 바닷물은 가만히 있지 않고 늘 우리의 발목을 덮친다. 썰물일 때도 곧 다시 밀려들 태세로 그 자리에 있다.

바울은 위의 4장 4절 다음 절에 "주께서 가까우시니라"는 격려를 덧붙인다. 이 또한 기뻐할 이유다. 하나님은 우리와 함께 계시고, 결코 우리를 버리지 않으시며, 죽음을 통해서든 그분의 재림을 통해서든 곧 우리를 데려가실 것이다.

카라(기쁨)와 카리스(은혜)는 불가분의 관계다

그리스도 안에서 베푸시는 하나님의 과분한 은총을 카리스라고 하는데 헬라어의 어근이 카라와 같다.

신학자 카를 바르트(Karl Barth, 1886-1968)는 기쁨과 은혜가 사실상 불가분의 관계임을 역설했다. "기뻐한다는 것은 삶이 하나님이 주시는 은혜의 선물로 드러나기를 기대하는 것이다…기쁨이란 감사할 구실을 찾는다는 뜻이다."[8]

카리스(은혜)에 대한 공부는 이 책의 범위를 벗어나지만 그 공부도 행복의 더 넓은 범주에 포함된다. 은혜는 행복 이상이며 사실 거의 모든 것 이상이다. 그러나 행복의 이유로서 하나님의 은혜보다 더 큰 것은 없다.

윌리엄 모리스는 "기독교는 처음부터 끝까지 기쁨의 메시지다"라고 썼다.[9] 카라와 카이로가 쓰인 구절들은 성경적 기쁨을 말해주는 많은 본문 가운데 작은 단편에 불과하지만, 그것만으로도 복음이 본질상 기쁨의 메시지임을 입증하기에 충분하다.

바울이 긴 편지를 맺으면서 한 말은 그대로 실천할 가치가 있다. 나도 그 말로 이번 장을 맺고자 한다.

- 마지막으로 말하노니 형제들아 기뻐하라(고후 13:11).
- 친구 여러분, 이것으로 마치겠습니다. 기뻐하십시오(『메시지』).
- 사랑하는 형제자매들이여, 이 마지막 말로 서신을 맺노니 기뻐하라(NLT).

Chapter·29

성경은 의문의 여지를 남기지 않는다:
우리의 행복은 하나님께 중요하다

지금까지 아홉 장(20-28장)을 할애하여 행복과 기쁨에 해당하는 단어들이 쓰인 성경 본문들을 훑어보았다. 그러나 놀랍게도 우리가 살펴본 것은 히브리어 단어 아셀과 사마흐, 헬라어 단어 마카리오스와 카라뿐이다. 이는 성경에 나오는 행복과 관련된 단어 중 작은 표본인 약 8분의 1에 불과하다. 그 단편 가운데서도 우리는 네 단어가 등장하는 구절들의 일부만 보았을 뿐이다! 가장 중요하다고 생각되는 어휘와 사례만 골랐을 뿐 지면상 도저히 대다수를 인용할 수 없었다.

더 깊이 파고 싶다면—그러기를 바란다—이 책 맨 뒤에 나오는 부록 1 '구약에 나오는 행복과 관련된 또 다른 19가지 어휘'와 부록 2 '신약에 나오는 행복과 관련된 또 다른 14가지 어휘'에 단어 연구가 더 실려 있다.

부록의 내용을 지금 볼 수도 있고 나중에 볼 수도 있지만, 어쨌든 성경에 기쁨과 즐거움에 대한 말이 얼마나 더 많은지 당신이 직접 확인하기 바란다.

행복과 관련된 본문들의 분량만 보아도 이 주제가 하나님께 얼마나 중요한지 알 수 있다

아우구스티누스는 그리스도를 믿기 전의 삶을 되돌아보며 자신의 회심을 행복의 관점에서 이렇게 표현했다. "한때 잃어버릴까 봐 두려워했던 허망한 기쁨들을 다 버리고 나니 얼마나 후련한지요!…최고이자 참된 기쁨이신 주께서 그것들을 제게서 몰아내셨습니다. 그 어떤 쾌락보다도 달콤하신 주께서 그것들을 몰아내고 그 자리를 대신 차지하셨습니다."[1]

성경 전체에 행복을 뜻하는 어휘가 그토록 많다는 사실이 이 주제의 중요성을 강력하게 증언해준다. 참되고 영원한 기쁨이 하나님 안에만 있음을 깨달을수록 마음과 목숨과 뜻과 힘을 다하여 그분을 구하고 사랑하려는 우리의 동기도 더욱 간절해진다.

하나님 말씀에 너무도 명백하게 되풀이되는 그분의 확실한 소원은 바로 우리가 그분 안에서 행복해지는 것이다.

이 책에 다루지 못한 행복 관련 어휘들도 많다

『로우와 나이더의 의미영역 사전』(Low and Nida's Lexicon of Semantic)에 보면 제25번 영역인 '태도와 정서'에 광범위한 범주의 단어들이 귀속되어 있다. 하부 영역들로는 갈망과 소원, 사랑과 긍휼, 소망과 기대, 자족과 만족과 마음에 듦과 감사와 고마움, 즐김과 향유, 호감, 웃음, 격려와 위로, 인내 등의 어휘가 있다.

지면이 무한하다면 이런 어휘가 쓰인 수많은 본문을 얼마든지 공부할 수 있고, 그러면 이 책의 주제와 연결되는 관련성 때문에 큰 유익이 될 것이다.

그중 세 가지만 예를 들면 다음과 같다.

- 코렌누미(korennumi): 가진 것으로 그리고 거기에 내포된 풍성함으로 행복하다 또는 만족하다. '자족하다, 만족하다.'[2]
- 아르케오마이(arkeomai): 바라거나 필요한 것을 얻은 결과로 행복하다 또는 만족하다. '자족하다, 만족하다.'[3]
- 아우타르케스(autarkes): 가진 것으로 행복하다 또는 만족하다.[4]

행복이 언급되지 않은 많은 본문도 행복을 낳는 믿음과 행동으로 우리를 부른다

행복이란 단어는 들어 있지 않지만 그대로 순종하면 행복을 가져다주는 명령들이 성경에 넘쳐난다.

예컨대 하나님은 우리를 자족으로 부르신다. "그러나 자족하는 마음이 있으면 경건은 큰 이익이 되느니라"(딤전 6:6). "있는 바를 족한 줄로 알라"(히 13:5). 자족이란 자기가 가진 것으로 행복하다는 뜻이다. 그러므로 성경에 언급된 자족은 다 행복에 관한 말씀이기도 하다.

이번에는 성경에 많이 언급된 평안을 생각해보라. 다음은 그중 일부다.

- 화평을 찾아 따를지어다(시 34:14).
- 수고하고 무거운 짐 진 자들아 다 내게로 오라 내가 너희를 쉬게 하리라 (마 11:28).
- 평안을 너희에게 끼치노니 곧 나의 평안을 너희에게 주노라 내가 너희에게 주는 것은 세상이 주는 것과 같지 아니하니라 너희는 마음에 근심하지도 말고 두려워하지도 말라(요 14:27).
- 아무 것도 염려하지 말고…그리하면 모든 지각에 뛰어난 하나님의 평강이 그리스도 예수 안에서 너희 마음과 생각을 지키시리라(빌 4:6-7).

성경에 "두려워하지 말라", "염려하지 말라", "항상 감사하라", "내가 너희와 항상 함께 있으리라" 등의 말이 나오면 이는 하나님이 우리에게 "행복하라"고 말씀하시는 것이다. 예수께서 제자들에게 "너희는 마음에 근심하지도 말고"라고 하신 것은 곧 "불행하지 말라"는 말씀이 아닌가(또한 마음에 근심하여 불행해질지 여부가 우리의 선택에 달려 있다는 의미도 깔려 있지 않은가)?

이 말씀을 묵상해보라. "여호와는 그의 얼굴을 네게 비추사 은혜 베푸시기를 원하며 여호와는 그 얼굴을 네게로 향하여 드사 평강 주시기를 원하노라"(민 6:25-26). 이는 하나님의 사람들에게 행복을 내려달라고 청하는 기도가 아닌가?

조나단 에드워즈는 "성경이 말하는…평안은 행복을 뜻하며 모든 위로와 기쁨과 쾌락을 포괄한다"라고 썼다.[5] 평안은 행복과 불가분으로 얽혀 있다.

그러므로 "성경에는 행복이 없다"라는 많은 사람의 말은 털끝만큼도 사실이 아니다. '행복하다'와 '행복'이란 단어가 자주 쓰이지 않는 역본들에도 행복의 개념만은 확연히 존재한다. 많은 동의어뿐만 아니라 '자족', '평안', '즐거움' 등 수십 개의 어휘가 모든 역본에 등장한다.

이 구절을 생각해보라. "주와 같은 신이 어디 있으리이까 주께서는 죄악과 그 기업에 남은 자의 허물을 사유하시며 인애를 기뻐하시므로 진노를 오래 품지 아니하시나이다"(미 7:18). 행복에 관한 구절이 아닌 듯 보이지만 막상 말씀의 의미를 알고 나면 우리에게 행복이 밀려오지 않는가?

"새 노래로 여호와께 찬송하라 그는 기이한 일을 행하사 그의 오른손과 거룩한 팔로 자기를 위하여 구원을 베푸셨음이로다 여호와께서 그의 구원을 알게 하시며"(시 98:1-2). 이 구절에 기쁨과 관련된 단어는 없지만 그래도 당신을 기쁘게 하지 않는가?

이리저리 뛰면서 하나님을 찬양한 그 걷지 못하던 남자를 기억해보라(참조. 행 3:1-10). 그의 이야기는 행복과 관련한 단어 연구에 나오지 않는다. 그러나 그는 분명히 엄청난 행복을 맛보았다.

"아버지 앞에서 우리에게 대언자가 있으니 곧 의로우신 예수 그리스도시라"(요일 2:1). 여기에도 행복에 해당하는 단어는 언급되지 않지만, 당신은 예수님이 당신의 대언자요 변호사이심을 알면 기분이 어떤가? 당신과 당신을 고발하는 사탄(참조. 계 12:10) 사이에 서 계신 예수님을 상상할 수 있는가? 생각만 해도 나는 미소가 지어지고 기쁨으로 가슴이 뛰며 하나님을 찬양하게 된다.

우리는 구속되어 그리스도 안에서 새로운 성품을 받았으며, 하나님의 사랑과 은혜와 자비를 누리고 있다. 이런 내용이 언급된 모든 본문은 우리의 행복이 어디에 근거를 두고 있는지에 관한 심오한 진술이기도 하다.

영생은 어떤가? 청교도 데이비드 클락슨은 "영생과 행복은 서로 호환되며 성경에 동의어로 쓰였다"라고 말했다.[6]

새 땅에 임할 영원한 천국이 요한계시록 7장 16-17절에 묘사되어 있다. 기쁨과 행복의 동의어는 나오지 않지만 본문이 전하는 것은 바로 행복이다.

> 그들이 다시는 주리지도 아니하며 목마르지도 아니하고 해나 아무 뜨거운 기운에 상하지도 아니하리니 이는 보좌 가운데에 계신 어린 양이 그들의 목자가 되사 생명수 샘으로 인도하시고 하나님께서 그들의 눈에서 모든 눈물을 씻어 주실 것임이라.

성경에 하나님이 우리를 위하시며 아무것도 우리를 그리스도의 사랑에서 끊을 수 없다는 말씀도 있다(참조. 롬 8:31, 39). 역시 행복에 해당하는 단어는 쓰이지 않았지만 행복의 이유들이 지면에서 튀어나온다.

심지어 욥기나 예레미야애가 같은 성경의 가장 암울한 부분에서도 행복의 이유가 나와 있지 않은 장을 찾기란 쉽지 않다.

사랑, 평안, 자족, 온유함, 은혜, 자비, 위로, 노래, 찬양, 예배, 은총, 형통, 건짐, 구조, 구원, 감사, 만족, 선택받음, 구속, 복음, 신뢰, 선, 아름다움, 경이, 경외, 탁월함, 소망 이 모든 단어가 행복을 자아내지 않는가? 거기에 이 책의 본문과 부록에 소개된 행복의 어휘까지 다 합하면 포함될 구절 수는 네 배 이상 늘어나 총 8천 개가 넘을 것이다.

성경이 얼마나 행복에 흠뻑 젖어 있는지 알면 하나님의 자녀로서 우리의 시각이 근본적으로 달라질 것이고, 복음을 들고 세상으로 나아가는 길이 크게 넓어질 것이다. 하나님의 계획과 예수님의 복음에 많은 것이 망라되겠지만 우리의 행복이 포함되는 것만은 의문의 여지가 없다.

제4부

하나님 안의 행복을
이해하고 경험하기

Chapter·30

행복과 기쁨에 담긴 정서적 만족

> 주를 찾는 모든 자들이 주로 말미암아 기뻐하고 즐거워하게 하시며 주의 구원을 사랑하는 자들이 항상 말하기를 하나님은 위대하시다 하게 하소서.
>
> 시편 70:4

> 다른 사람을 위한 삶이야말로 정말 그리스도를 닮은 삶이다. 오 거기서 얻는 만족과 행복과 기쁨이여.
>
> 조지 워싱턴 카버(George Washington Carver)

지금까지 하나님이 성경 전체에 계시하신 행복을 살펴보았으니 이제 행복과 기쁨을 사실상 혼용할 수 있는 이유에 대한 논의를 마무리할 수 있다.

지난 2년 동안 나는 행복과 기쁨과 기타 모든 동의어가 쓰인 성경 본문들을 다양한 역본에서 전부 찾아보았다. 이 연구를 통해 밝혀진 결과는 조니 에릭슨 타다의 말과 정확히 일치한다.

> 기쁨과 행복은 사실상 동의어라서 둘 중 어느 쪽을 경험하든 서로 구분하기가 너무 힘들다. 예를 들어 딸의 결혼 소식을 들은 당신의 반응은 기쁨이겠는가 아니면 행복이겠는가?…

기쁨만 남기고 그 즐거운 쌍둥이인 행복을 빼앗는다면 이는 우리 영혼에서 하나님의 잔치를 박탈하는 일이다. 모든 상황에서 둘 다를 본질적 요소로 구하라. 당신의 영혼에 깊은 자족감이 솟아오르거든 행복해하라. 외부에서 즐거운 순간이 몰려오거든 기뻐하라. 둘 중 어느 것을 느껴야 할지 고민하지 말고 둘 다 하나님의 선물로 받아들이라. 그분은 이 모든 감정이 풍성하신 분이다.[1]

기쁨과 행복과 즐거움과 환희와 쾌락을 꼬치꼬치 따져 구분하는 것은 불필요하고 혼란을 일으키며 그릇된 길로 인도한다. 그 모두는 하나님의 선하심과 무수히 많은 선물을 누리는 마음 상태를 가리킨다.

오늘날 많은 그리스도인이 행복을 한사코 비하하는 이유는 무엇인가?

이 책을 다 읽은 후에도 당신은 다음과 같이 말하는 책과 기사와 설교를 계속 수없이 만날 것이다. 기쁨은 영적이지만 행복은 세속적이고,[2] 행복은 상황에 달려 있는 감정이며,[3] 기쁨은 감정이 아니라 선택이고,[4] 기쁨은 행복의 반대며,[5] 행복은 덧없고 일시적이지만 기쁨은 영원하다.[6] 또 이런 제목의 글과 설교도 보게 될 것이다. "행복은 기쁨이 아니다."[7] "행복은 기쁨의 적이다."[8] 성경에 반대의 진술이 넘쳐남에도 불구하고 당신은 이런 말도 듣게 될 것이다. "성경에 하나님이 당신의 행복을 원하신다는 말은 전혀 없다."[9]

어느 기독교 지도자는 내게 이런 이메일을 보내왔다. "성경에 보면 하나님은 행복을 추구하는 일에 관심이 없으시다…그렇다면 행복해지려는 만연한 야망은 무엇인가? 하나님의 원수인 마귀가 우리를 기쁨에서 빗나가게 하려는 최악의 우상이 아닐까?"

우리가 이처럼 행복을 문제 삼는 이유는 무엇인가? 행복의 출처는 7장에 논한 이원론적 기독플라톤주의인가? 행복한 사람은 분명히 죄를 짓고 있는 거라는 의혹이 우리에게 있는가? 만일 그렇다면 이것은 우리의 세계관에 관해 무엇을 말해주는가?

윌리엄 셰익스피어는 "우리의 이 삶은…나무에도 혀가 있고, 흐르는 시내에도 책이 있으며, 돌에도 설교가 있고, 모든 것에 선(善)이 있다"라고 썼다.[10] 하나님이 지으신 이 세상에서 과연 우리는 행복하게 나무를 경청하고, 시내를 읽으며, 돌의 설교를 듣고, 주변의 모든 선을 보고 있는가? 왜 우리는 이런 행복의 초대를 무시하거나 이것을 그분께 합당하지 못한 것으로 여기는가?

행복을 도외시하는 이유는 우리가 더 행복해야 마땅하다는 내면의 증언 때문인지도 모른다. 행복하신 하나님이 우리를 지옥의 사지(死地)에서 건져내 천국의 영원한 즐거움 속으로 옮기셨고, 지금 우리 안에 내주하시며 능력을 주시니 우리가 더 행복해야 함은 당연하지 않은가? 그래서 기쁨을 무감정한 것이나 신분적인 것이나 초월적인 것으로 정의하면 우리의 불행이 정당화될지도 모른다. 하나님 안에서 항상 기뻐하라는 그분의 명령에도 불구하고 말이다. 기쁨이 행복은 아니라고 말하면 기준이 낮아져, 무기력하게 질질 끌려가는 그리스도인의 삶에 안주할 수 있을지도 모른다.

제3부와 부록에 제시된 수많은 성경 구절에 비추어 우리가 버려야 할 관념이 있다. 죄로 물든 문화 속에서 우리가 행복할 수 없다는 것과 아픔이 많은 세상 속에서 즐거워하는 것이 영적이지 못하다는 것이다. 하나님 말씀에 따르면 그렇지 않다.

우리는 정말 복음과 교회를 행복과 갈라놓을 참인가? 그 일에 성공한다면 복음과 교회는 세상과도 분리될 것이다. 세상은 한결같이 행복을 원할 테니 말이다.

그리스도인들은 행복을 저버릴 것이 아니라 오히려 품어야 한다. 하나님의 변함없고 영원한 사랑을 통해 성경에 값없이 제시되는 그 참된 행복을 받아들여야 한다.

행복과 마찬가지로 기쁨에도 참과 거짓이 있다

"기쁘다 구주 오셨네"를 작사한 아이작 왓츠(Isaac Watts, 1674-1748)는 '세속적 기쁨'에 대해 말했다.[11] 행복처럼 기쁨도 영적인 것이 있고 영적이지 못한 것이 있다. 찰스 스펄전은 거짓 기쁨과 참 기쁨의 차이를 이렇게 인식했다.

> 주제넘은 거짓 기쁨은 그리스도께서 우리에게 주시려는 기쁨이 아니다. 그래서 그분은 예리한 칼을 꺼내 그 기쁨을 도려내신다. 거짓에 기초한 기쁨은 우리를 막아 참 기쁨을 누리지 못하게 한다. 그러므로… 우리의 기쁨은 마땅히 누릴 만한 것이어야 한다. 한낱 물결과 물거품처럼 바람에 밀려 요동하는 것이 아니라 견고한 만세반석이신 그분께 기초해야 한다![12]

그리스도 중심의 행복도 있고 그리스도를 부인하는 행복도 있다. 전자는 영원하지만 후자는 유통 기한이 아주 짧다.

60년도 더 전에 A. W. 토저의 글에 기쁨이 부정적으로 쓰이고 행복이 긍정적으로 쓰인 데 주목하라. "인간은 모종의 기쁨을 만들어내느라 바쁘다. 무도장에서 그것을 시도하고…텔레비전에 의지한다. 그러나 참으로 행복한 얼굴들은 아직도 보이지 않는다."[13]

기쁨을 지어내려는 인위적 시도로는 오직 그리스도를 통해서만 오는 행복을 지어낼 수 없음을 토저는 알았다.

그분 안에서 기뻐할 것을 우리에게 명하실 때 하나님의 관심은 우리의 생각과 행동에만 있고 그분을 향한 우리의 감정에는 없을까? 아니다. 그분은 우리의 뜻(지성)을 다해서만 아니라 또한 마음을 다하여 그분을 사랑할 것을 명하신다(참조. 마 22:37). 하나님은 기쁨 없이 그분을 섬기는 사람들을 책망하신다(참조. 신 28:47). 물론 기쁨을 느끼지 못하는 상태에서도 하나님께 순종하여 그분을 섬길 수 있다. 그러나 친히 강조하여 말씀하시듯이 그분은 우리가 기쁨을 느끼기를 원하신다! 감정이 기쁨의 전부는 아니지만 하나님의 기쁨에 감정이 수반되니 우리의 기쁨도 그러해야 하지 않겠는가?

시편 저자는 "그런즉 내가 하나님의 제단에 나아가 나의 큰 기쁨의 하나님께 이르리이다 하나님이여 나의 하나님이여 내가 수금으로 주를 찬양하리이다"(시 43:4)라고 고백했다. 누군가에게 "당신은 나의 큰 기쁨입니다"라고 말하면서 강렬한 감정이 없다는 것이 상상이 되는가?

마이크 메이슨은 이렇게 썼다.

> 나는 기쁘면 행복하고, 행복하면 기쁘다. 이보다 더 분명한 것이 있을까? 행복과 동떨어진 기쁨이나 기쁨 없는 행복을 내가 원해야 할 까닭이 무엇인가? 기쁨 없는 행복은 얄팍하고 덧없다. 그 근거가 마음자세보다 외부 환경에 있기 때문이다. 행복 없는 기쁨은 영화(靈化)된 거짓이다. 성경은 기쁨과 행복을 분리하지 않는다. 우리도 그래야 한다.[14]

청교도들은 기쁨과 행복을 혼용했다

리처드 십스는 "무엇을 하든 우리는 기쁨을 얻기 위해 한다…기쁨은 영혼의 중심이다…천국 자체도 기쁨과 행복이라는 이름으로 불린다"라고 썼다.[15]

조나단 에드워즈는 기쁨과 행복이란 단어를 자주 썼고 어떤 때는 한 문장 안에 같이 썼다. 그의 전집을 보면 309편의 설교나 기사에 '행복'이나 '행복하다'가 총 3,722회 쓰였다. '기쁨', '기쁘다', '기뻐하다'가 쓰인 빈도도 거의 비슷하다.

그는 요한복음 15장 11절("내 기쁨이 너희 안에 있어")과 17장 13절("그들로 내 기쁨을 그들 안에 충만히 가지게 하려 함이니이다")에 나오는 예수님 말씀을 인용하여 "그리스도께서 그분의 사람들에게 주시는 행복은 그분 자신의 행복에 동참하는 것"임을 증명했다.[16]

그는 또 "교회의 기쁨과 행복은 참 신랑이신 그리스도께 있다"라고 썼다.[17] 그 문장의 두 명사가 동의어이듯 다음 문장의 두 형용사도 마찬가지다. "이 기쁘고 행복한 사람들은 면류관의 보석처럼 높이 들릴 것이다."¹⁸ 에드워즈는 '기쁘다', '행복하다', '즐겁다' 등을 써서 의미를 강조했다. "하나님이 이루시기로 약속하신 일이란 곧 자기 백성의 기쁨과 즐거움과 행복을 성취하시는 것이다"라고 말했다.¹⁹ 기쁨은 영적이고 깊지만 행복은 속되고 얄팍하다는 현대 복음주의의 잘못된 생각이 그에게는 없었다.

존 밀턴(John Milton, 1608-1674)은 『실낙원』(Paradise Lost)에 "우리의 첫 두 조상"이 "행복한 동산"에 살면서 "부단한 기쁨"과 "지복의 고독"을 누리고 "기쁨과 찬송으로 행복한 시간을 보냈다"라고 썼다.²⁰ 그에게 행복과 기쁨과 지복은 동의어였다.

리처드 백스터는 "참된 신자들에게 죽음의 날은 곧 행복과 기쁨의 날이다"라고 말했다.²¹

윌리엄 로우는 신자들에게 "생생한 믿음, 기쁜 희망, 하나님을 향한 정당한 신뢰 등의 행복이 없어서는 안 된다"라고 말했다.²²

그는 또 "우리를 하나님 안의 기쁨과 행복으로 데려다주지도 못할 것들에 기쁨이나 행복이라는 이름을 붙이는 것은 완전히 허튼소리요 미련한 짓이다"라고 썼다.²³

토머스 두리틀(Thomas Doolittle, 1632-1707)은 "우리가 한없이 중시하는 것은 천국의 영원한 기쁨과 위에 있는 성도들의 보이지 않는 행복이지 다른 가시적이고 한시적인 것들이 아니다"라고 말했다.²⁴ 이 문장에서 "기쁨"과 "행복"을 맞바꾼다고 해도 의미는 똑같을 것이다.

토머스 우드코크(Thomas Woodcock, 1888-1918)는 "'주인의 즐거움에 참여할'(마 25:21) 그날 우리는 하나님의 행복 속에 들어설 것이다. 우리 자신의 행복보다 그분의 행복을 더 기뻐할 것이다"라고 말했다.²⁵

토머스 빈센트(Thomas Vincent, 1634-1678)는 사도 요한에 대해 "그는 [하나님의 자녀라 불리는] 이 위대한 특권과 거기에 수반되는 행복으로 인해 황홀한 기쁨에 취한 듯 보인다"라고 썼다.²⁶

토머스 리질리(Thomas Ridgley, 1667-1734)는 변화산을 "기쁨과 행복의 영광스러운 장면"이라 표현했다.[27]

청교도 설교자들의 이름이 토머스만 있는 것은 아니다. 헨리 윌킨슨(Henry Wilkinson, 1610-1675)도 하나님의 사람들에 대해 "미래의 행복에 관한 그들의 권리와 소망, 그 행복과 더불어 기대하는 안식과 평안과 기쁨은 다 그리스도 덕분이다"라고 말했다.[28]

스티븐 차녹은 이렇게 썼다. "무언가를 새롭게 발견할 때마다 새로운 기쁨이 모습을 드러낸다. 하나님을 찾는 일이야말로 세상의 그 어떤 성취보다도 큰 행복이다.[29]…자칫 실족하여 천국의 행복을 잃을지 모른다는 두려움이 섞여 있다면 그 기쁨은 영원하거나 순전할 수 없다."[30] 행복을 기쁨보다 열등하게 여겼다면 결코 두 단어를 이렇게 병치하지 않았을 것이다.

리처드 십스는 "우리가 고난 중에도 기뻐할 수 있음은 최악의 일 속에도 복이 있어 우리의 영원한 행복을 더해주기 때문이다"라고 썼다.[31] 그는 또 목사들이 "교인들의 기쁨을 도와야" 한다면서 행복을 성경에 "기쁨"이라 칭했고, "기쁨은 행복의 주요 부분"이라고 말했다.[32]

영국의 복음주의자인 찰스 시미언은 신자의 죽음에 대해 이렇게 썼다. "이제 그는 '잘하였도다, 착하고 충성된 종아. 네 주인의 즐거움에 참여할지어다'라는 구주의 음성을 들으며 형언 못할 기쁨에 잠긴다. 가장 간절한 갈망들이 마침내 다 충족되어 이제 그는 하나님의 품안에서 온전히 행복하다."[33]

토머스 제퍼슨(Thomas Jefferson)은 청교도는 아니었지만 당대의 모든 교육받은 사람들처럼 그도 청교도가 큰 영향력을 끼치던 세상에 살았다. 독립선언문을 작성할 때 그는 이런 유명한 문구를 삽입했다. "우리는 모든 인간이 평등하게 창조되었고, 창조주로부터 몇 가지 양도할 수 없는 권리를 부여받았으며, 그중에 생명과 자유와 행복 추구권이 있음을 자명한 진리로 받아들인다." 이것은 "생명과 자유의 향유"를 언급한 버지니아의 헌법 전문(前文)에서 따온 표현이다.

웨슬리 가의 두 형제는 행복과 기쁨이 완전히 조화를 이룬다고 보았다

존 웨슬리의 설교 60여 편에 행복이 언급되어 있으며 그중에는 행복만을 다룬 것들도 있다. 그와 동시대를 살았던 새뮤얼 존슨(1709-1784)과 알렉산더 포프(Alexander Pope, 1688-1744)도 행복에 관해 썼고, 당대의 많은 교육받은 사람들도 마찬가지다. 웨슬리가 행복을 말한 것은 성경에 행복이 나와 있기 때문이기도 하지만 또한 청중의 관심이 지대했기 때문이다.

그는 듣는 사람들에게 하나님이 행복의 유일한 근원이시라는 말을 자주 했다. "악과 행복의 공존은 이치상 불가능하다"라고도 썼다.[34]

동시대 신학자 프레드 샌더스는 이렇게 썼다. "웨슬리는 한편으로 감정에 불과한 얄팍한 행복과 또 한편으로 깊고 확고한 기쁨을 결코 구분하지 않았을 것이다. 그가 보기에는 행복이란 단어에 경박하거나 얄팍하다는 어감이 없었기 때문이다. 그의 어휘에서 행복은 좋은 단어이므로 기쁨이란 단어와 자유로이 혼용했다."[35]

웨슬리는 "그리스도를 처음 알 때…이 행복은 시작된다. 확실하고 본질적인 진짜 행복이다"라고 썼다.[36] 또 "그리스도인이 아니고는 아무도 행복하지 못하다. 내면으로 진정한 그리스도인만이 행복하다. 폭식가와 술고래와 도박꾼은 유쾌할지는 몰라도 행복할 수는 없다. 연인들은 먹고 마시며 신나게 놀 수 있지만 그래도 행복을 느끼지 못한다…온갖 오락을 쫓아다닐 수 있지만 행복은 거기에 없다"라고 말했다.[37]

우리 생각 같아서는 웨슬리가 "그리스도인이 아니고는 아무도 기쁘지 못하다"라든지 "술고래는 행복할지는 몰라도 기쁠 수는 없다"라고 말할 것 같지만 그는 그러지 않았다. 사실상 차이가 없기 때문이다. 그도 육체적 쾌락의 가치를 부인하지 않았지만 그가 알았듯이 하나님의 자녀들은 "그런 것이 하나도 없어도 행복할 수 있다. 그들의 내면에 행복의 샘이 있기 때문이다. 그들은 하나님을 보며 그분을 사랑한다."[38]

그는 또 "모든 그리스도인은 행복하다…행복하지 않은 사람은 그리스도인이 아니다"라고 말했다.[39] 그리스도인은 결코 슬프지 않거나 큰 고난에 부딪히지 않는다는 말이 아니다. 그리스도인이라면 그리스도 안에서 환경을 초월하는 전반적 행복을 기본으로 경험할 수밖에 없다는 말이다.

그의 일기에 보면 참으로 회심한 사람은 "행복이 이 땅에는 없고 하나님을 즐거워할 때에만 있음을, 그리고 '주의 오른쪽에 영원히 흐르는 복락의 강물'을 미리 맛볼 때에만 있음을 안다"라고 적혀 있다.[40]

존의 동생 찰스 웨슬리(Charles Wesley, 1707-1788)는 역사상 가장 위대한 찬송 작사가 가운데 한 사람이다. 그가 지은 몇몇 찬송시의 첫 소절을 생각해보라.

해악에서 벗어난 행복한 영혼
목자의 품안에 안식하도다[41]

행복한 영혼은 예수와 연합하여
은혜로만 구원받은 자로다[42]

은혜를 얻은 자 행복하고
하나님이 택하신 자 복되도다[43]

세 번째 찬송은 거듭 행복을 노래하다가 이렇게 5절로 이어진다.

가장 순전한 기쁨이 여기 있으니
순결하고 거룩한 영적 즐거움일세[44]

찰스 웨슬리는 주제를 바꾸지 않은 채로 행복 대신 기쁨이란 단어를 썼다.

찰스 스펄전도 으레 행복과 기쁨이란 단어를 섞어서 썼다

웨슬리 가의 두 형제가 모든 신자를 행복으로 부른 지 백 년 후에 찰스 스펄전도 똑같이 하면서 "행복한 그리스도인은 자신의 기쁨을 통해 다른 사람들을 끌어들인다"라고 했다.[45] 그의 설교에 '행복'이나 '행복하다'는 단어가 2만3천 번도 더 쓰였다.

그는 "복음의 기쁨과 행복은 어디로 갔는가?"라고 반문했는데[46] 이것은 하나를 묻는 질문이다. 다음은 그의 설교에서 몇 대목을 인용한 것이다.

- 우리 주 예수 그리스도를 통하여 그분의 행복하고 기쁜 식탁으로 나아가자.[47]
- 구원의 하나님, 언약의 하나님을 우리는 기쁨으로 예배해야 한다! 그분은 행복하신 하나님이며 행복한 예배자들을 사랑하신다.[48]
- 행복하고 기쁨이 충만한 당신에게 권하노니 지극히 복된 이 방법으로 반드시 행복이 지속되게 하라.[49]
- 빛의 자녀는 하나님의 은혜로 밝고 행복하며 평온하고 기쁨이 충만한 사람이다.[50]

스펄전 목사는 또 "기쁨이란 즐거운 것이다. 형제자매들이여, 당신은 아무리 행복해도 지나치지 않다! 즐거움이 충만하다는 이유로 결코 자신이 잘못되었다고 의심하지 마라. 주 안의 기쁨이기만 하다면 아무리 기뻐도 지나치지 않다!"라고 선포했다.[51]

우리의 기쁨 내지 행복에 관한 한 그가 붙인 조건은 "주 안의" 기쁨이어야 한다는 것 하나뿐이다. 그에게 행복이란 미심쩍거나 급이 낮은 것이 아니라 하나님을 영화롭게 하는 성경적인 것이었다.

19세기와 20세기에도 기쁨과 행복은 대체로 동의어로 쓰였다

성공회 주교 J. C. 라일은 이렇게 말했다.

참으로 행복하려면 이 세상의 무엇에도 의존하지 않는 즐거움의 근원이 있어야 한다…행복을 땅의 것들에 전적으로 의존하는 사람은 모래 위에 집을 짓거나 갈대에 몸을 기대는 사람과 같다. 당신의 행복이 날마다 이 땅의 불확실한 것들에 달려 있다면 행복을 말하지 마라…당신이 마시는 복락의 강물은 금방이라도 바짝 마를 수 있다. 당신의 기쁨은 깊고 진실할지 모르지만 두렵도록 수명이 짧다. 뿌리가 없기 때문이다. 그것은 참된 행복이 아니다.[52]

보다시피 라일은 수명이 짧은 "기쁨"을 "참된 행복"과 대비했다. 아래에 그가 언급한 '행복한 감정'을 생각해보라. 오늘날 영적이지 못하다고 흔히 일축되는 부분이다. 그는 이런 감정이 기쁨과 전적으로 공존할 수 있다고 보았다. "무엇보다 그리스도는 우리에게 양심의 평안, 내적 기쁨, 밝은 소망, 행복한 감정을 주실 수 있다."[53]

라일은 또 우리 모두가 알아야 할 사실을 이렇게 말했다. "참으로 행복하려면 기쁨의 근거를 이 세상이 줄 수 없는 것에 두어야 한다."[54]

『그리스도인의 행복한 삶의 비밀』(The Christian's Secret of a Happy Life, 살림 역간)이 간행된 1875년은 그리스도인들이 '행복'이란 단어를 즐거이 받아들이던 시대였다. 이 책은 당대에 가장 널리 읽힌 경건 서적이 되었다.

20세기 중반 이전까지만 해도 거의 모든 주석가가 성경 본문들에 언급된 기쁨을 행복과 대등하게 여겼다. 예컨대 신학자이자 주석가인 찰스 하지(Charles Hodge, 1797-1878)는 바울에 관해 "그는 자신이 행복하면 고린도 교인들도 자신의 기쁨에 동참하리라고 확신했다(1-4절)"라고 썼다.[55]

알프레드 플러머(Alfred Plummer, 1841-1926)는 요한일서 1장 4절의 기쁨을 "하나님과 의식적으로 연합한 결과인 그 평화로운 행복"이라 설명했다.[56]

A. W. 핑크는 "마귀는 그리스도의 사람들 중 하나라도 행복한 꼴을 보지 못하여 늘 어떻게든 그들의 기쁨을 교란시키려 한다"라고 썼다(강조 추가).[57]

마틴 로이드 존스는 "교회 역사의 모든 큰 부흥마다 이보다 큰 특징은…없었으니 곧 하나님의 사람들에게 자신이 경험한 기쁨과 행복과 평안을 표현하려는 갈망이 있었다는 것이다"라고 말했다.[58]

A. W. 토저는 행복과 기쁨을 대비하며 행복에 대해 비판적인 듯 보인 적도 있다. 그러나 또한 하나님 중심의 기쁨과 자아 중심의 기쁨이 있고, 경건한 행복과 불경한 행복이 있음을 인식했다. 오순절 이후의 제자들에 관해 그는 "이 제자들의 기쁨과 행복은 이제 성령의 기쁨과 복과 즐거움이었다"라고 말했다.[59]

1960년대에 유행했던 많은 복음성가에 행복과 기쁨이 동의어로 쓰였다. 예컨대 "구주를 알 때 행복 있네"(1968년)라는 노래에는 "오 내 기쁨"이라는 가사가 들어 있다.[60]

일각에서는 행복을 경계하는 현대 복음주의의 성향을 근본주의 운동과 연관시킨다. 그러나 1971년에 노령의 근본주의자 존 R. 라이스(John R. Rice)는 "그리스도인이 행복하지 않고 기쁘지 않은 것은 죄다"라고 썼다.[61] 그는 또 "하나님의 말씀에 깊이 뿌리내린 그리스도인은…물가에 심은 나무와 같아서 그 잎사귀가 마르지 않는다! 분명히 이는 그리스도인의 삶이 행복하고 또 행복하다는 뜻이다. 그리스도인은 영혼 구원에도 힘써야 하지만 또한 행복하고 기쁘고 심성이 고와야 한다"라고 말했다.[62]

즐거움과 사랑과 기쁨과 행복은 불가분으로 얽혀 있다

성경은 사랑과 즐거움을 서로 연결하는데 즐거움에는 당연히 감정이 수반된다. "내가 사랑하는 주의 계명들을 스스로 즐거워하며"(시 119:47).

비슷하게 기쁨과 사랑도 맞물릴 때가 많다.

- 주를 찾는 자는 다 주 안에서 즐거워하고 기뻐하게 하시며 주의 구원을 사랑하는 자는 항상 말하기를 여호와는 위대하시다 하게 하소서(시 40:16).

- 그가 너로 말미암아 기쁨을 이기지 못하시며 너를 잠잠히 사랑하시며 너로 말미암아 즐거이 부르며 기뻐하시리라(습 3:17).

이런 본문들은 하나님을 사랑하는 것이 하나님 안의 행복보다 더 중요하다는 잘못된 이분법을 배격한다. 하나님을 즐거워하는 것—하나님 안에서 행복한 것—이 곧 하나님을 사랑하는 것이다.

기쁨을 별세계의 무감정한 존재 상태로 전락시키면 하나님과 성경의 저자들이 의도한 즐거움이 박탈된다.

1987년에 개봉된 영화 "프린세스 브라이드"(The Princess Bride)에 나오는 시칠리아의 악당 비치니는 시종 "있을 수 없는 일"이라는 말을 입에 달고 살지만 사실은 이미 다 벌어진 사건들이다. 마침내 이니고 몬토야는 비치니에게 "그 말을 자주 하시는데 당신이 생각하는 그런 의미는 아닌 것 같소"라고 말한다.

빈번하게 쓰이면서도 심히 오해되고 있는 기쁨이란 단어에도 그 말이 적용된다. 많은 사람이 기쁨을 무감정한 것이라 생각하고 말하지만 기쁨은 그런 뜻이 아니다. 기쁨의 뜻은 즐거움, 쾌락, 감정적 만족 등 그보다 훨씬 낫고 풍부하다. 기쁨이란 행복을 뜻한다.

하나님의 일반 은혜로 비신자들도 그분의 행복과 기쁨을 일부 맛볼 수 있다

시편 145편 9절에 보면 "여호와께서는 모든 것을 선대하시며 그 지으신 모든 것에 긍휼을 베푸시는도다"라고 했다.

바울은 비신자들을 상대로 하나님에 대해 이렇게 말했다. "그러나 자기를 증언하지 아니하신 것이 아니니 곧 여러분에게 하늘로부터 비를 내리시며 결실기를 주시는 선한 일을 하사 음식과 기쁨[유프로쉬네, euphrosune, 참조. 부록 2]으로 여러분의 마음에 만족하게 하셨느니라"(행 14:17). 이 헬라어 단어가 8종의 역본에는 '행복'으로, 다른 14종에는 '기쁨'으로, 나머지 20여 종에는 '즐거움'으로 번역되어 있다. 셋 다 신자들이나 비신자들 사이에서 공히 쓰이는 단어들이다.

바울은 하나님을 모든 사람의 행복의 근원으로 제시함으로써 복음의 다리를 놓았던 것이다.

그러나 신자의 행복과 비신자의 행복에는 중대한 차이가 있다. 첫째, 회심하지 않은 사람들의 행복은 현세로 국한되다. 다윗 왕은 분깃이 이생에 있는 사람들을 언급했다(참조. 시 17:14). 아브라함은 지옥에 간 부자에게 "너는 살았을 때에 좋은 것을 받았고"(눅 16:25)라고 말했다.

둘째, 회심하지 않은 사람들이 누리는 이생의 행복은 다분히 순탄한 환경에 좌우된다(참조. 시 73:18-19, 마 19:22).

데이비드 머리(David Murray)는 신자와 비신자가 공히 누릴 수 있는 행복을 여섯 가지로 꼽았다.

- 자연으로 인한 행복
- 관계적 행복
- 직업적 행복
- 신체적 행복
- 지적 행복
- 유머로 인한 행복

신자들만이 누릴 수 있는 요소가 하나 남아 있는데 바로 영적 행복이다. 머리는 그것을 "때로 나머지 여섯 가지를 합한 것보다 더 많은 쾌락과 즐거움이 담겨 있는 기쁨"이라 표현했다.[63]

영적 행복은 하나님을 묵상하고 그분을 가까이할 때 찾아온다. 물론 다른 여섯 종류도 '영적이지 못한' 행복은 아니다. 그것도 다 하나님이 주신 것이므로 영적이지만 그러나 구속(救贖)을 낳지는 못한다.

일곱 번째 행복이 없으면 처음 여섯 가지는 덧없이 지나간다. 하나님과의 관계가 화목해지고 새 하늘과 새 땅에 대한 성경의 가르침을 깨우치면 반드시 모든 행복이 영원히 우리의 것이 된다.

예수님은 모든 종류의 행복을 경험하셨으며 우리도 그럴 수 있다. 영원한 관점에서 보면 오직 의인들만이 참된 행복을 누린다(참조. 시 16:11, 21:6, 36:7-10, 37:16, 43:4, 73:28, 요 10:10). 우리를 기다리고 있는 영원이 현재의 삶에까지 영향을 미쳐야 한다. 영원의 기쁨을 날마다 현재의 경험 속에 끌어다 써야 한다.

스펄전이 그것을 잘 표현했다.

> 살다 보면 너무 즐겁고 기뻐서 어깨춤이 절로 날 때가 있지 않은가? 그런 희열을 시시한 일에 다 소진하지 말고 하나님의 이름으로 인해 황홀경에 빠지자…우리의 거룩한 신앙에는 극도의 환희와 즐거움을 자아내고 또 정당화할 만한 것들이 충분히 있다. 사람들이 우리 주 하나님께 드리는 예배가 밋밋하다면 그들의 행동은 그들이 믿는 종교의 특성과 일치하지 않는다.[64]

Chapter·31

행복은 우리의 선택이다

> 사람들이 사는 동안에 기뻐하며[행복해하며] 선을 행하는 것보다 더 나은 것이 없는 줄을 내가 알았고.
>
> 전도서 3:12

> 기쁨은 자동으로 오는 것이 아니다. 그리스도는 행복의 알약이 아니다. 그분은 아버지께로 가는 길인데, 그 길은 우리가 아무것도 하지 않은 채 가만히 앉아 있어도 온갖 영적 쾌감 속을 씽씽 내달리는 사육제의 놀이기구가 아니다.
>
> 캘빈 밀러(Calvin Miller)

옛날에 홀어머니를 봉양하던 두 아들이 있었다. 하나는 우산 장수고 하나는 부채 장수였다. 아침마다 날씨를 살피던 어머니는 해가 뜨면 우산이 팔리지 않을 것 같아 불행했고, 비가 오면 부채가 팔리지 않을 것 같아 불행했다. 날이 좋든 궂든 늘 안달할 수밖에 없었다.

하루는 그녀의 친구가 이렇게 말해주었다. "해가 나면 사람들이 부채를 사고, 비가 오면 우산을 산다오. 그러니 마음을 바꾸어 행복하게 살게나!"

간단한 이야기지만 인생을 바꿀 수 있는 원리를 잘 보여준다. 우리의 행복을 좌우하는 것은 환경이 아니라 시각이다. 그리스의 철학자 에픽테토스(Epictetus)는 "우리를 괴롭히는 것은 벌어진 사건이 아니라 사건에 대한 해석이다"라고

말했다.¹

시각을 결정짓는 것은 우리의 초점이다

헬렌 켈러(Helen Keller, 1880-1968)는 "행복의 문이 하나 닫히면 다른 문이 열린다. 그런데 우리는 닫힌 문을 하염없이 쳐다보느라 이미 열려 있는 문을 보지 못할 때가 많다"라고 썼다.² 그녀는 생후 19개월째에 질병을 앓아 시각과 청각을 잃었다. 청각장애 아동들을 위해 일하던 알렉산더 그레이엄 벨은 켈러의 부모에게 보스턴의 퍼킨스 시각장애 학교에 연락할 것을 권했고, 덕분에 그 학교 졸업생인 앤 설리번(Anne Sullivan)이 켈러의 교사가 되었다. 켈러는 이 교사와 함께 훈련이라는 열린 문으로 들어가 결국 경이적인 속도로 배우기 시작했다. 모든 것이 그녀의 태도와 시각에 달려 있었다. 그녀는 닫힌 문에 연연해하지 않고 열린 문을 찾았다.

데이비드 브레이너드(David Brainerd, 1718-1747)는 뉴저지의 델라웨어 원주민들을 섬긴 선교사였다. 그는 열네 살 때 고아가 되었고 대학 시절에 악성 결핵을 앓았다. 심한 고생을 견디며 열매 맺는 사역을 하다가 29세에 세상을 떠났다. 그의 전기는 많은 사람에게 감화를 주었는데 그중에 개척 선교사 윌리엄 캐리(William Carey)와 순교한 선교사 짐 엘리엇(Jim Elliot)도 있다. 브레이너드의 투병 말기에 조나단 에드워즈의 딸 제루샤가 그를 간호했는데, 그녀도 그가 죽고 난 후 4개월 만에 세상을 떠났다. 그에게서 결핵을 옮았을 수도 있다. 우울한 이야기가 아닌가? 하지만 사실 이 이야기에는 많은 행복이 들어 있다.

당연히 그의 일기에는 '고통'이란 단어가 자주 언급되어 78회 쓰였고, '고난'도 30회 쓰였다. 그러나 그의 글에서 가장 인상적인 것은 하나님과 사람들로 인한 행복이 훨씬 많이 언급된다는 점이다. '행복'은 60회, '즐거움'은 50회, '만족'은 177회, '기쁨'은 350회 그리고 대개 '행복'을 뜻하는 '복'은 200회 이상 쓰였다.

평범한 삶은 아니었지만 그도 우리 모두처럼 기쁨과 슬픔을 겪었다. "아침에 주님은 얼굴빛을 내게 보여주시기를 기뻐하셨다…앞으로 내가 과연 하나님 나라를 섬길 수 있을지, 최근 많은 의심 속에서 낙심해 있었으나 주님은 그런 나를 크게 격려해주셨다…심령이 차분해지고 평안 가운데 거하는 것을 느꼈다. 언제, 어디에서 하나님이 나를 쓰기를 원하시든…믿음 속에서 세상을 이기는 것을 느꼈다. 최근에 감당할 수 없다고 절망했던 모든 산을 제거해주시는 것 같았다."[3]

스물네 번째 생일날 브레이너드는 고통에 시달리는 중에도 "오늘은 무척이나 감미롭고 행복한 날이었다"라고 썼다.[4]

그는 자신의 병세와 간헐적 우울을 진솔하게 표현했는데 이를 통해 행복에 대한 그의 진심을 볼 수 있다. 그는 "하나님을 내 분깃으로 소유하는 것이 얼마나 엄청난 행복인가! 하나님의 즐거움에 이르지 못하느니 차라리 다른 피조물이 되는 것이 낫다고 생각했다…주님, 당신이 제게 더 소중한 분이 되게 해주소서!"라고 썼다.[5]

그는 "나는 그 상황을 통해 피조물이 누리는 가장 작은 행복조차도 창조주 하나님께 절대적으로 의존하고 있음을 알게 되었다"라고 고백한다.[6] 또한 하나님에 대해서는 "최고로 선하신 분이며 유일하게 영혼을 행복하게 하시는 분"이라고 말했다.[7]

어느 고통스러운 날, 그는 "기도 가운데 다소 위안을 얻었다. 오직 하나님에게서 오는 것이 아니면 어떤 행복도 갈망할 수 없었다. 연약하고 고통스러우며 멸시받는 피조물인 나를 한없이 선하신 은혜의 하나님께 맡겨드리고 싶었다…밤이 깊어갈 무렵, 내 영혼은 기쁨으로 가득 찼다. 하나님은 변함없이 행복하고 영광스러운 분이기 때문이다."[8]

중병을 앓던 젊은이가 하나님이 행복하시다는—언제나 그러셨고 앞으로도 늘 그러실 거라는—사실을 기뻐할 수 있었다! 오늘날 고통 속에서 하나님의 행복을 그렇게 위안으로 삼는 그리스도인이 몇이나 될까?

브레이너드는 매일 의지적으로 하나님을 묵상했고, 온 사방에서 그분을 보앉으며, 그분의 말씀과 그분의 사람들이 하는 말을 경청했고, 그분의 창조 세계 속에서 그분을 바라보았다. 그는 "이 세상에서 행복을 바라거든 세상에 기대하지 말고 하나님을 바라라"고 썼다.[9]

오늘날과 같은 의술의 도움 없이 극심한 고통 속에서 질병으로 죽어가던 젊은이가 그리스도 안의 행복을 선택할 수 있었다면 우리도 얼마든지 그럴 수 있다.

하나님은 초자연적 자원을 주셔서 우리 마음과 생각을 행복으로 변화시키신다

베드로는 예수님에 대해 "그의 신기한 능력으로 생명과 경건에 속한 모든 것을 우리에게 주셨으니 이는 자기의 영광과 덕으로써 우리를 부르신 이를 앎으로 말미암음이라 이로써 그 보배롭고 지극히 큰 약속을 우리에게 주사 이 약속으로 말미암아 너희가 정욕 때문에 세상에서 썩어질 것을 피하여 신성한 성품에 참여하는 자가 되게 하려 하셨느니라"(벧후 1:3-4)고 말했다.

하나님의 자녀들이 경건하고 행복하게 살아가는 데 부족한 것이 무엇인가? 부족한 것이 하나도 없다. 필요한 것은 이미 다 주셨다. 생명과 경건뿐 아니라 "보배롭고 지극히 큰 약속"까지 주셨다. 성령께서 그 약속으로 우리를 능하게 하여 하나님의 행복을 포함한 그분 자신의 성품에 참여하게 하신다.

당신이 성경의 하나님을 믿고 또 예수 그리스도를 자신의 구주로 믿고 있다면 몇 가지 분명한 사실이 있다.

- 당신의 행복은 이미 대가가 치러진 것이다.
- 당신의 행복은 확고한 기초 위에 세워졌다.
- 당신의 행복을 위한 자원은 날마다 공급된다.
- 당신의 영원한 행복은 절대적으로 보장되어 있으며, 그것이 오늘 당신이 행복할 수 있는 객관적 이유가 된다.

그분을 더 잘 알고 따르고 예배하고 사랑하면 그것이 그리스도 안의 행복을 낳는다. 이런 단계를 건너뛰고는 행복에 이를 수 없다. 그런 식으로 되는 것이 아니다. 날마다 의지적으로 행복의 기초를 묵상하며 그 위에 지어나가야지 무작정 행복이 기적처럼 오기를 기다려서는 안 된다.

많은 사람은 삶을 1) 그리스도를 따르며 순종하는 부분과 2) 독서나 음악 감상이나 스포츠 관람이나 친구들과 함께하는 즐거움 등을 통해 행복을 얻는 부분으로 구분한다. 그러나 삶은 성(聖)과 속(俗)으로 구분되지 않고 전체가 다 하나님께 속해 있다. 하나님이 은혜로 우리에게 하라고 맡겨주신 일들이 있는데, 그것이 무엇이든 바로 그 일들을 하면서 우리는 행복을 얻는다.

우리가 늘 선택하는 사고와 행동이 행복을 낳을 수도 있고 그렇지 않을 수도 있다

심리학자 헨리 클라우드(Henry Cloud)는 "일정한 영양분이 있어야 몸이 건강해지듯이 마음과 지성과 영혼도 일정한 실행이 있어야 행복해진다"라고 썼다.[10]

행복 연구가들의 연구 결과에 따르면 환경이 우리 행복에 미치는 영향은 약 10퍼센트로 극히 낮은 비율에 불과하다. 다음으로 유전적 요소와 체질 등 각자의 내적 기질이 행복 수준의 50퍼센트를 지배한다.[11] 나머지 40퍼센트는 우리의 선택, 행동, 사고 등 전적으로 자신이 통제할 수 있는 것들이다.[12] 물론 사고는 우리의 통제 소관이다. 사고란 우리가 방어할 수 없는 외부의 침입 세력이 아니다. 자신의 사고방식과 감정을 자신도 어찌할 수 없다는 생각은 아주 틀린 것이다.

왜 어떤 사람들은 환경이 훨씬 나은 다른 사람들보다 더 행복할까? 답은 그들의 시각에 있다.

성경은 우리에게 "이 세대를 본받지 말고 오직 마음[생각]을 새롭게 함으로 변화를 받"으라고 명한다(롬 12:2). 사고방식의 이런 변화는 우리의 책임이다.

우리가 하는 생각은 우리가 선택한 것이다. 마르틴 루터는 "새가 당신의 머리 위로 나는 것은 막을 수 없어도 머리에 둥지를 트는 것은 막을 수 있다"라고 말했다. 어떤 생각을 선택하느냐에 따라 우리는 그리스도와 더 가까워지거나 멀어질 수 있고, 그리하여 그리스도 안의 행복과도 더 가까워지거나 멀어질 수 있다.

행복 연구가들이 꼽은 이상의 세 가지 요인에 하나님 말씀의 능력은 빠져 있다. 하나님의 자녀들 안에 내주하시며 변화를 이루시는 성령의 역사도 빠져 있다. 하나님은 우리의 환경과 유전과 배경과 기질을 주관하신다. 따라서 그분은 우리 힘으로 바꿀 수 없는 60퍼센트의 행복 요인들까지도 사용하셔서 자신의 목적을 이루신다. 아울러 우리의 통제 소관인 40퍼센트도 성령의 영향을 받는다.

작고 쉬운 선택이 행복을 가져다줄 때도 있다. 예컨대 사진첩을 들여다보거나, 승마를 하거나, 감동적인 책을 읽거나, 과자를 굽거나, 외식을 즐기는 것 등이다. 오늘 나는 우리 부부가 자라면서 들었던 대중가요를 여남은 곡 틀어 놓았는데 한 시간 내내 둘의 얼굴에 미소가 가시지 않았다.

때로는 삶의 슬픔과 스트레스가 너무 깊어 기쁨이 회복되려면 여러 단계를 거치거나 시간이 흘러야만 한다. 다윗은 자신의 시 한 편을 이렇게 시작했다. "여호와여 내가 수척하였사오니 내게 은혜를 베푸소서 여호와여 나의 뼈가 떨리오니 나를 고치소서…내가 탄식함으로 피곤하여 밤마다 눈물로 내 침상을 띄우며"(시 6:2-3, 6). 시의 끝부분에 그는 이렇게 말한다. "여호와께서 내 울음소리를 들으셨도다 여호와께서 내 간구를 들으셨음이여 여호와께서 내 기도를 받으시리로다"(8-9절). 이런 깨달음에 기초하여 다윗은 절절한 기쁨을 향해 나아갈 수 있었다. 그런 기쁨이 그가 지은 다른 시들에 아주 명백히 표현되어 있다.

행복해지려면 행복한 사람들이 하는 일을 해야 한다

오늘날 여러 연구 결과와 성경은 모두 책임을 우리 몫으로 넘긴다. 행복한 사람들은 후히 베풀고, 다른 사람을 섬기며, 다른 사람을 행복하게 해주려고 애쓴다. 먼저 행복이 있고 그다음에 베풀고 섬기는 것이 아니라 베풀고 섬기는 과정에서 그리고 그 결과로 행복이 임한다. 무작정 앉아서 행복을 기다리는 사람들은 행여 호흡을 참아서는 안 된다. 기다리는 기간이 길어질 테니 말이다!

연구마다 결과가 확실하다. 2010년에 4,500명의 미국 성인을 조사한 결과, 자원봉사 시간이 연평균 백 시간인 사람들 중 68퍼센트는 자원봉사 덕분에 몸이 더 건강하게 느껴진다고 답했고, 73퍼센트는 "스트레스 수위가 내려갔다"라고 말했으며, 89퍼센트는 "행복감이 높아졌다"라고 보고했다.[13]

아서 브룩스(Arthur Brooks)는 이렇게 말했다. "연구를 통해 증명되었듯이 행복을 원하거든…다른 사람을 섬겨라. 자원봉사를 하고 베푸는 사람은 그 결과 더 행복해진다. 행복의 열쇠는 다른 사람의 행복을 위한 수고에 있기 때문이다…행복을 느끼는 사람일수록 생산성과 효율성과 성공률도 더 높다."[14]

행복에 행동이 요구된다는 이 개념은 논쟁의 여지가 없다. 각종 연구 결과도 성경과 완전히 일치한다. 바울은 영적 은사에 대해 "우리에게 주신 은혜대로… 긍휼을 베푸는 자는 즐거움으로 할 것이니라"(롬 12:6,8)고 했다. 우리만 즐거울 것이 아니라 은사를 써서 즐거움을 퍼뜨리라는 것이다.

젊었을 때 나는 목사로서 우리 교회의 상담 사역을 이끌었다. 그때 많은 부부에게 해준 말이 있다. "저를 찾아오셨다는 것만으로 결혼생활에 도움이 될 일을 했다고 착각하실 수 있습니다. 하지만 여기서 말한 변화를 실행하지 않는 한 상담실에 오는 것은 아무 의미가 없습니다." 행복에도 동일한 원리가 적용된다. 행복에 대해 말만 해서는 행복이 이루어지지 않는다.

사람들이 말하는 희망이나 계획을 종종 듣게 된다. 언젠가는 자신도 성경을 꾸준히 읽고, 후히 베풀며, 주일학교에서 봉사하고, 선교 여행에 가겠다는 것이다. 그러나 하나님의 선물인 행복을 받아 누리려면 의욕이나 희망이나 계획만으로는 안 되고 실제로 행동에 나서야만 한다.

행복이 하나님을 알고 사랑하며 섬기는 데서 온다는 사실을 아는 것만으로 부족하다. 하나님의 말씀을 펴라. 성경공부에 참석하라. 교회에 등록하라. 노숙자 보호 시설에서 자원봉사를 하라. 미전도 종족을 위한 성경 번역 사역에 후원금을 보내라. 행복을 추구함에 있어 새롭고 더 좋은 결과를 원하거든 반드시 행동해야 한다!

2009년에 로체스터 대학교 연구진은 졸업 후 소기의 목표를 달성한 동문 147명의 성공을 추적하는 연구를 실시했다. 깊고 지속적인 관계 같은 '본질적인' 목표도 있었고, 평판이나 명성의 획득 같은 '비본질적인' 목표도 있었다. 이 학자들의 연구 결과에 따르면 본질적인 목표는 더 행복한 삶과 상관이 있었다. 그러나 비본질적인 목표를 추구한 사람들은 수치심과 두려움 같은 부정적 감정을 더 많이 경험했고, 몸의 병도 더 많았다.[15]

문제의 해답이 예수님이라는 말은 지나친 단순 논리가 아니다. 물론 예수님을 신뢰하고 하나님의 말씀을 공부하며 그분의 사람들과 더불어 노력하는 일이 단순하다는 말은 쉽다는 의미가 아니다. 그러나 그런 목표에 더 다가가기 위한 매일의 선택들이 우리 힘으로 가능하다는 의미에서는 단순하다.

행복을 실제로 경험하려면 지속적인 노력이 필요하다. 나와 아내가 구입한 주택은 막상 거기에 들어가 살기 전에는 명실상부한 우리 집이 아니었다. 마찬가지로 우리의 행복도 그리스도께서 값을 치르고 이미 사셨다. 그러나 실제로 가져다 누리기 전에는 정말 우리의 것이 아니다.

행복을 선택하는 우리의 능력은 하나님의 주권과 온전히 양립한다

한편으로 하나님은 우리의 행복에 필요한 것을 모두 공급해주신다. 다른 한편으로 그분의 공급을 받아 누리고, 더 넓은 시각을 취하며, 행복을 낳을 만한 행동을 선택하는 일을 그분은 우리에게 맡기신다.

성경에 거듭 밝혀져 있듯이 그리스도께로 돌아온 사람은 더는 죄의 노예가 아니다(참조. 롬 6:18). 물론 우리는 여전히 죄를 지을 수 있고 실제로 짓기도 하지만, 주어진 순간에 꼭 죄를 지을 필요는 없다. 그리스도 안의 새로운 성품과 성령께서 주시는 능력이 우리에게 있기 때문이다(참조. 고후 5:17). 그래도 하나님은 우리에게 순종을 강요하지 않으시고 우리의 선택에 맡기신다.

빌립보서 2장 12-13절을 생각해보라. "두렵고 떨림으로 너희 구원을 이루라[우리의 행동] 너희 안에서 행하시는 이는 하나님이시니[하나님의 행동] 자기의 기쁘신 뜻을 위하여 너희에게 소원을 두고 행하게 하시나니[하나님의 행동]." 하나님의 주권과 인간의 의지 중 하나를 택할 필요가 없다. 이 본문이 가르쳐주듯 양쪽이 함께 동참한다.

이 동역은 두 존재가 진정으로 함께 일할 때 이루어지되, 양측의 지성이나 권위나 결의가 대등하다는 의미는 전혀 없다(무한하신 창조주 하나님과 유한하고 타락한 인간의 모든 동역은 당연히 대등하지 않을 수밖에 없다!).

인간의 선택은 유의미한 실재지만 그렇다고 하나님이 "손을 떼셨다"라는 뜻은 아니다. 그분께서는 여전히 인간의 의지를 변화시키실 능력이 있다. 그래서 우리는 성령께서 주시는 능력으로 그분을 믿고 순종한다. 그분은 우리를 불러 그분과 진정으로 협력하게 하신다. 그러려면 우리 쪽의 수고와 훈련이 필요한데, 이조차도 우리는 그분의 힘과 은혜에 의지한다.

하나님은 행복을 낳을 만한 선택을 우리에게 강요하지 않으시며, 그런 의미에서 '우리를 행복하게 만들지' 않으신다. 모든 위대한 스승처럼 하나님도 우리에게 필요한 자원을 주셔서 배우게 하신다[하나님의 주권과 우리의 유의미한 선택이 맞물리는 그 아름다움을 내 책 『인간의 선택인가, 하나님의 선택인가?』(hand in Hand, 토기장이 역간)[16]에 철저히 논한 바 있다].

우리가 행복을 만들어낼 수는 없지만 행복을 낳는 선택은 할 수 있다

씨앗이 저절로 자랄 수 없듯이 우리도 하나님 안의 행복을 만들어낼 수 없다. 그러나 우리는 그냥 씨앗이 아니라 그 씨앗을 잘 심고 물과 비료를 주는 온실의 농부다.

바울은 고린도 교회에 "나는 심었고 아볼로는 물을 주었으되 오직 하나님께서 자라나게 하셨나니"(고전 3:6)라고 말했다. 작물이 자라게 하시는 분은 하나님이지만, 가장 알이 굵은 최상품을 길러내 지역 품평회에서 입상하는 것은 자기 몫을 충실히 다한 사람들의 역할이다.

"행복은 선택이다"라는 말을 가볍게 해서는 안 된다. 당장의 일시적 행복 대신 궁극의 영원한 행복을 선택하기가 늘 쉽지만은 않다. 행복을 선택하는 일은 마치 자수성가를 이루듯이 무조건 이를 악물고 악착같이 애쓰는 것이 아니다. 오히려 그것은 하나님의 은혜와 행복을 감사로 받는 일이다.

그래도 "일단 행동하라"는 말은 다분히 유효하다. 하버드 대학교의 심리학자 제롬 브루너(Jerome Bruner)는 "사람은 느끼는 대로 행동하기보다 행동하는 대로 느낄 소지가 더 높다"라고 말했다.[17]

기쁨을 낳는 지혜로운 선택을 내리기 전에 동기가 충분해지기를 기다리는 사람들이 너무 많다. 그러나 일단 첫걸음을 떼면 타성이 깨지면서 새로운 습관이 시작된다. 운동이든 바른 식생활이든 다른 사람을 섬기는 자원봉사든 다 마찬가지다. 거기서 비롯되는 긍정적 행복을 일단 맛보고 나면 새로운 습성을 유지하려는 동기가 훨씬 강해진다.

그리스도가 중심이신 행복을 누리도록 우리 뇌를 훈련할 수 있다

어떤 신체 활동이 오래 반복되면 근육에 장기 기억이 생성된다. 자전거 타기나 타자 치기나 악기 연주에는 다 근육의 기억이 활용된다.

행복의 원리도 이와 비슷하다. 뇌에도 근육의 기억이 있다. 특정한 행동을 선택하여 그리스도를 따른 결과로 행복을 얻었다면 그 행동을 다시 하게 된다.

행복도 불행도 자체적으로 지속되는 심리 상태다. 즐거울수록 그 즐거움이 우리의 기본값이 되고 화를 낼수록 그 분노가 우리의 기본값이 된다.

바울은 "무엇에든지 참되며…무슨 덕이 있든지 무슨 기림이 있든지 이것들을 생각하라"(빌 4:8)고 했다. 이것은 저절로 되는 일이 아니다. 그러나 일단 습관을 길러 보상을 경험하면 본능적으로 우리 생각이 그리스도 안에서 행복해지는 쪽을 향하게 된다.

다이어트를 해본 사람은 누구나 알듯이 꾸준히 실천하면 거의 모든 다이어트가 통하지만 계속 어기면 어떤 다이어트도 무효하다. 결과를 결정짓는 것은 특정한 다이어트나 운동법 자체의 가치가 아니라 그것을 꼬박꼬박 실천하는 선택이다.

행복 연구가인 데이비드 마이어스(David Myers)는 이렇게 썼다. "행복한 것처럼 행동하라. 때로 자신의 행동을 통해 심리 상태가 더 행복해진다. 억지로라도 미소를 지으면 기분이 더 좋아지지만 얼굴을 찡그리면 온 세상이 죽을상으로 보인다. 그러니 얼굴이라도 행복한 척하라. 마치 자신이 긍정적 자존감을 느끼고 낙관적이며 적극적인 것처럼 말하라. 시늉만 해도 감정이 생겨날 수 있다."[18]

이런 행복이 가짜처럼 보일 수 있으나 꼭 그렇지만도 않다. 특히 행복의 견고한 기초가 그리스도 안에 있음을 아는 신자들의 경우는 더 그렇다. 행복이 바람직한 상태라면 그것을 얻고자 노력할 가치가 있다. 배운 대로 "감사합니다"라고 말하는 사람은 더 감사가 많아지고, 의식적으로 미소를 짓는 사람은 더 행복해진다. 그리스도를 기쁘시게 하는 행동을 선택하면 그리스도를 기쁘시게 하는 태도가 자란다.

일부러 성경적으로 사고하면 더 행복해진다

어떤 신자들은 세상의 온갖 잘못된 일에 집착한다. 삶의 고난과 비극을 부각시키는 '뉴스'는 계속 우리를 삼킬 듯이 쏟아져 나온다(정보라기보다 감정을 자극할 때도 있다). 이렇게 쉴 새 없이 쇄도하는 나쁜 소식들에 자칫 기쁜 소식, 즉 복음이 파묻히기 쉽다.

그렇다고 세상에서 벌어지고 있는 우환에 무지한 채로 혼자만 희희낙락하자는 것은 아니다. 그보다 우리는 참된 영원한 실체들에 생각의 초점을 맞추어야 한다. 즉 하나님의 임재를 기억하고 기도하며 왕이신 그분을 영화롭게 할 선한 일들을 늘 궁리하는 것이다. 그대로 실행하면 기쁨은 배가되고 불안은 사라진다.

몇 시간씩 스노클링을 하며 수중에서 사진을 찍을 때면 나는 춥거나 배고프고나 피곤한 줄도 모른다. 현실을 부정해서가 아니라 바다의 모든 불가사의를 지으신 하늘 아버지의 웅대하고 탁월한 창의력에 완전히 몰두해 있기 때문이다.

어렸을 때 나는 돌을 수집했다. 평범한 돌도 많았지만 지렁이나 벌레가 붙어 있는 흙투성이 돌도 있었다. 그래도 나는 단념하지 않았다. 내가 수집하는 것이 지렁이나 벌레가 아니라 예쁜 돌이었기 때문이다. 돌이 예뻐 보이지 않을 때도 나는 숨은 아름다움을 보았다.

내가 돌을 수집했고 다른 사람들이 동전이나 우표를 수집하듯이 우리는 하나님을 찬양할 이유를 모을 수 있다. 하나님, 그분의 세상, 사람들, 인간이 만든 물건들 속에서 아름다움을 보는 눈을 기를 수 있다. 타락으로 인한 저주를 부인하는 것이 아니라 하나님 중심의 세계관에서 오는 행복을 가꾸자는 것이다.

삶을 풍요롭고 행복하게 해줄 무해한 일을 찾으라

수많은 작은 선택이 행복을 가져다줄 수 있다. 예컨대 감사를 표현하고, 다른 사람을 섬기며, 친구나 이웃을 방문하고, 교회 유초등부에서 봉사하며, 미혼인 임신부를 상담하고, 성매매를 퇴치하기 위한 기관에서 자원봉사를 할 수 있다. 설령 이런 일들이 우리를 불행하게 만든다 해도 이는 사람들을 사랑하고 하나님께 순종하는 일이므로 당연히 해야 한다. 그러나 은혜롭게도 하나님은 우리를 지으실 때 그분이 원하시는 이런 일들을 함으로써 행복해지도록 지으셨다.

자족하려면 삶을 누릴 줄도 알아야 하지만 어떤 일들은 의지적으로 더 좋은 일로 대체해야 한다. 등산을 가거나 피아노를 배우거나 독서 모임에 가입할 때도 그 과정에서 친구를 사귀고 다른 사람을 섬기면 행복의 지평이 넓어질 수 있다. 예수님을 사랑하는 행복한 사람들을 찾아 그들과 꾸준히 시간을 함께 보낼 수도 있다. 내 아내는 내 주변의 행복한 사람 가운데 하나며 우리 가족과 친한 친구들도 마찬가지다.

애완동물을 기르면서 우울증이 사라진 사람들이 수없이 많다. 치료견은 이제 병원과 요양소와 재향군인 프로그램의 일부로 정착되었다. 모든 개는 치료견이 될 수 있다. "원치 않던 개였는데 이제는 이 개로 인해 하나님께 날마다 감사드린다"라고 말하는 사람도 보았다.

유년기부터 현재까지 내 삶에도 여섯 마리의 개가 있었는데 그 한 마리 한 마리를 통해 깊은 기쁨을 경험했다. 동물과 인간은 서로를 즐거워함으로써 하나님을 기뻐할 수 있다. 즐거움은 나눌수록 배가된다.

딘 쿤츠(Dean Koontz)가 자신이 기르는 골든리트리버의 관점에서 쓴 글 속에 독특하고 유익한 관점이 담겨 있다.

> 안녕하세요, 다시 왔습니다. 나 트릭시 쿤츠는 글을 쓰는 개이며 과자를 먹으면 행복하답니다…
> 인간들은 왜…도처의 아름다움을 보는 법을 배우기가 그렇게 어려울까요?
> 한 가지 이유는 욕심입니다. 인간들은 자신이 다음번에 원하는 것만 주로 생각하거든요. 늘 생각이 거기에 가 있으니 결코 현재에 살지 못하고 미래에 사는 겁니다. 다음 주 화요일에 있을 일에 대한 욕심으로 가득 차 있으면 현재라는 아름다운 세상을 볼 수 없잖아요.
> 개들은 다음에 무슨 일이 있을지 몰라요. 그래서 늘 놀란답니다. 피부가 덧나도 놀라고 바닥에 고깃덩이가 통째로 떨어져도 놀라고…
> 비결을 알려드릴까요? 미래를 통제할 수 없기는 당신도 마찬가지입니다. 그냥 피부병도 생겼다 고깃덩이도 생겼다 하는 거지요.
> 삶의 리듬이에요. 고깃덩이, 피부병, 낮은 곳에 놓인 과자, 지붕을 뚫고 떨어지는 운석. 다행히도 삶에는 늘 운석보다 고깃덩이가 훨씬 많지요.[19]

당신의 삶을 있는 그대로 보라. 즉 하나님의 선물들로 가득한 상태로 보라. 그 선물들을 찾아내 누리고 바로바로 감사하여 하나님의 기쁨과 당신의 기쁨이 배가되게 하라.

당신이 행복을 선택하면 그것은 다른 사람들에게도 흘러넘친다

4,700명 이상을 20년 넘게 추적한 한 연구에서도 행복의 전염성이 입증되었다. 다음은 〈워싱턴 포스트〉(Washington Post)의 기사 내용이다.

> 행복은 감기처럼 전염되어 친구, 이웃, 형제자매, 배우자에게 퍼져나간다. 감정의 파문이 서로 모르는 사람들의 집단에까지 퍼질 수 있음이 대규모 연구를 통해 최초로 밝혀졌다…연구 결과에 따르면…사람이 이미 행복하거나 행복해지면 그의 어떤 지인도 행복해질 가망성이 높다. 나아가 행복의 위력은 한 다리 건너로도 뻗어나가 그 지인의 남편, 아내, 형제, 자매, 친구, 옆집 사람의 기분까지 고양시킬 수 있다.[20]

동일한 원리가 성경에도 나온다. 욥은 이전의 관계를 돌아보며 "그들이 의지 없을 때에 내가 *미소하면* 그들이 나의 얼굴빛을 무색하게 아니하였느니라"(욥 29:24, 강조 추가)고 말했다. "눈이 밝은 것은 마음을 기쁘게 하고 좋은 기별은 뼈를 윤택하게 하느니라"(잠 15:30). 기쁜소식역(GNT)에는 이 구절의 앞부분이 "미소 짓는 얼굴들은 당신을 행복하게 하고"로 되어 있다.

옆에 쾌활한 사람들이 있으면 우리도 덩달아 생기가 돌고, 우리가 쾌활해지면 우리의 행복이 그들에게 기쁨과 활력을 도로 가져다준다. 쾌활한 사람 하나가 들어서면 그의 미소와 웃음과 행복이 그 자리에 기쁨을 불어넣을 수 있다. 부정적이고 불행한 사람들을 섬기는 데에도 시간을 투자해야겠지만 또한 모두를 위해 행복한 사람들과도 어울릴 필요가 있다.

의지적으로 염려를 버리고 하나님을 신뢰하라

바울은 우리에게 주 안에서 기뻐하라고 명한 직후 빌립보서 4장 6절에 "아무 것도 염려하지 말라"고 썼다. 염려는 흥을 깬다. 염려는 최악의 경우를 생각하는 재주가 비상하지만 하나님은 자기 자녀들에게 마땅히 기뻐할 일이 많다고 말씀하신다.

1. 그분은 이미 우리를 영원한 지옥이라는 최악의 상황에서 건지셨다.
2. 설령 무슨 끔찍한 일이 벌어진다 해도 그분은 그것까지도 활용하여 우리를 위해 영원한 유익을 이루신다.
3. 나쁜 일은 대개 벌어지지 않으며 우리의 염려만 근거 없는 것으로 확인된다.
4. 나쁜 일의 발생 여부와 관계없이 우리의 염려는 아무런 긍정적 결과도 낳지 못한다.
5. 우리가 하는 모든 염려의 원인—죄와 저주—은 일시적인 것이며, 머지않아 옛이야기가 될 것이다. 영원히.

기뻐하라는 명령은 한낱 겉치레나 긍정적 사고가 아니라 고난까지 포함하여 현세의 삶을 수용하는 것이다. 그러나 하나님은 고난을 다 없애주시기 전에도 우리에게 기뻐할 수밖에 없는 이유들을 주신다.

바울은 계속해서 "다만 모든 일에 기도와 간구로, 너희 구할 것을 감사함으로 하나님께 아뢰라 그리하면 모든 지각에 뛰어난 하나님의 평강이 그리스도 예수 안에서 너희 마음과 생각을 지키시리라"(빌 4:6-7)고 말한다.

염려할 것이 아니라 우리의 관심사를 하나님께 가져가야 한다. 그리고 그분의 선하심, 주권, 모든 것을 합력하여 선을 이루신다는 약속 등을 기억하며 의지적으로 감사해야 한다.

밖으로 나가서 하나님의 창조 세계를 즐기라

기쁨은 별과 같다. 별이 찬란하게 빛나는 밤도 있고 구름에 가려지는 밤도 있으나 별은 항상 그 자리에 있다. 어려서부터 나는 별을 참 좋아했다. 별을 지으신 하나님보다 별을 먼저 사랑했다. 하나님을 사랑한 뒤로도 별이 주는 즐거움이 줄어든 것이 아니라 더 커졌다. 별을 볼 때마다 그분이 생각나서이기도 했고, 그분이 자신의 창조 세계를 사랑하시는 것을 알아서이기도 했다. 별을 즐길 때 나는 그분께 찬사를 보내며 그분의 즐거움에 동참하는 것이다.

별이 아무리 잘 보여도 정작 당신이 밖으로 나가지 않는다면 무슨 소용인가? 인터넷일랑 접어두고 문을 열고 밖으로 나가 하나님의 창작품들을 바라보라. 대부분 값없이 거저 볼 수 있다.

랠프 월도 에머슨(Ralph Waldo Emerson, 1803–1882)은 "별이 천 년에 하룻밤만 뜬다면 사람들은 얼마나 간절히 그 사실을 믿고 사모할 것인가…그런데 이미(美)의 사신들은 밤마다 나와서 그 타이르는 듯한 미소로 온 우주를 밝힌다"라고 썼다.[21]

클라이드 킬비(Clyde Kilby, 1902–1986)는 지천에 널려 있는 하나님의 아름다운 세상을 향해 늘 깨어 있고자 몇 가지 개인적인 결심을 글로 작성했다.[22] 다음은 그 중 두 가지다.

> 적어도 하루에 한 번씩은 꾸준히 하늘을 올려다보면서, 양심과 의식을 지닌 나라는 존재가 지구별에서 우주를 여행하는 동안 내 주위와 위쪽에 놀랍도록 신비로운 것들이 가득함을 기억하겠다…눈과 귀를 열겠다. 하루에 한 번씩 나무나 꽃이나 구름이나 사람을 그냥 물끄러미 바라보겠다. 그 순간만은 대상이 어떤 존재인지 따지지 않고 그냥 그 대상이 존재한다는 사실만으로 즐거워하겠다. 그 대상을 루이스가 말한 "신성하고 기이하고 공구(恐懼)하고 황홀한" 실존의 신비로 기쁘게 남겨두겠다.[23]

글을 쓰다 말고 잠시 컴퓨터에서 눈을 들어 내가 수중에서 찍은 사진을 본다. 90분 동안 몽크바다표범과 조우했던 잊지 못할 순전한 즐거움이 떠오른다. 나는 그 바다표범에게 몰리(Molly)라는 이름을 붙여주었다. 몰리의 사진을 볼 때마다 내 마음이 기쁨의 추억들로 차오르면서 장차 누릴 새 땅의 기쁨과 영원한 나날들을 사모하게 된다. 그 기대감이 오늘 나에게 풍성한 행복을 가져다준다.

찰스 스펄전은 이렇게 말했다.

> 어떤 신사가 배를 타고 라인 강을 내려가는데, 자연에 매료되어 구주를 잊을까 두려워 강과 산을 보지 않으려고 선실에 틀어박혀 있었다. 고백컨대 나는 거기에 동조할 수 없다. 나는 언덕 위와 해안에서 내 구주를 보는 것이 좋다! 천둥 속에서 내 아버지의 음성이 들리고, 햇살이 부서지는 파도의 선율에서 그분의 사랑의 속삭임을 듣는다. 모두 내 아버지의 작품이라서 감탄이 절로 난다. 그 속에 있으면 내가 그분께 훨씬 더 가까워지는 것 같다.[24]

이어 스펄전은 창조 세계 속에서 찾는 행복에 대해 이런 심오한 말을 했다.

> 내가 훌륭한 화가라고 하자. 내 아들이 우리 집에 왔는데 나만 생각하고 싶다며 내 그림에 눈길조차 주지 않겠다고 한다면 그것은 칭찬치고는 아주 작은 것이다. 오히려 이로써 그 아들은 내 그림을 비난하는 셈이다. 그 그림이 무용지물이 아닌 다음에야 아들도 그 속에서 내 손길을 보고 기뻐할 테니 말이다! 예술의 거장이신 하나님의 손길에서 나온 모든 것에는 분명히 그분 자신이 일부 배어 있다! 주님은 자신의 작품을 기뻐하신다. 그러니 그분의 사람들도 마땅히 그래야 하지 않겠는가?[25]

우리의 선택과 선호에도 불구하고 때로 하나님은 자신의 행복을 미묘하게 계시하신다

선지자 엘리야는 낙담했고 우울했다. 하나님의 직접적인 자기 계시가 절실히 필요했다. 그전에 하나님은 불을 내려 엘리야가 드린 제물을 태우고 바알의 거짓 선지자들을 멸하셨다. 기적 같은 사건이었지만 엘리야에게 그 효력이 오래가지 못했다. 바로 그 대목에서 성경에 놀라운 말씀이 나온다.

> 여호와께서 지나가시는데 여호와 앞에 크고 강한 바람이 산을 가르고 바위를 부수나 바람 가운데에 여호와께서 계시지 아니하며 바람 후에 지진이 있으나 지진 가운데에도 여호와께서 계시지 아니하며 또 지진 후에 불이 있으나 불 가운데에도 여호와께서 계시지 아니하더니 불 후에 세미한 소리가 있는지라(왕상 19:11-12).

하나님의 자기 계시를 "세미한 소리"나 "나직한 속삭임"(ESV)이라 했다. 그분은 우리를 제압하시기보다 부드럽게 설득하여 우리 믿음에 호소하실 때가 많다. 그분의 임재로 임한 기쁨으로 우리를 쓰러뜨리실 때도 있지만, 우리 쪽에서 잘 보고 들어야만 그분이 지각될 때도 있다.

C. S. 루이스는 『사자와 마녀와 옷장』(The Lion, the Witch and the Wardrobe)에 사자 아슬란을 점진적으로 드러낸다. 이 사자처럼 하나님도 자신을 드러내실 시점을 정하신다. 늘 곁에 계시기는 하지만 억지로 우리에게 들이대지 않으신 다는 뜻이다. 사자의 이름은 비버의 말을 통해 비로소 언급된다. "아슬란이 오고 있다. 어쩌면 이미 왔는지도 모른다."[26]

이어지는 루이스의 말에 모든 참된 행복의 근원이신 예수님의 미묘한 능력과 경이가 잘 포착되어 있다.

> 그때 아주 신기한 일이 벌어졌다. 당신만큼이나 모든 아이도 아슬란

이 누구인지 몰랐다. 그런데 비버가 그 말을 하는 순간 모두들 느낌이 사뭇 달라졌다. 당신도 가끔 꿈속에서 그런 일이 있었을 것이다. 누군가 당신이 알아듣지 못할 말을 했는데 왠지 꿈속에서도 거기에 엄청난 의미가 있는 것처럼 느껴질 때가 있다…지금이 꼭 그랬다. 아슬란의 이름이 입에 오르자 아이들 하나하나 속에서 뭔가가 펄쩍 뛰는 것 같았다.[27]

사자가 으르렁대며 갑자기 나타났다면 그리 경이롭지 않았을 것이다. 우리 삶에서도 마찬가지다. 사람들은 예수님이 누구신지에 대해 점진적으로 아름답게 깨어난다. 그제야 우리 안에도 뭔가가 펄쩍 뛰는 것이 느껴진다.

마침내 아슬란은 아이들에게 영광스러운 모습으로 등장하여 그들을 구속하기 위한 자신의 고난과 그 후의 경이로운 부활로 그들을 놀라게 한다. 이런 점진적이고 아름다운 계시는 성경 이야기와는 물론이고 이 땅의 삶과도 꼭 닮아 있다. 이렇게 천천히 전개되는 하나님의 성품과 계획이 결국 시원한 만족과 영원한 행복을 가져다준다.

Chapter·32

행복을 *가꾸는* 방법

내게 즐겁고 기쁜 소리를 들려 주시사 주께서 꺾으신 뼈들도 즐거워하게[행복하게] 하소서.

시편 51:8

온전히 하나님을 위해서 행동하지 않고는 이성을 가진 피조물이라면 그 무엇도 행복해질 수 없다. 하나님 자신도 다른 방식으로는 행복해지실 수 없다.

데이비드 브레이너드(David Brainerd)

스텔라가 남편을 사별한 후 처음 맞이하는 크리스마스는 한없이 쓸쓸했다. 어느 날 초인종이 울려서 나가보니 배달원이 상자를 들고 있었다.

"상자 속에 뭐가 있나요?" 그녀가 물었다.

배달원이 뚜껑을 열자 라브라도르 리트리버 강아지가 들어 있었다.

스텔라는 어리둥절하여 물었다. "도대체…누가 강아지를 보냈나요?"

가려고 돌아서던 배달원이 말했다. "당신 남편이 보냈습니다. 메리 크리스마스!"

남편의 편지를 뜯어보니 사랑과 격려로 가득 차 있었다. 그가 죽기 직전에 강아지를 사서 크리스마스 때 배달해달라고 부탁해놓았던 것이다.

스텔라는 눈물을 닦으며 안아주기를 기다리고 있는 강아지를 번쩍 들어올렸다. 강아지가 그녀의 얼굴을 핥는 동안 라디오에서 "기쁘다 구주 오셨네"가 흘러나왔다. 순간 그녀는 말할 수 없는 기쁨을 느꼈다.¹

죽음을 앞두고 있던 그 남자의 사려 깊은 선택은 자신에게는 현재의 행복을, 아내에게는 미래의 행복을 가져다주었다. 또 이들의 행복은 이 이야기를 듣는 모든 사람에게 퍼져나갈 것이다.

행복은 자연스러운 것이지만 자동은 아니다

느헤미야서에는 예루살렘을 재건하실 하나님의 주권적 계획이 기록되어 있다. 그런데 거기에 보면 건축 사업을 방해하는 많은 적에 대항하기 위해 느헤미야가 사람들을 전략적으로 배치하는 장면이 거듭 나온다. "우리가 우리 하나님께 기도하며 그들로 말미암아 파수꾼을 두어 주야로 방비하는데"(느 4:9). 기도로 하나님의 주권을 인정함과 동시에 그들은 지혜롭게 행동할 책임을 인식하고 미리 대비했다.

마찬가지로 우리의 행동도 기도와 조화를 이루어야 한다. 하나님 안의 행복을 찾고자 기도할 뿐 아니라 하나님 안의 행복을 찾는 데 도움이 될 행동을 취해야 한다.

어떤 사람들은 "그리스도인의 삶에서 기쁨을 경험할 줄로 알았는데 나는 그런 적이 없다"라고 말한다. 혹시 우리가 소셜 네트워크 서비스(SNS)는 하루에 몇 시간씩 하면서 그룹 성경공부에 들일 '시간은 없어서'가 아닐까? 점심 식사와 테니스 경기는 일정표에 넣으면서 규칙적으로 하나님과 함께하는 시간은 빼놓지 않는가? 하나님이 누구시고, 어떤 일을 하셨으며, 지금 무엇을 하고 계신지를 배우고 공부하고 토의하려면 우리 쪽의 행동이 필요하다. 그런데 그런 행동을 선택하지 않으면서 어째서 하나님 안의 행복만 바라는 것인가?

그리스도인의 삶은 초자연적이지만 마술은 아니다. 우리가 일이나 스포츠나 여가나 섹스를 우상으로 삼는데도 하나님이 마법처럼 우리를 행복하게 해주시는 것이 아니다. 우리가 행복을 다른 데서 찾기로 한다면 그분은 우리에게 자신을 강요하지 않으신다. 그분에게서 나지 않은 것이나 그분과 거리가 먼 것을 통해 우리에게 행복을 주실 리는 더더욱 만무하다.

행복이 자연스럽게 찾아오는 것은 나무에 과일이 자연스럽게 열리는 것과 같은 이치다. 나무에 햇빛과 수분이 충분하고 병이 없으며 토양에 양분이 풍부하면 당연히 '자연스럽게' 열매가 맺힌다. 우리도 하나님의 말씀이라는 비옥한 토양에 심겨 하나님과 그분의 사람들의 생수를 흠뻑 마시고 그분의 은혜라는 찬란한 햇빛을 쐬어야 한다. 그러면 행복이 자연스럽게 찾아온다.

지혜로운 선택은 지속적인 행복으로 인도한다

연구 심리학자 마틴 셀리그먼에 따르면 비관과 우울은 사고의 습관에서 비롯된다. 비관주의자들은 나쁜 일이 오래가면서 자신의 모든 일에 해를 끼칠 거라고 믿는다. 낙관주의자들은 패배가 잠깐의 후퇴일 뿐이며 패인이 이 하나의 상황에만 국한된다고 믿는다. 그들은 나쁜 상황에 부딪혀도 그것을 도전으로 인식하고 더 열심히 노력한다.[2]

셀리그먼은 우리의 비관적 사고를 낙관적 사고로 바꿀 수 있다고 역설한다. 지난 20년 동안 심리학의 가장 중대한 발견 중 하나는 개개인이 자신의 사고방식을 선택할 수 있다는 사실이다. 이는 성경의 내용과도 일치한다. 우리는 "마음[생각]을 새롭게 함으로 변화를 받아"야 하고(롬 12:2) 무엇이든 선하고 칭찬받을 만한 것들을 생각해야 한다(참조. 빌 4:8).

못된 개 한 마리가 노상에 풀려 있다고 하자. 출근길에 당신은 그 개에게 세 번이나 공격당해 두 번이나 물렸다. 이제 당신의 대안은 무엇인가? 그냥 요행을 바랄 수 있다. 나쁜 기억은 접어두고 오늘은 개가 없겠거니 생각하는 것이다. 아예 호신용 스프레이로 무장할 수도 있다. 하지만 다른 대안도 있다. 다른 길로 출근하는 것이다.

우리는 굳이 갈 필요가 없는 길로 가서 자신의 거룩함과 행복을 망칠 때가 너무 많다.

사악한 자의 길에 들어가지 말며

악인의 길로 다니지 말지어다

그의 길을 피하고 지나가지 말며

돌이켜 떠나갈지어다(잠 4:14-15).

이 본문은 행복에 그대로 적용된다. 죄가 하는 일이 무엇인가? 죄는 재앙과 화와 고통과 괴로움을 부른다(참조. 잠 1:26-27). 한마디로 불행을 낳는다. 죄의 열매는 자멸과 파탄이다(참조. 잠 1:31-33). 죄는 죽음과 상실을 낳고(참조. 잠 2:19, 22) 큰 수치를 부른다(참조. 잠 3:35).

간음을 삼가라는 아래의 논리가 어떻게 본인의 유익에 호소하는지 잘 보라.

사람이 불을 품에 품고서야

어찌 그의 옷이 타지 아니하겠으며…

남의 아내와 통간하는 자도 이와 같을 것이라

그를 만지는 자마다 벌을 면하지 못하리라…

여인과 간음하는 자는 무지한 자라

이것을 행하는 자는 자기의 영혼을 망하게 하며

상함과 능욕을 받고

부끄러움을 씻을 수 없게 되나니(잠 6:27, 29, 32-33).

이 말씀을 이렇게 요약할 수 있다. 하나님을 무시하는 어리석은 선택은 우리를 극도로 불행하게 한다.

죄와 예수님을 비교해보면 차이가 확연하다. 전자는 당신을 불행에 빠뜨리지만, 후자는 당신에게 행복을 안겨주신다.

우리는 죄나 의나 행복에 빠지는 것이 아니라 스스로 그 속으로 들어간다

나는 사람들이 이런 말을 하는 것을 종종 듣는다. "이해할 수 없다. 순결하게 해달라고 기도했는데 다시 인터넷 포르노에 빠졌다. 하나님은 왜 내 기도에 응답하지 않으시는 것인가?"

나의 답변은 무엇일까? 당신의 선택이 기도를 무력하게 했다. 당신은 접속을 제한하는 프로그램을 설치했는가? 포르노에 접속할 때마다 친구나 담당 목사에게 통보해주는 프로그램을 깔았는가? 컴퓨터를 아예 없애거나 모니터를 사람들에게 다 보이는 자리로 옮겼는가?

아니면 하나님이 알아서 다 해주시기만을 바랐는가?

전도서에 보면 "게으른즉 서까래가 내려앉고 손을 놓은즉 집이 새느니라"(10:18)는 말씀이 있다. 잠언 20장 4절에도 "게으른 자는 가을에 밭 갈지 아니하나니 그러므로 거둘 때에는 구걸할지라도 얻지 못하리라"고 했다. 이런 구절은 내려앉은 서까래나 새는 집이나 텅 빈 창고를 하나님의 주권 탓으로 돌리지 않고 행동의 책임을 우리에게 묻는다.

내가 젊은 목사 시절에 상담했던 어떤 사람이 지금도 기억에 선하다. 에릭은 거칠게 내 사무실에 들어와 의자에 털썩 주저앉으며 말했다. "하나님한테 정말 화가 납니다."

내가 알던 가장 행복한 젊은이 중 하나가 에릭이었으므로 나는 깜짝 놀랐다. 그는 독실한 기독교 신앙의 집안에서 자랐고, 그리스도인 여성과 결혼했으며, 그리스도를 진심으로 사랑하는 듯 보였다.

왜 하나님한테 화가 나느냐고 물었더니 그의 설명은 이랬다. 에릭은 몇 달째 같이 근무하는 한 여자에게 강한 매력을 느꼈고 상대도 같은 마음이었다. 그래서 그는 자신을 부도덕에 빠지지 않게 해달라고 하나님께 간절히 기도했다.

"당신의 아내에게 기도해달라고 부탁했나요? 그리고 그 여자를 멀리했습니까?" 내가 물었다.

"글쎄요…아닙니다. 거의 매일 함께 나가 점심을 먹었거든요. 그러다…잠자리까지 같이하게 된 거지요."

나는 에릭을 보면서 두꺼운 책 한 권을 내 책상의 반대쪽으로 천천히 밀었다. 책이 가장자리에 점점 가까워지는 동안 "주님, 책이 떨어지지 않게 해주세요!"라고 계속 소리 내어 기도했다.

기도하면서 계속 책을 밀었다. 아니나 다를까 하나님은 중력의 법칙을 유보하지 않으셨고 책은 바닥으로 떨어졌다.

그때 내가 에릭에게 말했다. "나도 하나님한테 화가 납니다. 책이 떨어지지 않게 해달라고 기도했는데…내 기도에 응답하지 않으셨잖아요!"[3]

책이 쿵 하고 떨어지던 소리가 지금도 내 귀에 쟁쟁하다. 그것은 에릭의 삶을 보여주는 하나의 상징이었다. 그는 하나님의 능력을 구하는 가운데 단호한 조치를 취하여 유혹을 물리쳤어야 했다. 그런데 계속 어리석은 선택을 내렸고, 그러면서 그런 선택의 당연한 결과를 면하기만 빌었다.

참으로 행복했던 에릭이 불과 몇 년 사이에 비참하게 변하더니 결국 성범죄로 감옥에 갔다. 그의 부도덕과 성폭행은 난데없이 생겨난 것이 아니다. 매일의 작은 타협과 선택이 그의 의와 행복을 갉아먹었고, 그것이 쌓여 그런 결과를 낳았다.

에릭의 친구 로키는 대조적인 경우다. 비신자 가정에서 자란 그는 성생활이 문란했으나 나중에 그리스도를 믿게 되었다. 그때부터 계속 자신의 새로운 성품에 맞는 새로운 선택을 내렸다. 매일 하나님의 말씀을 묵상했고, 성경공부반에 들어가 공부했으며, 기도를 배웠고, 자신의 신앙을 전했으며, 좋은 기독교 서적을 읽었다. 성적으로 유혹이 닥쳐올 때는 단호히 피하여 자신의 마음과 생각을 지켰다. 그리스도를 알고 따르는 과정에서 그는 내가 아는 가장 행복하고 그리스도를 높이는 사람 중 하나가 되었다. 이런 지혜로운 선택의 열매가 그의 결혼생활, 가정, 교회 활동, 다른 사람을 위한 섬김에 그대로 나타나고 있다.

에릭과 로키는 둘 다 진심으로 예수님을 사랑했고, 둘 다 의롭게 살고자 하나님의 도움을 구했다. 그러나 에릭은 잘못된 길을 선택하면서 하나님이 그 결과에서 자신을 구해주시기를 바랐다. 반면에 로키는 하나님께 능력을 구함과 동시에 자신도 최선을 다하여 바른 길을 선택했다.

두 사람의 차이는 날마다 내린 선택에서 비롯되었다. 그런 선택이 쌓여 한 명에게는 죄와 불행을 낳았고, 다른 한 명에게는 의와 행복을 가져다주었다.

우리 문화가 약속하는 것과 반대로 절제는 행복의 필수 요소다

헤도니즘 2(Hedonism 2)라는 리조트의 웹사이트에 보면 이런 초대의 글이 나온다.

> 밤늦도록 즐기고 늦잠에 취하라. 칼로리 계산이나 광천수 따위는 잊어버리고 낮술을 마시라. 반바지 차림으로 식사하며 아무하고나 대화하라. 침구 정돈도 하지 말고 벌거벗고 수영하라. 부모에게 전화하지 말고 느긋하게 쉬라. 아무 비용도 지불하지 말고 팁도 놓지 마라. 환상의 섬 자메이카에서 멋진 당신 자신이 되라…헤도니즘 2에 사상 초유로 이 모든 것이 포함되어 있다. 당신의 모든 죄스러운 향락을 충족시켜줄 쾌락주의적 편의와 서비스가 매혹적으로 완비되어 있다.[4]

문장마다 "그러면 당신은 행복해진다"라고 외치고 있다. 물론 때에 따라 늦게 자고 늦게 일어나며 침구를 정돈하지 않을 수도 있다. 휴가는 원기를 회복하는 요긴한 시간이다. 그러나 매번 그렇게 살다가는 당신은 무책임하고 사랑이 메마르며 절대적으로 불행해진다. "죄스러운 향락"이라는 표현이 그것을 보여주는 많은 단서 중 하나다. 우리 문화에 속한, 또한 교회들에 속한 수많은 사람이 이런 철학에 따라 살아가고 있고, 위의 광고는 그것의 한 극단적이며 값비싼 형태에 불과하다.

이와 대조적으로 성경은 "자기의 마음을 제어하지 아니하는 자는 성읍이 무너지고 성벽이 없는 것과 같으니라"(잠 25:28)고 경고한다. 이런 성읍과 이런 사람은 불행을 면할 수 없다. 하나님은 우리에게 "더욱 힘써 너희…지식에 절제를…더하라"(벧후 1:5-7)고 명하신다.

다른 사람들과 비교하면 불행해진다

비교는 치명적이다. 다른 사람들이 나보다 더 행복하다는 생각은 비생산적이고 비현실적이다. 그들의 고민과 혼자만의 아픔과 비밀을 우리는 모른다. 데니스 프레이저(Dennis Prager)는 비교의 덫에 갇힌 사람들에 대해 이렇게 말했다. "비유컨대 그들은 복리로 불행하다. 복리가 이자의 이자이듯 복리의 불행은 불행에 대한 불행이다."[5]

결혼 초에 우리가 어느 친구 부부네 집에만 갔다 오면 아내는 죄책감을 느끼곤 했다. 그 집에도 어린아이들이 있는데 모든 것이 아주 깔끔하고 깨끗했기 때문이다.

하루는 그 친구네가 놀러 왔는데 그날 저녁에는 우리 집도 아주 깔끔하고 깨끗했다. 그들이 그랬듯이 우리도 온갖 지저분한 잡동사니를 눈에 보이지 않게 옷장 속에 몰아넣었을 뿐이다. 그러므로 "그 집은 어쩌면 그렇게 깨끗하지?"라는 물음의 답은 "그냥 옷장 속에 처박아서!"일 때가 많다.

우리가 그 비밀을 털어놓던 날 좌중은 웃음바다가 되었다. 스트레스 수위는 떨어지고 행복은 상승했다! 모두가 같은 싸움터에 있음을 깨달았던 것이다. 삶이 쉽지는 않지만 서로 비교하기보다 동지애를 즐기면 한결 쉬워진다.

성공하면 행복해진다는 개념을 버리라

메가 베스트셀러 소설가인 잭 히긴스(Jack Higgins)는 더 어렸을 때 알았더라면 좋았을 것이 무엇이냐는 질문에 이렇게 답했다. "아무도 내게 정상에 오르면 아무것도 없다는 사실을 말해주지 않았다."[6]

새로 취직하거나 큰 계약을 따내서 행복한 며칠을 보내고 나면 우리는 다음 번의 목표치를 높인다. 하지만 올라가는 데도 한도가 있는 법이다. 언제나 내

위에 누군가가 있고 어떤 계약은 성사되지 않는다. 나보다 나은 의사, CEO, 목수, 화가, 배구 선수가 늘 있게 마련이다(설령 일인자가 된다 해도 오래가지 못한다!). 다시 데니스 프레이저의 말이다.

> 행복을 성공과 동일시하면 결코 행복에 필요한 만큼의 성공을 이룰 수 없다. 이루어야 할 성공이 언제나 더 있게 마련이다. 성공을 곧 행복으로 생각한다면 이는 당신의 풋볼 팀이 새로운 공격권을 획득할 때마다 골대를 10야드씩 뒤로 옮기는 것과 같다. 당신 팀은 계속 성공할지 모르지만 골대가 계속 멀어지니 득점은 어렵기만 하다.[7]

내가 아는 많은 작가 중에는 크게 성공한 사람들도 있다. 그러나 대부분은 만족을 모른다. 자신의 책이 만 부가 팔리면 십만 부가 팔리기를 원한다. 백만 부가 팔리면 천만 부를 원한다. 베스트셀러 목록에 진입하면 1위가 되기를 원한다. 1위가 되면 그대로 지속되기를 원한다. 우리는 바라던 것을 얻으면 행복해하는 것이 아니라 대개 더 많은 것을 바란다.

하나님을 행복의 근원으로 삼으면 우리의 행복은 기초가 확실해진다. 그분은 우리를 지으셨고 우리의 한계를 아신다(참조. 시 103:14). 굳이 일인자가 되지 않아도 우리는 그분을 신뢰하는 법을 익힐 수 있다. 우리 가운데 한 사람이 이기면 모두가 축하할 수 있다. 행복이란 싸워서 쟁탈해야 하는 제한된 품목이 아니기 때문이다.

일터에서 누리는 만족감은 완벽한 직종을 찾아야만 가능한 것이 아니다

아서 브룩스는 〈뉴욕타임스〉에 기고한 현대의 행복에 대한 연구를 이렇게 요약했다. "결과적으로 신앙, 가정, 공동체, 일이라는 네 가지 기본 가치를 힘써 추구하는 것이 행복에 이르는 가장 확실한 길이다."[8]

무엇이든 하나님이 자신에게 맡겨주신 일을 탁월하게 하면 우리의 행복이 극대화될 수 있다.

마틴 루터 킹 주니어(Martin Luther King Jr.)는 말했다. "거리 청소부로 부름 받은 사람은 미켈란젤로가 그림을 그리고, 베토벤이 음악을 작곡하며, 셰익스피어가 시를 쓰듯이 거리를 청소해야 한다. 이 세상 모든 사람이 멈춰 서서 '여기 자신의 일을 잘 해낸 훌륭한 거리 청소부가 살았노라'고 말할 정도로 거리를 잘 청소해야 한다."[9]

이는 성경에 근거한 말로서 "무슨 일을 하든지 마음을 다하여 주께 하듯 하고 사람에게 하듯 하지 말라"(골 3:23)고 한 바울의 말과 일치한다. 의무감에서만 일하면 행복을 맛보기 어렵다. 사람들의 비위를 맞추려 한다면 그들의 양에 차지 못할 때 행복할 수 없다. 하나님의 은총을 얻어내려고 일하면 그것을 얻어냈다는 생각에 교만해져서 불행하거나 아니면 그것을 얻어낼 수 없음을 깨닫고 우울해져서 불행하거나 둘 중 하나다. 그러나 정직한 마음으로 하나님의 영광을 위해 일하면 설령 최저 임금을 받거나 무보수로 일해도 연봉 백만 달러를 받을 때보다 더 기쁠 수 있다(참조. 잠 10:9, 11:1, 고전 4:2, 10:31, 히 13:18).

현재 하고 있는 일에 정말 만족이 없다면 설령 수입이 줄더라도 최대한 전직을 고려하라. 그러나 우리의 시각이 바뀌면 고역 같은 일에서도 보람을 느낄 수 있다. 하나님의 주권적 계획을 믿는다면 우리는 하나님을 기쁘시게 하고, 그리스도를 닮은 성품으로 자라가며, 주어진 영향권 내에 복음을 전하기 위해 직장에서 열심히 일할 것이다.

마지막으로 본 것이 20년 전이지만 매주 우리 집 쓰레기를 수거하던 부자(父子)를 지금도 잊지 못한다. 그들이 청소하는 시간에는 노랫소리와 웃음소리가 늘 들렸다. 마침 내가 밖에 나가 있으면 그들은 지나가면서 "좋은 하루 보내십시오!"라고 인사하고는 했다. 자신들도 좋은 하루를 보내고 있는 것이 분명했다! 이처럼 성부 하나님도 예수님을 사랑하셔서 그 사랑이 그분의 일을 통해 나타났고, 아들 예수님은 아버지의 행복 속으로 들어가셨다.

영국의 건축가 크리스토퍼 렌(Christopher Wren, 1632-1723) 경은 런던의 많은 웅장한 교회당들의 건축을 감독했다. 한 일화에 따르면 어느 기자가 건축 현장에서 일하는 인부 세 명을 인터뷰하며 "지금 무엇을 하고 계십니까?"라고 물었다.

첫 번째 사람은 "일당 10실링에 돌을 자르고 있습니다"라고 대답했다.

두 번째 사람은 "하루에 열 시간씩 일하고 있습니다"라고 답했다.

세 번째 사람은 "나는 크리스토퍼 렌 경을 도와 런던의 가장 위대한 교회당 가운데 하나를 짓는 중입니다"라고 말했다.[10]

셋 중 누가 가장 행복했을지는 분명하다! 돈을 벌려고 일하는 것이 잘못은 아니다. 그러나 아무리 천한 일일지라도 자기가 하는 일의 더 큰 의미를 알고 한결같이 하나님의 영광을 위해 하면 모든 것이 달라진다.

행복에 이르는 지름길은 다른 사람의 행복을 위해 헌신하는 것이다

어느 세미나에서 서로 아는 사람 50명에게 5분 동안 각자의 이름이 붙은 풍선을 찾게 했다. 그러나 아무도 주어진 시간 안에 자기 풍선을 찾지 못했다. 이번에는 아무 풍선이나 집어서 주인에게 주게 했다. 몇 분 만에 모두가 자신의 풍선을 들고 있었다.

강사는 이렇게 운을 뗐다. "우리의 행복은 다른 사람들의 행복에 있습니다. 그들에게 행복을 주면 당신도 행복을 얻습니다."[11]

심리학자 버나드 림랜드(Bernard Rimland)가 실시한 연구가 있다. 참여자들은 자신이 가장 잘 아는 사람을 열 명씩 뽑아 그들이 각각 행복한지 또는 불행한지를 정했다. 그다음에는 그 열 사람이 각각 이기적인지 그렇지 않은지를 정했는데, 여기서 이기적이라는 말은 "자신의 득과 유익을 위해서만 시간과 자원을 쓰는 굳어진 성향, 다른 사람을 위해 불편을 감수할 마음이 없음"으로 정의되었다.[12]

결과는 어땠을까? 림랜드의 연구 논문인 "이타주의의 역설"에 따르면 행복하다고 분류된 사람은 모두가 이타적이었다. "자신이 행복해질 일밖에 모르는" 사람들은 다른 사람을 행복하게 하려고 힘써 노력하는 사람들에 비해 행복할 소지가 훨씬 낮다. 놀랍게도 그의 결론은 "남에게 대접을 받고자 하는 대로 너희도 남을 대접하라"였다.[13]

심리학 논문에 예수님의 말씀이 직접 인용되는 예는 극히 드물다! 그러나 림랜드의 연구 결과는 황금률(참조. 눅 6:31)에 완벽하게 요약되어 있다. 이런 이타심의 개념은 성경의 다른 본문들에도 나오며 빌립보서 2장 3-4절도 그중 하나다. "아무 일에든지 다툼[이기심]이나 허영으로 하지 말고 오직 겸손한 마음으로 각각 자기보다 남을 낫게 여기고 각각 자기 일을 돌볼 뿐더러 또한 각각 다른 사람들의 일을 돌보아."

이 연구에 따르면 다른 사람의 유익을 살피면 그것이 자신에게도 최고의 유익이 된다!

이타심은 이상하게 우리의 직관에 반하는 듯 보이는데, 아마도 우리가 다른 사람을 위한 희생을 행복과 반대되는 거룩한 행위로 생각하기 때문일 것이다. 하지만 아래의 인상적인 본문을 생각해보라. 가난하고 어려운 사람들을 도와주라는 호소의 근거가 그렇게 할 때 우리가 누릴 큰 행복에 있다.

> 주린 자에게 네 심정이 동하며 괴로워하는 자의 심정을 만족하게 하면 네 빛이 흑암 중에서 떠올라 네 어둠이 낮과 같이 될 것이며 여호와가 너를 항상 인도하여 메마른 곳에서도 네 영혼을 만족하게 하며 네 뼈를 건고하게 하리니 너는 물 댄 동산 같겠고 물이 끊어지지 아니하는 샘 같을 것이라(사 58:10-11).

본문이 말하는 어둠이란 불행이 아니고 무엇인가? 무엇이 우리의 갈망을 만족시키고 몸을 견고하게 하여 우리를 물 댄 동산 같게(한마디로 행복하게) 하는가? 바로 자신을 내주어 다른 사람을 돕는 삶이다. 이것은 추상적인 신령한 복이 아니라 구체적으로 약속된 전인적 행복이다!

'영적으로만 해석하는' 사고는 "당신의 행복일랑 아예 단념하고 다른 사람을 행복하게 하는 데만 삶을 바치라"는 식이다. 그러나 성경적이고 현실적인 사고는 "다른 사람을 섬기면 상대와 하나님과 당신이 동시에 행복해질 수 있다"이다. 우리 자신을 다른 사람들에게 투자하면 모두가 승자가 된다.

다른 사람들의 승리를 보며 즐기는 것이 가능하다

다른 사람의 성공을 바라보며 시기심이 들지 않기란 쉽지 않다. 내가 들은 이야기의 한 여자는 집을 완전히 새로 지어주는 방송 프로그램에서 행운의 주인공으로 뽑혔다. 그런데 이웃들은 건축 인부들과 촬영 기사들이 자기네 공간을 침해한다며 격노했다. 그들은 그 여자가 좋은 집을 건사할 줄 모를 거라고 악담했고, 공사 기간이 짧은 줄을 알면서도 자기네 일상에 방해된다며 경찰에 신고했다. 노골적인 질투였다. 행운의 혜택을 직접 누리지 못한 사람들은 그녀와 함께 기뻐하기는커녕 오히려 고깝게 여겼다.

당신이 친구와 둘이서 어떤 매장에 들어갔는데 친구가 십만 번째 고객에 해당되어 십만 달러의 상금을 받았다고 하자. 그게 당신이 아니어서 속이 쓰리지는 않을까? 친구가 먼저 들어가도록 당신이 문을 잡아주었으니 당신의 몫이 될 뻔했던 상금을 친구에게 절반이라도 내심 바라지는 않을까? 아니면 당신은 순전히 친구를 위해 기뻐하겠는가?

다른 사람의 페이스북을 보면 우울해진다는 사람이 많다. 자신이 누릴 수 없는 새 집이나 즐거운 휴가가 게시되어 있기 때문이다. 시기심은 기쁨을 나눌 기회를 앗아간다.

우리의 참된 행복은 시기심이나 고까움 없이 다른 사람을 위해 행복해할 수 있는 정도에 비례한다. 왜 그럴까? 자신에게 좋은 일이 벌어질 때에만 기뻐할 수 있다면 우리를 행복하게 해줄 수 있는 일의 숫자가 격감하기 때문이다.

나는 승리를 즐긴다. 그러나 하나님의 은혜로 멋있게 지는 법도 배웠고 그래서 더 행복한 사람이 되었다. 고등학교 테니스부 코치로 일할 때 나는 우리 팀 최고의 단식 선수와 대결하곤 했다. 3년 동안 매주 두어 번씩 시합하면서 한 번도 진 적이 없었다. 하지만 그는 계속 실력이 향상되는데 나는 아니었다. 그러던 어느 날 나는 최선을 다하고도 처음으로 그에게 졌다(그 뒤로도 지곤 했다).

그가 마지막 점수를 따던 순간 우리는 둘 다 자신도 모르게 네트로 달려가 얼싸안고 미소 짓다가 웃음을 터뜨리며 축하했다. 놀랍게도 나 역시 그 선수 못지않게 진심으로 행복했다.

나는 왜 그렇게 행복했을까? 그동안 그에게 나 자신을 쏟아부으며 실력을 길러주었기 때문이다. 그의 성공은 곧 나의 성공이었다.

"즐거워하는 자들과 함께 즐거워하"라는 말씀(롬 12:15)이 내게 새로운 의미로 다가왔다. 다른 사람의 삶에 자신을 쏟아부을 때 그것이 진정으로 상대의 행복을 바라는 것이라는 사실을 우리는 깨달았다.

자신의 행복밖에 모른다면 우리의 행복은 늘 작을 것이다. 그러나 배우자와 자녀와 손자손녀와 이웃과 친구들—또한 이역만리 떨어져 있지만 우리의 기도와 헌금에 힘입어 새 우물물을 마시고 자국어로 번역된 성경을 읽는 사람들—을 위해 진정으로 행복할 수 있다면 우리의 행복은 끝이 없을 것이다.

베풂은 행복의 큰 출처다

아서 브룩스는 "실제로 우리 뇌는 본래 다른 사람을 섬기도록 되어 있다. 자선을 베풀고 다른 사람을 섬기면 뇌에서 몇 가지 스트레스 조절 호르몬이 분비되어 기분이 향상되고 행복을 느끼게 된다. 다른 사람을 섬기고 도움을 베풀면 그렇지 않은 사람보다 더 행복하고 건강하며 형통하고 따라서 큰 복을 누리고 더 성공하게 된다"라고 말했다.[14]

예수님은 "주는 것이 받는 것보다 복이 있다[마카리오스: 행복하게 한다]"(행 20:35)라고 말씀하셨다. 물론 우리가 베푸는 이유는 그것이 옳기 때문이지만 또한 그것이 현명하기 때문이기도 하다. 우리가 베풀면 사탄만 빼고 모두 승자가 된다. 하나님도 행복하시고, 우리의 선물을 받는 사람도 행복하며, 우리도 행복하다.

하나님이 우리에게 베푸시는 은혜는 번개고 우리가 그분께 드리는 것은 천둥이다. 번개가 천둥에 선행하듯이 하나님의 은혜가 선행하여 우리의 베풂을 유발한다. 역대상 29장에 보면 다윗과 이스라엘 백성은 성전을 위해 바치며 큰 기쁨을 누린다. 고린도후서 8-9장에 나오는 헌금은 하나님의 은혜에 대한 기쁘고도 반사적인 반응이다.

베푸는 사람들이 더 행복하다는 주장은 세상의 연구들을 통해서도 강조된다. 미국의 3만 가구를 대상으로 조사해본 결과 "종교 여부를 떠나 모든 부류의 대의에…돈을 내는 사람들이 그렇지 않은 사람들보다 훨씬 더 행복했다."[15] 이런 연구를 실시하는 사람들은 대부분 자신도 모르게 예수님께 동의하고 있다.

찰스 디킨스의 고전 『크리스마스 캐럴』에 처음부터 등장하는 에베니저 스크루지가 있다. 부자지만 구두쇠인 그는 늘 빈정거리고, 불평이 많은 지독한 욕심쟁이며, 그래서 몹시 불행하다. 그의 삶을 보면 '구두쇠'(miser)와 '비참하다'(miserable)가 왜 서로 관련된 말인지 알 수 있다.

스크루지의 충직하고 늘 기쁨이 넘치는 조카는 이 인색한 삼촌에 대해 "그의 죄 자체가 그를 벌하니 나는 그를 고발할 말이 없다…그의 심술 때문에 고생하는 사람은 누구인가? 늘 그 자신이다"라고 말한다.[16]

그러나 나중에 세 차례의 환상을 통해 근본적으로 변화된 스크루지는 런던의 거리를 걸으며 자신의 재산을 가난한 이들에게 아낌없이 나누어준다. 그러면서 현기증이 날 정도로 기뻐한다. 불과 하루 전까지도 자선의 개념을 비웃던 사람이 이제 베풂을 통해 최고의 낙을 누린다. 더할 나위 없이 비참했던 인간에게서 갑자기 기쁨이 터져 나온다.

에베니저 스크루지가 죄책감과 의무감 때문에만 베풀기로 했다면 그렇게 즐거움으로 충만하지 못했을 것이다. 이 이야기의 미덕은 바로 그의 너그러워진 마음과 행복의 불가분성에 있다.

스크루지가 변화되어 기쁨으로 충만해진 원인은 무엇인가? 영원한 관점을 얻었기 때문이다. 초자연적 개입을 통해 그는 자신의 과거와 현재 그리고 아직 변화될 수 있는 미래를 영원의 눈으로 볼 수 있었다. 우리도 하나님께 똑같은 통찰을 구하자!

이야기의 마지막 페이지에 디킨스는 스크루지를 이렇게 묘사한다. "그의 변화를 비웃는 이들도 있었으나 그는 별로 개의치 않고 비웃도록 내버려두었다⋯ 자신의 마음에 웃음이 생겼으니 그것으로 족했다⋯이 사연을 아는 사람이 살아 있는 한 그가 크리스마스를 잘 지킬 줄 안다는 말이 늘 회자되었다."[17]

복음의 기쁜 소식은 행복이 넘쳐흐르게 한다

복음의 메시지에 담긴 행복이 제도화된 종교에 묻힐 때가 있다. 우피 골드버그가 주연한 영화 "시스터 액트 2"(Sister Act 2)에 그 행복을 절절히 보여주는 장면이 나온다.[18] 합창단의 노래를 들으러 천주교 학교들이 모였는데 객석에 앉은 일부 수녀들과 신부들은 물론 학생들까지도 표정이 굳어 있다. 연습할 때 즐거웠던 합창단도 막상 엄격한 청중 앞에 서니 긴장된다.

마침내 들로리스 역의 골드버그가 그들의 긴장을 풀어주자 일동은 활짝 웃으며 힘차게 노래한다. "오 행복한 날, 주께서 내 죄를 씻으신 날"을 부르는 대목부터 합창단의 열기가 전염되어 그 자리에 있던 모든 사람이 몸을 들썩이기 시작한다.

마침내 노래가 끝날 즈음 청중이 벌떡 일어나 열렬한 박수를 보낸다. 이것은 영화일 뿐이지만 여기에 그려진 모습은 현실에서도 사실이다. 다분히 메마르고 기쁨이 없던 종교 공동체에 생기와 행복이 불어넣어졌다. 이 장면을 보던 모든 사람은 이것이 우리가 드러내야 할 본래의 마땅한 모습임을 본능적으로 안다! 그 이유가 무엇일까? 예수님의 기쁜 소식은 우리를 행복하게 하기 때문이다!

Chapter·33

축제는 하나님의 발상이다:
성경에 나오는 잔치와 절기와
안식일과 노래와 춤

> 이레 동안 초막절을 지킬 것이요 절기를 지킬 때에는…레위인과 객과 고아와 과부가 함께 즐거워하되…네 하나님 여호와 앞에서 절기를 지키고…너는 온전히 즐거워할지니라[행복해할지니라].
>
> 신명기 16:13-15

> 축일이라는 단어가 존재하는 한 이는 종교가 인간의 낙을 가로막는다는 무지한 비방에 늘 답이 될 것이다. 거룩한 날은 또한 행복한 날인 것을 그 단어가 늘 역설할 것이다.
>
> G. K. 체스터턴

세실 로즈(Cecil Rhodes)는 남아프리카 출신의 유명하고 부유한 사업가이자 정치가요 정계의 실세였다. 현재의 짐바브웨인 로디지아도 그의 이름을 딴 지명이다. 어느 저녁에 그는 브램웰 부스(Bramwell Booth)와 함께 기차에 앉아 있었다. 부스는 잔뜩 침울해 있는 로즈를 보며 물었다. "당신은 행복한 사람입니까?"

"행복하다니요? 아닙니다!" 로즈가 대답했다.

그러자 부스는 이 영향력 있는 세계적 인물에게 진정한 행복을 찾을 수 있는 곳은 하나뿐이라고 말해주었다. "바로 십자가에 달리신 구주의 발밑입니다.

거기서만 우리가 죄에서 해방될 수 있기 때문입니다."

로즈는 부스의 아버지이자 구세군 창설자인 윌리엄 부스(William Booth) 장군이 앉아 있는 쪽을 가리켜 보이며 대답했다. "나도 다음 칸의 저 노인이 믿는 대로 믿을 수만 있다면 전 재산을 주어도 아깝지 않을 거요!"[1]

그는 그리스도를 따르는 한 사람에게서 자신에게 없는 행복을 보았던 것이다.

그럴 때가 드물지만 '파티'를 생각하면 마땅히 성경과 그리스도의 사람들이 떠올라야 한다!

성경에 자주 언급되는 노래와 춤과 축제와 잔치와 절기에서 우리는 예배만 아니라 재미와 웃음과 쾌락도 볼 수 있다.

이교도들은 쾌락의 신을 숭배했고 그들의 축제는 술 취함과 부도덕을 중심으로 이루어졌다. 우리 눈이 멀어 하나님이 강조하시는 행복을 보지 못하는 데는 그런 사실도 일부 작용한다. 그래서 오늘날 축제는 연좌제에 걸려 있다.

논리는 이런 식이다.

- 부도덕이 악하니까 섹스도 악하다.
- 술 취함이 악하니까 술도 악하다.
- 게으름이 악하니까 휴식도 악하다.
- 탐욕이 악하니까 돈도 악하다.

그렇다면 식탐이 악하니까 음식도 악하고, 익사가 악하니까 물도 악하다고 해야 할 것이다. 파티에서 죄가 자주 발생하니까 어떤 사람들은 파티도 악할 수밖에 없다고 결론짓는다(물론 죄는 일터와 교회에서도 발생하지만 사람들이 일터와 교회를 악하다고 결론짓는 경우는 거의 없다).

성경에 묘사된 파티는 하나님의 행복을 계시해준다. 그분은 잔치와 절기를 제정하셨으며, 노래하고 춤추고 먹고 마시는 일을 명하시고 권장하신다.

잔치와 절기는 하나님을 배우고 예배하며 그분의 공급을 기억하는 재미있는 장치다

축제의 시기에 이스라엘 백성은 하나님이 복으로 주신 모든 선한 선물을 공공연히 탐닉했다. 음식, 포도주, 음악, 춤, 재미도 그런 선물에 포함되었다. 이 모두는 하나님이 모든 선한 것의 근원이시며, 그분의 복을 즐기는 것이 행복한 특권이라는 인식 아래 이루어졌다.

오늘날 드려지는 예배를 보면 '교제'의 비중은 완전히 축소되었다. 억제된 웃음까지는 허락될지 모르지만 성경에 묘사된 큰 행복과는 닮은 구석이 거의 없다. 사실 신약에 나오는 주의 만찬은 큰 잔치였는데 대부분 현대 교회에서 행하는 성찬식은 상징적 과자와 포도 주스에 그친다. 전자가 큰 축제인데 반해 후자는 최소한의 의식(儀式)일 뿐이다(오늘날 행해지고 있는 상징적 성찬식이 실효성을 지니려면 그리스도의 사역을 경축하는 실제 잔치의 모습을 연상할 수 있어야 한다).

찰스 스펄전은 교회의 가장 신성한 의식들과 특히 성찬식을 이렇게 설명했다. "복음서에 나오는 성례들은 우리가 주님이요 스승이라 부르는 분께서 사랑으로 제정하여 우리에게 분부하신 최고의 낙이다. 우리는 그것을 기쁘고 즐겁게 받아들인다…주님 자신의 만찬은 기쁜 축제요 잔치다."[2]

성경에 나오는 축제들은 집에서 조용히 치러진 것이 아니라 가족과 친구와 이웃이 함께 드러내어 즐겼다. 하나님은 이스라엘의 달력에 이런 절기들을 넣어두심으로써 자기 백성의 삶에 기쁨을 통합하셨다. 성경의 기록들을 보면 잔치와 축제는 그들에게 정체감과 일체감을 주었고, 부모가 자녀에게 하나님을 가르치는 기회가 되었다. 아울러 이런 잔칫날은 행복과 거룩함을 하나로 이어 주는 역할도 했다. 지금은 그 두 개념이 세상의 사고에서만 아니라 교회의 사고에서도 비참하게 서로 분리되고 말았다.

초막절 같은 절기에는 속죄 제사도 드려졌다(참조. 레 23:37-41). 그러나 죄가 불러온 슬픔이라든가 구속을 위한 희생은 진지했지만 잠깐으로 그쳤다. 일단 제사가 끝나면 하나님 안에서 서로 행복을 누리는 것이 축제의 관건이 되었다.

회개와 용서와 구속을 인식하는 이런 축제야말로 이교도들의 어떤 파티보다도 기쁨이 더 컸다. 참여자들의 즐거움이 하나님 중심인데다 더 깊고 현실에 기초했기 때문이다. "허물의 사함을 받고 자신의 죄가 가려진 자는 복이 있도다[행복하도다]"(시 32:1). 이런 기쁜 소식 앞에서 잔치를 벌이고 싶지 않은 사람이 누가 있겠는가?

축제를 지키는 방식 때문에 여러 선지자가 하나님의 백성을 질타하는 대목이 성경에 많이 나온다(참조. 사 1:13-20). 절기는 하나님의 발상인데 백성이 그 참 목적을 잃었을 때 그분은 절기를 기뻐하지 않으셨다. 절기의 참 목적은 하나님의 인격과 사역을 즐거워하는 것이다. 모든 행복은 그분에게서 흘러나오며, 우리는 큰 특권을 입은 마음으로 그분께 순종하는 것이다.

교회 교부인 크리소스톰(Chrysostom)은 "하나님의 아들이 우리를 죽음에서 구속하신 뒤로는 삶 전체가 축제다"라고 말했다.³

하나님의 백성에게 축제란 생명을 주는 피의 일부였다

유월절(Pesach, 페사크)은 죽음의 천사가 이집트의 모든 처음 난 것을 멸하여 이스라엘이 노예 생활에서 풀려나던 밤을 기념하는 해방의 절기다(참조. 출 12:3-14). 신명기 16장 11절에 "네 하나님 여호와 앞에서 즐거워할지니라"고 했다.

칠칠절(Shavuot, 샤부오트)은 시내 산에서 율법을 주신 하나님을 기리고 순종함으로 받은 풍작을 즐거워하는 절기다(참조. 신 16:9-12). 맥추절이라고도 하며 무교절, 초막절과 더불어 예루살렘에서 쇠던 3대 절기 중 하나다(참조. 출 23:16, 34:22, 레 23:10, 16, 민 28:26). 유월절 끝의 안식일 다음 날(초실절)로부터 50일 후에 쉰다 하여 나중에는 헬라어 단어로 '50'을 뜻하는 오순절로도 불렸다.

속죄일(Yom Kippur, 욤 키푸르)은 아담과 하와가 창조된 것을 기념하는 나팔절(Rosh Hashanah, 로쉬 하샤나)에 뒤따라 나온다. 두 절기 모두 하나님이 자기 백성을 구원하신 일과 관계가 있다(참조. 레 23:26-32). 고대 사람들도 창조주가 행하실 구속의 계획을 고대했다.

초막절(Sukkot, 수코트, 참조. 신 16:13-15)은 장막절로도 알려진 7일 동안 지키는 절기다. 유대교 문헌에 흔히 "우리 기쁨의 계절"로 지칭되며 속죄일로부터 닷새 후에 시작된다.

부림절(Purim)은 페르시아에 포로로 잡혀가 원수에게 전멸될 뻔했던 유대 민족을 하나님이 구해주신 일을 기념하는 이틀간의 축제다(참조. 에 9:27-28). 왕을 대면할 준비를 하고자 사흘간 금식했던 에스더를 기려 부림절 앞에 짤막한 금식이 있으나 결국은 큰 잔치와 즐거움으로 이어진다.

빛의 절기인 하누카(Hanukkah)는 성경에서 기원한 것은 아니지만 사람들을 초대하여 하나님의 개입을 기뻐하는 행사다. 안티오쿠스 에피파네스가 더럽힌 성전을 BC 164년에 유다 마카베오가 회복하여 정화한 일을 기념한다. 요한복음 10장 22절에 수전절로 지칭되었다.

모든 절기의 취지는 감사와 기쁨으로 하나님을 높이는 것이었다. 즉 그분과 그분이 베푸신 사랑의 행위들을 즐거워하며 그분의 임재 안에서 함께 행복을 누리는 것이었다. 이런 절기가 없는 현대 문화에서 우리는 이러한 절기들에 내포된 일부 요소들을 우리가 지키는 여러 명절 속에는 물론 교회와 가정의 모임 속에 통합할 방도를 모색해야 한다.

안식일은 본래 쉼과 축제의 날이요 일주일 중 가장 중요한 날이다

하나님의 백성 이스라엘에게 이 쉼의 날은 삶의 중추가 되는 부분이었다. "엿새 동안은 일할 것이요 일곱째 날은 쉴 안식일이니 성회의 날이라 너희는 아무 일도 하지 말라 이는 너희가 거주하는 각처에서 지킬 여호와의 안식일이니라"(레 23:3).

안식일은 절기로도 불렸다(참조. 레 23:2). 성회와 같은 엄숙한 모임도 있었지만(참조. 사 1:13) 기쁨의 날이었다. 안식일과 관련하여 하나님이 사용하신 쾌락(오락)과 즐거움의 어휘를 잘 보라.

> 만일 안식일에 네 발을 금하여
> 내 성일에 오락을 행하지 아니하고
> 안식일을 일컬어 즐거운 날이라,
> 여호와의 성일을 존귀한 날이라 하여
> 이를 존귀하게 여기고 네 길로 행하지 아니하며
> 네 오락을 구하지 아니하며 사사로운 말을 하지 아니하면
> 네가 여호와 안에서 즐거움을 얻을 것이라…
> 여호와의 입의 말씀이니라(사 58:13-14).

이 본문을 급히 읽으면 하나님이 "안식일에 쾌락을 즐기지 말라"고 하시는 것처럼 보일 수 있다. 그러나 사실 그분의 메시지는 이것이다. "안식일로 돌아오라. 내가 너희에게 주는 모든 쾌락 중 가장 큰 쾌락을 즐기라. 그것은 바로 나를 즐거워하는 것이다."

외부인이 생각하기에 안식일은 행복이 억제되는 과도한 속박의 날일 수 있다. 그러나 성경에 언급된 안식일 규정은 본래 사람들을 일의 의무에서 해방시키기 위한 것이었다(훗날 바리새인들은 이 규정을 확대하여 본래의 취지를 한참 벗어났다).

이스라엘은 대개 안식일에는 그 주간에 맛볼 수 있는 최고의 식사와 최고의 포도주를 즐기며 최고의 축제를 벌였다. 행복을 만끽하는 거룩한 날이었다!

음식은 하나님이 공급하시는 심신의 양분이다

잠언 15장 15절에 "마음이 즐거운 자는 항상 잔치하느니라"고 했다. 잔치는 행복의 궁극적 모습이며, 안식일은 적어도 매주 한 번은 잔치가 있다는 뜻이었다.

먹는 일, 식사, 음식 등을 기술하는 어휘가 성경에 1천 회 이상 쓰였고, '잔치'(feast)라는 영어 역어도 추가로 187회 등장한다. 잔치는 심히 관계적인 일로 대화, 이야기, 웃음이 특징을 이룬다. 성경이 말하는 잔치는 하나님과 그분의

위대하심과 구속의 목적에 주목하게 하는 영적 모임이다.

우리도 음식을 먹을 때마다 행복을 만난다. 하나님은 왜 딸기를 신기하도록 맛있게 만드셨을까? 왜 코코아나무를 만드셔서 인간이 약간의 재주로 초콜릿을 제조하게 하셨을까? 왜 초콜릿은 잘 녹다가도 딸기와 닿는 부분은 굳어질까? 초콜릿을 입힌 딸기가 우리의 미뢰에 닿으면 왜 황홀할 정도로 즐거울까? 답은 창의적이고 행복하신 하나님이 큰 것들로만 아니라 무수히 많은 작은 것들로도 우리를 행복하게 해주고 싶으셨기 때문이다. 자신의 형상대로 지으신 우리를 말이다.

서로 사랑하는 사람들은 함께 먹기를 즐긴다. 고대의 유대 문화에서 먹는 일은 사려 깊고 신중한 기쁨이었다. 식사는 관계를 풍요롭게 하는 느긋한 축제의 시간이었다.

역사적으로 하나님의 백성은 주변 국가들보다 늘 축제를 더 많이 벌였지 결코 더 적지 않았다! 우리라고 왜 달라야 하는가? 복음이 우리에게 주는 축제의 이유는 그보다도 더 많은데 말이다. 예수께서 제자들에게 거듭 언급하셨듯이 장차 우리가 부활하면 유명한 성경 인물들과 즐거이 함께 먹을 것이다. 그분은 "동 서로부터 많은 사람이 이르러 아브라함과 이삭과 야곱과 함께 천국[식탁]에 앉으려니와"(마 8:11)라고 말씀하셨다. 이 말씀을 듣던 청중은 틀림없이 흐뭇했을 것이다.

그분은 또 사도들에게 "내 아버지께서 나라를 내게 맡기신 것 같이 나도 너희에게 맡겨 너희로 내 나라에 있어 내 상에서 먹고 마시[게]…하려 하노라"(눅 22:29-30)고 말씀하셨다. 예수님은 부활하신 후 제자들과 함께 음식을 드셨을 뿐 아니라(참조. 눅 24:40-43) 아침을 차려주기까지 하셨다(요 21:9-14).

이사야 25장 6절에 "만군의 여호와께서 이 산에서 만민을 위하여 기름진 것과 오래 저장하였던 포도주로 연회를 베푸시리니 곧 골수가 가득한 기름진 것과 오래 저장하였던 맑은 포도주로 하실 것이며"라는 예언이 나온다. 성경에 그려진 하나님은 손에 닿는 물리적 행복의 궁극적이고 직접적인 근원이시다.

그분은 일반적 의미로 양식을 공급하실 뿐 아니라 직접 요리사가 되어 우리에게 음식을 차려주실 것이다. 그것도 그냥 아무 음식이 아니라 최고의 음식과 최상의 포도주로 말이다!

그것은 하나님이 그분의 모든 자녀에게 손수 요리해주실 잔치다! 그 잔치를 즐기는 기분이 어떨지 잠시 눈을 감고 상상해보라! 이런 기대가 있는데도 미소가 절로 나지 않는다면 무엇이 더 필요한가?

하나님이 공급하시는 포도주는 행복의 부차적 출처다

사사기 9장 13절에 "하나님과 사람을 기쁘게 하는…포도주"라는 표현이 나온다. 포도주가 어떻게 하나님을 행복하시게 할 수 있을까? 아마도 그분은 포도주가 사람을 행복하게 한다는 사실을 기뻐하실 것이다. 물론 그분은 알코올 남용을 좋게 보지 않으신다. 술 취하지 말라고 경고하신 것으로 보아 알 수 있다(참조. 엡 5:18).

시편 저자는 "사람을 위한 채소를 자라게 하시며 땅에서 먹을 것이 나게 하셔서 사람의 마음을 기쁘게 하는 포도주[를]…주"시는 하나님을 찬양했다(시 104:14-15).

그리스도께서 처음으로 행하신 기적은 물로 포도주를 만드신 일이다. 그 결과 하객들은 마냥 행복해하며 그날 저녁에 나온 포도주가 그 잔치에서 제공된 최고의 것이라고 말했다(참조. 요 2:10).

성경은 과음을 강하게 단죄하며 이를 삼가도록 누누이 경고한다(참조. 잠 20:1, 23:19-21,29-35). 그러나 성경에는 함께 포도주를 마시며 행복한 시간을 보낸 사람들도 많이 기록되어 있다. 최후의 만찬 때 예수님은 제자들에게 "너희에게 이르노니 내가 포도나무에서 난 것을 이제부터 내 아버지의 나라에서 새것으로 너희와 함께 마시는 날까지 마시지 아니하리라"(마 26:29)고 알려주셨다. 분명히 제자들은 여생을 사는 동안 예수님의 영원한 나라에서 그분과 함께 먹고 마실 날을 고대했을 것이다.

아이작 왓츠(Isaac Watts)는 한 찬송시에 이렇게 썼다.

> 즐거운 마음에 취해
> 기쁨의 잔치 벌이세
> 사랑하는 주의 이름
> 포도주보다 낫도다[4]

포도주는 본래 궁극적 쾌락이 아니라 부차적 쾌락이다. 포도주의 맛은 우리를 지고한 감각적 경험으로 이끌기 위한 것이다. 그것은 바로 하나님이 최고이고 최상이며 가장 행복하고 칭송받기에 합당한 분임을 보고 맛보는 경험이다(참조. 시 34:8).

예수께서 만드신 포도주가 최고의 포도주로 꼽힌 이유(참조. 요 2:10)는 그 속에 알코올이 들어 있지 않아서가 아니다. 하객들은 그분이 만드신 포도주를 마시고 취했을 수도 있을까? 물론이다. 사람들이 그분이 만드신 음식으로 과식하고, 그분이 만드신 섹스로 간음하는 것과 마찬가지다. 하지만 그렇다고 해서 그분이 우리의 행복과 그분의 영광을 위해 음식과 섹스와 모든 피조물을 만드셨다는 사실은 달라지지 않는다!

나는 중독으로 고생하는 사람에게 술을 권할 생각이 추호도 없다. 나처럼 인슐린 의존성 당뇨가 있는 사람에게 디저트를 실컷 먹으라고 권하지 않는 것과 마찬가지다. 하지만 디저트를 먹을 수 없는 나도 디저트가 사람들을 행복하게 한다는 사실과 하나님이 그들의 행복을 보고 행복해하신다는 사실을 여전히 즐거워할 수는 있다. 마찬가지로 술을 끊은 사람도 다른 사람들에게는 "하나님과 사람을 기쁘게 하는…포도주"가 있음을 여전히 즐거워할 수 있다.

노래는 하나님을 찬양하는 도구가 될 수 있다

주를 향해 기쁘게 노래한 사람들이 성경에 많이 나온다. 모든 잔치와 축제와 공예배 그리고 홀로 드리는 예배 때마다 노래가 울려 퍼진다.

- 그러나 주께 피하는 모든 사람은 다 기뻐하며 주의 보호로 말미암아 영원히 기뻐 외치고[노래하고] 주의 이름을 사랑하는 자들은 주를 즐거워하리이다(시 5:11).
- 너희 만민들아 손바닥을 치고 즐거운 소리[노래]로 하나님께 외칠지어다(시 47:1).
- 골수와 기름진 것을 먹음과 같이 나의 영혼이 만족할 것이라 나의 입이 기쁜 입술로 주를 찬송하되…주는 나의 도움이 되셨음이라 내가 주의 날개 그늘에서 즐겁게 [노래를] 부르리이다(시 63:5, 7).
- 시온의 주민아 소리 높여 [노래를] 부르라 이스라엘의 거룩하신 이가 너희 중에서 크심이니라(사 12:6).
- 여호와께서 이 일을 행하셨으니 하늘아 노래할지어다 땅의 깊은 곳들아 높이 부를지어다 산들아 숲과 그 가운데의 모든 나무들아 소리내어 노래할지어다(사 44:23).

장 칼뱅은 자연을 잘 관찰했던 모양인지 위의 마지막 구절을 이렇게 주해했다. "노래하는 작은 새는 그분을 노래하고, 짐승은 그분을 향해 외치며, 비바람은 그분을 두려워하고, 산은 그분의 메아리를 울리며, 샘과 흐르는 물은 그분께 눈길을 던지고, 풀과 꽃은 그분 앞에서 웃는다."[5]

춤은 주체할 수 없는 의로운 기쁨의 표현 수단이 될 수 있다

시편의 시를 가장 많이 작사한 다윗은 노래하고 악기를 연주했을 뿐 아니라 춤도 추었다.

어떤 사람이 다윗 왕에게 아뢰어 이르되 여호와께서 하나님의 궤로 말미암아 오벧에돔의 집과 그의 모든 소유에 복을 주셨다 한지라 다윗이 가서 하나님의 궤를 기쁨으로 메고 오벧에돔의 집에서 다윗 성으로 올라갈새 여호와의 궤를 멘 사람들이 여섯 걸음을 가매 다윗이 소와 살진 송아지로 제사를 드리고 다윗이 여호와 앞에서 힘을 다하여 춤을 추는데(삼하 6:12-14).

시편 150편 4절에 "소고 치며 춤 추어 찬양하며"라고 했다. 춤을 뜻하는 말로 구약에 쓰인 히브리어 단어는 열 한 가지인데 '몸을 비틀거나 빙빙 돌다', '날뛰거나 뛰어오르거나 펄쩍 뛰거나 껑충거리다' 등의 의미가 있다.[6]

전도서 3장 4절에 따르면 "슬퍼할 때가 있고 춤출 때가 있"다. 사람들은 홍해를 건넌 일(참조. 출 15:20-21), 다윗의 승전(참조. 삼상 18:6) 등 큰일을 축하할 때 악기에 맞추어 춤추고 노래했다. 결혼식에서도 춤을 추었다(참조. 아 6:13). 아이들은 춤추며 놀았는데(참조. 욥 21:11) 악기가 곁들여질 때도 많았다(참조. 마 11:17, 눅 7:32). 탕자의 귀향을 축하할 때도 춤이 빠지지 않았다(참조. 눅 15:25).[7] 죄인이 회개할 때 하늘에 기쁨이 있다는 예수님의 말씀으로 미루어(참조. 눅 15:7) 새 땅에도 춤이 있다고 보아도 무리는 아니다.

축제는 하나님이 명하신 것이다! 물론 파티에서 절제를 잃을 수도 있었으나 대부분 사람은 그런 일이 없도록 신중을 기했다. 오히려 거룩하신 하나님을 더 욕되게 하는 길은 그분이 주최하시는 파티에 참석하기를 거부하는 것이었다(실제로 탕자의 이야기에서 형의 죄는 동생의 생환을 축하하려고 아버지가 벌인 파티에 일부러 불참한 일이다).

어떤 사람들은 이교도들이 거짓 신들을 숭배할 때 춤을 추었다며 반론을 제기할 수 있다(참조. 왕상 18:26). 살로메도 헤롯 앞에서 부도덕한 춤을 추어 헤롯의 색정을 자극했다(참조. 마 14:6, 막 6:22). 사실이다. 하지만 그것으로 입증되는 것이 무엇인가? 우리가 이미 알고 있는 사실만 입증될 뿐이다. 즉 음식과 음료와 춤과 음악 등 하나님이 선하게 지으신 것들을 인간이 변질시킨다는 것이다.

성경에 나오는 잔치와 축제는 거룩함과 행복이 만나는 아름다운 교차점이다

초대 교회는 주의 만찬(떡을 떼는 일)과 "애찬"(유 1:12)을 둘 다 즐겼다. 사도행전 2장 46절에 신자들의 모임이 이렇게 묘사되어 있다. "날마다 마음을 같이하여 성전에 모이기를 힘쓰고 집에서 떡을 떼며 기쁨과 순전한 마음으로 음식을 먹고."

바울이 주의 만찬을 언급한 방식을 보면 그것이 성례임과 동시에 함께 먹는 식사 자체였음을 알 수 있다(참조. 고전 11:17-34). 그러다 2세기 무렵부터 "애찬"이라는 즐거운 용어는 신자들이 나누는 식사 교제에만 쓰여 주의 만찬을 지키는 성례와는 구분되었다.[8] 초대 교회에서 시행된 주의 만찬은 거룩함과 행복을 취하는 공동체적 행위였다. 이는 교회를 기쁨 없는 모임으로 보는 오늘날의 통념과는 극명한 대조를 이룬다. 오늘날 교회는 '거룩함'이라는 항목에 필요한 도장을 맡는 곳일 뿐이고, 우리는 좋은 음식이나 라켓볼이나 등산이나 야영 같은 행복을 누릴 때는 세상으로 나간다.

하나님 중심의 행복 충만한 축제가 우리의 가정과 교회에 수시로 있어야 한다

도스토옙스키의 『카라마조프가의 형제들』에 보면 수도원의 수습 수사인 알료샤는 어느 사제가 요한복음 2장을 읽는 소리를 듣는다. 예수께서 결혼식장에서 물로 포도주를 만드신 대목이다. 알료샤는 이런 생각에 잠긴다. "나는 이 본문이 참 좋다. 갈릴리 가나의 첫 기적이다…아 이 기적이여! 이 감미로운 기적이여! 그리스도께서 사람들에게 주신 것은 슬픔이 아니라 기쁨이었다. 사람들을 즐겁게 하시려고 첫 기적을 행하셨다…'사람들을 사랑하시는 그분은 그들의 즐거움도 사랑하신다.'"[9]

당신은 하나님이 그분의 자녀들이 누리는 즐거움을 사랑하신다는 사실을 정말 믿는가? 만일 그렇다면 그 진리를 만인이 볼 수 있도록 어떻게 당신의 일상생활과 가정과 교회에 드러내고 있는가? 신학자 로버트 하치킨스(Robert Hotchkins)는 이렇게 썼다. "그리스도인들은 늘 축제를 벌여야 한다. 파티와 연회와 잔치와 즐거움에 취해야 한다. 우리는 삶의 두려움과 죽음의 두려움에서 해방되었기 때문에 기쁨의 축제에 푹 빠져야 한다. 그리스도인에게 있는 순전한 쾌락으로 사람들을 교회로 끌어들여야 한다."[10]

교회가 받는 큰 도전 중 하나는 행복의 기류를 되찾아 가꾸는 일이다. 그런 기류가 마땅히 하나님의 사람들을 특징짓는 요소가 되어야 한다. 물론 국경일들이 있다. 하지만 신자들은 그 속에 더 성경적인 그리스도 중심의 요소들을 적절히 통합할 수 있다. 예컨대 추수감사절을 보낼 때 식사만 푸짐하게 하고 말 것이 아니라 시간을 내서 서로의 삶을 나눌 수 있다. 어른이고 아이고 할 것 없이 모두 한 해 동안 하나님이 해주신 일들을 구체적으로 나누며 그분께 감사드리는 것이다.

그리스도의 탄생과 부활을 경축하는 방식도 우리 문화에 탈취당하여 진정한 성경적, 역사적 의미와 거리가 멀어졌다. 이런 명절을 버릴 것이 아니라 그 속에 성경적 참뜻을 불어넣어야 한다. 아울러 우리는 세상 문화가 인지하지 못하는, 그리하여 왜곡시키지 못할 다른 '거룩하고 행복한 날들'도 기념할 수 있다.

내가 다니는 교회를 비롯하여 독립 교단의 많은 복음주의 교회들은 유구한 교회 전통의 유익을 누리지 못한다. 따라서 모든 성인의 축일, 위령의 날, 예수 승천일, 예수 공현절, 오순절, 종교개혁 주일 등 기독교 고유의 성경적 기념일을 되찾는 것도 좋다. 아울러 유월절과 속죄일 같은 구약의 절기를 신약에 맞게 다듬어서 지킬 수도 있다. 우리 문화에서 이미 폐기되거나 주변으로 밀려난 지 오래인 절기들을 되살려 지킬 때 거기서 누리게 될 유익이 상상이 되는가?

성 프란시스의 축일에 일부 교회들은 지역 주민들을 초대하여 동물을 예찬하되 범신론적인 방식이 아닌 하나님을 영화롭게 하는 방식으로 한다. 이런 방식이 아니고서는 결코 교회와 접촉점이 없을 사람들에게 이날은 교회가 기쁘고도 생생하게 복음을 가지고 다가갈 수 있는 날이다. (다양한 정치적 노선과 관계없이 우리 그리스도인들이 동의해야 할 것이 있다. 세상을 창조하여 우리에게 관리를 맡기신 하나님은 그분이 맡겨주신 동물과 천연자원을 우리가 존중하며 감사하기를 바라신다는 것이다.)

유엔에 가입한 전체 193개 회원국이 '국제 행복의 날'로 공식 지정한 3월 20일을 복음주의 교회들이 해마다 지키면 어떨까? 하나님의 행복과 그리스도께서 모든 나라에 주려고 가져오신 행복에 대해 서로에게 그리고 세상을 향해 말해줄 수 있는 얼마나 좋은 기회인가? 그리스도인들이 앞장서서 행복에 대한 긍정적 성명을 내고 사람들을 행복하신 하나님 쪽으로 인도한다면 정말 신선하지 않겠는가? 사람들은 그분을 절실히 알아야 한다.

기독교 가정에서 자라는 자녀들이 하나님이 중심이 되시는 더 많은 명절을 사모하고, 그때마다 믿지 않는 친구들을 초대하여 함께한다면 얼마나 좋을까? 교회가 세상보다 축제가 적은 것이 아니라 더 많은 곳으로 알려지는 것이 당연하지 않은가? 예배와 우애와 연합이 그런 행사의 특징이 될 것이다. 그러나 가장 큰 보상 중 하나는 예수님을 따르는 사람들이 깊은 행복을 누리는 백성으로 다시 세워진다는 것이다. 하나님의 위대하심, 선하심, 사랑, 은혜, 행복을 칭송하기에 주저하지 않는 사람들로 말이다.

하나님의 사람들은 이렇게 말해야 한다. "장차 고통 없는 영원한 세상에서 먹고 마시고 즐거워할 그때를 기념하여 지금부터 먹고 마시고 즐기자."

이런 축제를 우리가 더 늘리고 더 잘 즐긴다면 분명히 우리 자녀를 포함한 다음 세대는 원수의 새빨간 거짓말에 쉽게 속아 넘어가지 않을 것이다. 사탄은 예수님의 복음이 행복을 가져다주지 못하며, 사람들이 행복을 찾으려면 다른 데로 가야 한다고 우리를 속인다.

Chapter·34

행복은 하나님의 말씀을 묵상하는 데서 온다

> 주의 말씀의 맛이 내게 어찌 그리 단지요 내 입에 꿀보다 더 다니이다.
> 시편 119:103
>
> 성경 자체는 목표가 아니라 수단으로서 사람들에게 하나님을 친밀하고 만족스럽게 알게 하고, 그분 안으로 들어가게 하며, 그분의 임재를 즐거워하게 하고, 하나님 자신의 달콤한 내면을 마음의 밑바닥과 응어리로 맛보아 알게 한다.
> A. W. 토저

1800년대에 수많은 고아를 돌보느라 여념이 없었던 조지 뮐러는 건강이 좋지 못했고 격무에 시달리며 스트레스로 고생했다. 어느 날 그는 일기에 이렇게 썼다. "오늘 아침에 사랑하는 아내에게 짜증을 내서 주님을 크게 욕되게 했다." 그래서 그는 "주님 앞에 무릎 꿇고 내게 이런 아내를 주신 그분을 찬양했다."[1]

뮐러는 자신이 짜증을 낸 일에 변명하지 않았다. 자신이 느끼는 불행과 불편한 심기가 하나님 마음을 아프게 하고 아내에게 상처가 되었음을 알고 솔직히 인정했다.

그럼에도 스트레스나 이따금씩 나빠지는 건강은 그가 없앨 수 없었다. 그렇다면 그가 찾은 해법은 무엇일까? 그의 글을 보자.

이전 어느 때보다도 분명히 깨닫는다. 내가 날마다 첫째이자 주로 힘써야 할 큰 일은 내 영혼을 주 안에서 행복하게 하는 것이다. 일차로 관심을 두어야 할 것은 주님을 얼마나 섬기느냐가 아니라 어떻게 내 속사람이 양분을 얻어 영혼이 행복한 상태에 드느냐는 것이다…내가 해야 할 가장 중요한 일은 하나님 말씀을 읽고 묵상하는 데 전념하는 것임을 깨닫는다.[2]

언젠가 그는 이런 말도 했다. "어떻게 하면 우리 영혼이 이 안정된 행복에 이를 수 있을까?…이 행복을 얻으려면 성경을 공부해야 한다."[3]

우리가 누리는 행복은 하나님 말씀을 힘써 공부하는 데 비례한다

그리스도께 회심한 뒤로 나는 더 나은 사람이 되었을 뿐 아니라 더 행복한 사람이 되었다. 예수님과 가까워질수록 그분이 내 안에 더 깊고 큰 행복을 열매로 맺으셨다. 내가 본 고난과 악이 줄어들어서가 아니다. 사실 내가 본 고난과 악은 이전에 덜 행복했을 때보다 훨씬 많아졌다.

나의 지적인 삶과 영적인 삶은 별개가 아니라 불가분의 관계다. 예수님은 우리가 마음과 생각을 다하여 주 우리 하나님을 사랑해야 한다고 하셨다(참조. 마 22:37). 내가 시간을 내서 깊이 들어가 하나님과 그분의 진리와 그 길을 숙고하지 않았다면, 설령 영적 열정이 아무리 뜨겁다 해도 안정된 행복에 이르지 못했을 것이다. "만군의 하나님 여호와시여 나는 주의 이름으로 일컬음을 받는 자라 내가 주의 말씀을 얻어 먹었사오니 주의 말씀은 내게 기쁨과 내 마음의 즐거움[행복]이오나"(렘 15:16).

스포츠와 정치가 그 자체로 잘못된 것은 아니다. 그러나 그런 분야에 전문가가 되어도 지혜롭게 살아갈 준비, 그리스도를 중심으로 삼아 결정할 준비, 가정을 이끌고 힘든 시절을 헤쳐 나갈 준비, 잘 죽을 준비 등은 할 수 없다. 그런 준비는 하나님 말씀을 읽고 배우기 위해 시간을 들여야만 가능하다.

대중문화는 너무 얄팍하고 요란하고 험담을 좋아해서 행복을 가져다줄 수 없다. 우리는 하나님의 형상대로 지어졌기 때문에 우리 앞에 닥쳐오는 모든 현란한 것보다 더 깊은 존재다.

사람들이 불행한 것은 우리의 주목을 끌려고 아우성치는 잡다한 불행한 음성들을 듣기 때문이다. 기쁨은 기쁨의 근원이신 분에게 기쁨의 말씀을 듣고 믿을 때 찾아온다. 예수님은 "내 양은 내 음성을 들으며 나는 그들을 알며 그들은 나를 따르느니라"(요 10:27)고 말씀하셨다. 우리는 그분을 따르면 행복하고 그분을 따르지 않으면 행복하지 못하다.

하나님 말씀은 능력이 있어 우리 마음에 행복을 가져다준다

아우구스티누스는 "저는 주님의 말씀을 들으면 행복합니다. 주님의 음성 덕분에 행복합니다"라고 고백했다.[4] 우리가 하나님의 권위 있는 음성을 듣고 온전히 확신할 수 있는 곳은 성경 외에 아무데도 없다.

하나님과 관계를 바르게 맺으면 그분 말씀이 즐거워진다. 말씀은 그분 자신, 즉 그분의 위엄과 아름다움과 행복의 연장(延長)이기 때문이다.

"여호와의 율법은 완전하여 영혼을 소성시키며…여호와의 교훈은 정직하여 마음을 기쁘게 하고"(시 19:7-8). 하나님 말씀을 경청하고 묵상하고 반응할 때 우리 영혼은 죄와 불행에서 회복되어 의와 행복에 이른다.

그리스도를 처음 믿었을 때 나는 하나님 말씀에 한없이 갈급했다. 밤중에 성경책에 얼굴을 묻고 잠들 때도 있었고, 카세트테이프로도 성경을 듣곤 했다. 깨어 있는 마지막 순간까지 하나님 말씀을 생각하다 잠에 빠져든 것이다.

하나님 말씀이 "내게 기쁨과 내 마음의 즐거움"이 되었다는 예레미야의 고백(렘 15:16) 속에는 시간이 갈수록 점증되는 성경의 누적 효과가 암시되어 있다. 행복하게도 나도 하나님의 은혜로 똑같이 증언할 수 있다.

하나님의 성품과 뜻에 대해 신자들이 의지할 수 있는 확실한 계시는 그분 말씀뿐이다

토저는 "알 수 없는 분을 알고, 이해할 수 없는 분을 이해하며, 다가갈 수 없는 분을 만지고 맛보려는 열망은 인간의 속성에 있는 하나님의 형상에서 기원한다"라고 썼다.[5]

하지만 하나님이 정말 어떤 분인지 어떻게 알 수 있는가? 그분에게서 온 권위 있는 계시가 없이는 알 수 없다. 나머지는 다 어림짐작일 뿐이다.

안셀무스는 "지금부터 영원까지…지성이 행복을 얻으려면 하나님을 묵상해야 한다"라고 썼다.[6] 그런데 하나님을 확신에 차서 묵상하려면 그분에 대해 믿을 수 있는 정보의 출처가 필요하다. 그것이 바로 성경이다.

성경의 속성은 성경 자체에 이렇게 나와 있다.

- 모든 성경은 하나님의 감동으로 된 것으로 교훈과 책망과 바르게 함과 의로 교육하기에 유익하니(딤후 3:16).
- 먼저 알 것은 성경의 모든 예언은 사사로이 풀 것이 아니니 예언은 언제든지 사람의 뜻으로 낸 것이 아니요 오직 성령의 감동하심을 받은 사람들이 하나님께 받아 말한 것임이라(벧후 1:20-21).

베뢰아 사람들은 하나님 말씀을 기준으로 삼아 사도 바울이 전한 말을 따져보았고 이 일로 칭찬을 받았다. "베뢰아에 있는 사람들은 데살로니가에 있는 사람들보다 더 너그러워서 간절한 마음으로 말씀을 받고 이것이 그러한가 하여 날마다 성경을 상고하므로"(행 17:11).

성경이 하나님에 대해 말하는 내용은 다 진리다. 그러나 누구를 막론하고 하나님에 대해 성경과 모순되게 말하면 그것은 다 거짓이다. 하나님 말씀의 권위를 믿지 않으면—또한 말씀을 이해하는 지식이 자라가지 않으면—우리는 기만당하기 쉽다. 그래서 오늘날 교회에 가장 시급한 일 가운데 하나는 건전한 교리를 꾸준히 가르치는 것이다. 그것이 없다면 하나님의 사람들은 여론이라는 시류에 휩쓸려 떠내려갈 것이다. 아울러 우리는 성경적 세계관을 다져주는 좋은 책들도 읽어야 한다.

믿음 자체는 미덕이 아니다. 믿음의 가치는 그 믿음의 대상이 얼마나 가치 있는지에 달려 있다. 성경은 신앙과 그 실천을 위한 믿을 만한 길잡이다. 단, 성경을 문맥 속에서 이해해야 하고, 우리 자신의 본능과 취향보다 우위에 두어야 한다.

성경을 재해석하는 유행을 경계해야 한다. 그런 재해석은 어쩌다 대중문화가 만들어내는 최신 사조에 부합할 뿐이다. 문화는 신뢰할 만한 대상이 아니며 늘 변하는 여론도 마찬가지다. 우리가 신뢰할 수 있는 대상은 나나 당신이 아니라 하나님이다.

성경이 말하는 하나님을 배워야만 그분에 관한 진리를 알 수 있고, 그 진리에 입각하여 그분에게서 흘러넘치는 행복을 누릴 수 있다.

하나님의 자녀들은 성경을 적대적 정죄를 위한 출처가 아니라 기쁨과 해방을 위한 출처로 보아야 한다

한편으로 율법은 우리의 불의를 지적하여 정죄에 이르게 한다(참조. 롬 7:7). 그러나 다른 한편으로 율법에는 생명을 주는 측면이 있어 다윗은 행복한 마음으로 율법을 예찬했다.

- 내가 사랑하는 주의 계명들을 스스로 즐거워하며(시 119:47).
- 내가 주의 법을 어찌 그리 사랑하는지요 내가 그것을 종일 작은 소리로 읊조리나이다(시 119:97).

찰스 스펄전은 "하나님의 율법에 당신의 행복을 앗아갈 요소는 하나도 없다. 율법은 당신을 슬픔에 빠뜨릴 일을 막아줄 뿐이다!"라고 말했다.[7]

하나님이 우리에게 율법을 이르시고 그대로 시행하시는 것은 우리를 사랑하시기 때문이다. 부모가 자녀에게 규율을 알리고 그대로 시행하는 이유와 같다. 자녀들은 규정이 행복을 앗아간다고 생각하지만 그보다 더 틀린 생각은 없다.

삼손은 젊은 시절 자신이 생각하는 행복을 추구했다. 가지 말았어야 할 곳에 다녀온 그는 부모에게 "내가 딤나에서 블레셋 사람의 딸들 중에서 한 여자를 보았사오니 이제 그를 맞이하여 내 아내로 삼게 하소서"(삿 14:2)라고 말했다. 부모가 왜 굳이 하나님을 믿지 않는 나라에 가서 아내를 얻어야 하느냐고 물었으나 삼손은 "내가 그 여자를 좋아하오니 나를 위하여 그 여자를 데려오소서"(3절)라고 우겼다. 아들을 행복하게 해주려고 부모가 양보했다. 그 뒤로 줄줄이 이어진 지독한 파멸과 불행은 우리에게 경종을 울린다. 우리 자신이나 자녀가 하나님보다 행복의 길을 더 잘 안다고 믿어서는 결코 안 된다.

"나는 자식이 행복하기를 바랄 뿐이다"라고 말하는 부모들은 사실 자녀를 위해 그 이상을 바라야 한다. 예컨대 자녀가 하나님을 사랑하고 예의 바르며 덕이 있고 너그럽기를 바라야 한다. 자녀들은 밤늦도록 자지 않고, 취침 전에 과자를 먹으며, 몇 시간씩 비디오게임을 하고, 숙제를 하지 않으려 한다. 그게 행복의 길인 줄로 아는 것이다. 그러나 현명한 부모는 그 이상을 안다. 부모도 자녀의 행복을 원하지만, 자녀가 누릴 수 있는 참된 행복을 오히려 막는 것이 무엇인지 안다는 점에서 자녀와 다르다.

하나님이 정하신 규율과 부모가 세운 규율은 가장자리의 난간과 같다. 제약처럼 보이지만 사실은 안전과 자유와 생명을 지켜준다.

하나님 말씀이 사고(思考) 속에 흠뻑 배어들 때 우리는 가장 깊은 행복을 얻는다
하나님 말씀을 묵상하려면 말씀을 읽고 천천히 생각하면서 그분께 깨달음과 인도를 구해야 한다. 말씀이 죄를 지적하는 대로 회개하고 하나님이 베푸시는 용서를 경험해야 한다. 성경 묵상은 하나님의 사랑과 거룩함, 은혜와 공의, 행복과 진노 등 그분의 속성을 묵상하는 일이기도 하다.

성경 말씀을 적어서 종일 가지고 다니며 읽고 암기하면 하나님 말씀이 우리의 일부가 된다. 바울은 "그리스도의 말씀이 너희 속에 풍성히 거하"게 하라고 했다(골 3:16).

칼뱅은 "죄인의 심령을 그 무엇보다도 효과적으로 소생시키는 것은 하나님 말씀뿐이다. 하나님의 약속을 의지하는 길 외에는 세상에서 참된 평안이나 견고한 평안을 누릴 수 없다"라고 썼다.[8] 의지한다는 말은 기대어 쉰다는 뜻이다. 험한 여정 끝에 편안한 침대에서 쉬듯이 우리도 하나님의 약속에서 쉼을 얻을 수 있다.

존 파이퍼는 이렇게 말했다.

> 하나님 백성인 우리가 그분을 영화롭게 하는 길은 단지 그분을 생각하는 방식만이 아니라 그분을 경험하는 방식에 있다. 사실 한 성도가 하나님에 대해 평생 생각하는 것보다 마귀가 하루 동안 생각하는 것 속에 바른 생각이 더 많다. 그러나 마귀의 생각은 하나님을 영화롭게 하지 못한다. 마귀의 문제는 신학이 아니라 잘못된 욕망에 있다. 우리가 품어야 할 가장 중요한 목적은 위대한 대상이신 하나님을 영화롭게 하는 것이다. 그 일을 가장 극진하게 하는 길은 그분을 더없이 귀히 여기고 갈망하며 즐거워하여 아예 재물과 친족까지도 내려놓은 채 가난하고 잃어버린 바 된 이들에게 그분의 사랑을 베푸는 것이다.[9]

우리는 무언가로 생각을 채우게 되어 있다. 하나님 말씀으로 생각을 채우기로 선택하면 그분을 더 알고 더 사랑하게 된다.

다윗은 하나님 말씀에 대해 "금 곧 많은 순금보다 더 사모할 것이며 꿀과 송이꿀보다 더 달도다"(시 19:10)라고 말했다. 하나님 말씀을 찾고 또 찾으면 행복이 당신을 떠나지 않을 것이다.

성경을 의무적으로 읽어도 나쁘지는 않지만 기쁨이 수반되면 더 좋다

최근에 한 친구에게 들으니 그가 다니는 교회의 목사가 "하나님의 관심은 당신의 행복이 아니라 순종에 있을 뿐이다"라고 설교했다고 한다. 반대로 성경은 "여호와를 경외하며 그의 계명을 크게 즐거워하는 자는 복이 있도다[행복하도다]"(시 112:1)라고 말한다. 물론 하나님은 우리가 의무를 다하여 그분께 순종하기를 원하신다. 하지만 우리는 그 일을 행복하게 해야 한다.

성경에 하나님은 "즐겨 내는 자를 사랑"하신다고 했다(고후 9:7). 물론 그분은 순종하여 내는 자도 사랑하시며 대개는 순종이 행복에 선행한다. 성경공부도 마찬가지다. 공부를 통해 행복해지리라는 생각이 들 때까지 성경공부를 미룬다면 기다림이 길어질 수 있다. 그러나 일단 성경 속으로 들어가면 행복이 따라온다. 의무가 짐이 아니라 기쁨이 되면 사랑이 의무를 초월한다. 옳은 일을 하는 것이 즐거워진다.

하나님은 행복의 이런 선순환을 좋아하시며 우리도 그래야 한다. 다윗은 경건한 사람들을 가리켜 "오직 여호와의 율법을 *즐거워하여* 그의 율법을 주야로 묵상하는도다"(시 1:2, 강조 추가)라고 말했다.

새 신자 시절에 나는 매일 '경건의 시간'을 가져야 한다고 배웠다. 불행히도 내 교회 친구들 가운데 더러는 그것을 양치질처럼 피해야 할 의무로 생각했다. 나로서는 이해할 수 없었다. 성경을 모르고 자란 나에게 하나님 말씀은 인생길을 안내하는 나침반이자 보물이었기 때문이다.

"갓난아기들 같이 순전하고 신령한 젖을 사모하라 이는 그로 말미암아 너희로 구원에 이르도록 자라게 하려 함이라"(벧전 2:2). 우는 아기들은 의무에 관심이 없고 그저 먹기를 바랄 뿐이다. 그들이 우유를 애타게 찾는 이유는 우유가 필요해서다.

나는 하루라도 성경을 묵상하며 주님을 예배하지 않으면 여지없이 행복의 수위가 떨어진다. 조급하고 비판적이며 나 중심적이고 불행해지는 경향이 있다. 이것은 무언가가 잘못된 것인데, 바로 하나님 말씀을 통해 그분의 은혜가 새롭게 흘러들지 못해서다.

　행복을 논하는 이 책을 처음부터 끝까지 읽는다 해도 만일 당신이 자주 성경을 펴서 하나님을 만나고 그분을 즐거워하지 않는다면 참되고 깊고 지속적인 행복을 누리리라 기대할 수 없다.

　한 가지 주의할 것이 있다. 성경공부를 해도 기쁨이 느껴지지 않을 때가 누구나 있게 마련이다. 조지 뮐러는 "즐거움이 사라지면 성경 읽기도 기도도 그만두게 하려는 것이 사탄이 내미는 흔한 유혹이다. 마치 성경을 읽는 것이 즐겁지 않을 때는 읽어도 소용없고 기도가 내키지 않을 때는 기도해도 소용없다는 듯이 말이다"라고 말했다.[10] 이럴 때 열쇠는 하나님 말씀과 기도를 그만두는 것이 아니라 지속하면서 하나님께 기쁨을 구하는 것이다.

하나님 말씀을 즐거워할 때 우리는 그분 자신을 즐거워하는 것이다

이메일과 스카이프(인터넷에서 음성 무료 통화를 할 수 있는 프로그램—편주)가 없던 시절을 배경으로 하는 이런 시나리오를 상상해보라. 한 아가씨가 해외 복무 중인 군인을 사랑한다. 그녀는 날마다 우편함을 확인한다. 편지가 올 때마다 뜯어서 단어 하나하나까지 열심히 읽고 또 읽는다.

　그녀는 약혼자가 보내오는 연애편지를 즐거워한다. 그렇지 않은가? "아니, 당신은 편지가 아니라 그 사람만을 즐거워해야 한다"라고 그녀를 바로잡아줄 사람이 있을까? 이것은 무의미한 구분이다. 왜 그런가? 연애편지가 연장된 그 사람이기 때문이다.

　그런데 사람들은 이렇게 말한다. "성경을 즐거워하지 말고 하나님을 즐거워하라." 하지만 하나님 말씀을 공부하는 것이 곧 그분을 즐거워하는 일이다. 말씀은 그분의 존재 자체를 표현하기 때문이다.

　누구든지 하나님 안에서 행복을 찾는 사람은 그분 말씀 안에서 행복을 찾아야 한다.

- 내가 모든 재물을 즐거워함 같이 주의 증거들의 도를 즐거워하였나이다 (시 119:14).
- 내가 사랑하는 주의 계명들을 스스로 즐거워하며(시 119:47).
- 내가 주의 법을 어찌 그리 사랑하는지요 내가 그것을 종일 작은 소리로 읊조리나이다(시 119:97).

성경에 확언되어 있듯이 하나님의 말씀을 즐거워하고 묵상하면 곧 그분 자신을 즐거워하는 것이다.

성경을 묵상하며 성경적으로 자기 자신과 대화할 때 불행에서 멀어진다

심리학자들이 말하는 자기 대화는 자기 자신에게 무언가를 말하는 기술인데 그 말하는 내용이 우리의 태도와 행동과 말에 영향을 미친다.

인간은 누구나 혼잣말을 한다. 자기 대화가 좋은 일인지 여부는 말의 내용이 무엇이고, 그것이 사실이며 유익한가에 달려 있다. 예컨대 이스라엘의 사사 드보라는 자신에게 "내 영혼아 네가 힘 있는 자를 밟았도다"(삿 5:21)라고 말했다.

다윗은 아들의 반역으로 왕위를 잃고 쫓겨났는데, 시편 42-43편에 그가 자신에게 한 말이 기록되어 있다. "내 영혼아 네가 어찌하여 낙심하며 어찌하여 내 속에서 불안해하는가 너는 하나님께 소망을 두라 나는 그가 나타나 도우심으로 말미암아 내 하나님을 여전히 찬송하리로다"(시 42:11, 43:5).

절박한 상황에 처할 때면 우리는 자기 연민과 후회의 근거가 되는 온갖 구실을 되뇌는 경향이 있다. 그러나 다윗은 자신에게 "내 영혼아 여호와를 송축하라 내 속에 있는 것들아 다 그의 거룩한 이름을 송축하라 내 영혼아 여호와를 송축하며 그의 모든 은택을 잊지 말지어다"(시 103:1-2)라고 말했다. 다윗이 한 일을 잘 보라. 그는 무엇이 옳고 하나님을 영화롭게 하는 길인지 알았기에 그에 입각하여 자신에게 지시를 내렸다. 기뻐할 이유를 되뇐 것이다.

다윗이 자신에게 잊지 말라고 말한 그 모든 은택은 무엇인가? 그는 구체적으로 열거한다. 하나님은 "네 모든 죄악을 사하시며 네 모든 병을 고치시며 네 생명을 파멸에서 속량하시고 인자와 긍휼로 관을 씌우시며 좋은 것으로 네 소원을 만족하게 하사 네 청춘을 독수리 같이 새롭게 하시는" 분이다(시 103:3-5).

이어 그는 하나님의 속성을 되짚는다. "여호와는 긍휼이 많으시고 은혜로우시며 노하기를 더디 하시고 인자하심이 풍부하시도다"(시 103:8). 그분의 경이로운 은혜도 묵상한다. "우리의 죄를 따라 우리를 처벌하지는 아니하시며 우리의 죄악을 따라 우리에게 그대로 갚지는 아니하셨으니"(10절).

다윗은 또 자신의 죄를 알기에 이렇게 스스로(와 우리)를 일깨운다. "동이 서에서 먼 것 같이 우리의 죄과를 우리에게서 멀리 옮기셨으며"(시 103:12). 그러면서 자신에게 "아버지가 자식을 긍휼히 여김 같이 여호와께서는 자기를 경외하는 자를 긍휼히 여기시나니"(13절)라고 말한다. 자신의 한계와 연약함을 기억하며 "그가 우리의 체질을 아시며 우리가 단지 먼지뿐임을 기억하심이로다"(14절)라는 말도 한다.

다윗은 하나님 중심의 자기대화를 통해 바른 시각을 얻는다. 자신의 시각이 아니다! 우리 자신의 시각은 이미 우리에게 있다. 우리에게 필요한 것은 하나님의 시각이며, 우리는 그것을 그분의 말씀에서 얻는다. 결국 다윗의 혼잣말은 "내 영혼아 여호와를 송축하라"(시 103:22)는 말로 마무리된다.

우울증 진단을 받은 사람에게 성경에 근거한 자기 대화는 만병통치약이 아니다. 그러나 이것을 실천하면 누구에게나 어느 정도 도움이 될 수 있다. 시각을 바꾼 다윗의 모본을 따라 우리도 하나님의 말씀을 묵상하고 그리스도를 높이는 자기 대화를 할 수 있으며 마땅히 그래야 한다. 희망이 없다고 계속 혼잣말하면 정말 그대로 믿고 심히 불행해진다. 희망을 품으려면 하나님의 말씀에 근거하여 자신에게 희망의 이유를 말해주어야 한다. 우리의 모든 소망은 하나님 안에 있다!

마틴 로이드 존스의 책 『영적 침체와 치유』(Spiritual Depression)는 이제 고전이 되었는데 거기에 이런 말이 나온다.

삶의 불행은 다분히 당신이 자신의 말을 듣고 있다는 사실에 기인한다. 반대로 자신에게 말해야 한다…자신의 손을 잡고 말을 걸어 자신에게 설교하고 물어야 한다. 자기 영혼에게 이렇게 말해야 한다. "네가 어찌하여 낙심하며 무슨 일로 불안해하는가?" 자신을 마주보며 꾸짖고 혼내고 타이르고 "너는 하나님께 소망을 두라"고 말해야 한다. 불행감으로 가득한 침체 속에 투덜거리고 있어서는 안 된다.[11]

기쁨과 행복과 즐거움에 관한 성경 본문들을 암송하고 묵상하고 자신에게 인용하면 우리는 절망과 낙담과 교만의 쳇바퀴에서 벗어날 수 있다. 생각의 물줄기가 흐를 새로운 수로를 파는 셈이다. 이 책 전반에 인용된 수많은 구절을 매주 묵상한다면 확신컨대 당신은 더 행복한 사람이 될 것이다.

억울하다고 혼잣말하면 자신도 불행해지고 그 불행을 퍼뜨리게 된다. 반대로 하나님이 늘 과분하게 주신다고 자신에게 진실을 말하면 감사하게 된다. 그럴 때 자신에게 실망하기는커녕 종종 즐거운 놀랄 일이 생길 것이다. 그러면 우리의 쾌활함이 주변으로 퍼져나간다.

말씀을 통해 하나님의 생각을 늘 섭취하면 그것이 우리 영혼에 양분이 되고 기쁨을 지속시켜준다. 이렇게 잘 먹고 잘 단련된 사고는 예배와 감사와 찬양의 보고(寶庫)가 되어 그 내용물이 대화 속으로 흘러넘친다. 주님에게서 기쁨을 들이쉬고 그분을 향해 찬양을 내쉬는 것이다. 삶이 성경에 푹 적셔진 사람은 다른 사람들에게도 영원한 관점과 하나님의 행복을 불어 넣어준다. 그런 사람은 교리를 안다고 교만하게 잘난 척하는 것이 아니라 오히려 겸손히 예배한다.

행복을 낳는 다른 모든 일처럼 성경 묵상도 실천으로 이어져야 한다

내가 대화를 나누어본 많은 사람은 하나님 말씀을 날마다 묵상해야 함을 수년째 심지어 수십 년째 알고 있다. 그런데 하필이면 오늘 성경을 읽을 수 없는 다급한 사정이 늘 있다. 그러다 오늘은 어제가 되고, 성경을 밀쳐둔 채 그렇게 수많은 어제가 쌓여간다.

핑계야 얼마든지 있지만 그런 핑계가 당신의 기쁨을 앗아간다. 이제부터라도 날마다 시간을 내서 하나님 말씀을 접하고 싶다면 모든 것을 중단하라. 이 책을 읽는 것까지도 중단하라. 하나님 말씀을 펴서 묵상하라. 계획이 필요하다면 좋다. 인터넷에서 '성경 읽기 계획'을 검색하면 좋은 방안들이 나올 것이다.[12] 어쨌든 시작해야 한다. 다음 주나 내일이 아니라 지금 시작해야 한다.

조니 에릭슨 타다는 "큰 믿음은 아득히 불투명한 미래를 믿는 능력이 아니라 그저 하나님의 말씀을 그대로 믿고 다음 한 걸음을 내딛는 것이다"라고 말했다.[13] 그러나 길 위로 나서지 않고는 도로 표지판을 따라갈 수 없듯이 시간을 내서 하나님의 말씀을 읽고 듣고 묵상하지 않고는 말씀을 그대로 믿을 수 없다.

빌헬무스 아 브라켈(Wilhelmus à Brakel)은 "영혼이 기쁘냐 슬프냐는 하나님과 먼가 가까운가에 달려 있다"라고 했다.[14] 성경 묵상, 기도, 그룹 성경공부, 하나님 말씀을 듣는 강의나 설교 등을 통해 우리는 주님을 더 잘 알게 되고 그분과 더 가까워진다. 그리고 그 과정에서 행복이 가꾸어져 흘러넘친다.

그리스도인 남자들이 행복을 잃은 데는 하나님 말씀을 공부하지 않은 탓도 있다
이번 단락의 모든 내용은 여자에게도 해당되지만 내가 아는 사람들 가운데는 하나님 말씀을 공부하는 여자가 남자보다 많다. 내가 믿기로 남자들은 그 결과로 기쁨을 놓치고 있다. 많은 그리스도인 남자들이 동의하겠지만 그들은 사업, 사냥, 낚시, 풋볼, 자동차에 관해서는 전문가다. 그러나 성경을 가르치는 교회에 다니는 사람들조차도 성경과 신학에는 문외한에 가까우니 참 안타까운 일이다.

왜 그럴까? 이유는 간단하다. 매주 남자들은 시간 가는 줄 모르고 스포츠를 관람하고 라디오 토크쇼를 듣는다. 자동차 대리점에 다니고, 수리 매뉴얼을 읽고, 장시간 차를 고치며 보낸다. 낚시나 사냥을 간다. 이 가운데 어떤 활동도 죄는 아니지만 그 모두가 우리의 여가 시간과 머릿속의 생각을 지배할 수 있다. 우리는 모두 자신이 행하거나 생각하는 일의 전문가며 나머지 모든 분야에는 신출내기다.

남자들이 그런 활동에 투자하는 시간의 절반만이라도 성경과 좋은 기독교 서적을 읽고 듣는 데 사용한다면 어떻게 될까? 정치 토크쇼를 듣고 취미 활동에 들이는 시간의 절반이라도 견고한 성경 교리를 배우는 데 투자한다면 어떻게 될까? 머잖아 그들은 스포츠, 사냥, 낚시, 자동차, 정치를 논할 때만큼이나 식견이 넓어질 것이고, 신학적 대화도 즐겁게 할 수 있을 것이다. 그뿐 아니라 현재 즐기고 있는 그런 활동들을 통해서도 훨씬 더 깊은 행복을 맛볼 것이다. 그 모든 취미를 가능하게 하신 분을 더 잘 알게 될 테니 말이다! 하나님을 첫자리에 모시면 나머지는 다 제자리에 맞아든다.

사람은 누구나 자신이 가장 잘 아는 것, 자신에게 가장 중요한 일에 관해 말하게 마련이다. 그렇다면 우리는 자신에게 가장 중요한 일을 바꿀 필요가 있고 그러려면 거기에 시간을 더 투자해야 한다.

오늘날 하나님이 중심 되시는 대화를 자주 나누는 남자들이 과연 몇이나 되겠는가? 남자들끼리든 아니면 아내나 자녀를 대할 때든 마찬가지다. 우리는 다른 모든 것에 관해서는 말하면서 가장 중요한 것만 쏙 빼놓기 일쑤다. 그 결과 얼마나 많은 즐거움과 행복을 스스로 잃고 있는가?

캘빈 밀러는 이렇게 탄식했다. "이토록 많은 제자가 이토록 공부를 도외시한 적은 일찍이 없었다…수많은 불행한 그리스도인이 우리 시대를 병들게 하고 있다. 공부를 게을리 하는 한심한 습관 때문에 그들은 승리는 거의 맛보지 못하고 좌절만 경험한다. 진지한 학생들은 역동적 사고를 개발하고 하나님께 받은 은사를 당당히 구사한다."[15]

행복이란 하나님을 우리 사고의 중심에 모시는 것이다

찰스 스펄전은 "하나님의 약속들은 그리스도인의 자유 대헌장이요 천국의 재산에 대한 권리 증서다! 이 약속들을 잘 읽고 모두 자신의 것으로 주장하는 사람은 행복하다"라고 썼다.[16]

프랭크 루박(Frank Laubach, 1884-1970)은 전 세계의 문맹 퇴치를 위해 일생을 바쳤다. 사람들이 어디서나 성경을 읽는 것이 그의 목표였다. 그는 『프랭크 루박의 1분 게임』(The Game with Minutes, 더드림 역간)이라는 소책자를 썼는데, 그리스도인들에게 날마다 매 1분의 적어도 1초는 하나님을 생각할 것을 독려했다.[17] 다음은 그의 글이다.

> 겸손한 사람들이 이런 생각을 많이 한다. 하나님과 동행하는 삶이 잘 이해되지 않는다거나 자신이 누리는 기쁨을 그리스도께 일일이 나누다 '좋은 시간을 놓칠' 수도 있다는 것이다. 그분을 행복을 망쳐놓는 분으로 생각하다니 얼마나 비참한 오해인가! 온 세상의 수많은 사람이 기쁘고도 아름답게 한목소리로 이렇게 말한다. 주님과 함께 보내는 시간이야말로 가장 전율에 찬 기쁨이며 이에 비하면 야구 경기나 경마는 시시하다. 주님과 함께하는 시간은 마지못한 의무가 아니다. 몇 분이나 심지어 며칠씩 그분을 잊었다 해도 괴로워하거나 후회할 것 없이 씩 웃으며 새로 시작하면 된다. 우리는 하루 단위로 살아간다. 매순간 새 출발할 수 있다.[18]

거의 매일(매일이라면 더 좋겠지만) 나는 하나님이 영의 양식과 격려와 기쁨과 바른 시각을 주실 것을 기대하며 그분께 나아간다. 다른 때보다 그분이 더 잘 느껴지는 순간들도 있지만, 그분이 늘 나와 함께 계시기에 나도 그분과 함께 있음을 안다. 그분의 지혜와 통찰과 은혜와 사랑은 때로 나를 압도하며 거의 매번 내게 힘이 된다. 오늘이 그런 날 중 하루가 아니라 해도 내일까지 기다릴 필요가 없다. 하루 일과를 지나는 중에도 그분은 여전히 나와 함께하신다. 다른 일들을 하는 중에도 나는 성경을 생각하고 묵상하며 그 내용으로 기도할 수 있다. 평범한 일상도 예외는 아니며 일상이라서 특히 더하다. 하나님과 함께하는 시간은 결코 낭비가 아니며 남은 하루로 넘쳐흘러 그날을 물들인다.

청교도 토머스 브룩스는 이렇게 썼다.

> 친구여, 이제부터 진지하게 성경을 읽는다면 그 속에서 당신은 헤아릴 수 없이 많은 행복, 측량할 수 없이 큰 행복, 형언할 수 없이 풍성한 행복, 값을 따질 수 없이 귀한 행복을 얻을 것이다. 그런데도 성경을 성실하게 자주 읽을 마음이 들지 않는다면 무슨 수로 그게 가능할지 모르겠다.[19]

거의 4백 년이 지난 지금도 그의 말은 사실이다. 브룩스가 성경에서 얻은 풍성한 행복을 누구나 값없이 받아 누릴 수 있다. 그 행복의 전망에 이끌려 우리는 날마다 성경으로 돌아가야 한다.

Chapter·35

그리스도 안의 행복은 기복 신앙보다 깊다

> 누구든지 다른 교훈을 하[면]…그는 교만하여…경건을 이익의 방도로 생각하는 자들의 다툼이 일어나느니라…부하려 하는 자들은 시험과 올무와 여러 가지 어리석고 해로운 욕심에 떨어지나니 곧 사람으로 파멸과 멸망에 빠지게 하는 것이라 돈을 사랑함이 일만 악의 뿌리가 되나니 이것을 탐내는 자들은 미혹을 받아 믿음에서 떠나 많은 근심으로써 자기를 찔렀도다.
>
> 디모데전서 6:3-5, 9-10

> 돈 때문에 하나님을 섬기는 사람은 보수만 더 좋다면 마귀를 섬길 것이다.
>
> 로버트 레스트레인지(Robert L'estrange) 경

조셉 스크리븐(Joseph Scriven, 1820-1886)은 자신의 약혼녀가 익사한 뒤에 "죄짐 맡은 우리 구주"를 썼고, 조지 매티슨(George Matheson, 1842-1906)은 자신의 실명(失明) 때문에 약혼녀에게 버림받고 나서 "날 놓지 않는 주의 사랑"을 썼다. 호레이쇼 스패포드(Horatio Spafford, 1828-1888)가 가장 애창되는 찬송가 가운데 하나를 쓴 것도 비극적인 상황 속에서였다.

스패포드는 친구 D. L. 무디(D. L. Moody)의 설교를 듣기 위해 아내와 네 딸과 함께 영국에 갈 예정이었다. 그런데 사업상 발이 묶여 가족만 먼저 다른 배편

으로 보냈다. 그 배가 침몰하여 네 딸은 죽고 아내만 구조되었다. 비탄에 잠긴 아내를 만나러 가는 길에 선장이 그에게 딸들이 사망한 지점에 가까이 왔음을 알려주었다. 딸들이 수장된 곳을 지나며 스패포드가 쓴 찬송이 바로 수많은 영혼을 울린 "내 평생에 가는 길"이다.

이와는 대조적으로 내가 비디오에서 본 한 여성의 세계관은 기복 사상에 기초해 있었다. 암으로 죽어가던 그녀는 카메라를 쳐다보며 원한에 차서 "나는 신앙을 버렸다"라고 말했다. 하나님이 약속을 지키지 않았다는 것이다. 자신이 따르던 신이 존재하지 않는다는 그녀의 결론은 옳았다. 하지만 그 신은 성경의 하나님이 아니었다. 그분은 그녀의 생각대로 약속만 하고 어기신 적이 없다. 그녀를 실망시킨 것은 하나님이 아니라 그녀가 만난 교회와 설교자들이었다.

그리스도를 따르는 사람으로서 아무리 힘든 시기에도 하나님을 의지하는 법을 배운 이들은 그분 안에서 큰 위로와 위안을 얻었다. 반면에 번영 신학이라고도 하는 기복 신앙은 하나님이 보장하신 혜택을 주장한다는 미명 아래 그분의 이름을 빙자하여 세상이 말하는 행복을 추구한다.

번영 신학은 독소와 같은 이단이다

야박해질 마음은 없지만 단도직입적으로 말해서 나는 번영 신학이 지옥 구덩이에서 곧장 나왔다고 믿는다. 이 세계관의 골자는 인간의 소원을 다 들어주는 것이며, 그래서 하나님을 무슨 요정이나 우주의 슬롯머신으로 취급한다. 긍정적 고백을 집어넣고 손잡이를 당기면 상금이 쏟아져 나온다는 것이다.

헌금과 관련해 하나님이 약속한 복은 환불이 보장된 백배의 수익으로 둔갑해 무엇이든 우리가 원하거나 요구한 것으로 되돌아온다. 기도는 신봉자들이 '무엇이든 요구하는' 강요로 전락한다. 하나님께 계속 졸라대면 그분이 더 안락하게 해주신다는 것이다.

'믿음'은 후하신 하나님을 붙드는 겸손한 몸짓이 아니라 인색한 그분의 문을 부수는 흉기로 변한다. 질병이나 재정적 어려움을 하나님이 없애주셔야만 한다는 주장은 안타깝게도 그리스도를 더 닮아가게 하시려고 일부러 우리에게 허용하신 바로 그것들을 치우라는 요구일 때가 많다.

"사랑하는 자여 네 영혼이 잘됨 같이 네가 범사에 잘되고 강건하기를 내가 간구하노라"(요삼 1:2). 이것은 기복 신앙의 설교자들이 단골로 인용하는 구절이다. 그러나 그들이 외면하는 사실이 있다. 요한은 신앙 때문에 유배 생활을 했는데 이는 그가 범사에 잘되지 않았다는 뜻이다. 또한 사랑하는 자를 위한 그의 간구는 하나님이 보시기에 가장 선한 것을 구하는 기도였다.

다음은 기복 신앙을 추구하는 어느 유수한 설교자가 한 말인데 여기서 하나님의 역할이 무엇인지 생각해보라. "자본주의는 하나님이 정하신 것이니 그 속에서 그분께 일을 시켜 당신의 잠재력을 극대화하라."¹ 하나님을 이렇게 실용적으로 이용한다는 것은 그분 자신에 대해서는 관심이 없다는 분명한 증거다. 어차피 요정의 용도는 하나다. 우리의 소원을 들어주는 것이다. 요정과 깊은 관계를 맺을 필요가 있는 사람이 누가 있겠는가?

성경에 그려진 하나님의 모습은 완전히 다르다. 온 우주의 구심점은 그분의 영광이며, 그분은 무엇이든 주권적 뜻대로 행하실 권리가 있다. 우리의 취향과 기대에 어긋날지라도 말이다.

힘든 시기가 닥칠 때 사람들이 버려야 할 것은 하나님을 믿는 신앙이 아니라 거짓 교리에 대한 신앙이다. 보석을 치렁치렁 늘어뜨린 텔레비전 전도자들과 반대로 바울은 "우리가 하나님의 나라에 들어가려면 많은 환난을 겪어야 할 것이라"(행 14:22)고 말했다.

최종 결정권이 하나님께 있음을 인정하는 한 건강과 형통을 원해도 된다

질병보다 건강을, 가난보다 부를, 실패보다 성공을 바라는 것이 영적이지 못한 일은 아니다. 그러나 우리 행복의 근원이 하나님이 아니라면 건강과 부와 성공은 우리의 거짓 신이 된다. 하나님은 목적을 이루는 수단으로 전락한다.

내 생각에 성경을 믿는 목사라면 누구나 기복 신앙의 거짓 교리를 배격해야 한다. 그러나 정확히 무엇을 대적하는지 분명히 알아야 한다. 번영 신학이 잘못된 이유는 행복을 중시하기 때문이 아니다. 행복을 하나님 안에서가 아니라 부차적인 것들에서 얻으려 하기 때문이다. 번영 신학은 성경을 문맥과 무관하게 주장할 뿐 그 신학의 오류를 밝혀주는 모든 본문을 무시한다.

완전한 건강과 부를 고대하는 것은 옳은 일이며, 하나님은 약속대로 제때 제자리—부활 후의 새 땅—에서 그것을 주실 것이다.

의로운 욥은 자식까지 다 잃었음에도 이런 고백으로 하나님을 예배했다. "주신 이도 여호와시요 거두신 이도 여호와시오니 여호와의 이름이 찬송을 받으실지니이다." 이어 "이 모든 일에 욥이 범죄하지 아니하고 하나님을 향하여 원망하지 아니하니라"는 말씀이 나온다(욥 1:21-22).

이와 반대로 번영 신학의 주창자들은 건강과 부를 잃으면 행복도 잃는다. 신앙의 대상이 하나님이 아니었다는 증거다.

기도할 때 우리는 자신이 원하는 바를 주저 없이 진지하게 요청하되 무엇이든 하나님의 뜻에 기꺼이 순복할 마음으로 해야 한다. 참된 신앙은 "나는 이 암을 정복하고야 말겠다"라고 고집하지 않는다. 오히려 우리는 이렇게 고백할 수 있다. "하나님이 나를 치유하실 수 있음을 알지만 나는 그분을 신뢰한다. 병과 죽음을 통해서든 치유와 삶의 지속을 통해서든 그분이 최선의 뜻을 이루시기를 기도한다."

죽음의 가능성을 인정한다는 이유로 이런 기도를 믿음 없는 기도로 일축할 사람들도 있다. 그러나 우리 생전에 그리스도께서 재림하지 않으시는 한(가능하지만 전혀 불확실하다) 우리는 누구나 죽는다. 당신이 아는 신유 사역자 가운데 120세 된 사람이 있는가?

참된 신앙의 대상은 하나님이지 우리가 생각하는 최선의 길이나 번영 신학이 아니다. 믿음 자체를 믿을 것이 아니라 부활과 영생의 약속을 지키실 하나님을 믿어야 한다.

욥의 아내는 하나님이 자신들을 저버렸다고 믿고는 "하나님을 욕하고 죽으라"고 말했다. 욥의 대답을 통해 역으로 번영 신학의 천박성이 폭로된다. "우리가 하나님께 복을 받았은즉 화도 받지 아니하겠느냐"(욥 2:9-10).

기쁨과 행복은 우리에게 주어진 명령이지만 건강과 부는 그렇지 않다

건강과 부는 중요한 의미에서 행복과 다르다. 우리 행복의 궁극적 근원은 환경이 아니라 하나님이다. 그분은 늘 우리와 함께하실 것을 약속하셨고, 그분 안에서 기뻐할 것을 우리에게 명하셨다.

번영 신학이 행복을 가져다줄 수 없음은 건강과 부가 행복을 가져다줄 수 없기 때문이다. 에드 웰치(Ed Welch)는 기복 신앙에 관해 이렇게 말했다. "상담자로서 기복 신앙의 비참한 열매를 늘 접한다…기복 신앙의 초점이 지금 여기서 누리는 혜택에 있다 보니 사람들이 고난에 대비하게 하지 못한다. 어떤 사람들은 고난이 닥치면 죄책감마저 느낀다. 자신이 뭔가 잘못한 것 같은데 그게 무엇인지 아직 모르겠기 때문이다. 결국 사람에 따라 하나님께 분노하기도 하는데 이는 그분이 즐거운 삶을 주시겠다는 약속을 어기신 듯 보이기 때문이다."[2]

우리 그리스도인들은 장차 영원한 고난에서 건짐 받을 것이며, 지금도 하나님은 우리에게 그분의 임재 안에 살아가는 기쁨을 맛보기로 주신다. 그것이 그분의 약속이다. 그분은 우리에게 고생이 결코 없다고 말씀하지 않으신다. 오히려 고난이 있다고 분명히 단언하신다. 사실 바울은 역경에 직면한 그리스 지역의 신자들에게 디모데를 보내면서 "이는 너희를 굳건하게 하고…위로함으로 아무도 이 여러 환난 중에 흔들리지 않게 하려 함이라 우리가 이것을 위하여 세움 받은 줄을 너희가 친히 알리라"(살전 3:2-3)고 말했다.

이렇듯 고난은 타락의 저주 아래 놓인 삶의 일부다. 뿐만 아니라 하나님은 우리를 실제로 환난을 당하도록 세우셨다! 불가피한 고통이지만 거기에는 목적이 있다는 뜻이다. 그리스도를 따르던 그들은 그것을 알았기에 힘든 시련 중에도 하나님을 믿는 믿음이 흔들리지 않았다.

보다시피 바울은 그들이 당하는 환난에 하나님의 목적이 있음을 상기시킬 필요성을 느꼈고, 그래서 같은 본문에 "우리 형제 곧 그리스도의 복음을 전하는 하나님의 일꾼"이라 부른 디모데를 보냈다. 바울과 디모데가 전한 복음에는 우리가 겪는 가장 큰 환난 중에도 역사하시는 하나님의 주권과 사랑이 들어 있다. 슬픔이 엄연히 존재하기는 하지만, 부활이 죽음을 이기듯 그리스도 안의 기쁨은 결국 언제나 슬픔을 이긴다.

부활절이 역순으로 작용하여 성금요일을 선하게 만들듯이 장차 우리의 부활도 역순으로 작용하여 우리가 겪은 가장 힘들었던 나날들에 선을 입힐 것이다. 믿음이란 미래를 기억하는 것이라 할 수 있다. 즉 하나님이 약속하신 영원한 행복을 믿고 현재 처한 깊은 난관 속에서 그 행복의 첫맛을 누리는 것이다.

번영 신학은 부활의 승리에만 집착할 뿐 우리 십자가를 지고 환난을 견디라 하신 하나님의 부르심과 능력 주심을 무시한다. 결국 진리를 배척하고 삭제하는 것이다. 이 신학대로라면 우리는 성경과 현실에 기초하여 하나님을 신뢰할 수 없다. 그분은 모든 슬픔이 마침내 종식될 것을 보장하신다. 당장은 슬픔이 있을지라도 우리 구주께서 영원한 기쁨과 현재의 기쁨을 동시에 약속하신다.

삶의 초점을 하나님께 두면 청지기인 우리에게 맡겨주신 건강과 부를 충분히 기뻐하면서도 또한 현세에서는 그분이 그것을 불변의 상태로 약속하신 것이 아님을 기억할 수 있다. 예컨대 우리는 하나님의 돈으로 가난한 사람들을 돕고 지상명령을 수행하도록 부름 받았다(참조. 마 6:19-21, 딤전 6:6-10, 17-19).

건강을 희생하면서까지 장시간 노동하거나 박해를 견디도록 부름 받은 그리스도인들도 있다. 우리는 예수님을 위해 기꺼이 모든 것을 걸어야 한다. 우리 삶의 초점이 하나님께 있고 자아나 건강이나 부에 있지 않기 때문이다. 하나님 안의 행복이 아니라면 행복에도 초점이 있지 않다. 그분은 우리를 그분 안에서 행복하도록 부르시고 명하셨다. 물리적인 것들이 악하다는 것이 아니라 다만 그것들은 무능하여 행복을 주겠다는 약속을 지킬 수 없다. 하나님만이 그 약속을 지키실 수 있다.

행복의 기초를 하나님께 두면 그 기초를 잃을 수 없다. 아무것도 우리를 그리스도의 사랑에서 끊을 수 없기 때문이다(참조. 롬 8:37-39).

그리스도를 따르는 한 이란인이 우리 교회에서 강연했다. 그의 사랑하는 친구가 옥에 갇혀 가족들과 떨어진 지 3년째인데 이런 편지를 보내왔다. "사람들은 내가 이 감옥에서 제일 행복한 사람이라고 말한다. 내가 보기에도 맞는 말이다."

이것은 기뻐질 때까지 기쁜 척하는 기복 신앙의 억지 '기쁨'이 아니다. 주변에 울림을 주는 이런 깊은 행복은 손에 못 자국 난 하나님이 옥중에서도 정말 자기와 함께 계심을 아는 사람에게만 가능하다.

미래에 대한 하나님의 약속을 현세에 뜯어 맞추면 잠깐의 거짓된 행복만 남는다

참된 복음의 관건은 예수님이므로 기복 신앙은 거짓 복음이다. 예수님의 복음에는 그분의 부활을 통해 확보된 영생이 약속되어 있고, 그 영생에 영원한 건강과 부도 포함된다. 그것이 기쁜 소식이다!

번영 신학이 약속하는 내용도 그 자체로는 틀린 것이 아니므로 많은 성경 본문으로 이를 뒷받침할 수 있다. 그러나 하나님이 약속하신 전부를 지금 요구하여 누릴 수 있다고 믿으면 그때부터 속는 것이다.

요한계시록 21장 4절에 보듯이 장차 하나님은 울 일을 없애실 것이고 고통도 옛말이 될 것이다. 그런데 이 약속을 왜 지금은 주장할 수 없는가? 부활 후에 새 땅에서 성취될 약속이기 때문이다.

기복 신앙의 기초는 종말론의 과도한 실현에 있다. 즉 미래에 속한 약속들을 신자들이 현세에 주장하는 것이다. 예를 들면 하나님의 사람들은 그분의 약속대로 장차 그분과 함께 다스릴 것이다(참조. 딤후 2:12). 그러나 지금 여기서부터 우리가 통치해야 한다고 생각한다면 오산이다.

미래에 대한 성경의 약속은 이생을 사는 동안 우리에게 큰 격려와 바른 시각과 행복을 가져다준다. 그러나 그것을 우리의 시간표에 뜯어 맞추어서는 안 된다.

1700년대에 결핵을 앓았던 데이비드 브레이너드는 이렇게 말했다. "몸은 말할 수 없이 약하여 오한과 발열이 끊이지 않았으나 지난주에 여러 모로 나의 내면이 새로워졌다. 나의 유일한 분깃이신 하나님께 영혼이 집중되곤 했다. 그분이 다스리지 않으시면 영원히 불행할 것만 같았다. 그분의 신민(臣民)이 되어 그분의 처분에 맡겨진다는 것이 그렇게 감미롭고 행복할 수 없었다. 덕분에 모든 난관이 금세 사라졌다."³

여기 "사라졌다"는 말은 문제가 없어졌다는 것이 아니라 행복하신 하나님의 주권적 계획인 초자연적 행복에 삼켜졌다는 뜻이다.

예수님이 이생의 번영을 요구하셨다면 십자가와 속죄도 없고 우리의 소망도 없을 것이다

'왕의 자녀처럼 살라.' 기복 신앙을 좇는 사람들이 입버릇처럼 하는 말이다. 하나님의 아들이신 예수님이야말로 '왕의 자녀'의 결정체였다. 그런데 그분의 삶은 오늘날 이 구호에 담긴 의미와는 판이했다.

번영 신학이 우리의 모델로 삼는 것은 이 땅에 내려오신 종이 아니라 승천하신 주님이다. 예수님은 제자들에게 권세를 부리는 집권자들을 본받을 것이 아니라 섬기신 그분을 본받으라고 경고하셨다(참조. 막 10:42-45). 이생에서 우리는 그분의 십자가에 동참해야 한다. 그러면 내세에 그분의 영광에 동참하게 된다.

우리가 이 구절들을 좋아해 액자에 걸거나 냉장고에 붙일 일은 없겠지만 왕께서는 우리가 신앙 때문에 박해와 배반과 채찍질과 심문을 당할 것을 여러 구절에 단언하셨다(참조. 마 10:16-20). 그분은 "세상에서는 너희가 환난을 당하나"(요 16:33)라고 경고하셨고, "너희 중의 누구든지 자기의 모든 소유를 버리지 아니하면 능히 내 제자가 되지 못하리라"(눅 14:33)고 말씀하셨다.

하나님이 우리가 원하는 대로 당장 다 주지 않으시는 데는 그만한 이유가 있다

C. S. 루이스는 사람들이 도달하는 잘못된 결론을 이렇게 표현했다. "하나님이 선하다면 피조물을 완전히 행복하게 해주고 싶을 것이고, 하나님이 능하다면 해주고 싶은 대로 할 수 있을 것이다. 그런데 피조물은 행복하지 않다. 그러므로 하나님은 선하지 않거나 능하지 않거나 둘 다일 수밖에 없다."[4]

다르게 표현해서 예수님이 죄와 죽음을 이기셨다면 왜 세상에 아직도 악과 고난이 이렇게 많은가? 왜 우리는 여전히 죄인이고, 왜 많은 사람이 병들며, 왜 세상에서 가장 경건한 사람들 중 일부는 가난하고, 왜 우리는 다 죽는가? 하나님이 행복하시고 우리의 행복을 원하신다면 왜 당장 우리에게 완전한 행복을 주지 않으시는가?

이런 탁월한 질문들에 대한 응답은 다양한데, 좋은 응답들은 하나같이 신뢰를 요한다. 선하고 자비롭고 거룩하고 공정하신 하나님이 어련히 알아서 하신다는 신뢰다. 그분은 악에 대한 최종 심판을 연기하고 계시며, 자기 자녀들의 눈에서 모든 눈물을 닦아주실 날을 더 기다리고 계신다. 그것은 더 많은 사람에게 회개하고 그리스도를 믿을 기회를 주시려는 것이다(참조. 벧후 3:9).

그때까지 하나님은 자녀들의 믿음이 자랄 기회를 더 주시고(참조. 벧전 1:6), 시련을 통해 우리의 성품을 다듬으시며(참조. 욥 23:10, 사 48:10), 우리의 인내와 소망을 키워주시고(참조. 롬 5:4), 우리의 궁극적 유익과 그분의 영광이 더 많아지게 하신다(참조. 롬 8:28-29).

하나님이 우리를 구속하심은 "그리스도 예수 안에서 우리에게 자비하심으로써 그 은혜의 지극히 풍성함을 오는 여러 세대에 나타내려 하심"이다(엡 2:7). 그분은 이 은혜와 자비를 영원토록 계속 더 풀어내실 것이다. 에덴동산은 죄와 고난이 없는 놀라운 곳이었지만 아담과 하와에게도 하나님의 은혜가 그분을 찬양할 이유가 되었을까? 그렇지 않다. 그들도 당연히 하나님의 선하심을 보았겠지만 은혜란 지옥에 가 마땅한 사람이 자격 없이 받는 호의다. 따라서 그들은 하나님을 찬양할 이유가 우리보다 적었다.

하나님의 은혜를 지금 경험하면 훗날 영원 속에서도 보상을 누린다. 우리는 성장 과정을 건너뛰고 영원한 행복 속으로 직행하고 싶을 수 있으나 그러면 하나님의 지고한 목적이 이루어지지 않는다. 그분의 계획은 이 땅을 의가 다스리는 영원한 세상으로 재창조하시는 것인데, 사랑하는 자녀들의 마음속에서부터 시작하여 그분이 신기하게 악을 이기셨기에 그 일이 가능하다.

C. S. 루이스는 『고통의 문제』(The Problem of Pain, 홍성사 역간)에 이렇게 썼다. "사랑의 하나님이 우리의 있는 모습 그대로에 만족하셔야 한다고 요구한다면 그것은 하나님이기를 중단하라는 요구와 같다. 하나님이 하나님이신 이상 현재 우리 성품 중 어떤 요소들은 필연적으로 그분의 사랑을 가로막고 거부할 수밖에 없다. 게다가 그분은 이미 우리를 사랑하시기에 힘써 우리를 사랑스러운 존재로 만드셔야 한다."[5]

우리 행복의 기초는 건강과 부가 아니라 하나님의 주권적 사랑이다

로마서 8장 28절에 보면 "우리가 알거니와 하나님을 사랑하는 자 곧 그의 뜻대로 부르심을 입은 자들에게는 모든 것이 합력하여 선을 이루느니라"고 했다. 사탄의 활동에 대해서까지도 하나님의 주권을 인정하고 믿으면 우리의 시각이 바뀐다.

어렸을 때 나는 케이크를 굽는 어머니를 가끔 지켜보았다. 어머니는 부엌 탁자에 미리 재료를 쭉 올려놓으시곤 했다. 내가 어느 날 밀가루, 베이킹 소다, 날계란, 바닐라 추출물 등 각각의 재료를 맛보았더니 케이크에 들어가는 거의 모든 것의 맛이 형편없었다. 그러나 어머니가 적당량의 재료를 능숙하게 섞어 최적의 온도로 구우면 유쾌한 변태(變態)가 이루어졌다. 최종 결과물은 맛이 좋았다!

마찬가지로 시련과 명백한 비극도 각각의 성분은 쓴맛이다. 성경을 어느 역본으로 보아도 로마서 8장 28절은 "모든 것이 그 자체로 선하니라"가 아니라 "모든 것이 합력하여 선을 이루느니라"고 되어 있다. 그 선을 이루는 손은 우리 손이 아니라 하나님의 주권적 손이다. 우리 집이 불타거나 내가 금품을 털리고 구타당하거나 내 자녀가 죽는다면 그것은 선한 일이 아니다. 그러나 지혜의 하나님이 우리의 환경을 계량하여 섞으신 다음 열을 조절하시면 거기서 그분의 영광과 우리의 영원한 기쁨을 위하여 무언가 놀라운 것, 곧 그리스도를 닮은 모습이 나온다.

로마서 8장 28절에 해당하는 구약은 창세기 50장 20절이다. 요셉의 형들은 그를 배반하고 노예로 팔았다. 수십 년 후에 요셉은 그들에게 "당신들은 나를 해하려 [기도(企圖) 또는 계획] 하였으나 하나님은 그것을 선으로 바꾸사 오늘과 같이 많은 백성의 생명을 구원하게 하시려 [기도 또는 계획, 동일한 히브리어 단어]*하셨나니*"라고 말했다(강조 추가).

요셉의 형들은 그를 해치려고 계획하였으나 생명의 주인이신 하나님(참조. 행 3:15)은 요셉을 위하여 선을 계획하셨다. 그분은 열악한 상황을 최대한 선용하신 것이 아니라 처음부터 악을 이용하여 궁극적 선을 이루실 작정이었다. 이것은 그분이 세우신 영원한 계획의 일환이다. 하나님의 자녀들은 "모든 일을 그의 뜻의 결정대로 일하시는 이의 계획을 따라…예정을 입"었기 때문이다(엡 1:11, 강조 추가).

성금요일은 왜 악의 금요일로 불리지 않는가? 우리가 역순으로 보기 때문이다. 가공할 악에서 형언할 수 없는 선이 나왔다. 예수님이 고난을 면하셨다면 우리를 고난에서 건지실 수 없었을 것이다. 아들 예수님의 고난에서 최고의 선을 이끌어내신 하나님이라면 우리의 고난에서도 능히 선을 이끌어내지 않으시겠는가? 그런데 번영 신학이 암시하는 바는 그와 다르다. 이는 하나님의 진리를 저해하는 처사요 그분을 신뢰하지 못하게 막는 일이다.

복음서에 기록된 그리스도의 십자가와 부활 사건을 보면 겟세마네의 그분은 깊은 불행 속에서 십자가를 내다보셨다. 기쁨과 행복이 슬픔과 비애에 가려졌다. 죽음이 완료되는 순간 그분은 기쁨을 얻으셨으나 사도들은 여전히 슬픔에 잠겨 있었다.

그러나 곧 부활의 행복이 빛을 발하여 슬픔을 그늘 속으로 몰아냈다. 죽음이 정복되었고 우리의 영원한 행복이 확보되었다. 끔찍한 금요일로 기억될 뻔했던 그날이 성금요일로 변했다. 그리스도의 부활이 역순으로 죽음을 퇴치했기 때문이다. 그리스도의 고난에 숨겨져 있던 목적이 이제 만천하에 드러나 행복의 극적인 이유가 되었다. 이것이 복음의 기쁜 소식이다! 결국은 생명이 사망을 정복하고 기쁨이 고난을 이긴다. 최후의 승자이자 영원한 승자는 슬픔이 아니라 행복이다.

이 확실한 미래가 우리의 현재 속으로 침투해 들어온다. 따라서 죽음과 슬픔이 잔존하는 지금도 그리스도 안에서 우리의 새로운 규범은 슬픔이 아니라 행복이다.

죽음의 나치 수용소에서 살아남은 코리 텐 붐(Corrie ten Boom)은 "하나님이 우리에게 주시는 모든 경험은…그분께만 보이는 미래에 꼭 들어맞는 준비 과정이다"라고 말했다.[6]

찰스 스펄전은 "천국에 가면 우리의 시련이 단 하나도 너무 많지 않았음을 알게 될 것이다"라고 말했다.[7] 그는 하나님의 주권적 은혜를 마냥 즐거워하며 이렇게 외쳤다. "그리스도인이여, 힘을 내라! 삶은 우연에 내맡겨진 것이 아니고, 세상을 다스리는 것은 맹목적 운명이 아니다! 하나님께 목적이 있으며 그 목적은 이루어진다. 하나님께 계획이 있으며 그 계획은 지혜로워서 결코 어긋나지 않는다!"[8]

바울의 삶과 서신은 번영 신학을 강력하게 논박한다

바리새인들 대부분은 하나님이 충실한 신자들에게 재물과 건강과 형통을 복으로 주신다고 믿었다. 그들이 생각하기에 의란 곧 부로 통했고, 그래서 그들은 부에 대한 예수님의 가르침(참조. 마 19:24)이 귀에 몹시 거슬렸다. 예수님은 "화 있을진저 너희 부요한 자여 너희는 너희의 위로를 이미 받았도다"(눅 6:24)라고 말씀하셨다. 또 "바리새인들은 돈을 좋아하는 자들이라 이 모든 것을 듣고 비웃거늘"(눅 16:14)이라는 말씀도 있다. 어차피 예수님은 가난한 목수였으니 그들이 보기에는 자기들만큼 하나님의 은총을 누리지 못한 것이 분명했다.

바리새인으로 교육받은 바울도 하나님의 은총에 재물이 포함된다고 믿었다. 그는 예수님을 메시아로 상상할 수 없었다. 그분에게서 도무지 형통을 찾아볼 수 없었기 때문이다. 의문스러운 그분의 혈통, 평판이 나쁜 출신지, 공식 교육의 결핍, 가난, 무엇보다 치욕스러운 죽음 등으로 보아 바울은 인간 예수가 하나님의 눈 밖에 난 것이 너무도 자명하다고 믿었다. 그러나 그리스도께 무릎을 꿇은 뒤로 바울은 번영 신학에 등을 돌렸다. 그의 주께서 "[바울이] 내 이름을 위하여 얼마나 고난을 받아야 할 것을 내가 그에게 보이리라"(행 9:16)고 말씀하셨다.

그리스도를 따른 결과로 바울은 모든 것을 잃었다(참조. 빌 3:7-8). 그가 매일 당한 역경과 죽을 뻔했던 일들이 고린도후서 4장 7-12절에 기록되어 있다. 두 장 뒤로 가면 바울의 고생, 환란, 괴로움, 매 맞음, 투옥, 불면의 밤, 굶주림, 초주검, 슬픔, 빈곤 등이 나와 있다(참조. 고후 6:3-10). 그의 기록을 읽어보면 그가 얼마나 열심히 수고했고, 얼마나 자주 옥에 갇혔으며, 채찍과 매와 돌에 맞고, 파선하고 배고프고 춥고 헐벗었는지 알 수 있다(참조. 고후 11:23-29). 번영 신학을 논박하는 증거로 이보다 더 강력한 것은 찾기 힘들다.

바울은 기복 신앙을 전하던 당대의 설교자들에 맞서 자신을 변호해야 했다. 그들은 바울이 자신들처럼 부와 명망을 누리지 못한다는 이유로 그를 비난했다(참조. 고전 4:8-13). 바울은 그들에게 "너희가 이미 배부르며 이미 풍성하며…왕이 되었도다"(8절)라고 말했고, "우리는 약하나 너희는 강하고 너희는 존귀하나 우리는 비천하여"(10절)라고 덧붙였다. 이들 기복 신앙의 설교자들은 장차 그리스도와 함께할 통치를 미리 선취하여 여기서 종이 아니라 왕으로 살았다. 번영 신학을 설교할 때 흔히 수반되던 쇼맨십이야말로 바울이 고린도전서 4장에 책망한 잘못된 태도다.

바울의 장애는 더 높은 목적을 위한 것이었다

바울은 하나님이 자신에게 몇 가지 특별한 계시를 주셨음을 설명한 뒤에 이렇게 덧붙였다.

> 너무 자만하지 않게 하시려고 내 육체에 가시 곧 사탄의 사자를 주셨으니 이는 나를 쳐서 너무 자만하지 않게 하려 하심이라 이것이 내게서 떠나가게 하기 위하여 내가 세 번 주께 간구하였더니 나에게 이르시기를 내 은혜가 네게 족하도다 이는 내 능력이 약한 데서 온전하여짐이라 하신지라 그러므로 도리어 크게 기뻐함으로 나의 여러 약한 것들에 대하여 자랑하리니 이는 그리스도의 능력이 내게 머물게 하려 함이라(고후 12:7-9).

바울의 가시는 그가 자신의 재능이 아니라 하나님의 은혜를 의지해야 함을 날마다 일깨워주었다. 일부러 치유해주지 않으시는 하나님께 그는 '무엇이든 말하는 대로 이루어줄 것을 요구하지' 않았다. 대신 자신의 역경 속에 담긴 하나님의 주권적 목적을 인정했다.

오늘날 기복 신앙의 설교자들은 이 본문의 나머지를 무시한 채 이런 식으로 말한다. "바울은 이 병을 '사탄의 사자'라 불렀다. 마귀는 우리가 병들기를 바라지만 하나님은 우리가 낫기를 원하신다." 바울이 질환을 사탄의 사자라 부른 것은 맞지만 하나님이 주권자시므로 사탄은 그분의 목적이 이루어지는 데 쓰이는 또 하나의 도구일 뿐이다(사탄은 당연히 바울의 자만심을 막는 것이 아니라 부추기고 싶을 것이다).

믿음만 충분하면 누구나 나을 수 있다고 주장하는 사람들은 바울보다 믿음이 좋은 것인가

바울은 자신만 치유를 받지 못한 것이 아니라 병든 드로비모를 밀레도에 두었다(참조. 딤후 4:20). 그의 사랑하는 친구 에바브로디도도 중병을 앓았다(참조. 빌 2:24-30). 믿음의 아들인 디모데는 위장병이 자주 났는데, 보다시피 바울은 그에게 "신유를 요구하라"고 명한 것이 아니라 치료의 목적으로 포도주를 조금씩 마시라고 했다(참조. 딤전 5:23).

지금은 바울도 온전한 건강과 부를 누리고 있다. 그러나 하나님을 섬긴 많은 종처럼 그도 이 땅에 사는 동안에는 종종 질병과 가난을 겪는 것이 그분의 더 높은 계획이었다. 로마의 불결한 지하 감옥에서 사슬에 묶인 채 끌려 나와 네로의 명령으로 참수되던 날 바울은 영원한 행복 속으로 들어갔다. 그러나 역경의 한가운데서도 그는 "항상 기뻐하라[행복하라] 쉬지 말고 기도하라 범사에 감사하라"(살전 5:16-18)고 말했다.

건강을 잃은 수많은 그리스도인이 고난 중에도 하나님을 신뢰하고 영화롭게 했다

내 친구 짐 해럴(Jim Harrell)은 여태 내가 목격한 바 자신의 삶으로 번영 신학에 가장 통쾌한 일격을 가한 사람 중 하나다.

짐을 처음 만났을 때 그는 내 책 『헤븐—천국은 이런 곳이다』를 읽은 후였다. 성공한 사업가에다 평생 건강하고 운동도 잘하던 그가 어느 날 루게릭병에 걸렸다. 그는 내 책 『악의 문제 바로 알기』(If God is Good, 두란노 역간)의 원고를 출간 전에 자신에게 보내줄 수 있겠느냐고 물었고 나는 흔쾌히 보내주었다. 우리는 하나님이 그의 질병을 사용하고 계신 놀라운 방식들에 대해 대화를 나누었다.

그는 루게릭병으로 서서히 죽어가는 과정에서 진정한 삶을 발견하게 되었다며 내게 이렇게 썼다. "고난은 얼음장처럼 차가운 물을 끼얹어 우리를 이생의 안일한 삶에서 깨운다. 우리는 고난 없이는 정말 하나님과 그분의 힘과 목적을 보지 못한다. 그저 너무 편안해지기 때문이다."[9]

그 말을 읽노라니 바울의 말이 생각났다. "그러므로 내가 편지로 너희를 근심하게 한 것을 후회하였으나 지금은 후회하지 아니함은 그 편지가 너희로 잠시만 근심하게 한 줄을 앎이라 내가 지금 기뻐함[행복함]은 너희로 근심하게 한 까닭이 아니요 도리어 너희가 근심함으로 회개함에 이른 까닭이라 너희가 하나님의 뜻대로 근심하게 된 것은 우리에게서 아무 해도 받지 않게 하려 함이라"(고후 7:8-9). 하나님은 본문의 신자들을 도우시되 고통을 통해 그들을 자신께로 도로 이끄셨다.

짐의 말은 이렇게 계속되었다.

> 병이 나으면 어떻게 될까를 생각하는 내게 하나님은 나 자신의 죄성과 인간 조건에 초점을 맞추게 하셨다. 병이 나으면 기껏해야 1년 내로 이 상태를 잊을 것 같아 정말 우려된다. 다시 덫에 빠져 삶의 오락들에 정신이 팔릴 것이다. 그런 오락들 자체가 나쁘지 않은 줄이야 알지만 그래도 고난의 분명하고 확실한 이점은 중요한 문제에 뚜렷이 집중하게 한다는 것이다…치유된다면 놀라서 할 말을 잃겠지만 그게 내 영혼에 최선의 길이 될지는 정말 잘 모르겠다.[10]

짐은 가족과 친구들을 불러 모아 하나님이 자신 안에 하고 계신 일을 나누었다. 머잖아 그는 여러 단체의 초청을 받아 강연도 했는데 사람들의 삶이 변하는 모습에 자신도 놀랐다. 고난은 그에게 사역의 문을 열어주었을 뿐 아니라 영원에 들어갈 준비를 시켜주었다. 그 사실을 깨닫자 '영원한 관점'이라는 문구가 그의 일상 어휘가 되었다. 짐은 "루게릭병에 걸린 뒤로 이루어진 일이 지난 50년을 살 때보다 더 많다. 하나님이 정말 내 영혼 가운데 일하고 계시므로 이 병은 복이다. 영원 속으로 들어갈 때 내 영혼의 상태는 이 병에 걸리지 않았을 때보다 훨씬 좋아져 있을 것이다"라고 고백했다.[11]

그가 죽기 몇 달 전에 나는 일리노이 주로 그를 찾아갔다. 이미 짐은 말을 똑똑히 할 수 없는 상태였지만 그래도 입술을 움직여 미소를 지었다. 자꾸 익살맞은 표정을 지으며 제한된 팔 동작으로 내게 무언가를 말했다. 친구들과 가족이 통역한 바에 따르면 짐은 계속 내게 농담을 하고 있었던 것이다. 그 모든 고난 속에서도 그는 깊은 행복을 경험하고 주위에 퍼뜨렸다.

지금 나는 질병의 참상을 미화하거나 축소하는 것인가? 그것만이 하나님이 우리 삶 속에 일하실 수 있는 길이라고 말하는 것인가? 천만의 말이다. 하지만 삶의 최고선과 가장 큰 행복이 예수님께 가까워지는 것이라면 어찌할 것인가? 그리고 하나님이 우리를 도우시되 고통을 통해 그 선을 이루게 하실 수 있다면 어찌할 것인가?

고난은 내 친구 짐을 삶이라는 경기장 바깥으로 몰아낸 것이 아니라 오히려 안으로 불러들였다. 올림픽 메달이 아니라 영원한 상급을 받는 데 필요한 훈련이 곧 고난임을 그는 알았다. 그래서 훈련이 치열할수록 더 상급에서 눈을 떼지 않았다(참조. 고전 9:24-27).

더 많은 그리스도인이 기복 신앙을 그만 듣고, "죽었으나…지금도 말하"는 (히 11:4) 짐 해럴 같은 사람들의 말을 들어야 한다.

Chapter·36

자백과 회개와 용서를 통한 행복

허물의 사함을 받고 자신의 죄가 가려진 자는 복이 있도다[행복하도다].
시편 32:1

그리스도인은 행복한 진품이다. 자신의 죄가 다 용서되었음을 알기 때문이다.

R. A. 토레이(R. A. Torrey)

루스 벨 그레이엄(Ruth Bell Graham)의 책에 알렉산더 그리골리아(Alexander Grigolia)의 이야기가 나온다. 구소련의 그루지야에서 미국으로 이민을 온 그는 똑똑했지만 불행했다. 어느 날 자신의 구두를 닦아주는 사람의 태도가 인상적으로 다가왔다. 그래서 그리골리아는 늘 즐겁게 일하는 그 사람을 바라보다가 자신의 불행을 생각하며 물었다. "당신은 왜 그렇게 늘 행복합니까?"

그 사람은 놀라며 말했다. "예수님 때문이지요. 그분이 저를 사랑하십니다. 그분이 죽으셔서 하나님이 저의 잘못을 용서해주셨답니다. 그분이 저를 행복하게 하십니다."

그리골리아는 그 말에 아무 반응도 안 했지만 그 단순한 말을 떨칠 수 없었다. 결국 그는 그리스도를 믿게 되었고 대학 교수가 되어 제자들에게 큰 영향을 미쳤는데, 그중 하나가 훗날 수많은 사람을 그리스도에게 인도한 전도자 빌리 그레이엄(Billy Graham)이었다.¹

하나님을 떠나서는 영원한 행복을 찾을 수 없으므로 죄는 결코 행복의 출처가 아니다

"세상의 문제는 무엇인가?" 마틴 로이드 존스는 물었다. "왜…인간들 사이에 전쟁과 이 모든 불행과 혼란과 불화가 있는가?…이 물음의 답은 하나뿐이니 바로 죄다. 다른 무엇도 아니고 그냥 죄다."²

혼히들 세상의 고난과 불행을 교육이나 기회나 자원의 결핍 탓으로 돌린다. 아는 것이 더 많거나 가진 것이 더 많기만 했어도 분명히 우리의 상태가 나아졌으리라는 것이다. 하지만 아니다. 우리의 가장 기본적인 문제는 그냥…죄다.

스티븐 차녹은 "모든 불행의 원인은 인류의 타락이고, 모든 행복의 첫걸음은 그 사실을 인정하는 것이다"라고 썼다.³

죄는 자각과 자백과 회개를 통해 직접 다루어져야 한다. 용서를 통해서만 우리는 하나님과 연합할 수 있고 그리하여 영원한 행복을 얻을 수 있다.

거룩하신 하나님 앞에서 자신의 죄를 인식하지 못하는 사람이야말로 최악의 상태다. 맹장이 터졌는데 고통이 없다면 어떻게 될까? 병원에 가지 않고 행복하게 집에서 영화를 관람할 수 있다. 그러다 죽을 것이다.

죄는 궁극적 행복을 말살한다

청교도이며 케임브리지 대학교 교수였던 윌리엄 휘태커(William Whitaker, 1548–1595)는 "우리는 행복한 존재로 지음 받았으나 죄로 그 행복을 날려버린다"라고 말했다.⁴ 이는 아담과 하와가 낙원에서 저질렀던 일이자 많은 사람이 저지르는 일이 어떤 의미인지를 알려주는 인상적 표현이다. 우리는 죄로 행복을 날려버린다.

윌리엄 베이츠는 "죄의 가장 큰 악영향은 영혼과 하나님을 분리시키는 것이다. 행복을 되찾으려면 하나님과 재결합해야 한다"라고 말했다.[5] 이 두 가지 명제—하나님이 모든 행복의 근원이시라는 사실과 죄가 우리와 하나님을 갈라놓는다는 사실—에서 귀결되는 결론이 있다. 죄는 우리를 행복에서 분리한다.

사탄은 하나님의 행복과 우리의 행복을 대적한다. 그는 하나님의 행복을 앗아갈 수는 없기에 우리의 행복을 막는 데 주력하여 쾌락이라는 미끼로 우리를 낚아 올린다. 마약이 주는 첫 도취감이나 술의 취기나 불법 섹스의 스릴은 당장은 아주 좋아 보인다. 그러나 그것들은 기쁨의 입맛만 버려놓을 뿐 정작 참되고 영원한 기쁨을 우리에게서 앗아간다. 죄야말로 흥을 깨는 원흉이다.

죄를 지으면 하나님과의 관계가 단절된다. 그러므로 죄는 행복의 가장 큰 적이며, 용서는 행복의 가장 귀한 친구다. 자백을 통해 우리는 행복의 하나님과 다시 이어진다.

우리는 사람들을 도울 때 옳은 길과 행복 중에서 택일하게 해야 한다고 생각한다. 그래서 결정이 힘들어 보인다. 하지만 죄가 결코 우리에게 이롭지 못함을 알면 그런 많은 결정이 의외로 명료해진다.

예컨대 한 젊은 여자는 낙태가 무죄한 생명을 죽이는 일임을 알면서도 나에게 말하기를 친구를 사랑하기에 직접 차를 운전하여 친구를 낙태 시술소에 데려다주겠다고 했다. 그녀는 "서로 생각이 다르더라도 사랑하는 사람한테는 그렇게 해주는 거잖아요"라고 말했다.

나는 "친구가 손에 총을 들고 부모를 죽이겠다고 해도 당신은 친구를 부모의 집으로 데려다주겠습니까?"라고 물었다.

"말도 안 돼요."

하지만 합법성 여부만 빼고 무엇이 다른가? 자기 아기를 죽이는 일은 어머니에게 결코 이롭지 못하다. 그녀에게 행복을 주기보다 오히려 훨씬 많은 행복을 앗아갈 것이다. 우리는 사랑이라는 이름으로 다른 사람들의 잘못된 행동을 거들 때가 너무 많다. 잘못된 행동이므로 행복을 앗아갈 것은 뻔하다. 우리야 '사랑'을 자축할지 모르지만 상대의 자멸을 재촉하는 사랑이 무슨 도움이 되겠는가?

죄는 만족을 주지 못하기에 늘 더 높은 강도를 요구한다

모든 죄의 생리를 중독에서 볼 수 있다. 처음에는 중독이 주는 행복이 불행보다 커 보인다. 그러나 결국 불행의 기간은 길어지고 행복의 기간은 짧아진다. 이를 수익 체감의 법칙이라 한다. 약속된 것은 생명이지만 정작 돌아오는 것은 죽음이다. 마약과 술과 포르노에 중독된 모든 사람은 다음번 도취감의 만족이 이전만 못함을 보여주는 산 증인이다.

헤로인 중독자들은 처음에 행복을 찾아 마약을 흡입한다. 정신이 드는 순간 그들은 자신을 해치는 마약을 경멸하고 거기에 굴하는 자신을 경멸한다. 그러나 짤막한 쾌락의 기억이 지루한 불행을 압도한다. 벗어나고 싶어 그들은 다시 마약에 취한다. 이번에는 행복이 오래가기를 바라지만 그런 일은 결코 없다.

미친 짓의 정의가 "같은 일을 반복하면서 다른 결과를 기대하는 것"이라면 죄는 우리를 미치게 할 뿐 아니라 미친 짓 자체다.

물질만능주의, 코카인, 포르노, 권력 등 당신이 선택하는 마약이 무엇이든 모든 죄는 본래 "이번만은 다를 것이다"라고 속삭인다. 하지만 죄는 행복이라는 미명 아래 계속 우리를 죽일 뿐이다.

불의한 생활방식을 선택하면 불행이 더 깊어진다

역사적으로 우리 문화의 패션과 영화와 음악 업계―'행복'을 파는 사람들―를 지배해온 것은 다분히 남자들이다. 이들 업계에서 부추기는 부도덕한 가치관은 젊은 여자들을 꾀어 문란한 성생활에 빠뜨린다. 그게 멋있다고 그들을 설득한다. 여자는 남자가 자신을 사랑하는 것 같아 쉽게 몸을 내주지만 나중에 그에게 거부와 경멸과 무시를 당한다. 꿈이 악몽으로 변한다. 그래도 다음번에는 다르기를 바라며 자꾸 남자를 바꾸어가며 섹스를 하다가 결국 자존감을 완전히 잃고 만다.

수십 년 동안 어머니들에게 주어진 약속은 '임신을 종료하면'—기만하는 자들은 '아기를 죽인다'는 말을 그렇게 표현한다—행복해질 수 있다는 것이었다. 그러나 내가 대화해본 수많은 여성은 몇 년이 지나서도 자기 아이를 낙태한 일로 울고 있다. 우울증과 자살의 증가 등 낙태의 신체적, 심리적 악영향은 이미 충분한 자료로 입증되었다.[6] 낙태한 여성들을 지원하는 그룹들이 수없이 많이 있다. 행복해질 거라는 말만 듣고 낙태를 실행한 그들의 치유를 돕기 위한 모임이다.[7]

또 우리 문화는 사람들을 유인하여 포르노를 보게 만든다. 포르노는 약속한 행복 대신 수치심과 외로움과 피폐함을 안겨주며, 끝없는 악순환으로 내리달아 더 심한 성도착과 어둠에 빠지게 한다.

이와 비슷하게 어떤 사람들은 동성애 생활방식에서 행복을 찾을 수 있다는 개념을 받아들였다. 그러나 이 욕망에 굴하는 사람들은 대체로 결국 불행해진다.

역사적으로 사용된 남색자 같은 부정적 용어나 동성애자 같은 중립적 용어가 게이(본래 '즐겁다'는 뜻)라는 긍정적 용어로 대체된 것은 비참한 아이러니다. 게이라는 말이 아무리 행복하게 들려도 실제로 동성애자들의 자살률은 다음과 같다.

- 게이와 레즈비언 청소년의 자살률은 이성애 청소년보다 14배나 높다.
- 트랜스젠더의 30-45퍼센트는 자살을 기도한 적이 있다고 답했다.

이런 통계는 종교 보수 진영에서 나온 것이 아니라 게이와 레즈비언 문제에 동정적인 세속 웹사이트가 제공한 것이다.[8] 성적 지향과 정신 건강에 관한 이전의 연구 25편을 분석한 한 연구에 따르면 "동성애자와 양성애자는 우울증과 약물 남용에 빠질 확률이 이성애자보다 50퍼센트 정도 높다."[9]

불행의 수위가 이렇게 현격히 높은 것은 주변의 비난으로 인한 모욕감 때문이라는 해석이 한동안 널리 퍼져 있었다. 그러나 사회가 동성애 생활방식을 훨씬 더 수용하게 되었음에도 이런 불행은 지속되고 있으며, 주변에서 인정을 받는 사람들의 경우도 다를 바 없다. 게이의 결혼이 합법화되었어도 그것의 본질은 달라지지 않으며, 결혼 당사자들에게 미치는 해(害)도 없어지지 않는다.

마찬가지로 외도가 행복을 가져다준다는 거짓된 약속을 믿다가 삶을 망친 이성애자들도 수없이 많다. 자신의 외도를 평생 후회하는 사람들을 나는 많이 알고 있다.

솔로몬 왕은 어떤 여자든 마음대로 "인생들이 기뻐하는 처첩들"(전 2:8)로 거느렸지만 그가 그 무수한 정부(情婦)에게서 얻은 거라곤 공허함과 불행뿐이었다.

청교도 토머스 빈센트(Thomas Vincent)는 "악 중의 악인 이 죄만큼 이 땅에서 인간의 행복을 방해하고 내세의 행복까지 앗아가는 것은 없다"라고 말했다.[10]

우리는 자꾸 사탄의 거짓말에 놀아난다. 그러나 하나님은 우리를 행복하게 해줄 것이 무엇인지 진실을 말씀해주신다. 우리의 궁극적 행복은 둘 중 누구의 말을 믿기로 선택하느냐에 달려 있다.

죄에도 결과가 따르고 의에도 결과가 따른다

모세는 요단 동편에 정착하려는 이스라엘 지파들에게 경고하기를 다른 지파들을 도와 서편의 적을 무찌르겠다는 약속을 어기지 말라고 했다. 그는 "하나님이 너희를 심판하실 줄 알라"고 말할 수도 있었으나 대신 "너희 죄가 반드시 너희를 찾아낼 줄 알라"(민 32:23)고 했다. 이는 영적 중력과도 같다. 사람이 높은 데서 난간을 벗어나면 밑으로 떨어지는데 이는 하나님의 심판이 아니라 중력을 거스른 결과다. 마찬가지로 사람이 진리와 의를 거스를 때도 하나님은 꼭 대대적으로 심판하지 않으실 수도 있다. 대신 그분은 죄 자체에서 순리대로 심판이 흘러나오게 하실 것이다.

선하고 의로운 행위에 대해서도 하나님은 직접 개입하여 상을 주시기보다 순리대로 긍정적 결과가 뒤따르게 하실 수 있다. 거기에 행복도 포함된다. 죄는 우리를 찾아낸다. 당연히 의로운 행실도 우리를 찾아낸다. 선행은 특히 이 다음에 우리가 죽은 후 천국에까지 따라온다(참조. 계 14:13).

　찰스 스펄전은 "당신이 하나님의 자녀라면 결코 죄 가운데서 행복할 수 없음을 잊지 마라! 당신은 세상과 육신과 마귀로는 만족할 수 없게 되어 있다. 중생하던 날 당신 안에 심어진 생명은 결코 죽을 수 없으며, 죽은 세상에 살며 만족할 수도 없다"라고 말했다.[11]

　하나님 안에서 누리는 행복은 곧 죄 가운데서 당하는 불행을 뜻하기도 한다.

중생한 우리의 새로운 속성은 하나님의 전부와 그분의 행복을 마음껏 받아 누릴 수 있다

　"만물보다 거짓되고 심히 부패한 것은 마음이라"(렘 17:9). 죄에는 근본적 해법이 필요한데 곧 그리스도 안의 구원이다. 그것이 우리의 속성을 변화시키고 우리의 능력에 근본적 영향을 미쳐 하나님 안의 행복을 받아들이게 한다. 그리스도를 믿어 의롭다 하심을 얻으면 거룩하신 하나님의 요구가 충족된다. 우리의 죄와 그리스도의 의가 서로 교환되기 때문이다(참조. 롬 3:21-26).

　하나님은 신자들에게 새로운 속성을 주셔서 죄의 굴레에서 우리를 해방시키신다. 이제 우리는 그분의 능력에 의지하여 악을 이길 수 있다. 그리스도 안에서 새사람이 될 때 마음도 변화되므로 이제 우리는 더 나은 길을 원한다. "만일 너희 속에 하나님의 영이 거하시면 너희가 육신에 있지 아니하고 영에 있나니"(롬 8:9).

　이전에 눈이 멀었던 우리도 중생하면 하나님의 일들을 보고 깨달을 수 있다(참조. 고전 2:12-16, 고후 4:4, 6, 골 3:10). 의지도 새로워져 능히 경건한 선택을 내릴 수 있다(참조. 빌 2:13, 살후 3:5).

　하나님은 "중생의 씻음과 성령의 새롭게 하심"(딛 3:5)을 말씀하신다. 일단 거거듭난 신자는 새로운 속성 때문에 죄 된 생활방식을 지속할 수 없다(참조. 요일 3:9). 우리 삶 속에 아직 죄가 있으나(참조. 롬 6:11-14, 요일 1:8-2:2) 우리가 죄에 대하여 죽었기 때문에 죄를 이길 초자연적 능력이 우리에게 있다(참조. 롬 6:6-9). 우리 안에 사시는 성령께서 하나님께 순종하도록 우리를 도우신다(참조. 딤후 1:14).

그 결과는 무엇인가? 우리는 얼마든지 죄와 그로 인한 불행을 거부하고 의와 그에 따른 참되고 영원한 행복을 받아들일 수 있다.

한나 휘톨 스미스는 자기 아들 프랭크에게 이렇게 썼다.

> 네가 그리스도인의 삶의 기쁨을 알기 시작했다니 참 다행이다. 그리스도인이 아닌 사람이 어떻게 한시라도 행복할 수 있는지 나로서는 모를 일이다. 하나님의 자녀는 자기 죄가 사해졌음을 아는 사람이고, 자신을 돌보시는 그분께 염려를 다 맡긴 사람이다. 그래서 당연히 기쁘고 유쾌할 자격이 있다. 너무 근엄하고 엄숙한 것은 다 잘못이다. 내가 아는 가장 명랑한 사람들은 가장 헌신적인 그리스도인들이다.[12]

죄를 근본적으로 해결하지 않고는 누구도 행복할 수 없다

예수님은 "만일 네 오른 눈이 너로 실족하게 하거든 빼어 내버리라 네 백체 중 하나가 없어지고 온 몸이 지옥에 던져지지 않는 것이 유익하며"(마 5:29)라고 말씀하셨다. 우리는 강할 때에 약할 때를 대비하여 경건한 결단을 해야 한다. 예컨대 우리를 죄 쪽으로 이끄는 장소에 가거나 그런 사람이나 물건과 함께 있으면 안 된다(포르노나 SNS가 문제라면 인터넷에 접속할 수 있는 기기를 일체 피해야 한다).

내게 이메일을 보내온 한 남자 대학생은 동정(童貞)을 버리고 나서 눈에 띄게 극도의 절망에 빠졌다. 물론 비신자들은 이 학생의 불행을 '불필요한' 죄책감 탓이라 여길지 모른다. 하지만 이 경우 죄책감은 그에게 정말 죄가 있음을 보여주는 정확한 지표였다.

이 청년이 죄책감을 부인하면 당장은 더 행복할지 모른다. 낙하산이 고장 난 줄 모르고 비행기에서 뛰어내리는 사람도 당장은 낙하의 희열을 느낄 수 있다. 그러나 자신의 실상을 깨닫는 순간 그는 공포에 질릴 것이다. 만일 여벌의 낙하산이 있다면 그 깨달음이 그를 살린 셈이다. 마찬가지로 그 대학생도 회개하고 그리스도의 용서를 받아들인다면 그를 회개에 이르게 한 무거운 죄책감이야말로 하나님의 은혜다. 여벌의 낙하산이다.

요한일서 3장 21절에 "만일 우리 마음이 우리를 책망할 것이 없으면 하나님 앞에서 담대함을 얻고"라는 말씀이 있다. 성령께서 죄를 깨우쳐주지 않으시면 (참조. 요 16:8) 누구도 하나님께 돌아올 가망이 없고, 회개와 용서가 없이는 기쁘신 하나님과의 관계가 회복될 수 없다. 어쩌다 손이 불에 닿으면 엄청난 고통 때문에 불에서 손을 빼고 데인 곳을 치료한다. 아무리 아파도 차라리 고통을 느끼는 것이 훨씬 낫다. 말초신경이 손상되어 아무런 감각이 없는 나병 환자는 고통을 느끼지 않아 더 행복해 보일 수 있으나 그 병으로 인한 고생은 헤아릴 수 없다. 감각이 있든 없든 어차피 몸이 결딴나기 때문이다. 이 세상은 우리를 악에 대해 둔감해지게 한다. 사실상 우리를 도덕적 나병 환자로 만들어 건강한 양심의 가책을 느끼지 못하게 하는 것이다.

"자기의 죄를 숨기는 자는 형통하지 못하나 죄를 자복하고 버리는 자는 불쌍히 여김을 받으리라"(잠 28:13).

찰스 스펄전은 "죄를 자백한다 해서…행복이 망가지는 것이 아니다. 오히려 자백하지 않는 것이 불행이다"라고 말했다.[13]

자백과 용서가 없이는 행복할 수 없다. 행복의 근원이신 분과 바른 관계를 맺을 수 없기 때문이다. 이는 마치 플러그를 꽂지도 않고 전등을 켜려는 것과 같다. 아무리 전구를 갈고 갓을 새로 씌우고 전등을 깨끗이 닦아도 어둠은 사라지지 않는다.

안셀무스는 "죄를 완전히 버리지 않은 사람에게 행복이 주어져서는 안 된다"라고 말했다.[14] 그런 사람에게 하나님이 행복을 주신다면 잔인한 처사가 될 것이다. 죄 가운데서 누리는 행복이 우리를 막아 용서를 통해서만 가능한 궁극적 행복을 잃게 하기 때문이다.

스펄전은 "타락한 삶을 고집하는 사람들의 안색이 그토록 침울한 것은 당연하다. '우리의 의가 되신 그리스도'를 떠올리면 우리는 반드시 힘을 얻는다"라고 말했다.[15]

마르틴 루터는 "죄는 전적인 불행이고 용서는 전적인 행복이다"라고 했다.[16] 죄와 행복의 본질을 이보다 더 간단명료하게 표현한 말은 상상하기 어려울 것이다. 성경에 근거한 이 진리를 믿으면 우리 삶이 변화된다.

다른 사람을 용서하면 고통을 없애는 데 특효가 있다

퓰리처상 수상작이자 베트남전의 참상을 세계에 알린 유명한 사진이 있다. 바로 화상을 입은 소녀의 사진이다. 사진 속 소녀는 네이팜탄이 투하된 마을에서 양팔을 벌린 채 공포에 질려 달려 나오고 있다. 아홉 살의 판티 킴푹(Phan Thi Kim Phuc)은 몇 달 동안 입원하여 여러 차례 수술을 받은 후 가족과 재회했다.

킴푹에 따르면 의료진도 그녀의 마음만은 치료하지 못했다. "내 안의 분노와 증오는 산처럼 높이 부풀어 언제라도 터질 것 같았다."

그런데 하나님이 킴푹에게 다가오셨다. 성경책을 접하게 된 그녀는 어느 신자와 대화를 나누었고, 그렇게 인도를 받아 나간 교회에서 그리스도를 믿기로 결단했다. "예수님의 도움으로 나는 원수를 용서하는 법을 배웠다."

14년 후 워싱턴 DC에서 강연하던 중 그는 존 플러머(John Plummer)를 만났다. 그는 그녀의 고향 마을을 공습한 부대의 지휘자 중 한 명이었다.

존은 이 만남을 회상하며 이렇게 썼다. "그녀는 두 팔을 내밀어 나를 끌어안았다. 나는 계속 '죄송합니다, 죄송합니다'는 말밖에 할 수 없었다. 내 말이 떨어지기가 무섭게 그녀는 '괜찮아요, 괜찮아요. 당신을 용서합니다, 용서합니다'고 말했다."[17]

현재 킴푹은 국제 KIM 재단의 대표로 활동하고 있다. 이 재단의 사명은 "무

고한 아이들이 입은 상처가 치유되도록 돕고 그들의 삶에 희망과 행복을 되찾아주는 것"이다.[18]

용서를 베풀지 않아 분열되는 수많은 가정과 친구와 이웃과 교회를 나는 보았다. 기쁨을 주는 용서의 위력을 믿으면 우리의 관점이 변화되어 더 행복하고 더 하나님을 영화롭게 하는 삶을 살 수 있다.

자녀, 부모, 친구, 배우자, 고용주, 이웃, 차량 관리국, 세무서 등을 통해 부당하게 당한 일이라면 누구나 줄줄이 늘어놓을 수 있다. 그중에는 실제로 벌어진 심각한 잘못도 있고 가상이거나 과장된 경우도 있다. 그러나 그 모두가 행복을 저해할 수 있다. 이를 피하려면 그런 잘못을 자꾸 곱씹을 것이 아니라 참된 용서를 베풀어야 한다.

가족이나 친구에게 앙갚음하려는 사람들이 모르는 사실이 있다. 용서하지 않으면 본인이 가장 큰 피해를 입는다. "원한이란 내가 독을 마시면서 다른 사람이 죽기를 기다리는 것과 같다"라는 말은 옳다.[19] 루이스 스미디즈(Lewis Smedes, 1921-2002)는 "용서란 포로를 풀어주고 나서 그 포로가 바로 자신이었음을 깨닫는 일이다"라고 썼다.[20]

하나님의 용서로 우리는 그분과 불화했던 불행에서 벗어난다

다윗은 용서를 이렇게 예찬했다. "마음에 간사함이 없고 여호와께 정죄를 당하지 아니하는 자는 복이 있도다[행복하도다]"(시 32:2).

이어 그는 밧세바와 간음하고 그 남편 우리아를 살해한 뒤로 극도로 불행했던 자신의 상태를 이렇게 술회했다.

> 내가 입을 열지 아니할 때에 종일 신음하므로 내 뼈가 쇠하였도다 주의 손이 주야로 나를 누르시오니 내 진액이 빠져서 여름 가뭄에 마름 같이 되었나이다(시 32:3-4).

다윗이 일부러 간음죄를 범하고 그 죄를 은폐하려고 살인죄까지 더한 것은 행복해지기 위해서였다. 하지만 결과는 밤낮으로 내뱉는 그의 신음소리와 쇠해가는 몸이었다.

그런데 그의 자백으로 모든 것이 달라졌다.

> 내가 이르기를 내 허물을 여호와께 자복하리라 하고 주께 내 죄를 아뢰고 내 죄악을 숨기지 아니하였더니 곧 주께서 내 죄악을 사하셨나이다(시 32:5).

결국 다윗은 자신을 죄의 불행에서 건지신 분과의 관계를 이렇게 묘사한다.

> 주는 나의 은신처이오니 환난에서 나를 보호하시고 구원의 노래로 나를 두르시리이다(시 32:7).

찰스 스펄전은 이러한 다윗에 대해 이렇게 주해했다. "그는 노래에 둘러싸이고 자비의 춤에 에워싸여 있다. 이 모두가 은혜의 승리를 선포하고 있다… 사방에 기쁨이 메아리친다. 불과 몇 주 전까지도 종일 신음하던 사람이 그렇게 되었다. 얼마나 큰 변화인가! 은혜가 정말 기적을 이루었고 지금도 그럴 수 있다!"[21]

"이런 사람은 행복하도다"라는 취지의 두 문장으로 시작한 시편 32편을 다윗은 "여호와를 기뻐하며 즐거워할지어다[행복해할지어다]"(11절)라는 말로 마무리한다. 행복의 근원은 하나뿐이니 곧 '여호와'시며, 모든 것이 다 거기에 달려 있다.

용서하면 언제나 사랑과 행복이 뒤따라온다

하나님과 바른 관계를 맺고 용서를 베풀면 불행에서 벗어날 뿐만 아니라 생각지도 못한 즐거움이 찾아든다.

예수님은 십자가에서 가히 상상하지 못할 고통을 당하신 후에 "다 이루었다"(요 19:30)라고 말씀하셨다. 그것은 빚을 완불했을 때 흔히 문서에 큼지막하게 쓰던 문구였다. 역사상 가장 힘든 사명을 완수하신 예수님은 잠시 후에 고개를 숙이고 운명하셨다.

졸업을 앞두고 종강할 때든 대규모 업무를 완수할 때든 방대한 양의 원고를 탈고할 때든 "다 이루었다"라는 말은 수고가 끝나고 큰 경축이 시작된다는 뜻이다. 우리는 하나님과 분리되어 있었으나 예수께서 이루신 일 덕분에 그 상태가 끝났다. 생각해보면 그보다 더 행복한 일은 없다. 하지만 내 마음을 즐겁게 하는 일이 또 있다. 그분의 은혜로 사람들이 나를 용서할 수 있고, 나 또한 내게 죄지은 사람들을 보며 그리스도의 구속 사역 덕분에 이렇게 말할 수 있다. "다 이루었다. 내게는 이제 아무 원망과 원한이 없다. 당신은 용서되었고 나는 해방되었다!"

영화로도 제작된 『언브로큰』(Unbroken, 21세기북스 역간)이라는 책에 루이스 잠페리니(Louis Zamperini)의 감동적 이야기가 소개되어 있다. 운동선수로 올림픽에도 출전했던 그는 나중에 항공병이 되어 공해상에서 47일을, 일본 포로수용소에서 고문당하며 26개월을 견디고 살아났다.

영화는 한 인간의 정신적 생존 의지를 잘 담아냈으나 잠페리니가 석방된 후에 경험한 극적인 구속의 이야기는 담지 않았다. 그는 기발한 생존 기술 덕분에 영웅으로 알려졌지만 속으로는 상처가 깊었고 증오로 들끓었다. 특히 수용소에서 그를 고문한 주역이었던 일명 '새'라는 사람의 악몽에 시달렸다. 전쟁 영웅인 잠페리니는 술에 찌든 알코올 중독자가 되어 아내를 학대하고 어린 딸을 돌보지 않았다.

영화가 전한 '인간 정신의 승리'라는 메시지와는 반대로 잠페리니 자신에게는 그 끔찍했던 극한의 시련을 떨치고 정상적인 삶을 영위해나갈 생존 능력이 없었다. 그는 자신의 죄를 용서받은 적이 없었기에 자신을 학대한 일본인 간수들을 용서할 수도 없었다. 일본의 수용소에서는 풀려났으나 내면의 감옥에서는 해방되지 못했던 것이다.

얄궂게도 책과 영화의 제목과는 달리 잠페리니가 구속되려면 꺾여야만 했다. 절망이 극에 달한 그는 빌리 그레이엄 전도대회에 참석했다가 죄를 자백하고 그리스도를 믿어 용서를 경험한 후 과거의 악몽에서 해방되었다.

루이스 잠페리니는 그리스도 안에서 새사람이 되었다. 그리고 이렇게 썼다. "하나님께 삶을 바치기로 결단한다 해서…즉시로 행복해지고 그 행복이 쉴 새 없이 지속되는 것은 아니다. 고된 작업이 내 앞에 놓여 있었다. 나는 낙심과 회의와 싸웠고, 과거에 내게 벌어진 일을 받아들이려 애썼다."[22]

회심한 지 1년 후에 그는 일본으로 돌아가 수가모(Sugamo) 형무소를 방문했다. 다시 그의 기록이다. "전범으로 투옥되어 있는 나의 옛 수용소 간수들을 만나게 해달라고 부탁했다. 그들 모두를 직접 대면하여 용서할 작정이었다. 인생에서 가장 힘든 일은 용서하는 것이다. 그러나 증오는 자멸을 부른다. 누군가를 미워하면 상대를 해치는 것이 아니라 자신을 해친다. 용서해야 치유된다."[23]

잠페리니는 달려가 가해자들을 끌어안고 용서를 표현한 뒤 예수님의 기쁜 소식을 나누었다. 나중에 그는 "그리스도인으로서 내 삶에 가장 중요했던 일은 내가 그들을 용서했음을 아는 것이었다. 말로만 아니라 얼굴을 마주대하고서 말이다. 그것이 회심의 일부였다"라고 말했다.[24]

처음에 옛 수용소 간수들 대부분은 그를 피했다. 그의 용서를 이해할 수 없었기 때문이다. 그러나 일단 그가 복음을 전하자 한 명만 제외하고 그들 모두가 예수님을 믿고 그 믿음을 입술로 고백했다.

잠페리니를 가장 잔인하게 고문했던 '새'라는 별명의 무츠히로 와타나베는 그곳에 없었다. 일본 전범으로 지명 수배자 명단에 있었는데도 용케 기소를 모면했던 것이다.

나중에 잠페리니가 와타나베를 찾아냈는데 부유한 사업가가 된 옛 간수는 만남을 거부했다. 그래서 잠페리니는 그에게 편지를 보내 자신의 삶을 그리스도께 바쳤음을 설명했다. 그는 "당신을 향한 나의 증오가 사랑으로 바뀌었습니다"라고 쓴 뒤 "당신도 그리스도인이 되기를 바랍니다"라고 덧붙였다.[25] 그는 책에 이런 말도 했다. "내가 직접 경험해보니 증오의 쾌감은 삐딱한 것이다. 우리는 미움이 곧 복수인 줄 알고 미워하고 미워하고 또 미워하지만 그것은 속임수며 은폐다. 증오가 파멸에 빠뜨리는 것은 증오의 대상이 아니라 자기 자신이다."[26]

그리스도 안에서 새사람이 되는 것이 행복의 정수다

회심하면 죄에서 해방될 뿐 아니라 새사람이 된다. "그런즉 누구든지 그리스도 안에 있으면 새로운 피조물이라 이전 것은 지나갔으니 보라 새 것이 되었도다"(고후 5:17). J. B. 필립스는 『현대영어 신약성경』(The New Testament in Modern English)에 이 구절과 그 다음을 이렇게 번역했다. "사람이 그리스도 안에 있으면 완전히 새사람이 된다. 과거는 끝나서 사라졌고 모든 것이 참신하고 새로워졌다. 이 모두는 하나님이 하신 일이다. 그분이 예수 그리스도를 통하여 우리를 자신과 화목하게 하셨다."

옛 자아의 특성은 죄와 죄책과 불행이다. 그렇다면 새 자아의 특성은 자신이 용서받은 데 따른 행복과 다른 사람을 용서할 수 있는 새로운 능력에 있어야 한다.

조지 휫필드는 "주 예수로 옷 입은 사람 그리하여 새사람을 입은 사람은 모두 행복하고 행복하다!"라고 설교했다.[27]

마틴 로이드 존스는 이렇게 말했다. "하나님 대신 마귀를 믿을 까닭이 무엇인가? 일어나 자신에 대한 진리를 깨달으라. 과거는 다 사라졌고, 당신은 그리스도와 하나가 되었으며, 당신의 모든 죄는 단번에 영원히 지워졌다…하나님이 과거를 해결하셨는데도 과거 때문에 기쁨을 잃고 현세와 내세에 유용한 존재가 되지 못한다면 그것은 죄다."[28]

토머스 브룩스가 17세기에 쓴 심오한 말은 오늘의 우리에게도 아주 실제적인 도움이 될 수 있다. "옛 성도들은 늘 행복과 평안과 위안의 근거를 아직 부족하여 불완전한 자신의 성화에서 찾지 않고 이미 온전하게 완결된 칭의에 두었다."[29]

다른 사람을 용서하는 만큼 나도 용서와 행복을 누린다

성경은 우리에게 "긍휼과 자비와 겸손과 온유와 오래 참음을 옷 입고 누가 누구에게 불만이 있거든 서로 용납하여 피차 용서하되 주께서 너희를 용서하신 것 같이 너희도 그리하"라고 가르친다(골 3:12-13).

예수님이 이야기 하나를 들려주신다. 어느 종이 주인에게 거액의 돈을 빚졌는데 주인이 그 빚을 탕감해준다. 그런데 그 종은 동료 종이 자신에게 진 훨씬 적은 빚을 탕감해주지 않는다. 그러자 왕은 "악한 종아 네가 빌기에 내가 네 빚을 전부 탕감하여 주었거늘 내가 너를 불쌍히 여김과 같이 너도 네 동료를 불쌍히 여김이 마땅하지 아니하냐"라고 되묻는다. 주인은 그 사람을 옥졸들에게 넘겨 빚을 전액 갚게 한다. 끝으로 예수님은 "너희가 각각 마음으로부터 형제를 용서하지 아니하면 나의 하늘 아버지께서도 너희에게 이와 같이 하시리라"고 경고하신다(마 18:32-33, 35).

용서하지 않으려는 우리 마음을 하나님은 심각하게 대하신다. 그리스도가 대신하여 죽지 않으신 죄는 없으며 따라서 그분의 힘으로 우리가 용서하지 못할 죄도 없다.

다른 사람이 내게 가해한 사실을 다 잊지는 못할지라도 그것을 늘 곱씹을 필요는 없다. 하나님이 우리 죄를 묻으셨듯이 우리도 다른 사람의 죄를 묻어야 한다. 선지자 미가는 하나님께 "다시 우리를 불쌍히 여기셔서 우리의 죄악을 발로 밟으시고 우리의 모든 죄를 깊은 바다에 던지시리이다"(미 7:19)라고 아뢰었다.

스펄전은 "젊었을 때는 우리가 미련하여 다른 데서 행복을 찾으려 했을지 모른다. 그러나 나이 들고 시름과 슬픔이 더해갈수록 죄를 용서받아 행복한 사람이 정말로 행복한 사람이다!"라고 말했다.[30]

하나님께 받은 용서를 다른 사람에게 베풀면 우리도 행복을 받을 뿐 아니라 행복의 전달자가 된다. 자기 죄를 인정하는 일이야말로 행복을 향한 첫걸음이다. 행복이 자꾸만 달아난다면 자백하지 않은 죄가 있는지 살펴보아야 한다.

루이스 잠페리니의 자서전에는 『언브로큰』이라는 책이나 영화에서 볼 수 없는 놀라운 진술이 많이 나온다. 다음도 그중 하나다. "용서하는 사람은 다시는 상대의 면전에서 과거를 거론하지 않는다…참된 용서는 온전하고 전적이다."[31]

마크 로버츠(Mark Roberts)는 일흔 줄에 접어든 잠페리니와 함께 할리우드 장로교회에서 직분을 맡아 섬겼다. 로버츠는 "루이스 잠페리니: 내가 알았던 가장 행복한 사람"이라는 제목으로 친구에 대한 헌사를 썼다. 거기에 이런 말이 나온다. "볼 때마다 루이는 열정으로 확 뛰었다…말 그대로 몸이 톡톡 튈 때도 많았다…그는 스케이트보드를 타고 교회 안을 휙휙 휘젓고 다니기를 좋아했다. 그래서 과격한 사나이라는 말도 많이 들었다. 그만큼 주체할 수 없는 기쁨으로 자유분방하게 씽씽 내달렸기 때문이다."[32]

잠페리니는 기적같이 생환했음에도 행복하지 않았다. 왕년에 그를 지탱해준 '하면 된다'의 정신으로는 전후(戰後)의 공허한 마음을 채우거나 깊은 상처를 치유하거나 고문 가해자들을 용서하거나 마음 가득한 행복을 얻기에 역부족이었다. 그런 일은 오직 예수님의 은혜로만 가능했다.

Chapter·37

거룩함과 행복은
양자택일의 문제가 아니다

> 이 첫째 부활에 참여하는 자들은 복이 있고[행복하고] 거룩하도다.
> 요한계시록 20:6

> 주권자 하나님이 우리와 관련하여 즐겁게 행하신 최초의 일은 우리를 거룩하고 행복하게 하시려고 영원 전부터 택하신 것이다.
> 존 오웬(John Owen)

지금도 그런 사람들이 있듯이 나도 젊은 목사 시절에는 "하나님은 우리를 행복하도록 부르신 것이 아니라 거룩하도록 부르셨다"라고 설교했다.[1] 이 말은 절반만 맞는다. 나는 그리스도인들이 자기 생각대로 행복을 추구하다가 성적 부도덕, 알코올 중독, 물질만능주의, 성공에 대한 집착 등으로 곤두박질치는 것을 보았다. 그들은 거룩함에 등을 돌렸다. 행복의 매력이 거룩함과는 어긋나 보였기 때문이다.

인간은 그리스도께 순종하기보다 취향과 편익을 앞세우는 성향이 있는데, 당시 나는 그런 성향에 무조건 맞서 싸우려 했다. 이 모두가 아주 영적으로 보였으며, 나와 생각이 같은 저자들과 설교자들의 말을 얼마든지 인용할 수 있었다.

이제 나는 그들 모두와 내가 전적으로 틀렸었다고 확신한다.

내 사고에 몇 가지 결함이 있었다. 그중 하나로 내 사고는 나 자신의 경험과도 모순되었다. 나는 그리스도 안에서 깊은 행복을 얻었는데 이 또한 하나님께로부터 온 것이 아닌가? 게다가 사람들에게 행복을 거부하고 거룩함을 택하라고 말하는 것은 부질없는 짓이다. 한동안은 통할지 모르지만 장기적으로는 효과가 없다. 인간은 누구나 행복을 추구한다는 엄연한 사실 때문이다.

토니 레인케가 제대로 지적했다. "죄는 독이 묻은 기쁨인 반면 거룩함을 추구하려면 기쁨을 저당 잡혀야 한다."[2]

행복 대신 거룩함을 추구해야 한다는 잘못된 이분법은 성경과 현실 둘 다에 어긋난다

A. W. 토저는 "내가 믿기로 하나님의 뜻은 우리가 행복을 구하는 것이 아니라 거룩함을 구하는 것이다"라고 말했다.[3] 하지만 이 말은 행복이 죄일 때에만 맞는 말이다. 행복이 언제나 죄라고 믿었다면 토저는 다음과 같은 말을 하지 않았을 것이다. "아무도 행복하지 않을지라도 하나님만은 행복하시다."[4] "그분은 피조물이 행복하기를 바라신다."[5] "하나님의 사람들이 즐거우면 그분도 기뻐하신다."[6]

아래의 말에 분명히 밝혀져 있듯이 토저가 비판한 행복은 특정한 의미의 행복이다.

> 우리 가운데 무책임한 행복을 천박하게 추구하는 사람들이 있다…우리 대부분은 다른 사람들의 슬픈 상처를 함께 아파하느니 차라리 행복을 원한다…거룩한 사람은 유용한 사람이며 또한 행복한 사람일 가능성이 높다. 그러나 행복만 구하고 거룩함과 유용성을 잃는다면 그는 세속적인 사람이다.[7]

토저가 반대한 것은 행복 자체가 아니라 하나님 없이 그분을 욕되게 하는 방식으로 행복을 얻으려는 시도다.

흔히 그리스도인들은 거룩함과 행복을 구분하여 전자는 마땅히 추구해야 할 것으로, 후자는 본능적으로 추구하는 것으로 본다. 우리는 거룩함 대신 행복을 추구하는 세상을 보면서 우리만은 반대로 해야 한다고 생각한다. 하지만 이는 틀린 생각이다.

A. T. 피어슨(A. T. Pierson, 1837-1911)은 이렇게 말했다. "의무와 즐거움이 서로 반대된다고 생각하는 사람은 삶의 차원이 비교적 낮다. 충분히 높이 올라가 실상을 보면 행복과 거룩함의 모든 상반되는 요소가 외양뿐임을 알게 된다. 의무의 길과 즐거움의 길은 결코 서로 어긋나지 않는다."⁸

1800년대의 저명한 복음주의 설교자였던 옥타비우스 윈슬로우(Octavius Winslow)는 성령에 대해 "그분의 뜻은…우리가 더 행복해지도록 우리를 더 거룩하게 하시는 것이다"라고 말했다.⁹ 이번 장의 핵심을 담아낸 심오한 말이다. 깊이 명심해야 할 말이 또 있다. "하나님은 우리에게 행복을 주려 하신다. 그러나 행복을 주시려면 그분은 우리를 거룩하게 하셔야만 한다. 행복과 거룩함은 같은 뿌리에서 난 두 진리요…쌍둥이다. 거룩한 사람은 행복할 수밖에 없다…죄는 모든 불행의 아버지고 거룩함은 모든 행복의 근본이다."¹⁰

안셀무스는 거의 천 년 전인 암흑기에 살았지만 그가 깨달은 진리들은 오늘 우리에게 드리운 어둠에 빛을 비추어줄 수 있다. "인간이…거룩하게 지어진 목적은 이것이니 곧 *하나님을 즐거워함으로 행복해지는 것이다*"(강조 추가).¹¹

그리스도인이 행복을 두려워하는 것은 행복에 무책임과 태만이 수반된다는 생각 때문이다

행복을 거룩함의 반대로 보는 그리스도인이 있다. 그러나 성경은 다르게 말한다.

리처드 십스는 "그분을 아는 것이 지혜의 근본이고, 그분을 사랑함이 우리의 거룩함이며, 그분을 즐거워함이 우리의 행복이다. 우리에게 참된 행복을 줄 수 있는 모든 것이 다 그분 안에 있다…나머지는 다 헛되어 바람을 잡으려는 것이어서 그 속에 행복이 없음을 알게 된다"라고 썼다.[12] 대부분 청교도들처럼 리처드 십스에게도 행복과 거룩함은 일심동체였다. 그 불가분의 상태가 양쪽 모두의 참모습이었다.

행복을 추구하는 것을 나쁘게 말하는 것은 논지를 벗어난다. 그것은 마치 "불량 식품을 먹은 적이 있으니 이제부터 나는 배고프거나 먹지 않겠다"라는 말이나 같다. 하지만 어차피 우리는 또 배고파져 먹게 되어 있다. 해법은 좋은 음식에 대한 식욕을 기르고 그 음식을 찾아 먹는 것이다.

폴 J. 와델(Paul J. Wadell)은 윤리 교과서에 "아우구스티누스와 아퀴나스가…인식했듯이…그리스도인이 살아야 할 도덕적 삶의 핵심은 행복을 배우는 것이다"라고 말했다.[13]

기독교 윤리와 관련된 모든 원리는 우리가 두려워하는 거룩하신 하나님에 대한 버거운 의무로만 제시될 것이 아니라 우리가 사랑하는 행복하신 하나님을 즐거워하는 특권으로도 제시되어야 한다. 그렇게만 된다면 학생들이 기독교 윤리에 얼마나 훨씬 더 잘 반응하겠는가?

거룩함과 행복이 불가분이라면 왜 우리는 고금의 많은 교회가 해오던 대로 하지 않는가? 거룩함에만 근거해서 사람들에게 호소하면 왜 안 되는가? 그 이유는 거룩함이 영혼에 절실히 필요하기는 해도 그 필요가 늘 느껴지지는 않기 때문이다. 하나님의 은혜로 우리는 행복을 향한 갈망을 활용하여 사람들을 거룩함 쪽으로 이끌 수 있다. 거룩함은 행복과 더불어 이미 복음이라는 피륙에 짜여 있다.

하나님의 거룩하신 성품과 행복하신 성품이 성경에 둘 다 나와 있다

레위기 9장 24절을 생각해보라. "불이 여호와 앞에서 나와 제단 위의 번제물[을]…사른지라 온 백성이 이를 보고 [기뻐] 소리 지르며 엎드렸더라." 지극히 거룩하신 하나님이 불을 내려 보내시자 그들은 어떻게 했던가? "기뻐 소리 지르며" 엎드렸다!

이 놀라운 반응은 가장 거룩한 복종과 가장 행복한 찬양이 결합된 결과였다. 무한히 거룩하신 하나님 앞에 기뻐 외치며 엎드리는 모습 속에서 더없이 감격스러운 구속의 영광을 볼 수 있다!

마크 푸타토는 시편을 주해하면서 행복과 거룩함이 시편을 지배하는 두 가지 주제라고 단언했다. 그는 "시편에 따르면 거룩한 삶은 행복한 삶을 낳는다…하나님의 교훈과 조화를 이루는 삶이다"라고 역설했다.[14]

역대하 6장 41절에 보면 "주의 거룩한 백성을 주의 선하심으로 말미암아 행복하게 하소서"(NCV)라는 말씀이 나온다. 거룩함이란 하나님의 참모습을 보고 그리스도의 의에 힘입어 그분을 닮아가는 것이다. 하나님의 속성은 행복이므로(제2부에서 보았듯이) 우리도 그분을 닮은 모습으로 성화될수록 더 행복해진다.

장 칼뱅은 시편 37편을 주해하면서 악인들에 대해 "그들이 자랑하는 행복은 저주받은 것이므로 그들은 불행하다. 반면에 경건하게 헌신하는 하나님의 종들은 극심한 재난 속에서도 행복이 끊어지지 않는다. 하나님이 그들을 돌보시기 때문이다"라고 말했다.[15]

비유에 나오는 종에게 들려온 초대의 말은 "네 주인의 즐거움[행복]에 참여할지어다"(마 25:21)였다. 그리스도는 여기에 거룩함이라고 말씀하실 수도 있었다. 물론 우리는 주님의 거룩함에도 참여할 것이다. 하지만 그분이 강조하신 행복을 놓쳐서는 안 된다.

에스겔 1장 26-28절과 이사야 6장 1-4절에 보면 하나님은 높으시고 무한히 거룩하신 분이며, 요한계시록 1장에 생생히 묘사된 대로 그리스도는 영화로우신 분이다. 여기에 일치하지 않는 하나님관은 다 틀린 것이다. 하나님은 타협의 여지없이 단호히 죄를 배격하시지만 결코 행복을 배격하시지는 않는다. 사실 우리의 행복은 바로 거룩함을 통해 확보된다.

하나님은 레고처럼 서로 다른 조각들로 이루어진 군주가 아니다. 이를테면 파란색은 거룩함을, 노란색은 행복을, 초록색은 사랑을, 흰색은 공의를 뜻하는 것이 아니다. 하나님의 모든 속성은 삼위일체의 연합된 인격 속에 온전히 하나로 녹아들어 있다. 그분의 존재는 언제나 통합적이시다.

조나단 에드워즈가 말한 거룩함과 행복은 서로 맞물려 있다

조나단 에드워즈는 "진노하시는 하나님의 손안에 있는 죄인"이라는 설교로 가장 잘 알려져 있는 만큼 대부분 사람은 그의 사고가 하나님의 거룩하심에 고정되어 있었을 거라고 생각하기 쉽다.

그러나 에드워즈의 저작을 읽은 사람들은 그렇지 않음을 안다. 그가 본 거룩함과 행복은 공존 가능한 정도가 아니라 사실상 불가분의 관계였다. 몇 문장을 사이로 두 단어가 함께 쓰인 적이 4백 번도 넘으며, 몇 단어를 사이로 함께 쓰인 적도 많다. 거룩함과 행복을 둘 다 강조한 다음의 예를 생각해보라.

- 하나님은 피조물의 거룩함과 행복을 정말 기뻐하신다.[16]
- 구속의 사역을 통해…인간의…거룩함과 행복이 회복된다.[17]
- 멸망해가는 가련한 영혼을 구원하여 새롭게 하시고 거룩하고 행복하게 하시는 하나님의 일이야말로 더없이 영광스러운 일이다.[18]
- 하나님의 놀라운 능력이 나타나 죄인을…깊은 죄와 불행에서 건져 높은 경지인 거룩함과 행복에 이르게 하신다.[19]
- 피조물의 거룩함과 행복을…하나님은 사랑하신다. 이 둘은 우리의 속성보다 그분의 속성에 무한히 더 부합된다.[20]
- 거룩함의 수위가 높은 사람은 행복의 수위도 높을 수밖에 없다(천국에서 거룩함과 행복은 하나기 때문이다).[21]
- 거룩함과 행복이라는 두 영적 열매는 서로 맞물리고 연결된다.[22]

조나단 에드워즈는 또 "거룩한 삶은 현세에도 즐거운 삶이다. 복되시고[행복하시고] 무한하신 하나님을 바로 그런 삶 속에서 조금이나마 볼 수 있기 때문이다. 그래서 그들은 여기서도 참된 행복을 웬만큼 누린다…삶이 거룩하지 못한 사람에게는 참된 행복이 전혀 없다. 하나님을 전혀 모르기 때문이다"라고 썼다.[23]

존 파이퍼는 에드워즈의 사상을 이렇게 요약했다. "덕을 추구하는 것은 어느 정도 행복을 추구하는 것일 수밖에 없다…모든 덕행을 통해 우리는 힘써 하나님의 영광을 즐거워하며, 더 구체적으로는 그 영광을 실제로 누리고 증진하기를 즐거워한다."[24]

우리를 더 나아지게 하는 것은 또한 우리를 더 행복하게 한다

조나단 에드워즈는 "어떤 이성적 피조물이든 자신의 탁월함과 기쁨이 동일한 것임을 알면 바르고 진정한 행복에 이른다. 그러나 그전에는 아니다…자신의 즐거움을 위해 더 탁월해지지 않는다면 이는 그가 참으로 행복한 사람이 아니라는 확실한 증거다"라고 썼다.[25]

그는 또 이렇게 역설했다.

> 이 즐거움[하나님 안에서 얻는 행복]에는 원망이 없다. 하지만 다른 즐거움들은 다르다. 자연인들은 으레 그런 데서 행복을 구하거니와…그런 데서 행복을 구하면 그것을 즐기는 와중에도 속으로는 이성과 양심이 필시 불안해진다. 쓰라린 실망이 계속된다…그런 데서 행복을 구하는 영혼은 늘 잔뜩 기대하며 열심히 추구하는데 정작 그것들은 항상 그림자 같아서 결코 바라던 결과를 내지 못하기 때문이다.[26]

서구 국가들의 여론에 따르면 높은 도덕 기준은 인간이 만들어낸 미련하고 저열하며 옹졸한 개념으로, 사실상 지킬 수도 없을 뿐더러 행복에 어긋난다. 이 거짓말은 지금까지 아주 잘 먹혀들었다. 죄를 지어 행복해지든지 아니면 의로운 금욕으로 행복을 포기하든지 둘 중 하나를 택해야만 할 것처럼 보인다.

그러나 죄를 거부하면 행복을 잃는다는 것은 거짓말이다. 이 거짓말을 믿으면 아무리 절제를 많이 해도 결국 죄를 통해 행복을 추구하려는 것을 막을 수 없다. 존 파이퍼는 "더 우월한 만족을 누리라. 그리스도를 즐거워하는 역량을 가꾸라…당신은 온 마음으로 그리스도를 귀히 여기도록, 섹스나 당분이나 스포츠나 쇼핑보다 그분을 더 귀히 여기도록 지음 받았다. 예수님의 맛을 잘 모르면 그 자리를 다투는 다른 쾌락들이 이길 것이다"라고 썼다.[27]

거룩함이란 쾌락을 끊는다는 뜻이 아니라 예수님을 인생 최고의 쾌락의 근원으로 인정한다는 뜻이다.

찰스 스펄전은 "거룩함은 행복에 이르는 왕도다. 죄가 죽으면 기쁨이 살아난다"라고 말했다.[28]

거룩함과 행복을 갈라놓으면 둘 다 변질된다

제럴드 만(Gerald Mann)의 『치명적인 7대 덕목』(The Seven Deadly Virtues)이라는 책에 보면 그가 청소년 시절 어느 부흥회에 갔다가 기독교를 처음 접한 이야기가 나온다. 거기에 기록된 어떤 남자는 "자신의 '방탕했던' 옛 삶을 자세히 묘사했다. 갱단의 싸움, 마약 거래, 음란한 요부들과의 불륜 등을 생생히 그렸다…그러다 그는 예수님이 그 더러운 수렁 속으로 손을 뻗어 자신을 빼내셨다고 말했다. 그의 의도는 분명히 그렇지 않았겠지만 나에게는 예수님이 아주 신나는 삶을 망쳐놓으신 것처럼 들렸다!"[29]

제럴드 만은 나중에 그리스인이 되고 목사가 되었지만 그렇게 교회로 돌아오기까지 오랜 세월이 걸렸다. 그에게 비쳐진 기독교란 모든 재미를 버린다는 뜻이었다. 결국은 천국에 갈지 모르지만 천국에 가려면 모든 쾌락을 거부한 채 현세를 지옥처럼 살아야 한다는 것이었다!

오늘날 이런 변질된 시각이 만연해 있으며, 그 결과 비신자들만 아니라 그리스도인들에게도 남은 길은 두 가지뿐이다.

1. 거룩함: 엄숙하고, 물리적인 것들의 즐거움을 거부하고, 비신자들이 경험하는 재미를 버린다는 뜻으로 잘못 이해된다. 교회에 다니며 규율에 순종하면 언젠가 천국에서 거룩함에 대한 상이 있을지도 모른다. 이런 도덕 기준을 신봉하는 그리스도인들은 우월감을 느낀다. 행복이 없는 데 대한 약간의 보상이다.

2. 행복: 마음대로 아무데나 가서 무엇이든 한다는 뜻으로 잘못 이해된다. 이런 그리스도인들은 의로운 삶을 '율법주의'라 하여 거부하며, 은혜의 정의를 '행복의 길이다 싶으면 무엇이든 해도 된다'는 뜻으로 고친다(술 취하고 마약에 손대고 성적으로 문란해져도 괜찮다). 그런가 하면 자신이 이미 용서받았으니 비신자들처럼 자유로이 살아도 된다고 생각하는 사람들도 있다. 이것을 그리스도인의 자유와 전도라 부르기까지 한다(하지만 그들은 사실상 세상과 전혀 다르지 않기 때문에 그들이 제시하는 기쁜 소식이 무엇인지 묘연하다).

세 번째 범주도 있다. 행복할 때 죄책감을 느끼는 그리스도인들이다. 그들은 죄를 자백하고 하나님과 동행하지만 왠지 자신의 행복이 그분을 욕되게 하는 것 같아 꺼림칙하다. 교회에서 행복이 잘못이라고 배운 사람들은 당연히 예수님에게서 행복을 찾지 않는다. 하지만 단언컨대 그들은 다른 데서 행복을 구하게 되어 있다.

미국의 장로교 신학자이자 프린스턴 신학교의 교수였던 아치볼드 알렉산더는 "거룩함은 하나님을 기쁘시게 하고 다른 사람들에게 유익하며 *자신의 행복을 증진하는 데 필수다*"라고 말했다(강조 추가).[30] 보다시피 그는 우리 자신의 행복을 바라는 것이 잘못이라고 하지 않고 우리의 행복을 제대로 증진하려면 거룩해져야 한다고 했다. 거룩함은 목적일 뿐 아니라 다른 목적의 수단이기도 하며 그 다른 목적이란 바로 우리의 행복이다.

C. S. 루이스는 한 미국인 친구에게 "거룩함이 지루하다고 생각하는 사람들은 얼마나 무지한가. 사람이 진품을 만나면…떨칠 수 없는 법이다. 세상 인구

의 10퍼센트에게만 진품이 있어도 한 해가 가기 전에 온 세상이 회심하여 행복해지지 않겠는가?"라고 썼다.[31]

행복을 버리고 거룩함을 증진하는 복음은 기쁜 소식이 아니다

우리는 세상에 거짓 복음을 전하여 사람들에게 불가능한 짐을 지울 때가 너무 많다. 그리스도인이 되려면 행복해질 생각일랑 버리고 거룩함을 선택하라는 것이다. "행복을 버리고 거룩함을 택하라"는 말은 결코 기쁜 소식이 아니며 따라서 참된 복음이 아니다! 그것은 예수께서 정죄하신 바리새인들의 율법주의적 세계관을 더 닮았다(참조. 마 23:2-4).

한나 휘톨 스미스는 그리스도로 회심한 후 아들 프랭크에게 이렇게 경고했다. "불행밖에 주지 못하는 신앙이 있다. 너도 그분의 뜻에 온전히 순복하지 않으면 그렇게 될 것이다. 네 마음을 전부 예수님께 드려라! 그러면 그분 자신을 기뻐하는 마음을 네게 충만하게 주실 것이다. 너는 이 땅의 쾌락을 놓친다고 생각할지 모르지만 그분이 주시는 기쁨은 그와 비교할 수 없는 보상이 되고도 남는다."[32]

안타깝게도 거룩함과 행복이 융합될 때 오는 이런 해방을 경험해보지 못한 교회들과 기독교 가정들이 많다.

신학자이자 신학교 교수인 브루스 웨어(Bruce Ware)는 내게 "성경을 믿는 우리 교회에서 자란 80명의 아이 가운데 현재 예수님과 동행하고 있는 사람은 우리 오누이가 한 손으로 꼽을 수 있을 정도다"라고 말했다.

선택권이 주어진다면 복음주의 교회에서 자란 사람들은 교회의 의무적인 거룩함 대신 세상의 즐거운 행복처럼 보이는 것들을 선택할 것이 뻔하다. 사탄은 거룩함과 행복을 둘 다 누릴 수는 없다는 거짓말로 승부를 조작하려 한다. 사람들에게 배고픔과 음식 중에서 또는 목마름과 음료 중에서 하나를 택하게 해보라. 답은 뻔하다. 식사에 청산가리가 묻어 있고 음료에 비소가 들어 있어도 상관없다. 거룩함이 있든 없든 행복은 행복 없는 거룩함을 항상 이기게 되어 있다.

행복은 의무지만 이로 인해 다른 모든 의무를 수행하는 일이 즐거워진다

앞서 의무를 살펴보았지만 다른 각도에서 다시 주목할 가치가 있다. 의무란 도덕적, 법적 본분이요 책임이다. 의무는 좋은 단어지만 그리스도인의 의무가 그리스도 안의 행복과 분리되면 독선의 수단이나 고역으로 변한다.

안타깝게도 많은 사람이 똑같이 의로운 일이라도 의무적으로 행하는 것이 행복하게 행하는 쪽보다 낫다고 믿는 것 같다. 우리는 의무를 희생과 결부하고 행복을 이기심과 결부한다. 그러나 의무를 행복하게 수행할 수도 있다. 그러면 하나님이 우리의 행동뿐 아니라 마음까지도 기뻐하신다. 희생적인 드림이 좋은 예다. "하나님은 즐겨 내는 자를 사랑하시느니라"(고후 9:7).

존 파이퍼는 "여태 우리가 수많은 방식으로 암시해온 대로라면 행위의 덕은 우리가 그 행위를 즐기는 정도만큼 저하된다. 또한 행복해질 수 있기 때문에 하는 일은 다 잘못이다. 이런 개념이 기독교계의 대기에 독가스처럼 퍼져 있다"라고 썼다.[33]

윌리엄 베이츠는 "신앙은 내세에는 하나님을 누리는 행복을 주고 여기서는 그분의 거룩한 뜻에 순종하는 행복을 준다. 그분이 그토록 선하신 분이기에 우리의 의무와 행복은 하나다"라고 말했다.[34]

우리에게 거룩할 것을 명하신 하나님이 항상 기뻐할 것도 명하셨다. 그 사실이 우리에게 마땅히 도움이 되어야 한다.

존 웨슬리는 이런 심오한 말을 했다.

> 하나님을 경외하되 사랑하지는 않고…신앙의 수고만 있고 기쁨은 없는 사람은 얼마나 불편한 상태에 있겠는가? 그의 신앙은 불행밖에 주지 못하며 행복을 주기에는 역부족이다. 그는 신앙 때문에 세상을 즐길 수 없고 세상 때문에 하나님을 즐거워할 수 없다. 어정쩡하게 중간

에서 머뭇거리다 양쪽을 다 잃어 하나님 안에서도 세상에서도 평안을 얻지 못한다.[35]

신앙을 고백하는 그리스도인이지만 존 웨슬리와 한나 휘톨 스미스의 말처럼 그 신앙에서 불행밖에 얻지 못하는 사람들이 오늘날 얼마나 많은가?

애덤 클라크(Adam Clarke)는 "모든 악인은 불행하다. 하나님은 거룩함과 행복을 짝지으신 것만큼이나 죄와 불행도 불가분으로 짝지으셨다. 하나님이 짝지어주신 것을 사람이 나누지 못할지니라"고 썼다.[36] 그는 또 "우리 주님은 인간의 행복을 가로막는 성질의 것들만 금하신다"라고 했다.[37]

토머스 맨튼은 "하나님은 거룩하고 행복하신 존재다"라고 말했다.[38] 그분을 닮아야 한다면 우리도 거룩하고 행복해야 하지 않겠는가? 기독교 목사들과 작가들은 사람들에게 "하나님의 뜻을 벗어나서 행복을 추구하지 말라"고 경고한다. 맞는 조언이다. 하지만 우리는 "하나님의 뜻을 벗어나서 거룩함을 추구하지 말라"는 말도 해야 하지 않는가? 그것이 바리새인들이 한 일이며 지금도 많은 독선적인 사람들이 그러고 있지 않은가? 잘못된 행복이 있듯이 잘못된 거룩함도 있다.

피상적인 거룩함은 결코 참된 행복을 낳을 수 없다. 참된 거룩함은 언제나 진정한 행복으로 나타난다. 시편 1편 1절에 "복 있는[행복한] 사람은 악인들의 꾀를 따르지 아니하며 죄인들의 길에 서지 아니하며 오만한 자들의 자리에 앉지 아니하고"라고 했다.

매튜 헨리는 이렇게 주해했다. "시편의 저자가 말하는 복 있는 사람이란 곧 선한 사람이다. 결국 참으로 거룩한 사람만이 참으로 행복하기 때문이다…선과 거룩함은 행복에 이르는 길일 뿐 아니라(계 22:14) 행복 자체다."[39]

토머스 왓슨은 "겉보기에만 거룩한 사람은 겉보기에만 행복한 법이다"라고 말했다.[40] 그러면서 "인간은 행복을 갈망하면서도 정작 자신을 행복하게 해줄 것들을 싫어한다. 거룩함을 질색한다"라고 설명했다.[41]

리처드 백스터는 "오 고집불통의 비참한 죄인들이여! 하나님이 당신에게 잔인하신 것이 아니라 당신이 자신에게 잔인한 것이다…거룩함을 통하지 않고는 행복해질 길이 없음을 알면서도 당신은 거룩해질 마음이 없다. 도대체 하나님이 무슨 말씀을 더 해주셔야 되겠는가?"라고 썼다.[42]

정말 무슨 말씀이 더 필요한가?

거룩함과 행복은 영적 DNA와 같다

DNA의 이중 나선 구조는 완벽히 균형 잡힌 상태로 인간 생명의 핵을 이룬다. 두 가닥이 서로 휘감으며 균형의 축을 이루고 서로를 완전히 보완한다.

하나님이 지으신 거룩함과 행복도 비슷한 관계를 누리도록, 즉 각각 서로에게서 유익을 누리도록 되어 있다. 우리는 그리스도 중심의 신자들인 만큼 삶에 그 두 가지가 모두 흘러넘쳐야 한다. 어느 하나만으로는 부족하다. 진정한 그리스도 중심의 삶에는 양쪽 다 필요하다.

예수께서 "너희도 온전하라"(마 5:48)고 말씀하신 취지에는 그분 안의 참된 행복도 포함되어 있음을 알아야 한다. 우리가 쾌락을 얻는 순간은 하나님의 길이 왜 정말 최선인지 직접 깨닫고 무릎을 치는 순간이다. 지식이 자라감에 따라 우리도 점점 더 바울처럼 그분이 계시해주신 것들에 대해 "우리가 그리스도의 마음을 가졌느니라"(고전 2:16)고 고백할 수 있다. 하나님의 길을 깨닫고 그분의 선하신 거룩함을 경험할수록 우리는 그분을 떠나 행복을 찾으려는 시도를 버리게 된다.

Chapter·38

행복을 추구하는 것은 이기적인 일인가?

내가…즐거운 제사를 드리겠고 노래하며 여호와를 찬송하리로다.
시편 27:6

이미 손에서 놓지 않은 것은 무엇도 당신의 것이 될 수 없다. 당신 안에서 이미 죽지 않은 것은 무엇도 다시 살아날 수 없다. 자아를 구하라, 그러면 종래에 당신이 얻을 거라곤 미움과 외로움과 절망과 격노와 파멸과 부패뿐이다. 그러나 그리스도를 구하면 그분을 얻을 뿐 아니라 당신이 버렸던 다른 것도 다 얻는다.

C. S. 루이스

마약 단속반이 뉴욕의 빈민가에 있는 한 아파트를 급습해보니 사회 부적응자들이 잔뜩 모여 살고 있었다.

중독자들을 숨겨준 죄로 체포된 사람은 자신이 그들에게 의식주를 제공하려고 함께 살았을 뿐이지 그게 위법인지는 몰랐다고 주장했다. 그 사람은 프린스턴과 옥스퍼드에서 공부한 백만장자 존 사전트 크램(John Sargent Cram)이었다.

방면된 뒤 그는 기자에게 이렇게 말했다. "나는 낙담과는 거리가 먼 아주 행복한 사람이다. 나를 괴짜라 해도 좋고 이것이 내 존재 이유라 해도 좋다."[1]

크램이 한 일이 일부에게는 마약 복용을 조장했을지도 모르지만 그래도 다른 일부에게는 정말 도움이 되었다. 그의 행동을 이타적인 희생으로 볼 수도 있으나 덕분에 본인도 행복해진 것만은 분명하다.

자신의 행복에 대한 관심은 무조건 다 이기적인가?

세계관이 서로 완전히 다른 사람들도 어느 한 부분에 대해서는 의견이 같을 수 있다. 무신론자 아인 랜드(Ayn Rand)의 책 『이기심의 미덕』(The Virtue of Selfishness)에 나오는 다음 말을 행복의 추구라는 쟁점에 적용하면 나도 이 말에 동의할 수 있다.

> 대중 사이에 '이기심'이라는 말은 악(惡)의 동의어로 쓰인다. 자신의 목표를 달성하기 위해 시체를 무더기로 밟고 넘어가는 냉혹한 살인자의 이미지를 풍긴다…그러나 '이기심'이란 단어의 정확한 사전적 정의는 '자신의 유익에 대한 관심'이다.
> 이 개념에 도덕적 평가는 들어 있지 않다. 자신의 유익에 대한 관심이 선한지 악한지는 밝히지 않으며, 인간의 유익이 실제로 무엇으로 구성되는지도 말하지 않는다…이타주의의 윤리가 생성해낸 이미지는… 유익의 내용과 무관하게 자신의 유익에 대한 관심이 무조건 악하다는 것과…그 냉혹한 사람이 하는 행동들이 정말 자신에게 유익이 된다는 것이다.[2]

그래서 아인 랜드는 "큰돈을 버는 실업가와 은행을 터는 무장 강도는 똑같이 부도덕한 존재로 취급된다. 둘 다 자신의 '이기적' 유익을 위해 부를 추구했기 때문이다"라고 지적했다.[3]

행복을 원하는 마음이 본질상 이기적이며 따라서 부도덕하다는 이런 왜곡된 개념을 많은 그리스도인이 믿고 있다. 그 이유가 무엇일까? 우리가 균형을 잃은 채 한 부류의 성경 본문들에만 치중하는 데도 원인이 있다. 성경은 "자기를 사랑"하는 사람들을 주의하라고 경고하면서 그들의 특징이 돈을 사랑하고 자랑하며 교만하고 비방하며 거룩하지 않은 것이라 했다(참조. 딤후 3:2). 이 본문에 나오는 자애(自愛)는 명백히 잘못된 것이다. 그러나 예수님은 이웃을 우리 자신같이 사랑하라고 명하실 때(참조. 마 22:39) 우리 자신을 사랑해서는 안 된다고 주장하신 것이 아니라 자신을 돌보려는 본능을 확대하여 다른 사람들도 돌보라고 하셨을 뿐이다.

다음 말씀도 그런 면에서 비슷하다. "이와 같이 남편들도 자기 아내 사랑하기를 자기 자신과 같이 할지니 자기 아내를 사랑하는 자는 자기를 사랑하는 것이라 누구든지 언제나 자기 육체를 미워하지 않고 오직 양육하여 보호하기를 그리스도께서 교회에게 함과 같이 하나니"(엡 5:28-29). 이 본문에 전제되어 있듯이 남자는 자신의 몸을 미워하여 굶길 것이 아니라 잘 돌보아야 하며, 그와 똑같은 방식으로 자기 아내도 사랑하여 아내를 부양하고 보호해야 한다.

조나단 에드워즈는 "사람이…자신의 행복을 사랑하는 것은 기독교에 위배되지 않는다…성도든 죄인이든 모두가 행복을 사랑한다. 행복을 갈망하고 추구하는 성향은 모든 사람에게 있는 불변하는 본능이다"라고 말했다.[4]

다른 사람들을 최대한 잘되게 하려고 이타적인 희생을 하면 본인도 얼마든지 그 열매를 누릴 수 있다. 예컨대 자신의 올바른 행동에 대해 자부심을 느끼고 하나님의 인정과 보상을 받는다.

어떤 부모들은 자녀의 행복을 챙기려면 자신의 행복은 거부해야 한다고 믿는다. 하지만 자신을 돌보지 않아 하나님 안에서 행복한 본을 보이지 못하는 부모는 자녀의 행복까지도 박탈하게 된다.

비행기 승무원들이 으레 하는 안내 방송이 있다. "자녀나 노약자와 동승하신 승객께서는 비상시에 본인부터 산소마스크를 쓰신 다음에 옆 사람을 도와주십시오." 이기적인 지침처럼 들릴지도 모른다. 마찬가지로 우리 인생의 주된 본분 중 하나가 하나님 안에서 행복을 찾는 것이라는 말도 이기적으로 들린다. 그러나 자신이 하나님을 즐거워해야만 다른 사람에게 줄 수 있는 것이 훨씬 많아진다.

이기심을 버린다는 명목으로 행복에 대한 갈망을 억눌러서는 안 된다

조나단 에드워즈는 "인간은 자신의 영적이고 은혜로운 갈망에 제한을 둘 필요도 없고 그래서도 안 된다. 오히려 가능한 한 모든 방법으로 그런 갈망을 한껏 부추겨 더 많은 영적 쾌락을 얻어야 한다"라고 말했다.[5]

조나단 에드워즈는 영적 적당주의를 옹호하지 않았다. 하나님과의 관계에서 '약간의 행복'에 자족해야 한다고 믿지 않았다. 그는 "하나님과 예수 그리스도를 향한 그리고 거룩함을 향한 우리의 굶주림과 목마름은 아무리 커도 지나치지 않다…영의 양식을 섭취하는 데 과식이란 없으며 영적 잔치에 절제라는 덕목은 존재하지 않는다"라고 말했다.[6]

그가 믿었던 절제는 부차적 요소에만 해당될 뿐 궁극적 요소에는 해당되지 않았다. 그런데 하나님은 궁극적 존재시다. 하나님을 아무리 많이 누려도 지나치지 않으며 따라서 그분 안에서 아무리 행복해도 지나치지 않다.

하나님은 우리를 불러 그분이 존재하심을 믿게 하실 뿐 아니라 그분을 아는 데서 가장 큰 쾌락과 가장 참된 행복을 얻게 하신다. 그분을 향한 반응으로 기뻐하고 노래하고 소리치고 뛰고 춤추라!

내가 아내와의 행복이 '이 정도면 됐다'고 생각한다면 아내는 썩 기쁘지 않을 것이다. 아내를 더 잘 알고 더 기뻐하고자 애쓰지 않거나, '힘에 지나도록' 아내에게 헌신하지 않는다면 아내에게 전혀 영광이 되지 않을 것이다. 마찬가지로 하나님도 우리가 그분을 더 잘 알고 더 기쁘시게 해드리고 그분 안에서 행복을 얻고자 애쓸 때 영광을 받으신다. 우리가 그렇게 할수록 그분이 우리에게서 취하시는 기쁨도 그만큼 커진다.

사랑과 행복에 관한 한 희생이란 단어는 오도의 소지가 있다

아프리카 오지 마을에서 최소한의 임금만 받고 봉사하는 소아과 의사는 보는 기준에 따라 큰 희생을 하는 것이다. 미국의 병원에서라면 더 편한 시간에 일하고 성공률도 높으며 돈도 열 배나 더 벌어 호강하며 살 수 있을 테니 말이다.

그러나 그녀가 희생한 것은 편리함이지 결코 행복이 아니다. 그녀는 자신의 재능과 기술로 사람들을 도울 때 가장 행복하다. 하나님의 은혜로 자신이 인명을 구하고 아이들의 삶의 질을 개선하고 있음을 알기 때문이다. 자녀의 구개열이나 보행 불능이 불치인 줄로만 알았던 부모들이 눈물로 감사할 때 그녀는 보람을 느낀다.

그래서 그녀는 작은 것을 희생하고 큰 것을 얻는다. 즉 하나님을 영화롭게 하고 사람들에게 유익을 끼친다. 그러나 거기에는 자신을 위해 현재의 행복을 추구하고 영원한 상급을 증진하는 일도 포함된다.

많은 의사와 간호사들은 세계의 극빈 지역에서 봉사하는 시간이 엄청난 보람을 안겨준다고 고백한다. 물론 그 일은 큰 도전과 피로 그리고 때로 위험을 수반한다. 그래도 그들은 관광지가 아닌 곳에서 밤낮으로 자원봉사자로 섬길 다음번 '휴가'를 학수고대한다. 다시 가기를 겁내기는커녕 하루라도 빨리 가고 싶어 한다.

자아에 집중하는 '이기적이지 않은 마음'보다 사랑과 행복이 더 차원 높은 덕목이다

희생을 통해 본인이 만족을 누리는 그 의사들이야말로 예수님의 이 말씀에 대한 살아 있는 본보기다. "아무든지 나를 따라오려거든 자기를 부인하고 날마다 제 십자가를 지고 나를 따를 것이니라 누구든지 제 목숨을 구원하고자 하면 잃을 것이요 누구든지 나를 위하여 제 목숨을 잃으면 구원하리라 사람이 만일 온 천하를 얻고도 자기를 잃든지 빼앗기든지 하면 무엇이 유익하리요"(눅 9:23-25).

많은 사람이 이 본문에서 예수님의 주된 메시지를 이기적이지 않은 자기희생의 덕목이라 생각한다. 하지만 다시 잘 보라. 그분을 위하여 목숨을 잃으라고 우리를 부르실 때 그분은 목숨을 얻으려는 우리의 갈망에 호소하신다! 결국 '이기적이지 않은 마음'이란 자신에게 해로운 일을 한다는 의미가 아니라 그리스도를 높이고 따름으로써 자신에게 가장 유익한 일을 한다는 뜻이다.

C. S. 루이스는 『영광의 무게』(The Weight of Glory, 홍성사 역간)라는 명설교를 이렇게 시작한다.

> 오늘날 스무 명의 선량한 사람들에게 최고의 덕목이 무어냐고 묻는다면 그중 열아홉은 이기적이지 않은 마음이라 답할 것이다. 그러나 훌륭한 옛 그리스도인 중 거의 아무에게나 물었다면 그들은 사랑이라 답했을 것이다. 차이가 보이는가? 부정적 용어가 긍정적 용어를 몰아냈으며 여기에는 언어학적 중요성 이상의 의미가 있다. 이기적이지 않은 마음이라는 부정적 개념에 깔린 의미는 주로 다른 사람들의 유익을 확보하는 것이 아니라 자신의 유익을 버리는 것이다. 마치 그들의 행복이 아니라 나의 금욕이 중요한 관건이라는 듯 말이다.[7]

자녀가 해야 할 일을 모조리 대신해주면서 자신의 모든 희생을 생색내는 강압적이고 병적으로 의존적인 어머니를 우리는 다 알고 있다. 그녀의 불필요한 희생은 결국 자신의 유익(이 경우는 죄가 된다)을 위한 것이지만 실상은 오히려 자신에게 해가 된다. 말로는 "다 너 하나 행복해지라고 그랬던 거야!"라고 외치지만 결국은 자신과 자녀를 모두 불행에 빠뜨리기 때문이다.

C. S. 루이스가 곧이어 밝힌 결정적 요지는 이렇다. "자기를 부인하라는 말이 신약에 많이 나오지만 그 자체가 목표는 아니다. 성경 말씀대로 우리가 자기를 부인하고 십자가를 지는 목적은 그리스도를 따르기 위해서다. 그런데 그분을 따를 때 결국 우리가 얻게 될 것들에 대한 묘사를 보면 거의 매번 갈망에

호소하고 있다."⁸

의는 늘 자신에게 유익한 것이므로 우리는 자신의 참된 유익을 위해 행동할 도덕적 의무가 있다

개인적 이득을 우리의 동기로 삼아야 할까? 행복해지려는 갈망을 우리의 동기로 삼아야 할까? 이득이 진정한 것이고 갈망이 참된 행복을 향한 것이라면 답은 긍정이다. 그 두 가지는 다 그리스도 안에 있다. 내 쪽에서 행복해질 마음이 없는 척해서 이로워질 사람은 아무도 없다. 게다가 하나님 안에서 행복할 때 우리에게 죄책감을 주려는 것이 사탄 말고 또 누가 있겠는가?

바울은 "이제 내가 사람들에게 좋게 하랴 하나님께 좋게 하랴 사람들에게 기쁨[인정]을 구하랴 내가 지금까지 사람들의 기쁨을 구하였다면 그리스도의 종이 아니니라"(갈 1:10)고 말했다. 우리가 누군가에게 인정받기 위해 사는 것은 기정사실이다. 누구의 인정을 구할 것인지를 정해야 한다. 우리를 사랑하시고 우리로 인하여 행복해하시는 하나님을 더 알아갈수록 다른 누구를 기쁘게 하기보다 그분을 기쁘시게 하는 쪽으로 우리 삶을 조정하기가 더 쉬워진다.

고액의 연봉과 좋은 부대 혜택에 마음이 끌려 일자리를 수락하려면 고소득과 각종 특전을 중시하는 사람이어야 한다. 학문적 인정, 영업 실적 우수상, 올림픽 메달, 슈퍼볼 반지 등도 모두 본인이 그것을 갈망하는지 여부에 따라 매력이 있을 수도 있고 그렇지 않을 수도 있다.

그리스도는 보상을 바라는 우리의 열망에 호소하시는데 이는 개인적 이득의 문제다. 따라서 보상과 이득을 원하는 마음 자체는 잘못일 수 없다. 하나님은 우리가 욕심내는 악에 호소하시는 법이 없다. 결코 우리를 시험하지 않으시기 때문이다(참조. 약 1:13). 그분이 제시하는 것이라면 우리는 마땅히 원해야 한다.

사탄이 행복과 이득을 미끼로 유혹한다는 사실은 우리도 금세 인식한다. 그러나 우리가 둔해서 곧잘 인식하지 못하는 사실이 있다. 사탄이 우리를 유혹하려면 하나님이 이미 우리에게 주신 갈망을 통해서만 가능하다는 것이다. 하나님 바깥에 행복이 있다고 우리를 꾀는 것이 사탄의 속임수다. 물론 그분을 떠나면 행복도 없다.

하나님은 자아를 부인하고 그분을 따르라고 우리를 부르시는데 여기서 우리의 손해처럼 보이는 것이 사실은 이득이다. 우리는 목숨을 얻기를 원해야 할까, 아니면 잃기를 원해야 할까? 그리스도 안에서 목숨을 잃는 것은 수단일 뿐 목표는 결국 목숨을 얻는 것이다!

자신의 참된 유익을 추구하는 일은 뜻밖에도 미덕이다

버클리 대학교 교수 다커 켈트너(Dacher Keltner)는 "최근에 실시된 심리학 연구들에 따르면 자신의 유익을 추구하는 것이 더 큰 선이거나 개인적 행복에 이르는 가장 확실한 길이 아닐 수도 있다"라고 말했다.[9] 연구 결과에서 보듯이 우리를 행복하게 하는 것은 재물이 아니라 대인관계와 다른 사람을 섬기는 삶이라는 것이다.[10]

그러나 잘 보면 '자신의 유익을 추구한다'는 말에 오도의 소지가 있다. 이 말은 관계와 봉사보다 돈을 추구한다는 뜻이다. 이 연구를 통해 밝혀진 사실은 자신의 유익을 추구하는 것이 잘못이 아니라 관계와 봉사보다 돈을 추구하면 자신에게 참된 유익이 되지 못한다는 것이다. 삶을 바쳐 다른 사람을 섬기고 관계를 가꾸는 것은 자신의 유익에 반하는 행동이 아니라 자신의 유익을 위한 행동이다.

하나님이 주인이신 세상에서 행복해지려면 자신에게 참된 유익이 되는 것—하나님과 이웃을 사랑하는 삶—을 발견하면 된다. 패러다임을 전환시키는 이 심오한 개념을 바로 이해하면 다음과 같은 질문에 내포된 잘못된 이분법이 명백히 드러난다. "다른 사람들을 섬겨야 할까, 아니면 나 자신에게 가장 유익한 쪽으로 행동해야 할까?"

빌립보서 2장 4절은 자칫 이런 말처럼 들릴 수 있다. "각각 자기 일을 돌보지 말고 각각 다른 사람들의 일을 돌보아." 그러나 ESV 등 다른 역본들에 바울의 의도가 더 잘 담겨 있다. "각각 자기 일을 돌볼 뿐더러 또한 각각 다른 사람들의 일을 돌보아"(강조 추가).

자신의 유익만 생각하는 것은 잘못이다. 그러나 다른 사람들과 자신을 둘 다 생각하는 것은 옳다. 남자는 왜 좋은 남편이 되어야 하는가? 아내를 위해서인가? 맞다. 하나님을 위해서인가? 맞다. 자신을 위해서인가? 그것도 맞다.

희생을 말할 때조차도 성경에 가득한 호소는 결국 자신에게 가장 유익한 일을 행하라는 것이다. 바울은 "내가 내게 있는 모든 것으로 구제하고 또 내 몸을 불사르게 내줄지라도 사랑이 없으면 내게 아무 유익이 없느니라"(고전 13:3)고 말했는데, 여기에도 무언가 유익을 바라는 것이 우리의 본능이자 바람직한 일이라는 사실이 전제되어 있다!

나는 대부분 친절한 행위의 배후에 행복을 향한 갈망이 있다고 믿는다. 불행한 사람은 친절하려 해도 행복을 퍼뜨릴 수 없다. 자신에게 행복이 없기 때문이다. 친절한 행위 자체는 참으로 행복한 사람이나 의무감으로 행하는 불행한 사람이나 별반 다르지 않을 수 있으나 전자는 그 과정에서 자신의 행복한 마음을 퍼뜨린다. 더 깊은 차원에서 다른 사람을 섬기고 필요를 채워주어 진한 감동을 남긴다.

아서 브룩스는 "행복을 원하는가? 자신을 망각하고 이 위대한 대의에 몰두하라. 힘써 사람들을 도우라. 그러면 이제껏 전혀 몰랐던 행복을 알게 될 것이다"라고 말했다. 그의 말은 이렇게 이어진다. "이타적 섬김은 전 세계적 전염병인 방종이라는 해악을 고치는 명약이다. 자신의 문제로 걱정하지 말고 주변 사람들의 문제가 해결되도록 돕는 것이 해법이다.'"11

놀라운 역설이 보이는가? 다른 사람들을 섬기고 유익을 살펴주는 것이 자신에게도 유익한 행동이다. 이것을 깨닫지 못하면 우리는 치명적 오류에 빠져, 자신을 섬기면 행복해지고 다른 사람을 섬기면 불행해진다고 생각할 것이다. 사실은 정반대인데 말이다!

하나님 안의 행복을 바라는 마음과 그분을 기쁘시게 하려는 마음은 서로 짝을 이룬다

성경 다음으로 여태 내가 읽어본 가장 통찰력 있고 영혼에 감동을 주는 책 가운데 하나는 청교도들의 기도와 묵상을 모은 『영혼을 일깨우는 기도』(The Valley of Vision, 생명의 말씀사 역간)다. 거기에 이런 기도가 나온다.

> 오 주여,
> 행복을 조금도 세상에서 바라지 말고
> 주님 안에서만 바라게 하소서.
> 저 자신을 위해 살아야
> 더 행복하다고 생각하지 않게 하소서.
> 주님께 쓰임 받을 때에만 행복할 수 있습니다…
> 제 삶으로 주님을 기쁘시게 하지 못하면
> 제게도 만족이 없음을 알게 하소서.[12]

이 저자가 깨달았듯이 하나님을 행복하게 해드리지 못하는 것이라면 우리에게도 행복을 줄 수 없다.

순교한 선교사 짐 엘리엇의 말을 많은 사람이 의미도 모른 채 인용하곤 한다. "영원한 것을 얻고자 영원할 수 없는 것을 버리는 자는 바보가 아니다."[13] 어떤 사람들은 이것을 큰 희생의 고백으로 본다. 헌신적으로 모든 이득을 포기하고 철저히 그리스도를 따른다는 뜻으로 말이다. 그러나 그 말을 다시 읽어보라. 훨씬 크고 영원한 이득을 놓아두고 어차피 없어질 것에 집착하는 사람은 바보라는 말이다.

짐 엘리엇이 기쁘게 선교지로 나간 것은 하나님과 사람들을 향한 사랑에서였고 또한 큰 보화를 얻으려는 갈망에서였다! 그가 원한 것은 손실과 불행이 아니라 개인적 유익과 행복이었다. 그리스도 안에서 유익과 행복을 구하는 것이 그분을 높이는 일임을 그는 알았다.

예수님은 "천국은 마치 밭에 감추인 보화와 같으니 사람이 이를 발견한 후 숨겨 두고 기뻐하며 돌아가서 자기의 소유를 다 팔아 그 밭을 사느니라"(마 13:44)고 말씀하셨다. 이 사람의 큰 희생이 아까워 보이는가? 그렇지 않다. 그가 전 재산을 기쁘게 판 것은 희생하는 몫보다 이득을 훨씬 중시했기 때문이다. 어떤 사람은 "하지만 그는 자신의 소유를 다 잃었다"라고 탄식할지 모른다. 맞다. 그러나 그는 자신이 원하는 것을 다 얻었다.

부자 청년이 영생을 얻는 법을 집요하게 묻자 예수님은 "네 소유를 팔아 가난한 자들에게 주라 그리하면 하늘에서 보화가 네게 있으리라 그리고 와서 나를 따르라"(마 19:21)고 말씀하셨다. 그분은 돈과 재물이 그가 섬기는 신인 것을 아셨다. 그는 돈이라는 우상을 퇴위시키지 않고는 결코 자유로이 하나님을 섬기지 못할 사람이었다. 안타깝게도 그는 진정한 보화를 뒤로한 채 떠났다. 잃을 수 없는 이득을 선택한 것이 아니라 지킬 수 없는 이득에 집착했다. 그는 영적이지 못한 정도가 아니라 미련했다.

밭을 지나가던 그 사람은 더 큰 보화를 얻고자 기꺼이 자신의 전 재산을 버렸지만 이 청년은 그럴 마음이 없었다. 왜 그랬을까? 보화를 대단히 중요하게 여긴 것은 두 사람 다 마찬가지였다. 차이라면 전자는 단기적 행복을 기꺼이 버리고 장기적 이득을 얻었다는 것이다.

하나님의 상급을 구하고 누리는 인생이 잘 산 인생이다

나는 영원한 보상을 주제로 연구하고 책을 쓴 적이 있으므로[14] 보상을 바라고 하는 일은 다 불경하다는 통념이 만연한 것도 익히 알고 있다. 그러나 성경은 우리에게 영원한 상급을 동기로 삼을 것을 늘 호소한다(참조. 눅 14:12-14, 고전 3:11-15, 4:5, 9:24-25, 고후 5:9-10, 딤후 2:5, 4:8, 계 3:11-12, 19:8).

하나님의 말씀을 자세히 보기 바란다. 그러면 그분이 자녀들에게 자비로이 상급을 제시하신다는 사실과 그 상급을 구하는 일이 우리의 행복과 불가분의 관계임을 알 수 있다(무엇이든 우리를 궁극적으로 행복하게 해주지 못할 것은 상급이 아니다!).

잘 산 인생에 주어질 상급을 바라는 사람만이 인생을 잘 살 수 있다. 하나님께 나아가면 보상이 있다고 믿는 사람만이 그분께 나아간다. "하나님께 나아가는 자는 반드시 그가 계신 것과 또한 그가 자기를 찾는 자들에게 상 주시는 이심을 믿어야 할지니라"(히 11:6, 강조 추가). 이 보상을 자족, 만족, 평안, 감격 등 무엇이라 부르든 그것을 다 합하면 행복이라는 한 단어가 된다.

예수님을 섬기고 순종하는 이들에게 제시된 성경의 보상은 다 행복의 촉매제다. 하나님은 그분을 행복하게 해드리는 일에 상을 주시며, 그 상을 받으면 우리도 행복해진다. 상을 내놓는 사람 치고 다른 사람들이 그 상을 중시할 때 모욕감을 느끼는 경우는 없다.

나는 평생 많은 코치를 만났는데 중학교 시절에 만난 맥킬이라는 코치는 정말 남달랐다. 내가 풋볼을 열심히 한 데는 많은 이유가 있었지만 그중 가장 큰 이유는 그를 기쁘게 하는 것이었다. 선수들을 뜨겁게 사랑하는 그를 보면 우리도 최선을 다할 의욕이 생겼다. 그가 미소를 지으며 등을 두드려주는 것이 내게는 가장 큰 상이었다. 몇 년 후 만난 코치들은 내게 관심이 없어 보였으므로 열심히 연습하고 경기하려던 내 갈망도 식었다. 스포츠를 하는 데 기쁨을 잃으면 희생이 더는 무가치해진다.

하나님이 그리스도를 통해 우리에게 해주신 일을 생각하면 그분을 기쁘시게 해드리고 싶은 마음은 당연하다. 설령 아무런 상급이 없더라도 말이다. 그런데도 하나님은 은혜로 상급을 약속하셨다. 하나님을 기쁘시게 하기가 불가능하다고 믿으면 우리는 아예 시도하지 않을 것이다.

충만한 기쁨은 어디에 있는가? 영원한 즐거움을 어디서 찾을 수 있는가? 시편 16편 11절은 "주의 앞", 즉 하나님의 임재 안이라고 답한다. 이 구절은 행복의 진원지가 어디인지를 표시해놓은 보물 지도다.

안타깝게도 '하나님의 임재'는 구호로 그칠 때가 많다. 우리는 무소부재하신(어디에나 계신) 하나님과 우리 마음속에 사시는 예수님을 알고, 늘 우리와 함께하겠다고 하신 그분의 약속을 안다. 그러나 그게 사실이 아닌 것처럼 행동할 때도 있다. '하나님의 임재'라는 말을 자주 입에 올리고 노래로도 부르지만 우리와 매순간 함께하시는 행복하신 하나님의 임재를 보지 못할 때가 많다. 그래서 기쁨도 보지 못한다. 하나님이 임재하신다는 말만으로는 부족하다. 우리 안과 주위에 함께하시는 그분의 임재를 인식하고, 그분의 은혜로 누리는 모든 기쁨과 즐거움을 그분의 공로로 돌려드려야 한다.[15]

존 블룸(Jon Bloom)은 쾌락이 "우리 마음의 내부 고발자"라면서 이렇게 썼다. "당신이 어떤 죄에서 쾌락을 얻고 있다면 그것은 쾌락의 문제가 아니라 보화의 문제다. 당신의 쾌락 기능에는 문제가 없을 것이다. 잘못된 것은 당신이 사랑하는 대상이며, 그 쾌락이 당신을 죽이고 있다. 입으로 뭐라고 말하고 다른 사람들에게 어떻게 보이려 하든 그 악이 당신에게 소중해졌다는 증거다."[16]

예수께서 산상수훈에 제시하신 원리를 나는 '천국 보화의 원리'라 불렀었다.[17]

> 너희를 위하여 보물을 땅에 쌓아 두지 말라 거기는 좀과 동록이 해하며 도둑이 구멍을 뚫고 도둑질하느니라 오직 너희를 위하여 보물을 하늘에 쌓아두라 거기는 좀이나 동록이 해하지 못하며 도둑이 구멍을 뚫지도 못하고 도둑질도 못하느니라 네 보물 있는 그 곳에는 네 마음도 있느니라(마 6:19-21).

예수님은 왜 제자들에게 "너희를 위하여" 보물을 쌓아두라고 명하시는가? 우리 자신에게 가장 유익하게 행하라고 명하시는 그분이 이상해 보이지 않는가? 그것은 이기적인 일이 아닌가? 그렇지 않다. 하나님은 우리 자신에게 가장 유익한 것이 무엇인지 제대로 깨닫고 그대로 행하기를 우리에게 바라시고 명하신다. 존 파이퍼의 말처럼 "우리가 하나님 안에서 가장 만족할 때 그분은 우리 안에서 가장 영광을 얻으신다."[18]

이기심이란 다른 사람을 희생하게 해 내 이득을 좇는 것이다. 그런데 하나님의 보화는 무한하다. 나를 위하여 하늘에 보물을 쌓아도 다른 사람들이 누릴 보화는 줄어들지 않는다. 사실 나를 위하여 하늘에 보화를 쌓는 길은 바로 하나님과 사람들을 섬기는 것이다. 우리가 그렇게 하면 모두가 승자가 된다.

그래서 예수님은 종종 그러셨듯이 여기서도 우리 자신의 궁극적 행복에 도움이 되도록 행동할 것을 명백히 호소하신다. 당장의 작은 것을 희생하여 크고 영원한 이득을 얻으라는 것이다.

행복의 한 출처를 거부할 때마다 우리는 다른 출처를 수용하는 것이다

마크 트웨인은 "건강을 지키는 유일한 길은 원치 않는 음식을 먹고, 싫어하는 음료를 마시며, 내키지 않는 일을 하는 것이다"라고 말했다.[19] 재미있는 말이지만 절반만 옳다. 진리는 "가장 원하는 것을 얻으려면 덜 원하는 것을 어느 정도 삼가야 한다"라는 것이다. 다시 말해 식단과 운동에서 단기적인 작은 것들을 희생하면 장기적인 더 큰 행복을 얻을 것인데, 건강과 기력은 물론 손주를 볼 정도로 장수할 수 있다.

가장 원하는 일을 하려면 원하는 일마다 다 해서는 안 된다. 올림픽에 나가기 위해 훈련 중인 선수는 늦잠도 자고 팬케이크도 먹고 술도 마시고 싶지만 더 원하는 것이 있다. 바로 경기에서 이기는 것이다. 그래서 그 가장 원하는 것을 힘써 추구한다.

알츠하이머병에 걸린 아내를 돌보며 외도의 유혹을 물리치는 남편은 충절을 위해 행복을 희생하는 것이 아니라 충절을 통해 더 큰 행복의 길을 선택하는 것이다. 물론 그것은 옳은 길이기에 큰 대가가 따르더라도 본분을 다해야 한다. 그러나 그렇게 함으로써 그는 앞으로 더 행복할 것이다.

그리스도인의 삶의 승패는 무엇이 우리를 행복하게 하는가에 대한 사고의 싸움터에서 이루어진다.

과자를 먹는 행복을 거부하는 사람은 행복을 거부하는 것이 아니라 체중 감량과 건강 증진이라는 목표를 이룸으로써 더 큰 행복을 얻는 것이다.

물론 중독자들이나 다이어트를 하는 사람들이 공히 알고 있듯이 우리는 약해지는 순간에 당장의 부차적 행복을 선택하여 긴 불행을 자초할 때가 너무 많다. 마약 주사나 도취감이나 알약이나 단것이나 술은 당장은 좋아 보이지만 원치 않는 결과를 남긴다.

하나님의 은혜는 죄지은 우리를 용서할 뿐 아니라 죄짓지 않을 능력까지 준다. 바울의 말대로 그분의 은혜가 우리를 가르쳐 "경건하지 않은 것과 이 세상 정욕"을 거부하고 "신중함과 의로움과 경건함으로 이 세상에 살"게 한다(딛 2:12). 그리스도인의 삶이란 성령의 능력에 의지하는 삶이다. 그럴 때 우리의 생각과 행동은 인류의 타락으로 우리 안에 새겨진 갈망을 거스를 수 있고, 대신 그리스도 안에서 받은 새로운 성품의 갈망을 일구어 그대로 행동할 수 있다(참조. 롬 6:1-14).

예수님은 우리를 희생하도록 부르시지만 장기적 행복을 희생하도록 부르신 적은 없다

바울은 옥중에서 편지를 쓰고 있었고 타락한 세상의 냉엄한 현실을 늘 직시했지만 그럼에도 그리스도 안에서 행복을 누렸다. 그리고 그 행복을 어떻게든 빌립보의 동료 신자들과 나누고자 했다. "만일 너희 믿음의 제물과 섬김 위에 내가 나를 전제로 드릴지라도 나는 기뻐하고[행복하고] 너희 무리와 함께 기뻐하리니 이와 같이 너희도 기뻐하고[행복해하고] 나와 함께 기뻐하라"(빌 2:17-18).

내가 보았던 심히 불행한 사람들은 어린아이나 개의 발이 자기 집 땅에 닿기만 해도 고래고래 소지를 지르고 욕하며 주먹을 휘두른다. 비참하게도 그들은 이미 지옥의 손아귀에 붙들려 있다. 기쁨의 근원이신 예수께서 그들을 미래의 지옥에서만 아니라 현재의 지옥에서도 구하실 수 있다. 하지만 인생의 시간이 빠르게 지나가고 있다.

반대로 나는 하나님과 사랑에 빠져 언제라도 섬기고 기도하며 성경을 인용하고 신앙을 나누는 사람들도 알고 있다. 그들은 걸핏하면 웃기도 잘한다.

예수님을 따르는 '희생'은 가장 크고 오래가는 행복을 낳는다. 그들은 바로 자기가 원하는 일—하나님이 부르신 일이자 원래 하도록 되어 있는 일—을 하고 있기 때문에 다른 사람들이 그것을 큰 희생으로 여기는 것을 의아해한다. 그리스도를 따르면 그분이 영광을 받으실 뿐 아니라 자신에게도 유익이 됨을 그들은 안다.

이타심이란 짧게 끝나는 희생을 통해 자신을 포함한 모두의 유익을 낳는다는 뜻이다

그리스도를 따르기 위해 우리가 하는 모든 희생은 항상 오래 지속되는 유익을 낳는다. 그뿐 아니라 대부분의 경우 일시적인 행복까지 낳는다. 예수께서 제자들에게 주신 말씀을 잘 들어보라.

> 내가 진실로 너희에게 이르노니 나와 복음을 위하여 집이나 형제나 자매나 어머니나 아버지나 자식이나 전토를 버린 자는 *현세*에 있어 집과 형제와 자매와 어머니와 자식과 전토를 백배나 받되 *박해*를 겸하여 받고 내세에 영생을 받지 못할 자가 없느니라(막 10:29-30, 강조 추가).

그리스도를 따른다는 이유로 집안에서 쫓겨난 사람들은 이제 하나님 가족의 영접을 받는다. 자신의 집이 없을지라도 따뜻한 환대를 받으며 머물 수 있는 집이 수없이 많이 있다. 예수님은 영원한 행복만 아니라 지금 여기서도 백배의 행복을 약속하신다(기복 신앙의 설교자들은 "백배의 복"만 말하고 그것과 균형을 이루는 "박해를 겸하여"라는 그리스도의 말씀은 편리하게 빼버린다).

하나님의 자녀인 우리에게는 아무리 희생이 커도 무의미한 고난은 없다는 뜻이다. 물론 유한하고 타락한 우리는 하나님의 목적과 무한한 지혜를 다 알 수 없기에 많은 것이 무의미해 보일 수 있다. 그러나 하나님은 결코 무의미하거나 핵심을 놓치지 않으신다. 그래서 욥은 고난 중에도 "그가 나를 죽이실지라도 나는 그를 의뢰하리니"(욥 13:15 난하주)라고 외칠 수 있었다.

C. S. 루이스는 "소위 '내 인생'이 쾌적한 한 우리는 그분께 순복하지 않을 것이다. 그러니 우리를 위하시는 하나님으로서는 '내 인생'을 우리에게 덜 쾌적하게 만드시고 거짓 행복으로 유인하는 출처를 없애실 수밖에 없지 않겠는가?"라고 썼다.[20]

그렇다면 그리스도를 위한 고난이든 죄로 물든 세상살이의 일상적 고난이든 고난이 나에게 하는 일은 무엇인가? 고난은 하나님 밖에서 참된 행복을 찾는다는 것이 얼마나 가망 없는 일인지를 보여준다. 그것이 고난의 목적 중 하나다. 한때 의지했던 행복의 출처—가족과 친구들에게 인정받는 것까지도—가 무너져 잿더미가 되면 그제야 길이 열려 다음 사실이 보인다. 즉 하나님은 여전히 건재하시며, 그분만이 내 삶과 행복을 지어 올릴 견고한 기초라는 사실이다.

장차 하나님의 자녀들이 이 땅에서 보낸 삶을 돌아보면 모든 것이 더없이 뚜렷하게 보일 날이 올 것이다. 내가 믿기로 그날 우리는 예수님 대신 죄를 선택했던 순간들만이 진짜 희생이었음을 알게 될 것이다.

아프리카의 개척 선교사 데이비드 리빙스턴(David Livingstone)은 1857년에 케임브리지 대학교에서 학생들에게 강연했다. 명심할 것은 그가 영적으로 말하려고 한 것이 아니라 그냥 예수님을 행복하게 따르는 경험을 솔직히 털어놓았다는 점이다.

> 하나님이 내게 이런 직분을 맡겨주셨으니 나는 기쁘지 않은 적이 없다. 사람들은 내 인생의 대부분을 아프리카에서 보냈으니 큰 희생이라 말한다…유익한 활동, 선을 행하고 있다는 의식, 마음의 평안, 영광스러운 내세의 밝은 희망 등 그 자체로 복과 보상이 따르는데도 희생이라고 할 수 있는가? 그런 생각일랑…버리라! 힘주어 말하건대 그것은 희생이 아니라 특권이다. 때로 불안, 질병, 고난, 위험이 따르고 이 땅

의 일상적 편익과 혜택이 없으니 한동안 걸음이 멈춰지고 심령이 흔들리며 영혼이 가라앉을 수 있으나 그것은 잠깐일 뿐이다. 장래에 우리를 위해 우리 안에 계시될 영광에 비하면 이 모두는 아무것도 아니다. *나는 희생한 적이 없다*(강조 추가).[21]

예수님을 대면하여 그분의 눈빛과 그 내미시는 못 자국 난 손을 보며 "네 주인의 즐거움[행복]에 참여할지어다"라는 말씀을 들을 그날, 이 땅의 삶을 이해하는 우리의 시각이 새로워질 것이다. 예수님을 따르는 유익이 단 한 번의 예외도 없이 항상 희생보다 훨씬 컸음을 명명백백히 알게 될 것이다.

Chapter·39

망아(亡我)를 통한
그리스도 중심의 행복

> 자기 목숨을 얻는 자는 잃을 것이요 나를 위하여 자기 목숨을 잃는 자는 얻으리라.
>
> 예수(마태복음 10:39)

> 정말 복음으로 겸손해진 사람을 만나고 나면 그의 관심이 전적으로 나에게 머물렀음을 깨닫는다. 복음을 아는 겸손의 진수는 자신을 높이거나 낮추는 것이 아니라 자신에 대한 생각이 줄어드는 것이기 때문이다.
>
> 팀 켈러

조지 워싱턴 카버(George Washington Carver, 1864-1943)는 미주리 주의 농장에서 노예로 태어났다. 아기 때부터 병약했고 일찍 아버지를 여의었다. 아기일 때 어머니와 함께 노예 상인들에게 납치되었다가 나중에 농장으로 다시 보내져 말 한 필에 팔렸고, 어머니는 영영 소식이 끊겼다.

카버는 열 살 때 캔자스 주로 가서 고등학교에 들어갔다. 1891년에 현재의 아이오와 주립대학에 입학하여 1894년에 학사학위를 받았고, 2년 후 석사학위를 받았다. 그 대학 최초의 흑인 학생이자 교수가 되었다.

그는 국제적으로 알려진 식물학자, 교육자, 농학 연구가가 되었고, 땅콩,

콩, 고구마 등의 작물을 혁신적으로 개발하여 유명해졌다. 뛰어난 음악인이자 화가이기도 했다.

카버는 인종차별을 당하는 한 친구에게 이렇게 썼다. "주님의 손을 잡고 날마다 그분과 동행하라. 그러면 다른 사람들을 혐오의 종교(몸과 영혼을 죽이는)가 없는 참된 행복의 나라로 인도할 수 있다."[1]

터스키기 연구소에 묻힌 카버의 묘비에 이런 글귀가 새겨져 있다. "자기 자신을 온전히 내놓은 망아(忘我)의 섬김으로 돋보인 복음 같은 생애. 그는 명성에 재물을 더할 수도 있었으나 그 모두에 초연했고, 세상에 유익을 끼치는 데서 행복과 명예를 얻었다."

조지 워싱턴 카버는 해박하면서도 겸손한 섬김의 생애로 기억되고 있다. 위의 묘비는 그의 행복을 '망아의 섬김'과 연결했다(그 실체와 중요성을 암시하듯 두 단어가 강조되어 있어 나는 이 구절이 좋다).

자아에 대한 집착은 불행의 지름길이다

휴가 첫날에 걸려온 전화로 나는 출판과 관련된 최악의 경험을 했다. 그토록 열심히 쓴 내 원고가 나쁜 쪽으로 고쳐졌으며 되돌릴 길은 없다고 했다. 내가 제출한 원고보다 최종 간행된 책이 더 나쁘기는 그때가 처음이자 유일했다. 그보다 훨씬 어려운 상황도 많이 겪어보았지만 내 직업 분야와 관련해서는 최악의 상태였다. 사건 자체만이 아니라 거기에 너무 깊이 영향을 받는 나 자신까지도 실망스러웠다. 실망한 자신에게 실망한 적이 있다면 당신도 이 상황이 이해가 될 것이다.

그때 우리는 마우이 섬에 있는 친구 집에 있었다. 주변에 절경이 펼쳐져 있는데도 나는 그 일로 안달복달했다. 결국 바른 시각을 얻으리란 걸 알면서도 말이다(바른 시각을 얻은 것은 휴가가 다 끝나고 나서였다. 그때 나는 기분이 좋아질 그때로 훌쩍 건너뛰고 싶었다!).

일단 하루에 몇 시간씩 스노클링을 했다. 신기하게 그때에만 마음의 먹구름이 걷혔다. 아름다운 물고기, 거북, 뱀장어, 상어 사이를 떠다니노라면 이런 피조물과 그것을 만드신 하나님께 푹 빠져들어 넋을 잃었다. 몽크바다표범 말리와 함께 90분 동안 즐거이 헤엄치던 시간도 잊지 못한다. 나 자신과 내 결점과 나에 대한 실망 그리고 다른 사람들의 실책은 잠시 망각되었다. 괴로운 자아를 해변에 두고 왔기 때문이다. 얼굴을 물속에 묻고 있는 한 나는 자유롭고 행복했다. 물 밖으로 나와 다시 '랜디의 세계'로 돌아오면 그제야 행복이 증발되었다.

때로 나는 하나님을 만나는 고요한 시간에 그렇게 똑같이 자아를 망각한다. 때로는 아내와 가족과 친구들과 함께 웃을 때, 자전거를 탈 때, 음악이나 좋은 오디오북을 들을 때도 망아에 이르곤 한다.

세월이 가면서 나는 단지 나 자신을 낮추는 것이 아니라 자신에 대한 생각을 줄이는 법을 배웠다. 생각의 내용이 대부분 내가 아니라 예수님일 때 나는 가장 행복하다.

어느 소설의 한 대목이 마음에 와닿는다.

> 불행한 사람은 주로 자신에게 주목하며 자신을 너무 심각하게 대한다. 참으로 행복한 사람은…자신에 대한 생각이 많지 않다. 불행한 사람은 누가 기분을 살려주려 하면 싫어한다. 자아에 집착하던 것을 그만두고 이제부터 우주에 주목해야 하기 때문이다. 불행은 방종의 최종 상태다.[2]

하나님과 사람들 속에서 자아를 망각할 때 가장 큰 행복을 얻는다

나와 대화를 나눈 한 친한 친구는 내가 알기로 한때 가장 행복한 사람 중 하나였다. 그런데 상황이 달라졌다. 그는 3년 전에 일어난 충격적 사건으로 큰 고통과 곤란을 겪은 뒤 자신이 행복하지 못했다며 탄식했다.

나는 이런 말로 그를 놀라게 했다. "사실은 그렇지 않지. 나는 그 뒤로도 아주 행복한 자네의 모습을 자주 보았거든."

"정말? 그게 언제였지?" 그가 물었다.

"자네는 예수님과 성경에 대해 말할 때마다 행복하고, 친구들과 함께 있을 때마다 행복하지. 그리스도를 섬기는 마음으로 사람들을 도울 때마다 내게 비친 자네의 모습은 아주 행복했네."

"그런데 왜 내게는 불행한 기억만 있지?"

"자네 혼자 있을 때면 생각을 방치하여 3년 전의 그 사건으로 돌아가기 때문이지. 슬픔과 불의와 고통을 다시 경험한단 말이네. 그래서 그 일이 마치 어제의 일처럼 늘 생생한 걸세."

그는 고개를 끄덕이며 수긍했다. 내 답변은 그에게 못지않게 내게도 똑같이 해당되었다. 하나님과 사람들에게 집중할 때마다 우리는 자아를 망각한다. 그때가 가장 행복할 때다. 굳이 다시 경험하지 않고도 과거의 고통을 되돌아볼 수 있다. 이거야말로 행복의 징후다.

자신을 하나님의 풍성한 은혜의 수혜자로 생각할 때를 제외하고는 자신에 대한 생각으로 행복을 얻는 경우는 거의 없다.

다행히 내 친구는 해로운 기억을 떨치고 하나님과 그분의 말씀에 집중하며 사람들을 섬김으로써 이전의 기쁨을 대부분 되찾았다.

불행한 작가들을 주제로 한 어느 기사에 이런 말이 나온다. "작가들이 왜 대개 우울한가에 대한 통상적 이론은 아주 간단하다. 작가들은 생각이 많은데, 생각이 많은 사람은 불행한 경향이 있다."[3]

이것은 절반만 맞는 말이다. 자신과 자신이 계획하는 부와 성공—예컨대 베스트셀러 소설을 써서 헤밍웨이와 함께 나란히 언급되는 것—에 대한 생각이 많은 사람은 과연 불행한 경향이 있다. 그러나 그리스도와 그분의 은혜, 신앙의 위대한 교리들, 사람을 사랑하고 섬기는 법 등을 많이 생각하는 사람들은 행복한 경향이 있다. 요컨대 문제는 생각 자체가 아니라 생각의 내용과 방식이다.

자아에서 하나님께로 관심의 방향을 돌리면 시각이 바로 잡혀 행복을 누린다

이런 시나리오를 상상해보라. 여름 휴가철이 되어 아빠와 엄마는 두 주 동안 자동차 여행을 하기로 했다. 열하루 동안 여러 국립공원을 방문하고 마지막 사흘은 디즈니랜드에서 보내기로 했다.

그래서 부모가 아이들에게 말한다. "이번 휴가도 감사하며 보내자. 우리가 잘 아니까 우리만 믿으면 너희는 행복할 거야."

부모를 믿는 막내는 어서 차에 타고 싶어 안달이다. 어디를 가든 그 아이는 휘둥그레진 눈으로 사방을 신기하게 둘러본다. 휴게소에서 큰 얼룩무늬 사냥개만 보아도 신이 나고, 식당에서 팬케이크를 먹어도 마냥 좋다. 주유소에 들르는 것까지도 재미있다며 할리데이비슨 오토바이를 감탄하며 쳐다본다.

한편 그의 형은 부루퉁해서 아이패드로 게임만 하고 있다. 지겨운 가족과 함께 이 지겨운 차 안에 처박혀 있을 것이 아니라 친구들과 함께 놀고 싶다는 생각뿐이다. 누나도 이어폰을 귀에 꽂고는 이런 어처구니없는 여행 대신 친구들이 초대한 파티에 가지 못한 것을 아쉬워하고 있다.

차가 경유지에 설 때마다 위의 두 아이는 우울해한다. 이따금씩 억지로 웃거나 찡그리거나 툴툴거리거나 눈알을 굴릴 뿐 막내 동생이나 부모에게 대꾸도 하지 않는다.

막내는 국립공원에 내릴 때마다 좋기만 하다. 그랜드캐니언? "환상적이다!" 아이와 부모는 서로 즐거움을 나눈다. 디즈니랜드에서 이 아이들 중 누가 제일 좋은 시간을 보냈을까? 물론 행복한 막내 아이다.

불행한 남매는 줄이 길고 걷기도 힘든 데다 스페이스마운틴까지 문을 닫았다며 매사에 불평이다. "이런 사기꾼들 같으니라고!"

세 아이가 똑같은 휴가를 보냈으나 경험은 천지차이다. 왜 그럴까? 시각이 서로 다르기 때문이다. 불행한 사람은 최고의 환경 속에서도 불행을 찾아내고, 행복한 사람은 일이 틀어질 때도 행복을 찾아낸다. 무슨 일이든 우리가 어떤 태도로 임하느냐에 따라 거기서 얻는 결과가 달라진다.

어떤 사람들은 막내가 너무 순진하다고 생각할지 모른다. 하지만 형과 누나가 어리석은 것이다. 막내는 행복을 선택했지만 그들은 불행을 선택했다.

참으로 행복해지려면 사탄의 거짓말을 물리치고 하나님과 그분의 성품과 약속을 묵상해야 한다

J. R. R. 톨킨의 『반지의 제왕』에 나오는 암흑의 땅 모르도르는 많은 인간의 마음속에 살아 있다. 어둡고 적막하고 음울한 황무지인 그곳에는 끝없이 뻗어 나간 공허함만 가득하다. 행진하는 오르크, 흉포한 트롤, 맹수를 덮치는 나즈굴 등의 소리가 늘 그 땅 위를 맴돈다. 사우론이 섬뜩한 빨간 눈으로 호시탐탐 이 모두를 노려보며 파멸에 빠뜨리려 한다.

인간의 상상력이 이런 생물들을 생각해낼 수 있음은 우주에 초자연적인 악한 존재들이 실존하기 때문이다. 성경은 귀신들, 적그리스도들, 짐승들, 사탄에 대해 말한다(참조. 마 8:29, 25:41, 엡 6:11-16, 요일 2:18, 계 13:1-8). 마귀의 소원은 우리를 삼키는 것이다(참조. 벧전 5:8).

우울증은 우리 마음이 심히 황폐해졌다는 증상일 수 있다. 우리는 다시는 행복하지 못할 것 같아 두려울 수 있으며, 하나님을 사랑하는 많은 사람이 이 두려움으로 고통을 겪었다. 하나님의 은혜, 결코 우리를 버리지 않으신다는 약속, 그분의 끊임없는 임재, 우리의 유익을 계획해두셨다는 약속 등은 늘 빼놓을 수 없는 치유의 일부다. 때로 의료적 치료와 투약도 중요한 역할을 할 수 있다. 나도 직접 겪어보았기에 우울증에 시달리는 사람들의 심정을 잘 안다. 그러나 내가 믿기로 장기적 불행 중 일부—전부는 결코 아니지만—는 불신과 잘못된 신념의 산물이다.

원고를 편집하여 더 좋게 다듬듯이 내 신념과 사고 습관도 하나님의 말씀에 비추어 편집해야 한다. 물론 행복이 나의 유일한 목표는 아니지만 반가운 부산물임은 분명하다.

마이크 메이슨은 "행복이 선하고 옳고 타당하고 허락된 거라고 믿지 않고는 아무도 행복할 수 없다…하나님 나라의 넘치는 풍요는…행동으로 이어질 만큼 뜨거운 믿음으로 믿는 사람들만 그것을 누릴 수 있다"라고 썼다.[4]

시편 37편 4절에 보면 "여호와를 기뻐하라"는 명령이 나온다. 이 기쁨은 누가 우리에게 숟가락으로 떠 넣어주는 것이 아니다. 우리가 잔치에 가서 손을 내밀어 그 진미를 먹어야 한다. 좋은 음식을 입 안에 넣는 것이 우리 책임이듯 하나님 안에서 행복해지는 것도 분명히 우리 책임이다!

하나님과 그분의 말씀이 우리의 양분이 되는 것은 사실이지만 양분에 대한 생각만으로는 식탁에까지 갈 수 없다. 하나님을 향한 식욕을 길러야 한다. "너희는 여호와의 선하심을 맛보아 알지어다 그에게 피하는 자는 복이 있도다 [행복하도다]"(시 34:8).

기뻐하면 우리의 관심이 어려운 환경에서 하나님 쪽으로 돌아선다

J. D. 그리어(J. D. Greear)는 "삶이 당신의 면상을 후려칠 때 당신은 '하지만 내게는 아직 하나님의 사랑과 수용이 있다. 자격 없이 누리는 보화다'라고 고백할 수 있다. 그 보화에서 얻는 기쁨으로 당신은 코피가 흐르는 중에도 기뻐할 수 있다. 죽음과 상실도 당신의 그 기쁨을 건드릴 수 없다"라고 썼다.[5]

주 안에서 항상 기뻐한다는 것이 때로는 비현실적으로 보일 수 있다. 그러나 이 기쁨의 구심점이 지나가는 환경에 있지 않고 불변하는 실체이신 그리스도께 있음을 잊어서는 안 된다. 성경은 우리에게 다음과 같은 것들로 기뻐하라고 명하지 않았다.

- 국가의 상태
- 우리 문화가 나아가는 방향
- 배우자의 태도
- 자녀로 인한 고민
- 교회에서 일어나는 고통스러운 사건

- 실직
- 나빠진 건강

이런 와중에도 기뻐해야 하지만 그것들이 기쁨의 출처는 물론 아니다. 성경은 우리에게 주 안에서 기뻐하라고 했다. 그리스도 안에 있는 기쁨이 다른 모든 기쁨보다 우월하지만 그것들과 늘 동떨어져 있는 것은 아니다. 친구, 부모, 자녀, 배우자, 잘 해낸 일, 유쾌한 산행 등을 기뻐하는 것도 사실 그리스도 안의 기쁨일 수 있다. 조나단 에드워즈가 말한 그리스도 안의 행복은 다른 모든 것에 대한 시각을 바로잡아주는 궁극의 경험이다.

> 그리스도 예수는 참으로 탁월하시다. 어찌나 탁월하신지 일단 그것을 본 사람은 다른 것을 더 찾지 않고 마음이 거기서 안식한다. 그분 안에서 초월적 영광과 형언할 수 없는 아름다움을 본다. 지금까지는 그림자를 쫓았는데 이제 실체를 발견했음을 안다. 전에는 시내에서 행복을 구했는데 이제 바다를 만났음을 안다.[6]

우리 삶에 흐르는 모든 기쁨의 시내로 인해 하나님께 감사해야 하지만, 그 모든 시내가 발원하는 바다가 그리스도임을 알아야 한다. 바울은 "그의 영광의 힘을 따라 모든 능력으로 능하게 하시며 기쁨[행복]으로 모든 견딤과 오래 참음에 이르게 하시고"라고 말했다(골 1:11).

이런 성경 본문들에 비추어볼 때 불행을 당해 체념하는 것은 불신이요 불순종이다. 가혹한 말 같지만 나는 그것이 사실이며 심지어 그 말이 희망을 준다고 확신한다(본래 나는 쾌활한 사람이 못 되므로 이것은 내 성격에서 나온 말이 아니다). 천성적으로 명랑한 사람들만 순종할 수 있다면 하나님은 자신의 모든 자녀에게 그분 안에서 항상 기뻐하라고 명하지 않으셨을 것이다.

고난이 닥칠 때 우리는 "온전히 기쁘게 여"겨야 한다(약 1:2). 이렇게 반응하려면 우리의 모든 도전을 하나님이 사랑으로 주관하신다는 믿음이 있어야 한다.

하나님의 주권적 은혜와 신실한 사랑을 더 알아갈수록 나는 더 행복해진다. 그분의 주권만으로 부족하고 그분의 사랑만으로 부족하다. 그러나 그 둘이 합해지면 충분하다. 하나님은 전능하신데 무관심한 분이 아니고, 애정은 많으신데 능력이 없어 선한 일을 이루지 못하실 분도 아니다. 하나님은 나를 사랑하실 뿐 아니라 모든 악까지 포함하여 우주를 주관하시는 분이다.

"내 환경은 중요하지 않다. 환경은 내 기쁨의 출처가 아니다"라고 말하기보다는 이렇게 말하는 것이 낫다. "내가 아는 하나님은 나를 지으셨고, 그리스도 안에서 나를 구속하시며 용서하셨다. 그분은 내 안에 계시고 나와 함께 계신다. 그분은 내가 처한 최선의 환경을 통해 나를 격려하시고, 내가 처한 최악의 환경을 통해 나를 풍요롭게 하실 수 있다. 그분은 내게 그분과 함께하는 영생을 약속하셨고, 부활한 우주의 새 땅에서 놀라운 가족으로 살아갈 형제자매들을 주셨다. 어느 날 그분은 나를 그분의 끝없는 행복 속으로 맞아주실 것이다."

내가 처한 환경은 중요하다. 그러나 영원의 관점에서 볼 때 그것은 내 기쁨의 주된 출처가 아니다. 그보다 환경은 내가 성장하여 궁극적 유익을 누릴 수 있는 기회다. 어려운 환경이 나를 삼키려 위협해올 때면 나는 이를 계기로 나의 반석이요 나의 구속자요 나의 행복이신 하나님을 바라볼 수 있다.

행복과 망아는 습관이다

성경에 명하듯이 우리는 기뻐하고 기도하고 감사함으로써 행복의 습관을 적극적으로 가꾸어야 한다(참조. 살전 5:16-18). 당신은 계속 눈을 떠서 자아를 넘어 하나님과 그분이 일하시는 손을 보는가? 그분께 감사드릴 이유를 수시로 찾는가?

어느 더운 날 나는 손자 둘을 데리고 멀리 자전거를 타러 가기 전에 아이들에게 물을 세 컵씩 마시게 했다. 잠시 후 화장실에 가보니 싱크대에 컵 여섯 개가 어지럽게 놓여 있었다. 물을 한 컵에 세 번 따른 것이 아니라 말 그대로 각자 세 개의 컵에 따라 마셨던 것이다. 그 여섯 개의 컵을 생각하면 지금도 웃음이 나면서 아이들과 그들이 가져다주는 즐거움으로 하나님께 감사드리게 된다. 보는 관점에 따라 그 상황에 짜증이 날 수도 있겠지만 나에게는 즐거움이다.

내 사무실 한쪽 벽에 토고의 한 원시 부족민들의 사진이 걸려 있다. 사진 속 그들은 영화를 통해 예수님이 십자가에 달리시는 장면을 처음 보고 있다. 충격과 공포에 잠긴 그들의 얼굴과 눈가의 눈물을 보며 나는 십자가를 새로운 눈으로 보는 심정을 매일 상기하곤 한다.

우리 대부분은 왜 예수님의 희생에 더는 그렇게 반응하지 않을까? 그 기쁜 소식이 우리에게는 낡은 소식이 되었기 때문이다. 복음 이야기에 이골이 나면 충격도 가시고 놀라움도 없어진다. 이럴 때 우리는 하나님께 우리 믿음의 핵심이 되는 예수님의 고난과 흘러넘치는 사랑과 기쁨을 새롭게 느끼게 해달라고 기도해야 한다.

그리스도와 그분의 헤아릴 수 없는 사랑과 은혜를 묵상할 때면 나는 그분 안에서 자아를 잃는다. 그리고 역설적으로 자아를 얻는다. 그분이 내 사고의 중심이 되면 어느새 나는 행복해져 있다.

팀 켈러는 이렇게 썼다.

> 거울이나 쇼윈도에 비친 자신의 모습을 숭배하지도 않지만 그렇다고 질색하지도 않는 사람, 그런 사람이 되고 싶지 않은가?…피겨 스케이팅에서 은메달에 그쳤어도 금메달 수상자가 선보인 세 번의 트리플 점프에 전율하는 사람이 되고 싶지 않은가? 일출을 즐기는 것처럼 그것을 즐기고 그 묘기가 실행되었다는 사실 자체를 기뻐할 수 있는가? 남이 했지만 마치 자신이 한 것처럼 행복해하는 것이다…이것이 복음을 아는 데서 오는 겸손이요 복된 망아다.[7]

C. S. 루이스는 겸손한 사람에 대해 "그는 겸손에 대해 생각하지 않는다. 자신에 대한 생각이 아예 없다"라고 말했다.[8]

루이스에게 감화를 받은 켈러도 "복음으로 겸손해진 사람은 굳이 자신을 생각할 필요가 없다…모든 경험과 대화를 더는 자신과 연결하지 않는다. 아예 자신에 대한 생각을 그만둔다. 이것이 망아로 인한 자유다. 자신을 망각해야만 누릴 수 있는 복된 안식이다"라고 말했다.[9]

겸손은 아주 훌륭한 것이지만 의지만으로는 결코 이룰 수 없다. 그러다가는 자신에 대한 그리고 겸손해지려는 자신의 용감한 시도에 대한 생각에 빠질 것이다.

그보다 우리는 예수님과 그분의 은혜에 온전히 사로잡혀야 한다. 그러면 참으로 자신을 망각하게 된다. 무한히 더 크신 그분을 생각할 수 있는데 왜 보잘것없는 자신을 생각하고 싶겠는가? 이런 일은 그분을 예배하고 섬길 때 직접 이루어지기도 하고, 그분의 영광을 위해 사람들을 사랑하고 섬길 때 간접적으로 이루어지기도 한다.

하나님과 그분의 나라 안에서 자아를 잃을 때 우리는 예수님이 말씀하신 대로 자아를 얻으며, 그 과정에서 행복도 얻는다.

Chapter·40

감사를 통한 행복

감사제를 드리며 노래하여 그가 행하신 일을 선포할지로다.
시편 107:22

자꾸 자신이 행복하다고 말하는 사람은 왠지 미심쩍어 보이지만 늘 감사를 고백하는 사람은 행복을 얻은 것이 분명하다.
랍 호킨스(Rob Hawkins)

어떤 사람에게 왜 그렇게 행복하냐고 누가 물었다고 한다. 그 사람은 친필로 쓴 수백 페이지짜리 바인더를 들고는 이렇게 설명했다. "누가 제게 친절을 베풀 때마다 이 공책에 씁니다. 무언가에 대해 제 기분이 아주 좋을 때도 늘 여기에 쓰고요."

질문한 사람은 "나도 당신처럼 행복했으면 좋겠네요"라고 말했다.

"당신도 이런 공책에 써보면 행복해질 겁니다."

"그런데 공책이 너무 두껍네요…게다가 친절을 받아본 적도 많지 않고, 기분이 아주 좋았던 적도 별로 없습니다."

"다 적어두지 않았다면 저도 그렇게 생각했을 겁니다. 친절과 행복이 올 때 그것을 보고 기억하고 감사하는 법을 익혔지요. 한번 해보세요. 의심이 들 때마다 공책을 읽으면 감사가 절로 나올 겁니다."

이그니(Igny)의 수도원장이었던 게릭(Guerric, 1070-1157)은 이렇게 썼다. "오 이 시대의 행복이여! 오 이 시대의 불행이여! 은혜와 모든 선한 것이 이렇게 풍성하니 이것이 행복 아닌가? 구원받은 사람들의 배은망덕이 이 지경이니 이것이 불행 아닌가?"[1]

어느 시대에나 마찬가지다. 행복과 불행은 각각 감사와 배은망덕에 정비례한다.

감사할 이유는 언제나 있다

청교도 설교자이자 성경 주석가였던 매튜 헨리는 강도에게 돈을 털리고 나서 이렇게 말했다. "첫째, 전에는 한 번도 강도를 당한 적이 없으니 감사하고, 둘째, 지갑만 빼앗기고 목숨은 멀쩡하니 감사하고, 셋째, 다 빼앗겼지만 많은 돈은 아니니 감사하고, 넷째, 내가 강도짓을 하지 않고 차라리 당해서 감사하다."[2]

가끔 내가 교회에서 예배 시간 전에 대화하는 사람이 있다. 살면서 산전수전 다 겪은 사람이다. 아들을 잃었고, 암으로 투병했으며, 실직했고, 노년기의 고통을 느끼고 있다. 하지만 그 얼굴의 미소는 진짜다. 하나님은 선하시며 구주 예수님께 감사할 것뿐이라고 그는 말한다. 참으로 행복한 사람이다. 이 형제를 만나고서 예배에 들어갈 때면 나는 이미 주님을 만나 놀라운 메시지를 들은 기분이다.

한번은 내가 교회 주차장을 지나다가 다른 사람에게 어떻게 지내느냐고 물었다. 그가 줄줄이 늘어놓기 시작한 불평은 통로와 현관을 지나 예배당에 들어설 때까지 계속되었다. 심히 불행한 사람이었다.

그는 내 질문에 솔직하게 대답했다. 그러나 자신의 관점을 투명하게 나누었다 해서 그 관점에 시급한 조정이 필요하지 않은 것은 아니다.

이 두 사람이 가르쳐준 교훈을 나는 이전에도 수없이 보았다. 감사하면 행복해지지만 감사가 없으면 불행해진다. 항상 그렇다.

요한은 예수님의 은혜에 대해 "우리가 다 그의 충만한 데서 받으니 은혜 위에 은혜러라"(요 1:16)고 말했다. "은혜 위에 은혜"는 우리가 걷는 바닷가의 파도와 같다. 파도는 들며 나지만 늘 우리 곁에 있거나 곧 다시 밀려온다. 은혜는 선물이므로 이에 대한 합당한 반응은 감사다. 하나님의 은혜가 한결같고 새롭고 참신한 만큼 우리의 감사도 한결같고 새롭고 참신해야 한다.

이번 장에서 보겠지만 하나님과 사람들에게 감사하면 우리의 행복이 증폭된다. G. K. 체스터턴이 그것을 멋지게 표현했다. "확신컨대 감사는 가장 고상한 형태의 사고(思考)며 신기하게 배가된 행복이다."[3]

신자들만 아니라 누구라도 감사하면 행복해진다

우리의 감사는 하나님을 영화롭고 행복하게 한다. "감사로 제사를 드리는 자가 나를 영화롭게 하나니"(시 50:23). 그러나 우리의 감사는 하나님께만 영향을 미치는 것이 아니다.

심리학자들이 학부생들을 대상으로 한 설문 조사에서 행복과 감사의 상관관계를 측정했다. 참여자들은 6주 동안 주 1회씩 다섯 가지 감사 제목을 기록했다. 이 실습은 그들의 행복 지수에 지대한 영향을 미쳤다. 연구의 결론에 따르면 "꾸준히 감사를 표현한 학생들은 연구 기간 동안 행복감이 높아졌다."[4]

인간을 더 행복하게 하는 감사의 역할에 대해서는 행복을 주제로 한 일반 서적들에도 입증되어 있다. 그러나 세계관의 성격상 감사할 대상이 없는 사람들은 감사를 익히기가 어려운 것으로 나타났다. 자동차를 빌려준 사람이나 교사가 되어준 사람에게라면 그들도 물론 감사할 수 있다. 그러나 햇빛, 들이마시는 공기, 즐거워할 줄 아는 역량 등에 대해서는 누구에게 감사할 것인가?

주권자 하나님이 사람들의 친절을 통해 일하신다고 믿지 않는 사람들은 '행운의 별'이나 임의의 환경이나 기껏해야 사람에게 감사해야 한다. 그런데 사람은 하나님에 비해 작기 때문에 그들이 감사해하는 대상도 작고, 따라서 행복의 용량도 축소된다.

하나님은 일반 은혜를 통해 비신자들에게도 어느 정도의 행복을 베푸시며,

이 행복도 감사를 통해 크게 증진된다. 그러나 그리스도를 따르는 우리는 모든 선의 궁극적이고 최종적인 근원이신 하나님께 감사를 돌려드릴 때 감사가 더 풍성해짐을 안다.

누가 나를 격려해주면 나는 늘 그 격려로 인해 마음을 모아 하나님께 감사드린다. 나의 행복은 인간의 만남을 지휘하시는 하나님의 섭리에 대한 감사에서 비롯된다. 하나님은 사람들을 통해 나를 낮추기도 하신다. 그들 역시 내 성품을 빚어주는 선물이다. 그들로 인해서는 감사하기가 쉽지 않을 수 있으나 그분은 내게 어떤 일에만 아니라 "범사에 감사하라"(살전 5:18)고 명하신다.

고등학생 1,035명을 대상으로 한 연구에서 다른 사람에 대해 감사하는 강도와 수위가 높은 학생들은 감사할 이유가 적은 청소년들에 비해 성적도 좋고 덜 우울하며 관점이 더 긍정적이었다. 반면 물건의 구입과 소유를 성공과 행복으로 여기는 학생들은 성적도 낮고 더 우울하며 관점도 더 부정적이었다.[5]

흔히 '은혜'로 번역되는 헬라어 단어 카리스(charis)는 "값없이 후히 주어진 것, '선물, 자비로운 선물'"을 뜻한다.[6] 우리가 받을 자격이 없는 것을 하나님은 친히 큰 대가를 치르시고 우리에게 은혜로 주셨다(참조. 고후 8:9). 고린도후서 8-9장은 신약에서 헌금에 관한 가장 긴 본문인데 여기에 카리스("은혜")라는 말이 열 번이나 나온다. 이 본문은 "말할 수 없는 그의 은사로 말미암아 하나님께 감사하노라"는 바울의 고백으로 끝난다.

그리스도 안에서 구원받는다는 기쁜 소식을 제대로 경험하면 감사와 행복이 배가될 수밖에 없다!

감사에 겸손한 섬김이 어우러지면 행복이 배가된다

데니스 프레이저는 "우리는 사람들이 불행해서 불평한다고 생각하는 경향이 있다. 그러나 불평하니까 불행해진다는 말이 더 맞다. 감사하는 사람이 되라. 그러면 훨씬 더 행복해질 것이다"라고 썼다.[7]

가능한 한 우리는 적극적으로 조치를 취하여 문제점을 시정해야 한다. 그러나 우리 힘으로 어찌할 수 없는 환경 때문에 불평한다면 이는 하나님께 이렇게 말하는 것이다 "잘 알지도 못하시면서 이러시는군요. 제가 하나님보다 더 잘 압니다."

근래에 부정적 상황에 부딪힌 적이 있다면 상대가 당신에게 해주었더라면 또는 하지 않았더라면 좋았을 행동을 쭉 적어보라. 그 목록을 지침으로 삼아 당신의 지혜와 격려가 필요한 사람들을 도와주라. 다른 사람들에 대해 불평하지 마라. 대신 하나님이 일차로 당신에게 맡겨주셨고 당신이 어느 정도 통제할 수 있는 삶 곧 당신 자신의 삶을 고치려 힘쓰라.

하나님의 사람들이 고통당하는 이들에게 사랑을 베푼 놀라운 이야기를 나는 많이 들었다. 아내와 나도 힘든 시기에 그런 사랑을 경험하곤 했다. 교회가 비록 불완전해도 우리는 교회로 인해 하나님께 감사드린다. 그러면 우리의 감사가 행복으로 넘쳐흐른다.

"여호와는 마음이 상한 자를 가까이 하시고 충심으로 통회하는 자를 구원하시는도다"(시 34:18). 외로움과 우울을 치료하려면 다른 사람을 섬기는 것이 최고의 약 중 하나다. "오직 겸손한 마음으로 각각 자기보다 남을 낫게 여기고 각각 자기 일을 돌볼 뿐더러 또한 각각 다른 사람들의 일을 돌보아"(빌 2:3-4). 헬렌 켈러는 "비록 세상에 고난이 가득해도 고난을 이겨내는 일 또한 가득하다"라고 썼다.[8] 또한 "당신에게 극심한 불행이 닥쳐오거든 이 세상에 무언가 당신이 할 일이 있다고 믿으라. 다른 사람의 고통을 덜어줄 수 있는 한 당신의 삶은 헛되지 않다"라고 말했다.[9]

낸시 레이 드모스(Nancy Leigh DeMoss)는 "부정할 수 없는 죄 더하기 과분한 은혜는 무제한의 감사가 되어야 한다"라고 말했다.[10] 그런데 우리는 교만과 배은망덕과 불평하는 마음이 무제한일 때가 너무 많다. 그 결과 하나님과의 관계와 대인관계가 방해를 받아 우리의 행복이 줄어든다.

교만하고 주제넘은 사람들은 늘 자신이 더 나은 대우를 받아 마땅하다고 생각한다. 그들은 하루가 잘 풀리면 그것을 알아차리지 못하지만, 일이 틀어지면 몹시 실망하며 항상 다른 사람 탓으로 돌린다.

겸손한 사람들은 뜻밖의 좋은 하루가 펼쳐질 때 즐겁게 놀란다. 하루가 힘들어도 마음이 감사로 가득하다. 그들은 자신이 분에 넘치게 받고 있음을 알기에 행복하다.

행복한 사람은 하나님의 은혜를 끝내 잊지 못한다

행복한 사람들은 자신의 회심을 한 번만 아니라 두고두고 계속 경축한다.

존 파이퍼는 "감사는 죄의 반대인 겸손에서 우러나기 때문에 죄의 여지를 남기지 않는다. 죄가 무성하려면 교만이 넘쳐야 한다"라고 말했다.[11]

누가복음 15장에 나오는 탕자의 이야기에서 동생이 귀가하여 큰 경사가 벌어지자 형은 아버지의 행동에 이의를 제기한다. 불평이 가득한 형에게서 그의 교만하고 배은망덕한 마음을 볼 수 있다. 마찬가지로 하늘 아버지가 내 인생을 꼬이게 하시고 다른 사람에게 더 잘해주신다고 믿을 때마다 우리는 교만을 내보이는 것이다. 겸손은 행복을 촉진하지만 교만은 행복을 갉아먹는다.

동생이 부도덕 속에서 불행했던 것만큼이나 형도 독선 때문에 불행했다. 그러나 탕자는 회개하고 아버지의 은혜를 받아들였으므로 이제 용서받고 회복되어 행복하다. 하지만 은혜에 반감을 품고 배은망덕에 빠진 형은 여전히 불행하다.

성경 교사였던 M. R. 디한(M. R. DeHaan, 1891-1965)은 이렇게 말했다.

> 내가 만났던 가장 쾌활한 사람들은 거의 예외 없이 삶 속에 햇빛이 가장 적고 고통과 고난이 가장 많았던 이들이다. 내가 만났던 가장 감사가 넘치는 사람들은 평생 장밋빛 길을 걸어온 이들이 아니라 형편상 가정 환경에 심지어 병상에 매인 채 하나님을 의지하는 법을 배운 이들이다. 그런 그리스도인들만이 아는 하나님을 의지하는 방식이 있다. 내가 보았던 불평꾼들은 대개 건강이 아주 좋은 이들이다. 불평 거리

가 적은 사람들일수록 불평이 끊이지 않는다.[12]

교만은 죄 중의 죄며 그것은 우리의 불평으로 나타난다. 성경에 명한 대로 우리는 감사함에서 자라가야 한다.

- 범사에 감사하라 이것이 그리스도 예수 안에서 너희를 향하신 하나님의 뜻이니라(살전 5:18).
- 여호와 나의 하나님이여 내가 주께 영원히 감사하리이다(시 30:12).
- 내가 대회 중에서 주께 감사하며 많은 백성 중에서 주를 찬송하리이다(시 35:18).
- 모든 일을 원망과 시비가 없이 하라…나는 기뻐하고 너희 무리와 함께 기뻐하리니 이와 같이 너희도 기뻐하고 나와 함께 기뻐하라(빌 2:14, 17-18).

내가 그리스도를 처음 믿었을 때 회의적인 나의 아버지는 "거기서 곧 벗어나게 될 거다"라고 말하셨다. 그로부터 어언 45년이 지났지만 감사하게도 나는 여태 벗어나지 않았다. 오히려 이 믿음은 날마다 내 행복의 근원이 되었다.

탕자였던 아버지는 암에 걸려 절박해진 85세에야 그리스도께 삶을 드렸고, 그때 나는 아버지의 회심을 축하했다. 지금도 그 순간을 떠올리면 매번 기쁘다. 어렸을 때 아버지는 내 야구 시합에 오시거나 나를 낚시에 데려가시지 않았고, 내게 "사랑한다"고 말하시지 않았다. 그것이 서운할 때면 나는 일부러 아버지와 관련된 좋은 일들로 인해 감사한다. 아버지가 예수님을 아시기 수십 년 전부터 내 삶에 아버지를 써주신 하나님께 감사드린다. 아버지는 때로 나를 실망시키셨다. 타락의 저주 아래 놓인 삶은 그런 것이다. 그러나 하나님 아버지는 나를 실망시키신 적이 없다. 그분의 계획이 내게 이해되지 않을 때에도 말이다.

삶의 작은 것들에 감사하면 범사에 감사하는 마음이 길러진다

1995년에 나는 소설 『도미니언』(Dominion)의 취재차 미시시피 주 잭슨에서 전설로 회자되는 목사며 저자인 민권운동가 존 퍼킨스(John Perkins)와 함께 시간을 보낸 적이 있다. 존의 형은 16세에 경찰관이 쏜 총에 맞아 존의 품 안에서 숨을 거두었다. 20년 후에 존이 미시시피 주의 감방에서 고문당하는 동안 그의 아내와 자녀들은 바깥에 서서 그의 울부짖음을 들어야 했다. 그러나 존은 은혜와 용서가 충만한 마음으로 인종 화합의 선구자가 되었다.

존은 잭슨의 거리거리로 나를 안내하면서 수많은 이야기를 들려주었고 공로를 예수님께 돌렸다. 그가 나를 데리고 들어간 한 중고품상에서 25센트짜리 낡은 모자가 그의 눈에 띄었다. 그는 내게 모자를 씌워본 뒤 활짝 웃으며 어떠냐고 물었다. 내가 멋있다고 했더니 존은 그렇게 좋은 값에 이런 모자를 얻었다며 마냥 좋아했다. 보화를 발견한 그의 순전한 기쁨이 지금도 잊히지 않는다. 그 중고품상이 자신이 이끄는 사역 기관의 산하에 있다는 사실은 떠오르지 않는 모양이었다.

함께 줄을 서서 기다리다가 계산대의 여성에게 25센트짜리 동전을 건넬 때도 존의 얼굴에는 좋은 물건을 찾아낸 기쁨이 여전했다. 그녀는 사역 기관의 설립자를 알아보고 "퍼킨스 박사님, 박사님께는 무료입니다!"라고 말했다.

그러나 존은 특별 대우를 사양하며 애써 동전을 받게 한 뒤 자랑스럽게 모자를 써 보였다. 누가 보면 현금 만 달러라도 얻은 줄 알았을 것이다!

그날 온종일 존 퍼킨스를 볼 때마다 내 입가에는 절로 미소가 지어졌다. 수십 년이 지난 지금도 마찬가지다. 아주 작은 일에도 그는 마냥 행복해했다. 인생의 비애가 그리도 많았고 지금은 큰일을 하고 있는데도 삶의 소소한 기쁨들로 인한 하나님 중심의 감사가 결코 줄어들지 않았던 것이다.

삶을 감사의 마음으로 보면 우리 주변에 가득한 행복과 행복해야 할 이유들이 보인다. 엘렌 본(Ellen Vaughn)은 "우리는 감사할 때 미래를 염려하거나 과거를 후회하지 않고 자유로이 지금 순간에 자족하며 살 수 있다"라고 말했다.[13]

하나님은 거창한 순간 속에만 계시는 것이 아니다. 그분의 예술성 덕분에 평범한 것들도 특별해진다. 영롱한 빗방울, 예술적인 거미줄, 어쿠스틱 기타 소리. 아이의 웃음소리, 그네, 스프링클러, 갈라진 삼나무의 냄새, 서핑을 즐거워하는 노래. 울긋불긋한 새들과 이국적인 물고기들. 하나님의 영광을 선포하는 별들. 어린이 야구, 스키, 탁구, 느긋한 온수 샤워, 슬램덩크, 디즈니랜드. 메이플 시럽, 싱싱한 강낭콩, 버터밀크 과자, 집에서 만든 딸기잼. 아스피린, 의족, 휠체어, 합성 인슐린(나는 이것 없이 살 수 없다). 나무에서 금방 딴 잘 익은 오렌지. 오븐에서 꺼낸 따끈따끈한 초콜릿칩 쿠키와 큰 유리잔에 부은 시원한 우유(내 경우 인슐린이 훨씬 많이 필요할 것이다). 편안한 안락의자, 가죽 소파의 냄새, 흔들어대는 개의 꼬리.

이런 수많은 선물을 가볍게 여긴다면 우리는 그것들을 알아보지 못하는 정도가 아니라 하나님을 알아보지 못한다. 잘 보기만 한다면 하나님의 선하심은 언제나 훤히 보인다. "그는 우리 각 사람에게서 멀리 계시지 아니하도다 우리가 그를 힘입어 살며 기동하며 존재하느니라"(행 17:27-28).

선교사들은 하나님 나라와 관련된 아주 중요한 일들만 생각한다고 우리는 상상할지 모른다. 그러나 짐 엘리엇이 에이미 카마이클(Amy Carmichael)과 자신에 대해 하는 말을 들어보라(둘 다 희생으로 알려진 선교사의 최종 후보감이다). 아내 엘리자베스에게 보낸 편지에 그는 이렇게 썼다.

> 에이미 카마이클은 작은 기쁨들을 노래한 적이 있지요. 찾는 이 외에는 아무에게도 눈에 띄지 않는 길가의 꽃처럼 말입니다…조용히 저무는 해나 붙임성 있는 개나 밝은 미소 같은 작은 것들. 유치원 때 불렀던 짧은 노래 가운데 지금도 잊히지 않는 것이 있습니다. "이 세상엔 뭐든지 다 있고요/ 우린 모두 왕자처럼 행복하지요." 간단하지만, 불평하는 마음을 호되게 꾸짖는 가사입니다! 그리스도 안에 있는 우리의 기쁨이 너무 귀하게 느껴집니다. 위로 천국과 아래로 이 땅이 점점

밝고 아름다워집니다.¹⁴

행복하게 그리스도를 따르는 사람들은 모든 구석구석에서 하나님의 임재를 알아본다

알렉산더 맥클라렌(Alexander Maclaren, 1826-1910)은 "하나님의 충만한 자비를 일상생활 속에서 쾌활하고 즐겁게 느끼는 감각을 힘써…기르라"고 권고했다.¹⁵ 하나님의 "충만한 자비"가 보이지 않는다면 이는 자비가 없어서가 아니라 우리 눈이 멀어 그것을 보지 못하기 때문이다.

『개인 기도』는 C. S. 루이스가 죽기 6개월 전에 써서 사후에 출간된 그의 마지막 책이다. 거기에 루이스는 "하나님의 임재를 무시할 수는 있지만 피할 수 있는 곳은 어디에도 없다. 세상은 그분으로 충만하다. 그분은 어디에나 숨어 다니신다"라고 썼다.¹⁶

루이스는 창조 세계를 통한 하나님의 자기 계시를 이렇게 생생히 묘사했다. "숲속에 비쳐드는 한 줄기 햇살은 천문학 서적으로는 도저히 알 수 없는 태양에 관한 무언가를 가르쳐준다. 이런 순전하고 자생적인 기쁨은 우리의 경험이라는 숲속에 비쳐드는 '하나님의 빛줄기'다."¹⁷

우리가 실내에 사느라 보지 못한 하나님의 빛줄기가 얼마나 많을까? 보았다 해도 그 실체를 알아보지 못한 경우는 또 얼마나 많을까?

어떤 사람들은 우리가 만일 큰일 속에서 하나님을 본다면 작은 일 속에서 그분을 보는지 여부는 별로 중요하지 않다고 믿는 것 같다. 루이스의 생각은 달랐다. "낮은 차원의 일로 하나님을 경배하는 습관이 배어 있지 않다면 우리는—적어도 나는—높은 차원의 일로도 그렇게 할 수 없다."¹⁸

그리스도인들이 행복한 것은 옳은 일이다. 악이 존재하지 않다거나 우리가 고난에 무심해서가 아니라 악이 비본성적이며 한시적임을 우리가 알기 때문이다. 그뿐 아니라 우리는 악과 고난의 문제를 해결하는 데 필요한 모든 일을 하나님이 우리와 세상을 위해 이미 행하셨음을 안다. 그분은 악과 고난까지도 선용하여 악한 일이 존재하지 않았을 경우보다 훨씬 더 많은 선과 행복을 이루신다. 암과 싸우는 사람들이나 억울하게 옥에 갇힌 사람들의 마음속에 하나님을 향한 감사가 넘칠 수 있음도 바로 그래서다.

루이스는 이 모두를 찬양과 감사로 연결했다. 창조주를 대면하여 뵙기 얼마 전에 그는 창조 세계를 통한 하나님의 자기 계시에 대해 이렇게 썼다.

> 이 천국의 열매는 즉각 자기가 자라난 과수원의 냄새를 풍긴다. 상큼하게 불어오는 이 공기는 자기가 떠나온 나라를 속삭여준다. 여기에 메시지가 있다. 주의 오른편에 영원한 즐거움이 있다고 했는데, 그 오른손의 손가락이 우리를 만지고 있음을 우리는 안다. 감사나 찬양은 결코 나중에야 벌어지는 별도의 사건이 아니다. 하나님의 작은 현현을 경험하는 것 자체가 곧 경배다.
> 감사는 지당하게도 "내게 이것을 주시는 하나님은 얼마나 좋으신 분인가"라고 외치고, 경배는 "그분은 어떤 속성의 존재이실까…"라고 말한다. 우리 마음은 햇빛을 넘어 해에게로 거슬러 올라간다.[19]

우리가 사는 세상은 매사에 속전속결이다. 우리는 어느새 느림과 꾸물거림을 미워하는 데 익숙해졌다. 그럴수록 소리를 끄고, 스크린에서 눈을 떼며, 속도를 늦추고, 더 자주 침묵하며, 하나님이 창조하신 세상에 눈과 귀를 열어야 한다. 그래야 그분을 배울 수 있다. 때로는 눈을 감고 10분간 상상 속의 휴가를 떠나 자신이 좋아하는 곳들을 예수님과 함께 다니는 것도 좋다.

하나님은 매시간 우리에게 감사해야 할 이유를 헤아릴 수 없이 많이 주신다. 내 말이 과장처럼 들리거든 당신을 에워싼 그분의 은혜로운 공급들을 알아보게 해달라고 기도하라. 감사를 훈련하여 습관을 들이면 하나님께는 더 큰 찬양이 돌아가고 우리에게는 더 큰 행복이 돌아온다. 삶이 고달플 때도 우리는 하나님이 고난 속에 함께하시고, 고난을 통해 선을 이루시며, 약속대로 고난을 영원히 종식시키실 것으로 인해 감사할 수 있다.

행복 일기를 써보라. 당신 주변에 명백히 보이는 하나님의 선하심을 매일 기록하라. 시간이 갈수록 그분이 주신 선물이 점점 더 많이 보일 것이다. 실제로 많아져서가 아니라 원래부터 있던 것들을 볼 수 있는 당신의 눈이 드디어 뜨였기 때문이다.

감사의 표현은 하나님을 영화롭게 하고 행복을 퍼뜨리는 거룩한 습관이다

우리는 늘 하나님을 기쁨의 가장 큰 원천으로 인정하는가? 가진 것에 대한 감사보다 없는 것에 대한 불만으로 가득 차 있지는 않은가? 아니면 있을 수도 있었는데 다행히 없는 문제들로 인해 하나님께 감사하는가? (나는 몇 가지 건강상의 문제가 있지만 병원에서 제시한 질문지를 작성할 때마다 몇 페이지에 걸친 질병과 장애 목록 가운데 표시해야 할 항목이 얼마 안 되어 하나님께 감사드린다!)

누가복음에 예수님께 나병을 고침 받은 열 사람이 나온다. 그중 하나만 돌아와 감사를 표했다. 예수님이 그에게 던지신 질문에는 감사할 줄 모르는 우리를 향한 하나님의 슬픔이 묻어난다. "열 사람이 다 깨끗함을 받지 아니하였느냐 그 아홉은 어디 있느냐"(참조. 눅 17:11-19).

이어 예수님은 유일하게 돌아온 그 사람을 이렇게 칭찬하신다. "일어나 가라 네 믿음이 너를 구원하였느니라"(눅 17:19). 이것은 우리를 향한 하나님의 무수한 자비에 감사할 때에만 누리는 치유—몸의 치유보다 훨씬 큰—의 좋은 예다(그분의 자비는 아무리 받아 누려도 바닥나지 않지만 더 많이 헤아릴수록 감사도 많아진다).

20세기를 대표하는 가장 행복하고 똑똑한 지성 중 하나였던 G. K. 체스터턴의 말처럼 아이들은 크리스마스 양말이 사탕이나 장난감으로 채워져 있으면 감사한다. 하지만 그 양말에 들어가는 "두 다리라는 신기한 선물"에 대해서는 어떤가? "우리는 쿨렌이나 슬리퍼 같은 생일 선물을 준 사람들에게 감사한다. 출생이라는 생일 선물에 대해서는 아무에게도 감사할 수 없는가?"[20]

식사 때마다 하나님께 감사 기도를 드리는 것은 좋은 습관이다. 하지만 이 습관을 왜 식사에만 국한해야 하는가? 온종일 수많은 다른 것으로 인해서는 왜 감사하지 않는가?

체스터턴은 이렇게 썼다.

> 당신은 식전에 감사한다.
> 좋다.
> 하지만 나는 연극과 오페라를 보기 전에도 감사한다.
> 음악회와 팬터마임이 시작되기 전에도 감사한다.
> 책을 펴기 전에도 감사한다.
> 그림을 그리거나…권투하거나 걷거나 놀거나 춤추기 전에도 감사한다.
> 펜에 잉크를 묻히기 전에도 감사한다.[21]

하나님께 감사하면 가장 힘들 때에도 평안이 찾아온다

아내와 나는 우리 딸의 수술을 맡아 암으로 의심되던(암은 아니었다) 덩어리를 제거해준 의사에게 감사했다. 하지만 의사에게 기도한 것은 아니다. 우리는 하나님께 기도했고 결과의 공로도 그분께 돌렸다. 의사의 손이 하나님의 주권적 통제 아래 있음을 알았기에 그분이 주신 의술로 인한 우리의 감사는 줄어든 것이 아니라 더 커졌다.

물론 모든 상황이 우리의 바람과 기도대로 풀리는 것은 아니다. 그러나 결과와 무관하게 하나님의 주권적 계획을 인정하고 감사드리면 그만큼 다른 사람을 탓하거나 원망하지 않게 된다.

비극 앞에서 다른 사람을 탓하여 불행을 증폭시키는 사람들이 많다. 분노는 회복을 방해하고 배은망덕한 마음을 키운다. 사도 바울은 "아무 것도 염려하지 말고 다만 모든 일에 *기도와 간구로*, 너희 구할 것을 *감사함*으로 하나님께 아뢰라 그리하면 모든 지각에 뛰어난 하나님의 평강이 그리스도 예수 안에서 너희 마음과 생각을 지키시리라"(빌 4:6-7, 강조 추가)고 썼다. 기도에 감사가 더해지면 하나님만이 주실 수 있는 평안이 따른다.

참된 믿음은 하나님의 계획이 내 계획과 다를지라도 거기에 복종한다. 그러므로 기도할 때 우리는 자신의 믿음을 믿을 것이 아니라 하나님을 믿어야 한다. "너는 마음을 다하여 여호와를 신뢰하고 네 명철을 의지하지 말라"(잠 3:5). 하나님께 기도할 때는 거리낌 없이 구하되 요구하거나 고집하지 말고 신뢰하고 복종해야 한다. 그러면 감사하는 데 도움이 된다.

하나님은 우리가 구하는 대로 행하실 의무가 없다. 힘들거나 고통스러운 상황에서 구해달라고 우리가 거리낌 없이 구할 수는 있으나 모든 상황의 최종 결과는 전적으로 하나님의 소관이다. 잠언 19장 21절에 보면 "사람의 마음에는 많은 계획이 있어도 오직 여호와의 뜻만이 완전히 서리라"고 했다. 무슨 일이 있더라도 우리는 하나님의 지혜와 선하심과 사랑을 신뢰하고 그분께 감사해야 한다.

헬렌 로즈비어(Helen Roseveare) 박사는 반군의 위협이 상존하던 시기에 콩고에서 의료 선교사로 일했다. 1964년 8월에 현지의 추장이 납치되어 산 채로 살가죽이 벗겨졌다는 소문이 돌았다. 헬렌을 비롯하여 아직 인접국으로 피하지 않았던 여자 선교사들도 어느 날 밤에 총부리를 들이댄 게릴라군에게 잡혔다. 병원은 5개월 동안 그들의 손아귀로 넘어갔다. 반군들은 이 여성들을 잔인하게 때리고 강간했다.[22]

헬렌은 그 어둡던 첫 밤을 잊은 적이 없다. "철저히 혼자라고 느껴졌다. 한순간 하나님이 나를 저버리셨다고 느껴졌다. 그분이 개입하여 이 극으로 치닫는 악과 잔혹한 짓을 막으실 수도 있었다. 그들의 손에서 나를 구하실 수도 있었다. 그분은 왜 침묵하셨을까? 왜 개입하지 않으셨을까?"[23]

그러나 그 끔찍한 시련 속에서 주께 부르짖던 그녀는 하나님이 이렇게 말씀하시는 것을 느꼈다. "헬렌아, 내게 감사할 수 있겠느냐?" 헬렌은 이렇게 썼다. "치유와 해방은 내가 이렇게 아뢰는 순간에 시작되었다. '주님, 저를 믿어주시고 이런 경험을 허락하신 주님께 기꺼이 감사드리겠습니다. 끝내 제게 이유를 말씀해주지 않으신다 해도 말입니다.' 상황은 하나도 달라지지 않았지만 주님이 그 상황 속에서 나를 변화시키셨다."[24]

권리 의식은 우리의 행복과 하나님의 영광을 앗아간다

앤 보스캠프(Ann Voskamp)는 "결국 사탄은 본질상 배은망덕하다. 그는 에덴동산의 심장부에 자신의 독을 심었다. 사탄의 죄가 온 인류가 지은 첫 죄가 되었으니 곧 배은망덕의 죄다…이전에나 앞으로나 우리의 타락이란 곧 하나님과 그분이 주신 것들로 만족하지 못하는 것이다"라고 설명했다.[25]

우리에게 권리 의식보다 해로운 독소는 없다. 그런데 우리 문화에는 물론 때로는 안타깝게도 교회들에도 그것이 만연해 있다. 우리는 가족, 친구, 이웃, 교회, 항공사, 웨이터 등 거의 모두에게 실망한다. 그 과정에서 분명히 드러나는 것은 우리가 정말 실망하는 대상은 하나님이라는 사실이다. 그분이 주권자라면 우리를 이 모든 짜증나는 상황에 처하게 하신 분도 그분일 테니 말이다. 그분이 감히 어떻게 우리가 원하는 것을 우리가 원하는 때에 주지 않으신단 말인가?

우리가 처한 상황을 똑똑히 볼 수 있다면 얼마나 좋을까. 추방되어 마땅한 우리에게 그분은 사면장을 주신다. 사형당해 마땅한 우리에게 그분은 승리의 행진을 주신다. 주체할 수 없는 감사 외에는 그 무엇도 합당하지 못하다. 그분은 우리에게 아무런 빚도 없으시나 우리는 모든 것을 그분께 빚졌다.

"누가 주께 먼저 드려서 갚으심을 받겠느냐"(롬 11:35). 그런 사람은 아무도 없다.

지독한 박해를 받고 있는 그리스도인들도 하나님이 날마다 주시는 복으로 인해 깊이 감사한다. 그런데 커피가 덜 뜨겁다고 감히 어떻게 우리가 뿌루퉁해서 징징거린단 말인가?

"하나님, 우리의 눈을 뜨게 하사 주의 기이한 은혜를 보게 하소서!"

우리는 불평하는 마음이 하나님 보시기에 얼마나 큰 죄인지 과소평가한다.

"여호와께서 들으시기에 백성이 악한 말로 원망하매 여호와께서 들으시고 진노하사 여호와의 불을 그들 중에 붙여서 진영 끝을 사르게 하시매"(민 11:1).

어느 신문의 독자 투고란에 이런 편지가 실렸다. "행복이란 집에 조금 늦었다고 부모에게 초죽음당하지 않는 것이다. 행복이란 나만의 방이 있는 것이다. 행복이란 나를 믿어주는 부모가 있는 것이다. 행복이란 간절히 바라던 전화가 걸려오는 것이다. 행복이란 나도 다른 사람들처럼 옷을 잘 입는 것이다. 이런 행복이 나에게는 없다. 15세의 불행한 소녀."[26]

며칠 후 이 편지에 대한 답신으로 어느 13세 소녀가 쓴 글이 똑같은 칼럼에 실렸다. "행복이란 걸을 수 있는 것이다. 행복이란 말할 수 있는 것이다. 행복이란 볼 수 있는 것이다. 행복이란 들을 수 있는 것이다. 불행이란 이 모두를 할 수 있으면서도 자신이 행복하지 않다고 말하는 15세 소녀의 편지를 읽는 것이다. 나는 말할 수 있고 볼 수 있고 들을 수 있지만 걸을 수는 없다. 13세의 행복한 소녀."[27]

자족하고 감사하는 삶의 좋은 본보기가 되는 사람들과 함께 지내면 그들의 고마운 마음이 우리에게도 옮겨 붙는다. 그러나 비난을 일삼는 배은망덕한 사람들과 어울리면 우리에게 독이 된다. 불평이 당연해진다.

세상의 기준으로 볼 때 더 많이 가진 듯한 사람들이 오히려 정말 중요한 부분에서는 더 빈곤하다. 사실 세상에서 가장 부유한 사람들은 그리스도와 더불어 깊고 겸손하며 감사에 젖은 인격적 관계를 누리는 이들이다.

하나님의 은혜를 바로 알면 늘 깊은 감사가 뒤따른다

하나님의 사람들이 우리 문화의 특징인 권리 의식과 배은망덕을 그대로 드러낸다면 우리가 세상에 내놓을 것은 무엇인가? 복음을 소유한 우리는 무언가 달라야 하지 않겠는가? 그리고 그 차이는 하나님을 향한 깊은 감사로 나타나야 하지 않겠는가?

하나님의 은혜에 경탄하지 못하게 막는 것이라면 우리에 대해서든 그분에 대해서든 아무것도 믿어서는 안 된다.

어쩌면 부모가 자녀에게 전수할 수 있는 최고의 유산은 하나님이 주시는 매일의 복을 인지하고 늘 감사로 반응하는 능력이다. 우리는 "감사함을 넘치게" 해야 한다(골 2:7).

하나님의 은혜를 조금이라도 제대로 안다면 우리는 무릎 꿇고 울 것이다. 그러다 일어나서 춤추고 미소 짓고 웃고 서로를 보며 말할 것이다. "우리가 용서받았다니 이게 정말 믿어지는가!"

은혜로 산다는 것은 자신이 보잘것없는 존재임을 날마다 인정한다는 뜻이다. 당연하게 생각하는 일에는 아무도 감사하지 않는다. 그러나 받을 자격이 없음을 아는 사람은 깊이 감사하게 된다.

어떤 상황에서든 하나님께 감사하며 그분의 기쁨을 누릴 수 있다

에베소서 5장 18-20절에 보면 "오직 성령으로 충만함을 받으라 시와 찬송과 신령한 노래들로 서로 화답하며 너희의 마음으로 주께 노래하며 찬송하며 범사에 우리 주 예수 그리스도의 이름으로 항상 아버지 하나님께 감사하며"라고 했다. 성령으로 충만해지는 것과 범사에 감사하는 것은 불가분의 관계다.

즐거운 일이든 애통한 일이든 하나님께 감사를 표현하지 않아도 되는 때는 없다. 시편 140편 13절에 "진실로 의인들이 주의 이름에 감사하며"라는 말씀이 있다. 하나님의 사람들은 감사하는 것이 마땅하다.

제라드 맨리 홉킨스(Gerard Manley Hopkins, 1844-1889)는 "세상은 하나님의 장엄함으로 충만하다"라고 썼다.[28] 하나님께 열성을 다해 감사하지 않는 사람은 타락한 세상에 소망과 행복의 빛을 비추는 그분의 장엄함을 보지 않는 것이다.

타락으로 인한 저주가 행복에 그림자를 드리웠지만 하나님을 향해 진심으로 감사할 때 그것은 빛이 되어 그 그림자를 몰아낼 것이다. 우리는 이 순간의 행복을 누리기보다 미리부터 더 행복한 일을 찾느라 행복한 한때마저 망치는 경향이 있다.

앤 보스캠프는 이렇게 썼다.

> 감사가 가능한 한 기쁨도 항상 가능하다. 기쁨은 항상 가능하다. 언제 어디서나, 즉 지금 여기서도 가능하다. 기쁨의 성배(聖杯)는 머나먼 이국땅이나 정서적으로 절정에 이르는 경험 속에 있지 않다. 기쁨의 경이는 여기에 있을 수 있다! 지금 여기의 혼란스럽고 쓰라린 고통 속에서도 기쁨은 신기하게 가능하다![29]

일부러 행복해지는 일은 어려워 보일 수 있지만 감사를 선택하는 일은 어렵지 않다. 감사는 매번 행복의 불을 지핀다. 우리는 늘 감사 제목을 쭉 적어 하나님께 아뢸 수 있다. 친구, 자녀, 손자손녀, 친척 등 사랑하는 이들에게도 나눌 수 있다. 상황이 아무리 어려워도 감사에 따라오는 행복은 늘 우리의 손이 닿는 곳에 있다.

직접 해보고 어떻게 되는지 보라! 보스캠프는 "아무리 후회해도 과거는 달라지지 않고 아무리 염려해도 미래는 변하지 않는다. 그러나 감사하는 기쁨이 조금만 있어도 현재가 달라진다"라고 말했다.[30] 설령 인생 최악의 고난이 우리 앞에 놓여 있다 해도 사랑의 하나님은 그것이 잠깐일 뿐이라며 우리를 안심시켜주신다. 그리스도가 재림하시거나 우리가 죽으면 고난은 영원히 끝난다. 이런 영원한 관점이 우리에게 절실히 필요하다. 우리 삶이 주로 지금 여기를 위한 것이 아니라 내세를 위한 것임을 늘 인식해야 한다. 그래서 스코틀랜드의 전도자인 던컨 매티슨(Duncan Matheson, 1824-1869)은 "주여, 저의 눈동자에 영원의 도장을 찍어주소서"라고 기도했다.[31]

하나님의 자녀인 우리는 행복이 현세에는 유한하지만 내세에는 무한할 것을 상기하며 감사해야 한다. 부활한 백성이 새 땅에서 보낼 '평범한 하루'가 여기서 경험한 최고의 하루보다 무한히 더 나을 것이다.

낸시 레이 드모스는 "감사를 사고방식과 생활 방식으로 선택한 사람은 모든 일을—정말 모든 일을!—감사의 눈으로 볼 수 있다. 온 세상이 달라 보인다"라고 썼다.[32]

우리가 감사를 기본값으로 삼으면 감사와 행복이 불가분의 관계임을 알게 된다. 다시는 배은망덕이라는 황량한 불모지로 돌아가고 싶지 않을 것이다. 하나님께 "어쩌자고 저한테 그러셨습니까?"라고 묻던 것을 그만두고 대신 그리스도가 베푸신 구속의 희생을 바라보며 "왜 저를 위하여 그 일을 해주셨습니까?"라고 물을 것이다.

Chapter·41

행복과 희망:
기대치를 조정하라

> 인자로 말미암아 사람들이 너희를 미워하며 멀리하고 욕하고 너희 이름을 악하다 하여 버릴 때에는 너희에게 복이 있도다 그날에 기뻐하고 뛰놀라 하늘에서 너희 상이 큼이라.
>
> 예수(누가복음 6:22-23)

> 내 마음을 다해 사랑하는 자녀들이여, 그러므로 행복하게 살라! 황송하게도 하나님이 인간에게 미래를 계시해주시기 전까지는 인간의 모든 지혜가 "희망을 품고 기다리라"는 이 한마디 속에 들어 있음을 잊지 마라.
>
> 알렉상드르 뒤마(Alexandre Dumas)

어떤 사람이 손녀와 함께 공원 벤치에 앉아 있는데 나그네가 이렇게 물었다고 한다. "여기는 다정한 동네인가요? 저는 늘 싸움을 일삼는 동네에서 왔습니다만 여기도 혹시 그런 곳일까요?"

할아버지는 "친구여, 그렇다오. 분명히 여기도 그런 곳일 것이오"라고 대답했다. 그러자 나그네는 슬픈 기색으로 걸음을 옮겼다.

얼마 후에 다른 나그네가 멈추어 섰다. "제가 살던 동네에는 즐거운 사람들이 많았습니다. 이곳에도 그런 멋진 사람들이 있을까요?"

할아버지는 미소를 지으며 "친구여, 잘 오셨소! 분명히 그럴 것이오"라고 대답했다.

나그네가 떠나자 손녀가 어리둥절하여 물었다. "할아버지, 두 사람 다 똑같이 물었는데 왜 대답을 다르게 하셨어요?"

그러자 할아버지는 이렇게 답했다. "첫 번째 사람은 싸움을 예상했고 두 번째 사람은 행복을 기대했단다. 각자 정확히 자기가 기대한 대로 얻게 될 거란다."

최고를 기대하는 사람은 정말 대개 최고를 만나고 최악을 예상하는 사람은 대개 최악을 얻는다. 프레데릭 랭브리지(Frederick Langbridge, 1849-1922)는 그것을 이렇게 표현했다. "두 사람이 똑같은 창살을 내다보지만 한 사람은 진흙만 보고 한 사람은 별을 본다."[1]

우리는 모든 상황, 모든 만남, 모든 관계 속에 자신을 들여놓는다. 노스다코타 주에 살던 불행한 사람이 행복을 찾아 캘리포니아 주로 이사하면 햇빛은 더 밝고 눈은 덜 오겠지만 행복은 커지지 않는다. 반면 캘리포니아 주에 살던 행복한 사람은 어디로 이주하든 행복도 그를 따라간다.

기대는 우리가 경험하는 삶에 지대한 영향을 미친다

우리가 품는 기대는 너무 크기도 하고 너무 작기도 하다. 덜 기대해야 할 것이 무엇이고 마땅히 기대치를 높여할 것이 무엇인지 알아야 한다.

긍정적인 사람도 부정적인 사람 못지않게 역경에 부딪힌다. 그가 기대를 갖는다고 해서 그것이 환경을 통제하지는 못하지만 바른 관점을 심어준다. 낙관론자는 더 많은 선(善)을 볼 줄 알며 힘든 시기에도 구속의 요소를 찾아낸다. 성경은 "의인의 소망은 즐거움[행복]을 이루어도 악인의 소망은 끊어지느니라"(잠 10:28)고 말씀하고, 잠언 11장 23절에서도 "의인의 소원은 오직 선하나 악인의 소망은 진노를 이루느니라"고 말씀한다.

소설 『폴리애나』(Pollyanna)에는 목사였던 아버지와 어머니를 잃은 명랑한 고아 소녀가 나온다. 폴리애나는 '기쁨놀이'를 통해 아무리 환경이 어려워도 기뻔할 일을 찾아낸다.

지금은 그 이야기가 와전되어 터무니없이 낙관적인 사람들이 조롱조로 "폴리애나"라고 불리는 경우가 많다. 그러나 폴리애나는 그 낙관주의를 자기 아버지에게서 배웠다. 그는 성경에서 "기쁨의 본문"을 8백 군데도 더 찾아내 낙심과 싸웠던 사람이다. 폴리애나는 "하나님이 기뻐하고 즐거워하라는 말씀을 수고스럽게 8백 번도 더 하셨다면 우리에게 그것을 정말 원하신다는 뜻이라고 아버지가 그랬어요"라고 말한다.[2]

폴리애나의 행복은 현실을 부정하는 것이 아니라 비관론자들이 보지 못하는 현실까지 인정한다. 현대의 냉소주의자들은 이렇게 어린아이처럼 하나님을 신뢰하는 마음을 비웃을 것이 아니라 거기서 배워야 한다.

디즈니랜드는 지상에서 가장 행복한 곳을 표방하지만 연구 결과를 보면 다르다. 시사 프로그램 "60분"(60 Minutes)을 진행한 몰리 세이퍼(Morley Safer)에 따르면 지상에서 가장 행복한 나라는 덴마크로 밝혀졌다. 덴마크보다 더 부유한 미국은 23위였고 영국은 41위였다. 행복 순위 1위에 오른 덴마크의 놀라운 비결은 무엇일까? 그것은 덴마크 사람들의 기대치가 낮기 때문이다. "60분"에 소개된 여러 인터뷰에서 드러나듯 그들은 미국 사람들보다 수수한 꿈을 꾸며, 희망이 실현되지 않아도 고통을 덜 받는다.[3]

덴마크 사람들의 전반적 인생관은 타락의 교리와 맥을 같이한다. 덴마크 사람들은 뜻대로 풀리지 않는 삶에 놀라는 것이 아니라 상황이 이보다 더 나쁘지 않은 것에 감사한다. 오히려 건강하고 성공할 때 놀라며 행복해한다. 의식주가 해결되고 가족과 친구들과 함께 있으면 그들에게는 그것이 좋은 삶인 것이다.

현실적 기대와 긍정적 기대에는 양쪽 다 성경의 근거가 있다. 우리가 사는 세상에는 분명히 고난과 죽음이 있다. 그러나 그리스도인인 우리는 하나님이 우리와 함께 계시며 결코 우리를 버리지 않으실 것을 안다. 장차 우리가 덴마크나 디즈니랜드에서 보낸 최고의 날보다도 훨씬 더 행복한 구속된 땅에 살게 될 것도 안다.

타락한 세상에 대한 기대치를 낮추면 적은 것으로 자족할 수 있고, 그러다 기대 이상을 받으면 행복해진다

우리는 삶에서 자동으로 누려야 한다고 생각하는 온갖 혜택에 대해서는 기대치를 낮추는 대신 그리스도와 그분이 매일 우리 안에 이루고 계신 일에 대해서는 기대치를 높여야 한다.

내게 좋은 친구가 둘 있는데 하나는 비관론자고 하나는 낙관론자다. 낙관론자가 더 잘 지낼 때도 있다. 그는 자신이 기대한 대로 긍정적인 것들을 보기 때문이다. 그러나 삶이 그의 기대에 어긋나게 나쁜 쪽으로 틀어지면 그도 정서적으로 참담해질 수 있다.

비관론자 친구는 일이 꼬여도 놀라거나 괴로워하지 않는다. 어차피 그 이상을 기대하지 않았기 때문이다. 하지만 사고방식이 그렇다 보니 그는 하나님이 날마다 행하시는 웅대한 일과 그로 인한 행복을 놓칠 때가 있다.

이 두 입장 사이의 어디쯤에 성경적 현실주의라는 행복한 중도가 있다. 그 길로 가면 삶의 난관을 정직하게 직시하면서도 하나님의 주권을 신뢰하는 가운데 장래의 일을 기쁨으로 기대할 수 있다.

우리 삶이 행복한 정도는 다분히 다음의 요소들에 달려 있다.

1. 당연히 내 몫이어야 한다고 생각하는 행복의 양
2. 하나님이 구속하실 타락한 세상에서 즐거움을 찾아내는 능력
3. 작은 것들—간과하기 쉬운 우리 주변의 무수히 많은 행복의 이유들—을 볼 줄 아는 능력

C. S. 루이스는 이렇게 말했다.

이 세상을 순전히 우리의 행복을 위해 존재하는 곳으로 생각한다면 당신은 아마 견디기 힘들 것이다. 그러나 세상을 훈련과 교정의 장소로 생각하면 그렇게 나빠 보이지 않을 것이다.

많은 사람이 동일한 건물에 살고 있다고 하자. 그중 절반은 그곳을 호텔로 생각하고 나머지 절반은 감옥으로 생각한다. 호텔로 생각하는 무리는 견디기 힘들 수 있지만 감옥으로 생각하는 무리는 정말 놀랍게도 그곳이 편할 수 있다. 이렇듯 흉해 보이는 교리가 결국은 우리에게 힘과 위로가 된다. 이 세상을 낙관적으로 보려는 사람들은 비관론자가 되겠지만 관점이 아주 냉엄한 사람들은 오히려 낙관적이 된다.[4]

G. K. 체스터턴은 『정통』(Orthodoxy, 상상북스 역간)에서 많은 사람이 부정적으로 보는 긍정적 요소 하나를 지적했다. 바로 현재의 세상을 불편하게 느끼는 마음이다.

기독교적 낙관론의 기초는 우리가 이 세상에 들어맞지 않는다는 사실에 있다…현대의 철학자들은 여기가 내 자리라고 자꾸 우겼고 거기에 묵종했음에도 나는 여전히 우울했다. 그러나 여기가 내 자리가 아니라는 말을 듣고는 내 영혼이 봄날의 새처럼 기뻐 노래했다. 그 사실을 알고 나니 내가 유년기를 보낸 어두운 집과 방들이 모습을 드러내며 환해졌다. 왜 풀밭이 내게는 늘 어느 거인의 초록빛 수염만큼이나 괴상해 보였고, 왜 내가 집에서도 향수(鄕愁)를 느낄 수 있는지 이제 나는 안다.[5]

우리가 바라는 것과 가진 것 사이에는 대개 괴리가 있다

심리학자 리처드 칼슨(Richard Carlson, 1961-2006)의 책 『우리는 사소한 것에 목숨을 건다』(Don't Sweat the Small Stuff, 창작시대 역간)에 강조되어 있듯이 우리가 바라는 것과 가진 것 사이의 괴리가 적을수록 더 행복해진다. 그런데 불행히도 우리는 바라던 것을 얻는 순간 습관적으로 그보다 더 나은 것 쪽으로 생각이 휩쓸린다.

칼슨은 "결국 행복을 느끼는 유일한 길은 자신이 생각하는 행복의 요건에 집착하던 것을 그만두고 지금 가진 것으로 행복해하는 것이다"라고 말했다.[6] 지당해 보이는 말인데도 "우리 대부분은 정반대로 한다."[7]

우리는 이런 식으로 생각한다. '내게 이것만 있다면…내가 이런 모습이기만 하다면…내 주변 사람들이 저렇게 해주기만 한다면…그러면 나는 행복할 것이다.'

하지만 진실은 다음과 같다. 주권자 하나님이 나를 사랑하시고, 그분과 나의 간극을 이으셨으며, 내 안에 살아 계시고, 내게 그분을 사랑하고 예배하며 높일 능력과 그분의 사랑을 다른 사람들에게 나눌 능력을 주신다면, 그러면 나는 행복의 모든 요건을 갖춘 것이다.

칼슨 박사가 제시한 원리를 사도 바울의 글에서도 볼 수 있다.

> 내가 주 안에서 크게 기뻐함은 너희가 나를 생각하던 것이 이제 다시 싹이 남이니…내가 궁핍하므로 말하는 것이 아니니라 어떠한 형편에든지 나는 자족하기를 배웠노니 나는 비천에 처할 줄도 알고 풍부에 처할 줄도 알아 모든 일 곧 배부름과 배고픔과 풍부와 궁핍에도 처할 줄 아는 일체의 비결을 배웠노라 내게 능력 주시는 자 안에서 내가 모든 것을 할 수 있느니라 (빌 4:10-13).

물론 바울도 배고픔과 궁핍보다 배부름과 풍부를 선호했지만 자신이 원하는 것들에 집착하지 않았다. 그의 자족은 그리스도 안에 있었다(참조. 빌 4:13). 우리의 자족이 그리스도 안에 있으면 그 자족은 영구적이다. 그만큼 그분을 신뢰할 수 있기 때문이다. 우리의 행복이 그리스도 안에 있으면 그 행복은 잃을 수 없다. 그리스도를 잃을 수 없기 때문이다.

최악을 예상할 것이 아니라 통제할 수 있는 부분은 통제하고 나머지는 하나님께 맡겨야 한다

염려는 높은 기대와 낮은 통제의 산물이다. 염려에는 다음과 같은 미묘한 면이 있다. 관심이 있다면 염려하는 것이 당연하다고 우리는 생각한다. 마치 그게 조금이라도 도움이 될 것처럼 말이다. 사실 염려는 구속(救贖)에 전혀 무가치하다. 우리는 좋은 일이 생기면 나쁜 일이 터질까 염려하고 나쁜 일이 생기면 그보다 더한 일이 터질까 염려한다. 예수님은 "너희 중에 누가 염려함으로 그 키를 한 자라도 더할 수 있느냐"(눅 12:25)라고 물으신다.

우리는 힘닿는 한 주도적인 자세로 통제해야 하지만 또한 삶의 큰 부분이 나의 통제를 벗어나 하나님의 통치 아래에 있음을 알아야 한다. 이것이 기독교 세계관의 매력이다. 성경은 우리에게 "오직 우리 하나님은 하늘에 계셔서 원하시는 모든 것을 행하셨나이다"(시 115:3)라고 말한다. 또 "사람이 마음으로 자기의 길을 계획할지라도 그의 걸음을 인도하시는 이는 여호와시니라"(잠 16:9)고 우리를 안심시킨다. 하나님은 영원히 지혜롭고 선하시지만 우리는 그렇지 못하다. 그러므로 우리가 통제하는 것보다 그분이 통제하시는 것이 훨씬 낫다.

계획은 대개 선하고 필요한 것이지만 마치 결과가 우리의 소관인 것처럼 계획해서는 안 된다. 성경은 우리의 기대치를 현실에 맞게 조정하라고 말한다.

> 들으라 너희 중에 말하기를 오늘이나 내일이나 우리가 어떤 도시에 가서 거기서 일 년을 머물며 장사하여 이익을 보리라 하는 자들아 내일 일을 너희가 알지 못하는도다 너희 생명이 무엇이냐 너희는 잠깐 보이다가 없어지는 안개니라 너희가 도리어 말하기를 주의 뜻이면 우리가 살기도 하고 이것이나 저것을 하리라 할 것이거늘 이제도 너희가 허탄한 자랑을 하니 그러한 자랑은 다 악한 것이라(약 4:13-16).

하나님이 매일 은혜를 주시는 것은 있지도 않은 수많은 나쁜 일 대신 실제로 있는 일에 대처하라고 하시는 것이다.

르네상스 시대의 프랑스 철학자 미셸 드 몽테뉴(Michel de Montaigne, 1533-1592)는 "내 인생에 끔찍한 불운이 가득했는데 그중 대부분은 발생하지 않았다"라고 말했다.[8] 있지도 않은 일(앞으로도 아마 없을 일)로 염려하면 행복이 달아난다. 염려한 일이 발생하지 않으면(대개 그렇다) 나는 시간을 낭비한 것이다. 설령 그런 일이 일어나도 여전히 시간을 낭비한 것이다.

미국의 시인 제임스 러셀 로웰(James Russell Lowell, 1819-1891)은 "감당할 수 없는 불운은 결코 닥치지 않으리니 그 사실을 기억하고 힘을 내자"라고 썼다.[9]

염려는 행복에만 어긋나는 것이 아니라 우리를 붙드시는 하나님의 은혜에도 어긋난다. 예수님이 장담하셨듯이 우리가 하나님과 그분의 나라를 첫자리에 두면 그분이 주권적으로 우리를 돌보신다. "그러므로 내일 일을 위하여 염려하지 말라 내일 일은 내일이 염려할 것이요 한 날의 괴로움은 그날로 족하니라"(마 6:34).

〈미국 의료유전학 저널〉(American Journal of Medical Genetics)에 대체로 염려하지 않는 편인 특정한 집단에 대한 놀라운 연구 결과가 게재되었다. "조사에 응한 사람들 중 거의 99퍼센트는…자신의 삶이 행복하다고 답했다. 97퍼센트는 자신을 좋게 보았고, 96퍼센트는 자신의 외모에 만족했으며, 거의 99퍼센트는…가족을 사랑한다고 말했고, 97퍼센트는 자신의 형제자매를 좋아했다."[10]

이 비범한 집단은 누구일까? 다운증후군이 있는 사람들이다. "근래의 많은 연구에서 밝혀졌듯이 다운증후군이 있는 사람들은 '정상인'보다 더 행복하게 살아간다. 부유하고 잘생기고 지성적인 사람들보다도 더 행복하다."[11]

그토록 행복한 사람들이라면 그들이 어느 집단이든 관계없이 누구나 그들이 더 많아지기를 원할 것 같지 않은가? 그러나 여러 연구에서 볼 수 있듯 태아에게 다운증후군 양성 진단이 내려지면 비참하게도 임신부의 89-97퍼센트는 낙태를 선택한다.[12] 가장 행복할 소지가 높은 아이들일수록 출생 전에 죽임을 당할 소지도 가장 높다는 뜻이다.

기대와 행복에 대한 일반 세상의 많은 결론도 성경과 일치한다

파킨슨병을 안고 살아가는 배우 마이클 J. 폭스(Michael J. Fox)는 "행복은 나의 수용과 정비례하고 나의 기대와 반비례한다"라고 말했다.[13]

영국의 저명한 교육자 데이비드 왓슨(David Watson, 1949-2015)은 현대의 대학을 "실망과 비관과 '도덕적 공황'의 문화가 만연한 심히 불행한 곳"으로 묘사했다.[14] 이런 불행의 원인을 그는 비현실적인 기대에서 찾았다. 그가 지적한 선택적 기억은 신화적 황금기—한때 학생들이 똑똑하고 의욕적이었다는 교육의 "좋았던 옛날"—에 대한 향수를 가리킨다.[15]

왓슨은 "학생들의 만족에 집착하다가…오히려 그것이 불행을 낳았을 수 있다"라고 진단했다. 그러면서 학생들이 행복의 권리를 주장할수록 더 "불평이 많아진다"라고 했다.[16] 왜 그럴까? 행복에 대한 기대가 비현실적이면 늘 실망할 수밖에 없기 때문이다.

독일의 철학자 아르투르 쇼펜하우어(Arthur Schopenhauer, 1788-1860)는 "아주 불행해지지 않는 가장 안전한 길은 아주 행복해지기를 기대하지 않는 것이다"라고 말했는데,[17] 운명론이지만 어느 정도 일리가 있다. 물론 우리 대부분이 원하는 바는 불행해지지 않는 것 이상이다!

하나님이 계시해주신 현실에 비추어보면 우리는 죄와 고난으로 물든 현 세상에서도 상당한 행복과 진심 어린 기쁨을 기대할 수 있다(참조. 삼상 18:6). 현재 우리가 누리는 행복에는 '때문에'와 '불구하고'가 공존한다. 우리는 그리스도 때문에 행복하고 타락의 저주에도 불구하고 행복하다.

우리의 악한 반항과 지당한 심판을 생각한다면 모든 행복은 크고 작고를 떠나 과분한 선물이다. 우리는 그것을 요구하거나 심지어 바랄 자격도 없다. 순전히 하나님의 은혜일 뿐이다. 지금 행복을 누린다면 감사한 일이다. 하지만 그렇지 못해도 장차 어느 날 우리의 행복이 충만하고 온전하며 끝이 없을 것을 우리는 안다.

자격 없는 우리를 향한 하나님의 파격적인 대우가 행복을 낳는다

예수님은 제자들에게 "이와 같이 너희도 명령받은 것을 다 행한 후에 이르기를 우리는 무익한 종이라 우리가 하여야 할 일을 한 것뿐이라 할지니라"(눅 17:10)고 말씀하셨다. 사실상 "너희에게 있지도 않은 자격을 있다고 생각하지 말라"는 말씀이다.

하나님은 아담과 하와가 그분을 등지고 죄를 선택할 때 벌어질 일을 "반드시 죽으리라"(창 2:17)고 명시하셨다. 이 말씀으로만 보더라도 우리가 당연히 예상해야 하는 것은 죽음뿐이다. 이것을 인정하는 사람만이 예수님이 약속하신 생명을 기뻐할 수 있다. 그분은 "나는 부활이요 생명이니"(요 11:25)라고 말씀하셨다.

자신에게 아무런 자격도 없음을 깨달으면 갑자기 세상이 살아난다. 물론 타락의 저주 아래에 놓인 삶은 고달프다(저주란 괜한 이름이 아니다)! 그래도 우리는 일이 틀어질 때마다 징징거리는 것이 아니라 하나님의 수많은 자비에 감격한다. 오로지 심판과 죽음과 지옥을 받아 마땅한 우리에게 구원과 은혜와 영생이 주어졌으니 우리 마음에 감사가 넘쳐흐른다. 날마다 하나님은 우리를 너그러이 대하실 뿐 아니라 바랄 권리조차 없는 많은 아름다움과 즐거움과 특권까지 거저 주신다.

일해주고 노임을 받는 사람은 아무 공로도 없이 용서받은 사람만큼 감사할 수 없다. 감사하는 마음으로 예수님의 발에 기름을 부은 여인에 대해 그분은 "그의 많은 죄가 사하여졌도다 이는 그의 사랑함이 많음이라 사함을 받은 일이 적은 자는 적게 사랑하느니라"(눅 7:47)고 말씀하셨다.

마땅히 영원한 지옥에 가야 할 당신이 장차 천국에 살며 끝없는 행복을 누릴 것이다. 그 사실을 알기에 아무리 '일진이 사나운 날'이라도 전체를 조망하는 시각으로 볼 수 있지 않겠는가?

행복에 대한 우리의 기대치를 높여주어야 할 진리들은 무엇인가?

우리를 향한 하나님의 사랑은 측량할 수 없다

바울은 에베소서에서 편지의 수신자들이 "능히 모든 성도와 함께 지식에 넘치는 그리스도의 사랑을 알고 그 너비와 길이와 높이와 깊이가 어떠함을 깨달아 하나님의 모든 충만하신 것으로 너희에게 충만하게 하시기를" 기도한다(엡 3:18-19).

같은 장을 그는 "우리 가운데서 역사하시는 능력대로 우리가 구하거나 생각하는 모든 것에 더 넘치도록 능히 하실 이에게 교회 안에서와 그리스도 예수 안에서 영광이 대대로 영원무궁하기를 원하노라"(엡 3:20-21)는 말로 맺는다.

성령의 감화로 된 이 본문은 우리가 하나님을 얼마나 크게 기대해도 되는지를 알려준다.

하나님은 우리가 죄를 자백할 때마다 선뜻 온전히 용서해주신다

묘하게도 어느 누구와의 관계보다 하나님과 좋은 관계를 회복하는 편이 더 쉽다. 이해하기 어렵지만 일단 그것을 깨닫고 나면 거기서 오는 행복이란 이루 말할 수 없다.

하나님은 우주에서 가장 거룩하신 존재므로 그분의 기준은 어느 피조물보다도 무한히 더 높다. 따라서 누구보다도 더 하나님이야말로 우리의 잘못을 벌하실 만하다는 결론이 쉽게 나온다. 그런데 사실은 반대다. "만일 우리가 우리 죄를 자백하면 그는 미쁘시고 의로우사 우리 죄를 사하시며 우리를 모든 불의에서 깨끗하게 하실 것이요"(요일 1:9). 우리가 상대에게 깊은 상처를 입힐 때조차도 매번 우리의 모든 죄를 완전히 용서할 사람이 누가 있겠는가?

때로 우리를 용서하지 않는 쪽은 죄 없는 하나님이 아니라 죄 많은 인간들이다. 우리도 때로 용서하기에 더딘 것은 마찬가지다.

우리가 행했거나 앞으로 행할 어떤 일도 하나님을 놀라게 하거나 우리를 향한 그분의 마음을 돌려놓지 못한다. 그분이 모르시는 우리의 치부는 없다. 그분은 우리에게 있는 최악의 모습을 다 보시고도 여전히 우리를 사랑하신다. 두 팔을 활짝 벌려 우리의 자백과 회개를 반기시며 언제나 은혜와 용서를 베푸신다.

하나님의 사랑 안에서 우리는 얼마나 안전한가? 예수님은 이렇게 말씀하셨다. "내 양은 내 음성을 들으며 나는 그들을 알며 그들은 나를 따르느니라 내가 그들에게 영생을 주노니 영원히 멸망하지 아니할 것이요 또 그들을 내 손에서 빼앗을 자가 없느니라"(요 10:27-28).

하나님은 늘 우리와 함께 계시며 우리 안에 임재하신다

매튜 헨리는 "우리 주님을 하나님으로 삼은 사람은 행복하다. 누구도 이 하나님을 빼앗을 수 없기 때문이다. 원수가 우리의 재물은 훔칠 수 있어도 우리의 하나님은 훔칠 수 없다"라고 말했다.[18]

여호수아 1장 9절에 "네가 어디로 가든지 네 하나님 여호와가 너와 함께 하느니라"는 격려의 말씀이 나온다. 예수님은 제자들에게 "내가…너희와 항상 함께 있으리라"(마 28:20)고 약속하셨다. 위로와 용기를 함께 주는 이런 말씀도 있다. "두려워하지 말라 내가 너와 함께 함이라 놀라지 말라 나는 네 하나님이 됨이라 내가 너를 굳세게 하리라 참으로 너를 도와주리라 참으로 나의 의로운 오른손으로 너를 붙들리라"(사 41:10).

우리의 행복은 누구 또는 무엇을 의지하느냐에 따라 결정된다. 하나님을 의지하면 행복하다. 그분이 항상 우리와 함께 계시기 때문이다. "하나님의 성령이 너희 안에 계시는 것을 알지 못하느냐"(고전 3:16). 물론 그분의 임재가 다른 때보다 더 잘 느껴질 때도 있다. 그러나 삶이 메마르거나 스트레스가 많거나 충격이 깊을 때도 그분은 우리 곁에 계신다. 우리를 위해 기도까지 하시며 도우신다. "이와 같이 성령도 우리의 연약함을 도우시나니…오직 성령이 말할 수 없는 탄식으로 우리를 위하여 친히 간구하시느니라"(롬 8:26).

코리 텐 붐, 리처드 범브란트(Richard Wurmbrand), 알렉산드르 솔제니친 등 많은 수감자의 이야기를 보면 그들이 투옥과 고문을 견뎌낸 것은 내주하시는 하나님의 초자연적 임재가 생명줄이 되었기 때문이다. 예수님을 아는 우리에게도 똑같이 그 임재가 있다.

"그가 친히 말씀하시기를 내가 결코 너희를 버리지 아니하고 너희를 떠나지 아니하리라 하셨느니라"(히 13:5). 이런 약속이 있기에 우리는 가장 힘들 때 가장 힘든 곳에서도 행복할 수 있다.

하나님의 말씀에는 우리를 변화시키는 능력이 있다

하나님이 감화하신 말씀에 삶을 변화시키는 속성이 있음을 결코 과소평가하지 마라. "모든 성경은 하나님의 감동으로 된 것으로 교훈과 책망과 바르게 함과 의로 교육하기에 유익하니 이는 하나님의 사람으로 온전하게 하며 모든 선한 일을 행할 능력을 갖추게 하려 함이라"(딤후 3:16-17). 34장에서 보았듯이 성경을 묵상하는 것은 행복을 얻는 확실한 원천이다. 이를 통해 하나님은 우리를 더욱 그리스도를 닮은 모습으로 변화시키신다.

그리스도가 우리를 위해 이루신 일은 그 자체로 충분하다

이 약속을 생각해보라. "그의 신기한 능력으로 생명과 경건에 속한 모든 것을 우리에게 주셨으니"(벧후 1:3).

하나님이 "하늘에 속한 모든 신령한 복을 우리에게 주"셨다는 말씀도 있다(엡 1:3).

우리의 구원과 영원한 행복에 필요한 모든 것을 그리스도가 이미 다 공급해 주셨다. 그것을 알기에 우리는 행복할 수 있다.

우리 삶을 향한 하나님의 섭리와 주권적 목적이 있다

우리 삶의 시시콜콜한 것들까지도 하나님의 통제 아래 있음을 알기에 우리는 담대할 수 있다. "여호와여 위대하심과 권능과 영광과 승리와 위엄이 다 주께

속하였사오니 천지에 있는 것이 다 주의 것이로소이다 여호와여 주권도 주께 속하였사오니 주는 높으사 만물의 머리이심이니이다 부와 귀가 주께로 말미암고 또 주는 만물의 주재가 되사 손에 권세와 능력이 있사오니 모든 사람을 크게 하심과 강하게 하심이 주의 손에 있나이다"(대상 29:11-12).

순수하고 영원한 행복이 우리를 기다리고 있다
"그가 영원토록 지극한 복을 받게 하시며 주 앞에서 기쁘고 즐겁게 하시나이다"(시 21:6).

조나단 에드워즈는 "하나님의 얼굴을 뵙는 낙을 수백만 년 누린 후에도 이 이야기는 지루해지지 않을 것이다. 이 기쁨의 맛은 처음부터 끝까지 극상일 것이다"라고 썼다.[19]

고갈되지 않을 행복이 우리에게 약속되어 있다. 일찍이 자기 백성에게 이렇게 큰 것을 약속한 왕이 누가 있던가? 그 약속을 지키려고 자기 백성을 위해 최고의 희생을 치른 왕이 또 누가 있던가?

우리의 행복을 갉아먹을 잘못된 기대들은 무엇인가?

지금까지는 우리의 행복을 더해줄 수 있는 성경에 근거한 기대들을 살펴보았다. 다음은 우리의 행복을 약화시키는 성경에 근거하지 않은 잘못된 기대들이다.

하나님이 우리를 사랑하신다면 우리가 원하는 대로 해주셔야 한다
하나님은 우리에게 불변의 사랑을 약속하셨다. 그런데 우리는 만일 우리 자신이 전능하다면 사랑하는 사람들을 대하는 방식이 그분과는 다를 거라고 생각한다. 우리라면 그들에게 나쁜 일이 일체 일어나지 못하게 막으리라는 것이다. 우리가 생각하는 사랑이란 그런 것일 수 있지만 하나님은 다르시다.

자칫 우리는 박해와 고난이 약속된 수많은 성경 본문을 무시한 채 하나님의 복이 약속된 본문들에만 치중할 수 있다. 그러면 고난을 통해 우리를 훈련하시고 성품을 빚으셔서 그리스도를 더 닮아가게 하신다는 그분의 약속을 놓치는 것이다.

우리는 하나님이 근본적이고도 절대적으로 명확히 약속하신 내용만 최대한 담대하게 기대해야 한다. 그 때문에 감사가 줄어든다면 문제는 하나님의 약속이 아니라 우리의 기대에 있다. 순탄한 삶을 하나님께 바란다면 그것은 비성경적인 기대다.

"누구든지 주의 이름을 부르는 자는 구원을 받으리라"(행 2:21)고 우리는 확신하며 기대해야 할까? 물론이다. 성경에 그렇게 나와 있다. 그러나 우리가 위해서 기도하는 사람마다 하나님이 다 구원하신다고 약속하셨는가? 아니다.

하나님은 우리가 바라는 대로 다 주겠다고 약속하셨는가? 아니다. 하지만 우리에게 필요한 것을 다 채우겠다고 약속하셨는가? 그렇다. "나의 하나님이 그리스도 예수 안에서 영광 가운데 그 풍성한 대로 너희 모든 쓸[필요한] 것을 채우시리라"(빌 4:19).

젊은 부부들은 하나님이 결혼생활에 함께해주실 것을 기대해야 할까? 그렇다. 그러나 다툼이나 어려움이 전혀 없기를 기대하는 부부는 불행을 자초한다. 하나님이 약속하신 적이 없는 것을 주장하기 때문이다.

우리가 신앙 때문에 박해받을 일은 없다

예수님은 "세상이 너희를 미워하면 너희보다 먼저 나를 미워한 줄을 알라"(요 15:18)고 말씀하셨다. 베드로는 우리가 믿음으로 굳건하게 서야 한다며 "이는 세상에 있는 너희 형제들도 동일한 고난을 당하는 줄을 앎이라"(벧전 5:9)고 말했다.

성경 전체에 고난이 누누이 예고되어 있는데도 많은 그리스도인은 자신이 그런 시련을 당해야 할 때면 충격을 받거나 격노한다. 미국에서 성경을 믿고 그리스도를 따르는 사람들은 갈수록 더 사회적으로 배척당하고 있지만 여태 우리는 그 사실을 외면해왔다. 물론 우리는 종교의 자유를 수호하려 노력해야 하지만 종교의 자유는 계속 침식되어갈 것이다. 하지만 힘을 내라! 하나님의 사람들에게 박해란 새삼스러운 일이 아니며, 역사적으로 교회는 가장 세간의 인기가 없을 때 가장 큰 진전을 이루었다.

우리가 사람들에게 하는 말이 "우리가 따르는 예수님을 보라"가 아니라 "우리가 얼마나 부당한 대우를 당하고 있는지 보라"일 때 우리가 선포하는 복음은 매력을 잃는다.

나는 침울한 표정을 짓고 있는 그리스도인들을 정말 많이 본다. 그들은 정치에 대해 그리고 자신의 권리가 침해당하는 데 대해 계속 분노와 환멸과 방어 태세에 빠져 있는 듯 보인다.

기독교 신앙이 다시는 우리 문화에서 공공의 중추적 역할을 되찾지 못할지도 모르지만 그리스도의 복음은 모든 장애물보다 크다. 때로는 인기가 덜한 교회가 더 충실하고 역동적이며 기쁨이 넘친다. 법과 정책을 세우는 데는 우리의 힘이 약할지 모르지만 하나님 말씀의 실상은 달라지지 않는다. 그분의 말씀은 "살아 있고 활력이 있어 좌우에 날선 어떤 검보다도 예리"하다(히 4:12). 바울은 처형될 날을 앞두고 옥중에서 이렇게 썼다. "복음으로 말미암아 내가 죄인과 같이 매이는 데까지 고난을 받았으나 하나님의 말씀은 매이지 아니하니라"(딤후 2:9).

연방대법원은 최고 법정이 아니다. 타락하고 유한한 아홉 명의 판사가 다수결로 하나님의 법을 고칠 수는 없다. 행복을 대중적 인기로 규정하는 교회는 순수성을 타협하거나 행복을 포기하거나 둘 중 하나다. 두 경우 다 예수님의 참되고 기쁜 복음을 세상에 보여줄 수 없다.

우리 평생에 예수님은 분명히 재림하신다

"깨어 있으라 어느 날에 너희 주가 임할는지 너희가 알지 못함이니라…이러므로 너희도 준비하고 있으라 생각하지 않은 때에 인자가 오리라"(마 24:42,44).

그리스도는 약속대로 반드시 다시 오신다(참조. 눅 21:27). 교회사가 시작된 이래로 그분이 당대에 오실 거라고 생각한 신자들이 많았다. 지난 2천 년 사이에 죽은 신자들 중 그렇게 예상한 사람은 다 틀린 것이다.

내가 새 신자였던 1970년대의 일이 기억난다. 무수히 많은 사람이 읽은 베스트셀러 서적들에 예수님이 1980년까지 꼭 재림하실 거라고 단언되어 있었다. 그 결과 교회는 신빙성을 잃었고, 그리스도를 섬기며 복음을 전하는 장기 계획에 주력할 수 없게 되었다.

근년에는 신자들에게서 이런 말을 종종 들었다. "틀림없이 예수님이 앞으로 몇 년 내로 다시 오실 것 같아요." 그럴 수도 있지만 아닐 수도 있다. 그분은 수십 년이나 수세기 동안 오지 않으실 수도 있다. 전적으로 그분께 달린 일이다. 그동안 우리는 계속 그분을 위해 살아야 한다.

삶은 순탄하고 우리는 늘 건강과 부를 누릴 것이다

스콧 펙(Scott Peck)의 『아직도 가야 할 길』(The Lord Less Traveled)은 이런 말로 시작된다. "삶은 고달프다…삶의 고달픔을 참으로 알고 나면―참으로 이해하고 받아들이면―이제 더는 삶이 고달프지 않다."[20] 어쨌든 덜 고달파진다!

바울은 "우리가 세상에 아무것도 가지고 온 것이 없으매 또한 아무것도 가지고 가지 못하리니 우리가 먹을 것과 입을 것이 있은즉 족한 줄로 알 것이니라"(딤전 6:7-8)고 말했다. 먹을 것과 입을 것은 낮은 기대처럼 보일 수 있다. 기복 신앙의 기준대로라면(참조. 35장) 한심하게 낮은 기대다. 그러나 거기에 수반되는 하나님께 대한 기대는 무한히 높으며, 그분은 천국에서 우리에게 큰 부를 주신다. 어디까지나 그분은 우리 기쁨의 근원이시다!

하나님은 우리를 건강하고 부유하게 하시기로 약속하셨는가? 이생에서는 아니고 부활하여 누리는 새 땅의 삶에서만 그렇다(참조. 43장).

삶은 공평하고 사람들은 우리를 배려하며 친절하게 대할 것이다

예수님은 "너희가 받기를 바라고 사람들에게 꾸어 주면 칭찬 받을 것이 무엇이냐…오직 너희는 원수를 사랑하고 선대하며 아무것도 바라지 말고 꾸어 주라 그리하면 너희 상이 클 것이요"(눅 6:34-35)라고 말씀하셨다.

용서에 관한 모든 성경 본문에 따르면 우리는 사람들을 향한 기대치를 낮추어야 하고, 그들이 내 기준에 부합할 것을 강요하지 말아야 한다. 우리 자신도 도달하지 못하는 완벽을 요구해서는 더더욱 안 된다. 하나님의 은혜를 생각해서 마음을 진정시키고 힘을 내야 한다.

힘을 내라는 내 말이 순진하게 들린다면 나보다 먼저 그렇게 말씀하신 분이 계시다. 바로 예수님이다. "이것을 너희에게 이르는 것은 너희로 내 안에서 평안을 누리게 하려 함이라 세상에서는 너희가 환난을 당하나 담대하라[힘을 내라, CEV] 내가 세상을 이기었노라"(요 16:33).

교회는 나를 이보다는 잘 대해야 한다

사람들과 대화하다 보면 동료 신자에게 상처를 받아 당장이라도 교회를 떠나려는 이들이 종종 있다. 서글프게도 교회들이 많은 불행에 일조한 것을 나도 알고 있다. 아내와 내가 여태 속했던 교회는 둘뿐인데 우리도 거기서 상처를 경험했다. 그러나 교회를 떠났더라면 아마도 우리는 원망을 품었을 것이고, 그 원망을 자녀들에게 전수했을 것이다. 큰 행복인 예배와 교제와 섬김도 놓쳤을 텐데 장기적으로 보면 그런 것들이 다른 모든 어려움보다 훨씬 컸다.

교인들과 특히 목사들에 대한 기대가 터무니없이 높으면 우리는 깊은 실망에 빠진다. 그리스도인들이 이보다는 나아야 하며 결함이 있어서는 안 된다는 생각 때문이다. 그러면서 자신의 결함이 얼마나 많은지는 모를 때가 많고, 교인들의 문제가 대개 그들이 나 자신과 너무 비슷하기 때문임도 깨닫지 못한다.

성경은 우리에게 "모이기를 폐하는 어떤 사람들의 습관과 같이 하지 말고 오

직 권하여" 함께 모여야 한다고 말한다(히 10:25). 교회에 발길을 끊으면 대개 영적으로 고립되는데, 그러면 하나님의 일에서 멀어질 뿐만 아니라 교회들이 행하고 있는 아주 훌륭한 일에 대해서도 우리와 자녀들이 부정적인 마음을 품게 된다.

교회에 나가지 않는 것이 유행처럼 번지고 있지만 나는 그것이 해법이 아니라고 믿는다. 우리는 시선을 예수님께 고정해야 한다. 그분께 순종할 필요성에 대해서는 기대치를 높여 교회에 속하고 교회를 섬겨야 하며, 다른 사람들에 대한 기대치는 낮추어 더 이해하고 용서해야 한다. 예수님을 중심에 모시고 하나님 말씀을 가르치는 교회로 옮겨야 할 때도 있다. 예수님은 교회의 모든 결점을 보시고도 여태 자신의 신부를 포기하지 않으셨다. 앞으로도 포기하지 않으실 것이며(참조. 마 16:18) 우리도 똑같이 해야 한다.

이생에 대한 기대를 낮추고 영생에 대한 기대를 높이면 바로 지금 참된 행복을 누릴 수 있다

맥스 루케이도(Max Lucado)가 들려주는 이야기 속의 한 소년은 바닷가에서 열심히 모래를 퍼서 쌓는다. 플라스틱 삽과 선홍색 양동이로 웅장한 모래성을 짓는다. 오후 내내 일하여 탑과 성벽을 쌓고 해자까지 두른다. 거기서 그리 멀지 않은 곳에서 한 남자가 서류 뭉치를 뒤적거리며 업무를 보고 있다. 전화기의 버튼과 키보드를 눌러 수익을 창출하며 자신만의 성을 쌓는다.

두 경우 모두 시간이 지나자 밀물에 쓸려 성이 무너진다. 그러나 큰 차이가 있다. 소년은 닥쳐올 일을 기대하고 있다가 즐거워한다. 파도가 성에 닿기를 못내 바란다. 성이 무너져 형체 없는 모래 무더기로 변하자 소년의 얼굴에 미소가 번진다. 사업가의 삶도 성쇠를 피할 수 없어 그의 손으로 만든 작품 또한 휩쓸려 나간다. 성이 무너지든 그가 죽든 둘 중 하나다. 그러나 그는 애써 그런 생각을 외면한다. 소년과 달리 이 사람은 닥쳐올 일에 준비되어 있지 않다. 소년은 슬픔과 후회가 없으나 이 남자는 악착같이 그 성에 집착한다. 그러다

자신의 목숨이나 집이나 사업체가 스러질 때면 도무지 위로받을 길이 없다.[21]

성경에 있는 하나님의 모든 말씀은 그분이 특정한 시점에 특정한 사람들에게 주신 것이지만 더 큰 의미에서 그분의 모든 자녀에게 적용된다. 그분의 임재 안에서 우리의 미래에 끝이 없음을 이해한다면 말이다. 다음은 주님이 이스라엘 민족에게 주신 말씀인데, 기도하기는 오늘이나 내일 무슨 일이 닥치든 우리도 이 말씀대로 기대하기를 바란다. 이것이야말로 하나님이 궁극적으로 그분의 모든 자녀에게 주시려는 삶이다. "여호와의 말씀이니라 너희를 향한 나의 생각을 내가 아나니 평안이요 재앙이 아니니라 너희에게 미래와 희망을 주는 것이니라"(렘 29:11).

Chapter·42

하나님이 영원한 행복을 약속하셨기에 지금도 행복할 수 있다

> 땅의 티끌 가운데에서 자는 자 중에서 많은 사람이 깨어나 영생을 받는 자도 있겠고 수치를 당하여서 영원히 부끄러움을 당할 자도 있을 것이며 지혜 있는 자는 궁창의 빛과 같이 빛날 것이요 많은 사람을 옳은 데로 돌아오게 한 자는 별과 같이 영원토록 빛나리라.
>
> 다니엘 12:2-3

> 그리스도인이여, 천국을 많이 묵상하면 노중의 고생을 잊고 힘써 전진할 수 있다. 앞을 가리는 눈물은 더 나은 나라로 가는 통로일 뿐이고, 이 우환의 세상은 지극히 복된 세상에 이르는 디딤돌일 뿐이다… 게다가 죽고 나면 무엇이 오는가? 깜짝 놀란 우리 눈앞에 경이로운 세상이 열리지 않겠는가?
>
> 찰스 스펄전

에드워드 기번(Edward Gibbon, 1737-1794)의 『로마제국 쇠망사』(Fall of Roman Empire)에 등장하는 아브달라만(Abdalrahman)은 로마 시대의 가장 권세 많고 부유한 무슬림 통치자였다. 이 추앙받는 군주의 말이 고대의 어느 기념비에 새겨져 있다.

> 내가 승리나 평화를 누리며 통치한 지도 어언 50여 년, 그동안 신민들은 나를 사랑했고 적들은 나를 두려워했으며 우방들은 나를 존경했

다. 부와 명예와 권력과 쾌락이 나의 호령대로 움직였고, 내게 최고의 행복을 안겨줄 이 땅의 복도 부족함이 없어 보였다. 이런 상황에서 내가 진정으로 순수하게 행복했던 운명의 날을 열심히 세어보니 딱 14일뿐이다. 오 인간이여, 현세에 믿음을 두지 마라!"[1]

평생 행복한 날이 아브달라만보다 열 배가 많다면 140일이니 5개월이 조금 안 된다. 백배가 많다 해도 4년에 못 미친다. 사상 최고로 행복한 사람이 거의 매일 행복하게 백 세까지 누린다 하자. 그 날수를 다 합한 뒤 영원과 비교해보라. 행복이 이생에만 존재한다면 행복한 날수는 어떤 기준으로 보더라도 그리 많지 않다.

조나단 에드워즈의 딸 제루샤는 데이비드 브레이너드가 죽어가던 말년에 그를 간호하면서 서로 아주 가까워졌다. 브레이너드가 제루샤에게 한 말을 에드워즈는 이렇게 회상했다. "내세에 다시 만나 함께 행복할 수 없다면 당신과의 이별을 감당할 수 없을 것입니다. 하지만 우리는 영원히 함께 행복할 것입니다!"[2]

로마의 스토아 철학자이자 정치가로서 네로를 보좌했던 세네카(Seneca)는 AD 60년에 "오래가는 행복이란 없다"라고 썼다.[3] 같은 시기에 사도 바울을 비롯한 다른 사람들은 행복이 하나님 안에 있으며 영원하다는 기쁜 소식을 퍼뜨렸다. 둘 다 네로의 명령으로 세네카는 5년쯤 후에 로마에서 죽었고, 바울도 곧 뒤를 이었다. 3년 후에 정치의 판도가 자신에게 불리하게 돌아가자 네로는 자살했다.

이 세상의 행복은 수명이 짧다. 죽음이 우리와 세상의 끝이라면 그렇다. 그러나 사실은 다른 행복한 세상의 행복한 삶이 여전히 우리를 기다리고 있다.

행복한 내세를 믿으면 현세에도 큰 행복을 누린다

"몇 달 전에 나는 끔찍한 실수를 저질렀다. 뭔가를 깨달았는데 그 생각이 드는 순간 억눌러버리지 못해…아무래도 그게 내 머릿속에 영영 들러붙은 것 같다. 지금이 우리 인생의 절정기라는 생각이다. 무서운 사실이지만 그것을 알아버렸다."⁴ 영화 "락앤롤 보트"(Pirate Radio)에 나오는 한 등장인물의 말이다.

허구의 인물이지만 전적으로 맞는 말이다. 하나님을 믿지 않고 부활을 부인하는 사람들에게는 지금이 절정기다. 분명히 그들은 정해진 결말로 치닫고 있다. 그러나 진정으로 그리스도를 따르는 사람들에게는 단연코 지금이 인생의 절정기가 아니다. 이보다 훨씬 나은 최고가 아직 남아 있다!

J. I. 패커가 그것을 잘 표현했다. "마음이 땅에 있는 사람들은 기쁜 일이 닥치면 '이 상태가 영영 끝나지 않았으면 좋겠다'고 말하지만 그 상태는 매번 끝나고 만다. 마음을 하늘에 둔 사람들은 '이대로 영원히 계속되었으면 좋겠다'고 말하는 대로 정말 그렇게 된다. 이보다 더 좋은 소식은 없다."⁵ 요컨대 새 하늘과 새 땅에 대한 교리는 미래의 행복만이 아니라 현재의 행복에도 중추가 된다.

청교도 조지 스윈녹은 "하나님은 영원한 선이시므로 우리 영혼의 참된 행복이시다…대부분 사람은 외적인 행운에서 행복을 찾으려 하지만 그것은 홍수와 같아서 요란하게 높이 치솟았다가 금세 다시 꺼진다. 그러나 복되신 하나님은 수원(水源)처럼 흘러넘치고 또 흘러넘치신다"라고 썼다.⁶

그 사실을 알면 영생의 의미도 알게 된다. 영생이란 자신의 우주에 자신의 행복이 늘 흘러넘치게 하시는 하나님을 영원히 즐거워하는 것이다.

C. S. 루이스는 이렇게 썼다.

> 우리 모두는 안정된 행복과 안전을 갈망하고, 하나님은 세상의 이치상 그것을 우리에게서 거두어 가신다. 반면 기쁨과 쾌락과 유쾌함은 그분이 널리 흩뿌려 놓으셨다. 우리는 결코 안전하지 못하지만 그럼에도 재미는 많고 황홀경도 더러 있다. 그 이유를 어렵지 않게 알 수 있다. 우리가 탐하는 안전은 우리에게 이 세상에 마음을 두어 하나님

께 돌아갈 길을 막도록 가르친다. 그러나 잠깐의 행복한 사랑, 풍경, 교향악, 친구들과의 유쾌한 만남, 목욕, 풋볼 시합 등에는 그런 성향이 없다. 우리 아버지는 여행 중인 우리에게 새 힘을 주시려고 이따금씩 쾌적한 여인숙에 들게 하시지만 그곳을 집으로 착각하도록 부추기지는 않으신다.[7]

천국의 행복을 묵상하지 않으면 우리가 삶에서 느끼는 행복감은 줄어들고 복음의 매력도 줄어든다.
바울은 "너희의 믿음과…사랑을 들었음이요 너희를 위하여 하늘에 쌓아둔 소망으로 말미암음이니 곧 너희가 전에 복음 진리의 말씀을 들은 것이라"(골 1:4-5)고 썼다. 천국은 영생을 주는 복음의 메시지에서 중심을 이룬다. 우리를 위하여 하늘에 쌓아둔 소망에 집중하지 않고는 믿음과 사랑에서 자라가기 힘들다.
A. W. 토저는 이렇게 썼다.

> 예수 그리스도를 따르는 사람들이 천국에 대한 관심을 잃으면 더는 행복한 그리스도인이 아니며, 행복하지 못한 그리스도인은 이 슬프고 죄 많은 세상에서 막강한 위력을 발휘할 수 없다. 구주께서 장래의 천국을 약속하셨는데도 이 천국에 대한 열정을 잃어버린 그리스도인은 확언컨대 그 삶이 그리스도인답지 못할뿐더러 이 세상을 향한 증언도 부실해진다.[8]

문화에 적극 참여하는 베스트셀러 저자로서 두터운 독자층을 확보하고 있는 한 청년이 내 책 『헤븐—천국은 이런 곳이다』와 관련하여 나를 인터뷰한 적이 있다. 시작하기 전에 그는 사과의 말부터 했다. "솔직히 저는 당신의 이 책을 읽지 않았습니다."

나는 그가 쓴 책들을 읽었으므로 씩 웃으며 말했다. "제가 이유를 알아맞혀 볼까요. 천국이 따분하다는 생각 때문입니다. 또 당신의 진짜 관심이 이생의 모든 아름다움과 경이, 자연계와 인간의 문화에 있기 때문입니다."

"맞아요!" 그가 놀라며 말했다.

"바로 그래서 이 책을 꼭 읽어야 합니다." 내가 말했다. "성경에 나와 있는 새 땅에 대한 책이거든요. 부활한 사람들이 부활한 행성에서 부활한 자연과 국가와 문화, 부활한 미술과 음악과 문학과 연극과 환경과 은하계를 누립니다. 모두 하나님의 영광을 위해서 말이지요."

그의 눈빛이 반짝이다가 다시 흐려졌다. 마치 "그게 사실이기만 하다면요"라고 말하는 것 같았다.

내가 그에게 한 말은 정말 사실이다. 복음, 곧 기쁜 소식은 우리가 생각하는 것보다 훨씬 좋다. 성경을 주의 깊게 읽으면 그 사실을 알 수 있다.

아이러니지만 나를 인터뷰했던 그 청년은 세상이 받아들일 만한 기독교적 메시지로 시의성 있게 세상에 다가가려 애쓰는 사람이다. 그는 문학과 미술과 음악과 연예를 중시하며, 그리스도인들도 그것을 중시하기를 바란다. 그런 그가 부활한 땅에 대한 성경의 가르침을 받아들이지 않는 것이다. 그 메시지에 그가 중시하는 모든 선한 문화를 그리스도 중심으로 영원히 즐거워하는 삶이 포함되어 있는데도 말이다. 그것은 그의 독자들에게 꼭 필요한 메시지일 뿐 아니라 그들도 들으면 아주 좋아할 것이다.

천국은 가공의 이야기가 아니다

과학의 시대라는 이름이 무색할 정도로 우리는 행복에 대한 거짓 주장들에 전보다 더 잘 속아 넘어가는 반면 하나님의 진리를 드러내는 주장들에 대해서는 더 회의적이다.

우주학자 스티븐 호킹(Stephen Hawking)은 "뇌는 부품이 고장 나면 작동이 중단되는 컴퓨터와 같다. 고장 난 컴퓨터에 천국이나 내세란 없다. 그것은 어둠

을 두려워하는 사람들을 위한 가공의 이야기다"라고 말했다.[9]

이와 대조적으로 예수 그리스도는 "내가 하늘에서 내려온 것"(요 6:38)이라고 말씀하셨다. 우리를 구속하시려고 십자가로 가시기 얼마 전에 이런 말씀도 하셨다. "내 아버지 집에 거할 곳이 많도다 그렇지 않으면 너희에게 일렀으리라 내가 너희를 위하여 거처를 예비하러 가노니"(요 14:2).

스티븐 호킹이 이룩한 뛰어난 업적을 십분 존중하지만 그는 천국이나 내세를 경험해본 적이 없었으니 그것을 손톱만큼이라도 알 방도가 전혀 없었다. 그보다 나는 예수님을 믿는 쪽을 택한다. 그분은 천국에서 오셨다가 그리로 다시 가신 분이니 천국을 모르실 리가 없다.

C. S. 루이스는 이렇게 말했다.

> 요즘 우리는 천국을 입에 올리기조차도 몹시 꺼린다. '이상향'을 찾는다고 조롱당할 것이 두렵고, 지금 여기에 행복한 세상을 일구어야 할 본분을 저버린 채 행복한 딴 세상을 꿈꾸며 '도피하려' 한다는 소리도 듣기 싫어서다. 그러나 '이상향'은 있거나 없거나 둘 중 하나다. 천국이 없다면 기독교는 거짓이다. 전체 피륙에 이 교리가 촘촘히 얽혀 있기 때문이다. 천국이 있다면 우리는 다른 모든 진리처럼 이 진리도 직시해야 한다…한때 나는 인간이 천국을 갈망하지 않는다고 생각한 적이 있다. 그러나 지금은 인간이 마음속으로 과연 천국 외에 다른 것을 갈망해본 적이 있는지 의문이 들 때가 더 많다.[10]

우리는 이생의 행복만이 아니라 영원한 행복을 갈망하다

1938년에 퓰리처상을 받은 손턴 와일더(Thornton Wilder)의 희곡 『우리 읍내』(Our Town)에 보면 한 등장인물이 이런 말을 한다. "모두가 아는 사실이 있다. 그런데 우리는 좀처럼 그것을 꺼내서 들여다보지 않는다. 다들 알다시피 무언가 영원한 것이 있다. 그것은 집이나 이름이나 땅이나 심지어 별이 아니다…다들 직관으로 알다시피 무언가 영원한 것이 있는데 그것은 인간과 관계되어 있다…모든 인간의 심연에 무언가 영원한 것이 있다."[11]

이런 개념은 "하나님이…사람들에게는 영원을 사모하는 마음을 주셨느니라"(전 3:11)고 한 성경 말씀을 통해서도 확증된다.

제2부에서 살펴보았듯이 성부와 성자와 성령 사이에는 늘 행복이 있었다. E. J. 포트먼(E. J. Fortman)은 천국에서 하나님의 사람들을 기다리고 있는 것의 핵심이 바로 삼위일체 하나님의 행복이라고 역설했다.

> *천국의 본질은 무엇인가?*…삼위일체 하나님을 보고 사랑하고 즐거워하는 지복(Beatific Vision)이다. 세 분의 하나님은 서로의 신성을 무한히 온전하게 보고 사랑하고 즐거워하신다. 그 무한한 지식과 사랑과 즐거움 속에 삼위일체 하나님의 삶 자체가 있고 그분들의 끝없고 무한한 행복의 진수가 있다. 복된 성도들이 지고한 행복을 끝없이 누리려면 삼위일체 하나님의 삶 자체에 동참해야 한다. 그분들의 끝없고 무한한 행복은 바로 그 삶에서 나온다(강조 추가).[12]

하나님이 약속하신 구속된 우주의 영원한 행복은 다른 세계관들과 극명한 대조를 이룬다

1,300년 전에 가경자(가톨릭에서 신앙과 덕행이 뛰어난 사람이 죽었을 때 그에게 내리던 칭호—편주) 비드(Venerable Bede)는 이렇게 선포했다. "사랑하는 형제들이여, 장차 의인의 영광은 무엇이겠는가? 그날 성도들은 큰 즐거움을 누리며 모든 얼굴이 해처럼 빛날 것이다. 주께서…그들을 아버지의 나라로 영접하여…다시 낙원에 살게 하실 것이다."[13]

이와 대조적으로 지그문트 프로이트(1856-1939)는 "인간을 행복하게 하려는 의도는 창조의 계획 속에 없었다"라고 썼다.[14] 우리 문화의 지배적 세계관을 형성한 사람 중 하나인 프로이트는 오류가 많았지만 이보다 더 성경과 상충하는 부분은 없을 것이다. 하나님은 창세 전부터 우리의 영원한 행복을 계획하셨다. 이 행복은 그분의 구속 계획이 약속대로 완성될 새 하늘과 새 땅에서 완전히 최종 실현될 것이다.

하나님은 큰 고난에 처한 자신의 백성을 이런 말씀으로 위로하신다. "보라 내가 새 하늘과 새 땅을 창조하나니"(사 65:17). 이 약속에 우리는 어떻게 반응해야 할까? 하나님은 기쁨이 뚝뚝 떨어지는 어휘로 이 새 땅을 묘사하신다. 약속된 그곳에서 그분의 사람들은 서로를 행복하게 할 뿐 아니라 그분까지도 행복하게 해드릴 것이다.

> 너희는 내가 창조하는 것으로 말미암아 영원히 기뻐하며[행복해하며] 즐거워할지니라 보라 내가 예루살렘을 즐거운 성으로 창조하며 그 백성을 기쁨[행복]으로 삼고 내가 예루살렘을 즐거워하며 나의 백성을 기뻐하리니[행복해하리니] 우는 소리와 부르짖는 소리가 그 가운데에서 다시는 들리지 아니할 것이며(사 65:18-19).

장차 임할 행복의 약속은 다른 본문들에도 되풀이된다.

- 나 여호와가 시온의 모든 황폐한 곳들을 위로하여 그 사막을 에덴 같게, 그 광야를 여호와의 동산 같게 하였나니 그 가운데에 기뻐함과 즐거워함과 감사함과 창화하는 소리가 있으리라(사 51:3).
- 여호와의 속량함을 받은 자들이 돌아오되 노래하며 시온에 이르러 그들의 머리 위에 영영한 희락을 띠고 기쁨과 즐거움을 얻으리니 슬픔과 탄식이 사라지리로다(사 35:10).

하나님이 당신에게 주시려고 예비하신 것들을 묵상해보라. 위의 본문들을 읽고 또 읽으라. 암기하라. 하나님은 약속대로 새로운 창조 세계에서 자신의 백성에게 환상적이고 영원한 행복을 주실 것이다. 그 행복에 대한 경이심을 절대로 잃지 마라.

영원에 대한 우리의 교리와 실제의 믿음은 서로 판이할 때가 많다

한 아버지가 딸의 죽음 앞에서 이렇게 탄식했다. "다시는 딸의 얼굴을 만질 수 없고 딸을 끌어안을 수도 없습니다."

그런데 그 딸은 예수님을 사랑했으며 아버지도 마찬가지였다. 그래서 나는 "부활을 믿으십니까?"라고 물었다.

"물론이지요."

"부활이란 장차 당신이 딸의 얼굴을 반드시 다시 만진다는 뜻입니다! 그때 당신의 부활한 몸이 딸을 끌어안을 수 있습니다. 딸이 영원히 완치될 뿐만 아니라 당신의 온전한 몸이 딸의 온전한 몸을 보는 것입니다."

이 아버지는 부활을 믿으면서도 그 의미를 놓쳤다. 관계가 중단되었으니 슬픔이야 당연한 것이지만 그렇다고 관계가 종식된 것은 아니다. 부활의 약속이 있기에 우리는 현재의 천국에서 영으로 재회할 뿐 아니라 새 땅에서 몸으로도 재회한다.

많은 사람이 부활의 교리를 믿지만 현재의 몸이 완전히 건강해져 죽지 않는 상태로 영원히 산다고는 생각하지 못한다. 비통해하던 이 아버지는 그 한 예일 뿐이다. 사도 바울이 '가장 중요하게'(개역개정에는 "먼저"로 번역되었다-역주) 여긴 것은 두어 가지에 불과했으니 곧 그리스도가 우리 죄를 위하여 죽으시고 장사지낸 바 되셨다가 사흘 만에 살아나셨다는 사실이다. 이 모든 진리가 두 구절에 담겨 있다(참조. 고전 15:3-4). 그런데 바울은 이어 네 구절에 걸쳐 한 가지를 더 말한다. 바로 그리스도가 부활하신 후에 자신을 보이신 일들이다. 그에 따르면 부활하신 그리스도는 차례대로 게바(베드로)에게, 열두 제자에게, 한 번에 5백 명 이상의 형제들―그중 다수는 바울이 글을 쓰던 시점에 아직 살아 있었다―에게, 야고보에게, 모든 사도에게 그리고 끝으로 바울 자신에게 나타나셨다(참조. 고전 15:5-8).

부활하신 그리스도의 물리적 출현은 바울에게 매우 중요했으며 복음에 함축된 기본 의미였다. 그것은 우리 자신이 몸으로 부활할 모습이자 또한 그 보증이다. 먹고 마시며 살아가는 낙도 우리에게 몸이 있기에 가능한데, 하나님은 그런 경이로운 세상을 지어 우리에게 누리게 하셨다. 바울에게 몸이 없는 영원이란 딱한 개념이었다(참조. 고전 15:19). 복음은 기쁜 소식인데, 유령 같은 상태로 영원을 보낸다는 것은 바울의 관점에서 전혀 기쁜 소식이 아니었다!

아이작 왓츠는 부활에 대해 "본래 우리의 행복은 몸과 영이 완전해져 영광의 상태로 연합하기까지는 온전하지 못하다"라고 말했다.[15] 자신이 쓴 찬송가에 부활을 "영원한 기쁨의 세계"라 표현하기도 했다.[16]

우리 대부분은 천국을 믿는 것처럼 생활하지 않는다

내세는 신체적이고(진정한 건강) 물질이며(진정한 부) 사회적이고(진정한 문화와 관계) 인격적인(진정한 행복과 우리 정체의 지속) 곳이다. 불안에 떨며 이생에 매달린다면 이는 우리가 그런 내세를 믿지 않는다는 증거다.

"천국과 그곳의 삶은 감히 우리가 상상할 수 없다"라는 말을 듣곤 한다. 물론 우리의 상상력으로 턱없이 부족하지만 그래도 상상은 가능하다! 그렇지 않다면 천국에 매력을 느끼거나 천국을 제대로 사모할 수 없다. "우리는 그의 약속대로 의가 있는 곳인 새 하늘과 새 땅을 바라보도다"(벧후 3:13). 우리는 휴가 때 그동안 하고 싶었던 일을 할 수 있으리라는 기대로 가득 찬다. 그렇다면 왕이신 예수님과 함께할 영생은 얼마나 더 사모해야 되겠는가?

리처드 백스터는 "당신은 하나님과 그분의 나라를 영원히 누리기를 소망한다. 그렇다면 그보다 더 당신의 생각과 관심을 최우선으로 쏟기에 합당한 것이 또 있겠는가? 당신의 끝없는 행복과 기쁨은 최고의 소망에 달려 있다. 그렇다면 그 소망보다 더 당신에게 적합하거나 즐거운 생각이 있을 수 있겠는가?"라고 말했다.[17]

부활한 존재로서 부활한 땅에서 그리스도의 자애로운 통치 아래 살아가는 삶은 어떤 것일까? 내가 하는 가장 행복하고 가장 희망적인 생각 중 일부는 그것을 묵상할 때 찾아온다. 어차피 우리 모두는 매일 상상력을 구사한다. 그러니 나사렛의 목수가 지으러 가신다고 한 우리의 거처에 대해 그 상상력을 풀어놓는 것은 어떨까(참조. 요 14:2)?

찰스 스펄전은 부활에 대해 이렇게 말했다.

> 이거야말로 그리스도인이 소유할 수 있는 가장 찬란한 희망이다. 많은 신자가 죽음과 천국을 동경하는 과오를 범한다. 물론 그것도 바람직할 수 있으나 성도의 최종 상태는 아니다. 천국의 성도들은 죄에서 완전히 해방되었으며 그들의 능력이 닿는 한 온전히 행복하다. 그러나 몸이 없는 영혼은 몸과 재결합하기 전에는 결코 완전할 수 없다. 하나님은 인간을 영으로만 지으신 것이 아니라 몸과 영으로 지으셨으며, 몸이 거룩하고 영광스러운 상태로 부활하여 물리적 거푸집이 되어 주지 않는 한 영혼만으로는 결코 만족이 없다.
>
> 우리가 이 땅에서 사모하는 바를 천국의 성도들이라고 사모하지 않는다고 생각해서는 안 된다. 물론 그들은 고통 때문에 탄식할 일은 없지만 "양자 될 것 곧 우리 몸의 속량"(롬 8:23)을 당신과 나보다 더 간절히 기다린다….
>
> 믿음과 소망은 천국에서 최절정에 달하여 가장 밝게 빛난다. 영화된 성도들이 하나님의 약속을 믿고 몸의 부활을 소망하기 때문이다.[18]

예수님과 함께 누리는 영생보다 더 크고 확실한 소망은 없다

소망은 인생이라는 터널의 끝에 보이는 빛이다. 소망은 어두운 터널을 능히 견디게 해줄 뿐 아니라 장차 우리가 들어갈 그 너머의 세상에 대한 기대감에 부풀게 한다. 그곳은 그냥 더 나은 정도가 아니라 새롭고 완전한 세상이다. 살아 있고 싱그럽고 아름다운 세상, 고통과 고난과 전쟁과 질병과 사고와 비극이 없는 세상이다. 독재자와 미치광이가 없는 세상, 유일하게 합당하신 통치자가 다스리시는 세상이다.

이 소망은 비현실적인 꿈이나 환상이 아니라 우리 구주요 왕께서 피로 값을 치러 확보하신 확실한 약속이요 기대다. "보좌에 앉으신" 그리스도가 모든 고난과 사망을 종식하실 것을 약속하신 후에 "이르시되 보라 내가 만물을 새롭게 하노라 하시고 또 이르시되 이 말은 신실하고 참되니 기록하라 하"셨다(계 21:5).

"이는 내 손과 발의 상흔 속에 영원히 새겨진 내 약속이니라"는 말씀과 같다. 확실한 것이 거의 없어 보이는 세상에서 이것이야말로 절대적으로 보장된 약속이다!

기독교 세계관에 통합된 행복은 결코 희망 사항이 아니라 현실에 기초한 그리스도 중심의 믿음이다. 예수님을 믿고 하나님의 말씀을 믿으면 고난도 능히 견딜 수 있지만, 희망 사항에는 그런 능력이 없다.

지금 여기서만 선을 경험할 수 있다고 생각한다면 그것은 그리스도를 따르는 사람들로서 비참하고도 소망을 저버리는 생각이다! 죄와 타락과 저주는 창조된 우주의 규범이 아니라 일시적으로 궤도를 벗어난 상태다. 그리스도가 마침내 그 상태를 종식하시고 영원히 새 하늘과 새 땅으로 대체하실 것이다.

그분이 확언하신 진리를 묵상하라. 그분의 약속은 역사상 그 누가 한 약속보다도 더 깊고 높고 넓다. 그 웅대한 약속의 실현을 미리 머릿속에 그려볼 수 있게 해달라고 하나님께 기도하라.

부활의 실체를 아는 사람에게는 '버킷 리스트'가 필요 없다

2007년에 나온 동명의 영화를 통해 대중화된 '버킷 리스트'라는 말은 죽기 전에 꼭 하고 싶은 일을 적은 목록을 가리킨다. 이 땅에서 보낼 시간이 제한되어 있으니 중요한 일들을 지금, 죽기 전에 해야 한다는 개념이다. 지금이 아니면 기회가 없을 테니 말이다.

내세를 인정하지 않는 자연주의 세계관에서 보면 일리가 있다. 사후의 실존 가능성을 인정하기는 하지만 몸의 부활이 없거나 이생과 다음 생 사이에 연속성이 없는 여러 종교의 세계관으로 보아도 마찬가지다.

그러나 버킷 리스트가 도무지 이치에 닿지 않는 세계관이 하나 있는데 바로 성경적 기독교다.

그렇다고 오해하지는 마라. 아내와 나는 삶을 즐긴다. 새로운 곳에 다니며 새로운 일을 하기를 좋아한다. 그것은 잘못된 일이 아니다. 하나님이 인도하시고 자원과 기력을 허락하시는 한 죽기 전에 하고 싶은 일의 목록을 만드는 것도 잘못이 아니다.

그러나 모험과 재미를 즐길 기회가 다만 이생뿐이라는 '버킷 리스트'의 논리는 성경이 가르치는 부활에 완전히 어긋난다.

- 주의 죽은 자들은 살아나고 그들의 시체들은 일어나리이다 티끌에 누운 자들아 너희는 깨어 노래하라…땅이 죽은 자들을 내놓으리로다(사 26:19).
- 땅의 티끌 가운데에서 자는 자 중에서 많은 사람이 깨어나 영생을 받는 자도 있겠고 수치를 당하여서 영원히 부끄러움을 당할 자도 있을 것이며 (단 12:2).
- 우리도 변화되리라 이 썩을 것이 반드시 썩지 아니할 것을 입겠고 이 죽을 것이 죽지 아니함을 입으리로다(고전 15:52-53).
- 주 예수 그리스도를 기다리노니 그는…우리의 낮은 몸을 자기 영광의 몸의 형체와 같이 변하게 하시리라(빌 3:20-21).

부활이 성경과 교회사의 중심을 차지함에도 불구하고 그 의미를 명확히 배우지 못한 그리스도인들이 많다. 그래서 그들은 영원히 몸 없는 상태로 살아갈 것을 상상한다. 사실 죽은 자의 부활을 믿는 미국인 가운데 부활 후 자신

에게 몸이 없을 거라고 믿는 사람이 3분의 2에 달한다.[19]

그러나 이런 지배적 관점은 자가당착이다. 육체가 없는 부활이란 해가 없는 해돋이나 같다. 그런 것은 존재하지 않는다. 부활이란 장차 우리에게 몸이 있다는 뜻이다! 몸이 없다면 다시 살아날 일도 없다.

부활하신 그리스도의 몸을 보면 부활한 우리 몸이 어떠할지도 알 수 있다. "내 손과 발을 보고 나인 줄 알라 또 나를 만져 보라 영은 살과 뼈가 없으되 너희 보는 바와 같이 나는 있느니라"(눅 24:39).

부활하신 예수님은 이 땅을 40일 동안 걸으셨는데 우리는 새 땅을 영원히 걸을 것이다. 그분이 공간을 점하셨듯이 우리도 공간을 점할 것이다. 그분이 제자들과 함께 먹고 마시셨듯이 우리도 그분과 그리고 서로 더불어 먹고 마실 것이다.

한 진실한 신자가 내게 이렇게 말한 적이 있다. "인정하기 싫지만 나는 천국을 사모하지 않는다. 예수님과 함께 이 땅에서 살 수 있다면 좋겠다. 물론 나는 죄와 고난과 죽음이 싫고 그런 것이 다 끝나기를 바란다. 하지만 이 땅만은 영원히 계속되었으면 좋겠다. 하나님의 아름다운 세상을 더 즐기지 못하는 날이 오는 것은 싫다!"

예수님을 아주 사랑하는 사람인데도 그가 들었던 천국은 지독히도 지루하고 따분한 곳이었나 보다. 그가 생각한 영원은 비인간적 세계의 삶이었고, 음악, 문학, 모험, 여행, 학습, 발견, 일, 봉사를 즐길 기회는 우리가 죽으면 그것으로 끝이었다. 그래서 그는 자신이 버킷 리스트에 시간과 돈을 쓰는 이유를 하나님이 이해해주시기를 바랐다. 그의 생각대로라면 최고의 행복을 경험할 수 있는 기회는 어차피 지금뿐이니 말이다.

놀랍게도 그 사람이 바라던 것이 바로 성경에 약속되어 있다! 하지만 성경의 참 이야기가 우리 몸과 우주의 부활로 완성되는 구속의 대하드라마임을 모르는 한 그는 하나님의 자녀들에게 버킷 리스트가 아예 필요 없음을 깨달을 리 만무하다.

영원은 어떤 이들에게는 일몰이고 어떤 이들에게는 일출이다

청교도 목사인 리처드 백스터가 쓴 『성도의 영원한 안식』(The Saints' Everlasting Rest)은 천국을 주제로 한 당대 가장 훌륭한 책이다. 그는 "당신이 기뻐하는 근거가 천국에 대한 관심에 있다면 당신은 오늘만 아니라 내일도, 내일만 아니라 모레도, 올해만 아니라 내년에도 기뻐할 수 있다. 그러나 당신이 기뻐하는 근거가 형통에 있다면 그 기쁨은 단명할 것이다. 세상의 형통은 단명하는 것이기 때문이다"라고 말했다.[20] 그에 따르면 모든 행복은 그 원인이 무엇이든 어느 정도 지속되는지를 고려해야 한다. 아무리 행복한 삶도 영원할 수 없다면 결국 아무것도 아니다.

사람들의 세계관에 하나님이 들어 있지 않다면 행복의 기간을 최대한 늘리는 것만이 행복을 누리는 유일한 길이다. 하지만 굳이 그럴 필요가 없다.

우리의 세계관이 성경적이라면 긍정적 태도와 기쁨은 현실을 수용한 결과지 부정한 결과가 아니다. 성경의 가르침에 따르면 현세의 삶은 비신자들로서는 천국에 가장 가까운 상태고, 신자들로서는 지옥에 가장 가까운 상태다.

토머스 왓슨은 "경건한 사람에게 영원은 해가 지지 않는 낮이고, 악한 사람에게 영원은 해가 뜨지 않는 밤이다"라고 썼다.[21]

성경이 말하는 영원한 종착지는 둘인데 하나의 특징은 영원한 행복이고, 다른 하나의 특징은 영원한 불행이다. 리처드 백스터는 "성도에게는 진정한 행복이 있고 저주받은 자에게는 영원한 불행이 있다. 성도의 기쁨과 찬양은 진지하고 높지만 저주받은 자의 슬픔과 원망은 진지하고 깊다"라고 썼다.[22]

찰스 스펄전은 이렇게 설교했다.

> 천국에는 염려나 죄의 방해가 없다. 울어서 눈이 침침해질 일도 없고 행복한 생각이 이 땅의 일로 산만해질 일도 없다. 아무런 걸림돌 없이 지치지 않은 눈으로 의의 태양이신 그분을 바라볼 수 있다. 여기서 이따금씩 그분을 뵙는 것만도 이렇게 감미로운데 그 복되신 얼굴을 바

라볼 때 구름에 시야가 가려질 일도 없고, 눈길을 돌려 지치고 슬픈 세상을 보아야 할 일도 없으니 얼마나 감미롭겠는가!²³

그는 신학생들에게 설교를 가르치면서 이렇게 말했다. "천국을 전할 때는 당신의 얼굴이 천국의 광채로 환해져야 한다. 영광이 눈에 반사되어 빛나야 한다. 지옥을 말할 때는 평소의 얼굴이면 될 것이다."²⁴

예수님을 믿는 사람에게는 죽는 순간 평생 알았던 것보다 더 큰 행복이 밀려올 것이다

천국에서 우리가 자신에게 첫 번째로 드는 의문은 이것일지도 모른다. "그리스도가 나를 위해 다 이루신 일과 내 안에 내주하시는 성자와 성령을 생각할 때 왜 나는 하나님 안에 있는 이 행복을 죽기 전에는 더 누리지 못했던가?"

나는 예수님, 나의 모친, 친구 제리, 기타 앞서간 수많은 이와 함께 지낼 그날을 생각하곤 한다. 그들을 만나려면 내가 죽어야 한다. 하지만 어차피 죽을 몸이니 종착지를 생각하면 비행 전에 감내해야 할 모든 불편함은 별것 아니다!

영국의 개혁가이며 순교자인 존 브래드포드(John Bradford, 1510-1555)가 거의 5백 년 전에 쓴 편지에 이런 말이 나온다.

> 우리의 행복한 삶, 웃는 삶, 기쁜 삶을 고대하자. 죽음으로 이 위험한 상태를 떠나는 날 우리는 명실상부하게 그 삶을 누릴 것이다…그러므로 거기에 맞도록 자신을 준비하자. 불행과 슬픔 중에도 소망을 품고 즐거워하자. 지금은 우리가 흩어져 있지만 거기서 다시 만날 것이다. 다시는 헤어지지 않고 영원한 기쁨을 함께 누릴 것이다.²⁵

"웃는 삶"이라는 그의 문구가 내 귓전에 메아리친다. 예수님은 "지금 우는 자는 복이 있나니[행복하나니] 너희가 웃을 것임이요"(눅 6:21)라고 말씀하셨다.

현세에는 울음도 있고 웃음도 있다. 그러나 둘은 큰 차이가 있다. 신자들에게 울음은 한시적이지만 웃음은 영원하다. 하나님이 우리의 울음을 종식하시겠다고 하셨다(참조. 계 21:4). 그러나 우리의 웃음은 영영 끝나지 않는다.

다행히도 우리는 꼭 죽은 뒤에만 그리스도의 기쁨을 알 수 있는 것은 아니다! 그분은 지금 여기에 우리와 함께하시고 우리 안에 계시다 따라서 그분이 행복도 우리와 함께하며 우리 안에 있다. 우리가 그것을 받아 누릴 줄만 안다면 말이다.

영국의 박식한 학자인 헨리 마틴(Henry Martyn, 1781-1812)은 선교사로 인도에 갔다. 1805년 8월 10일 그는 다시 돌아오지 못할 것을 알면서 배를 타고 고국을 떠났다. 영국의 집도 그에게 귀했으나 천국의 집을 사모하는 마음이 더 컸다. 그날 배 위에서 그는 히브리서 11장 16절 말씀으로 설교했다. "그들이 이제는 더 나은 본향을 사모하니 곧 하늘에 있는 것이라."

그는 일기에 이렇게 적었다.

> 기도하던 중 금방 영원 속으로 달콤하게 빠져들었다. 장래에 내가 누릴 안식을 생각하니 말할 수 없이 기뻤다. 훗날 그리스도의 사랑하는 임재 안에서 끝없이 누릴 사랑과 기쁨은 또 어떤가. 어렵지 않게 상상력을 동원하여 천국을 묵상할 수 있었다. 내 영혼이 은혜로 그것을 깨달았고 그 더없이 행복한 장면들을 믿음으로 되새김질하는 것이 즐거웠다.[26]

헨리 마틴은 그날 자신이 설교한 본문에 나오는 사람들처럼 되었다.

> 이 사람들은 다 믿음을 따라 죽었으며 약속을 받지 못하였으되 그것들을 멀리서 보고 환영하며 또 땅에서는 외국인과 나그네임을 증언하였으니 그들이 이같이 말하는 것은 자기들이 본향 찾는 자임을 나타

냄이라…그들이 이제는 더 나은 본향을 사모하니 곧 하늘에 있는 것이라 이러므로 하나님이 그들의 하나님이라 일컬음 받으심을 부끄러워하지 아니하시고 그들을 위하여 한 성을 예비하셨느니라(히 11:13-14,16).

여기 "본향"이란 진짜 수도(首都)가 있는 진짜 나라 곧 새 예루살렘이다. "땅에서는 외국인과 나그네"인 사람들이 결국 그 실존하는 장소에서 실제 몸을 입고 살아갈 것이다. 하나님이 그들에게 주신 약속은 이 땅과 관련된 것이므로 하늘에 있는 그들의 "본향"에는 결국 이 땅도 포함될 수밖에 없다. 이런 예언이 성취되려면 성경의 다른 곳들에 약속된 대로 하나님의 백성과 하나님의 이 땅이 부활해야 한다.

기대에 찬 이들 신자들을 감격하게 한 것은 장차 하나님이 천국에서 다스리신다는 사실이 아니었다. 그것은 그분이 이미 하고 계신 일이었다. 그들은 그분이 여기 이 땅에서 다스리시며 죄와 죽음과 고난과 빈곤과 상심을 없애주실 그날을 꿈꾸었다. 메시아가 오실 때 천국을 가져오실 것을 그들은 믿었다. 초대 교회 이후 인류 역사상 가장 자주 드려진 기도가 있는데 초대 그리스도인들은 하나님이 그 기도에 응답해주실 것을 믿었다. 즉 하나님의 뜻이 하늘에서 이루어진 것 같이 땅에서도 단번에 영원히 이루어질 것을 믿었다(참조. 마 6:10).

흔히 간과되는 이 주제는 우리 행복에 지극히 중요하므로 하나님의 새 땅이 어떤 속성을 가졌는지 따로 한 장에 걸쳐 살펴볼 가치가 있다.

Chapter·43

새 땅에서 누릴 장래의 행복

나 여호와가 시온의 모든 황폐한 곳들을 위로하여 그 사막을 에덴 같게, 그 광야를 여호와의 동산 같게 하였나니 그 가운데에 기뻐함[행복]과 즐거워함과 감사함과 창화하는 소리가 있으리라.

이사야 51:3

오 우리의 모든 생각이 그 세상에 삼켜지니 얼마나 행복한가.

데이비드 브레이너드

J. R. R. 톨킨의『왕의 귀환』(Return of the King)을 각색한 피터 잭슨(Peter Jackson)의 영화에 보면 끝 장면에서 아주 노쇠해진 빌보 배긴스가 엘프의 배에 초대되어 중간계를 떠나 발리노르(천국 같은 곳)로 항해한다. 그는 미소를 지으며 "나는 또 다른 모험을 떠날 준비가 충분히 된 것 같소"라고 말한다.[1] 그의 눈빛에 젊은 날의 생기가 되살아난다.

그리스도인에게 죽음이란 모험의 끝이 아니라 꿈과 모험이 오그라드는 세상을 떠나 꿈과 모험이 영원히 뻗어나가는 훨씬 나은 세상으로 들어가는 일이다.

새 땅에서 누릴 부활한 삶의 가장 좋은 부분은 하나님을 보는 것이다

"다시 저주가 없으며 하나님과 그 어린양의 보좌가 그 가운데에 있으리니 그의 종들이 그를 섬기며 *그의 얼굴을 볼 터이요*"(계 22:3-4, 강조 추가). 이런 여러 본문에 기초하여 옛 신학자들은 '지복직관'을 자주 말했는데 라틴어의 세 단어에서 온 이 말은 '행복을 자아내는 광경'이라는 뜻이다. 하나님이 모든 행복의 수원이시고, 삼위일체의 연합 속에 영원히 행복하시므로 그분을 바라보는 것 자체로 우리는 행복 속으로 들어간다.

"거룩함을 따르라 이것이 없이는 아무도 주를 보지 못하리라"(히 12:14). 우리가 하나님을 보려면 지금과 그때 사이에 근본적 변화를 거쳐야 한다. 실제로 정확히 그렇게 될 것이다. 하나님의 자녀들은 그리스도를 믿어 이미 그분의 의를 받았으므로 천국에 들어갈 수 있다(참조. 롬 3:22, 고후 5:21). 그리스도 안에서 온전히 의로운 모습으로 하나님 앞에 서기 때문에 우리는 일단 영화(靈化)되어 영원히 죄가 없게 되면 능히 하나님을 보고도 살 수 있다.

영국의 시인 존 던(John Donne, 1572-1631)은 하나님의 모든 자녀에게 임할 그날을 이렇게 멋있게 표현했다. "나는 죽은 자 가운데서 살아날 것이다…영광의 태양이신 성자 하나님을 볼 것이고 나 자신도 그 태양처럼 빛날 것이다. 나는…옛적부터 계신 하나님 자신과 연합할 것이다. 그분께는 아침도 없고 시작도 없다."² 그는 또 "일찍이 하나님을 보고도 산 사람은 아무도 없었다. 그러나 나는 하나님을 보기까지는 살아 있는 것이 아니요 그분을 보고 나서는 결코 죽을 수 없다"라고 말했다.³

던의 말에서 행복과 경이가 느껴지는가? 하나님의 얼굴을 보는 일이야말로 가장 고상한 열망이건만 서글프게도 우리 많은 이에게 그것은 첫 번째 소원이 아니다(거기에 내포된 의미를 충분히 알면 당연히 첫 번째 소원이 될 것이다!).

새 땅에서 우리를 기다리고 있는 것은 무엇인가?

우리가 자녀와 손자손녀에게 줄 수 있는 가장 큰 선물 중 하나는 부활과 새 땅의 교리를 가르치는 것이다. 죽으면 유령이 된다며 아이들을 흥분시키려 해서는 안 된다. 하나님은 우리를 물리적 세계에 사는 물리적 존재로 지으셨다.

그분의 영광을 위하여 우리는 먹고 마시고 놀고 일하고 사랑하고 예배하고 웃는다. 그것이 부활의 약속이다. 즉 우리를 구속하신 하나님의 임재 안에서 영원히 누리는 즐거움과 기쁨이다.

하나님의 자녀들을 기다리고 있는 세계가 요한계시록 21장 1-4절에 아름답게 묘사되어 있다.

> 또 내가 새 하늘과 새 땅을 보니…또 내가 보매 거룩한 성 새 예루살렘이 하나님께로부터 하늘에서 내려오니…내가 들으니 보좌에서 큰 음성이 나서 이르되 보라 하나님의 장막이 사람들과 함께 있으매 하나님이 그들과 함께 계시리니 그들은 하나님의 백성이 되고 하나님은 친히 그들과 함께 계셔서 모든 눈물을 그 눈에서 닦아 주시니 다시는 사망이 없고 애통하는 것이나 곡하는 것이나 아픈 것이 다시 있지 아니하리니 처음 것들이 다 지나갔음이러라.

흔히 우리는 천국에 올라가 하나님이 계신 곳에서 그분과 함께 산다고 생각한다. 물론 죽으면 그렇게 된다. 그러나 궁극적 약속은 하나님이 새 땅, 곧 우리가 있는 장소로 내려와 우리와 함께 사신다는 것이다. 궁극적으로 천국은 "하나님과 함께하는 우리"가 아니라 "우리와 함께하시는 하나님"이다(참조. 계 21:3).

예수님이 제자들에게 이렇게 말씀하셨을 때 그들이 얼마나 기뻤을지 상상해 보라. "세상이 새롭게 되어 인자가 자기 영광의 보좌에 앉을 때에 나를 따르는 너희도 열두 보좌에 앉아 이스라엘 열두 지파를 심판하리라"(마 19:28).

그분은 세상이 파멸되거나 버려진다고 말씀하신 것이 아니라 새롭게 된다고 하셨다. 인간이 하나님의 계획대로 그분의 영광을 위하여 살 곳은 이 땅이다. 그리스도의 성육신과 삶과 죽음과 부활을 통해 새 땅이 확보되었다. 그곳에서의 삶은 하나님이 본래 의도하셨던 대로다.

비슷하게 베드로도 "하나님이 영원 전부터 거룩한 선지자들의 입을 통하여 말씀하신 바 만물을 회복하실 때까지는" 그리스도가 하늘에 계셔야 한다고 설교했다(행 3:21). 이 우주적 회복은 하나님이 몸 없는 사람들을 데려와 영의 세계에서 그들과 교제하시는 것이 아니다. 오히려 하나님은 인류를 그분이 원래 설계하신 본연의 상태이자 훨씬 위대한 모습으로 되돌리신다. 물리적 우주 전체가 타락 이전의 영광으로 복귀할 뿐 아니라 그보다 더 웅대한 차원으로 전진한다는 뜻이다.

하나님이 설계하신 원래 계획에는 인간의 행복하고 충만한 삶도 포함되어 있다. 새 땅에서 모닥불에 둘러앉아 휘둥그레진 눈으로 모험담을 나누는 광경을 상상해보라. 물론 이야기도 실화고 모닥불도 실제다. 결국 우정과 동지애와 웃음과 이야기와 모닥불은 다 물리적인 세상에서 살아가는 물리적인 사람들에게 하나님이 주시는 좋은 선물이다. 그런데 성경은 우리가 바로 그렇게 된다는 것이다!

그 새 땅에서 우리가 경험할 모험들에 비하면 이 땅에서 하는 암벽 타기, 서핑, 스카이다이빙, 몸이 뒤집히는 롤러코스터는 다 시시해 보일 것이다. 이런 말을 하는 이유는 이것이 목적론적 증명이기 때문이다. 신나는 경험이 우리에게 즐거운 까닭은 죄 때문이 아니라 본래 하나님이 우리를 그렇게 지으셨기 때문이다. 우리는 온종일 어두컴컴한 방에 앉아 배우들이 연기하는 삶이나 구경하라고 지어진 존재가 아니다.

천국은 장애인들에게 그 진가를 유감없이 발휘할 것이다. 망가졌던 심신에서 해방될 테니 말이다. 병자들과 노인들도 고통과 제약에서 벗어날 것이다. 모두가 걷고 달리고 보고 들을 것이며 그게 난생처음인 사람들도 있을 것이다.

보드로 신부는 하나님의 사람들이 맞이할 영원한 재회를 이렇게 내다보았다. "그분의 가족이 얼마나 환호성을 지르며 즐거워할까!…다시는 이별이 없다! 이 짧은 문장 속에 얼마나 기쁜 음악이 있는가! 다시 죽음이 없으니 친척이나 친구와의 교제가 끊어질 일도 영영 없다."4

가족과 친구들을 다시 만나 "환호성을 지르며 즐거워할" 그날을 생각해보

라. 그들은 예수님을 사랑했고 지금은 그분 곁에 가 있다. 구속된 땅을 그들과 함께 걷는 모습을 그려보라. 우리는 다 몸이 튼튼하여 올림픽 10종경기 선수들보다 강건할 것이다. 함께 웃고 놀고 대화하고 회상할 것이다. 이때 누군가가 우리 곁으로 다가오신다. 희색이 만면하신 예수님이다. 우리는 다 무릎을 꿇고 그분을 경배할 것이고, 그러면 그분은 우리를 일으켜 안아주실 것이다. 이 얼마나 행복한 일인가!

하나님은 선지자 이사야에게 새 땅의 삶을 조금 보여주셨다

이사야 60장에 새 땅이라는 말이 나오지는 않지만(조금 뒤인 65장과 66장에는 나온다) 확신컨대 이 장에 묘사된 곳도 그곳일 가능성이 다분하다. 이 선지자의 어휘가 요한계시록 21-22장에 그대로 다시 쓰였기 때문이다. 하나님은 변화된 예루살렘의 자기 백성에 대해 이렇게 말씀하신다. "오직 여호와께서 네 위에 임하실 것이며 그의 영광이 네 위에 나타나리니 나라들은 네 빛으로, 왕들은 비치는 네 광명으로 나아오리라"(사 60:2-3). 하나님의 백성에게 영광스러운 미래가 있으며 땅의 나라들과 왕들이 거기에 동참할 것이다.

그때 유례없는 기쁨이 있을 것이다. "그때에 네가 보고 기쁜 빛을 내며 네 마음이 놀라고 또 화창하리니"(사 60:5). 나라들은 이 새로워진 땅과 영화로운 도시에 그들이 가진 최고의 보화를 가져올 것이다. "이는 바다의 부가 네게로 돌아오며 이방 나라들의 재물이 네게로 옴이라"(5절).

새 땅에는 각국에서 온 동물들도 있을 것이다. "허다한 낙타, 미디안과 에바의 어린 낙타가 네 가운데에 가득할 것이며"(사 60:6). 구속받은 사람들이 먼 곳들에서 이 영화로운 예루살렘에까지 올 것이다. "스바 사람들은 다 금과 유향을 가지고 와서 여호와의 찬송을 전파할 것이며"(6절). 여러 섬에 사는 사람들도 하나님을 예배할 것이요 배들이 "다시스…먼 곳에서 네 자손과 그들의 은금을 아울러 싣고 와서 네 하나님 여호와의 이름에 드리려 하며 이스라엘의 거룩한 이에게 드리려 하"리니 "이는 내가 너를 영화롭게 하였음"이다(9절).

우리 대부분은 천국에 나라들과 통치자들과 각종 문명과 문화가 들어와 있으리라는 생각이 낯설지만 새 땅이 실제로 땅임을 보여주는 본문은 이사야 60장 외에도 많다.

요한은 이사야의 어휘를 새 예루살렘에 그대로 적용했다(참조. 계 21:25-26). "네 성문이 항상 열려 주야로 닫히지 아니하리니 이는 사람들이 네게로 이방 나라들의 재물을 가져오며 그들의 왕들을 포로로 이끌어 옴이라"(사 60:11).

다음에 하나님이 주신 약속은 이 땅의 예루살렘에는 결코 없었던 일이다. "내가…화평을 세워 관원으로 삼으며 공의를 세워 감독으로 삼으리니 다시는 강포한 일이 네 땅에 들리지 않을 것이요 황폐와 파멸이 네 국경 안에 다시 없을 것이며 네가 네 성벽을 구원이라, 네 성문을 찬송이라 부를 것이라"(사 60:17-18).

이사야가 묘사한 또 다른 장면은 요한이 요한계시록 21장 23절과 22장 5절에 말한 새 땅과 직결된다. "다시는 낮에 해가 네 빛이 되지 아니하며 달도 네게 빛을 비추지 않을 것이요 오직 여호와가 네게 영원한 빛이 되며 네 하나님이 네 영광이 되리니 다시는 네 해가 지지 아니하며 네 달이 물러가지 아니할 것은 여호와가 네 영원한 빛이 되고 네 슬픔의 날이 끝날 것임이라"(사 60:19-20).

성경이 말하는 새 예루살렘은 "무엇이든지 속된 것이나 가증한 일 또는 거짓말하는 자는 결코 그리로 들어가지 못하되 오직 어린양의 생명책에 기록된 자들만 들어가"는 곳이다(계 21:27). 이사야도 "네 백성이 다 의롭게 되어"(사 60:21)라는 포괄적 표현을 써서 똑같은 메시지를 전했는데 이는 저주 아래에 놓인 기존의 땅에는 적용될 수 없는 말이다. 21절에 계속 이어지는 말씀처럼 그들은 "영원히 땅[에레츠, erets, 지구]을 차지"할 것이다. 땅은 영광의 십 년, 백 년, 천 년 동안만 아니라 영원히 그들의 것이 된다.[5]

조나단 에드워즈에 따르면 이사야 60장에 담겨 있는 "약속들은 하나님의 백성을 행복하게 하며 이로써 그분을 영화롭게 한다…전적으로 이는 장차 하나님이 능력과 은혜로 이루실 크고 기이한 일에 대한 약속이다. 그분은 자기 백성을 모든 불행에서 구하여 지극히 행복하게 하실 것이다."[6]

그는 이사야 60장 전체를 묵상하며 이렇게 썼다. "앞서 언급된 모든 약속은 하나님의 백성이 누릴 지극히 큰 행복의 많은 부분이나 구성 요소일 뿐이다. 이 행복에 대한 하나님의 목적 내지 총체적 계획은 곧 그분의 영광이다." 그는 또 "하나님이 이루기로 약속하신 일은 그분의 백성에게 애통과 슬픔 대신 기쁨과 즐거움과 행복을 주신다는 것이며, 이 일의 결과로 성취될 목적은 그분의 영광으로 압축된다"라고 덧붙인 뒤 이렇게 요약했다. "이 장 전체를 구성하는 약속들은 바로 하나님의 교회가 장래에 누릴 지극한 행복이다."[7]

당신의 사후 버킷 리스트는 무엇인가?

아내와 내가 즐겨 말하는 것은 사후의 버킷 리스트, 즉 죽은 뒤에 하려고 고대하는 모든 일이다. 특히 우리는 부활 후 새 땅에서 누릴 영원한 삶을 사모한다. 성경에 나와 있듯이 장차 새 땅만 아니라 새 하늘도 있을 것이다(참조. 사 65:17, 66:22, 계 21:1). 이는 새로워진 천상의 세계로, 아마 새로운 우주에 새로운 은하들과 별들과 행성들이 흩뿌려져 있을 것이다. 예수님을 믿기 전에 망원경으로 안드로메다은하를 처음 보며 감탄했던 나이기에, 새로운 안드로메다은하로 여행하며 왕이신 예수님을 찬양하고 그분께 영광을 돌려드리고 싶다.

예수님의 영원한 임재를 누리고 하나님의 얼굴을 보는 것 다음으로 우리의 사후 버킷 리스트에는 부차적인 항목들이 아주 많다. 아내는 호숫가에서 개들과 함께 놀며 보내는 시간을 꿈꾼다. 조니 에릭슨 타다는 휠체어에서 벗어나면 꽃이 만발한 새 땅의 초원을 달리고 싶다고 아내와 내게 말한 적이 있다. 그러면서 우리에게 함께 달리자고 했다. 그 약속을 지킬 날이 못내 기다려진다. 물리적 몸으로 물리적 땅에서 살아갈 것인데 그러지 못할 이유가 무엇인가?

당신의 머릿속에 경고등이 깜빡일지도 모른다. "하지만 그건 영적이지 못하다. 우리가 바라야 할 것은 예수님과 함께 있는 일뿐이다." 말했듯이 예수님과 함께 있는 일이 우리의 목록 1순위다. 하지만 그렇다고 다른 일들이 뒤따를 수 없는 것은 아니다. 그런 일들도 그분을 온전히 영화롭게 하며 우리를 향한 그분의 은혜와 자비로부터 흘러나온다.

궁극적 행복은 하나님 자신이지만 그분이 우주에 부차적 행복들을 가득 두셨음을 잊지 마라. 이 모두가 그분에게서 나와 그분을 영화롭게 한다. 모든 행복의 근원은 그분이지만 그분에게서 무수히 많은 지류가 흘러나온다. 타락의 여파로 시들어가는 세상에서도 그렇다면 저주가 걷힌 뒤에는 그런 지류가 적어지는 것이 아니라 훨씬 많아질 것이다. 그뿐 아니라 분명히 더 경이로워지고 더 큰 행복을 가져다줄 것이다.

하나님은 우리에게 그분의 영광을 위하여 먹고 마시라고 하셨다. 그런 그분이 그분의 영광을 위하여 그분의 동물들과 함께 놀고 그분의 별들로 여행을 떠나는 우리를 못마땅해하실까?

물론 우리의 사후 버킷 리스트에 있는 경험 중 더러는 우리가 상상하던 바와 다를 수 있다. 그래도 하나님께 받은 상상력을 구사하여 우리의 시선을 현재의 타락한 세상 너머로 돌려 부활한 세상을 사모하면 그것이 하나님께도 영광이 될 것이다. 그 부활한 세상이야말로 그분이 세우신 구속 계획의 절정이다.

우리를 기다리는 새 세상을 어느 누가 알 수 있겠는가?

이 땅에서 행복을 누릴 기회가 이생뿐이라면 하나님의 계획이 무산되었다는 뜻이다. 그러나 이 땅의 영원한 행복이 그분의 자녀들을 기다리고 있다. 그래서 모든 것이 달라진다!

하나님은 우리를 이전의 시공으로 데려가 자신의 계획이 실현되어온 과정을 보여주지 않으실까? 조지 휫필드는 "우리를 여기까지 오게 한 황금 사슬의 많은 고리를 되돌아 개관하는 일은 우리가 천국에서 누릴 행복의 일부일 것이다"라고 말했다.[8]

그런데 하나님은 시간의 제약을 받지 않으시므로 우리는 마치 영화를 보듯이 역사를 공부할 수 있을지도 모른다. 이스라엘이 홍해를 건너던 장면을 보고 싶은가? 다니엘의 세 친구가 풀무에서 나오는 현장에 함께 있고 싶은가? 우리에게 과거의 문을 열어주시는 것은 하나님께는 쉬운 일일 것이다.

에베소서 2장 7절에 보면 하나님이 우리를 구속하신 목적 중 하나가 "이는 그리스도 예수 안에서 우리에게 자비하심으로써 그 은혜의 지극히 풍성함을 오는 여러 세대에 나타내려 하심이라"고 밝혀져 있다. 여기 "나타내려"로 번역된 단어는 "계시한다"는 뜻이고, "오는 여러 세대"라는 말은 그리스도 안에서 하나님의 은혜와 자비를 점점 더 배워가는 점진적이고 지속적인 계시를 가리킨다. 그분의 성품과 우리를 위한 애정은 아무리 배워도 끝이 없을 것이다.

나는 아내와 딸들과 친한 친구들을 안 지 오래되었는데도 그들의 새로운 면을 배울 때가 종종 있다. 유한한 인간에 대해서도 늘 새로 배울 것이 있다면 내세에 예수님에 대해서는 얼마나 더 배울 것이 많겠는가? 누구도 그분의 깊이를 다 알 수 없다.

예수님은 제자들에게 "내게 배우라"고 하셨다(마 11:29). 새 땅에서 우리도 베다니의 마리아처럼 예수님의 발밑에 앉고 제자들처럼 그분과 함께 시골길을 걸으며 늘 그분께 배우는 특권을 누릴 것이다. 하나님의 새로운 면을 천국에서 계속 배워 우리의 이해가 계속 더 깊어질 것이다. 그리스도 안에 "지혜와 지식의 모든 보화가 감추어져 있"다(골 2:3). 새 하늘과 새 땅의 삶은 보물찾기와 같아서 그리스도 안에서 날마다 새롭고 즐거운 것을 계속 발견할 것이다.

하나님이 그 세상에서 우리에게 원하실 일이 무엇이든 간에 우리는 준비되어 있을 것이다. 우리의 섬김은 그분을 영화롭게 할 뿐 아니라 우리에게도 기쁨을 줄 것이다.

마침내 우리는 본연의 자신이 될 것이다. 어디를 가나 새 사람을 만나고 새 곳을 즐기며 새것을 발견할 것이다. 저 냄새는 무엇인가? 잔치인가? 저 앞에 파티가 열리고 있다. 우리도 초대되었다. 예수님이 거기서 우리를 반겨주실 것이다!

이것이 궁극적 행복 아닌가? 하나님이 새 땅의 영생을 통해 우리에게 약속하신 것이 바로 그것이다.

천국에서는 죄의 유혹과 싸울 일이 없다

그리스도와 함께 있을 그날에는 우리의 갈망이 늘 순결하여 본연의 목적을 다할 것이다. 음식을 즐기되 식탐이나 식생활 장애에 빠지지 않을 것이고, 칭찬과 애정을 표현할 때도 미움이나 시기나 정욕이나 간음이나 배반이 섞이지 않을 것이다. 비뚤어진 갈망은 아예 존재하지 않는다. 마음껏 원하는 데로 가서 원하는 일을 할 수 있다. 내 바람이 잘못된 것은 아닌지 고민할 일이 없다!

하나님은 우리를 끝없이 행복하도록 지으셨고, 그것이 죄 때문에 무산되자 친히 십자가를 지셔서 우리를 회복시키셨다. 일단 우리가 영화된 상태에 들어서면 다시는 죄가 우리를 지배할 수 없다.

신학자 폴 헬름(Paul Helm)은 "그러므로 천국의 자유는 죄에서 해방되는 것이다. 신자는 어쩌다 죄에서 해방되는 것이 아니라 아예 죄를 지을 수 없는 상태로 재창조된다. 죄를 지을 마음도 없고 그런 마음을 원하지도 않는다"라고 말했다.[9]

토머스 맨튼은 "자연의 모든 고통과 짐은 죄의 열매다. 우리가 하나님께 반항한 결과요 증거다. 따라서 죄가 사라지면 죄의 열매인 고난도 사라진다. 지옥에는 오직 악만 있고 천국에는 오직 행복만 있다"라고 썼다.[10]

우리는 전능하신 예수님을 예배하고 경외하며 복종할 것이다. 천국에서는 우리가 결코 그분을 실망시키지 않을 것이므로 그분도 우리를 못마땅해하실 일이 없다. 우리 때문에 불행하실 일이 없다.

우리는 완전히 쉴 수 있다. 사고가 없으니 뒤처리도 필요 없다. 그리스도가 우리의 모든 죄를 담당하셨다. 그분이 철저히 값을 치르셨으므로 우리는 죄와 죄로 인한 두려움에서 영원히 해방된다.

최고가 아직 남아 있음을 알면 노화와 건강을 잃는 것도 다른 시선으로 보게 된다

자기 안에 그리스도가 없는 사람들은 나이 들어 몸과 정신이 쇠해지면 과거의 한창때를 돌아보는 수밖에 없다. 그때의 건강과 기력을 다시는 되찾을 수 없기 때문이다. 그러나 영원한 관점을 품은 그리스도인은 병상에 눕거나 노화를 맞이해서도 절정기의 역량을 추억하지 않고 오히려 앞을 내다본다!

존 던의 말처럼 우리는 "죽음을 통해 죽음 속에서 죽음으로부터" 건짐을 받는다.[11] 이생은 몸의 죽음으로 끝나지만 그 죽음을 기점으로 그리스도의 임재 안에서 누리는 새롭고 우월한 삶이 시작된다. 그래서 우리도 사도 바울처럼 "사망아 너의 승리가 어디 있느냐 사망아 네가 쏘는 것이 어디 있느냐"(고전 15:55)라고 말할 수 있다.

아내와 딸들과 손자들과 친구들이 볼 나의 마지막 모습은 타락하여 저주받은 세상에서 노쇠해진 몰골이 아니며, 내가 볼 그들의 마지막 모습도 마찬가지다! 어느 날 예수님을 아는 모든 사람의 몸과 마음은 이 땅에서 최고였을 때보다 훨씬 더 좋아질 것이다. 우리는 하나님의 경이로운 새 창조에 화들짝 놀랄 것이며, 자신이 생각하고 행동하는 방식에 스스로 놀랄 것이다. 한때 그토록 괴롭히던 죄가 더는 우리를 방해하지 못한다.

당신의 기억력이 좋다면 얼마든지 그것을 누리라. 그러나 인생을 아쉽게 돌아보며 '좋았던 왕년', 더 나았던 한때를 꿈꾸느라 여생을 허비하지 마라. 대신 '위대한 새날'을 내다보라! 그때까지는 하나님을 의지하여 그분이 주시는 힘으로 날마다 다가오는 도전을 헤쳐나가면 된다.

아이작 왓츠는 『장차 올 세상』(The World to Come)이라는 놀라운 책에 이렇게 썼다. "오, 이 몽상의 세상에서 늘 하나님께 깨어 있는 행복한 영혼들이여! 장차 주께서 우리 영혼을 이 어두운 곳에서 불러내시고 우리는 그 부름에 거룩한 기쁨으로 답하여 빛 가운데 성도의 유업을 향해 솟아오르리니 과연 행복하도다!"[12]

영원한 미래를 구성하는 가장 중요한 요소 중 하나는 연속성의 교리다

"그런즉 누구든지 그리스도 안에 있으면 새로운 피조물이라 이전 것은 지나갔으니 보라 새 것이 되었도다"(고전 5:17). 말 그대로 이것은 근본적 변화다. 하지만 그리스도를 믿고 새사람으로 변화되어도 우리는 여전히 동일인이다(가족도 여전히 우리를 알아볼 것이고, 우리가 키운 개들도 마치 모르는 사람인 양 우리에게 으르렁거리지 않을 것이다).

기억은 인격의 기본 요소다. 천국은 우리를 깨끗하게 하지만 우리의 기원이나 역사를 소멸하지는 않는다. 성경은 누구나 자기 인생을 하나님께 직고한다고 했는데 그러려면 현세의 기억을 내세로 가져가야만 한다(참조. 롬 14:12).

현세를 잊는다면 이생의 의미가 반감된다. 여기서 배운 모든 교훈도 잊히고, 그리스도 안에서 자라고 그분을 섬긴 일도 다 시시해지며, 모든 고난은 목적을 잃고, 모든 행복한 경험도 영영 사라질 것이다.

"현재의 고난은 장차 우리에게 나타날 영광과 비교할 수 없도다"(롬 8:18). 지금은 우리가 이것을 하나님이 명하신 대로 믿음으로 받아들이지만, 그때는 그 사실을 확실히 이해하게 된다. 그래서 천국의 영원한 행복은 한껏 더 증대된다.

우리도 다 욥처럼 고백할 수 있다. "내가 육체 밖에서 하나님을 보리라 내가 그를 보리니 내 눈으로 그를 보기를 낯선 사람처럼 하지 않을 것이라"(욥 19:26-27).

구속의 연속성이라는 원리를 모르면 부활을 이해할 수 없다. 앤서니 후크마(Anthony Hoekema)는 "연속성이 있어야 한다. 그렇지 않으면 부활에 대한 논의 자체가 무의미해진다. 이 땅에서 살고 있는 현 거주자들과 완전히 다른 사람들을 새로 만들어낸다면 이는 부활이 아니다"라고 썼다.[13]

이 땅을 걷고 있는 이 동일한 우리가 새 땅도 걸을 것이다. "우리가 항상 주와 함께 있으리라"(살전 4:17, 강조 추가).

빈 무덤은 부활하신 그리스도의 몸이 십자가에서 죽으신 바로 그 몸이라는 결정적 증거다. 부활이 이전에 존재하지 않았던 몸을 지어내는 것이라면 그리스도의 원래 몸은 무덤에 남아 있었을 것이다. 그러나 예수님은 부활하신 후에 제자들에게 "나인 줄 알라"고 말씀하심으로써 영혼만 아니라 몸까지도 본래의 자신이심을 강조하셨다(눅 24:39). 제자들은 그분이 십자가에 달리셨던 상흔을 보았는데 이는 그분의 몸이 원래의 그 몸이라는 틀림없는 증거다.

누구나 물리적 몸이 있기에 이미 우리에게는 새로운 몸을 미리 떠올려볼 만한 단연 최고의 기준점이 있다. 몸이 어떻게 생겼는지 알기에 우리는 완성된 몸이 어떻게 생겼을지도 상상할 수 있다!

C. S. 루이스는 우리 몸만 아니라 온 세상을 아우르는 광범위한 부활에 대해 이렇게 썼다. "내 유년기의 들판—현재는 택지로 변했다—을 지금은 내 부족한 말로 설명할 수밖에 없지만 그날이 오면 나는 당신과 함께 그곳을 걸을 수 있을 것이다."[14]

동물의 부활도 새 땅에서 누릴 행복의 한 부분이다

동물을 사랑하는 많은 사람이 매혹적인 생물이나 사랑하던 애완동물을 천국에서 영영 보지 못하리라고 여기고 섭섭해한다. 그러나 확신컨대 동물들도 부활한 땅을 물려받고 이전보다 더 큰 행복을 선사해줄 것이 성경에 암시되어 있다.

어떤 사람이 빌리 그레이엄에게 자신의 개도 천국에 가느냐고 물었다. 그레이엄은 "그의 개 찰리가 천국에 있는 것이 그를 행복하게 한다면 하나님은 그 개도 그곳에 가도록 조치하실 것이다"라고 말했다.[15] 동물이 사람만큼 귀하지는 않지만 동물도 하나님이 지으셨고, 그분은 동물을 통해 많은 사람의 삶을 만지셨다.

애완동물을 잃고 슬퍼하거나 다시 보기 원하는 마음은 부끄러운 것이 아니다. 하나님은 그들을 창조하셨고, 우리와 그들을 사랑하시며, 우리 죄 때문에 굴레에 매인 피조물들을 자신의 계획대로 회복시키실 것이다. 그것을 믿는다면 새 땅에서 그들과 다시 행복해지기를 원할 뿐 아니라 그것을 기대할 만한 성경적 근거가 우리에게 있다.

"피조물이 다 이제까지 함께 탄식하며 함께 고통을 겪고 있는 것을 우리가 아느니라"(롬 8:22). 바울이 설명한 대로 우리 몸이 속량되면 우리만 해방되는 것이 아니라 나머지 창조 세계도 다 해방된다.

로마서 8장에 해방을 부르짖는다고 언급된 것은 무슨 추상적 '동물계'가 아니다. 여기 탄식하며 부활을 부르짖는 피조물은 특정한 고난당하는 사람들과 특정한 동물들이다. 내가 믿기로 이것은 하나님이 옛 땅에 살았던 특정한 동물들을 새 땅에 다시 만드실 수도 있음을 암시한다.

성경의 많은 본문에서 보듯이 하나님은 인류의 죄 때문에 "사람과 짐승"에게 심판을 내리실 것이다(참조. 출 9:22-25, 렘 7:20, 21:6, 겔 14:12-13,17). 하나님이 의인에게 베푸시는 복에는 그들의 자녀에게만 아니라 동물의 새끼에게 주시는 복도 포함되어 있다(참조. 신 7:13-14, 28:1-4).

이것은 예수님의 재림을 예고하는 "모든 육체가 하나님의 구원하심을 보리라"(눅 3:6)는 말씀과도 들어맞는다. "육체"로 번역된 헬라어 단어는 '사르크스'(sarx)로 일부 역본에 "모든 사람"이나 "온 인류"로 옮겨져 있으나 사실은 더 포괄적인 단어다. "모든 육체"에는 동물도 포함된다. 물론 동물은 인간처럼 죄를 자백하고 회개하여 용서와 구원을 받지는 않지만 동물도 그리스도의 구속 사역을 보고 그 혜택을 누릴 것이다.

동물들의 삶에 깊이 개입하시는 하나님과 그들을 향한 그분의 목적을 시편 104편에서 볼 수 있다. "주께서 지으신 것들이 땅에 가득하니이다"(24절)라는 말과 함께 새, 가축, 들나귀, 너구리, 사자 등이 등장한다. "크고 넓은 바다가 있고 그 속에는 생물 곧 크고 작은 동물들이 무수하니이다…리워야단[바다 생물의 하나]이 그 속에서 노나이다"(25-26절)라는 말씀도 있다. 시편의 저자는 계속해서 "이것들은 다 주께서…먹을 것을 주시기를 바라나이다"(27절)라고 말한 뒤 "주께서 그들의 호흡을 거두신즉 그들은 죽어 먼지로 돌아가나이다"라고 덧붙였다(29절).

그런데 그 뒤에 놀라운 말씀이 나온다. "주의 영을 보내어 그들을 창조하사

지면을 새롭게 하시나이다"(시 104:30). 여기 "그들"은 죽어 먼지로 돌아간 동물들을 가리키는 것으로 보인다. 하나님이 자신의 영을 보내 그들을 창조하신다는 말은 무슨 뜻인가? 죽은 후의 동물들을 재창조하신다는 말씀으로 보인다. 그 이유는 무엇인가? "지면을 새롭게 하"기 위해서다. 죽은 "그들"이 바로 땅의 중생(重生)의 일환으로 재창조될 "그들"이다(참조. 마 19:28).

이사야 11장 6-9절에 보듯이 이 땅에 영광의 시대가 임하면 표범과 염소와 송아지와 사자가 평화롭게 나란히 함께 누우며, 독사같이 위험했던 동물들이 있어도 "내 거룩한 산 모든 곳에서 해됨도 없고 상함도 없을 것"이다.

이 땅에 해됨이 없을 그때는 언제인가? 옛 땅도 아니고 반항과 전쟁으로 끝날 천년왕국도 아니다. 그때는 죄와 죽음과 고난이 다시는 없을 새 땅에서다(참조. 계 21:4).

에덴동산은 완전했으나 동물이 없는 에덴동산이 아니다. 새 땅은 새로운 에덴동산이요 둘째 아담이 우리에게 복으로 주실 변화된 복락원이다(참조. 롬 5:14-15). 에덴동산에서 아담과 하와에게 동물을 주셔서 친구도 삼고 즐거움을 누리며 도움도 얻게 하신 하나님이 천국에 사는 우리에게서 동물을 앗아가시겠는가? 동물을 인간 곁에 두어 인간의 관리를 받게 하셨던 이전의 결정을 번복하시겠는가?

존 웨슬리는 이 마을 저 마을로 말을 타고 다니며 복음을 전했다. 그러다 보니 거의 평생을 말과 친하게 지냈다. 다음은 그가 말을 타고 가던 중 부활 때의 동물에 대해 묵상하며 쓴 글이다.

> 그들의 멋과 함께 그들의 행복도 돌아올 것이다…새 하늘만 아니라 새 땅에도 고통은 없을 것이고, 하나님이 지혜와 선으로 모든 것을 창조하여 그것을 통해 행복을 주실 것이다. 이 땅에서 고생한 데 대한 보상으로…동물들도 그들의 신분에 걸맞게 불순물이 없는 행복을 끝없이 부단하게 누릴 것이다…동물을 더 수준 높은 존재로 격상시키는

것이 완전히 지혜롭고 완전히 은혜로우신 창조주께 기쁨이 된다면 어쩌겠는가? 동물에게 자기를 지으신 분을…알고 사랑하고 즐거워하는 능력을 주시기를…그분이 기뻐하신다면 어쩌겠는가?[16]

하나님의 계획대로 모든 창조 세계가 온전히 행복한 상태로 회복될 것이다

앤서니 후크마는 "하나님 나라란…그저 특정한 개개인의 구원이나 심지어 선택받은 무리의 구원이 아니다. 그것은 온 우주가 완전히 새로워지는 것이며 새 하늘과 새 땅으로 절정에 달한다"라고 썼다.[17]

복음은 우리 대부분이 생각하는 것보다 훨씬 크다. 그것은 우리에게만 기쁜 소식이 아니라 모든 동물, 식물, 별, 행성에도 기쁜 소식이다. 위로 하늘과 아래로 땅에 기쁜 소식이다. 앨버트 월터스(Albert Wolters)는 "예수 그리스도를 통한 구속이란 본래의 선한 창조 세계가 회복된다는 뜻이다"라고 말했다.[18]

구속의 범위는 어디까지일까? 위대한 찬송 작사가이자 뛰어난 신학자인 아이작 왓츠가 "기쁘다 구주 오셨네"의 가사에 그것을 확실히 밝혔다. "죄와 슬픔 몰아내고 다 구원하시네." 하나님은 자신의 창조 세계를 버리지 않고 구속하신다. 우리를 포기하지 않으시는 것만큼이나 이 땅도 포기하지 않으신다. 의인들이 하나님의 영광을 위하여 영원히 이 땅을 다스릴 것이다!

신학자 A. A. 하지(A. A. Hodge, 1823-1886)가 그것을 아름답게 표현했다.

인간 영혼의 타고난 이성, 지적 호기심, 상상력, 미적 본능, 거룩한 애정, 사회적 친화력, 고갈되지 않는 힘과 능력의 자원 등은 다 천국에서도 구사되고 그로 인한 보람을 누릴 것이다. 그러려면 앞으로도 계속 우리 앞에 늘 노력의 목표가 있어야 한다…결국 천국은 창조 세계 전체와 모든 우주 역사가 완성되어 맺힌 꽃이요 열매다.[19]

그리스도의 부활의 능력은 우리만 아니라 우주의 구석구석까지 다 재창조하기에 충분하다. 하나님은 "피조물이 고대하는 바는 하나님의 아들들이 나타나는 것이니…그 바라는 것은 피조물도 썩어짐의 종 노릇한 데서 해방되어 하나님의 자녀들의 영광의 자유에 이르는 것이니라"(롬 8:19, 21)고 말씀하신다.

장 칼뱅은 "내가 보기에 이 본문은 이런 의미다. 세상의 모든 요소나 부분이 현재의 불행한 상태에 빠져 있다 보니…그중 부활을 간절히 바라지 않는 것은 하나도 없다"라고 주해했다.[20] 인류가 가는 대로 모든 피조물도 따라간다. 창조 세계 전체의 운명도 우리와 함께 덩달아 회복된다.

우리의 구속이 수십억 광년이나 떨어져 있는 은하들에 미칠 수 있는 영향은 과연 얼마나 될까? 타락이 미친 영향과 똑같다. 아담과 하와가 지은 죄가 불러온 재앙은 개인이나 에덴 지역에 국한된 것이 아니라 온 우주에 미치는 재앙이었다. 인류와 이 땅은 불가분으로 얽혀 있기에 흥망성쇠도 함께한다.

우리가 물리적 우주를 창의적이고 화목하게 다스리며 모든 피통치자에게 존중과 호의를 보이면 하나님이 영광을 받으신다. "양자 될 것 곧 우리 몸의 속량"이 완결되는 부활 때에 우리의 참모습이 드러날 것이다. 그때 우리는 의로운 영혼과 불멸의 몸을 지닌 온전한 인간이 될 것이다.

지금 여기서도 우리는 삶의 힘겨운 변화에 대처하고 '새로운 규범'에 적응한다고들 말한다. 그러나 우리를 기다리고 있는 부활 후의 삶이야말로 최정점이다. 우리를 구속하신 하나님의 깊은 은혜로 인하여 행복과 찬양이 극에 달할 것이다. 그야말로 적응이 필요할 것이다. 다음 사실을 상기해야 할 테니 대대적인 적응일 것이다. 처음으로 죄가 다시는 의를 더럽힐 수 없고, 행복이 다시는 침해받을 수 없으며, 하나님의 임재가 다시는 의문시될 수 없고, 평안이 다시는 위협받을 수 없으며, 바른 시각을 다시는 잃을 수 없다. 새 하늘과 새 땅의 '새로운 규범'은 이 정도다.

장차 구속된 우주에서 영광스럽고 행복이 넘치는 삶을 누리리라는 약속은 그동안 어두운 기억을 안고 살아온 모든 이에게 그 의미가 한층 더 크다.

알든 모르든 모든 인간이 갈망하는 바는 예수님 안에서만 얻을 수 있다

커서 우주비행사가 되는 것이 나의 꿈이었던 아홉 살 시절, 존 F. 케네디 대통령이 암살당한 일은 나에게 큰 충격을 안겨주었다. 학교에서 돌아와 보니 엄마가 울고 있었다. 내가 고등학교에 입학하기 5개월 전에 마틴 루터 킹 목사님이 암살되었다. 그가 주창했던 평화적인 비폭력의 정의는 내게 깊은 영향을 주었는데 한순간에 그도 사라졌다. 내 청춘의 사고 속에 또 하나의 희망의 상징이었던 로버트 F. 케네디도 그로부터 두 달 만에 살해되었다.

그러잖아도 시들해지고 있던 나의 이상주의가 산산이 부서졌다. 지상에서 가장 위대한 나라에 살고 있다며 행복을 꿈꾸었건만 나의 그 모든 희망은 불과 9주 사이에 증발해버렸다. 환멸은 물론이고 모든 것이 무의미하게 느껴졌고, 지독히 외로웠다. 그때까지 나는 복음을 들어본 적도, 예수님에 대해 진지하게 생각해본 적도 없었다. 그때 느낀 공허감이 지금도 어제 일처럼 생생하다.

내가 우주비행사를 꿈꾼 데는 이 세상을 떠나 더 좋은 곳을 찾고 싶은 마음도 일부 작용했다. 공상과학 소설과 만화책을 읽은 것도 그래서였다. 나는 이 세상과 이생이 줄 수 없는 무언가를 얻고 싶었다.

많은 어린이가 직업 운동선수나 배우나 훌륭한 음악가를 꿈꾼다. 그러나 나이가 들면서 현실주의가 스며든다. 대부분 꿈은 평생 실현되지 않을 것만 같고 그나마 몇 가지는 막상 실현해도 만족이 없다. 그래서 우리는 한때 꿈이 가져다주던 설렘과 경이감을 잃고 냉소적으로 변한다.

그러나 저주가 걷히면 위축되었던 꿈이 소생하여 활짝 피어난다. 예수님이 어린아이 같은 마음—거기에 수반되는 신뢰와 함께—이 있어야만 천국에 들어갈 수 있다고 하신 데는 그런 이유도 있을 것이다(참조. 마 18:3, 눅 18:16). 아이들은 환멸에 빠지거나 절망하지 않는다. 그들의 꿈은 상상력에 불을 지피고 기쁨을 불러일으킨다.

고등학교 1학년 때 예수님에게 돌아온 뒤로 영원한 행복의 약속과 거기에 내포된 모든 의미가 서서히 내 안에 새겨졌다. 그것이 내게 얼마나 큰 의미가 있었는지는 차마 말로 표현할 수 없지만 지금 그 의미가 내게 더 커졌다는 것만 은 분명히 말할 수 있다.

경이에 찬 마음은 우울을 퇴치한다. 예배와 경외의 열기 속에 불행은 사그라진다. 삶이 칙칙하다 해도 위대한 여정을 떠나는 흥분이 그것을 능가하고 슬픔을 몰아낸다.

우리 모두는 천국에서 예수님을 위해 살도록 지음 받았다

조나단 에드워즈는 하나님의 사람들에 대해 "그들은 그리스도와 동행하며 함께 살도록 초대되었을 뿐 아니라 그분과 함께 나라를 유업으로 받도록 초대되었다. 그래서 그분의 보좌에 함께 앉아 하늘나라의 영예와 행복을 받는다… 하나님은 일부러 그들을 위해 천국을 지으셨고 그들의 즐거움과 행복에 천국을 맞추셨다"라고 말했다.[21]

에마뉘엘 느디쿠마나(Emmanuel Ndikumana)는 열아홉 살 때 부룬디 청년 몇 명이 두 주 후에 자신을 살해할 계획이라는 말을 들었다. 하지만 그는 살던 곳에 그대로 남아 있기로 했고, 살인이 기도되었으나 하나님의 놀라운 섭리로 살아남았다. 내게 그 이야기를 하면서 그는 이렇게 말했다. "당신네 미국 사람들은 죽음에 대한 태도가 이상합니다. 죽음이 끝인 것처럼 행동하거든요."

이생은 우리가 행복을 누릴 수 있는 유일한 기회나 최고의 기회가 아니다. 그것을 알면 오히려 우리가 이 땅을 사는 일이 훨씬 더 행복해진다. 내가 읽어 본 행복에 관한 책들은 기회가 지금뿐이니 순간 속에 살며 지금 여기서 행복해야 한다고 강조한다. 그러나 기독교 세계관에 따르면 하나님의 사람들은 영원히 현재 시제의 행복을 누린다. 이렇게 끝없는 행복을 확신하면 오늘의 삶에서도 미리 앞당겨 기뻐할 수 있다.

내세에 우리는 과거의 행복과 그 원인(하나님)을 기억하고 미래의 행복과 그 원인(하나님)을 내다볼 것이다. 그러므로 당신이 오늘 행복하지 못하다면 긴장을 풀라. 바라는 것만큼 행복이 깊지 못하다면 심호흡을 하라. 지금 당신은 행복의 유일한 기회를 놓치고 있는 것이 아니다! 앞으로 행복할 수밖에 없는 때가 오며 그때는 영원히 끝나지 않는다! 그래도 성경에 분명히 나와 있듯이 하나님은 당신이 그리스도 안의 행복을 그때까지 미루기를 원하지 않으신다.

예수님을 아는 모든 사람은 그 부활한 세상에서 사랑하는 주님과 그리고 소중한 친구들과 함께 살 것이다. 그리고 우리의 탐험과 통치를 기다리고 있는 일대 장관의 새로운 우주 속으로 함께 최고의 모험을 떠날 것이다.

예수님이 모든 일의 중심이 되시고 행복이 부활한 우리 삶의 혈액이 될 것이다. '이보다 더 나아질 수는 없겠지'라고 생각하는 순간 그보다 더 나아질 것이다!

부활과 새 땅의 성경적 교리를 이해하면 모든 인간이 바라는 바가 무엇인지 정확히 알게 된다. 그러니 반드시 그것을 이해하자! 하나님이 본래 우리 마음에 주신 가장 간절한 갈망은 영원히 그분의 임재 안에서 그분과 서로를 즐거워하며 삶을 함께 누리는 것이다. 바로 그것을 우리에게 공급해주시는 그분은 얼마나 자비로우신 분인가.

보드로 신부는 "그분이 우리에게 눈살을 찌푸리거나 우리를 향한 사랑이 식어질 날은 절대로 오지 않는다…그분의 거룩한 아름다움이 바래거나 그분이 힘을 잃어 우리에게 행복을 주시지 못할 날도 오지 않는다"라고 썼다.[22]

생각해보라. 우리에게 전혀 싫증내지 않으실 행복하신 하나님의 임재 안에서 수백만 년을 지내고 나도 우리는 여전히 젊을 것이다. 그래서 날마다 이렇게 고백할 수 있다. "나는 모든 행복의 근원이신 내 구주 하나님에게서 결코 끊어지지 않는다. 그분은 사랑과 창의력이 무한한 분이다. 항상 오늘이 어제보다 나았다. 그래서 아직도 최고가 남아 있다!"

Chapter·44

하나님의 선물인 행복을 흡족히 마시라

> 복 있는[행복한] 사람은 악인들의 꾀를 따르지 아니하며…오직 여호와의 율법을 즐거워하여.
>
> 시편 1:1-2

> 행복한 삶을 영위하려면 신뢰의 대상을 바로 추구해야 한다. 일편단심으로 주님을 신뢰해야 안전하다.
>
> 토머스 맨튼

마크 트웨인은 역사상 가장 위트와 재능이 뛰어난 작가에 속한다. 그러나 안타깝게도 그는 기독교를 행복과 유머의 적으로 보았다. 그는 "유머 감각이 웬만큼 있는 사람이 어떻게 종교를 믿을 수 있는지 모르겠다. 일부러 마음의 눈을 감아 억지로 늘 시야를 가리지 않고는 불가능하다"라고 썼다.[1]

『마크 트웨인의 미스터리한 이방인』(The Mysterious Stranger)에 등장하는 악마에 따르면 창조주는 "쉽게 착한 아이들을 만들 수 있는데도 굳이 악한 아이들을 만든 신, 그들을 다 행복하게 할 수 있는데도 단 한 명에게도 행복을 주지 않은 신…게다가 가난하고 학대당하는 노예를 시켜 자신을 숭배하게 하는 지독히도 둔한 신"이다.[2]

생애 말년에 그는 자서전에 이렇게 썼다. "세월이 흐르면 인간은 병들고, 수치와 굴욕감이 자만과 허영심을 무너뜨리며, 사랑하던 사람들이 떠나가고, 삶의 기쁨이 쓰라린 슬픔으로 변한다. 해가 갈수록 고통과 염려와 불행의 짐이 더 무거워만 간다."[3]

책과 강연을 통해 수많은 사람에게 즐거움과 웃음을 준 그였지만 정작 그는 자신이 무엇보다 중시하던 행복과 유머를 잃었다. 행복이 하나님의 은혜로운 선물이자 그분을 닮은 모습임을 끝내 모른 채 그는 그분을 거부했다.

예수님은 어둡고 우울한 세상에 빛과 웃음을 주신다

어느 날 나는 늦은 시간에 자전거를 타기 시작했다가 그만 너무 멀리까지 가고 말았다. 돌아선 지점은 집에서 아주 먼 곳이었고 가로등도 전혀 없었다. 어떤 때는 길가가 보이지 않아 양옆에 무엇이 있는지 알 수 없었다.

어둠 속에 나 혼자였다. 그런 줄로만 알았는데 갑자기 어떤 형체가 느껴지더니 내 자전거가 그 사람을 아슬아슬하게 비껴갔다. 하마터면 칠 뻔했다. 그날 밤처럼 어둠이 두려웠던 적은 없었다. 캄캄한데 무슨 스위치가 있는 것도 아니고 그렇다고 누구를 불러 문제를 해결할 수도 없었다. 마침내 문명의 희미한 불빛 속에 들어섰을 때 얼마나 안도감과 행복감이 밀려들었는지 모른다!

예수님의 청중이 살던 시대에는 가로등이 없었다. 등잔과 거기에 불을 붙일 수단이 없으면 어둠 속을 더듬어야 했고 자칫 습격을 당하기 쉬웠다. 그러니 그들은 예수님의 이 말씀이 무슨 뜻인지 잘 알았을 것이다. "나는 세상의 빛이니 나를 따르는 자는 어둠에 다니지 아니하고 생명의 빛을 얻으리라"(요 8:12).

그분은 "내가 빛이 있는 데를 알려주겠다"라든지 "빛을 주겠다"라고 하지 않으시고 "나는 빛이니"라고 말씀하셨다. 그분만이 유일한 빛이시다.

그리스도인은 행복을 복음 전파의 동맹군으로 보아야 한다

오늘의 교회는 하나님의 사람들이 늘 알았던 사실을 깨달아야 한다. 행복에 맞서 싸울 것이 아니라 행복을 오히려 큰 기쁨의 좋은 소식을 전하는 동역자로 품어야 한다. 바울은 "다른 복음을 따르는" 갈라디아의 그리스도인들을 이상히 여기면서 "다른 복음은 없나니"라고 말했다(갈 1:6-7). 그의 어법이 의미심장하다. 그들이 복음을 변질시켰으므로 이제 아예 복음도 아니라는 말이다. 그들의 복음은 그리스도 중심이 아니라 인간 중심이었고, 자유와 행복을 주는 것이 아니라 짐과 불행을 안겼다. 시종일관 예수님의 은혜에 지배당하지 않는 복음은 불행한 복음이다. 그런데 복음은 "기쁜 소식"이라는 뜻이므로 불행한 복음이란 존재하지 않는다.

여러 해 동안 내가 후히 베푸는 삶에 관해 사람들에게 가르치면서 깨달은 사실이 있다. 순전히 책임감으로 베풀어야 한다는 설득은 효과가 없다. 자신이 하나님께 사랑받는다는 느낌이 없고 그분 안에서 행복할 수 있음을 믿지 않는 사람들에게는 아무리 그분의 요구에 호소해도 소용없다.

장 칼뱅은 "자신의 행복 전체를 그분께 두지 않는 사람은 정말 진정으로 자아 전체를 그분께 의탁하지 않는다"라고 말했다.[4]

우리는 행복을 멀리할 것이 아니라 받아들여야 한다. 행복이란 단어를 좋아하는 사람들(교회 안의 일부를 제외하고는 거의 누구나 좋아한다)을 고쳐주려 할 것이 아니라 예수님과 행복이 불가분의 관계임을 우리부터 깨달아야 한다.

행복해지고 싶다는 사람에게 우리는 "행복 따위는 잊어버리고 하나님께 순종만 하면 된다"라고 말해서는 안 된다. 오히려 "하나님이 당신을 그렇게 지으셨다"라고 말한 뒤 이렇게 물을 수 있다. "행복을 가져다주리라 생각했던 것들이 정말 당신을 행복하게 해주던가?" 아마 아니라고 답할 것이다. 그러면 그때 "어쩌면 당신은 엉뚱한 데를 보고 있었는지도 모른다"라는 말과 함께 성경의 나쁜 소식을 제시하여 상대를 불행하게 만드는 죄 문제를 설명해줄 수 있다. 그러고나서 하나님의 선물인 기쁜 소식을 전해주면 된다. 이를 통해 상대는 거룩하신 하나님과 화목하게 되어 영원히 행복해질 수 있다.

우리는 자신을 지으신 행복하신 하나님께 반항하는 죄인인지라 행복의 근원과 분리되어 있고, 그래서 행복과도 분리되어 있다. 그러나 여기 기막히게 기쁜 소식이 있다. 그리스도의 구속 사역에 의지하여 우리는 하나님과의 관계 속으로 들어갈 수 있고, 그러면 그토록 갈망하던 행복도 누릴 수 있다. 행복은 하나님 안에만 있기 때문이다.

그분 자신에 대한 예수님의 말씀은 우리가 갈망하는 행복에 호소한다

평안과 소망과 행복에 굶주리고 삶의 의미에 목마른 사람들에게 예수님은 "나는 생명의 떡이니 내게 오는 자는 결코 주리지 아니할 터이요 나를 믿는 자는 영원히 목마르지 아니하리라"(요 6:35)고 말씀하셨다.

그분은 또 "누구든지 목마르거든 내게로 와서 마시라 나를 믿는 자는 성경에 이름과 같이 그 배에서 생수의 강이 흘러나오리라"(요 7:37-38)고 외치셨다.

"내게로 와서 마시라"고 하셨으니 다른 사람이나 다른 것에게 가면 안 된다. 돈이나 성공이나 권력이나 외모나 종교에게 갈 것이 아니라 예수께로 가야 한다.

예수님은 우리의 목마름을 안에서부터 해갈해주신다. 제아무리 주변에 일이 벌어져 적대적이고 가슴 아픈 상황에 부딪친다 해도 성령이 내주하시기에 우리의 "배에서 생수의 강이 흘러나오리라"는 것만은 변함이 없다. 그 생수는 방울방울 떨어지거나 실개천처럼 흐르는 것이 아니라 강물처럼 도도히 흘러 생명을 준다!

예수님은 "내가 문이니"(요 10:9)라고도 하셨는데 무엇의 문이라는 뜻일까? 양들이 갈망하는 음식과 음료의 문이라는 뜻이다. "누구든지 나로 말미암아 들어가면 구원을 받고 또는 들어가며 나오며 꼴을 얻으리라." 결국 떡과 물과 생명과 문은 다 무엇일까? 다른 어디서도 찾을 수 없는 하나님 안의 행복이다.

어느 의사나 치료사의 말처럼 사람들을 설득하여 꼭 필요한 일을 하게 만들기란 쉽지 않다. 본인이 그 일을 원하지 않는다면 말이다. 하나님이 예수님을 통해 주시는 것은 사람들에게 꼭 필요한 것일 뿐 아니라 또한 그들이 원하는 것이다.

행복을 축소시키는 짐스러운 기독교의 눈가리개를 벗어버리자. 그러면 예수님을 따르던 최초의 사람들에게 명백히 보였던 그분의 매력적인 제의가 우리에게도 보일 것이다. "내가 곧 길이요 진리요 생명이니 나로 말미암지 않고는 아버지께로 올 자가 없느니라"(요 14:6)는 그분의 말씀은 "내가 아버지의 행복에 이르는 유일한 길이니 너희가 나를 통해 오지 않고는 참되고 영원한 행복에 이를 수 없느니라"는 말씀이기도 하다.

예수님이 우리에게 주시려는 것은 행복 이상이지 그 이하는 아니다.

행복은 기독교의 어휘다

데이비드 클락슨은 "이 땅의 행복과 천상의 행복은 본질상 다르지 않다. 점진적 차이일 뿐이다. 땅에서 하나님과 온전한 교제를 누릴 수 있는 사람은 온전히 행복하다"라고 썼다.[5] 다시 말해 하나님과 가까워질수록 우리는 더 행복해진다. 이것은 지나친 단순 논리가 아니라 성경적 진리며, 고금을 통틀어 하나님의 사람들이 거듭 고백하고 체험한 사실이다.

성경적 온기와 정서를 벗겨내지만 않는다면 기쁨은 놀라운 단어다. 복되다는 단어도 좋지만 그 말의 본뜻을 우리 대부분이 안다면 더 좋을 것이다. 그러나 행복이란 말에는 교회 안의 많은 이는 물론 교회 바깥의 사람들도 공감한다. 세상이 들어야 할 말은 "이기적인 사람들이여, 행복을 그만 구하라"가 아니라 "예수님이 당신을 죄에서 구원하여 영원히 행복하게 해주려고 오셨다"이다.

N. D. 윌슨(N. D. Wilson)은 그리스도를 따르는 사람들에게 이렇게 도전한다. "당신의 기쁨을 말하라. 진심으로 말하라. 기쁨을 노래하고 행동으로 보이라. 뼛속까지 스며들게 하라. 그것이 당신의 둑을 넘쳐흘러 다른 사람들의 삶까지 흠뻑 적시게 하라. 주의 오른쪽에는 영원한 즐거움이 있다. 우리도 정말 그분

을 닮으면 똑같이 그렇게 될 것이다."⁶

우리가 행복을 거부하면 하나님은 무서운 것들로 위협하신다

이 제목이 필시 당신의 눈길을 끌었을 것이다. 그 말만 따로 떼어놓고 보면 충격적이다 못해 터무니없게 들린다. 그러나 성경이 그것을 뒷받침한다.

하나님의 말씀역(GWT)에 신명기 28장 47절이 이렇게 옮겨져 있다. "너는 아주 풍족할 때에 기쁘고 행복한 마음으로 네 하나님 여호와를 섬기지 않았다." 우리는 하나님과 그분의 풍성한 선물로 인하여 기뻐하고 행복해하는가? 그 여부에 따라 하나님을 섬기는 우리를 보시는 그분의 눈이 완전히 달라진다. 그분은 우리가 종들처럼 그저 시키는 대로만 하기를 바라시는 상전이 아니다. 그분은 자녀들에게 깊이 사랑받고자 하시는 아버지시며 우리의 순종에 그분을 즐거워하는 진심 어린 감정이 담겨 있기를 바라신다.

노골적인 불순종보다 고역스러운 의무적 순종이 낫기는 하지만 근소한 차이일 뿐이다. 사실 하나님은 그분 안에서 행복을 얻을 줄 모르는 사람들을 징계하여 역경을 보내실 때도 있다. 다음은 위에 인용한 구절 전체와 그 뒤에 이어지는 충격적인 말씀이다. "네가 모든 것이 풍족하여도 기쁨과 즐거운 마음으로 네 하나님 여호와를 섬기지 아니함으로 말미암아 네가 주리고 목마르고 헐벗고 모든 것이 부족한 중에서 여호와께서 보내사 너를 치게 하실 적군을 섬기게 될 것이니 그가 철 멍에를 네 목에 메워 마침내 너를 멸할 것이라"(신 28:47-48).

이번 단락의 특이한 제목은 영국의 성직자 제러미 테일러(Jeremy Taylor, 1613-1667)가 신명기에 기록된 이 본문에 감화되어 쓴 말이다. "우리가 행복을 거부하면 하나님은 무서운 것들로 위협하신다."⁷ 당신도 성경 본문을 읽어보면 테일러의 말이 사실임을 알 수 있다. 우리 영혼의 창조주요 구속자를 행복하게 섬기지 않으면 틀림없이 결국은 우리 영혼의 원수를 불행하게 섬기게 된다!

우리가 즐겁고 기쁜 마음으로 하나님을 섬기지 않을 때 그분이 역경을 보내시는 것은 우리를 그분께로 돌아오게 하시려는 지극한 자비다. 그분 안에서만 진심 어린 영원한 행복을 누릴 수 있기 때문이다.

성경은 결코 행복이 쉽다거나 늘 한결같다고 말하지 않는다

존 파이퍼는 "즐겁게 살며 다른 사람들까지 하나님 안에서 즐겁게 해주려면 당신의 삶이 힘들어지고 위험 부담이 커지는 대신 기쁨은 충만해질 것이다"라고 썼다.[8]

아직 저주 아래 놓인 세상에서 중단 없는 행복을 기대한다는 것은 비현실적이다. 그러나 장차 "다시 저주가 없"는 날이 온다(계 22:3). 이 사실을 믿으면 오늘도 큰 행복을 누릴 수 있다.

나는 항상 거룩하지 못한 것만큼이나 항상 행복하지도 못하다. 그러나 하나님의 은혜로 이전 어느 때보다도 지금 그리스도 안에서 초자연적으로 더 행복하다. 아울러 나는 바르게 선택함으로 기쁨을 키우는 법도 배웠다. 큰 고통은 당연히 행복을 약화시키고 때로는 삼키기도 한다. 그러나 늘 신실하신 하나님께 기초한 이 행복을 고통이 말살시킬 수는 없다.

아내와 나는 흉한 소식을 접할 때면 불행을 충분히 수용한다. 괜찮지 않은데도 괜히 괜찮은 척하지 않는다. 그러나 하나님 안에서 기뻐하라는 그분의 명령을 알고 우리에게 기뻐할 힘을 주시는 그분의 충만한 능력을 알기에 우리는 그분의 말씀을 묵상하고 그분의 즐거움을 부어달라고 기도한다. 몇 분이든 몇 시간이든 며칠이든 시간이 지나면 하나님이 자신의 초자연적 임재로 우리의 자연적 반응을 변화시켜 기쁨을 주신다. 슬픔과 기쁨이 싸울 때도 있고 공존할 때도 있지만 우리 마음과 생각이 그리스도께 있는 한 기쁨은 결코 멀지 않다. "주께서 나의 슬픔이 변하여 내게 춤이 되게 하시며 나의 베옷을 벗기고 기쁨[행복]으로 띠 띠우셨나이다"(시 30:11).

나는 내일의 행복 수위를 보장할 수 없으나 끝없는 행복을 주시겠다는 하나님의 확고부동한 약속을 믿는다. 그것이 지금 여기에까지 내게 영향을 미친다.

하나님께 가까이 가면 행복과도 가까워진다

찰스 시메온은 인간의 타락을 잘 알면서도 이렇게 썼다. "그러나 우리는 범사에 하나님을 즐거워하고 하나님 안에서 범사를 즐기는 법을 배우자. 그러면 오염된 이 세상이 아직도 낙원임을 알게 된다. 하나님의 은총이 머물면 마른 콩도 왕의 진미보다 낫고 한없이 초라한 토굴 감옥도 궁궐로 변한다."9

우리 부부는 미켈란젤로의 그림 47폭이 맞물려 있는 시스티나 성당의 천장을 올려다본 적이 있다. 5백 년 전의 작품인데도 "아담의 창조"라는 유명한 프레스코화에서 눈길을 뗄 수 없었다. 흰 수염이 난 남자로 표현된 하나님이 이제 막 아담 안에 생기를 불어넣으신 뒤 그에게 손을 내미신다. 둘의 손은 아직 닿지 않았다. 이 장면에 암시된 대로 아담은 하나님과 가까울수록 더 본연의 자신이 될 수 있다.

C. S. 루이스는 "따뜻해지려면 불 옆에 바짝 서야 한다…기쁨과 능력과 평안과 영생을 원하거든…그것이 있는 데로 가까이 가야 한다"라고 말했다.10 이 모든 선물의 근원은 하나님이다. 그래서 우리는 하나님과 가까울수록 그에 비례하여 행복과도 가까워진다.

기쁨을 얻으려는 싸움은 다분히 우리가 하나님이 행복하시며 그분이 우리의 행복도 원하시는 분임을 믿는지 여부에 달려 있다. 또한 지금 이 순간에도 숱한 방식으로 자신과 자신의 행복을 보여주고 계신 그분을 우리가 알아보는지 여부에 달려 있다. 잘 보기만 하면 알아볼 수 있다.

바로 이것이 로렌스 수사가 말한 "하나님의 임재 연습"이다. 로렌스 수사는 조셉 드 보포르(Joseph de Beaufort)와 인터뷰하면서 "고결한 하나님관으로 우리 영혼을 먹이고 살찌워야 한다. 그러면 그분께 헌신한 우리에게 큰 기쁨이 임할 것이다"라고 말했다.11

그리스도 안에서 행복을 얻으면 그 무엇도 우리의 행복을 빼앗아갈 수 없다. 우리 모두처럼 로렌스 수사에게도 회의와 고뇌의 시간이 있었다. 그러나 그의 삶의 기본값은 늘 하나님의 자비로운 임재를 의식하는 것이었고, 그것이 그가 누린 놀라운 행복의 열쇠였다. 보포르는 이렇게 말했다. "로렌스는 이제 하나님의 임재에 워낙 익숙해져 거기서 끊임없이 위로와 평안을 받는다. 30년 가까이 그의 영혼은 기쁨과 즐거움으로 충만했으며, 그것이 너무 지속적이고 때로는 너무 커서 억지로 어떻게든 숨겨야 했다. 이해하지 못할지도 모르는 사람들에게 그것이 드러나지 않도록 말이다."[12]

다른 사람들이 이해할 수 없을 정도로 하나님 안에서 너무 행복한 것이 우리가 가진 가장 큰 문제 중 하나라면 정말 놀랍지 않겠는가?

Chapter·45

하나님은 우리에게 '영원히 행복한' 삶을 약속하신다

> 하늘이여 노래하라 땅이여 기뻐하라[행복해하라] 산들이여 즐거이 노래하라 여호와께서 그의 백성을 위로하셨은즉 그의 고난당한 자를 긍휼히 여기실 것임이라.
>
> 이사야 49:13

> 그분은 참 하나님이신지라 만족을 주실 수 있고 참 인간이신지라 우리 대신 순종하여 고난을 당하셨다. 하나님이자 인간이신 그분 덕분에 하나님과 인간은 다시 서로 행복해질 수 있다.
>
> 조지 휫필드

한나 휘톨 스미스는 1875년에 펴낸 『그리스도인의 행복한 삶의 비밀』(The Christian's Secret of a Happy Life)이라는 책을 통해 세계적으로 유명해졌다. 하지만 대부분 독자는 그녀가 겪은 전체 이야기를 모른다.

한나 휘톨 스미스의 남편은 오늘날 양극성 장애에 해당하는 질환으로 고생했을 뿐 아니라 안타깝게도 거짓 교리를 따랐다. 그녀는 일곱 자녀 중 셋을 유년기나 청소년기에 잃었다. 다른 자녀들도 각자 다니던 대학에서 받은 영향으로 신앙을 버렸다. 한 딸은 남편과 자식들까지 버려 그 아이들을 한나가 길렀다. 버트런드 러셀(Bertrand Russell)의 첫 부인이 된 다른 딸은 남편을 따라 불가지론자가 되었다. 또 한 명은 생애 말기에 미치고 말았다.[1] 한나는 고난을 잘 알았지만 그럼에도 "나는 예수님 안에서 행복하다. 말할 수 없이 깊은 평온과 평화로운 안식이 내 영혼에 충만하다"라고 썼다.[2]

한나 휘톨 스미스는 하나님에 대해 "그분이 나를 사랑하시기에 나는 모든 것을 그분께 맡길 수 있다. 이생이 어떻게 지나가는지는 어차피 크게 중요하지 않다. 언젠가 생이 끝날 때까지 나는 기다릴 수 있다. 그때까지는 예수님이 나의 것이고 내가 그분의 것이라는 사실을 아는 것만으로 충분히 행복하다"라고 말했다.[3]

나는 청소년기에 예수님을 처음 믿고 나서 그전에 몰랐던 행복을 얻었다. 그때 내가 다녔던 스웨덴 언약 교단의 한 유서 깊은 교회에서는 1887년에 작사된 "예수 따라가며"라는 찬송가를 자주 불렀다. 그 교회를 떠난 지 오래되었지만 지금도 후렴 가사가 내 귓가에 쟁쟁하다.

> 의지하고 순종하는 길은
> 예수 안에 즐겁고 복된 길이로다[4]

단순 논리의 메시지라고 생각할 사람들도 있을지 모르지만 내 경험으로 그 말은 정말 사실이었다. 나는 예수님을 의지할 때는 행복했고 그렇지 않을 때는 불행했다. 그분께 순종할 때는 행복했고 그렇지 않을 때는 불행했다("즐겁고 복된"이 원문 가사에는 한 단어 "행복한"으로 되어 있다-역주).

45년이 지난 지금도 나는 이 가사가 그때 못지않게 사실임을 확언할 수 있다. 실제로 그것은 이제껏 내 하루하루의 삶 속에서 진리로 입증되었다.

보다시피 이 가사가 의지하고 순종하라고 호소하는 근거는 하나님이 그것을 요구하시기 때문이 아니다(물론 그분은 전적으로 그러실 권리가 있다). 오히려 의지하고 순종하는 동기는 예수님 안의 행복이다.

이 찬송가를 쓰던 당시에는 예수님 안의 행복이 의로운 갈망으로 간주되었다. 오늘날 우리도 마땅히 그래야 한다.

구속에는 에덴동산에서 비참하게 잃었던 기쁨의 회복과 확장이 포함된다

거의 모든 신화와 전설과 유토피아적 예언에는 이 땅과 거기에 사는 사람들의 행복이 회복될 수 있다는 희망이 담겨 있다. 어떤 연유로든 행복을 잃었음을 우리는 본능적으로 알고 있다. "모두 영원히 행복하게 살았다"라는 말은 동화의 결말만이 아니라 인류의 뿌리 깊은 꿈이다. 왜 그럴까? 우리가 행복하신 하나님의 형상대로 지어졌기 때문이다. 그분은 우리를 사랑하시며 우리가 영원히 그분의 행복 속으로 들어오기를 원하신다. 알든 모르든 이 실체가 우리의 유전자 속에 새겨져 있다. 모든 동화의 결말 속에 하나님이 계획하신 구속의 참된 결과가 희미하게 반영되어 있는 셈이다.

찰스 스펄전은 복음을 이렇게 아름답게 설명했다. "타락의 폐허를 회복하러 오신 예수 그리스도는 곧 우리에게 옛 기쁨을 되찾아주려고 오셨다. 그리고 그 기쁨은 애초에 잃지 않았을 때보다 더 깊고 감미로울 것이다! 주님의 기쁨을 모르는 그리스도인은 그분이 자신을 어떤 모습으로 빚어주려고 오셨는지 아직 잘 모른다. 그리스도는 그분의 사람들이 행복하기를 원하신다."[5]

세상이 우리가 기뻐할 주된 대상이라면 우리는 "항상 기뻐"할 수 없다(살전 5:16). 악과 고난이 너무 많기 때문이다. 그러나 하나님 자신이 우리가 기뻐할 궁극적 대상이라면 우리 행복의 기초는 늘 동일하다. 그분이 늘 동일하시기 때문이다. 무한히 선하신 그분이 불멸의 사랑으로 우리를 사랑하신다.

죄에 빠진 이 세상은 그분의 손안에 있다. 그분이 세상을 마땅히 되어야 할 모습으로 회복하실 것이다(참조. 행 3:21). 그때까지 우리는 "복스러운[행복한] 소망과 우리의 크신 하나님 구주 예수 그리스도의 영광이 나타나심을 기다"린다(딛 2:13). 오늘 우리가 기뻐할 수 있음은 기쁨과 즐거움이 흘러넘치는 끝없는 내일을 그분이 약속하셨기 때문이다.

팀 켈러는 "그리스도인의 삶에서⋯주된 문제는 복음에 함축된 깊은 의미를 충분히 생각해보지 않았다는 것이다. 우리는 삶의 모든 부분에 복음을 '활용해야' 하는데 그러지 못했다"라고 썼다.[6] 그 함축된 의미 중 하나—삶의 부분 중 하나—는 행복의 영역이다. 많은 사람이 개인적 즐거움과 관련하여 복음의 파장을 보거나 경험하지 못했다.

행복은 많은 사람이 맨 마지막으로 찾는 곳에 있다

장 칼뱅은 "만인이 행복을 추구하지만 행복을 하나님에게서 찾으려는 사람은 백에 하나가 될까 말까 하다"라고 했다.[7] 우선 우리가 죄인이라서 그렇다. 또한 보통 사람들은 하나님께 행복이 있다고 상상하지 못하기 때문이다. 그들이 아는 그리스도인들이 있다면, 하나님이 인간에게 행복을 주신다는 증거가 그 그리스도인들에게서 보일 수도 있으나 그렇지 못할 수도 있다.

많은 이에게 세월은 덧없이 흘러간다. 그들은 충분히 행복하지도 못할뿐더러 현재의 행복마저 시들해지고 있다. 정신과의사 토머스 사즈(Thomas Szasz, 1920-2012)는 "행복은 가공의 산물이다. 전에는 산 자가 죽은 자를 가리켜 행복하다 하더니 이제는 대개 어른은 아이를, 아이는 어른을 가리켜 행복하다 한다"라고 말했다.[8] 사즈의 말에 따르면 "계몽된" 이 시대의 사람들은 죽은 자들이 계속 행복하게 산다고 더는 믿지 않는다. 자연주의적 세계관대로라면 삶은 죽음으로 끝난다. 설령 내세를 믿는다 해도 성경적 세계관을 거부하는 사람은 내세가 현세보다 낫기를 희망할 뿐이지 낫다고 생각할 근거가 전혀 없다.

사즈와 달리 찰스 스펄전은 예수님을 믿었고, 요한일서 1장 4절을 비롯한 하나님의 말씀을 믿었다. "우리가 이것을 씀은 우리의 기쁨이 충만하게 하려 함이라." 그는 이 본문으로 이렇게 설교했다.

> 오라, 우리가 행복해하고 기뻐하자! 한동안 슬퍼 보였다면 이제 그리스도를 생각하며 밝아지자…이 무기력과 불행을 떨쳐버리기 전에는 만족하지 말자. 다시 한 번 우리의 온당하고 건강한 상태로 돌아가

자. 그것은 바로 영적 기쁨의 상태니 모름지기 하나님의 자녀는 늘 그러해야 한다![9]

"구하라 그리하면 받으리니 너희 기쁨이 충만하리라"(요 16:24)고 하신 예수님의 말씀은 놀랍다. 우리가 기도해야 하는 배후의 동기 중 하나가 기쁨임을 알 수 있다. 기독교 세계관은 영원한 행복이 있을지도 모른다는 모호하고 막연한 희망을 내놓는 것이 아니라 행복하신 하나님과의 영원한 관계를 확실히 약속한다. 그분은 우리를 지극히 사랑하셔서 십자가에서 우리의 영원한 의를 이루셨고 그리하여 우리의 끝없는 행복을 확보하셨다.

영국의 비국교도 사역자 크리스토퍼 파울러(Christopher Fowler, 1610-1678)는 하나님의 자녀들에게는 "그리스도 안에서 그들을 향한 하나님의 사랑 덕분에…기쁨과 위로가 있다. 그 기쁨은 천사가 줄 수 없고 마귀가 빼앗을 수 없는 것이다"라고 말했다.[10]

조나단 에드워즈는 "하나님을 즐거워하는 것만이 우리 영혼을 만족시켜줄 수 있는 유일한 행복이다. 천국에 가서 그분을 온전히 즐거워하는 것이 이 땅의 가장 쾌적한 편의 시설보다 무한히 더 낫다…이것은 그림자에 불과하지만 하나님을 즐거워하는 것은 실체다. 이것은 무산된 꿈에 불과하지만 하나님은 태양이시다. 이것은 시내에 불과하지만 하나님은 그 시내의 수원이시다"라고 말했다.[11]

조지 밀러는 "그리스도 안의 내 젊은 형제자매들에게 내가 특히 주지시키며 권면하는 내용이 있다. 모든 참되고 유효한 섬김의 비결은 하나님 안의 기쁨에 있다는 것이다"라고 말했다.[12]

그런데 오늘날 기독교 대학들과 신학교들에서 교회 사역과 선교를 위해 수련 중인 젊은이들이 과연 그 "비결"을 알고 있을까? J. C. 라일은 이렇게 경고했다.

> 참된 종교란…본래 사람들을 진정으로 더 기쁘고 행복하게 해주어야
> 한다. 그리스도의 종은…순수한 레크리에이션과 가족 모임을 마귀와
> 세상에 내줄 권리가 없다. 그리스도인이…마치 늘 장례식에 참석 중
> 인 것처럼 침통한 얼굴을 하고 이 땅을 다닌다면 복음 전파에 방해가
> 된다.[13]

기독교 세계관이 제시하는 낙관과 행복은 다른 어떤 종교에도 없다

이교의 숭배자들은 늘 자기네 신들을 행복하게 하려 했다. 바울은 "무릇 이방인이 제사하는 것은 귀신에게 하는 것이요 하나님께 제사하는 것이 아니니"(고전 10:20)라고 말했다. 제사는 그들이 섬기는 신인 귀신들을 달래기 위한 것이었다. 귀신들은 본래 심히 불행하기 때문이다.

귀신들은 행복의 근원이신 하나님에게서 스스로 떨어져 나왔으니 어찌 행복할 수 있겠는가? 그들은 행복의 터전인 천국에서 추방당했다. 그들도 알다시피 예수님은 그들이 괴롭게 될 날을 이미 정해두셨다(참조. 마 8:29). 그때까지 귀신들은 온갖 수단을 동원하여 사람들을 억지로 괴롭힌다. "마귀가 자기의 때가 얼마 남지 않은 줄을 알므로 크게 분 내어 너희에게 내려갔음이라"(계 12:12).

사탄과 귀신들은 참되신 하나님과 극명한 대조를 이룬다. 복음은 행복하신 하나님의 복음이며(참조. 딤전 1:11), 그분은 행복하시고 유일한 주권자시다(참조. 딤전 6:15). 우리에게 은혜를 베푸시는 행복하고 능하신 통치자의 임재 안에 들어가는 일은 증오에 차서 우리를 삼키려 드는 불행하기 짝이 없는 귀신들의 비위를 맞추려는 헛수고와 얼마나 극과 극으로 다른가!

놀랍게도 우리는 거룩하신 하나님이 나를 멸하실까 봐 두려워 그분 앞에서 위축되고 움츠러들 필요가 없다. 그리스도 안에서 온전히 의로워진 신분으로 하나님 앞에 설 수 있다. 이 신분은 우리가 노력하여 얻어낸 것이 아니므로 잃을 수도 없다. "그러므로 우리는 긍휼하심을 받고 때를 따라 돕는 은혜를 얻기 위하여 은혜의 보좌 앞에 담대히 나아갈 것이니라"(히 4:16). 행복하신 우리

하나님이 길을 열어주셨기에 이미 지금부터 우리는 아무 때나 스스럼없이 그분 앞에 나아가 긍휼과 은혜와 도움을 충분히 받아 누릴 수 있다.

신의 존재를 믿는 사람들은 행복에 관한 한 아직 중간까지밖에 가지 못했다. 행복한 신을 믿지 않는다면 그 신이 그들을 행복하게 해줄 리가 없기 때문이다. 조지 스윈녹이 17세기에 했던 말에 핵심이 잘 담겨 있다. "모든 개인이나 민족은 각자가 섬기는 신만큼, 즉 자신이 택한 지복의 출처만큼 행복하거나 또는 불행하다. 어떤 존재도 자신의 행복 이상으로 다른 사람을 더 행복하게 해줄 수는 없기 때문이다."[14] 맞는 말이다. 불행한 신은 우리를 결코 행복하게 해줄 수 없다. 그러나 우리를 사랑하시는 행복하신 하나님은 우리에게 영원한 행복을 주신다. 그것도 우리가 죽을 때까지 기다리셨다가 그 과정을 시작하시는 것이 아니다.

그리스도가 우리 행복의 기초가 되셔야만 한다. 그 밖에 무엇이 충분히 강하여 우리의 행복을 안전하게 지켜주겠는가? 그리스도를 떠나서 행복을 찾으려는 시도는 가뭄에 시달리는 사람이 시원한 물을 두고 사막으로 향하는 것만큼이나 터무니없는 일이다. 예수님을 행복의 핵심으로 보는 사람은 그분을 등지게 만들려는 끝없는 유혹을 훨씬 더 거뜬히 물리칠 수 있다.

세상이 갈망하는 행복을 교회들이 제시한다면 어떨까?

우리 교회들이 예수님 중심의 행복한 공동체로 알려져, 큰 기쁨의 좋은 소식을 삶으로 실천하는 순전한 즐거움이 넘쳐흐른다고 생각해보라. 우리 자녀들이 교회에 데려오는 친구들의 입에서 "이 사람들은 정말 친절하고…또 행복하다"라는 소감이 나온다고 상상해보라. 그러면 세상의 태반이 여태 들어보지 못했고 하나님의 사람들 중 다수가 여태 알지 못했던 의미가 복음에 불어넣어지지 않겠는가?

내가 말하려는 것은 겉치레로 또는 교회 성장을 위한 전략으로 꾸며내는 인위적 행복이 아니라 하나님과 복음에서 자연스럽게 흘러나오는 진정한 행복이다. 성경이 축제로 가득하며, 성경의 중심이신 메시아가 일으키신 첫 번째 기적이 바로 물로 포도주를 만들어 흥이 깨지려던 잔치를 살리신 일이라는 말이다.

찰스 스펄전은 자기 교회를 향해 "이 세상에는 이미 불행이 너무 많아 우리 중 누구도 보탤 필요가 없다…대신 우리는 가능한 한 어디서나 힘써 행복과 기쁨이 더 많아지게 하자!"라고 말했다.[15]

우리가 하나님의 행복이라는 교리를 배워서 깨닫고 실천한다면 그것이 얼마나 널리 퍼질지 생각해보라. 지치고 피곤한 우리가 교회에 모이기를 원하되 의무감 때문이 아니라 그보다 더 행복한 일을 생각할 수 없기 때문이라고 상상해보라. 복음이 우리와 자녀와 공동체와 세상에 필요한 것만 주는 것이 아니라 우리 마음 깊이 원하는 것도 준다고 정말 그렇게 믿는다면 어떻게 될까?

목사들과 장로들과 집사들이 함께 앉아 "하나님의 행복과 우리의 행복에 대해 성경이 뭐라고 말하는지 공부하고 가르치자"라고 한다고 상상해보라.

교회가 성경에 언급된 대로 꾸준히 축제를 열어 멋진 음식과 음료와 음악과 웃음과 재미를 갖추고 그저 이렇게 고백한다면 어떻게 될까? "주 예수님, 우리는 주님을 사랑합니다. 주님의 주님 되심과 우리에게 해주신 모든 일을 즐거워하려고 이렇게 모였습니다!" 무거운 짐에 허덕이며 죄책감에 찌든 사람들이 그 결과로 누리게 될 해방감을 생각해보라.

예수님의 은혜로 변화된 아우구스티누스의 이 말을 교회가 이해한다면 어떻게 될까? "나의 하나님이여, 주님을 구할 때 저는 행복한 삶을 구하는 것입니다."[16]

우리가 개혁자들과 청교도들과 스펄전의 말을 인용하고 행복에 대한 그들의 관점을 취한다면 어떻게 될까? 이를테면 장 칼뱅의 이런 말을 예로 든다면 어떻게 될까? "인간의 마음에 안식을 줄 수 있는 참되고 확실한 기쁨은 다른 어디에도 없고 오직 하나님 안에만 있다…그러므로 오직 그분의 은혜로 만족하는 성도들 외에는 누구도 참으로 온전히 행복할 수 없다."[17]

하나님을 알면 곧 행복을 아는 것이지만 그분을 모르면 불행해져서 행복이 있지도 않은 데서 행복을 구할 수밖에 없다. 이 사실을 우리 자녀와 손자손자들이 어려서부터 배운다면 어떻게 될까? 아우구스티누스는 세상의 죄를 탐색했지만 그들은 굳이 그러지 않고도 그가 회심 후에 드린 이 기도에 공감할 수 있다면 어떻게 될까? "주님을 사랑하지 않는 이들에게는 주어지지 않고 주님을 위하여 주님을 사랑하는 이들에게만 주어지는 기쁨이 있습니다. 주님 자신이 바로 그 기쁨입니다."[18] 그의 다음 말도 그들이 이해한다면 어떻게 될까? "다른 것이 있다고 생각하는 이들은 참된 기쁨 대신 다른 것을 추구합니다."[19]

하나님의 행복이 참으로 그분의 사람들 속으로 흘러들었다가 다시 흘러넘친다면 단언컨대 우리 자녀와 손자손녀들과 공동체가 그것을 알아보게 되어 있다. 물론 하나님의 말씀을 믿고 그대로 가르치면 우리는 고난과 비판을 당할 것이다. 하지만 하나님의 행복과 하나님 안의 행복이 우리에게 흠뻑 스며든다면 행복을 추구하는 세상이 훨씬 더 예수님께 매력을 느끼지 않겠는가?

이제 행복이란 단어를 그만 비판하고 그냥 받아들이면 어떨까? 기쁨을 무언가 모호하고 초월적이며 아무도 이해하지 못하는 무감정의 상태로 묘사하면서 기쁨만이 합당한 단어라고 우기는 것을 그만두면 어떨까? 성경적 즐거움을 뜻하는 히브리어와 헬라어 어휘 전체를 인식하고 그에 상응하는 행복과 관련된 많은 역어를 즐거이 수용하면 어떨까?

교회에 다니는 사람들이 듣는 설교 가운데 행복이 피상적이다 못해 죄며 기쁨과 반대라는 내용은 줄어드는 반면 다음과 같은 수많은 성경 본문에 대한 설교가 더 많아진다면 어떻게 될까?

> 그들이 와서 시온의 높은 곳에서 찬송하며 여호와의 복 곧 곡식과 새 포도주와 기름과 어린양의 떼와 소의 떼를 얻고 크게 기뻐하리라[행복해하리라] 그 심령은 물 댄 동산 같겠고 다시는 근심이 없으리로다 할지어다 그때에 처녀는 춤추며 즐거워하겠고[행복해하겠고] 청년과 노인

은 함께 즐거워하리니 내가 그들의 슬픔을 돌려서 즐겁게[행복하게] 하며 그들을 위로하여 그들의 근심으로부터 기쁨을 얻게 할 것임이라(렘 31:12-13).

우리 자녀들이 가정과 교회에서 그리스도 중심이자 가장 낙관적인 행복을 폭넓게 접하면서 이 행복의 기원이 세상이 아니라 하나님임을 배운다면 어떻게 될까? 그러면 이 말씀이 얼마나 잘 성취되겠는가? "이는 그들로 후대 곧 태어날 자손에게 이를 알게 하고 그들은 일어나 그들의 자손에게 일러서 그들로 그들의 소망을 하나님께 두며"(시 78:6-7).

우리 가족이 교회를 나서서 학교와 일터와 식당과 연주회장과 연극 공연장으로 갈 때에도 하나님 곁을 떠난다고 느껴지는 것이 아니라 오히려 늘 예배드리는 그 행복하신 하나님 쪽으로 간다고 느껴진다면 어떻게 될까?

고난이 닥칠 때 근본적인 믿음으로 맞서되 그것이 진정한 즐거움과 감사로 분출된다면 어떨까? 세상의 필요를 외면하거나 그 앞에서 무력해지기는커녕 굶주린 자들, 병자들, 태아들, 차별받는 인종, 박해받는 무리에게 다가가 즐겁고도 겸손하게 개입한다면 어떨까? 그러면 우리 자녀들이 기독교 신앙을 버리고 교회를 나쁜 기억쯤으로 묻어둔 채, 결국 자신을 파멸시킬 세상의 열등한 행복 대용품들을 추구할 소지가 더 낮아지지 않겠는가?

그리스도인의 삶을 예수님 안의 충만한 행복과 떼어놓고 보아서는 안 된다

성경에 기초한 설교와 타협 없는 교리를 옹호했던 찰스 스펄전은 자신의 회심을 이렇게 설명했다. "오 기쁘고 복된 날이었다! 행복하고 또 행복한 날이었다. 그날 그분의 선택이 나에게 알려졌고 나의 선택을 그분에게로 굳혀주었다!"[20]

내가 회심하던 순간을 떠올려보면 내 심정도 그와 똑같다.

한때 나는 예수님 더하기 행복을 원했었다. 그러나 확신컨대 그것은 잘못된 생각이다. 내가 새 신자로서 처음 경험했던 것이 정확히 옳았다. 그것은 곧 예수님 안의 행복이었다. 예수님 더하기 행복은 둘을 분리시키며, 그렇게 되면 예수님 대신 행복이 왕좌에 오른다. 그러나 예수님 안의 행복은 예수님이 행복보다 크심을 인정하며, 덕분에 행복은 제자리를 지킨다. 행복이 우상으로 변질되지 않고 본연의 모습으로, 즉 하나님을 알고 사랑할 때 따르는 자연스럽고 아름다운 부산물로 남는다.

찰스 스펄전은 이렇게 말했다.

> 우리는 젊은이들이 명랑하기를 기대한다. 젊은 그리스도인들이 흥겹고 즐거운 것은 당연하다…비록 영적 침체가 아주 흔하지만 나는 결코 그것이 불가피한 일이라고 보지 않는다. 내가 믿기로 그것은 죄며 그만큼 불필요하다. 우리는 처음의 기쁨과 즐거움을 늘 유지할 수 있다…
> 20년 전 내가 그리스도 안에서 얼마나 기뻤든지 간에 지금은 훨씬 더 기쁘다. 그때는 그분과 관계된 나의 즐거움이 얄팍하고 피상적이었다. 그에 비하면 지금의 내 영혼은 그분을 섬기면서 그분의 일과 그분의 사람들을 즐거워하는 마음, 특히 그분 자신을 즐거워하는 마음이 더욱 깊어졌다![21]

내 경험도 똑같았다. 그리스도 안의 내 행복은 여전히 진심 어릴 뿐 아니라 새 신자였을 때보다 예순의 나이에 훨씬 더 깊어졌다.

그리스도인이 된 지 오래된 사람들에게 찰스 스펄전은 이렇게 말했다.

> 거룩한 청춘의 새로움과 싱그러움을 늘 유지하는 지름길은 처음처럼 다시 그리스도께 가는 것이다…주님의 기쁨으로 충만한 사람은 결코 삶에 지치지 않는다. 그리스도를 가까이하면 그분의 기쁨에 동참하게

되고, 그 기쁨이 당신의 힘과 싱그러움이 되어 삶을 새롭게 해준다! 하나님, 우리가 영원한 샘물을 마시고 영원히 흘러넘치게 하소서![22]

우리는 하나님을 알고 예수님을 사랑하며, 복음을 받아들이고 그것을 소중히 여기며 즐거이 전하는 사람들이다. 그런 우리야말로 세상에서 가장 행복한 사람들이라는 소리를 듣게 되기를 기도한다.

또한 현재의 행복을 장차 누리게 될 영원한 행복의 보증금으로 보기 바란다. 그리스도가 자신의 피로 값을 치르고 그 영원한 행복을 사셨다. 그분은 시작도 없고 끝도 없는 자신의 행복 속으로 우리를 반기실 그날을 고대하고 계신다.

찰스 스펄전의 조언이 이 책의 요약으로 꼭 맞아 보인다.

> 당신의 기쁨을 하나님이 주시려는 데서 찾으라. 즉 당신 성품의 새로운 부분에서, 새로운 원리와 새로운 약속과 새 언약에서, 새 언약의 피에서 찾으라. 이 모두가 당신의 것이다!…하나님 나라가 당신 안에 있으니 그 나라를 즐거워하라!
>
> 당신의 기쁨을 다른 사람들이 하나님의 새로운 피조물이 되는 데서 찾으라. 죄인 하나가 회개하면 천사들이 기뻐하듯이[눅 15:10] 당신과 나도 마땅히 그래야 한다! 힘써 선을 행하며 사람들을 그리스도께로 인도하라. 한 영혼이라도 하나님께 돌아온 징후를 보이거든 그것을 당신의 기쁨으로 삼으라…
>
> "너희는 영원히 기뻐하며 즐거워할지니라."…새로운 피조물 속의 무언가가 평생 당신에게 새로운 기쁨과 즐거움의 근원이 되어줄 것이다. 천국에서는 그 기쁨이 더 커질 뿐이다. 하나님이 늘 무언가를 새롭게 창조하고 계시니 당신은 영원히 즐거워하라. 그것이 당신의 즐거움이 될 수 있다…

우리가 받을 유산은 기쁨과 평안이다! 내 사랑하는 형제자매들이여, 세상에 행복해야 할 사람들이 있다면 바로 우리다![23]

창조주요 구속자이신 하나님의 행복을 받아들이고 그대로 닮아가는 일은 우리의 의무이자 즐거움이다. 우리가 세상에서 가장 행복한 사람들이 되어야 할 모든 이유가 그분 안에 있다. 우리가 행복해지면 세상이 알아볼 것이고, 하나님은 기뻐하실 것이며, 그분의 자녀로 특권을 입은 우리에게는 끝없는 축제가 시작될 것이다.

APPENDIX

부록

부록 1

구약에 나오는 행복과 관련된
또 다른 19가지 어휘

> 너희는 내가 창조하는 것으로 말미암아 영원히 기뻐하며[행복해하며] 즐거워할지니라.
>
> 이사야 65:18

> 그녀는 행복했고, 자신이 행복함을 알았으며, 행복해야만 함을 알았다.
>
> 제인 오스틴(Jane Austen), 『엠마』(Emma)

인간이 행복을 표현하는 방식은 고요한 예배, 큰 소리로 노래하기, 겸손한 봉사, 스케이트보드 타기 등 다양하다. 이런 복합적 측면을 담아내고자 구약에는 사마흐(samach)와 아셀(asher) 외에도 행복을 뜻하는 히브리어의 동의어들이 많이 나온다. 각 단어가 성경에 등장하는 총 횟수(참조. 22장)를 내가 인용한 사례의 개수와 비교해보면 알겠지만 아래에 소개한 구절들은 작은 표본에 지나지 않는다. 각 단락별로 특정한 행복 관련 어휘에 해당하는 역어를 굵은 글씨로 표시했다.

토브(Tob), 토우브(Towb)

토브의 정의는 "축제의…기쁜 때나 기쁜 감정과 관련된…즐거운…좋아하거나

즐거워하는 기분"이다(총 486회).¹

잠언 15장 15절은 이렇게 말씀한다. "고난 받는 자는 그 날이 다 험악하나 마음이 즐거운 자는 항상 잔치하느니라."

ESV, NRSV, HCSB도 모두 "즐거운"으로 번역했다.

- 유쾌한 마음은 잔치를 계속하느니라(KJV).
- 기쁜 마음은 연회의 연속이니라(YLT).
- 행복한 마음은 잔치를 계속하느니라(NCV).

GNT, CEB, NLT에도 이 구절의 토브가 "행복한"으로 옮겨져 있다. "좋은 소식을 전하며 평화를 공포하며 복된[행복한] 좋은 소식을 가져오며 구원을 공포하며 시온을 향하여 이르기를 네 하나님이 통치하신다 하는 자의 산을 넘는 발이 어찌 그리 아름다운가"(사 52:7).

파생어 토우브는 『성경 원어 사전』에 "즐겁게…기운차게, 즉 기쁘고 행복한 감정이나 태도"로 정의되어 있다.² 예컨대 "네가 모든 것이 풍족하여도 기쁨과 행복한 마음으로 네 하나님 여호와를 섬기지 아니함으로 말미암아"(신 28:47).

야타브(Yatab)

"쾌락이나 즐거움을 느끼다"로 정의된다(총 117회).³

- 그 제사장이 마음에 기뻐하여 에봇과 드라빔과 새긴 우상을 받아 가지고 그 백성 가운데로 들어가니라(삿 18:20).
- 마음의 즐거움은 얼굴을 빛나게 하여도 마음의 근심은 심령을 상하게 하느니라(잠 15:13).

심하(simchah)

"기쁨과 즐거움과 낙, 즉 기쁜 행복과 쾌활한 느낌이나 태도…감각의 개입에 초점이 있다"로 정의된다(총 94회).[4]

- 또 너희의 희락의 날과 너희가 정한 절기와 초하루에는 번제물을 드리고 화목제물을 드리며 나팔을 불라…나는 너희의 하나님 여호와니라(민 10:10).
- 또 행복한 때와 너희의 절기 중에 나팔을 불라(NCV).
- 모든 백성이 그를 따라 올라와서 피리를 불며 크게[큰 기쁨으로] 즐거워하므로[사마흐] 땅이 그들의 소리로 말미암아 갈라질 듯하니(왕상 1:40).
- 즐거움으로 이레 동안 무교절을 지켰으니 이는 여호와께서 그들을 즐겁게[사마흐] 하시고 또 앗수르 왕의 마음을 그들에게로 돌려 이스라엘의 하나님이신 하나님의 성전 건축하는 손을 힘 있게 하도록 하셨음이었더라(스 6:22).

보다시피 강조점은 기쁨의 근원에 있다. "여호와께서 그들을 즐겁게 하시고." 하나님이 명하신 절기와 축제는 행복의 부차적 통로며, 그것을 가능하게 하신 분은 궁극의 근원이신 하나님이다.

몇 시간 동안 낭독되는 성경을 듣고 난 유대 민족은 그동안 자신들이 하나님의 명령에 부합하지 못했음을 깨닫고 슬퍼했다. 그러자 느헤미야는 그들에게 "근심하지 말라 여호와로 인하여 기뻐하는[헤드와, chedvah] 것이 너희의 힘이니라"(느 8:10)고 말했다. 바로 두 구절 뒤에서 이스라엘 백성은 놀랍게 반응한다. "모든 백성이 곧 가서 먹고 마시며 나누어 주고 크게 즐거워하니 이는 그늘이 그 읽어 들려준 말을 밝히 앎이라"(12절).

이 구절에 나온 심하가 KJV에는 "희락"으로, NASB에는 "잔치를 성대하게 거행하다"로 옮겨져 있다. 한마디로 큰 파티였다.

- 주께서 생명의 길을 내게 보이시리니 주의 앞에는 충만한 기쁨이 있고 주의 오른쪽에는 영원한 즐거움[나임, naim]이 있나이다(시 16:11).
- 주께서 내 곁에 오셔서 나를 즐겁게 하시나이다(CEV).
- 주께서 나의 슬픔이 변하여 내게 춤이 되게 하시며 나의 베옷을 벗기고 기쁨으로 띠 띠우셨나이다(시 30:11).
- 주께서 나의 슬픔을 춤으로 바꾸시며 나의 슬픈 옷을 벗기시고 행복을 입히셨나이다(NCV).
- 기쁨으로 여호와를 섬기며 노래하면서 그의 앞에 나아갈지어다(시 100:2).
- 쾌활하게 여호와를 섬기며(GW).
- 의인의 소망은 즐거움을 이루어도 악인의 소망은 끊어지느니라(잠 10:28).
- 경건한 자의 소망은 행복을 낳아도(NLT).
- 주께서 이 나라를 창성하게 하시며 그 즐거움을 더하게 하셨으므로 추수하는 즐거움과 탈취물을 나눌 때의 즐거움[길, gil] 같이 그들이 주 앞에서 즐거워하오니[사마흐](사 9:3).
- 하나님이 이 나라를 성장하게 하시고 그 백성을 행복하게 하셨으므로 그들이 추수철의 기쁨처럼, 전리품을 얻은 사람들의 기쁨처럼 주께 행복을 보였사오니(NCV).

마지막 예에서 번역진은 같은 한 구절의 심하를 각각 "행복하게"와 "기쁨"으로 번역한 반면 사마흐는 "행복"으로, 길은 "기쁨"으로 번역했다. 거의 혼용된 히브리어 단어들이 이렇듯 역본들에도 반영되어 있다. 하나님의 감동으로 된 원어에 그런 구분이 없는 만큼 역어의 단어들도 너무 엄격히 구분하는 일을 삼가야 한다.

하페츠(Chaphets)

"즐거워하다, 낙을 누리다, 간절히 바라다"로 정의된다(총 73회).[5]

- 여호와께서 사람의 걸음을 정하시고 그의 길을 기뻐하시나니(시 37:23).
- 나의 하나님이여 내가 주의 뜻 행하기를 즐기오니(시 40:8).
- 오직 우리 하나님은 하늘에 계셔서 원하시는 모든 것을 행하셨나이다(시 115:3).
- 나로 하여금 주의 계명들의 길로 행하게 하소서 내가 이를 즐거워함이니이다(시 119:35).
- 자랑하는 자는 이것으로 자랑할지니 곧 명철하여 나를 아는 것과 나 여호와는 사랑과 정의와 공의를 땅에 행하는 자인 줄 깨닫는 것이라 나는 이 일을 기뻐하노라 여호와의 말씀이니라(렘 9:24).

라난(Ranan)

"기뻐 외치다, 기뻐 노래하다…곡조와 박자가 있는 큰 소리의 공언(公言), 기쁨의 표현에 초점이 있다"로 정의된다(총 53회).[6]

- 아침에 주의 인자하심이 우리를 만족하게 하사 우리를 일생 동안 즐겁고 기쁘게[사마흐] 하소서(시 90:14).
- 너희 의인들아 여호와를 기뻐하며[사마흐] 즐거워할지어다[길] 마음이 정직한 너희들아 다 즐거이 외칠지어다(시 32:11).
- 내가 그 제사장들에게 구원을 옷 입히리니 그 성도들은 즐거이 외치리로다(시 132:16).
- 하늘이여 노래하라 땅이여 기뻐하라 산들이여 즐거이 노래하라[린나, rinnah] 여호와께서 그의 백성을 위로하셨은즉 그의 고난당한 자를 긍휼히 여기실 것임이라(사 49:13).
- 하늘과 땅이여, 행복하라. 산이여, 기뻐 외치라(NCV).
- 주의 죽은 자들은 살아나고 그들의 시체들은 일어나리이다 티끌에 누운 자들아 너희는 깨어 노래하라 주의 이슬은 빛난 이슬이니 땅이 죽은 자들

을 내놓으리로다(사 26:19).
- 주의 백성이 죽었으나 다시 살리니 그들의 시체가 죽음에서 일어나리이다. 땅에 누운 자들아, 너희는 깨어 행복하라(NCV)!

파생 명사 레나나(renanah)는 "기쁨의 함성, 즉 기쁨을 알리는 신호나 말을 큰 소리로 외침…기쁜 노래, 즉 음악으로 기쁨의 말과 소리를 냄"이라는 뜻이다.[7]

- 골수와 기름진 것을 먹음과 같이 나의 영혼이 만족할 것이라 나의 입이 기쁜 입술로 주를 찬송하되(시 63:5).
- 나의 입이 기쁨이 가득한 입술로 찬송하되(WYC).
- 기쁨으로 여호와를 섬기며 노래하면서 그의 앞에 나아갈지어다(시 100:2).
- 기쁨으로 여호와를 예배하며 행복한 노래로 그의 앞에 나아갈지어다(GNT)!

성경에 33회 등장하는 명사 린나는 "기뻐함, 기쁨의 함성, 기쁜 상태의 표현…노래를 부름, 즉 목소리와 말로 기쁜 음악을 발함"이라는 뜻이다.[8]

- 그의 노염은 잠깐이요 그의 은총은 평생이로다 저녁에는 울음이 깃들일지라도 아침에는 기쁨이 오리로다(시 30:5).

ESV, KJV, RSV, NET, NLT는 이 히브리어 단어를 그냥 "기쁨"으로 옮겼지만, NASB에는 "아침에는 기쁨의 함성이 오리로다"로 되어 있다.

- 눈물을 흘리며 씨를 뿌리는 자는 기쁨으로 거두리로다(시 126:5).

이번에는 ESV도 함성을 넣어 "눈물을 흘리며 씨를 뿌리는 자는 기쁨의 함성으로 거두리로다"라고 번역했고, NASB도 마찬가지다.

이사야 55장 12절에 보면 "너희는 기쁨으로 나아가며 평안히 인도함을 받을 것이요 산들과 언덕들이 너희 앞에서 노래를 발하고 들의 모든 나무가 손뼉을 칠 것이며"라는 말씀이 있다. KJV, RSV, ESV, GNT에는 이 구절의 린나가 "노래"로만 되어 있으나 NASB에는 "기쁨의 함성"으로 옮겨져 있다. 말로 표현되는 기쁨을 노래로 이해할 수도 있다.

길(Gil)

정의는 "기뻐하다, 즐겁다, 기쁘다…순조로운 환경으로 인한 태도나 느낌"이다(총 45회).[9]

- 여호와여 왕이 주의 힘으로 말미암아 기뻐하며[사마흐] 주의 구원으로 말미암아 크게 즐거워하리이다(시 21:1).
- 이날은 여호와께서 정하신 것이라 이날에 우리가 즐거워하고 기뻐하리로다[사마흐](시 118:24).
- 우리가 행복해하고 축하하자(GNT)!

바빌론의 침략군이 조국을 위협해오자 선지자 하박국은 애통해했다. 그의 책 말미에 이런 고백이 나온다.

- 비록 무화과나무가 무성하지 못하며 포도나무에 열매가 없으며 감람나무에 소출이 없으며 밭에 먹을 것이 없으며 우리에 양이 없으며 외양간에 소가 없을지라도 나는 여호와로 말미암아 즐거워하며[알라즈, alaz] 나의 구원의 하나님으로 말미암아 기뻐하리로다(합 3:17-18).
- 나는 여호와로 인하여 즐거워하며 나를 구원하시는 하나님으로 인하여 행복하리로다(NET)!

'길'이라는 단어를 "기뻐하리로다"로 번역하든 "행복하리로다"로 번역하든 무서운 장애물에 부딪힌 하박국의 마음가짐이 그 속에 잘 담겨 있다. 그는 주님 안의 행복을 능동적으로 붙들었다. 비참한 환경에 굴복하지 않기로 하나님의 은혜와 힘으로 결단했다. 이는 기쁨과 행복이 단지 수동적인 반응이 아니라 결연한 선택을 요한다는 성경의 아주 단적인 증거 가운데 하나다.

성경에서 기쁨이나 신뢰에 대해 읽을 때면 우리는 '말이야 쉽지만 당신은 내 상황에 처하지 않아서 모른다'고 생각할 때가 있다. 하지만 하박국만큼 처참한 형편에 처했던 사람은 별로 없다. 그의 나라와 가족과 친구들과 삶 전체에 파멸이 임박해 있었다. 그 속에서 "나를 구원하시는 하나님으로 인하여 행복하리로다"라고 고백했다는 것은 하나님을 즐거워하는 일이 순조로운 환경에 달려 있지 않음을 보여준다. 하나님 안에서 행복하려면 의지적 행위로 그분께 가야 한다. 그분은 굶주림과 전쟁과 감옥 속에서도 우리 곁에 계시며 우리를 사랑하신다.

루아(Ruwa)

"기쁨이나 예배를 말로 외치다…승리하여 또는 의기양양하여 소리치다"로 정의된다(총 44회).[10]

- 온 땅이여 여호와께 즐거운 찬송을 부를지어다(시 100:1).
- 온 땅이여, 여호와께 기뻐 외칠지어다(NIV).
- 그때에 새벽별들이 기뻐 노래하며 하나님의 아들들이 다 기뻐 소리를 질렀느니라(욥 38:7).

사하크(Sachaq)

"웃다, 재미있어하다, 놀다"라는 뜻이다(총 36회).[11]

한 히브리어 학자는 사하크를 "기쁨과 행복과 긍정적 웃음을 춤, 놀이, 장

난, 경건하면서도 기쁜 예배 등의 행동으로 표현하다"라고 정의했다.[12]

하나님은 물속에서 노는 리워야단(참조. 시 104:26)과 거리에서 뛰노는 아이들(참조. 슥 8:5)을 언급하실 때 이 단어를 쓰셨다.

- 다윗이 [그의 아내] 미갈에게 이르되…"내가 여호와 앞에서 뛰놀리라(삼하 6:21).
- 내가 여호와 앞에서 놀았노라(YLT).
- 내가 계속 춤추어 여호와를 높이리라(GNT).
- 그들이 의지 없을 때에 내가 미소하면 그들이 나의 얼굴빛을 무색하게 아니하였느니라(욥 29:24).
- 그들이 확신을 잃었을 때 내가 웃음을 지으면 나의 밝은 얼굴이 그들에게 격려가 되었느니라(GNT).

앞서 18장에서 그리스도로 의인화된 지혜의 생생한 말을 살펴보았을 때 거기에도 사하크가 두 번 등장했다. "내가…그의 기뻐하신[사슈아, sashua] 바가 되었으며 항상 그 앞에서 즐거워하였으며 사람이 거처할 땅에서 즐거워하며 인자들을 기뻐하였느니라[사슈아]"(잠 8:30-31).

다음 역본들을 잘 보면 사하크가 내포하고 있는 격한 신체적 활력이 분명히 드러난다.

- 네가 다시 소고를 들고 즐거워하는 자들과 함께 춤추며 나오리라(렘 31:4).
- 네가 다시 행복하여 소고를 들고 흥겹게 춤추리라(NLT).
- 즐거이 노는 무리의 합창 소리에 맞추어 나갔느니라(YLT).

테루아(Teruah)

정의는 "경적, 즉 옛 나팔의 신호 소리…기쁜 환호의 함성"이다(총 35회).[13]

루아(rua)에서 파생된 이 명사는 백성이 크게 "소리 질러" 여리고의 성벽을 무너뜨린 일을 기술할 때 쓰였다(수 6:20).

- 여호와의 언약궤가 진영에 들어올 때에 온 이스라엘이 큰 소리로 외치매 땅이 울린지라(삼상 4:5).
- 군대가 아주 큰 소리로 환호하매 땅이 흔들린지라(CEV).
- 이스라엘 백성이 기쁨의 함성을 크게 외치매(GNT).
- 새 노래로 그를 노래하며 즐거운 소리로 아름답게 연주할지어다(시 33:3).
- 웃음을 네 입에, 즐거운 소리를 네 입술에 채우시리니(욥 8:21).

마지막 구절의 경우 최소한 22종의 역본에 "기쁨"이나 "기쁘다"나 "기뻐하다"라는 단어가 쓰였다. KJV은 이 구절의 테루아를 "기뻐함"으로, NIV와 NRSV와 CJB와 NCV와 최소한 12종의 다른 역본은 "기쁨의 함성"으로, GWT는 "행복한 함성"으로 번역했다.

KJV를 비롯한 몇몇 역본은 "함성"이란 말을 쓰지 않아 테루아의 음량보다는 기쁨의 측면을 기본 취지로 강조했다. NIV와 NCV 등 다른 역본들에는 "기쁨의 함성"으로 되어 있다.

수스(Sus)

"대상을 좋아하거나 즐거워하는 감정이나 태도, 즐거워하는 대상과의 암시적 사랑 또는 관계"로 정의된다(총 27회).[14]

- 의인은 기뻐하여[사마흐] 하나님 앞에서 뛰놀며[알라츠, alats] 기뻐하고 즐거워할지어다[심하](시 68:3).
- 사람이 많은 탈취물을 얻은 것처럼 나는 주의 말씀을 즐거워하나이다(시 119:162).

- 내가 주의 약속으로 말미암아 얼마나 행복한지요. 풍성한 보화를 얻은 사람처럼 행복하나이다(GNT).
- 내가 여호와로 말미암아 크게 기뻐하며 내 영혼이 나의 하나님으로 말미암아 즐거워하리니[길] 이는 그가 구원의 옷을 내게 입히시며 공의의 겉옷을 내게 더하심이 신랑이 사모를 쓰며 신부가 자기 보석으로 단장함 같게 하셨음이라(사 61:10).
- 내가 여호와를 크게 즐거워하며 내 영혼이 나의 하나님을 기뻐하니(NIV).
- 여호와께서 나를 아주 행복하게 하시므로 나의 모든 존재가 나의 하나님을 기뻐하니(NCV).
- 너희는 내가 창조하는 것으로 말미암아 영원히 기뻐하며 즐거워할지니라[길] 보라 내가 예루살렘을 즐거운[길라, *gila*] 성으로 창조하며 그 백성을 기쁨으로[마소스, *masos*] 삼고(사 65:18).
- 나의 백성은 내가 만들 것들로 말미암아 영원히 행복하리니(NCV).

라합(*Rachab*)

"기쁘다. 문어체로, 넓히다…행복한 상태에 있다"로 정의된다(총 25회).[15]

- 그때에 네가 보고 기쁜 빛을 내며 네 마음이 놀라고 또 화창하리니 이는 바다의 부가 네게로 돌아오며 이방 나라들의 재물이 네게로 옴이라(사 60:5).
- 네가 행복으로 빛나며 또 감격하여 기쁨이 충만하리니(NCV).
- 네 마음이 고동치며 즐거움에 부풀리니(CJB).

사손(*Sasson*)

"즐거움, 희열…기쁨의 소리와 표현에 초점이 있다"로 정의된다(총 22회).[16] 수스(*sus*)와 어근이 같은 이 단어는 네 요소로 나누어 살펴볼 수 있다.

하나님은 자신의 은총과 사람들의 의로운 반응을 통해 행복을 주신다

- 유다인에게는 영광과 즐거움[심하, *simchah*]과 기쁨과 존귀함이 있는지라(에 8:16).
- 빛나는 행복과 기쁜 존귀함이 있는지라(NET).

다른 데서 "빛"으로 번역되는 단어 오라(*orah*)를 NIV와 몇몇 역본은 이 구절에서 행복의 세 번째 동의어로 보았다. "행복[오라]과 기쁨, 즐거움과 존귀함의 때인지라."

때로 하나님의 사람들은 이전의 행복을 되찾기 위해 도움이 필요하다
"주의 구원의 즐거움을 내게 회복시켜 주시고 자원하는 심령을 주사 나를 붙드소서"(시 51:12). CEV에는 이 구절이 "주께서 나를 구원하시던 때처럼 나를 행복하게 하시고 순종하고 싶은 마음을 주소서!"라고 옮겨져 있다.
내 나이 열다섯 살 때 예수 그리스도가 내 삶을 변화시켜주셨고, 그분이 중심이 되시는 깊은 행복을 내게 불어넣어주셨다. 그러나 새 신자 때는 그리스도 안의 행복이 아주 자연스럽게 왔지만 세월이 가면서 그 행복을 누리는 법을 다시 배워야 했다. 나의 처음 사랑을 회복해야 했다. "너의 처음 사랑을 버렸느니라 그러므로 어디서 떨어졌는지를 생각하고"(계 2:4-5).

장차 하나님은 약속대로 예루살렘을 회복하여 자기 백성과 함께 거기서 영원히 행복하게 사실 것이다
"여호와께 구속 받은 자들이 돌아와 노래하며[린나] 시온으로 돌아오니 영원한 기쁨[심하]이 그들의 머리 위에 있고 그들이 즐거움과 기쁨[심하]을 얻으리니 슬픔과 탄식이 달아나리이다"(사 51:11, NASB).
이 본문에 약속된 것은 포로 귀환에 그치지 않고 영원한 기쁨과 마침내 종식

될 슬픔으로까지 훨씬 더 나아간다. 이 본문은 위치상 이사야 60장, 65-66장 등에 나오는 새 땅에 대한 본문들과 아주 가까우며, 예수님이 요한계시록 21장 1-4절에서 말씀하신 새 땅과 매우 흡사하다.

기쁨으로 가득한 이사야 51장 11절의 역본들을 보면 의미의 미묘한 차이가 드러난다. 다음의 각 역본에서 사손의 역어에 주목하라.

- 여호와의 해방된 백성이 돌아와 기쁨으로 예루살렘에 들어가리니 그들의 행복이 영원하고 또 그들에게 기쁨과 즐거움이 있어 모든 슬픔과 비탄이 멀리 떠나리이다(NCV).
- 그들이…영원한 기쁨을 머리에 이고 노래하며 시온으로 돌아오리니 행복과 기쁨을 가눌 길 없어 슬픔과 신음이 달아나리이다(CEB).
- 그들이 행복하게 외치며 시온에 들어가리니 끝없는 기쁨이 그들의 면류관이 되고 행복과 기쁨에 겨워 슬픔과 고난이 사라지리이다(NET).

하나님의 말씀을 묵상하면 그분에게 속한 사람들의 마음에 큰 행복이 임한다

"만군의 하나님 여호와시여 나는 주의 이름으로 일컬음을 받는 자라 내가 주의 말씀을 얻어먹었사오니 주의 말씀은 내게 기쁨과 내 마음의 즐거움[심하]이오니"(렘 15:16).

하나님의 사람들에게 기쁨과 행복을 가져다주는 것은 무엇인가? 그분의 말씀을 먹고 우리가 그분의 이름으로 일컬음을 받는 자들이라는 사실을 묵상하는 것이다. 즉 우리는 주권적 통치자요 사랑의 아버지이신 그분께 속한 자들이다. 이보다 무엇이 더 좋을 수 있겠는가?

마소스(Masos)

정의는 "기쁨, 즐거움…경축과 유쾌함과 명랑함을 보임"이다(총 16회).[17]

- 터가 높고 아름다워 온 세계가 즐거워함이여 큰 왕의 성 곧…시온 산이 그러하도다(시 48:2).
- 온 땅을 기쁘게 함이여(NET).
- 예루살렘을 사랑하는 자들이여 다 그 성읍과 함께 기뻐하라[사마흐] 다 그 성읍과 함께 즐거워하라[길] 그 성을 위하여 슬퍼하는 자들이여 다 그 성의 기쁨으로 말미암아 그 성과 함께 기뻐하라(사 66:10).
- 우리의 마음에는 기쁨이 그쳤고 우리의 춤은 변하여 슬픔이 되었사오며(애 5:15).

GNT에는 마지막 구절이 "우리의 삶에서 행복이 사라졌고 비탄이 우리의 춤을 대신했사오며"로 옮겨져 있다.

여기서 성경의 현실주의를 볼 수 있다. 기쁨과 행복을 예찬하고 가꾸어야 하지만 슬픔과 애통의 때도 있는 법이다. 신약은 거기서 한 걸음 더 나아가 우리에게 다음 사실을 보여준다. 늘 행복의 근원으로 내주하시는 성령으로 말미암아 오히려 비탄의 때에 우리는 가장 깊은 슬픔까지도 바르게 보는 시각을 얻을 수 있다.

알라즈(Alaz)

"큰 기쁨과 행복을 즐기는 상태"로 정의된다(총 16회).[18]

- 여호와는 나의 힘과 나의 방패이시니 내 마음이 그를 의지하여 도움을 얻었도다 그러므로 내 마음이 크게 기뻐하며 내 노래로 그를 찬송하리로다 (시 28:7).
- 내 마음이 기뻐 뛰며(NIV).
- 내가 아주 행복하여(NCV).
- 밭과 그 가운데에 있는 모든 것은 즐거워할지로다 그때 숲의 모든 나무들

- 이 여호와 앞에서 즐거이 노래하리니(시 96:12).
- 밭이 환희로 넘칠지로다(NIV).
- 시골과 그 가운데 있는 모든 것은 경축할지로다(CEB)!
- 만일 네 입술이 정직을 말하면 내 속이 유쾌하리라(잠 23:16).
- 내 가장 깊은 속이 환호하리라(HCSB).
- 내 속의 모든 것이 경축하리라(NLT).

샤슈아(Shashua)

정의는 "낙을 주는 것…행복이나 기쁨을 얻는 대상"이다(총 9회). [19]

- 주의 법이 나의 즐거움이 되지 아니하였더면 내가 내 고난 중에 멸망하였으리이다(시 119:92).
- 주의 법이 내 기쁨의 원천이 되지 아니하였다면 내가 내 고난으로 말미암아 죽었으리이다(GNT).
- 환난과 우환이 내게 미쳤으나 주의 계명은 나의 즐거움이니이다(시 119:143).
- 압박과 중압이 나를 짓누르나 나는 주의 명령에서 기쁨을 얻나이다(NLT).
- 주의 계명은 여전히 나를 행복하게 하나이다(GW).

알라츠(Alats)

"환희에 넘치다…말로 표현하는 기쁨과 칭송"으로 정의된다(총 8회). [20]

- 한나가 기도하여 이르되 내 마음이 여호와로 말미암아 즐거워하며 내 뿔이 여호와로 말미암아 높아졌으며…이는 내가 주의 구원으로 말미암아 기뻐함이니이다(삼상 2:1).
- 주의 보호로 말미암아…주의 이름을 사랑하는 자들은 주를 즐거워하리이다(시 5:11).

- 의인이 형통하면 성읍이 즐거워하고 악인이 패망하면 기뻐[린나] 외치느니라(잠 11:10).
- 선한 사람들이 성공하면 도시가 행복하고 악한 사람들이 죽으면 기쁨의 함성이 있느니라(NCV).
- 내가 주를 기뻐하고 즐거워하며 지존하신 주의 이름을 찬송하리니(시 9:2).

알리이즈(Alliyz)

"기뻐함, 한껏 즐김…큰 기쁨의 상태"로 정의된다(총 7회).[21]

- 소고 치는 기쁨[마소스]이 그치고 즐거워하는 자의 소리[사손]가 끊어지고 수금 타는 기쁨[마소스]이 그쳤으며(사 24:8).

임박한 심판으로 인해 잃어버린 그 행복이 다른 역본들에는 이렇게 포착되어 있다.

- 기쁜 소고가 조용하고 한껏 즐기는 자들의 소리가 그치고 기쁜 수금이 잠잠하였으며(NIV).
- 소고의 명랑한 소리가 조용하고 축제의 행복한 외침이 더 들리지 않고 수금의 아름다운 가락이 잠잠하였으며(NLT).

알라스(Alas)

"즐기다…무언가나 누군가를 즐거워하다"로 정의된다(총 3회).[22]

부부간의 성적인 사랑이 예찬된 지 얼마 안 되어(참조. 잠 5:18-19) 다음과 같이 성적인 죄의 비뚤어진 쾌락이 나온다. "오라 우리가 아침까지 흡족하게 서로 사랑하며 사랑함으로 희락하자"(잠 7:18). 하나님이 주신 섹스의 쾌락이 파멸의 도구로 변한다. "젊은이가 곧 그를 따랐으니 소가 도수장으로 가는 것 같고…그의 생명을 잃어버릴 줄을 알지 못함과 같으니라"(22-23절).

하다(Chadah)

"즐겁다, 기뻐하다…기분이 쾌활하다"로 정의된다(총 2회).[23]

- [주께서] 그가 영원토록 지극한 복을 받게 하시며 주 앞에서 기쁘고 즐겁게 하시나이다(시 21:6).

위 구절에서 자신의 행복을 우리에게 넘겨주시는 하나님을 볼 수 있다!

- 이드로가 여호와께서 이스라엘에게 큰 은혜를 베푸사 애굽 사람의 손에서 구원하심을 기뻐하여(출 18:9).
- 이드로가…유쾌하여(NIV, NLT).
- 이드로가…아주 행복하여(NCV).
- 이드로가…즐거워하여(CEB).

이는 히브리어로 행복이라는 의미영역에 속하는 단어 하나가 다양한 동의어로 번역될 수 있음을 보여주는 또 다른 사례다. NCV는 "행복하여" 앞에 "아주"를 붙여 하다라는 단어의 강도를 살려내고자 했다. 하지만 기뻐함과 유쾌함과 아주 행복함과 즐거워함의 차이가 무엇인가? 모두 행복의 의미영역에 포함되는 어휘인데, 히브리어 학자들의 각 팀별 취향에 따라 선택된 단어가 다를 뿐이다. 본질적 의미는 똑같다.

부록 2

신약에 나오는 행복과 관련된 또 다른 14가지 어휘

> 이것을 너희에게 이르는 것은 너희로 내 안에서 평안을 누리게 하려 함이라 세상에서는 너희가 환난을 당하나 담대하라 내가 세상을 이기었노라.
>
> 예수(요한복음 16:33).

> 이 감미로운 바다에 모두 풍덩 빠지라. 이 행복의 심연에 깊숙이 뛰어들라. 그리스도 예수는 영원무궁토록 당신의 것이다…가장 그리스도를 닮은 사람이 가장 기쁜 사람이다.
>
> 찰스 스펄전

이번에는 신약에 쓰인 행복 어군의 다른 단어들을 살펴보자. 모두 의미가 풍부하다.

카우카오마이(*Kauchaomai*)

"누군가나 무언가에 대한 유난히 높은 수준의 확신을 표현하다…'자랑하다'"로 정의된다(총 37회).[1]

문맥에 따라 여기서 말하는 자랑에는 해당하는 자랑거리에서 얻는 행복이 내포된다(대부분 용례는 행복과 무관해 보이지만 일부는 분명히 관련이 있다).

사람들은 자신의 학력, 실적, 부모, 배우자, 자녀, 손자손녀를 자랑할 수 있다. 아니면 무언가 악한 것을 자랑할 수도 있다. 어느 경우든 그들은 자신을 행복하게 해주리라고 생각되는 것을 자랑한다.

- 또한 그로 말미암아 우리가 믿음으로 서 있는 이 은혜에 들어감을 얻었으며 하나님의 영광을 바라고 즐거워하느니라(롬 5:2).
- 그뿐 아니라 이제…우리 주 예수 그리스도로 말미암아 하나님 안에서 또한 즐거워하느니라(롬 5:11).
- 자랑하는 자는 주 안에서 자랑하라(고전 1:31).

제네바 성경(The Geneva Bible, 1599)은 이 구절을 "기뻐하는 자는 주 안에서 기뻐하라"로 번역했다.

유도케오(Eudokeo)

"만족하다, 즐거워하다"로 정의된다(총 21회).[2]

다음은 신약에 나오는 유도케오의 몇 가지 용례인데 모두 하나님을 대상으로 쓰였으며 그분의 행복을 상기시켜준다.

- 하늘로부터 소리가 있어 말씀하시되 이는 내 사랑하는 아들이요 내 기뻐하는 자라 하시니라(마 3:17).
- 적은 무리여 무서워 말라 너희 아버지께서 그 나라를 너희에게 주시기를 기뻐하시느니라(눅 12:32).
- 너희에게 그 나라를 주시는 것이 너희 아버지의 족한 즐거움이니라(ESV).
- 너희에게 그 나라를 주시는 것이 너희 아버지의 큰 행복이니라(NLT).

누가복음 12장 32절은 놀랍고도 의미심장한 구절이다. 예수님은 우리에게 두려워하지 말라고 하실 뿐만 아니라 두려워할 필요가 없는 이유도 말씀해주신다. 우리는 하찮아 보이는 양 떼지만 무한히 중요하신 전능자 하나님이 우리의 목자요 아버지요 왕이시다. 그분이 은혜로 우리에게 그 나라를 주시기로 즐거이 작정하셨다. 그리하여 우리는 그분의 통치를 받을 뿐 아니라 (다른 본문들에 나와 있듯이) 그분과 함께 영원히 다스릴 것이다(참조. 딤후 2:12).

놀랍게도 하나님은 그렇게 하시기로 즐거이 선택하셨다. 신민들의 충심을 사려고 마지못해 일부 혜택을 양도하신 것이 아니다. 그분은 은혜롭고 자애로운 아버지시며, 그분의 선물은 그분께 "족한 즐거움"과 "큰 행복"이 된다!

이런 개념은 내가 본문에 부여한 것이 아니라 이미 본문 속에 있다. 예수님이 말씀하신 유도케오라는 단어는 성령의 감화로 된 것이며, "기뻐하시느니라", "족한 즐거움이니라", "큰 행복이니라"로 번역되었다. 인간 아버지들이 자녀에게 좋은 선물을 주면서 기뻐하는 이유는 바로 하늘 아버지가 그분의 자녀들에게 큰 선물을 주시기를 그토록 기뻐하시기 때문이다.

우리를 향한 하나님의 사랑은 초연하고 비인격적인 것이 아니라 정서적이며 애정과 즐거움으로 가득 차 있다.

아갈리아오(Agalliao), 아갈리아시스(Agalliasis)

"큰 기쁨의 상태…대개 언어적 표현과 적절한 몸동작이 수반된다"로 정의된다(총 16회).[3]

명사 아갈리아시스는 누가가 세 번을 썼는데 두 번은 복음서에, 한 번은 사도행전에 나온다. 우선 마리아의 입에서 자신을 구원하실 아들을 기리는 노래가 터져 나왔다.

- 하나님이 내 구주시니 나는 아주 행복하도다(눅 1:47, ERV).

마리아는 자신이 결혼 전에 임신한 사실이 사람들에게 알려지면 자신과 요셉이 수치를 당할 것을 예상했다. 인생이 순탄하지 않을 텐데도 그녀는 하나님을 신뢰하고 그분을 기뻐했다.

예수님의 제자들이 기쁜 소식을 전하고 돌아오자 그분은 이렇게 반응하셨다.

- 그때에 예수께서 성령으로 기뻐하시며(눅 10:21).
- 성령께서 예수를 아주 행복하게 하시니(ERV).

마리아가 느끼는 기쁨을 말할 때 쓰인 아갈리아오라는 단어가 예수님의 기쁨을 묘사할 때도 똑같이 쓰였다. 우리도 성자 하나님을 닮으려면 우리 안에 내주하시는 성령 안에서 깊은 행복을 경험하는 역량을 길러야 한다.

예수님의 말씀대로 아브라함은 자신의 구주가 기쁜 소식을 실현해내시는 모습을 보고 즐거워했다.

- 너희 조상 아브라함은 나의 때 볼 것을 즐거워하다가 보고 기뻐하였느니라[카이로, chairo](요 8:56).
- 너희 조상 아브라함은…아주 행복해하다가 그날을 보고 기뻐하였느니라(NCV).

이 의미심장한 말씀에 언급된 구약의 성도 아브라함은 천국에 살면서 예수님의 성육신과 지상 생활을 볼 수 있었을 것이다. 그래서 그는 즐거워했다. 지금도 천국에 있는 구름 떼처럼 많은 하나님의 사람들이 이 땅에 전개되는 구속의 드라마를 행복하게 지켜보고 있을 것이다.

- 날마다 마음을 같이하여 성전에 모이기를 힘쓰고 집에서 떡을 떼며 기쁨과 순전한 마음으로 음식을 먹고(행 2:46).
- 행복하게 거리낌 없이 음식을 나누고(CEV).
- 아들에 관하여는 하나님이여 주의 보좌는 영영하며…주의 하나님이 즐

거움의 기름을 주께 부어 주를 동류들보다 뛰어나게 하셨도다 하였고(히 1:8-9).

- 주를 지명하여 모든 친구보다 더 행복하게 하셨도다(CEV).

아래 요약해놓은 진술들과 관련된 본문들은 모두 아갈리아시스나 아갈리아오라는 단어를 중심으로 한 것이다.

그리스도의 빛이 사람들을 통해 비춰어 우리에게 큰 기쁨과 즐거움을 가져다줄 수 있다

예수님은 세례 요한이 "켜서 비추이는 등불이라 너희가 한때 그 빛에 즐거이 있기를 원하였거니와"(요 5:35)라고 말씀하셨다. NCV에는 "너희가 한때 그의 빛을 행복하게 누렸거니와"라고 되어 있다.

내 친구 그레그 커피는 열일곱 살 때 그리스도를 믿고 큰 빛을 비추다가 2년 후에 세상을 떠났다. 1956년에 에콰도르에서 순교한 다섯 명의 젊은 선교사들과 살아남은 그들의 아내들도 그리스도의 환한 빛이었다. 그리스도를 따른 그들을 통하여 하나님이 수많은 젊은이를 선교의 길로 부르셨다.

우리 교회의 어르신들인 갈런드 개버트, 캘 헤스, 짐 스핑크스, 탐 라이먼도 생각난다. 저마다의 빛을 통해 나를 비롯한 많은 사람을 그리스도께로 더 가까이 이끌어준 분들이다. 그들은 나이가 들수록 마음이 좁아지기는커녕 사랑이 더 많아지고 사역에 더 관심이 깊어졌다. 우리도 다 예수님에게서 빛과 기쁨을 얻기를 기도한다. 그분이 소등되지 않는 한 우리의 빛도 결코 꺼지지 않는다.

그리스도를 믿는 믿음과 우리의 구원은 큰 기쁨과 즐거움의 원천이다

빌립보의 간수가 바울과 실라에게 "선생들이여 내가 어떻게 하여야 구원을 받으리이까"(행 16:30)라고 묻자 그들은 "주 예수를 믿으라 그리하면 너와 네 집이 구원을 받으리라"(31절)고 대답했다.

간수의 온 가족이 그리스도께 돌아와 바울과 실라의 상처를 씻어주고 세례를 받았다(참조. 행 16:32-33).

- 그들을 데리고 자기 집에 올라가서 음식을 차려 주고 그와 온 집안이 하나님을 믿으므로 크게 기뻐하니라(행 16:34).
- 그와 온 가족이 이제 하나님을 믿었으므로 아주 행복해하니라(NCV).

모든 고난에서 결국 해방될 날을 내다보면 시련 속에서도 큰 기쁨과 즐거움을 누릴 수 있다

- 그러므로 너희가 이제 여러 가지 시험으로 말미암아 잠깐 근심하게 되지 않을 수 없으나 오히려 크게 기뻐하는도다(벧전 1:6).
- 비록 지금은 너희가 여러 가지 환난으로 잠시 슬플 수 있으나 오히려 아주 행복하도다(NCV).

스펄전은 이 구절을 이렇게 주해했다.

> 느껴지지 않는 시련은 시련이 아니다…우리는 하나님의 거룩한 뜻에 겸손히 순복해야 한다. 닥치는 일마다 아무런 느낌도 없이 마음을 독하게 먹고 오기로 버티는 것과는 천지차이다…대개 복의 진수는 눈물과 애통을 통해 우리에게 임한다.[4]

그리스도와의 관계 덕분에 우리는 큰 기쁨과 즐거움으로 기뻐할 수 있다

- 예수를 너희가 보지 못하였으나 사랑하는도다 이제도 보지 못하나 믿고

말할 수 없는 영광스러운 즐거움으로[카라, *chara*] 기뻐하니(벧전 1:8).
- 말할 수 없는 영광스러운 기쁨으로 기뻐하니(NLT).

이생에서 그리스도의 고난에 즐거이 동참하면 장차 그분의 임재 안에서 큰 기쁨과 즐거움을 누린다

- 기뻐하고[카라] 즐거워하라 하늘에서 너희의 상이 큼이라 너희 전에 있던 선지자들도 이같이 박해하였느니라(마 5:12).
- 즐거워하고 기뻐하라(HCSB).
- 행복해하고 감격하라(CEV)!
- 오히려 너희가 그리스도의 고난에 참여하는 것으로 즐거워하라[카이로, *chairo*] 이는 그의 영광을 나타내실 때에 너희로 즐거워하고[카이로] 기뻐하게 하려 함이라(벧전 4:13).
- 그리스도처럼 고난당할 기회이니 즐거워하라. 이는 너희가 준비되어 그분이 영광 중에 다시 오실 때 더 큰 행복을 누리게 하려 함이라(CEV).

하나님의 사람들은 장차 모두 어린양의 혼인을 경축할 것이다

- 우리가 즐거워하고[카이로] 크게 기뻐하며 그에게 영광을 돌리세 어린양의 혼인 기약이 이르렀고 그의 아내가 자신을 준비하였으므로(계 19:7).
- 우리가 즐거워하고 기뻐하며(NLT).
- 우리가 기뻐하고 경축하며(CEB).
- 우리가 즐거워하고 행복해하며(CEV).
- 우리가 기뻐하고 온 마음으로 즐거워하며(Phillips).
- 우리가 기뻐하고 유쾌해하며(WYC).

그리스도가 우리를 신부로 맞이하실 그 영광스러운 혼인의 날에 우리도 온 하늘과 더불어 기뻐할 것이다!

이 구절에 카이로와 아갈리아오를 함께 쓴 것은 두 단어를 서로 대비하기 위해서가 아니라 신랑이신 그리스도와 신부인 교회로 인한 깊은 총체적 행복감을 강조하기 위해서다.

아갈리아시스는 성경 전체에서 가장 위대한 축도 중 하나의 열쇠가 되는 단어다

- 능히 너희를 보호하사 거침이 없게 하시고 너희로 그 영광 앞에 흠이 없이 기쁨으로 서게 하실 이 곧 우리 구주 홀로 하나이신 하나님께 우리 주 예수 그리스도로 말미암아 영광과 위엄과 권력과 권세가 영원 전부터 이제와 영원토록 있을지어다 아멘(유 1:24-25).
- …아주 행복하게(WE).
- …흠이 없고 말할 수 없이 기쁘게(Phillips).
- …기쁨이 충만하여(WYC).

유프라이노(*Euphraino*)

"즐겁게 하다, 힘을 돋우다, 행복을 유발하다"로 정의된다(총 14회).[5]

- 하늘과 성도들과 사도들과 선지자들아, 그로 말미암아 즐거워하라 하나님이 너희를 위하여 그에게 심판을 행하셨음이라(계 18:20).

파생 명사인 유프로쉬네(*euphrosune*)는 로우와 나이더의 사전에 "기쁜 행복의 상태—'기쁨, 기뻐함'"으로 풀이되어 있다.[6]

- 그러나 자기를 증언하지 아니하신 것이 아니니 곧 여러분에게 하늘로부터

비를 내리시며 결실기를 주시는 선한 일을 하사 음식과 기쁨으로 여러분의 마음에 만족하게 하셨느니라(행 14:17).
- 선한 일을 하사 음식과 행복으로 여러분의 마음에 만족하게 하셨느니라(HCSB).

비신자들에게 복음을 제시할 때 바울은 여태까지 늘 일반 은혜를 베푸셨던 그 동일하신 하나님이 이제는 그분의 아들을 통해 그들에게 영원한 행복을 특별한 은혜로 주신다고 역설했다. 이 사례에서 명백히 확인되듯이 하나님은 복음을 통해 (종교적 기쁨만 아니라) 행복을 주신다. 바울은 행복을 곧 인간 마음의 갈망과 이어주는 다리로 활용하여 복음을 제시했다.

유프라이노마이(euphrainomai)의 정의는 "행복의 표현으로 기뻐하다"이다. 로우와 나이더의 사전에 보면 "내 마음이 기뻐하였고 내 혀도 즐거워하였으며 육체도 희망에 거하리니"라는 사도행전 2장 26절과 관련하여 성경 번역자들에게 주는 지침이 이렇게 나와 있다. "일부 언어에서는 사도행전 2장 26절의 유프라이노마이를 예컨대 '내 마음이 노래하고' 또는 '내 마음이 행복하여 소리치고'와 같이 관용구로 번역해야 할 수도 있다."[7]

세계영어신약성경(WE)에는 이 구절이 "내 마음이 아주 행복하였고 내 혀도 기뻐 노래하였으며"로 옮겨져 있다.

베드로는 사도행전 2장 28절에 시편 16편 11절을 인용하면서 히브리어 심하(simchah)를 헬라어 유프로쉬네로 번역했다.

- 주 앞에서 내게 기쁨이 충만하게 하시리로다.
- 주의 임재가 내게 행복이 충만하게 하리로다(CEB).

사도행전 2장 28절에 대해서는 성경 번역 핸드북에 이렇게 나와 있다. "분명히 '충만하게'는 기쁜 사건이 온전하다는 뜻이므로 결국 이는 '행복한' 상태의 표현일 수밖에 없다. 그러므로 마지막 문구는 '주께서 나와 함께 계시므로 나는 온전히 행복하나이다'(또는 강도를 살려서 '아주아주 행복하나이다')로 옮겨질 수 있다."[8]

어리석은 부자의 경축과 탕자를 용서한 아버지의 경축을 기술할 때도 유프라이노가 쓰였다

어리석은 부자는 창고를 지어 이 땅의 재물을 쌓을 뿐 하나님을 의지하지 않았다. 그가 자기 자신에게 권한 것이 바로 유프라이노다. "영혼아 여러 해 쓸 물건을 많이 쌓아 두었으니 평안히 쉬고 먹고 마시고 즐거워하자"(눅 12:19). NET에는 "평안히 쉬고 먹고 마시고 경축하자!"로 되어 있다.

이 사람이 자축하고 있는 이 짧은 순간을 하나님이 중단시키신다. "어리석은 자여 오늘 밤에 네 영혼을 도로 찾으리니 그러면 네 준비한 것이 누구의 것이 되겠느냐"(눅 12:20).

탕자를 용서한 은혜로운 아버지의 이야기에도 유프라이노가 여러 번 쓰인다.

> 살진 송아지를 끌어다가 잡으라 우리가 먹고 즐기자 이 내 아들은 죽었다가 다시 살아났으며 내가 잃었다가 다시 얻었노라 하니 그들이 즐거워하더라…이 네 동생은 죽었다가 살아났으며 내가 잃었다가 얻었기로 우리가 즐거워하고 기뻐하는 것이 마땅하다 하니라(눅 15:23-24, 32).

누가의 내러티브에서 어리석은 부자와 은혜로운 아버지는 서로 불과 석 장 밖에 떨어져 있지 않다. 그들이 축하하고 있는 상황에서 동일한 단어가 쓰였다. 둘 다 파티를 벌여 즐겁게 먹고 마시고 웃었다. 음식과 음료를 먹고 마신 것은 서로 다르지 않았으나 하나님 앞에서 두 사람의 마음이 달랐다. 위 본문의 몇 구절 앞에 예수님의 이런 말씀이 나온다. "내가 너희에게 이르노니 이와 같이 죄인 한 사람이 회개하면 하나님의 사자들 앞에 기쁨이 되느니라"(눅

15:10). 비유 속의 아버지가 벌인 기쁜 잔치는 하늘 아버지의 기쁜 잔치를 그대로 닮았다. 그분도 자신의 형상대로 지으신 사랑하는 사람 하나가 그분의 가족이 되면 하늘에서 잔치를 벌이신다. 하나님이 하늘에서 즐거워하실 때에는 그분의 사람들도 이 땅에서 즐거워함이 마땅하다!

어리석은 부자만큼이나 자아에 함몰되어 있던 탕자의 형도 유프라이노라는 똑같은 단어를 써서 아버지에게 불만을 늘어놓는다. "내가 여러 해 아버지를 섬겨 명을 어김이 없거늘 내게는 염소 새끼라도 주어 나와 내 벗으로 즐기게 하신 일이 없더니"(눅 15:29). 아버지의 말처럼 맏아들은 언제라도 마음만 먹으면 즐길 수 있었다. 그가 즐기지 않은 것은 자신의 잘못이다.

우리도 아버지 집에(어쩌면 기독교 가정과 교회에) 살면서 의무적으로 겉으로만 의로운 척할 수 있다. 그러면서 다른 사람들의 삶에 부어지는 하나님의 엄청난 은혜에 심기가 뒤틀려 그들로 인해 그분이 누리시는 행복에 동참하기를 거부할 수 있다.

반면 그 아버지는 회개하는 아들을 위해 잔치를 벌였고 기쁨이 충만하여 용서를 베풀었다. 우리도 그처럼 동료 탕자들의 삶에 임하는 하나님의 은혜를 즐거워해야 한다.

아스파소마이(*Aspasomai*)

"행복하다, 즐거운 마음으로 예상하다"로 정의된다(총 59회. "환영하다"라는 뜻일 때가 가장 많다).

- 이 사람들은…약속을 받지 못하였으되 그것들을 멀리서 보고 환영하며(히 11:13).
- 그것들을 멀리서 보는 것만으로도 즐거워하며(CEV).

최소한 7종의 역본에 CEV와 비슷하게 번역되어 있으나 나머지 대다수에는

"환영하며"(NASB)나 "맞이하며"(ESV)로 되어 있다.

타르세오(Tharseo), **타레오**(Tharreo)
"위험이나 시험 앞에서 확신과 확고한 목적이 있다—'용감하다…담대하다'"로 정의된다(총 13회).[9]

타르세오는 복음서와 사도행전에 나오고 타레오는 서신서에 나온다. 아래의 구절들에 묘사된 용기에는 쾌활한 원기도 암시되어 있다.

- 침상에 누운 중풍병자를 사람들이 데리고 오거늘 예수께서 그들의 믿음을 보시고 중풍병자에게 이르시되 작은 자야 안심하라 네 죄 사함을 받았느니라(마 9:2).
- 아들아, 담대하라. 네 죄가 용서되었느니라(KJV).
- 기운을 내라, 내 아들아! 네 죄가 용서되었느니라(Phillips).

예수께서 물 위를 걸어 제자들의 배가 있는 쪽으로 오시자 "그들이 다 예수를 보고 놀람이라 이에 예수께서 곧 그들에게 말씀하여 이르시되 안심하라 내니 두려워하지 말라 하시고"(막 6:50). KJV에는 "담대하라"고 되어 있다.

- 예수께서…이르시되 딸아 안심하라 네 믿음이 너를 구원하였다 하시니(마 9:22).
- 그날 밤에 주께서 바울 곁에 서서 이르시되 담대하라 네가 예루살렘에서 나의 일을 증언한 것 같이 로마에서도 증언하여야 하리라 하시니라(행 23:11).
- 우리는 그 천국을 기대함으로 아주 힘차게 살아갑니다. 여러분은 우리가 고개를 떨어뜨리거나 꾸물거리는 모습을 볼 수 없을 것입니다(고후 5:6, 『메시지』).

- 그러므로 항상 쾌활함을 잃지 마라(CEV)!

순카이레인(Sunchairein)

정의는 "행복 또는 안녕의 상태를 함께 즐거워하다"이다(총 7회).[10]

엘리사벳의 임신을 함께 축하하던 사람들에게 이 단어가 쓰였다. "이웃과 친족이 주께서 그를 크게 긍휼히 여기심을 듣고 함께 즐거워하더라"(눅 1:58). NLV에는 "그녀로 인하여 행복해하더라"고 되어 있다.

사랑하는 가축을 찾아낸 사람은 "그 벗과 이웃을 불러 모으고 말하되 '나와 함께 행복해하자. 나의 잃은 양을 찾아내었노라' 하리라"(눅 15:6, NCV).

몇 구절 뒤에도 그 개념이 강조된다. "'나와 함께 행복해하자. 잃은 동전을 찾아내었노라' 하리라. 내가 너희에게 이르노니 이와 같이 죄인 한 사람이 마음과 삶을 고치면 하나님의 사자들 앞에 기쁨이 되느니라"(눅 15:9-10, NCV).

사람들의 삶 속에서 하나님의 은혜를 목격할 때야말로 신자들이 기쁨을 함께 나누어야 할 때다! 그리스도를 처음 믿게 된 사람들의 소식을 들을 때 우리는 신속히 하나님께 감사하며 그분의 은혜를 즐거워하는가?

"만일 한 지체가 고통을 받으면 모든 지체가 함께 고통을 받고 한 지체가 영광을 얻으면 모든 지체가 함께 즐거워하느니라"(고전 12:26). CJB에는 "한 지체가 영광을 얻으면 모든 지체가 그의 행복에 동참하느니라"고 옮겨져 있다.

헤데오스(Hedeos)

"행복을 경험하되 거기서 파생되는 쾌락에 주로 기초한다"라고 정의되어 있다(총 5회).[11]

윌리엄 모리스에 따르면 이 단어는 "고전 헬라어에 '즐거움, 낙, 쾌락'의 의미로 아주 빈번히 등장한다."[12]

디도서 3장 3절과 야고보서 4장 1절에는 이 단어가 정욕이라는 부정적 의미로 쓰였으나 예수님의 말씀을 듣던 사람들에 대해서는 이렇게 긍정적으로 쓰였다. "많은 사람들이 즐겁게 듣더라"(막 12:37). NIV와 NCV에는 각각 "기꺼이", "기쁘게"로 되어 있다.

바울의 다음 본문에도 헤데오스가 두 차례 쓰였다.

- 도리어 크게 기뻐함으로 나의 여러 약한 것들에 대하여 자랑하리니 이는 그리스도의 능력이 내게 머물게 하려 함이라…내가 너희 영혼을 위하여 크게 기뻐하므로 재물을 사용하고(고후 12:9,15).
- 아주 행복하게 나의 여러 약점을 자랑하리니(NCV).

스키르타오(Skirtao)

"극히 행복하다…기뻐 뛰거나 춤추다"로 정의된다(총 3회).[13]

갓 임신한 마리아가 세례 요한을 임신한 사촌을 방문했을 때 엘리사벳은 "보라 네 문안하는 소리가 내 귀에 들릴 때에 아이가 내 복중에서 기쁨으로 뛰놀았도다"(눅 1:44)라고 말했다. CEV는 "내 아기가 행복하여 내 속에서 움직였도다"라고 번역했다. 이는 태중의 요한이 태중의 예수님 앞에서 기쁘게 반응한 놀라운 기사다.

"그날에 기뻐하고 뛰놀라 하늘에서 너희 상이 큼이라 그들의 조상들이 선지자들에게 이와 같이 하였느니라"(눅 6:23). GNT에는 "그런 일이 있거든 즐거워하며 기뻐 춤추라"고 했고, CEV에는 "행복해하며 기뻐 뛰라!"로 옮겨져 있다.

유투메오(Euthumeo)

"격려를 받아 쾌활해지다"로 정의된다(총 3회).[14]

- 너희 중에 고난당하는 자가 있느냐 그는 기도할 것이요 즐거워하는 자가 있느냐 그는 찬송할지니라(약 5:13).
- 유쾌한 자가 있느냐. 그는 찬송할지니라(KJV).

- 행복한 자가 있느냐. 그들은 찬송할지니라(NIV).

힐라로스(Hilaros), 힐라로테스(Hilarotes)

정의는 "쾌활하게 행복하다"이다(총 2회).[15]

바울은 헌금에 관한 신약의 가장 긴 본문(참조. 고후 9장)에 "각각 그 마음에 정한 대로 할 것이요 인색함으로나 억지로 하지 말지니 하나님은 즐겨 내는 자를 사랑하시느니라"(7절)고 썼다. NCV에는 "하나님은 행복하게 드리는 사람을 사랑하시느니라"고 옮겨져 있다. 바울이 긍휼의 은사를 구사하는 것에 관하여 말할 때도 힐라로스가 쓰였다.

- 우리에게 주신 은혜대로 받은 은사가 각각 다르니…긍휼을 베푸는 자는 즐거움으로 할 것이니라(롬 12:6, 8).
- 남에게 자비를 베푸는 은사가 있는 사람은 그 일을 행복하게 할 것이니라(NLV).

은사를 활용할 때 우리는 행복하게 섬겨야 한다. 그런데 다른 사람들을 섬기면 덩달아 우리 자신까지 더 행복해진다.

수네도마이(Sunedomai)

"어떤 경험에서 파생되는 쾌락…기뻐하다, 즐거워하다"로 정의된다(총 1회).[16]

로마서 7장 22절에 "내 속사람으로는 하나님의 법을 즐거워하되"라는 표현이 있다. NCV에는 "내 사고(思考)는 하나님의 법으로 말미암아 행복하되"라고 되어 있다.

하나님의 말씀이 행복의 근원임을 바울이 확언한 것이다.

아스메노스(Asmenos)

"행복의 경험과 관계되며 기꺼이 즉각 수용함을 암시한다—'행복하게, 즐거이'"로 정의된다(총 1회).[17]

사도행전 21장 17절에 보면 "예루살렘에 이르니 형제들이 우리를 기꺼이 영접하거늘"이라 했다. CEB에는 "우리를 따뜻하게 환영하거늘"로 되어 있다.

유프쉬코(Eupsycho)

"격려를 받다…쾌활하다"로 정의된다(총 1회).[18]

- 내가 디모데를 속히 너희에게 보내기를 주 안에서 바람은 너희의 사정을 앎으로 안위를 받으려 함이니(빌 2:19).
- 너희의 사정을 알면 내가 행복해지리니(NCV).

여기서 우리는 평범한 한 인간인 바울을 본다. 우리 모두처럼 그도 옛 친구들의 안부와 그들에게 최근 일어난 좋은 소식을 들으며 좋아했다. 오늘날 그가 우리와 함께 있었다면 이메일이나 전화로 옛 친구들의 근황을 접할 때마다 틀림없이 행복해할 것이다. 특히 하나님과 그분의 은혜와 예수님의 복음에 대한 내용이라면 더 말할 것도 없다.

Acknowledgments

감사의 말

세계를 향한 비전을 품고 하나님과 그분의 말씀에 헌신한 틴데일 출판사에 나는 빚을 졌다. 이 책을 위해 몇 번이고 혼신을 다해준 내 친구 론 비어즈에게 특히 감사한다. 캐럴 트레이버도 여느 때와 다름 없이 훌륭한 솜씨를 발휘해 주었다. 틴데일 출판 팀 전원에게 감사드린다.

스테파니 리쉬는 내용에 정확을 기하려는 저자를 대단한 인내심과 아낌없는 수고로 기꺼이 따라준 편집의 귀재다. 헌신적으로 꼼꼼히 챙겨준 그녀 덕분에 별로 죄책감 없이 막판까지 원고를 고칠 수 있었다. 사실관계를 확인하고 교열과 교정을 책임져준 새라 루비오, 키스 윌리엄스, 스테파니 브록웨이, 리잔 카우프먼, 셰릴 워너, 로렌 린디멀더, 케이티 아놀드 등 고마운 사람들이 많다.

흔쾌히 거듭(정말 수없이) 오랜 시간을 들여 나와 함께 원고를 훑어가며 예리한 눈으로 손질해준 EPM(Eternal Perspective Ministries)의 도린 버튼에게 특별히 감사한다. 편집 감각이 예리하고 노련한 스테파니 앤더슨과 매번 놀랍도록 신속하게 후주의 자료를 확인해준 보니 하이스탠드도 엄청난 도움을 주었다. 원고를 탁월하게 수정해준 캐시 노퀴스트와 특히 제3부에 귀한 정보를 제공해주고 내가 부탁한 도표와 그림을 멋지게 작성해준 줄리아 스테이저에게 감사한다.

일솜씨가 뛰어난 린다 제프리즈, 첼시 웨버, 캐런 콜먼, 샤론 마이즌하이머, 브렌다 애빌린, 태미 에이거, 드와이트 마이어즈 등 EPM의 나머지 직원들에게 감사한다. 그들 모두의 수고 덕분에 나는 여유롭게 집필할 수 있었고, 이런 자료가 널리 보급될 수 있다.

훌륭한 사상가요 학자일 뿐 아니라 젊은 날로부터 거의 45년 지기인 다음의 세 형제에게 감사한다. 짐 '킹 제임스' 스완슨은 내가 히브리어와 헬라어에 있는 행복의 동의어를 끝없이 물었음에도 다 받아주었고, 40년 전 나의 결혼식에 들러리로 섰고 나 또한 그의 결혼식에 섰던 존 콜렌버거는 학자의 고견으로 큰 유익을 끼쳤으며, 역시 서로의 결혼식에 참석했던 래리 개드바우는 행복과 관련된 많은 기사와 통찰을 내게 전해주었다.

늘 나를 지원하며 내가 부탁한 수십 편의 참고자료를 너그러이 건네준 로고스 성경 소프트웨어의 스콧 린제이에게 깊이 감사한다. 지상 최고의 연구 보조 프로그램인 '로고스 6'을 밤낮없이 활용할 수 있었으니 주님께 감사드린다!

내 친구 존 파이퍼는 거의 30년 전에 『하나님을 기뻐하라』와 『하나님의 기쁨』을 통해 내게 하나님의 행복이라는 교리를 처음 접하게 해주었다. DGM(Desiring God Ministries)의 스콧 앤더슨과 토니 레인케도 내게 격려와 통찰을 주었다.

연구에 몰두하던 중 사랑하는 자매 조니 에릭슨 타다의 이메일을 읽는 즐거움도 누렸다. 그녀는 요즘 귀가 따갑게 들려오는 기쁨과 행복의 과장된 차이를 지적해주었다. 조니의 말은 내가 2년간 성경과 교회사를 연구하며 얻은 결과와 완벽하게 일치했고, 내게 계속 매진할 힘을 주었다.

위클리프 성경번역 선교회와 시드 컴퍼니(미국 위클리프의 부속 기관으로 1993년에 성경 번역을 지원할 목적으로 설립되었다-역주)를 거쳐 현재 성서공회에서 섬기고 있는 로이 피터슨이 내게 연결시켜준 질 그랜빌은 역본들을 대조하는 섬세한 작업에 큰 도움을 주었고, 로저 맬스테드와 데이비드 제이든도 마찬가지다. 질이 나를 위해 발송한 번역 설문지에 응답해준 정민영, 사이먼 크리스프, 배리 에번스, 기타 안전상의 이유로 이름을 밝힐 수 없는 선교사들에게도 감사한다. 훗날 우리는 안전이 전혀 문제되지 않는 새 땅에 다 모여 왕이신 예수님과 함께 저녁을 먹을 것이다!

『성경 히브리어 의미 사전』의 저자인 라이니어 드 블로이스는 히브리어와 헬라어의 어휘를 여러 언어로 번역할 때의 차이점에 관한 대화로 내게 값진 도움을 주었다. 히브리어 교수 마이클 J. 챈과 친구 테드와 린다 워커 부부에게도 감사한다.

빌 리브스는 계약과 관련된 일로 큰 도움을 주었다. 이름은 열거하지 못하지만 1천 명 이상의 페이스북 친구들이 "복되다'는 말을 들을 때 떠오르는 생각은 무엇입니까?"라는 내 질문에 친절하게 답해주었다.

스티브 지글러는 이 책을 오디오북으로 녹음하던 9일 중 태반을 녹음 스튜디오에 나와 함께 있어주었다. 그가 그때그때 각종 오류를 빈틈없이 잡아준 덕분에 최종 결과물이 한결 나아졌다. 일명 '괴짜 토머스'인 토머스 테리를 비롯하여 섬기는 마음이 출중한 험블 비스트 레코드사(Humble Beast Records)의 젊은이들은 우리가 그곳을 차지하고 있는 동안 아량을 베풀어주었다.

우리 가족과 나눈 대화도 내게 참 고맙고 유익했다. 아내뿐 아니라 두 딸인 카리나와 앤절라, 두 사위인 댄 프랭클린과 댄 스텀프와 나눈 대화도 그랬다. 이토록 오랜 세월 내게 행복을 안겨주는 그들 모두에게 감사한다!

우리는 친구들과 함께 즐거운 대화를 많이 나누며 깨달음을 얻었다. 그들은 스티브와 수 킬즈, 앨런과 시다 홀라브카, 짐 런디, 마이크 피터슨, 드루 피터슨, 스튜와 린다 웨버, 폴과 미셸 노퀴스트, 마크와 데비 아이즌지머, 로렌스와 로빈 그린, 제이 에크터나크와 크레스 드루 등이다. 또 더그와 웬디 개버트, 매트와 크리스티 엥스트롬, 크리스와 제니 이베스터, 로드와 다이앤 마이어, 돈과 팻 맥스웰도 있다. 토드 와그너, 그랜드 보울즈, 트레빈 왁스, 그레그와 케이트 로리, 토드와 수잔 피터슨, 아트와 켈리 에어리스, 버질과 켈시 브라운, 토니와 마서 시마러스티도 빼놓을 수 없다. 이렇게 통찰력 있고 좋은 친구들을 은혜로 허락하신 하나님께 감사드린다.

초반의 자료 조사와 장별 교정을 맡아준 밥 실링, 폴 코넌트, 조슈아 디어,

캐시 램지, 밥 호이트, 사라 티바지 등에게 감사한다. 토드 듀보드, 더그 니콜스, 제리 토비어스는 모두 유익한 자료를 넘겨주었다.

ChiLibris(중견 그리스도인 소설가들의 모임-역주)의 베테랑 작가들인 내 친구들이 두 차례나 따로 모여 이 주제에 대한 각자의 생각을 들려주었다. 그 소중한 친구들인 빌 마이어즈, 프랭크와 바브 페러티, 짐과 신디 벨, 해리와 크리스 크라우스, 켄과 데브 레이니, 로빈 존스 건("크리스티와 토드가 영생하기를"), 테리 블랙스탁, 앤지 헌트, 로빈 리 해처, 브랜딜린 콜린스, 멜로디 칼슨, 게일 로퍼, 프랜신 리버즈, 제리 젠킨스에게 감사한다.

이 책의 초고(최악의 상태)를 장별로 비평해주었을 뿐 아니라 내게 신학교 강좌를 맡겨 행복의 신학을 가르치게 해준 웨스턴 신학대학원의 제리 브레서즈에게 감사한다. 섬기는 마음을 지닌 내 친구이자 형제로서 그 강좌를 녹화해준 짐 체이스에게도 감사한다.

몇 주 동안 머물며 원고 작업을 했던 에콜라 크릭 로지의 찰스 스테이너와 직원들에게 감사한다.

우리 EPM 기도 팀의 수많은 동역자에게 고마운 마음을 다 전할 길이 없다. 하나님이 이 책을 통해 사람들의 삶을 얼마나 만지실지 모르지만 내가 몸담는 일마다 그들도 중대한 역할을 하고 있다. 훗날 그들을 위한 상이 준비되어 있을 것이다.

무엇보다 "행복하신 하나님"(딤전 6:15)과 그 앞에 있는 기쁨을 위하여 내 구원을 피로 사신 내 구주요 주님이신 예수 그리스도(히 12:2)께 감사드린다. 아버지는 그분에게 온 우주의 누구보다도 더 큰 즐거움을 주셨다(히 1:8-9).

주체할 수 없는 마음으로 나도 다윗과 함께 고백한다. "내가 여호와를 항상 내 앞에 모심이여 그가 나의 오른쪽에 계시므로 내가 흔들리지 아니하리로다 이러므로 나의 마음이 기쁘고 나의 영도 즐거워하며[행복해하며]"(시 16:8-9).

Notes

주

머리말: 행복이란 무엇인가?
1. Rhonda Byrne, *The Secret*(New York: Atria Books, 2006), 88.(『시크릿』살림Biz)
2. Frank Houghton, *Amy Carmichael of Dohnavur*(Fort Washington, PA: CLC Publications, 1953), 25장.
3. *Merriam-Webster Unabridged Dictionary*(Britannica Digital Learning, 2014), "happiness" 항목. http://merriam-webster.com/dictionary/happiness.
4. 같은 책.
5. Martin H. Manser, *Dictionary of Bible Themes: The Accessible and Comprehensive Tool for Topical Studies*(London: Martin Manser, 2009), no.5874.
6. Gavin Andrews & Scott Henderson 편집, *Unmet Need in Psychiatry: Problems, Resources, Responses*(Cambridge: Cambridge University Press, 2000), 239.
7. Dennis Prager, *Happiness Is a Serious Problem: A Human Nature Repair Manual*(New York: ReganBooks, 1998), 115.(『행복은 진지한 문제다』돋을새김)
8. J. I. Packer, *Hot Tub Religion: Christian Living in a Materialistic World*(Carol Stream, IL: Tyndale, 1987), 2.
9. Thomas Watson, *A Divine Cordial: Romans 8:28*.
10. Charles H. Spurgeon, "Titles of Honor"(설교 제3300편).

1. 우리는 왜 행복을 열망하는가?
1. *The Shawshank Redemption*, Frank Darabont 감독(Castle Rock Entertainment, 1994).
2. Timothy Keller, *Walking with God through Pain and Suffering*(New York: Dutton, 2013), 31.
3. Mary Roach, "Can You Laugh Your Stress Away?" *Health* 10, no.5(1996년 9월): 92.
4. Steve Turner, *The Gospel according to the Beatles*(Louisville, KY: John Knox, 2006), 187-88.
5. Thomas A. Hand, *St. Augustine on Prayer*(South Bend, IN: Newman Press, 1963), 1.
6. Augustine, "Concerning Felicity", *The City of God*, Marcus Dods 번역, 제4권.(『신의 도성』크리스천다이제스트)
7. Hand, *St. Augustine on Prayer*, 1장.
8. Blaise Pascal, *Pensées*, 제425편.(『팡세』민음사)
9. Thomas Manton, "Twenty Sermons on Important Passages of Scripture", *The Complete Works of Thomas Manton*, 제2권.
10. Richard Sibbes, "A Breathing after God", *The Complete Works of Richard Sibbes*, 제2권.
11. Robert Crofts, *The Terrestriall Paradise, or, Happiness on Earth*.
12. Thomas Boston, *The Whole Works of the Late Reverend and Learned Mr. Thomas Boston*, 제1권.
13. Jonathan Edwards, "Christian Happiness", *The Works of Jonathan Edwards: Sermons and Discourses*, 1720-1723, 제10권.
14. George Whitefield, "Worldly Business No Plea for the Neglect of Religion", *Selected Sermons of George Whitefield*.
15. George Whitefield, "The Folly and Danger of Parting with Christ for the Pleasures and Profits of Life", *Selected Sermons of George Whitefield*.
16. Augustine, "We Should Not Seek for God and the Happy Life Unless We Had Known It", *The Confessions of St. Augustine*, J. G. Pilkington.(『어거스틴의 참회록』생명의 말씀사)
17. Pascal, *Pensées*, 제425편.

18. Patrick J. Geary 편집, *Readings in Medieval History*, 제2권, 제4판(Toronto: University of Toronto Press, 2010), 330.
19. J. C. Ryle, *Happiness: The Secret of Happiness as Found in the Bible*(Cedar Lake, MI: Waymark Books, 2011), 7.
20. Anugrah Kumar, "LifeChurch.tv Pastor Craig Groeschel Says God Doesn't Want You Happy", *Christian Post*, 2015년 2월 9일, http://www.christianpost.com/news/lifechurch-tv-pastor-craig-groeschel-says-god-doesnt-want-you-happy-133795/.
21. David P. Gushee & Robert H. Long, *A Bolder Pulpit: Reclaiming the Moral Dimension of Preaching*(Valley Forge, PA: Judson Press, 1998), 194.
22. Brian McGreevy, *Hemlock Grove: A Novel*(New York: Farrar, Straus and Giroux, 2012), 243.
23. John A. Broadus, *On the Preparation and Delivery of Sermons*, 제4판, Vernon L. Stanfield 개정(San Francisco: Harper & Row, 1979), 117.
24. Thomas Williams 편집, *Anselm: Basic Writings*(Indianapolis: Hackett, 2007), 392.
25. Pascal, *Pensées*, 제409편.
26. A. W Tozer, *Who Put Jesus on the Cross?*(Camp Hill, PA: WingSpread, 2009), 전자책. (『내 자아를 버려라』 규장)

2. 행복을 열망하는 본성은 우리에 대해 무엇을 말해주는가?

1. "John Littig and Lynne Rosen, NYC Self-Help Couple, Die in Suicide Pact, Police Say", CBS 뉴스, 2013년 6월 7일. http://www.cbsnews.com/news/john-littig-and-lynne-rosen-nyc-self-help-couple-die-in-suicide-pact-police-say/.
2. 이 사례와 및 일부 표현은 다음 자료의 도움을 받았다. Dan Franklin, *Life Bible Fellowship Update*, 2014년 6월 26일.
3. Aristotle, *Nicomachean Ethics*, 제1권 제7부.(『니코마코스 윤리학』 숲)
4. 다음 책에 인용된 말이다. Francis Elijah Ndunagum, *Building an Altar of Sacrifice*(London: Global Gospel Empowerment Commission, 2013), 157.
5. Charles Darwin, *Charles Darwin: His Life Told in an Autobiographical Chapter, and in a Selected Series of His Published Letters*, Francis Darwin 편집(London: John Murray, 1892), 59.
6. William James, "The Religion of Healthy Mindedness", *The Varieties of Religious Experience*.(『종교적 경험의 다양성』 한길사)
7. Anne Frank, *Anne Frank: The Diary of a Young Girl*(New York: Bantam Books, 1997), 325. (『안네의 일기』 문예출판사)
8. L. K. Washburn, "Helps to Happiness", *Freethinker* 18, 제2부, 1898년 7월 24일, 474.
9. C. S. Lewis, *The Discarded Image*(New York: Cambridge University Press, 1964), 84.
10. A. A. Milne, "The House at Pooh Corner", *The World of Pooh*(New York: Dutton, 2010), 306-7.
11. C. S. Lewis, *Surprised by Joy*(Orlando, FL: Harcourt, 1955), 7.(『예기치 못한 기쁨』 홍성사)
12. A. W. Tozer, *The Pursuit of God*(Radford, VA: Wilder, 2008), 65.(『하나님을 추구함』 생명의 말씀사)
13. Thomas Wolfe, "God's Lonely Man", *The Hills Beyond*(Baton Rouge: Louisiana State University Press, 2000), 186,189.
14. Frank B. Minirth & Paul D. Meier, *Happiness Is a Choice*(Grand Rapids, MI: Baker, 1994), 13.(『행복은 선택입니다』 엘맨출판사)
15. Charles H. Spurgeon, *The Fullness of Joy*(New Kensington, PA: Whitaker House, 1997), 79.
16. Charles Darwin, *The Autobiography of Charles Darwin*(Rockville, MD: Serenity, 2008), 80-81. (『찰스 다윈 자서전: 나의 삶은 서서히 진화해왔다』 갈라파고스)
17. Thomas Traherne, "The First Century", *Centuries of Meditations*, no.29.
18. George MacDonald, *An Expression of Character: The Letters of George MacDonald*(Grand Rapids, MI: Eerdmans, 1994), 18.

3. 하나님은 우리가 행복하기를 원하시는가?

1. 다음 책에 인용된 말이다. Sheldon Vanauken, *A Severe Mercy*(San Francisco: HarperSanFrancisco, 1992), 189.(『잔인한 자비』 복있는 사람)
2. Charles H. Spurgeon, "Joy, a Duty"(설교 제2405편).
3. A Lois Lane, "Experiment 3.3: Why I Cannot Be a Happy Single, Part 1", *The Singleness Experiments*(블로그), http://singlenessexperiments.wordpress.com/category/uncategorized/.
4. William G. Morrice, *We Joy in God*(London: SPCK, 1977), 2.
5. David Kinnaman & Gabe Lyons, *UnChristian: What a New Generation Really Thinks about Christianity... and Why It Matters*(Grand Rapids, MI: Baker, 2007), 27.(『나쁜 그리스도인』 살림)
6. Jonathan Edwards, "Resolutions", *The Works of Jonathan Edwards*, 제1권, 결단 제22번.
7. Richard Sibbes, "A Breathing after God", *The Complete Works of Richard Sibbes*, 제2권.
8. C. S. Lewis, *Mere Christianity*(New York: HarperCollins, 2001), 제2편 3장 "충격적인 갈림길."(『순전한 기독교』 홍성사)
9. Leonardo Blair, "Victoria Osteen Ripped for Telling Church 'Just Do Good for Your Own Self'; Worship Is Not for God, 'Your're Doing It for Yourself'", *Christian Post*, 2014년 8월 30일, http://www.christianpost.com/news/victoria-osteen-ripped-for-telling-church-just-do-good-for-your-own-self-worship-is-not-for-god-youre-doing-it-for-yourself-125636/.
10. Mike Mason, *Champagne for the Soul: Celebrating God's Gift of Joy*(Vancouver, BC: Regent College, 2003), 15.(『내 영혼의 샴페인』 복있는 사람)
11. Samuel Rutherford, "To My Lady Kenmure", 편지 7, *Letters of Samuel Rutherford*(Edinburgh: Banner of Truth, 1973), 26.(『새뮤얼 러더퍼드 서한집』 크리스천다이제스트)
12. Octavius Winslow, "The Symphony of Christ with Spiritual Joy", *The Symphony of Christ with Man*.
13. John Flavel, *The Whole Works of the Rev. Mr. John Falvel*, 제2권(London: J. Mathews, 1799), 215.

4. 우리의 행복은 왜 중요한가?

1. Janet Bartholomew, *Does God Care?*(Bloomington, IN: Xlibris Corporation, 2000), 153-54.
2. Hannah Whitall Smith, *The Christian's Secret of a Holy Life: The Unpublished Personal Writings of Hannah Whitall Smith*, Melvin E. Dieter 편집(Oak Harbor, WA: Logos Research Systems, 1997).
3. 같은 책.
4. C. S. Lewis, *English Literature in the 16th Century*(Oxford: Oxford University Press, 1973), 187-88.
5. J. C. Ryle, "Conversion", *Old Paths: Being Plain Statements on Some of the Weightier Matters of Christianity*.(『옛길』 기독교문서선교회)
6. 같은 책.
7. Charles H. Spurgeon, *The Autobiography of Charles H. Spurgeon: Compiled from His Diary, Letters, and Records*, 제1권.
8. H. L. Mencken, *A Mencken Chrestomathy*(New York: Vintage Books, 1982), 624.
9. L. K. Washburn, "Helps to Happiness", *Freethinker* 18, 제2부, 1898년 7월 24일, 474.
10. John Piper, "Sorrowful yet Always Rejoicing", Desiring God, 2012년 12월 29일, http://www.desiringgod.org/resource-library/sermons/sorrowful-yet-always-rejoicing.
11. "Joe Theismann's Wife Wants Him to Be Divorced", *Orlando Sentinel*, 1994년 12월 9일.
12. Johannes P. Louw & Eugene A. Nida 편집, *Greek-English Lexicon of the New Testament: Based on Semantic Domains*(New York: United Bible Societies, 1996).
13. 다음 책에 인용된 말이다. D. H. Lawrence, *Study of Thomas Hardy and Other Essays*(Cambridge: Cambridge University Press, 1985), 113.
14. G. K. Chesterton, *Orthodoxy*, 제6장, "그리스도교의 패러독스."(『오소독시』 이끌리오)
15. C. S. Lewis, *The Weight of Glory*(New York: HarperCollins, 2001), 26.(『영광의 무게』 홍성사)
16. Helen H. Lemmel, "Turn Your Eyes upon Jesus", 1922.
17. Jonathan Edwards, "His Early and Rapturous Sense of Divine Things."

18. Peter Kreeft 편집, *A Shorter Summa: The Most Essential Philosophical Passages of St. Thomas Aquinas*(San Francisco: Ignatius Press, 1993), 144.
19. Alexander Roberts, James Donaldson & A. Cleveland Coxe 편집, "The Epistle of Ignatius to the Ephesians", *The Ante-Nicene Fathers: Translations of the Writings of the Fathers down to A.D. 325*, 제1권, *The Apostolic Fathers with Justin Martyr and Irenaeus*(Buffalo, NY: Christian Literature, 1885), 49.
20. Roberts, Donaldson & Coxe, "The Second Epistle of Ignatius to the Ephesians", *Ante-Nicene Fathers*, 101.
21. Roberts, Donaldson & Coxe, "The Epistle of Ignatius to Polycarp", *Ante-Nicene Fathers*, 93.
22. 같은 책, 96.
23. Augustine, *The City of God*, 제22권.(『신의 도성』 크리스천다이제스트)
24. Vernon Joseph Burke, *Augustine's Love of Wisdom: An Introspective Philosophy*(West Lafayette, IN: Purdue University Research Foundation, 1992), 44.
25. 다음 책에 인용된 말이다. Pat Killion Coate, *The Little Book of Happiness: Quotes by History's Icons, Celebrities, and Saints*(Charleston, SC: BookSurge, 2006), 8.
26. Roberts, Donaldson & Coxe, "The Treatises of Cyprian", *Ante-Nicene Fathers*, 제5권, *Fathers of the Third Century: Hippolytus, Cyprian, Caius, Novatian*, 465.
27. Thomas Aquinas, *Summa Theologica*, Prima Secundae Partis, 문항 5, 항목 4.(『신학대전』 바오로딸)
28. 다음 책에 인용된 말이다. Tal D. Bonham, *Humor, God's Gifts*(Nashville: Broadman Press, 1988), 245.
29. 다음 책에 인용된 말이다. John Piper, *When I Don't Desire God*(Wheaton, IL: Crossway, 2004), 16.(『하나님을 기뻐할 수 없을 때』 IVP)
30. Jonathan Edwards, "The Pure in Heart Blessed", *The Works of Jonathan Edwards*, 제2권.
31. Jonathan Edwards, "Christian Happiness", *The Works of Jonathan Edwards: Sermons and Discourses, 1720-1723*, 제10권.
32. Thomas Watson, "Man's Chief End", *A Body of Divinity*.
33. Blaise Pascal, *Pensées*, 제425편.(『팡세』 민음사)
34. Aquinas, *Summa Theologica*, Prima Secundae Partis, 문항 29, 항목 4.
35. John Wesley, *The Works of the Reverend John Wesley*(New York: J. Emory and B. Waugh, 1831), 181-82.
36. 같은 책, 182.
37. John Wesley, "On Divine Providence", *Sermons on Several Occasions*, 설교 제67편.
38. Charles H. Spurgeon, *Morning and Evening: Daily Readings*, 6월 14일(아침 편).(『스펄전 묵상록』 크리스천다이제스트)

5. 기쁨과 행복은 어떻게 다른가?

1. John Piper, "Let Your Passion Be Single", Desiring God, 1999년 11월 12일. http://www.desiringgod.org/conference-messages/let-your-passion-be-single.
2. Brian Cromer, "Difference between Joy and Happiness", *Briancromer.com*(블로그). 2008년 4월 28일. http://briancromer.com/2008/04/28/difference-between-joy-and-happiness/.
3. Jonathan Edwards, "The Church's Marriage to Her Sons, and to Her God", *The Works of Jonathan Edwards*, 제2권.
4. Edwards, "Wherein the Zealous Promoters of This Work Have Been Injuriously Blamed", *Works of Jonathan Edwards*, 제1권.
5. Richard Baxter & William Orme, "The Character of a Sound, Confirmed Christian", *The Practical Works of the Rev. Richard Baxter*, 제8권.
6. William Law, *A Serious Call to a Devout and Holy Life*(Mahwah, NJ: Paulist Press, 1978), 158.(『경건한 삶을 위한 부르심』 크리스천다이제스트)
7. Charles H. Spurgeon, *C. H. Spurgeon's Autobiography, Compiled from His Diary, Letters, and Records*, 제2권.
8. Charles H. Spurgeon, "Heaven Above and Heaven Below"(설교 제2128편).
9. Spurgeon, "The Sweet and the Sweetener"(설교 제2403편).

10. Spurgeon, "A Happy Christian"(설교 제736편).
11. Susanna Wesley, *The Complete Writings*(Oxford: Oxford University Press, 1997), 172.
12. Oswald Chambers, *Biblical Ethics*(Great Britain: Oswald Chambers Publications, 1947), 14.
13. Oswald Chambers, *My Utmost for His Highest*(Grand Rapids, MI: Discovery House, 2006), 31.(『주님은 나의 최고봉』 토기장이)
14. Oswald Chambers, *God's Workmanship & He Shall Glorify Me*(Grand Rapids, MI: Discovery House, 1997), 346.(『그가 나를 영화롭게 하리라』 토기장이)
15. "In Your Opinion, What's the Difference between Joy and Happiness?" Yahoo! Answers, https://answers.yahoo.com/question/index?qid=20070926074249AAEJsKt.
16. Oswald Chambers, *The Oswald Chambers Devotional Reader*(Nashville: Thomas Nelson, 1990), 128.
17. A. W. Tozer, *Who Put Jesus on the Cross?*(Camp Hill, PA: WingSpread, 2009), 전자책. (『내 자아를 버려라』 규장)
18. A. W. Tozer, *The Attributes of God*, 제1권(Camp Hill, PA: WingSpread, 2007), 78-79.(『GOD 갓 하나님』 규장)
19. Greg Forster, *The Joy of Calvinism: Knowing God's Personal, Unconditional, Irresistible, Unbreakable Love*(Wheaton, IL: Crossway, 2012), 147-48.
20. Ricardo Sanchez, *It's Not Over*(Lake Mary, FL: Charisma House Book Group, 2012), 144.
21. Elizabeth George, *Walking with the Women of the Bible: A Devotional Journey through God's Word*(Eugene, OR: Harvest House, 1999), 28.
22. Hannah Whitall Smith, *The Christian's Secret of a Holy Life: The Unpublished Personal Writings of Hannah Whitall Smith*, Melvin E. Dieter 편집(Oak Harbor, WA: Logos Research Systems, 1997).
23. George Vaillant, "The Difference Joy Makes: Finding Contentment through Psychotherapy and Christian Faith," 1998년 10월 8-9일 휴스턴에서 열린 Institute of Religion 집회.
24. Dorcas Willis, *The Journey Called Ministry*(Bloomington, IN: AuthorHouse, 2013), 41.
25. Celeste P. Walker, *Joy: The Secret of Being Content*(Hagerstown, MD: Review and Herald, 2005), 65.
26. S. D. Gordon의 말로 다음 책에 인용되어 있다. Billy Graham, *Peace with God: The Secret Happiness*(Nashville: Thomas Nelson, 2000), 202.
27. Kristin Jack, "Jesus Doesn't Want You to Be Happy", Urbana Student Missions Conference 블로그, 2005년 10월 11일. http://urbana.org/go-and-do/missional-life/jesus-doesnt-want-you-be-happy.
28. *Merriam-Webster Unbridged Dictionary*(Britannica Digital Learning, 2014), "joy" 항목. http://www.merriam-webster.com/dictionary/joy.
29. *American Heritage Dictionary of the English Language*, 제4판, "joy" 항목.
30. *Collins English Dictionary*, 제6판, "joy" 항목.
31. *Evangelical Dictionary of Biblical Theology*, Walter A. Elwell 편집(Grand Rapids, MI: Baker, 1996), "joy" 항목.
32. 같은 책.
33. Martin H. Manser, *Dictionary of Bible Themes: The Accessible and Comprehensive Tool for Topical Studies*(London: Martin Manser, 2009), "happiness" 항목.
34. 같은 책, "joy" 항목.
35. Jonathan Edwards, *A Jonathan Edwards Reader*(New Haven, CT: Yale University Press, 1995), 37.
36. Joni Eareckson Tada, *Joni and Friends Daily Devotional*, 2013년 11월 28일.

6. 성경이 말하는 행복은 현대의 연구로 확증되는가?

1. Gary A. Haugen, *Just Courage: God's Great Expedition for the Restless Christian*(Downers Grove, IL: InterVarsity Press, 2009), 16-17. (『정의를 위한 용기』 IVP)
2. Will Willimon의 말로 다음 설교에 인용되었다. Matthew Mobley, SermonCentral, 2008년 3월. http://www.sermoncentral.com/illustrations/sermon-illustration-matthew-mobley-stories-65603.asp.
3. Gallup-Healthways Well-Being Index, 2008년. 다음 기사에 인용되었다. "Poll: Unhappy Workers Take

More Sick Days", Associated Press, 2008년 6월 18일.
4. Sonja Lyubomirsky, *The How of Happiness: A Scientific Approach to Getting the Life You Want*(New York: Penguin, 2008).(『행복도 연습이 필요하다』 지식노마드)
5. "Peace of Mind", Duke University의 사회학 연구. 다음 책에 인용되어 있다. Rudy A. Magnan, *Reinventing American Education*(Bloomington, IN: Xlibris Corporation, 2010), 23.
6. Sonja Lyubomirsky, "Happiness and Religion, Happiness as Religion", *How of Happiness*(블로그), *Psychology Today*, 2008년 6월 25일. http://www.psychologytoday.com/blog/how-happiness/200806/happiness-and-religion-happiness-religion.
7. Lyubomirsky, *How of Happiness*, 234.
8. David Powlison, *Seeing with New Eyes*(Phillipsburg, NJ: Presbyterian & Reformed Publishing, 2003), 43.
9. J. C. Ryle, *Expository Thoughts on the Gospels, St. John*, 제1권.(『존 라일 사복음서 강해—요한복음』 기독교문서선교회)
10. J. Gresham Machen, *What Is Faith?* 개정판(Edinburgh: Banner of Truth, 1991), 153.(『믿음이란 무엇인가』 대서)
11. Thomas Watson, "Man's Chief End", *A Body of Divinity*.
12. Paul Smith, "What Made Jesus Happy?" *Instrument Rated Theology*(블로그), 2011년 10월 10일. http://instrument-rated-theology.com/2011/10/10/what-made-jesus-happy/.
13. Fred Sanders, *The Deep Things of God: How the Trinity Changes Everything*(Wheaton, IL: Crossway, 2010), 106.(『삼위일체 하나님이 복음이다』 부흥과개혁사)
14. Jerry Bridges, *Respectable Sins: Confronting the Sins We Tolerate*(Colorado Springs: NavPress, 2007), 36.(『크리스천이 꼭 이겨야 할 마음의 죄』 두란노)
15. Elton Trueblood, *The Humor of Christ*(New York: Harper & Row, 1964), 32.
16. Octavius Winslow, "The Symphony of Christ with Spiritual Joy", *The Sympathy of Christ with Man*.
17. 이 부분의 내 사고는 다음 책에서 일부 영감을 얻었다. William Morrice, *Joy in the New Testament*(Grand Rapids, MI: Eerdmans, 1985), 11.(『신약성서가 가르쳐주는 기쁨』 글샘)
18. 같은 책, 12.
19. 같은 책.

7. 행복은 영적이지 못한가?

1. Randy Alcorn, *Heaven*(Carol Stream, IL: Tynale, 2004), 52.(『헤븐—천국은 이런 곳이다』 요단출판사)
2. Plato, *Phaedo*, 65-68,91-94(『파이돈』 이제이북스). 다음 책에 인용된 말이다. Walter A. Elwell 편집, *Evangelical Dictionary of Theology*(Grand Rapids, MI: Baker, 1984), 859.
3. Plato, *Gorgias*, 493a.(『고르기아스』 이제이북스)
4. John A. Sarkett, "How Did We Lose the Rest of the Story?" *After Armageddon: A Bible Study on the World Wide Web*, 1996년. http://sarkett.com/aa/9.shtml.
5. C. S. Lewis, *The Screwtape Letters*(New York: Macmillan, 1982), 41-42.(『스크루테이프의 편지』 홍성사)
6. C. S. Lewis, *Mere Christianity*(New York: HarperCollins, 2001), "실제적인 결론", "성도덕."(『순전한 기독교』 홍성사)
7. *Babette's Feast*, Gabriel Axel 감독(Panorama Films, 1987).
8. C. S. Lewis, *The Four Loves*(New York: Harcourt, Brace, 1960), "자비."(『네 가지 사랑』 홍성사)

8. 선한 것들이 우상으로 변해 우리의 행복을 앗아갈 수 있는가?

1. Walter B. Knight, *Knight's Treasury of 2,000 Illustrations*(Grand Rapids, MI: Eerdmans, 1995), 448.
2. Timothy Keller, *Counterfeit Gods: The Empty Promises of Money, Sex, and Power, and the Only Hope That Matters*(New York: Dutton, 2009), xi-xii.
3. Thomas Boston, *The Whole Works of the Late Reverend and Learned Mr. Thomas Boston*, 제1권.
4. Timothy Keller, "How Can I Know God?" 리디머 장로교회, 1991년 6월. http://www.redeemer.com/

learn/skeptics_welcome/how_can_i_know_god/.
5. 다음 책에 인용된 말이다. Andy Park, *The Worship Journey: A Quest of Heart, Mind, and Strength*(Woodinville, WA: Augustus Ink Books, 2010), 40.
6. C. S. Lewis, *The Screwtape Letters*(New York: HarperCollins, 2001), 118.(『스크루테이프의 편지』홍성사)
7. J. R. R. Tolkien, *The Hobbit*(New York: Random House, 1982), 217.(『호빗』씨앗을 뿌리는 사람)
8. Augustine, *The Confessions of Saint Augustine*, Edward B. Pusey 번역, 제10권, 22장.(『어거스틴의 참회록』생명의 말씀사)
9. Timothy Keller, "How to Lose Joy", *Daily Keller*(블로그), 2013년 10월 7일. http://dailykeller.com/how-to-lose-joy/.
10. Ed Diener & Robert Biswas-Diener, *Happiness: Unlocking the Mysteries of Psychological Wealth*(Malden, MA: Blackwell, 2008), 7장.(『모나리자 미소의 법칙』21세기북스)
11. George Whitefield, "Thankfulness for Mercies Received, a Necessary Duty", *Selected Sermons of George Whitefield*.
12. John Piper, "We Want You to Be a Christian Hedonist!" Desiring God, 2006년 8월 31일. http://www.desiringgod.org/ResourceLibrary/Articles/ByDate/2006/1797_We_Want_You.

9. 쾌락의 우상을 하나님 자리에 두면 어떻게 되는가?

1. Graham Noble, "The Life and Death of the Terrible Turk", *Eurozine*, 2003년 5월 23일. http://www.eurozine.com/articles/2003-05-23-noble-en.html.
2. "The Stanley Tam Story", 유튜브 비디오, 1:01:55, 게시자 U.S. Plastic Corporation, 2014년 4월 9일. http://www.youtube.com/watch?v=QxPGFlxTSro.
3. Henry Scougal, *Works of the Rev. Henry Scougal*(Glasgow: William Collins, 1803), 62.
4. Timothy Keller, "Talking about Idolatry in a Postmodern Age", Monergism.com. 2007년 4월 1일. http://www.monergism.com/content/talking-about-idolatry-postmodern-age.
5. 저자 미상, "An AA Poem." 다음 책에 인용되어 있다. Raymond Goldberg, *Drugs across the Spectrum*(Independence, KY: Cengage Learning, 2013), 325.
6. Arthur C. Brooks, "Love People, Not Pleasure", *New York Times*, 2014년 7월 18일. http://www.nytimes.com/2014/07/20/opinion/sunday/arthur-c-brooks-love-people-not-pleasure.html.
7. Thomas David Kehoe, *Hearts and Minds: How Our Brains Are Hardwired for Relationships*(Boulder, CO: University College Press, 2006), 132.
8. John Piper, *Future Grace*(Colorado Springs: Multnomah, 2012), 336.(『장래의 은혜』좋은씨앗)
9. "'The Drama Is Nonstop': $4 Million Powerball Winner 'Wild' Willie Steeley Wants His Old Life Back⋯and a Break from All the TV Producers Offering Him Reality Shows", *Daily Mail*, 2013년 9월 25일. http://www.dailymail.co.uk/news/article-2431868/Powerball-jackpot-winner-Wild-Willie-Steeley-wants-old-life-back.html.
10. Hannah Maundrell, "How the Lives of 10 Lottery Millionaires Went Disastrously Wrong", *Money*(블로그), 2008년 12월 3일. http://www.money.co.uk/article/1002156-how-the-lives-of-10-lottery-millionaires-went-disastrously-wrong.htm.
11. 같은 기사.
12. "Lottery's Biggest Losers: Big Wins Don't Equal Better Lives", Fox 뉴스, 2012년 3월 29일. http://www.foxnews.com/us/2012/03/29/lotterys-biggest-losers-big-wins-dont-equal-better-lives/#ixzz1wsFdtP73.
13. 같은 기사.
14. Maundrell, "Lives of 10 Lottery Millionaires."
15. "Biggest Lottery Losers", *World of Female*. http://www.worldoffemale.com/biggest-lottery-losers-you-will-hate-them/.
16. 같은 기사.
17. John Campanelli, "For These Lottery Winners, a Dream Come True Turned into a Nightmare", *The

Plain Dealer, 2010년 2월 8일.
18. George Swinnock, "Heaven and Hell Epitomised", *The Works of George Swinnock*, 제3권.
19. Edward Leigh, *A Treatise of Divinity: Consisting of Three Bookes*, 제2권.
20. Tony Reinke, "The World's Joy-Tragedy", Desiring God, 2014년 8월 30일. http://www.desiringgod.org/articles/the-world-s-joy-tragedy.
21. C. S. Lewis, *The Weight of Glory*(New York: HarperCollins, 2001), 30-31.(『영광의 무게』 홍성사)
22. Mark A. Noll, *From Every Tribe and Nation*(Grand Rapids, MI: Baker Academic, 2014), 18.(『나는 왜 세계기독교인이 되었는가』 복있는 사람)

10. 행복의 궁극적 근원은 무엇(또는 누구)인가?

1. C. S. Lewis, *God in the Dock*(Grand Rapids, MI: Eerdmans, 1970), 280.(『피고석의 하나님』 홍성사)
2. 스티브 크로프트(Steve Kroft)가 톰 브레이디(Tom Brady)를 인터뷰한 내용, *60 Minutes*, CBS 뉴스, 2005년 11월 6일. http://www.cbsnews.com/news/transcript-tom-brady-part-3/.
3. Samuel Rutherford, *Letters of Samuel Rutherford*(Edinburgh: Banner of Truth, 1973), 209.(『새뮤얼 러더퍼드 서한집』 크리스천다이제스트)
4. Thomas A. Hand, *Augustine on Prayer*, 개정판(New York: Catholic Book, 1986), 17.
5. Augustine, "That the Platonists, Though Knowing Something of the Creator", *The City of God*, Marcus Dods 번역, 제10권.(『신의 도성』 크리스천다이제스트)
6. 같은 책, 271.
7. Augustine, *The Works of Aurelius Augustine: A New Translation*, 제5권, Marcus Dods 편집(Edinburgh: T. & T. Clark, 1872), 13.
8. 같은 책.
9. Hand, *Augustine on Prayer*, 25.
10. Thomas Brooks, "An Ark for All God's Noahs", *The Complete Works of Thomas Brooks*, 제2권.
11. Jeremiah Burroughs, *Rare Jewel of Christian Contentment*(Lafayette, IN: Sovereign Grace, 2001), 35-36.(『만족—그리스도인의 귀한 보물』 생명의 말씀사)
12. Robert Bolton, *A Discourse about the State of True Happiness*, 시편 1편.
13. John Bunyan, "Christ: A Complete Saviour", *The Works of John Bunyan*, 제1권.
14. John Calvin, *Institutes of the Christian Religion*, Henry Beveridge 번역, 제3권 9장 "Of Meditating on the Future Life."(『기독교강요』 크리스천다이제스트)
15. Wilhelmus à Brakel, *The Christian's Reasonable Service*, 제1권 3장 "The Essence of God."
16. 다음 책에 인용된 말이다. James Nichols & Samuel Annesley 편집, *Puritan Sermons, 1659-1689*, 재판, 제1권(Wheaton, IL: Richard Owen Roberts, 1981), 99.
17. Thomas Aquinas, *Summa Theologica*, Prima Pars, 문항3, 항목2.(『신학대전』 바오로딸)
18. William Bates, "Daily Scripture Readings: Thursday, May 11", *Record of Christian Work*, 제18권, W. R. Moody 편집(New York: Fleming H. Revell, 1899), 271.
19. C. S. Lewis, *Mere Christianity*(New York: HarperCollins, 2001), 제2편 3장 "충격적인 갈림길."(『순전한 기독교』 홍성사)
20. 같은 책.
21. 같은 책.
22. C. S. Lewis, *The Complete C. S. Lewis Signature Classics*(New York: HarperCollins, 2007), 221.
23. Steve DeWitt, *Eyes Wide Open: Enjoying God in Everything*(Grand Rapids, MI: Credo House, 2012), 129.
24. Robert Crofts, *The Terrestriall Paradise, or, Happinesse on Earth*.
25. Richard L. Bushman 편집, *The Great Awakening: Documents on the Revival of Religion, 1740-1745*(Chapel Hill: University of North Carolina Press, 1989), 30.

11. 부차적 선물은 그 근원을 떠나서도 참 가치가 있는가?

1. John Wesley, "The Unity of the Divine Being", *Sermons on Several Occasions*, 설교 제114편.

2. J. R. R. Tolkien, *The Fellowship of the Ring*(New York: Houghton Mifflin, 1966), 339.(『반지의 제왕: 반지 원정대』 씨앗을 뿌리는 사람)
3. Timothy Keller, *Counterfeit Gods: The Empty Promises of Money, Sex, and Power, and the Only Hope That Matters*(New York: Dutton, 2009), 172.
4. John Milton, *Complete Poems and Major Prose*(Indianapolis: Hackett, 2003), 80.
5. David Rosenfelt, *The Puppy Express: On the Road with 25 Rescue Dogs...What Could Go Wrong?*(UK: Little, Brown Book Group, 2014).
6. Matthew Henry, *An Exposition of the Old and New Testament*, 제1권, 창세기 21장.(『매튜 헨리 주석(창세기)』 크리스천다이제스트)
7. Richard Baxter & William Orme, "Right Rejoicing", *The Practical Works of the Rev. Richard Baxter*, 제17권.
8. John Calvin, *Institutes of the Christian Religion*, Henry Beveridge 번역, 제2권 2장 "Man Now Deprived of Freedom of Will, and Miserably Enslaved."(『기독교강요』 크리스천다이제스트)
9. Adriaan Theodoor Peperzak, *The Quest for Meaning: Friends of Wisdom from Plato to Levinas*(Bronx: Fordham University Press, 2003), 99.
10. C. S. Lewis, *Letters to Malcolm*(New York: Harcourt, 2002), 91.(『개인 기도』 홍성사)
11. Brother Lawrence, "Pursuing the Sense of the Presence of God", *The Practice of the Presence of God*, Harold J. Chadwick 편집(Alachua, FL: Bridge-Logos, 1999).(『하나님의 임재 연습』 두란노)

12. 하나님은 행복하신가?

1. *Chariots of Fire*, Hugh Hudson 감독(Twentieth Century Fox, 1981).
2. Armand M. Nicholi, *The Question of God: C. S. Lewis and Sigmund Freud Debate God, Love, Sex, and the Meaning of Life*(New York: Free Press, 2002), 97.
3. Terence E. Fretheim, "God, Creation, and the Pursuit of Happiness", *The Bible and the Pursuit of Happiness*, Brent A. Strawn 편집(New York: Oxford University Press, 2012), 37.
4. Brent A. Strawn, "The Triumph of Life: Towards a Biblical Theology of Happiness", *Bible and the Pursuit of Happiness*, 314.
5. A. W. Tozer, *The Knowledge of the Holy*(New York: HarperCollins, 1961), 1.(『하나님을 바로 알자』 생명의 말씀사)
6. Jonathan Edwards, "The Importance and Advantage of a Thorough Knowledge of Divne Truth", *Select Sermons*.
7. J. I. Packer, "God", *New Dictionary of Theology*, Sinclair Ferguson, David Wright, & J. I. Packer 편집 (Downers Grove, IL: InterVarsity Press, 1988), 277.(『IVP 아가페 신학사전』 아가페 출판사)
8. Charles H. Spurgeon, "The Reception of Sinners"(설교 제1204편).
9. Ellen T. Charry, "The Neccessity of Divine Happiness: A Response from Systematic Theology", *Bible and the Pursuit of Happiness*, 239.
10. George Orwell, *George Orwell: In Front of Your Nose*(1946-1950), Sonia Orwell & Ian Angus 편집 (Boston: Nonpareil Books, 2000), 217.
11. William Bates, "Sermons on the Forgiveness of Sins: Divine Forgiveness a Powerful Motive to Thankfulness", *The Whole Works of the Rev. W. Bates*, 제2권.
12. 다음 책에 인용된 말이다. Walter A. Newport III 편집, *Lifelines: A Favorite Collection of Words of Inspiration*(Fairfax, VA: Xulon Press, 2008), 42.

13. 성경은 하나님의 행복에 대해 뭐라고 말하는가?

1. DK Publishing, *Off the Tourist Trail: 1,000 Unexpected Travel Alternatives*(London: DK Travel, 2009), 173.
2. Jonathan Edwards, *A Jonathan Edwards Reader*(New Haven, CT: Yale University Press, 1995), 36-37.
3. A. W. Tozer, *The Attributes of God*, 제1권(Camp Hill, PA: WingSpread, 2007), 10, 12-13.(『GOD 갓 하나님』 규장)

4. "25 Weirdest Looking Animals", *Pagog!* 2007년 8월 11일. http://www.pagog.com/2007/08/11/25-weirdest-looking-animals/.
5. Michael Goheen & Craig Bartholomew, *Living at the Crossroads*(Grand Rapids, MI: Baker Academic, 2008), xii.(『세계관은 이야기다』 IVP)
6. Charles H. Spurgeon, "A Free Salvation"(설교 제199편).
7. W. Gesenius & S. P. Tregelles, *Genesius' Hebrew-Chaldee Lexicon to the Old Testament*(Bellingham, WA: Logos Research Systems, 2003).
8. James Swanson, *A Dictionary of Biblical Languages with Semantic Domains: Hebrew(Old Testament)*(Oak Harbor, WA: Logos Research Systems, 1997).
9. *The A. W. Tozer Bible(King James Version)* (Peabody, MA: Hendrickson, 2012), 1086.
10. C. S. Lewis, *The Screwtape Letters*(New York: HarperCollins, 2001), 72,38-39.(『스크루테이프의 편지』 홍성사)
11. Lauren Barlow 편집, *Inspired by Tozer: 59 Artists, Writers and Leaders Share the Insight and Passion They've Gained from A. W. Tozer*(Ventura, CA: Regal, 2011), 94.
12. Robert Duncan Culver, "The Impassibility of God: Cyril of Alexandria to Moltmann", *Christian Apologetics Journal* 01, no.1(1998년 봄).
13. Albert Barnes, *Notes, Critical, Explanatory, and Practical, on the Book of Psalms*, 제1권(New York: Harper & Brothers, 1868), 314.
14. Jonathan Edwards, "The Portion of the Righteous", *The Works of Jonathan Edwards*, 제2권.
15. Oliver D. Crisp, *Jonathan Edwards on God and Creation*(New York: Oxford University Press, 2012), 132.
16. Edwards, "Portion of the Righteous", *Works of Jonathan Edwards*, 제2권.
17. Steven M. Studebaker & Robert W. Caldwell III, *The Trinitarian Theology of Jonathan Edwards*(Surrey, UK: Ashgate, 2012), 52.

14. 행복하신 하나님인가, 복되신 하나님인가?

1. Mack R. Douglas, *How to Make a Habit of Succeeding*(Gretna, LA: Pelican, 1994), 30.(『습관을 이끄는 힘』 스테디북)
2. Johannes P. Louw & Eugene A. Nida 편집, *Greek-English Lexicon of the New Testament: Based on Semantic Domains*(New York: United Bible Societies, 1996), "makarios" 항목.
3. Frederick William Danker 편집, *A Greek-English Lexicon of the New Testament and Other Early Christian Literature*, 제3판(Chicago: University of Chicago Press, 2000), "makarios" 항목.
4. Horst Balz & Gerhard Schneider 편집, *Exegetical Dictionary of the New Testament*, 제2권(Grand Rapids, MI: Eerdmans, 1991), "makarios" 항목
5. Archibald Thomas Robertson, *Word Pictures in the New Testament*, 제4권.
6. John Phillips, *Exploring the Pastoral Epistles: An Expository Commentary*(Grand Rapids, MI: Kregel, 2004), 190.
7. George W. Knight III, *The Pastoral Epistles: A Commentary on the Greek Text*(Grand Rapids, MI: Eerdmans, 1992), 91.
8. Robert Jamieson, A. R. Fausset, & David Brown, *Commentary Critical and Explanatory on the Whole Bible*, 디모데전서 1:11.
9. John Piper, *The Pleasures of God: Meditations on God's Delight in Being God*(Sisters, OR: Multnomah, 2000), 25.(『하나님의 기쁨』 두란노)
10. John Piper, *God Is the Gospel: Meditations on God's Love as the Gift of Himself*(Wheaton, IL: Crossway, 2005), 100.(『하나님이 복음이다』 IVP)
11. Charles H. Spurgeon, "Adorning the Gospel"(설교 제2416편).
12. Fred Sanders, *The Deep Things of God*(Wheaton, IL: Crossway, 2010), 94. (『삼위일체 하나님이 복음이다』 부흥과개혁사)
13. Piper, *Pleasures of God*, 26.

14. Henry Donald Maurice Spence-Jones & Joseph S. Exell 편집, *The Pulpit Commentary*, 제48권, 디모데전서.(『풀핏 성경주석: 디모데전서, 디모데후서, 디도서, 빌레몬서』 보문출판사)
15. James A. Wallace, *Preaching to the Hungers of the Heart: The Homily on the Feasts and within the Rites*(Collegeville, MN: Liturgical Press, 2002), 61.
16. Thomas C. Oden, *Classic Christianity: A Systematic Theology*(New York: HarperCollins, 2009), 141.
17. 다음 책에 인용된 말이다. Terry Lindvall, *Surprised by Laughter*(Nashville: Thomas Nelson, 1996), 제6부.

15. 삼위일체 하나님을 행복하게 하는 것은 무엇인가?

1. "A Father's Love: The World's Strongest Dad", 유튜브 비디오, 10:00, 게시자 "Proud to be an Indian", 2011년 12월 3일. https://www.youtube.com/watch?v=ax4VIVs-qsE. "Father Runs Triathlon with His Son in Tow", 유튜브 비디오, 4:14, 게시자 "Truth and Charity", 2008년 9월 20일. https://www.youtube.com/watch?v=UH943Az_1PQ.
2. A. W. Tozer, *The Knowledge of the Holy*(New York: HarperCollins, 1961), 23.(『하나님을 바로 알자』 생명의 말씀사)
3. Charles H. Spurgeon, "The Immutability of God"(설교 제1편).
4. Michael Reeves, *Delighting in the Trinity*(Downers Grove, IL: InterVarsity Press, 2012), 16. (『선하신 하나님』 복있는 사람)
5. William G. T. Shedd, "Trinity in Unity", *Dogmatic Theology*, 제1권.
6. Augustus H. Strong, *Systematic Theology*(Philadelphia: American Baptist Publication Society, 1907), 347.
7. Stephen Charnock, *The Complete Works of Stephen Charnock*, 제4권.
8. 코란 4:171-172, Yusuf Ali.
9. 코란 19:88-93, Yusuf Ali.
10. Reeves, *Delighting in the Trinity*, 40.
11. Steve DeWitt, *Eyes Wide Open: Enjoying God in Everything*(Grand Rapids, MI: Credo House, 2012), 46-47.
12. William Bates, "The Everlasting Rest of the Saints in Heaven", *The Whole Works of the Rev. W. Bates*, 제3권.
13. Matthew Fox, *Meditations with Meister Eckhart*(Rochester, VT: Bear, 1983), 129.
14. Jonathan Edwards, "Notes on the Bible Exodus", *The Works of Jonathan Edwards*, 제2권.
15. James M. Houston, *The Fulfillment: Pursuing True Happiness*(Colorado Springs: David C. Cook, 2007), 270-71.
16. Robert L. Dabney, "The General Judgment and Eternal Life", *Syllabus and Notes of the Course of Systematic and Polemic Theology*, 제2판.

16. 하나님은 자신에 대해 행복하신가?(그러셔야 하는가?)

1. Norman Cousins, *Anatomy of an Illness*(New York: W. W. Norton, 1979).(『웃음의 치유력』 스마트비즈니스)
2. C. S. Lewis, *Reflections on the Psalms*(New York: Harcourt, Brace, 1958), 93-95.(『시편 사색』 홍성사)
3. 같은 책, 95,97.
4. Charles H. Spurgeon, "Faith"(설교 제107편).
5. John Piper, "Is Jesus an Egomaniac?" Desiring God, 2010년 1월 4일. http://www.desiringgod.org/conference-messages/is-jesus-an-egomaniac.
6. 다음 글에 인용된 말이다. John Piper, "Undoing the Destruction of Pleasure", Desiring God, 2001년 4월 10일. http://www.desiringgod.org/conference-messages/undoing-the-destruction-of-pleasure.
7. William H. Goold 편집, *The Works of John Owen*, 제1권(Cambridge, MA: Harvard University Press, 1862), 144-45.
8. Dictionary.com, "serendipity" 항목. http://dictionary.reference.com/browse/serendipity.
9. Victor Hugo, *Les Misérables*, 제4장.(『레미제라블』 민음사)
10. John Bunyan, "Christ: A Complete Saviour", *The Works of John Bunyan*, 제1권.

11. Randy Alcorn, "More on Depression in the Christian Life and Ministry", *Eternal Perspective Ministries*(블로그), 2007년 9월 11일. http://www.epm.org/blog/2007/Sep/11/more-on-depression-in-the-christian-life-and-minis.
12. Charles H. Spurgeon, *Lectures to My Students*(Grand Rapids, MI: Zondervan, 1954), 156.(『목회자 후보생들에게』 크리스천다이제스트)
13. Spurgeon, "The Fruit of the Spirit—Joy"(설교 제1582편).
14. *The A. W. Tozer Bible(King James Version)*(Peabody, MA: Hendrickson, 2012), 1117.
15. Archibald Alexander, *A Manual of Devotion for Soldiers and Sailors*(Philadelphia: Presbyterian Board of Publication, 1847), 25-26.
16. C. S. Lewis, *The Four Loves*(New York: Harcourt, Brace, 1960), "자비."(『네 가지 사랑』 홍성사)
17. Charles H. Spurgeon, *The Sword and the Trowel*(London: Passmore & Alabaster, 1866), 99.
18. Robert William Dale, *Week-day Sermons*(London: Hodder & Stoughton, 1895), 117-18.

17. 역사적으로 교회는 하나님을 행복하신 분으로 보았는가, 불행하신 분으로 보았는가?

1. Mark Twain, *The Adventures of Huckleberry Finn*(New York: Fawcett Columbine, 1996), 6.(『허클베리 핀의 모험』 민음사)
2. 다음 자료들을 참조하라. Samuel Clemens, "Letter to Olivia Clemens", 1889년 7월 17일. Mark Twain, *The Mysterious Stranger*(Berkeley: University of California Press, 1969), 186-87(『마크 트웨인의 미스터리한 이방인』 책읽는귀족). Albert Bigelow Paine, Mark Twain: A Biography, 제1권(New York: Harper & Brothers, 1912), 412-13.
3. Michael William Holmes 편집, *The Apostolic Fathers: Greek Texts and English Translations*, 개정판(Grand Rapids, MI: Baker, 1999), 291.
4. Gregory of Nyssa, "Hom. Beat. 1.80", *Gregory of Nyssa: Homilies on the Beatitudes*, Hubertus R. Drobner & Albert Viciano 편집(Leiden: Brill, 2000), 24-25.
5. Arthur Hyman, James J. Walsh, & Thomas Williams 편집, *Philosophy in the Middle Ages*(Indianapolis: Hackett, 2010), 158.
6. Peter Abelard, *Peter Abelard: Collationes*, John Marenbon & Giovanni Orlandi 번역 편집(Oxford: Oxford University Press, 2003), cix.
7. Thomas Aquinas, *Summa Theologica*, Prima Pars, 문항 3, 항목 2.(『신학대전』 바오로딸)
8. Thomas Aquinas, *Summa Contra Gentiles*, 제1권 100장.(『대이교도대전』 분도출판사)
9. Thomas Aquinas, "Happiness", 제14장, *Grace: The Gift of Happiness*. http://www.catholictradition.org/Christ/happiness14.htm.
10. Aquinas, *Summa Theologica*, Prima Secundae Partis, 문항 3, 항목 1.
11. Thomas Aquinas, *Of God and His Creatures: An Annotated Translation*(London: Burns & Oates, 1905), 224.
12. Aquinas, *Summa Theologica*, Prima Secundae Partis, 문항 3, 항목 1.
13. Aquinas, *Summa Contra Gentiles*, 제1권 63장. 다음 책을 참조하라. Lawrence F. Hundersmarck, "Thomas Aquinas on Beatitude", *Imagining Heaven in the Middel Ages: A Book of Essays*, Jan Swango Emerson & Hugh Feiss 편집(New York: Garland, 2000), 165-83.
14. Thomas à Kempis, *The Imitation of Christ*(Milwaukee: Bruce, 1940), 68.(『그리스도를 본받아』 크리스천다이제스트)
15. Martin Luther, *Luther's Works: Sermons on the Gospel of St. John*(St. Louis: Concordia, 1986), 107.
16. John Calvin, *Institutes of the Christian Religion*, Henry Beveridge 번역, 제3권 9장 "Of Meditating on the Future Life."(『기독교강요』 크리스천다이제스트)
17. Presbyterian Church in the US General Assembly, *Memorial Volume of the Westminster Assembly, 1647-1897*(Richmond, VA: Presbyterian Committee of Publication, 1897), 144.
18. Stephen Charnock, "A Discourse upon God's Knowledge", *The Existence and Attributes of God*.(『하나님의 존재와 속성』 부흥과개혁사)

19. Charnock, "A Discourse upon the Goodness of God", *Existence and Attributes of God*.
20. Benedict Pictet, *Christian Theology*, Frederick Reyroux 번역(London: R. B. Steeley & W. Burnside, 1834), 76.
21. Matthew Henry, *Matthew Henry's Commentary on the Whole Bible*, 제1권, 창세기 2:1-3.(『매튜 헨리 주석(창세기)』 크리스천다이제스트)
22. William Bates, "The Four Last Things: On Heaven", *The Whole Works of the Rev. W. Bates*, 제3권.
23. Bates, "The Everlasting Rest of the Saints in Heaven", *Whole Works of the Rev. W. Bates*, 제3권.
24. 같은 책.
25. Edward Leigh, *A Treatise of Divinity: Consisting of Three Bookes*(London: E. Griffin, 1646), 123. http://goo.gl/55K5Q5.
26. 같은 책, 120.
27. 같은 책.
28. 같은 책, 122.
29. John Gill, "Of the Blessedness of God", *A Body of Doctrinal Divinity*, 제1권.
30. Jonathan Edwards, "Nothing upon Earth Can Represent the Glories of Heaven", *The Works of Jonathan Edwards: Sermons and Discourses, 1723-1729*, 제14권.
31. Jonathan Edwards, "The Pure in Heart Blessed", *The Works of Jonathan Edwards*, 제2권.
32. Edwards, "God's Last End Is But One", *Works of Jonathan Edwards*, 제1권.
33. Charles Hodge, *Essays and Reviews*(New York: Robert Carter & Brothers, 1857), 265.
34. Charles H. Spurgeon, "Encouragements to Prayer"(설교 제2380편).
35. Spurgeon, "The Fruit of the Spirit—Joy"(설교 제1582편).
36. Charles H. Spurgeon, *God Will Bless You*(New Kensington, PA: Whitaker House, 1997), 18.
37. William G. T. Shedd, "Divine Attributes", *Dogmatic Theology*, 제1권.
38. H. D. M. Spence-Jones 편집, *The Pulpit Commentary: Jeremiah*, 제2권.(『풀핏 성경주석: 예레미야』 보문출판사)
39. A. W. Pink, *Gleanings from Paul: Studies in the Prayers of the Apostle*(Bellingham, WA: Logos Research Systems, 2005), 344.(『바울의 기도 연구』 생명의 말씀사)
40. Cornelius Van Til, *Christian Theistic Ethics*(Phillipsburg, NJ: Presbyterian & Reformed Publishing, 1980).(『기독교 윤리』 엠마오)
41. D. M. Lloyd-Jones, *God the Father, God the Son*(Wheaton, IL: Crossway, 1996), 68.(『성부 하나님과 성자 하나님』 부흥과개혁사)
42. A. W. Tozer, *The Attributes of God*, 제1권(Camp Hill, PA: WingSpread, 2007), 8-13.(『GOD 갓 하나님』 규장)
43. Wayne A. Grudem, *Systematic Theology: An Introduction to Biblical Doctrine*(Grand Rapids, MI: Zondervan/InterVarsity Press, 1994,2000), 218.(『웨인 그루뎀의 조직신학』은성)
44. 같은 책, 218-19.
45. Thomas C. Oden, *The Living God: Systematic Theology*, 제1권(San Francisco: HarperSanFrancisco, 1992), 128.
46. Terence E. Fretheim, "God, Creation, and the Pursuit of Happiness", *The Bible and the Pursuit of Happiness*, Brent A. Strawn 편집(New York: Oxford University Press, 2012), 34.
47. John McReynolds, "The Happiness of God", Global Jesus Christ Network, 2010년 8월 17일. http://www.gjcn.org/2010/08/basics-15-the-happiness-of-god/.

18. 예수님은 행복하셨는가?
1. Sherwood E. Wirt, *Jesus, Man of Joy*(Eugene, OR: Harvest House, 1999), 10-11.
2. "Amanda's Reason to Remember", About.com. http://christianity.about.com/od/miraculousintervention/a/amandatestimony.htm.
3. John Gill, "Commentary on Proverbs", *John Gill's Exposition of the Bible*.

4. Charles Bridges, *An Exposition of the Book of Proverbs*(New York: Robert Carter & Brothers, 1850), 64.
5. Ralph Wardlaw, *Lectures on the Book of Proverbs*, 제1권.
6. Derek Kidner, *The Proverbs: An Introduction and Commentary*, The Tyndale Old Testament Commentaries(Downers Grove, IL: InterVarsity Press, 1984), 79.(『잠언―틴델 구약주석 시리즈 12』 기독교문서선교회)
7. Tremper Longman III, *How to Read Proverbs*(Downers Grove, IL: InterVarsity Press, 2002), 107.(『어떻게 잠언을 읽을 것인가?』 IVP)
8. Dylan Demarsico, "In the Beginning Was Laughter", *Behemoth*, Christianity Today. www.christianitytoday.com/behemoth/2014/issue-5/in-beginning-was-laughter.html.
9. 같은 기사.
10. John Piper, *Seeing and Savoring Jesus Christ*(Wheaton, IL: Crossway, 2004), 36.(『예수님이 복음입니다』 부흥과개혁사)
11. Oswald Chambers, *My Utmost for His Highest*, 8월 31일(New York: Dodd, Mead, 1963), 178.(『주님은 나의 최고봉』 토기장이)
12. David Clarkson, "The Love of Christ", *The Practical Works of David Clarkson*, 제3권.
13. Johannes P. Louw & Eugene A. Nida 편집, *Greek-English Lexicon of the New Testament: Based on Semantic Domains*(New York: United Bible Societies, 1996), "chara" 항목.
14. Charles H. Spurgeon, "Christ's Joy and Ours" (설교 제2935편).
15. James Martin, *Between Heaven and Mirth: Why Joy, Humor, and Laughter Are at the Heart of the Spiritual Life*(New York: HarperCollins, 2012), 46.
16. Piper, *Seeing and Savoring Jesus Christ*, 35-36.
17. William Morrice, *Joy in the New Testament*(Grand Rapids, MI: Eerdmans, 1985), 86.(『신약성서가 가르쳐주는 기쁨』 글샘)
18. A. W. Tozer, *The Pursuit of God*(Ventura, CA: Regal, 2013), 40.(『하나님을 추구함』 생명의 말씀사)
19. E. Stanley Jones, "We Turn to Our Resources", *Abundant Living: 364 Daily Devotions*(Nashville: Abingdon Press, 2014).
20. Paul J. Wadell, *Happiness and the Christian Moral Life: An Introduction to Christian Ethics*(Lanham, MD: Rowman & Littlefield, 2012), 19.
21. Francis de Sales, "Spiritual Life", *Christian Register*, 1916년 12월 28일.
22. Spurgeon, "The Special Call and the Unfailing Result" (설교 제616편).

19. 예수님은 웃고 노실 줄 아셨으며, 유머 감각이 있으셨는가?

1. Charles Dickens, *A Christmas Carol*, 셋째 마당, "세 정령 중 두 번째"(『크리스마스 캐럴』 현대문학)
2. Samuel Lamerson, "Jesus Never Laughed?" *Bible Study Magazine*(블로그), 2014년 11월 19일. http://www.biblestudymagazine.com/bible-study-magazine-blog/2014/11/19/jesus-never-laughed.
3. Mike Abendroth, "NoCo90 Episode11: Jesus Never Laughed?" 유튜브 비디오, 1:34, 게시자 No Compromise Radio, 2013년 3월 27일. http://www.youtube.com/watch?v=Kp6_enc3Sg0.
4. Elton Trueblood, *The Humor of Christ*(New York: Harper & Row, 1964), 10.
5. Leland Ryken, James C. Wilhoit, & Tremper Longman III 편집, "Humor―Jesus as Humorist", *Dictionary of Biblical Imagery*(Downers Grove, IL: InterVarsity Press, 1998), 410.(『성경 이미지 사전』 기독교문서선교회)
6. 같은 책.
7. *ESV Study Bible*(Wheaton, Il: Crossway, 2008), 마태복음 25:15의 각주를 참조하라.
8. *The NET Bible*(Biblical Studies Press, 2006), 마태복음 18:24의 주를 참조하라.
9. Trueblood, *Humor of Christ*, 9.
10. Viktor E. Frankl, *Man's Search for Meaning*(New York: Washington Square Press, 1959), 16-17.(『죽음의 수용소에서』 청아출판사)
11. Jeremiah Burroughs, *Learning to Be Happy*(London: Grace Publications Trust, 1988), 9.

12. Charles H. Spurgeon, "The Believer's Heritage of Joy"(설교 제2415편).

20. 성경에 나오는 행복, 기쁨, 즐거움
1. "Tribe Hears the Gospel of Jesus for First Time and Goes Wild!" 유튜브 비디오, 00:56, 게시자 SelflessEmpire, 2010년 6월 29일. https://www.youtube.com/watch?v=RnXX3HPFPoc.
2. "Kimyal New Testament Launch in Indonesia", Vimeo 비디오, 5:23, 게시자 United Bible Societies, 2011년. http://vimeo.com/16493505.
3. James Swanson, *A Dictionary of Biblical Languages with Semantic Domains: Hebrew(Old Testament)*(Oak Harbor, WA: Logos Research Systems, 1997), 116-34. 저자에게 보내온 사신, 2014년 1월 3일.
4. William Morrice, *Joy in the New Testament*(Grand Rapids, MI: Eerdmans, 1985), 15. (『신약성서가 가르쳐주는 기쁨』 글샘)
5. Robert J. Dean, "Joy", *Holman Bible Dictionary*, Trent C. Butler 편집(Nashville: Holman Bible, 1991).
6. Charles H. Spurgeon, "Strange Things"(설교 제2614편).
7. James Barr, *The Semantics of Biblical Language*(London: Oxford University Press, 1961), 233.
8. 다음 책을 참조하라. Reinier de Blois & Enio R. Mueller 편집, *Semantic Dictionary of Biblical Hebrew*, United Bible Societies. http://www.sdbh.org.
9. Dr. Reinier de Blois, 저자에게 보내온 사신, 2013년 8월 10일.

21. 원어의 번역이 '복되다'인가 아니면 '행복하다'인가는 왜 중요한가?
1. 다음 책들의 "*asher*" 항목을 참조하라. Francis Brown, S. R. Driver, & Charles A. Briggs 편집, *A Hebrew and English Lexicon of the Old Testament*, Edward Robinson 번역(Oxford: Clarendon, 1952). David J. A. Clines 편집, *Dictionary of Classical Hebrew*, 제1권(Sheffield, UK: Sheffield Phoenix Press, 1993). Ludwig Koehler, Walter Baumgartner, & Johan Jakob Stamm, *The Hebrew and Aramaic Lexicon of the Old Testament*, 제1권(Leiden, Netherlands: E. J. Brill, 1994).
2. *Random House Webster's Unabridged Dictionary*(New York: Random House Reference, 2005), "blessed" 항목.
3. J. Orr 편집, *The International Standard Bible Encyclopaedia*, 제1권(Chicago: Howard-Severance, 1915), "blessedness" 항목.
4. John F. Walvoord & Roy B. Zuck 편집, *The Bible Knowledge Commentary: Old Testament*(Wheaton, IL: Victor Books, 1985), 966.
5. Thesaurus.com, "blessed" 항목. http://thesaurus.com/browse/blessed.
6. *Merriam-Webster Unabridged Dictionary*(Britannica Digital Learning, 2014), "blessed" 항목. http://www.merriam-webster.com/thesaurus/blessed?show=0&t=1374098168.
7. *Oxford English Dictionary*, OED Online. http://www.oed.com, "blessed" 항목.
8. *A Dictionary of Biblical Languages with Semantic Domains*의 저자인 제임스 스완슨과 나눈 사적인 대화, 2013년 8월 20일.
9. Mark David Futato, *Interpreting the Psalms: An Exegetical Handbook*(Grand Rapids, MI: Kregel, 2007), 63,67.(『시편을 어떻게 해석할 것인가?』 크리스챤출판사)
10. 같은 책, 66-67.
11. 같은 책, 67.
12. Tokunboh Adeyemo 편집, *Africa Bible Commentary*(Grand Rapids, MI: Zondervan, 2006), 609.
13. Roger Ellsworth, *Opening up Psalms*(Leominster: Day One, 2006), 24.
14. Robert Jamieson, A. R. Fausset, & David Brown, *Commentary Critical and Explanatory on the Whole Bible*, 시편 1:1.
15. Robert G. Bratcher & William D. Reyburn, *A Handbook on Psalms*, UBS Handbook Series(New York: United Bible Societies, 1991), 16.
16. Robert B. Hughes & J. Carl Laney, *Tyndale Concise Bible Commentary*(Carol Streams, IL: Tyndale, 2001), 208.

17. James H. Waltner, *Psalms: Believers Church Bible Commentary*(Scottdale, PA: Herald Press, 2006), 31.
18. Charles H. Spurgeon, "The Truly Blessed Man"(설교 제3270편).
19. John Nielson & Royal Skousen, "How Much of the King James Bible Is William Tyndale's?: An Estimation Based on Sampling", *Reformation* 3(1998): 73. Ray L. Huntington & W. Jeffrey Marsh, "Revisiting William Tyndale, Father of the English Bible", https://ojs.lib.byu.edu/spc/index.php/RelEd/article/viewFile/20668/19150.
20. 나의 연구 조수인 줄리아 스테이저(Julia Stager)가 Logos Bible Software의 Text Comparison Tool을 이용하여 KJV와 NASB와 ESV의 창세기 1장, 시편 1편, 에스겔 36장, 마태복음 2장, 로마서 8장, 요한계시록 21장을 비교해보았다. 그 결과 KJV와 NASB의 차이는 평균 30퍼센트, KJV와 ESV의 차이는 평균 32퍼센트였다. 각각 70퍼센트와 68퍼센트는 일치한다는 뜻이다. 전체 결과를 장별로 표시한 표를 www.epm.org/textcomparion에서 볼 수 있다.
21. Miles Coverdale 편집, *The Letters of the Martyrs: Collected and Published in 1564*, 리들리 주교의 편지.
22. Thomas Brooks, "A Memoir", *The Complete Works of Thomas Brooks*, 제1권.
23. 같은 책, "A String of Pearls."
24. William Shakespeare, *King Henry* VIII, 4막 2장.(『헨리 8세』 동인)
25. Charles Simeon, "Deuteronomy 29:4", *Horae Homileticae: Numbers to Joshua*, 제2권.
26. Noah Webster, *An American Dictionary of the English Language*, 제1권(New York: S. Converse, 1828), 273.
27. Francis R. Brown, S. R. Driver, & Charles A. Briggs, *Enhanced Brown-Driver-Briggs Hebrew and English Lexicon*(Oak Harbor, WA: Logos Research Systems, 2000).
28. James Swanson, *A Dictionary of Biblical Languages with Semantic Domains: Hebrew*(Old Testament)(Oak Harbor, WA: Logos Research Systems, 1997), "barak" 항목.
29. Leon Morris, *The Gospel according to Matthew*(Grand Rapids, MI: Eerdmans, 1992), 277.
30. Gary Holloway, *James and Jude*(Joplin, MO: College Press, 1996), 야고보서 1:12.
31. John W. Stott, *The Message of the Sermon on the Mount: Christian Counter-Culture*(Downers Grove, IL: InterVarsity Press, 1978), 33.(『존 스토트의 산상수훈』 생명의 말씀사)
32. 같은 책.
33. 다음 웹사이트를 참조하라. John R. Kohlenberger, "Author Page", Amazon.com. http://www.amazon.com/John-R.-Kohlenberger/e/B001IGHPGM.
34. Paul Smith, "Blessed or Happy?" *Instrument Rated Theology*(블로그), 2011년 9월 14일. http://instrument-rated-theology.com/2011/09/14/blessed-or-happy/.
35. Paul Smith, "What Made Jesus Happy?" *Instrument Rated Theology*(블로그), 2011년 10월 10일. http://instrument-rated-theology.com/2011/10/10/what-made-jesus-happy/.
36. 같은 웹사이트.
37. *Semantic Dictionary of Biblical Hebrew*, United Bible Societies. http://www.sdbh.org.
38. Dr. Reinier de Blois, 저자에게 보내온 사신, 2013년 8월 12일.

22. 자기 백성에게 행복을 주시는 하나님: '아셀'과 '마카리오스' 개괄

1. David Jeremiah, *Signs of Life: Back to the Basics of Authentic Christianity*(Nashville: Thomas Nelson, 2007), 235-36.(『생명력 있는 그리스도인의 삶』 국제제자훈련원)
2. V. P. Hamilton, *Theological Wordbook of Old Testament*(Chicago: Moody Press, 1980), "רָשָׁא" 항목, 183.
3. Francis Brown, S. R. Driver, & Charles Briggs, *The Brown-Driver-Briggs Hebrew and English Lexicon*(Peabody, MA: Hendrickson, 1994), "רָשָׁא" 항목.
4. James Swanson, 저자에게 보내온 사신, 2015년 3월 26일.
5. Johannes P. Louw & Eugene A. Nida 편집, *Greek-English Lexicon of the New Testament: Based on Semantic Domains*(New York: United Bible Societies, 1996).
6. Carl R. Holladay, "The Beatitudes: Happiness and the Kingdom of God", *The Bible and the Pursuit of Happiness: What the Old and New Testaments Teach Us about the Good Life*(New York: Oxford University

Press, 2012), 144.
7. Gilles Gravelle, 저자에게 보내온 서신, 2013년 8월 3일.
8. "Version Information: Young's Literal Translation", Bible Gateway. http://www.biblegateway.com/versions/Youngs-Literal-Translation-YLT-Bible/.
9. 다음 글에 인용된 말이다. John Meunier, "Common English Bible: Happy or Blessed?" *An Arrow through the Air*(블로그), 2010년 12월 9일. https://johnmeunier.wordpress.com/2010/12/09/common-english-bible-happy-or-blessed/.
10. Gerald R. McDermott 편집, *Understanding Jonathan Edwards: An Introduction to America's Theologian*(Oxford: Oxford University Press, 2009), 94.
11. William Barclay, *The New Daily Study Bible: The Gospel of Matthew*, 제1권(Louisville: John Knox, 2001), 102.(『바클레이 신약주석 시리즈 1—마태복음(상)』 기독교문사)
12. Dr. Reinier de Blois, 저자에게 보내온 서신, 2013년 8월 12일.

23. 영원한 행복은 하나님 안에 있다: 히브리어 단어 '아셸'의 자세한 설명

1. Robert C. Dentan, "The Story of the New Revised Standard Version", Bible Research. http://www.bible-researcher.com/dentan1.html.
2. John Wesley, "The Way to the Kingdom", *Sermons on Several Occasions*, 설교 제7편.
3. Chris Land가 2008년 10월 30일에 다음 기사에 대해 논평한 말이다. Brent Kercheville, "NLT Study Bible, ESV Study Bible, and 'Blessed'(Pslam 1:1)", Christian Monthly Standard, 2008년 10월 6일. http://www.christianmonthlystandard.com/index.php/nlt-study-bible-esv-study-bible-and-blessed-psalm-11/.
4. 다음 기사에 대한 Gibbs의 2009년 2월 22일 자 논평에 인용된 말이다. Kercheville, "NLT Study Bible, ESV Study Bible, and 'Blessed'(Pslam 1:1)."
5. *ESV Study Bible*(Wheaton, IL: Crossway Bibles, 2008), 시편 1:1-2의 각주를 참조하라.
6. *ESV Study Bible*(Wheaton, IL: Crossway Bibles, 2008).
7. Jono 목사의 말로 "forevertaketheworld"를 통해 Tumblr, *Just Another Day*, 2012년 7월 1일에 다시 게시되었다. http://forevertaketheworld.tumblr.com/post/26288260926.
8. Thomas Brooks, "The Only Happy Man in the World!" SermonIndex.net. http://www.sermonindex.net/modules/articles/index.php?view=aticle&aid=22002.

24. 우리는 지금부터 영원까지 행복할 수 있다: 헬라어 단어 '마카리오스'의 자세한 설명

1. Horst Balz & Gerhard Schneider 편집, *Exegetical Dictionary of the New Testament*, 제2권(Grand Rapids, MI: Eerdmans, 1991), "makarios" 항목.
2. Gerhard Kittel 편집, *Theological Dictionary of the New Testament*, 제4권, Geoffrey W. Bromiley 번역(Grand Rapids, MI: Eerdmans, 1967), "makarios" 항목.(『신약성서 신학사전: 킷텔 단권 원어사전』 요단출판사)
3. David Noel Freedman, *The Anchor Bible Dictionary, K-N*, 제4권(New Haven, CT: Yale University Press, 1992), "*makarios*" 항목.
4. Ceslas Spicq, *Theological Lexicon of the New Testament*, James D. Ernest 번역 편집(Peabody, MA: Hendrickson, 1994), "makarios" 항목.
5. Steven L. Cox & Kendell H. Easley, HCSB *Harmony of the Gospels*(Nashville: Holman Bible, 2007), 68.
6. William Hendriksen, *New Testament Commentary: Exposition of the Gospel according to Matthew*, 제9권(Grand Rapids, MI: Baker Academic, 1982), 265.
7. John MacArthur, *The MacArthur New Testament Commentary: Matthew 1-7*(Chicago: Moody Press, 1985), 142.
8. John Piper, *When I Don't Desire God: How to Fight for Joy*(Wheaton, IL: Crossway, 2004), 240. (『하나님을 기뻐할 수 없을 때』 IVP)
9. Warren W. Wiersbe, *The Bible Exposition Commentary*(Wheaton, IL: Victor Books, 1996), 마태복음 5:1.

10. 다음 책에 인용된 말이다. Sunday School Commission, Diocese of New York, *Teachers' Notes on The Teachings of Jesus Christ the Messiah Concerning the Kingdom of God*, 제1부(Milwaukee, WI: Young Churchman, 1913), 27.
11. Philip Schaff, *Nicene and Post-Nicene Fathers*, 시리즈 1 제13권, "Saint Chrysostom: Homilies on Philippians"(설교 제14편).
12. "Ecclesiasticus(Sirach)", *New English Bible*, Christian Research and Apologetics Ministry. https://carm.org/ecclesiasticus.
13. John A. Broadus, *Commentary on the Gospel of Matthew*(Philadelphia: American Baptist Publication Society, 1886), 87-88.
14. Barclay M. Newman & Eugene A. Nida, *A Handbook on the Gospel of John*, UBS Handbook Series(New York: United Bible Societies, 1980), 437.
15. "God's Word Tranlation", *Wikipedia*. http://en.wikipedia.org/wiki/God's_Word_Translation.
16. Mark David Futato, *Interpreting the Psalms: An Exegetical Handbook*(Grand Rapids, MI: Kregel, 2007), 66-67.(『시편을 어떻게 해석할 것인가?』 크리스챤출판사)
17. Spiros Zodhiates, *The Pursuit of Happiness: An Exegetical Commentary on the Beatitudes*, 개정판 (Chattanooga, TN: AMG, 1976).
18. D. A. Carson, *Exegetical Fallacies*(Grand Rapids, MI: Baker Academic, 1996), 32.(『성경 해석의 오류』 성서유니온선교회)
19. Mike Gould & Marilyn Rankin, *Cambridge International AS and A Level English Language Coursebook*(Cambridge: Cambridge University Press, 2014), 218.
20. "International Day of Happiness", United Nations. http://www.un.org/en/events/happinessday/.
21. David S. Lampel, "A Better Way to Live", *Aspects* 87(1998년 2월), Internet Christian Library. http://www.iclnet.org/pub/resources/text/aspects/asp-087.txt.
22. Anne Frank, *The Diary of Anne Frank*(New York: Random House, 2003), 542.(『안네의 일기』 문예출판사)

25. 자기 자녀들에게 파티에 시간과 돈을 쓰라 하시는 하나님: 히브리어 단어 '사마흐' (1)

1. George Müller, *A Narrative of Some of the Lord's Dealings with George Müller*, 제3부.
2. 같은 책.
3. James Swanson, *A Dictionary of Biblical Languages with Semantic Domains: Hebrew*(Old Testament)(Oak Harbor, WA: Logos Research Systems, 1997), "samach" 항목.
4. George M. Landes, *Building Your Biblical Hebrew Vocabulary: Learning Words by Frequency and Cognate*, 제41권(Atlanta: Society of Biblical Literature, 2001), 68.
5. J. R. R. Tolkien, *The Two Tower*(New York: Houghton Mifflin, 1966), 697.(『반지의 제왕: 두 개의 탑』 씨앗을 뿌리는 사람)

26. 우리가 지금부터 영원까지 행복하기를 바라시는 하나님: 히브리어 단어 '사마흐' (2)

1. Charles Chapman, *Matthew Henry: His Life and Times*(London: Arthur Hall, Virtue, 1859), 114-17.
2. Frederick Buechner, *Wishful Thinking: A Theological ABC*(New York: Harper & Row, 1973), 118.(『통쾌한 희망 사전』 복있는 사람)
3. Howard Taylor & Geraldine Taylor, *Hudson Taylor in Early Years: The Growth of a Soul*(New York: Hodder & Stoughton, 1912), 121.
4. 헨릭 입센(Henrik Ibsen)의 말로 다음 책에 인용되었다. Diane K. Dean, *From Ordinary to Extraordinary*(Mustang, OK: Tate, 2009), 12.
5. Daniel Goleman, "Men at 65: New Findings on Well-Being", *New York Times*, 1990년 1월 16일.
6. Richard Flaste 편집, *The New York Times Book of Science Literacy*(New York: HarperPerennial, 1992), 165.
7. William P. Brown, "Happiness and Its Discontents in the Psalms", *The Bible and the Pursuit of Happiness*,

Brent A. Strawn 편집(New York: Oxford University Press, 2012), 115.

27. 기쁨과 축제는 하나님 백성의 본분이다: 복음서와 사도행전에 쓰인 '카라'와 '카이로'
1. Osho(Bhagwan Shree Rajneesh, *Joy: The Happiness That Comes from Within*, 제2판(New York: St. Martin's Griffin, 2009), 9.(『내부로부터의 행복』 지성문화사)
2. Johannes P. Louw & Eugene A. Nida 편집, *Greek-English Lexicon of the New Testament: Based on Semantic Domains*(New York: United Bible Societies, 1996), 25,123.
3. 같은 책, 25, 125.
4. Timothy Friberg, Barbara Friberg, & Neva F. Miller, *Analytical Lexicon of the Greek New Testament*(Grand Rapids, MI: Baker, 2000), "*chara*" 항목.
5. William D. Mounce, *Mounce's Complete Expository Dictionary of Old and New Testament Words*(Grand Rapids, MI: Zondervan, 2006), "*chara*" 항목.
6. 같은 책.
7. William Morrice, *Joy in the New Testament*(Grand Rapids, MI: Eerdmans, 1985), 68.(『신약성서가 가르쳐주는 기쁨』 글샘)
8. Frederick William Danker 편집, *A Greek-English Lexicon of the New Testament and Other Early Christian Literature*, 제3판(Chicago: University of Chicago Press, 2000).
9. 같은 책.
10. Thomas Brooks, "The Crown and Glory of Christianity", *The Complete Works of Thomas Brooks*, 제4권.
11. Aleksandr I. Solzhenitsyn, *The Gulag Archipelago: 1918-1956*, 제2권(New York: Harper & Row, 1974), 615-17.(『수용소 군도』 열린책들)
12. Aleksandr Solzhenitsyn, *Cancer Ward*(New York: Farrar, Straus and Giroux, 1991), 270.(『암 병동』 민음사)

28. 하나님의 은혜를 누리라: 사도들의 서신서에 쓰인 헬라어 단어 '카라'와 '카이로'
1. Martin Brecht, *Martin Luther: Shaping and Defining the Reformation, 1521-1532*(Minneapolis: Fortress Press, 1990), 43-44.
2. James Boswell, *The Life of Samuel Johnson*, David Womersley 편집(New York: Penguin Classics, 2008), 197.
3. Barclay M. Newman & Eugene A. Nida, *A Handbook on Paul's Letter to the Romans*, UBS Handbook Series(New York: United Bible Societies, 1973), 277.
4. Daniel C. Arichea & Eugene A. Nida, *A Handbook on Paul's Letter to the Galatians*, UBS Handbook Series(New York: United Bible Societies, 1976), 140.
5. 이 부분은 내 친구 래리 개드바우(Larry Gadbaugh)의 생각과 말에서 일부 도움을 받았다.
6. Fanny Crosby, *Fanny Crosby's Life-Story*(New York: Every Where Publishing, 1903), 27.
7. C. S. Lewis, *The Four Loves*(New York: Harcourt, Brace, 1960), "애정"(『네 가지 사랑』 홍성사)
8. Karl Barth, *Church Dogmatics: The Doctrine of Creation*, 제3권 제4부(Edinburgh: T. & T. Clark, 2004), 378. (『교회 교의학』 대한기독교서회)
9. William Morrice, *Joy in the New Testament*(Grand Rapids, MI: Eerdmans, 1985), 75.(『신약성서가 가르쳐주는 기쁨』 글샘)

29. 성경은 의문의 여지를 남기지 않는다: 우리의 행복은 하나님께 중요하다
1. Augustine, *Confessions*, R. S. Pine-Coffin 번역(New York: Penguin Classics, 1961), 제9권, 1장.(『어거스틴의 참회록』 생명의 말씀사)
2. Johannes P. Louw & Eugene A. Nida 편집, *Greek-English Lexicon of the New Testament: Based on Semantic Domains*(New York: United Bible Societies, 1996), 25.80-25.84.
3. 같은 책, 25.81.
4. 같은 책, 25.80.
5. Jonathan Edwards, "The Portion of the Righteous", *The Works of Jonathan Edwards*, 제2권.

6. David Clarkson, "Believer's Communion with the Father and Son", *The Practical Works of David Clarkson*, 제3권.

30. 행복과 기쁨에 담긴 정서적 만족

1. Joni Eareckson Tada, *More Precious Than Silver: 366 Daily Devotional Readings*(Grand Rapids, MI: Zondervan, 1998), 11월 28일.
2. George E. Vaillant, *Spiritual Evolution: A Scientific Defense of Faith*(New York: Broadway Books, 2008), 124.
3. Dawn Wyant, "One Word 2013", *Thoughts and Ponderings*(블로그), 2013년 1월 7일. http://morningstardawn.bolgspot.com/2013/01/one-word-2013.html.
4. 같은 기사.
5. C. Hollis Crossman, "The Opposite of Happiness", *The 300(Judges 7): Lay Theology for the Faithful*(블로그), 2012년 8월 7일. http://cholliscrossman.blogspot.com/2012/08/the-opposite-of-happiness.html.
6. Jackie Lopina, "Loving Your Friend through Infertility: What to Pray For", *Hoping in God*(블로그), 2011년 5월 2일. http://jackielopina.wordpress.com/2011/05/02/loving-your-friend-through-infertility-what-to-pray-for-part-3/.
7. Amy H., "Happiness Is Not Joy: Joy Is Better", *The Rusk and Bannock Project*(블로그), 2015년 3월 4일. http://ruskandbannock.com/2015/03/04/happiness-is-not-joy-joy-is-better/.
8. Steve Austin, "Happiness Is the Enemy of Joy", *Grace Is Messy*(블로그), 2011년 12월 5일. http://graceismessy.com/2011/12/05/happiness-is-the-enemy-of-joy/.
9. Amy Pardue, "What's Wrong with Pursuing Happiness?" *Hunger for Him*(블로그), 2010년 2월 25일. http://hungerforhim.blogspot.com/2010/02/whats-wrong-with-pursuing-happiness.html.
10. William Shakespeare, *As You Like It*, 2막 1장.(『뜻대로 하세요』 서문당)
11. Isaac Watts, *The Psalms and Hymns of Isaac Watts*(Oak Harbor, WA: Logos Research Systems, 1998).
12. Charles H. Spurgeon, "Christ's Joy and Ours"(설교 제2935편).
13. A. W. Tozer, *Life in the Spirit*(Peabody, MA: Hendrickson, 2009), 153.
14. Mike Mason, *Champagne for the Soul: Celebrating God's Gift of Joy*(Vancouver, BC: Regent College, 2003), 31.(『내 영혼의 샴페인』 복있는 사람)
15. Richard Sibbes, "Commentary on 2 Corinthians Chapter 1, Verse 12", *The Complete Works of Richard Sibbes*, 제3권.
16. Jonathan Edwards, "The Peace Which Christ Gives His True Followers", *The Works of Jonathan Edwards*, 제2권.
17. 같은 책.
18. Edwards, "Thoughts on Revival", *Works of Jonathan Edwards*, 제1권.
19. Edwards, "Dissertation on the End for Which God Created the World", *Works of Jonathan Edwards*, 제1권.(『천지창조의 목적』 솔로몬)
20. John Milton, *Paradise Lost*, 제3권.(『실낙원』 문학동네)
21. Richard Baxter & William Orme, "The Character of a Sound, Confirmed Christian", *The Practical Works of the Rev. Richard Baxter*, 제8권.
22. William Law, *A Serious Call to a Devout and Holy Life*(Mineola, NY: Dover, 2013), 113.(『경건한 삶을 위한 부르심』 크리스천다이제스트)
23. 같은 책, 133.
24. 다음 책에 인용된 말이다. James Nichols & Samuel Annesley 편집, *Puritan Sermons*: 1659-1689, 재판, 제4권(Wheaton, IL: Richard Owen Roberts, 1981), 3.
25. Thomas Woodcock, *Puritan Sermons*, 제5권, 499.
26. Thomas Vincent, *Puritan Sermons*, 제2권, 620.
27. Thomas Ridgley, *A Body of Divinity*, 제2권(Philadelphia: William W. Woodward, 1815), 467.
28. Henry Wilkinson, *Puritan Sermons*, 제6권, 218.

29. Stephen Charnock, "The Knowledge of God", *The Complete Works of Stephen Charnock*, 제4권.
30. Charnock, "Weak Grace Victorious", *The Complete Works of Stephen Charnock*, 제5권.
31. Sibbes, "Divine Meditations", *The Complete Works of Richard Sibbes*, 제7권.
32. Sibbes, "Commentary on 2 Corinthians Chapter 1, Verse 24", *The Complete Works of Richard Sibbes*, 제3권.
33. Charles Simeon, "The Blessedness of Departed Saints", *Horae Homileticae: Revelation*, 제21권.
34. John Wesley, "The Doctrine of Original Sin", *The Works of the Reverend John Wesley*, 제5권.
35. Fred Sanders, "John Wesley as a Happy Puritan", *The Seedbed Blog*, 2012년 8월 13일. http://seedbed.com/feed/wesley-as-a-happy-puritan/.
36. Wesley, "Spiritual Worship"(설교 제82편).
37. 같은 설교.
38. John Wesley, "A Plain Account of Christian Perfection", *The Works of the Rev. John Wesley*, 제11권.
39. Wesley, "Spiritual Worship."
40. John Wesley, *The Journal of the Rev. John Wesley*, 제1권.(『존 웨슬리의 일기』 크리스천다이제스트)
41. Charles Wesley, "Christ, the Good Shepherd", *The Chruch of England Hymn-Book: New Edition*, D. T. K. Drummond & Robert Greville 편집(Edinburgh: William Oliphant and Sons, 1840), 117장.
42. 같은 책, 374장.
43. Charles Wesley, "Describing the Pleasantness of Religion", *John and Charles Wesley: Selected Prayers, Hymns, Journal Notes, Sermons, Letters and Treatises*(Mahwah, NJ: Paulist Press, 1981), 181.
44. 같은 책.
45. Spurgeon, "The Keynote of the Year"(설교 제2121편).
46. Spurgeon, "The Two Effects of the Gospel"(설교 제26편).
47. Spurgeon, "A Peculiar People"(설교 제2530편).
48. Spurgeon, "Encouragements to Prayer"(설교 제2380편).
49. Spurgeon, "The Sweet and the Sweetener"(설교 제2403편).
50. Spurgeon, "Despised Light Withdrawn"(설교 제2413편).
51. Spurgeon, "Joy, A Duty"(설교 제2405편).
52. J. C. Ryle, "Are You Happy?" *Home Truths, Miscellaneous Addresses and Tracts*.
53. J. C. Ryle, *Expository Thoughts on the Gospels: St. Matthew*.(『존 라일 사복음서 강해 1—마태복음』 기독교문서선교회)
54. Ryle, "Are You Happy?" *Consider Your Ways*.
55. Charles Hodge, *2 Corinthians*, The Crossway Classic Commentaries(Wheaton, IL: Crossway, 1995), 고린도후서 2:1-4.
56. Alfred Plummer, *Epistles of St. John*, 요한일서 1:4-5.
57. A W. Pink, *The Nature of God*(Bellingham, WA: Logos Research Systems, 2005), 273.
58. D. Martyn Lloyd-Jones, *Joy Unspeakable: Power and Renewal in the Holy Spirit*(Wheaton, IL: Harold Shaw, 1984), 101.(『성령 세례』 기독교문서선교회)
59. Tozer, *Life in the Spirit*, 153.
60. Ira F. Stanphill, "Happiness Is to Know the Savior"(1968년).
61. John R. Rice, *A Christian's Wells of Joy*(Murfreesboro, TN: Sword of the Lord, 1971), 7.
62. 같은 책, 75.
63. David Murray, "7 Kinds of Happiness", *HeadHeartHand*(블로그), 2014년 9월 17일. http://headhearthand.org/blog/2014/09/17/7-types-of-happiness/.
64. Charles H. Spurgeon, *The Treasury of David*, 시편 150편.(『설교의 황제 스펄전의 시편 강해』 생명의 말씀사)

31. 행복은 우리의 선택이다
1. Epictetus, *Enchiridion*(New York: Dover, 2004), 3.(『에픽테토스의 자유와 행복에 이르는 삶의 기술』

사람과책)

2. 헬렌 컬러의 말로 다음 책에 인용되었다. Amy E. Dean, *Peace of Mind: Daily Meditations for Easing Stress*(New York: Bantam, 1995), 364.
3. 데이비드 브레이너드의 말로, 다음 책에 인용되었다. Jonathan Edwards, *Life and Diary of David Brainerd*(New York: Cosimo, 2007), 78-79.(『데이비드 브레이너드의 생애와 일기』 복있는 사람)
4. 같은 책, 81.
5. 같은 책, 90.
6. 같은 책, 112.
7. 같은 책, 151.
8. 같은 책, 153, 183.
9. 데이비드 브레이너드의 말로 다음 책에 인용되었다. Jonathan Edwards, *The Life of the Rev. David Brainerd, Missionary to the Indians*(Edinburgh: H. S. Baynes, 1824), 302.
10. Henry Cloud, *The Law of Happiness: How Spiritual Wisdom and Modern Science Can Change Your Life*(New York: Howard Books, 2011), 10.
11. Sonja Lyubomirsky, *The How of Happiness: A Scientific Approach to Getting the Life You Want*(New York: Penguin, 2007), 20-21.(『행복도 연습이 필요하다』 지식노마드)
12. 같은 책, 20-23.
13. Therese J. Borchard, "How Giving Makes Us Happy", *World of Psychology*(블로그), PsychCentral.com, 2013년 12월 22일. http://psychcentral.com/blog/archives/2013/12/22/how-giving-makes-us-happy/.
14. 다음 기사에 인용된 말이다. "Those Who Serve Others Are *Happier, Healthier*, and More *Prosperous*", Spokane Cares. http://spokanecares.org/index.php?c_ref=160.
15. Arthur C. Brooks, "Love People, Not Pleasure", *New York Times*, 2014년 7월 18일. http://www.nytimes.com/2014/07/20/opinion/sunday/arthur-c-brooks-love-people-not-pleasure.html.
16. Randy Alcorn, *hand in Hand*(Colorado Springs: Multnomah, 2014).(『인간의 선택인가 하나님의 선택인가?』 토기장이)
17. Jerome Bruner, *On Knowing: Essays for the Left Hand*(Cambridge, MA: Belknap Press, 1979), 24.
18. David G. Myers, "Want a Happier Life?" http://www.davidmyers.org/Brix?pageID=46.
19. Dean R. Koontz, *Bliss to You: Trixie's Guide to a Happy Life*(New York: Hyperion, 2008), 36-39.
20. Rob Stein, "Happiness Can Spread among People like a Contagion, Study Indicates", *Washington Post*, 2008년 12월 5일.
21. Ralph Waldo Emerson, *Nature and Selected Essays*(New York: Penguin, 1982), 37.
22. 다음 책에 인용되어 있다. John Piper, *The Pleasures of God*(Colorado Springs: Multnomah, 2000), 95-96.(『하나님의 기쁨』 두란노)
23. 같은 책, 95.
24. Charles H. Spurgeon, "God Rejoicing in the New Creation"(설교 제2211편).
25. 같은 설교.
26. C. S. Lewis, *The Lion, the Witch and the Wardrobe*(New York: HarperCollins, 2003), 8장.(『사자와 마녀와 옷장』 시공주니어)
27. 같은 책, 7장.

32. 행복을 가꾸는 방법

1. Cathy Miller, "Delayed Delivery." 다음 책에 인용되어 있다. Joe Wheeler, *The Best of Christmas in My Heart*, 제2권(Brentwood, TN: Howard, 2008).
2. Martin E. P. Seligman, *Learned Optimism*(New York: Knopf, 1991), 4-5.(『학습된 낙관주의』 21세기북스)
3. Randy Alcorn, *The Purity Principle*(Sisters, OR: Multnomah, 2003), 9-10.(『그 길에서 서성이지 말라』 디모데)

4. "Hedonism 2", Exotic Travel Dream, 2008년. http://exotictraveldream.eu/index.php?option=com_content&view=article&id=32&Itemid=29.
5. Dennis Prager, *Happiness Is a Serious Problem: A Human Nature Repair Manual*(New York: ReganBooks, 1998), 24. (『행복은 진지한 문제다』 돋을새김)
6. Ravi Zacharias, *Cries of the Heart*(Nashville: Thomas Nelson, 1998), 129. (『하나님 어디 계십니까』 두란노)
7. Prager, *Happiness Is a Serious Problem*, 37-38.
8. Arthur C. Brooks, "A Formula for Happiness", *New York Times*, 2013년 12월 14일.
9. Martin Luther King Jr., MLK *Quote of the Week: "All labor that uplifts humanity has dignity and importance and should be undertaken with painstaking excellence"*("인류를 이롭게 하는 모든 노동은 존엄하고 중요하며 따라서 공들여 탁월하게 수행되어야 한다")(블로그) The King Center, 2013년 4월 9일. http://www.thekingcenter.org/blog/mlk-quote-week-all-labor-uplifts-humanity-has-dignity-and-importance-and-should-be-undertaken.
10. Lou Nicholes, *Romans: A Roadmap for the Christian Life*(Fairfax, VA: Xulon Press, 2004), 113.
11. "Our Happiness Lies in the Happiness of Others", *Real Life Times*, 2014년 4월 15일. http://reallifetimesnews.com/out-happiness-lies-in-the-happiness-of-others/.
12. Bernard Rimland, "The Altruism Paradox", *Psychological Reports* 51, no.2(1982년 10월): 521-22. http://www.amsciepub.com/doi/abs/10.2466/pr0.1982.51.2.521.
13. 같은 기사.
14. 다음 기사에 인용된 말이다. "Those Who Serve Others Are *Happier, Healthier*, and More *Prosperous*", Spokane Cares. http://spokanecares.org/index.php?c_ref=160.
15. Daniel M. Oppenheimer & Christopher Y. Olivola 편집, *The Science of Giving*(New York: Psychology Press, 2011), 8.
16. Charles Dickens, *A Christmas Carol*, 셋째 마당, "세 정령 중 두 번째."(『크리스마스 캐럴』 현대문학)
17. Dickens, *Christmas Carol*, 다섯째 마당, "이야기의 결말."
18. *Sister Acts 2*, Bill Duke 감독(Touchstone Pictures, 1993).

33. 축제는 하나님의 발상이다: 성경에 나오는 잔치와 절기와 안식일과 노래와 춤

1. Warren Wiersbe, *The Wycliffe Handbook of Preaching and Preachers*(Chicago: Moody Press, 1984), 187.
2. Charle H. Spurgeon, "To Those Who Feel Unfit for Communion"(설교 제2131편).
3. William G. Morrice, *We Joy in God*(London: SPCK, 1977), 52.
4. Isaac Watts, *Psalms and Hymns of Isaac Watts*, "Pardon and Strength from Christ"(Hymn 24장).
5. John Calvin, *Calvin: Commentaries*(London: S.C.M. Press, 1958), 60.(『칼빈 주석』 크리스천다이제스트)
6. Chad Brand, Archie England, & Charles W. Draper 편집, *Holman Illustrated Bible Dictionary*(Nashville: Holman Bible Publishers, 2003).
7. 같은 책, 384-85.
8. 같은 책, 1055-56.
9. Fyodor Dostoevsky, *The Brothers Karamazov*, 4장 "Cana of Galilee."(『카라마조프가의 형제들』 민음사)
10. 다음 책에 인용된 말이다. Philip Graham Ryken, *Jeremiah and Lamentations: From Sorrow to Hope*(Wheaton, IL: Crossway, 2001), 271.

34. 행복은 하나님의 말씀을 묵상하는 데서 온다

1. Arthur T. Pierson, *George Müller of Bristol*(1805-1898)(Peabody, MA: Hendrickson, 2008), 130-31.(『믿음의 도전: 하나님만 전적으로 의존한 사람 조지 뮬러 전기』 브니엘)
2. George Müller "How to Be Happy and Strong in the Lord", Guide to Holiness, 제18-19권(New York: Walter C. Palmer, 1871), 78.
3. George Müller "Joyfulness and Usefulness", *The Advocate of Christian Holiness*(1880년 1월), 7.
4. Philip Schaff, *Nicene and Post-Nicene Fathers*, 시리즈 1 제7권, "Augustine: Homilies on the Gospel of

    John"(강론 제25편).
5. A. W. Tozer, *The Knowledge of the Holy*(New York: HarperCollins, 1961), 9.(『하나님을 바로 알자』생명의 말씀사)
6. E. V. Gerhart, "The Doctrine of Anselm on the Death of Christ", *The Reformed Quarterly Review*, vol. 29(Philadelphia: Reformed Church Publication Board, 1882), 308-9.
7. Charles H. Spurgeon, "Repentance After Conversion"(설교 제2419편).
8. John Calvin, *Commentary on the Book of Psalms*, 제2권, 시편 51편.(『존 칼빈 성경주석 5·6: 시편』성서원)
9. John Piper, *When I Don't Desire God*(Wheaton, IL: Crossway, 2004), 30-31.(『하나님을 기뻐할 수 없을 때』IVP)
10. Pierson, *George Müller of Bristol*, 462.
11. D. Martyn Lloyd-Jones, *Spiritual Depression: Its Causes and Cure*(Grand Rapids, MI: Eerdmans, 1965), 20-21.(『영적 침체와 치유』기독교문서선교회)
12. 다음 웹사이트를 참조하라. "Bible Reading Plan", BibleStudyTools.com. http://biblestudytools.com/bible-reading-plan/.
13. 다음 책에 인용된 말이다. Gladys Haynes Green, *God's Faithfulness: The Green's Journey*(Bloomington, IN: CrossBooks, 2012), 74.
14. Wilhelmus à Brakel, *The Christian's Reasonable Service*, 제1권 17장 "The Necessity of Satisfaction by the Surety Jesus Christ."
15. Calvin Miller, *The Taste of Joy: Recovering the Lost Glow of Discipleship*(Downers Grove, IL: InterVarsity Press, 1983), 18.
16. Spurgeon, "Obtaining Promises"(설교 제435편).
17. Frank C. Laubach, *The Game with Minutes*(Eastford, CT: Martino Fine Books, 2012).(『프랭크 루박의 1분 게임』더드림)
18. Brother Lawrence & Frank Laubach, *Practicing His Presence*(Sargent, GA: The SeedSowers, 1973), 36.(『하나님의 임재 연습 플러스』생명의 말씀사)
19. Thomas Brooks, "The Crown and Glory of Christianity", *The Complete Works of Thomas Brooks*, 제4권.

35. 그리스도 안의 행복은 기복 신앙보다 깊다
1. 노먼 빈센트 필(Norman Vincent Peale)의 말로 다음 기사에 인용되어 있다. "Quick Quotes on Money", *Christian History*, 1987년 4월. http://www.christianitytoday.com/ch/1987/issue14/1404.html.
2. Ed Welch, "Death to Healthy, Wealthy and Happy", Christian Counseling and Educational Foundation, 2014년 2월 3일. http://www.ccef.org/resources/blog/death-healthy-wealthy-and-happy.
3. David Brainerd, *An Account of the Life of the Late Rev. Mr. David Brainerd*, Jonathan Edwards 편집, 제8부.
4. 다음 책에 인용된 말이다. Clyde S. Kilby, *The Christian World of C. S. Lewis*(Grand Rapids, MI: Eerdmans, 1964), 66.(『C. S. 루이스의 기독교 세계』예영 커뮤니케이션)
5. C. S. Lewis, *The Problem of Pain*(New York: Macmillan, 1962), 19.(『고통의 문제』홍성사)
6. Corrie ten Boom, *The Hiding Place*(Peabody, MA: Hendrickson, 2009), x.(『주는 나의 피난처』생명의 말씀사)
7. Charles H. Spurgeon, *The Treasury of David*, 시편 38편.(『설교의 황제 스펄전의 시편 강해』생명의 말씀사)
8. Charles H. Spurgeon, "A Basket of Summer Fruit"(설교 제343편).
9. Randy Alcorn, *If God Is Good*(Colorado Springs: Multnomah, 2009), 417.(『악의 문제 바로 알기』두란노)
10. 같은 책, 387.
11. Randy Alcorn, "Jim Harrell: Perspectives in Suffering, Part 2", 유튜브 비디오, 9:40, Eternal Perspective Ministries, 2008년 12월 10일. http://www.epm.org/blog/2008/Dec/10/jim-harrell-perspectives-in-suffering-part-2.

36. 자백과 회개와 용서를 통한 행복

1. Ruth Bell Graham, *Legacy of a Pack Rat*(Nashville: Thomas Nelson, 1989), 187.
2. D. Martyn Lloyd-Jones, *Studies in the Sermon on the Mount*(Grand Rapids, MI: Eerdmans, 1976), 102. (『마틴 로이드 존스 산상설교』 베드로 서원)
3. Stephen Charnock, "The Necessity of Regeneration", *The Complete Works of Stephen Charnock*, 제3권.
4. 다음 책에 인용된 말이다. James Nichols & Samuel Annesley 편집, *Puritan Sermons*, 1659-1689, 재판, 제1권(Wheaton, IL: Richard Owen Roberts, 1981), 511.
5. William Bates, *Select Practical Works of Rev. John Howe and Dr. William Bates*, James Marsh 편집(New York: G. & C. & H. Carvill, 1830), 455.
6. Randy Alcorn, *Why ProLife?*(Peabody, MA: Hendrickson, 2012), 11장.(『작은 생명의 손짓: 태아, 그들도 삶을 꿈꿀 권리가 있다』 디모데)
7. 같은 책.
8. Natasha Tracy, "Homosexuality and Suicide: LGBT Suicide: A Serious Issue", HealthyPlace.com, 2013년 4월 12일. http://www.healthyplace.com/gender/glbt-mental-health/homosexuality-and-suicide-lgbt-suicide-a-serious-issue/.
9. Nancy Shimelpfening, "Homosexuality Strongly Linked to Depression and Suicide", About.com, 2014년 10월 30일. http://depression.about.com/b/2008/09/23/homosexuality-strongly-linked-to-depression-and-suicide.htm.
10. Thomas Vincent, *Puritan Sermons*, 제2권, 619.
11. Charles H. Spurgeon, "Your Rowers Have Brought You into Great Waters"(설교 제1933편).
12. Hannah Whitall Smith, *The Christian's Secret of a Holy Life: The Unpublished Personal Writings of Hannah Whitall Smith*, Melvin E. Dieter 편집(Oak Harbor, WA: Logos Research Systems, 1997).
13. Spurgeon, "Sorrow and Sorrow"(설교 제2691편).
14. Anselm, *Cur Deus Homo*, 제1권 24장.(『인간이 되신 하나님』 한들출판사)
15. Charles H. Spurgeon, *Morning and Evening: Daily Readings*, 1월 31일(아침 편).(『스펄전 묵상록』 크리스천다이제스트)
16. Martin Luther, "Sermon for the 19th Sunday after Trinity", *Sermons of Martin Luther*.
17. Ruth Schenk, "Napalm Attack Begins 36-Year Journey to Faith and Forgiveness", *Southeast Outlook*, 2008년 9월 11일.
18. Kim Phuc Foundation International. http://www.kimfoundation.com.
19. 론 맥매너스(Ron McManus)의 말로 다음 책에 인용되어 있다. Craig Brian Larson & Phyllis Ten Elshof, *1001 Illustrations That Connect*(Grand Rapids, MI: Zondervan, 2008), 504.
20. 다음 책에 인용된 말이다. Alex A. Lluch & Helen Eckmann, *Simple Principles to Enjoy Life and Be Happy*(San Diego: WS Publishing, 2008), 46.
21. Charles H. Spurgeon, *The Treasury of David*, 시편 32편.(『설교의 황제 스펄전의 시편 강해』 생명의 말씀사)
22. Louis Zamperini & David Rensin, *Don't Give Up, Don't Give In: Lessons from an Extraordinay Life*(New York: HarperCollins, 2014), xxiv.
23. 같은 책.
24. "Olympian, World War II Veteran Dies at 97", Baptist Press, 2014년 7월 7일. http://townhall.com/news/religion/2014/07/07/olympian-world-war-ii-veteran-dies-at-97-n1859735.
25. "Faith: Louis Zamperini Reads His Letter to the Bird", 유튜브 비디오, 1:39, 게시자 Faith Community Church, 2011년 9월 11일. https://youtube.com/watch?v=_rHWZQdjfHQ.
26. Zamperini & Rensin, *Don't Give Up, Don't Give In*, 73, 75.
27. George Whitefield, "A Preservative against Unsettled Notions, and Want of Principles, in Regard to Righteousness and Christian Perfection", *Selected Sermons of George Whitefield*.
28. D. Martyn Lloyd-Jones, *Spiritual Depression: Its Causes and Cure*(Grand Rapids, MI: Eerdmans, 1965), 76.(『영적 침체와 치유』 기독교문서선교회)

29. Thomas Brooks, "The Golden Key to Open Hidden Treasures", *The Complete Works of Thomas Brooks*, 제5권.
30. Spurgeon, "The Secret of Happiness"(설교 제3227편).
31. Zamperini & Rensin, *Don't Give Up, Don't Give In*, 219.
32. Mark D. Roberts, "Louis Zamperini: The Happiest Man I've Ever Known", Patheos, 2014년 7월 3일. http://www.patheos.com/blogs/markdroberts/2014/07/03/louis-zamperini-the-happiest-man-ive-ever-known/#ixzz3MT5Cl7sJ.

37. 거룩함과 행복은 양자택일의 문제가 아니다

1. Richard Mansel, "God Calls Us to Holiness, Not Happiness", *Forthright Magazine*, 2008년 3월 4일. http://forthright.net/2008/03/04/god_calls_us_to_holiness_not_happiness_1/.
2. Tony Reinke, "The World's Joy-Tragedy", Desiring God, 2014년 8월 30일. http://www.desiringgod.org/articles/the-world-s-joy-tragedy.
3. A. W. Tozer, *Man: The Dwelling Place of God*, Anita M. Bailey 편집(Camp Hill, PA: WingSpread, 1997), 25장 "Three Faithful Wounds", 전자책.(『임재 체험』 규장)
4. *The A. W. Tozer Bible(King James Version)*(Peabody, MA: Hendrickson, 2012), 1086.
5. 같은 책, 861.
6. A. W. Tozer, *The Attributes of God*, 제1권(Camp Hill, PA: WingSpread, 2007), 78.(『GOD 갓 하나님』 규장)
7. Tozer, *Man: The Dwelling Place of God*, 25장.
8. A. T. Pierson, *The Westminster Budget*, 1893년 2월 9일.
9. Octavius Winslow, "The Guidance of the Spirit", *No Condemnation in Christ Jesus*.
10. Octavius Winslow, "Reason 10: Trial Is Precious Because It Assimilates Us to Divine Holiness", *The Precious Things of God*.(『그리스도인이 누리는 보배로운 선물』 지평서원)
11. Anselm, *Cur Deus Homo*, 제2권 1장.(『인간이 되신 하나님』 한들출판사)
12. Richard Sibbes, "The Soul's Conflict and Victory Over Itself by Faith", *The Complete Works of Richard Sibbes*, 제1권.
13. Paul J. Wadell, *Happiness and the Christian Moral Life: An Introduction to Christian Ethics*(Lanham, MD: Rowman & Littlefield, 2012), 19.
14. Mark David Futato, *Interpreting the Psalms: An Exegetical Handbook*(Grand Rapids, MI: Kregel, 2007), 67.(『시편을 어떻게 해석할 것인가?』 크리스챤출판사)
15. John Calvin, *Commentary on the Book of Psalms*, 제2권, 시편 37편.(『존 칼빈 성경주석 5·6: 시편』 성서원)
16. Jonathan Edwards, "A Dissertation concerning the End for Which God Created the World", *Works of Jonathan Edwards*, 제1권.(『천지창조의 목적』 솔로몬)
17. 같은 책.
18. Edwards, "Religious Affections", *Works of Jonathan Edwards*, 제1권.(『신앙과 정서』 지평서원)
19. Edwards, "God Glorified in Man's Dependence", *Works of Jonathan Edwards*, 제2권.
20. Edwards, "Concerning the Divine Decrees in General, and Election in Particular", *Works of Jonathan Edwards*, 제2권.
21. Edwards, "Heaven", *Works of Jonathan Edwards*, 제2권.
22. Edwards, "Notes on the Bible", *Works of Jonathan Edwards*, 제2권.
23. Edwards, "The Pure in Heart Blessed", *Works of Jonathan Edwards*, 제2권.
24. John Piper, "Was Jonathan Edwards a Christian Hedonist?" Desiring God, 1987년 9월 29일. http://www.desiringgod.org/articles/was-jonathan-edwards-a-christian-hedonist.
25. Edwards, "The Pure in Heart Blessed", *Works of Jonathan Edwards*, 제8권.
26. 같은 책.
27. John Piper, "Lust", *Killjoys: The Seven Deadly Sins*, Marshall Segal 편집(Minneapolis: Desiring God,

2015), 96.
28. Charles H. Spurgeon, "The Christian's Badge", *Able to the Uttermost: Twenty Gospel Sermons*.
29. Gerald Mann, "On Eating Drinking and Being Merry(Luke 5:27-39)", Bible.org. https://bible.org/seriespage/17-eating-drinking-and-being-merry-luke-527-39.
30. Archibald Alexander, *A Treatise on Justification by Faith*, 제9부.
31. C. S. Lewis, *Letters to an American Lady*(Grand Rapids, MI: Eerdmans, 1967), 19.(『루이스가 메리에게』 홍성사)
32. 한나 휘톨 스미스의 말로 다음 책에 인용되었다. Robert J. Morgan, *My All in All*(Nashville: B&H, 2008), 8월 17일.
33. John Piper, *Desiring God*(Colorado Springs: Multnomah, 2011), 100.(『하나님을 기뻐하라』 생명의 말씀사)
34. William Bates, "The Four Last Things: On Heaven", *The Whole Works of the Rev. W. Bates*, 제3권.
35. John Wesley, "Upon Our Lord's Sermon on the Mount: Discourse Nine"(설교 제29편), Wesley Center Online. http://wesley.nnu.edu/john-wesley/the-sermons-of-john-wesley-1872-edition/sermon-29-upon-our-lords-sermon-on-the-mount-discourse-nine/.
36. Adam Clarke, *The Holy Bible Containing the Old and New Testaments: With a Commentary and Critical Notes*, 제3권, "시편 32:10의 주."
37. Adam Clarke, *Adam Clarke's Commenatry on the New Testament*, 제1권, "마태복음 5:44의 주."
38. Thomas Manton, "Twenty Sermons on Important Passages of Scripture", *The Complete Works of Thomas Manton*, 제2권.
39. Matthew Henry, *Matthew Henry's Commentary on the Whole Bible*, 제3권, 시편 1:1-3.(『매튜 헨리 주석(시편)』 크리스천다이제스트)
40. Thomas Watson, "The Godly Man's Picture", *Discourses on Important and Interesting Subjects*, 제1권.
41. Thomas Watson, *A Body of Divinity*, 제4장 "타락" 단락 3 "원죄."
42. Richard Baxter & William Orme, "A Call to the Unconverted to Turn and Live", *The Practical Works of the Rev. Richard Baxter*, 제7권.(『회개했는가』 규장)

38. 행복을 추구하는 것은 이기적인 일인가?

1. Hallowell Bowser, "The Long, Shrill City", *Saturday Review*, 1962년 1월 27일, 24.
2. Ayn Rand, *The Virtue of Selfishness*(New York: New American Library, 1964), vii-viii.
3. 같은 책, viii.
4. Jonathan Edwards, "The Spirit of Charity: The Opposite of a Selfish Spirit", *Christian Love, as Manifested in the Heart and Life*.
5. Jonathan Edwards, "The Spiritual Blessings of the Gospel Represented by a Feast", *The Works of Jonathan Edwards: Sermons and Discourses*, 1723-1729, 제14권.
6. 같은 책.
7. C. S. Lewis, *The Weight of Glory*(New York: HarperCollins, 2001), 25.(『영광의 무게』 홍성사)
8. 같은 책, 25-26.
9. Dacher Keltner, "The Evolution of Compassion", University of California, Berkeley. http://www.altruists.org/static/files/The%20Evolution%20of%20Compassion%20%28Dacher%20Keltner%29.pdf.
10. 같은 기사.
11. 아더 브룩스(Arthur C. Brooks)의 말로 다음 기사에 인용되었다. "Those Who Serve Others Are Happier, Healthier, and More Prosperous", Spokane Cares. http://spokanecares.org/index.php?c_ref=160.
12. Arthur G. Bennett, *The Valley of Vision*(Edinburgh: Banner of Truth, 1975), 168.(『영혼을 일깨우는 기도』 생명의 말씀사)
13. Elisabeth Elliot, *Shadow of the Almighty*(Peabody, MA: Hendrickson, 2008), 11.(『전능자의 그늘』 복있

는 사람)
14. Randy Alcorn, *The Law of Rewards*(Carol Stream, IL: Tyndale, 1989).(『상급 받는 그리스도인』 두란노)
15. 이와 관련하여 다음 책을 추천한다. Ryan Lister, *The Presence of God*(Wheaton, IL: Crossway, 2015).
16. Jon Bloom, "Why Your Happiness Is So Important to God", Desiring God, 2014년 9월 15일. http://www.desiringgod.org/articles/why-your-happiness-is-so-important-to-god.
17. Randy Alcorn, *The Treasure Principle*(Colorado Springs: Multnomah, 2001).(『천국 보화의 원리』 생명의 말씀사)
18. John Piper, *When I Don't Desire God*(Wheaton, IL: Crossway, 2004), 254.(『하나님을 기뻐할 수 없을 때』 IVP)
19. Mark Twain, *Tales, Speeches, Essays, and Sketches*(New York: Penguin, 1994), 204.
20. C. S. Lewis, *The Joyful Christian*, 재판(New York: Touchstone, 1996), 210.(『행복한 신앙생활』 보이스사)
21. David Livingstone, Cambridge Lectures, 강의 I.

39. 망아(忘我)를 통한 그리스도 중심의 행복

1. George Washington Carver, *George Washington Carver: In His Own Words*, Gary R. Kremer 편집 (Columbia: University of Missouri Press, 1991), 135.
2. Tom Robbins, *Jitterbug Perfume*(New York: Bantam, 2003), 261.(『지터버그 향수』 북하우스)
3. Cody Delistraty, "The Neurological Silimiarities between Successful Writers and the Mentally Ill", *Thought Catalog*(블로그), 2014년 3월 18일. http://thoughtcatalog.com/cody-delistraty/2014/03/the-neurological-similarities-between-successful-writers-and-the-mentally-ill.
4. Mike Mason, *Champagne for the Soul: Celebrating God's Gift of Joy*(Vancouver, BC: Regent College, 2003), 53-54.(『내 영혼의 샴페인』 복있는 사람)
5. J. D. Greear, *Gospel: Recovering the Power That Made Christianity Revolutionary*(Nashville: B&H, 2011), 81.(『복음 본색』 새물결 플러스)
6. Jonathan Edwards, "Sermon 12: Isaiah 32", *The Works of Jonathan Edwards*, 제2권.
7. Timothy Keller, *The Freedom of Self-Forgetfulness*(Denver: 10Publishing, 2012), 32-33.(『복음 안에서 발견한 참된 자유』 복있는 사람)
8. C. S. Lewis, *Mere Christianity*(New York: HarperCollins, 2001), 제3편 8장 "가장 큰 죄."
9. Keller, *The Freedom of Self-Forgetfulness*, 32.

40. 감사를 통한 행복

1. Guerric of Igny, *Mediæval Preachers and Mediæval Preaching: A Series of Extracts, Translated from the Sermons of the Middle Ages, Chronologically Arranged*, J. M. Neal 편집(London: J. Masters, 1856), 152.
2. 매튜 헨리(Matthew Henry)의 말로 다음 책에 인용되었다. James S. Hewett 편집, *Illustrations Unlimited*(Carol Stream, IL: Tyndale, 1988), 264.
3. G. K. Chesterton, *The Collected Works of G. K. Chesterton*, 제20권(San Francisco: Ignatius Press, 2001), 463.
4. S. Lyubomirsky, K. M. Sheldon, & D. Schkade, "Pursuing Happiness: The Architecture of Sustainable Change", *Review of General Psychology* 9, no.2(2005년): 111-31.
5. "Grateful People Are Happier and Better Students than Materialistic People", FYI Living, 2011년 8월 8일. http://fyiliving.com/research/grateful-people-are-happier-and-better-students-than-materialistic-people/.
6. Johannes P. Louw & Eugene A. Nida 편집, *Greek-English Lexicon of the New Testament: Based on Semantic Domains*(New York: United Bible Societies, 1996).
7. Dennis Prager, *Happiness Is a Serious Problem: A Human Nature Repair Manual*(New York: ReganBooks, 1998), 59.(『행복은 진지한 문제다』 돋을새김)
8. Helen Keller, *Optimism*(Whitefish, MT: Kessinger, 2003), 17.(『행복해지는 가장 간단한 방법』 공존)
9. Helen Keller, *We Bereaved*(New York: Leslie Fulenwider, 1929).

10. Nancy Leigh DeMoss, *Choosing Gratitude: Your Journey to Joy*(Chicago: Moody Press, 2009), 35.(『감사가 이끄는 삶』 Korea.com)
11. John Piper, "A Tribute to Gratitude", Desiring God, 2008년 11월 27일. http://www.desiringgod.org/articles/a-tribute-to-gratitude.
12. M. R. DeHaan, *Broken Things*(Grand Rapids, MI: Zondervan, 1948), 21.
13. Ellen Vaughn, *Radical Gratitude*(Grand Rapids, MI: Zondervan, 2005), 203.
14. Elisabeth Elliot, *Shadow of the Almighty*(Peabody, MA: Hendrickson, 2008), 113-14.(『전능자의 그늘』 복있는 사람)
15. Alexander Maclaren, "Requiting God", *Expositions of Holy Scripture: Psalms*.(『맥클라렌 강해설교 4: 시편』 크리스천다이제스트)
16. C. S. Lewis, *Letters to Malcolm*(New York: Harcourt, 2002), 75.(『개인 기도』 홍성사)
17. 같은 책, 91.
18. 같은 책, 91.
19. 같은 책, 90.
20. G. K. 체스터턴의 말로 다음 책에 인용되었다. *The Inspirational Christmas Almanac*(Colorado Springs: Cook Communications Ministries, 2006), 87.
21. Chesterton, *Collected Works of G. K. Chesterton*, 제10권, 43.
22. Dan Graves, "Congo Rebels Reached Helen Roseveare", Christianity.com, 2014년 8월. http://www.christianhistorytimeline.com/DAILYF/2002/08/daily-08-15-2002.shtml.
23. Helen Roseveare, *Living Sacrifice*(Minneapolis: Bethany House, 1979), 20-21.
24. Helen Roseveare, *Digging Ditches*(Tain, Scotland: Christian Focus, 2005), 76-77.
25. Ann Voskamp, *One Thousand Gifts: A Dare to Live Fully Right Where You Are*(Grand Rapids, MI: Zondervan, 2010), 15.(『천 개의 선물』 열림원)
26. Charles Allen McClain, *Good News for Off Seasons*(Nashville: Abingdon Press, 1979), 49.
27. 같은 책.
28. Gerard Manley Hopkins, *"God's Grandeur" and Other Poems*(New York: Dover, 1995), 15.
29. Voskamp, *One Thousand Gifts*, 33.
30. Ann Voskamp, 트위터 게시물, 2014년 7월 14일, 오전 4:39, http://twitter.com/AnnVoskamp.
31. 던컨 매치슨(Duncan Matcheson)의 말로 다음 책에 인용되었다. C. R. Hurditch 편집, *Footsteps of Truth*, 제1권(London: J. F. Shaw, 1883), 393.
32. DeMoss, *Choosing Gratitude*, 62.

41. 행복과 희망: 기대치를 조정하라

1. Frederick Langbridge, "A Cluster of Quiet Thoughts", *The Oxford Dictionary of Quotations*, 재판(London: Oxford University Press, 1966), 310.
2. Eleanor H. Porter, *Pollyanna*, 22장 "설교와 장작통."(『폴리애나』 케이트북스)
3. Morley Safer, "The Pursuit of Happiness", CBS 뉴스 비디오, 12:06, *60 Minuites*, 2008년 6월 15일. http://www.cbsnews.com/video/watch/?id=4181996n.
4. C. S. Lewis, *God in the Dock*(Grand Rapids, MI: Eerdmans, 1972), "기독교에 대한 질문과 답변", 52.(『피고석의 하나님』 홍성사)
5. G. K. Chesterton, *Orthodoxy*, 5장 "세계의 깃발을 들고."(『오소독시』 이끌리오)
6. Richard Carlson, *Shortcut through Therapy: Ten Principles of Growth-Oriented, Contented Living*(New York: Plume, 1995), 158-59.(『행복의 원칙』 장해)
7. 같은 책, 158.
8. 몽테뉴의 말로 다음 책에 인용되었다. Paul McKenna, *Change Your Life in Seven Days*(London: Transworld, 2004), 159.
9. 제임스 러셀(James Russell)의 말로 다음 책에 인용되었다. Tryon Edwards 편집, *A Dictionary of Thoughts*(Detroit: F. B. Dickerson, 1908), 23.

10. Brian Skotko, Susan Levine, & Richard Goldstein, "Self-Preceptions from People with Down Syndrome", *American Journal of Medical Genetics* 155, no.10(2011년 10월): 2360-69.
11. Jevan, "People with Down Syndrome Are Happier than Normal People", *The Tribal Way*(블로그), 2012년 10월 2일. http://thetribalway.com/?p=273.
12. H. Choi, M. Van Riper, & S. Thoyre, "Decision Making Following a Prenatal Diagnosis of Down Syndrome: An Integrative Review", *Journal of Midwifery and Women's Health* 57, no.2(2012년 3-4월): 156-164.
13. 마이클 J. 폭스(Michael J. Fox)의 말로 다음 책에 인용되었다. H. S. Lim, *Living Well: Quenches Thirst in Life's Voyage*(Singapore: Patridge, 2012), 98.
14. Gail Kinman, "How Can the Academy Get Over Its Gloom? Just Grow Up, Gail Kinman Hears", *Times Higher Education*, 2009년 11월 5일. http://www.timeshighereducation.co.uk/408898.article. 다음 책도 참조하라. David Watson, *The Question of Morale*(Open University Press, 2009).
15. 같은 기사.
16. 같은 기사.
17. Arthur Schopenhauer, *Councils and Maxims*, T. Bailey Saunders 번역(London: Swan Sonnenschein, 1891), 9.(『쇼펜하우어 인생론』 범우사).
18. Matthew Henry, *Matthew Henry's Commentary on the Whole Bible*, 제1권, 창세기 31:25-35.(『매튜 헨리 주석(창세기)』 크리스천다이제스트).
19. Jonathan Edwards, "The Pure in Heart Blessed", *The Works of Jonathan Edwards*, 제2권.
20. M. Scott Peck, *The Road Less Traveled*(New York: Simon & Schuster, 1978), 15.(『아직도 가야 할 길』 열음사).
21. Max Lucado, *And the Angels Were Silent*(Nashville: Thomas Nelson, 2013), 105-6.(『내게 남은 날이 일주일밖에 없다면』 좋은씨앗).

42. 하나님이 영원한 행복을 약속하셨기에 지금도 행복할 수 있다

1. Edward Gibbon, *The Decline and Fall of the Roman Empire*(New York: Random House, 2003), 969.(『로마제국 쇠망사』 민음사).
2. Jonathan Edwards, *The Works of President Edwards*, 제1권(New York: Leavitt, Trow, 1844), 655.
3. 세네카의 말로 다음 책에 인용되었다. David G. Myers, *Psychology*, 제6판(New York: Worth, 2001), 484.(『심리학개론』 시그마프레스).
4. *Pirate Radio*, Richard Curtis 감독(Universal Studios, 2009).
5. J. I. Packer, *Concise Theology*(Carol Stream, IL: Tyndale, 1993), 267.
6. George Swinnock, "The Fading of the Flesh", *The Works of George Swinnock*, 제4권.
7. C. S. Lewis, *The Problem of Pain*(New York: Macmillan, 1962), 115.(『고통의 문제』 홍성사).
8. A. W. Tozer & H. Verploegh, *The Quotable Tozer II: More Wise Words with a Prophetic Edge*(Camp Hill, PA: Christian Publications, 1997), 103.
9. David Morgan, "Stephen Hawking: Heaven Is 'a Fairy Story'", CBS 뉴스, 2011년 5월 17일. http://www.cbsnews.com/news/stephen-hawking-heaven-is-a-fairy-story/.
10. Lewis, *Problem of Pain*, 144-48.
11. Thornton Wilder, *Our Town*(New York: HarperCollins, 2003), 87-88.(『우리 읍내』 예니).
12. E. J. Fortman, *Everlasting Life after Death*(New York: Alba House, 1976), 309.
13. Venerable Bede, "Sermon on All Saints", *Orators of the Early and Mediaeval Church*(New York: G. P. Putnam's Sons, 1900), 304.
14. 다음 책에 인용된 말이다. Neal Ranzoni, *The Book on "Happiness Quotes"*(CreateSpace Independent Publishing Platform, 2013), 5.
15. Isaac Watts, *The World to Come*, 제1권(제5부 반론 8).
16. Isaac Watts, "Delight in the Worship of the Sabbath", *Church Psalmody*(Boston: Perkins, Marvin, 1834), 163.

17. Richard Baxter & William Orme, "The Divine Life: Walking with God", *The Practical Works of the Rev. Richard Baxter*, 제13권.
18. Charles H. Spurgeon, "Creation's Groans and the Saints' Sighs"(설교 제788편).
19. *Time*(1997년 3월 24일): 75. 다음 책에 인용되어 있다. Paul Marshall & Lela Gilbert, *Heaven Is Not My Home: Learning to Live in God's Creation*(Nashville: Word, 1998), 234.(『천국만이 내 집은 아닙니다』 IVP)
20. Baxter & Orme, "Right Rejoicing", *The Practical Works of the Rev. Richard Baxter*, 제17권.
21. 다음 책에 인용된 말이다. Warren W. Wiersbe, *The Wiersbe Bible Commentary: Old Testament*(Colorado Springs: David C. Cook, 2007), 1119.
22. Baxter & Orme, "The Saints' Everlasting Rest", *The Practical Works of the Rev. Richard Baxter*, 제22권.(『성도의 영원한 안식』 평단 아가페)
23. Charles H. Spurgeon, *Morning and Evening: Daily Readings*, 12월 10일(아침 편).(『스펄전 묵상록』 크리스천다이제스트)
24. 다음 책에 인용된 말이다. Paul Lee Tan, *Encyclopedia of 7700 Illustrations*(Garland, TX: Bible Communications, 1996).
25. Miles Coverdale 편집, *The Letters of the Martyrs: Collected and Published in 1564*, 존 브래드포드의 편지.
26. John Sargent, *Life and Letters of the Rev. Henry Martyn*(London: Seeley, Jackson, and Halliday, 1862), 101.(『헨리 마틴의 생애와 일기』 크리스천다이제스트)

43. 새 땅에서 누릴 장래의 행복

1. *The Lord of the Rings: Return of the King*, Peter Jackson 감독(New Line Cinema, 2003).
2. John Donne, "Preached on Midsummer Day"(설교 제118편, 요한복음 1:8).
3. Donne, "Preached at Lincoln's Inn"(설교 제95편, 욥기 19:26).
4. F. J. Boudreaux, *The Happiness of Heaven*, 11장.
5. 이사야 60장의 요약은 다음 책의 도움을 받았다. Richard Mouw, *When the Kings Come Marching In*(Grand Rapids, MI: Eerdmans, 1983).(『미래의 천국과 현재의 문화』 두란노)
6. Jonathan Edwards, "End in Creation", *The Works of President Edwards*, 제2권.
7. 같은 책.
8. George Whitefield, "Walking with God", *Selected Sermons of George Whitefield*.
9. Paul Helm, *The Last Things*(Carlisle, PA: Banner of Truth, 1989), 92.
10. Thomas Manton, "The Transfiguration of Jesus Christ in Matthew 17 and Luke 9", *The Works of Thomas Manton*, 제1권.
11. John Donne & Henry Alford, *The Works of John Donne*, 제6권(London: John W. Parker, 1839), 280.
12. Isaac Watts, *The World to Come*(강론 3, 주제 5).
13. Anthony Hoekema, *The Bible and the Future*(Grand Rapids, MI: Eerdmans, 1979), 251.(『개혁주의 종말론』 부흥과개혁사)
14. C. S. Lewis, *Letters to Malcolm*(New York: Harcourt, 2002), 122.(『개인 기도』 홍성사)
15. Arch Stanton, *Animals in Heaven: Fantasy or Reality?*(Victoria, BC: Trafford, 2004), 264.
16. John Wesley, "The General Deliverance"(설교 제60편). 다음 기사를 참조하라. John Wesley, "General Deliverance Sermon 60", Randy Alcorn 편집, Eternal Perspective Ministries, 2010년 2월 21일. http://www.epm.org/resources/2010/Feb/21/general-deliverance-sermon-60.
17. Hoekema, *Bible and the Future*, 53.
18. Albert M. Wolters, *Creation Regained: Biblical Basics for a Reformational Worldview*(Grand Rapids, MI: Eerdmans, 1985), 11.(『창조 타락 구속』 IVP)
19. A. A. Hodge, *Evangelical Theology: A Course of Popular Lectures*(Edinburgh: Banner of Truth, 1976), 400-401.
20. John Calvin, *Commentary on Romans*, 로마서 8:19-22.(『존 칼빈 성경주석19: 로마서-갈라디아서』 성서원)

21. Jonathan Edwards, "The Final Judgment", *The Works of Jonathan Edwards*, 제1권.
22. Boudreaux, *Happiness of Heaven*, 21장.

44. 하나님의 선물인 행복을 흡족히 마시라

1. 다음 책에 인용된 말이다. Robert Andrews, *The Columbia Dictionary of Quotations*(New York: Columbia University Press, 1993), 778.
2. Mark Twain, *The Mysterious Stranger and Other Stories*(New York: Harper & Brothers, 1922), 139.(『마크 트웨인의 미스터리한 이방인』 책읽는귀족)
3. Mark Twain, *Autobiography of Mark Twain: Reader's Edition*, 제1권(Berkeley & Los Angeles, CA: University of California Press, 2012), 182.(『마크 트웨인 자서전』 고즈윈)
4. John Calvin, *Institutes of the Christian Religion*, Henry Beveridge 번역, 제1권 2장 "What It Is to Know God—Tendency of This Knowledge."(『기독교강요』 크리스천다이제스트)
5. David Clarkson, "Believers' Communion with the Father and Son", *The Practical Works of David Clarkson*, 제3권.
6. N. D. Wilson, "Lighten Up, Christians: God Loves a Good Time", Christianity Today, 2014년 5월 7일. http://www.christianitytoday.com/ct/2014/april/lighten-up-christians-god-loves-good-time.html?start=2.
7. 다음 책에 인용된 말이다. C. S. Lewis, *George MacDonald: An Anthology*(New York: HarperCollins, 2001), xxxv.(『조지 맥도널드 선집』 홍성사)
8. John Piper, *Don't Waste Your Life*(Wheaton, IL: Crossway, 2003), 10.(『삶을 낭비하지 말라』 성서유니온선교회)
9. Charles Simeon, "Genesis 2:16-17", *Horae Homileticae: Genesis to Deuteronomy*, 제1권.
10. C. S. Lewis, *Mere Christianity*(New York: HarperCollins, 2001), 제4부 4장 "좋은 전염."(『순전한 기독교』 홍성사)
11. Brother Lawrence & Frank Laubach, *Practicing His Presence*(Sargent, GA: The SeedSowers, 1973), 10.(『하나님의 임재 연습 플러스』 생명의 말씀사)
12. 같은 책.

45. 하나님은 우리에게 '영원히 행복한' 삶을 약속하신다

1. Hannah Whitall Smith, *The Christian's Secret of a Holy Life: The Unpublished Personal Writings of Hannah Whitall Smith*, Melvin E. Dieter 편집(Oak Harbor, WA: Logos Research Systems, 1997).
2. 같은 책.
3. 같은 책.
4. John H. Sammis, "Trust and Obey", *Church Hymnal*(Cleveland, TN: Tennessee Music and Printing, 1951), 157.(찬송가 449장 "예수 따라가며")
5. Charles H. Spurgeon, "Christ's Joy and Ours"(설교 제2935편).
6. Timothy Keller, "The Centrality of the Gospel." http://download.redeemer.com/pdf/learn/resources/Centrality_of_the_Gospel_Keller.pdf.
7. John Calvin, *Commentary on the Book of Psalms*, 제2권, 시편 37:27-29.(『존 칼빈 성경주석 5·6: 시편』 성서원)
8. 토머스 차스(Thomas Szasz)의 말로 다음 책에 인용되었다. Susan Ratcliffe 편집, *Oxford Treasury of Sayings and Quotations*, 제4판(Oxford: Oxford University Press, 2011), 201.
9. Spurgeon, "How to Become Full of Joy"(설교 제3272편).
10. Christopher Fowler, "How a Christian May Get Such a Faith That Is Not Only Saving, But Comfortable and Joyful at Present", *The Morning Exercises at Cripplegate, St. Giles in the Fields and in Southwark*, James Nichols 번역 주해, 제2권.
11. Jonathan Edwards, "The Christian Pilgrim", *The Works of President Edwards*, 제7권.
12. George Müller, "Effectual Service to God", *Fireside Readings: A Collection of Essays, Poems and Sentences*, H.

A. Mumaw 편집(Elkhart, IN: Mennonite Publishing, 1881), 20.
13. J. C. Ryle, *Expository Thoughts on the Gospels, St. John*, 제1권, 요한복음 2장.(『존 라일 사복음서 강해― 요한복음』 기독교문서선교회)
14. George Swinnock, "The Incomparableness of God", *The Works of George Swinnock*, 제4권.
15. Spurgeon, "A Message to the Glad and the Sad"(설교 제2546편).
16. Augustine, *Confessions*, R. S. Pine-Coffin 번역(New York: Penguin Classics, 1961), 제10권, 20장.(『어거스틴의 참회록』 생명의 말씀사)
17. Calvin, *Commentary on the Book of Psalms*, 제1권, 시편 16:11.
18. Augustine, *Augustine's Confessions*(Oxford: Oxford University Press, 2014), 52.
19. Augustine, *The Confessions of Saint Augustine*(New York: E. P. Dutton, 1900), 255.
20. Spurgeon, "Two Immutable Things"(설교 제2438편).
21. Spurgeon, "Our Youth Renewed"(설교 제3417편).
22. Spurgeon, "Sermon for New Year's Day"(설교 제1816편).
23. Spurgeon, "God Rejoicing in the New Creation"(설교 제2211편).

부록 1. 구약에 나오는 행복과 관련된 또 다른 19가지 어휘
1. James Swanson, *A Dictionary of Biblical Languages with Semantic Domains: Hebrew(Old Testament)*(Oak Harbor, WA: Logos Research Systems, 1997), "*tob*"와 "*towb*" 항목.
2. 같은 책, "*towb*" 항목.
3. 같은 책, "*yaal*" 항목.
4. 같은 책, "*simchah*" 항목.
5. 같은 책, "*hapes*" 항목.
6. 같은 책, "*ranan*" 항목.
7. 같은 책, "*renanah*" 항목.
8. 같은 책, "*rinnah*" 항목.
9. 같은 책, "*ruwa*" 항목.
10. 같은 책, "*gil*" 항목.
11. 같은 책, "*sachaq*" 항목.
12. 같은 책.
13. 같은 책, "*teruwah*" 항목.
14. 같은 책, "*sus*" 항목.
15. 같은 책, "*rachab*" 항목.
16. 같은 책, "*sasson*" 항목.
17. 같은 책, "*masos*" 항목.
18. 같은 책, "*alaz*" 항목.
19. 같은 책, "*shashua*" 항목.
20. 같은 책, "*alats*" 항목.
21. 같은 책, "*alliyz*" 항목.
22. 같은 책, "*alas*" 항목.
23. 같은 책, "*chadah*" 항목.

부록 2. 신약에 나오는 행복과 관련된 또 다른 14가지 어휘
1. James Swanson, *A Dictionary of Biblical Languages with Semantic Domains: Hebrew(Old Testament)*(Oak Harbor, WA: Logos Research Systems, 1997), "kauchaomai" 항목.
2. Johannes P. Louw & Eugene A. Nida 편집, *Greek-English Lexicon of the New Testament: Based on Semantic Domains*(New York: United Bible Societies, 1996), 25.87.
3. 같은 책, 25.133.
4. Charles H. Spurgeon, *The Fullness of Joy*(New Kensington, PA: Whitaker House, 1997), 106.

5. Louw & Nida, *Greek-English Lexicon of the New Testament*, 13.127.
6. 같은 책, 25.121.
7. 같은 책, 25.122.
8. Barclay M. Newman & Eugene A. Nida, *A Handbook on the Atcs of the Apostles*, UBS Handbook Series(New York: United Bible Societies, 1972), 52.
9. Louw & Nida, *Greek-English Lexicon of the New Testament*, 25.156.
10. 같은 책, 25.125.
11. 같은 책, 21.17.25.
12. William Morrice, *Joy in the New Testament*(Grand Rapids, MI: Eerdmans, 1985), 33.(『신약성서가 가르쳐주는 기쁨』 글샘)
13. Louw & Nida, *Greek-English Lexicon of the New Testament*, 15.243.
14. 같은 책, 25.146.
15. 같은 책, 25.117.
16. 같은 책, 25.127.
17. 같은 책, 25.128.
18. 같은 책, 25.146.